江西省高水準大學

"江右人文與中國哲學"一流學科群建設經費資助

尚書釋讀

（上）

程水金 著

人民文学出版社

圖書在版編目(CIP)數據

尚書釋讀:上下/程水金著.—北京:人民文學出版社,2020
ISBN 978-7-02-016555-1

Ⅰ.①尚… Ⅱ.①程… Ⅲ.①中國歷史—商周時代②《尚書》—注釋③《尚書》—譯文 Ⅳ.①K221.04

中國版本圖書館 CIP 數據核字(2020)第 160312 號

責任編輯 葛雲波 李 昭
裝幀設計 劉 遠
責任印制 王重藝

出版發行 人民文學出版社
社　　址 北京市朝内大街 166 號
郵政編碼 100705
網　　址 http://www.rw-cn.com

印　　刷 三河市中晟雅豪印務有限公司
經　　銷 全國新華書店等

字　　數 920 千字
開　　本 880 毫米×1230 毫米 1/32
印　　張 39 插頁 3
印　　數 1—2000
版　　次 2020 年 12 月北京第 1 版
印　　次 2020 年 12 月第 1 次印刷

書　　號 978-7-02-016555-1
定　　價 166.00 圓(全兩册)

目録

前言

《尚書》是中國古代第一批有關國家治理的思想文獻，大約最初只是以單文爲篇卷，在學人之間輾轉傳抄。即使是秦代整編《尚書》，也可能只是作了篇目的取舍，並非如後世結集成書。而歷來討論較多者，是關於《尚書》在秦漢以後的流傳與授受情況。所謂故秦博士伏生以及西漢歐陽與大、小夏侯所傳授之今文，景帝初年魯恭王劉餘所得之孔壁古文逸書，以及東晉豫章内史枚（一作梅）賾所上之僞古文，諸如此類有關《尚書》學史的研究及其結論，也基本一致，並無大的轇葛。

唯其作爲王室檔案文獻的上古之書，本應藏之於王朝内府祕室，何以於先秦之世便逐漸流於一般士子學人之手？且其書既爲『典謨訓誥誓命之文』，則皆爲官方政治文誥，而歷虞夏以至周初，倘若虞夏之世即有文字應用，則此類官方文誥之多，當更僕難數，而秦博士伏生所傳二十九篇，加上孔壁所出之『得多十六篇』，亦不過四十五篇之書。即使如孔壁所出之《書序》以爲『書有百篇』，與懸想所當有的王室内府檔案文獻相衡較，其數量不也仍然顯得過於短少？而且《堯典》、《臯陶謨》以及《禹貢》、《甘誓》等，所謂虞夏之書，何以反較其時代遠在千有餘年之後卻『詰屈聱牙』的周初文誥更加易於誦讀？

凡此諸多疑惑，無非指向二點：其一，《尚書》各篇文本成書的年代先後；其二，《尚書》各篇文本流傳的歷史原因。關於第一點，前人論述較多，其觀點容或稍有參差，但看法大抵一致，即其文所涉之史實年代愈久遠，其成書年代則愈晚近。因此，這第一點疑惑，迄今已不復爲疑惑了。至於第二點，亦即這些塵封在王室祕府的檔案文獻，是憑著什麽理由卻在兩周之際逐漸流於一般學人之手？其間的歷史機緣究竟是什麽？而且與此相關，那些事涉遥遠的傳說時代且神話與史影尚無明確分際的虞夏之書，又何以要在王室檔案文獻廣爲流佈於學人之手以後方始造作成書？這些流傳者或曰編纂者到底想通過它們來說明什麽？這些問題，無論帝制時代的經注家，抑或近世以來研究《尚書》的學者，概無論及。筆者曾於臺灣《漢學研究》第十九卷第一期（二〇〇一年六月）發表過題爲《西周末年的鑒古思潮與今文〈尚書〉的流傳背景——兼論〈尚書〉的思想意蘊》的文章就上述問題提出了一孔之見。這篇文章，是根據筆者當年（一九九七）在北京大學中文系褚斌傑先生門下攻讀博士學位時提交的學位論文之第六章《搜綴既往，尋覓古鑒》第一節《鑒古思潮翻開了塵封的歷史檔案——〈尚書〉的流傳背景及其思想内蘊》改寫而成的。《漢學研究》編輯部匿名專家的審稿意見說：『《尚書》有不少篇章作於周初，由周初至春秋時代的流傳情形，歷來論述相當少，蓋因相關材料闕如的緣故。本文作者試圖從西周末年厲王、宣王、幽王、平王時代所産生的鑒古思潮爲基礎，來推論《尚書》篇章的流傳，在方法上可說是一種創新，也解決了西周時代《尚書》流傳情形的部分疑惑，此點對《尚書》流傳史和經學史都有一定的貢獻。本文另一重點，即歸納《尚書》中的思想意識。作者以爲《尚書》中有（一）「人唯求舊」的稽古意識；（二）「天命靡常」的憂患意識；（三）「以德配天」的自律意識。此一論點，以前學者也曾論及，但本文的歸納，顯然較有系統。』審稿專家的這些看法，無疑對本人所提出的問題及其相關研究結論作了充分肯定。同時也說明，本人所採取的研究路徑也基本上是正確的。

不過，就本人研究的整體理論架構而言，《尚書》在先秦的流傳，只是敘述了一個局部的枝節問題，或者說，僅僅是某個文化類型在其自身觀念形態的歷史運作過程中的一個小小環節而已。本人的博士學位論文，即已於武漢大學出版社作爲《武漢大學學術叢書》出版的多卷本學術專著《中國早期文化意識的嬗變——先秦散文發展綫索探尋》之分論第二編《史官文化與史官散文》部分（見該書第一卷）。筆者認爲，先秦思想文化與散文文學的發展，經歷了巫卜文化與巫卜散文、史官文化與史官散文、士人文化與士人散文三個類似於板塊推移或蟬聯蜕變式的發展階段。而博士論文只是有關第二大板塊亦即史官文化與史官散文的研究與敘述。

置於這個板塊推移的文化變遷大勢的觀照之下，筆者認爲，作爲一種文化現象，中國早期史官文化也同樣經歷了一個漫長的發展演變過程。具體來說，中國早期史官的身份及其職業特徵，經歷了一個從巫史同源或曰『巫祝之史』，到『起文書草』亦即『掌官書以贊治』的『胥吏之史』，再到執簡策以記言行的『記事之史』的漫長演變道路。與此同時，史官的身份特徵及其具體職掌的每一步歷史分化，無不昭示著史官文化的觀念形態及其思想内藴的不同心路歷程。從『胥吏之史』的分化到『記事之史』的產生，必須以『傳世與不朽』的觀念爲前提。而『傳世與不朽』觀念的實現，可以有不同途徑，從而導致了由鑄器勒銘到著之竹帛的載體演變。且『記事之史』的分化與記事簡策的產生，又爲編年史書的問世預設了史料前提，也提供了歷史反思的經驗對象。

劉知幾說：『夫爲史之道，其流有二。何者？書事記言，出自當時之簡；勒成删定，歸於後來之筆。然則當時草創者，資乎博聞實錄，若董狐、南史是也；後來經始者，貴乎儁識通才，若班固、陳壽是也。必論其事業，先後不同，然相須而成，其歸一揆。』（《史通·史官建置》）劉子玄所謂『當時之簡』與『後來之筆』，正是史料與史學的相互依存關係。不過，從『當時之簡』到『後來之筆』，雖然是『前後相須』，但其間不僅經歷了漫長的時間歲月，也伴隨著艱苦的思想歷程。也就是說，從記事簡策的檔案積累到編年史書的删定勒成，必須經歷從『以古爲鑒』到『歷史反思』的觀念飛躍。而且，在『搜綴既往，尋覓古鑒』的觀念運作過程中，其『以今逆古』與『以古鑒今』之『當下』與『歷史』的雙向互動關係又經歷了三種不同的展現形態。即始而『援例性』的以事爲鑒，繼而『抽象化』的以理爲鑒；再進而『事理相融』的『理事共鑒』；於是也將『當下』與『歷史』的觀念互動推向了史官文化在『以古爲鑒』這個思想環節中的最後階段。確證這三種不同的觀念互動形態之所以存在的文獻依據，就是傳世的《尚書》、《逸周書》和《國語》。其各自的文本特徵，正好體現著與『事鑒』、『理鑒』與『理事共鑒』相對應的成書目的。

時過二十餘年，雖然在《尚書》個別文本的具體闡釋上，乃至在某篇個別文句的具體釋讀上，容或有所不同；但是，我對這些問題的基本認識以及解決這些問題的總體思路，並沒有多大改變；甚至在這次全面整理釋讀今文《尚書》的過程中，更加明確地意識到，這個思路與方法不僅使我對《尚書》大部分篇章的流傳背景有了比較直觀的感受，尤其重要的是，對於推斷《尚書》某些文本的成書年代也提供了很大幫助。

不過，這裏有一個相關概念必須事先釐清。如前所述，由於在『搜綴既往，尋覓古鑒』的觀念運作過程中，存在著『歷史』與『當下』的雙向互動關係，因而所謂『《尚書》的年代』就是一個内涵並不十分準確而且其邊界也相當模糊的概念。也就是說，所謂《尚書》的年代，至少有如下幾個不同的意義指向：一，史實年代；二，成書年代；三，流傳年代；四，整編年代。職是之故，則某篇《尚書》文本的史實年代並非就是它的成書年代；因而其成書年代既然不在它所指涉的史實年代，卻大可能就在它最初的流傳年代。也就是說，正是由於某種最初的傳播動機直接促成了某些相關文本的新生與定型，因而其流傳與其成書，或者其成書與其流傳，二者恰恰就是並時共生的。

爲方便理解，我們不妨以《尚書》的幾個具體篇目爲例，對《尚書》文本在『歷史』與『當下』雙向互動過程中的各種複雜關係，以及與之相應的各個《尚書》篇目在『年代學』上的各種不同情況，略作說明。

衆所周知，幽王死於驪山之後，平王即位而東遷洛邑，這是西周春秋之際重大的歷史事件。《尚書》中的《盤庚》、《召誥》、《洛誥》甚至《康誥》篇首四十八字，無不與之相關。如果我們從『年代學』的視角加以考察，則各篇的實際情況便相當複雜，因而也不能一概而論了。

《多士》說『惟殷先人有冊有典』，因此，雖然不能說《盤庚》的成書年代竟在周室東遷之際，但可以肯定的是，《盤庚》三篇從王室檔案流於學人之手，一定與平王東遷洛邑密邇相關。至於其具體文本在西周末年從王室檔案流播而出的過程中是否有所異動，則不能確指。然而今傳《盤庚》三篇的文本次序，與其相應的史實次序頗有些顛倒，卻是顯而易見的文本事實。今之下篇應爲上篇，今之上篇與中篇，依次當爲中篇與下篇。這種文本與史實相乖舛，並不難察。之所以如此，是否與其流傳的先後次序有關，或者表達了流傳者的某種另外的現實意圖，其詳情今一概不得而知。但有一點似乎可以肯定：無論其成書之年究竟在哪一代商王，這並不重要；但倘若我們認爲《盤庚》三篇原封不動地保存著商代成書之時的初始面貌，則是非常幼稚可笑的。因此，罔顧上下文的具體語境，簡單地用殷墟甲骨文的個別用字以替換與曲解《盤庚》中的一般用字，則無異於刻舟求劍，亦自鄶無譏而已。

毫無疑問，《召誥》與《洛誥》二篇，也應該是與平王東遷洛邑直接相關的文獻。至於其具體的成書年代究在何時，卻不能根據它們所指涉的史實年代作判斷。

首先，正如前輩學人所指出，二文雖以『誥』名篇，但在文體上卻與西周初年典型的『誥體文書』如《大誥》、《康誥》、《酒誥》之文大不相類。其次，就作『誥』的時間與二篇文勢而言，鄭玄從伏生《尚書大傳》之説，以爲《召誥》作於周公攝政五年，《洛誥》作於周公攝政七年還政成王之時。但清人皮錫瑞不苟鄭説，認爲『二篇文勢相接，不得以爲相隔二年』。第三，二篇所記成王、召公以及周公的相互談話，其談話的時間、地點，以及談話的主體與談話的對象，都十分混亂模糊。尤其是《洛誥》一篇，近人金兆梓説：『此篇開頭倒也明白記載著兩人一往一來的對話。但於周公二次發言後，卻緊接著記載周公三次發言。已令讀者覺得周公一人在自言自語了。周公三次發言後，忽又接連記載成王一連四次的發言，更好像兩人都各在自言自語，有類白日夢囈，致使讀者如墮五里霧，連他兩人在説些什麼也搞不清楚。這樣的記載方式，疑未能辨出兩人的對話應孰先孰後而機械地將兩人的語言各各分成兩大堆之所致。這樣的安排似乎比偶爾的錯簡還錯得更嚴重而荒誕』。於是金氏便依照他自己的想法，將《洛誥》原文大段改編重排。舛亂經文，卻自認爲『給它理出一個頭緒』。至劉起釪作《尚書校釋譯論》，則依據清儒朱駿聲之説，亦移『公，予小子其退，即辟于周，命公後』一句於『王入太室祼』之下。

其所以如此紛紛改篡原文，皆在以『誥體文書』爲標準，調整與解決文本閱讀過程中所產生的時空錯亂感。

事實上，如果考慮到《洛誥》與《召誥》所載之史實與西周末年平王東遷之事有著明顯的對應關係，則不能排除其在西周末年平王東遷之際據原始檔案材料綴合成篇的可能性。也就是説，如果確定二篇的流傳時代正是它們的成書定型年代，則上述諸多問題也就迎刃而解。因爲《洛誥》各節各段所言之旨，不外乎反覆强調洛邑營建之慎重及其鎮撫殷遺、管控東土之政治目的。至於周公與成王各自的説話時間、説話地點以及他們各自談話的具體對象，則並非西周末年的綴合者所特別關注之事。而且本篇並非首尾完整的『誥體文書』，不過是替平王東遷的當下行爲尋找歷史依據而已。也因此，《洛誥》文末『王命作册逸祝册』以及『作册逸誥，在十有二月，惟周公誕保文武受命，惟七年』云云，此雖爲《尚書》中唯一記載預事史官之名及其敘事時間背景的文字；但也不過等同於一個具體歷史事件的敘述而已，與文本最後編排與寫定的時間並無直接關涉。之所以如此編排綴合，無非是要增强歷史的真實性與厚重感，爲平王東遷的當下行爲堆積更多的歷史籌碼。正如《召誥》並非純爲『召公之誥』，其所以以『召誥』名篇，也不過是爲東遷增加除周公之外的另一個重量級歷史人證而已。唯其如此，則二篇文檔在西周末年的閱讀價值便可以充分有效地實現了。而且，隨著平王東遷行動之告終，本文所承載的歷史使命也就圓滿地完成了，至於那些淹没在時間長河之中的歷史細節，對於西周末年的編纂者而言，也就没有深度打撈與細心鈎沈的必要了。

由此可見，從《召誥》、《洛誥》的流傳背景來看，二篇成書目的是相當明確的：自始至終皆在凸顯當年洛邑營造過程之慎重，其地理位置乃經由二代周王及周公與召公二位涉事大臣之反覆抉擇，以及屢屢申説周王朝『其自時中乂』之管控意識。因而無論是史實指陳，抑或是主旨申述，在在皆是替平王東遷洛邑作歷史辯護與文獻支撑。雖然召公之誥成王，周公與成王之對答，周、召二公之交談，以及冊命『周公後』諸多事宜未必同在一時，或在攝政五年營成周之際，或在攝政七年周公致政之後；但整理者、流傳者的現實目的既然都是針對平王的東遷，那麼，因其同時成書，以致『二篇文勢相接』，也就絲毫不足爲怪了。

當然，檔案材料的原始作意，與後來編排綴合的主觀取向，未必全然一致。這也是《洛誥》篇首『復子明辟』及其相關文句之解説乃至全篇主旨之理解歷來衆説紛紜而莫衷一是的根本原因。職是之故，本書對這兩篇文本的釋讀，將檔案材料之原始作意，與應時綴合成篇之現實取向略作了辨析，以各還其真；同時也對學術史上某些具有較大影響的解釋意見，是著眼於既往史實的解讀，還是著眼於當下文本的串講，也一並稍作辨析。至於是否妥當合理，讀者諸君自可裁而定之。

此外，關於《康誥》篇首四十八字的錯簡及其歸宿，也是《尚書》研究者頗感棘手的問題，自古衆説紛紜，迄今亦無定論。

《康誥》是周公平定武庚、管、蔡之亂以後，徙封康叔於妹邦的誥命之辭。根據《尚書大傳》以及《左傳》定公四年載衛人祝佗『命以《康誥》』之説，本篇當作於周公攝政四年，其大旨乃誥康叔『明德慎罰』。以『歷史』與『當下』雙向互動關係而論，西周末年之所謂『周召共和』的歷史背景，或者是本篇之所以流傳於後世的重要原因。因爲西周初年的『攝政』與西周末年的『共和』，畢竟有著某種驚人的相似。但篇首『惟三月哉生魄，周公初基，作新大邑于東國洛，四方民大和會。侯、甸、男、邦、采、衛，百工播民和，見士于周。周公咸勤，乃洪大誥治』這四十八字，卻與《康誥》正文風馬牛不相及，乃是與周公營建洛邑有關的文字。

如前所述，《召誥》與《洛誥》是西周末年平王東遷之際因檔案材料整理成篇，而非西周初年之原始文檔樣態。準此，亦不難想象，『惟三月哉生魄，周公初基，作新大邑于東國洛』四十八字其所以置於《康誥》之首，或者正是因了這四十八字，兩周之際的學人竟以《康誥》爲『營建洛邑』的文誥，從而讀出了與平王東遷相關的現實意義，故而得以流傳於世的吧！或者置此四十八字於《康誥》之首，竟然是出於東遷之際學人之手而其讀寫傳抄《康誥》乃另有其意呢？此事頗可玩索，未始純爲『錯簡』而別無絲毫歷史意藴與文化符碼存於其間。

果如此，則兩周之際學人之讀寫傳抄《康誥》，自當別有用心。於是『肆汝小子封，在兹東土』，便與『東國洛』之『新大邑』在地理位置上構成拱衛呼應之勢。而事實上，平王東遷洛邑，衛武公亦參與其事，且大爲有力。此或者竟是《康誥》較《伯禽》與《唐誥》幸運，從而得以於兩周之際流傳於後世所潛在的深層文化心理契機，亦未可知。否則，祝佗所謂『命以《伯禽》』而封魯、『命以《唐誥》』而封晉，其作誥時間皆與武王及周公攝政建侯衛之時相去不遠，何以彼二篇皆所不傳？這就是説，既往之歷史與當下之現實，可能會誤打誤撞，而後又在某一點上相互拍合，必然造成文本的嚴重誤讀。此莊生所謂『自其異者視之，肝膽楚越也；自其同者視之，萬物皆一也』。畢竟文本誤讀雖然有時是偶然的、無意的，但在大多數情況下，卻是誤讀者爲著某種別樣的目的而有意以爲之。當然也毋庸諱言，文本誤讀，同樣是導致思想流變與傳統漂移之不可忽視的能動因素，而且還往往是更爲重要的主體因素。

以上所述，是西周末年平王東遷洛邑的當下現實，與《尚書》之中相關度比較大的幾個文本之間的複雜關係。雖然這僅僅只是一個簡單的示例，但也足以表明我們整理釋讀《尚書》的全部理論依據及其思想方法。至於這個理論與方法，對於《尚書》文本的解讀，是否自出機杼別有會心，是否觸摸到解決《尚書》學史上迄今懸而未決的某些疑難問題的邊緣，尚須讀者諸君的悉心審查與時間老人的耐心見證。

最後，關於《尚書》的篇目以及本《釋讀》的取舍與編排，也該一並作些交待，這也是《尚書》研究者所不能迴避的問題。

司馬遷《史記・儒林列傳》說：『秦時焚書，伏生壁藏之。其後兵大起，流亡。漢定，伏生求其書，亡數十篇，獨得二十九篇，即以教於齊魯之間。』班固《漢書・藝文志》也說：『秦燔書禁學，濟南伏生獨壁藏之。漢興亡失，求得二十九篇，以教齊魯之間。訖孝宣世，有歐陽、大小夏侯氏，立於學官。』近人蔣善國認爲，司馬遷『亡數十篇，獨得二十九篇』之說，未必是事實。伏生所傳二十九篇，可能就是秦季編定的《尚書》篇數。收入《秦誓》列於編末，既體現著以秦繼周的正統思想，也是《尚書》在秦末最後編定的鐵證。

然而，關於伏生《尚書》的篇數，卻發生了不小的爭議。劉歆《移讓太常博士書》說：『《泰誓》後得，博士集而讀之。』王充《論衡・正說篇》也說：『至孝宣皇帝之時，河內女子發老屋，得逸《易》、《禮》、《尚書》各一篇，奏之。宣帝下示博士，然後《易》、《禮》、《尚書》各益一篇，而《尚書》二十九篇始定矣。』於是伏生所傳《尚書》之篇數以及其中有無《泰誓》，遂有多種説法。一者以爲經文僅二十八篇，加上百篇《書序》，共二十九篇。明梅鷟《尚書考異》、清朱彝尊《經義考》及陳壽祺《左海經辨》等皆主此説。二者以爲司馬遷以後得之《泰誓》充伏生所傳之數。唐陸德明《經典釋文》、孔穎達《尚書正義》、宋蔡沈《書經集傳》、清毛奇齡《古文尚書冤詞》、戴震《經考》等皆主此説。三者以爲將二十八篇中之《顧命》分爲《顧命》與《康王之誥》二篇。清江聲《尚書集注音疏》、龔自珍《大誓答問》、俞正燮《癸巳類稿》、成瓘《篛園日札》、皮錫瑞《經學通論》等皆主此説。四者以爲伏書二十九篇本來就有《泰誓》。清王引之《經義述聞》、劉師培《左盦外集·駁〈泰誓答問〉》皆主此説。上述四説，各有所依，又互有駁正。

新出《熹平石經》之《書序》殘石，上連《文侯之命》，篇目下有『廿八』二字，則第二十九篇當爲《秦誓》無所可疑。因此《書序》不在二十九篇之數，亦無所可疑。僞《孔安國尚書傳序》説：『伏生又以《舜典》合於《堯典》，《益稷》合於《臯陶謨》，《盤庚》三篇合爲一，《康王之誥》合於《顧命》。』是伏生今文《尚書》不分《顧命》與《康王之誥》二篇亦可知。《尚書大傳》乃伏生解説《尚書》之語録，其中已載『八百諸侯俱至孟津，白魚入舟』之事，則伏生所傳二十九篇當有《泰誓》之文亦甚明，不待後得之《泰誓》乃有其篇。

《漢志》《書》類著録：『《經》二十九卷。』班氏自注：『大、小夏侯二家。《歐陽經》三十二卷。』又録：『《歐陽章句》三十一卷，《大小夏侯章句》各二十九卷。《大小夏侯解詁》二十九篇。』所謂『章句二十九卷』或『解詁二十九篇』，『卷』即『篇』，『篇』即『卷』，則大、小夏侯《尚書》經文皆二十九篇無疑。而《歐陽章句》三十一卷,《歐陽經》三十二卷者,不爲《書序》作章句而已。其所以《經》三十一卷者,因後得《泰誓》之文入其中,爲便於區别,乃將伏書原有之《泰誓》與後得之《泰誓》相合而後析爲三篇,與其餘二十八篇相加,乃爲三十一篇之數。至漢宣帝之時,大、小夏侯增立於學官,乃並三篇《泰誓》爲一篇,不再分卷,或者只在兩篇之間空一字以爲起迄標記,《熹平石經》殘石所載《盤庚》上篇『弗可悔』與中篇『般庚作』之間,以圓點作爲分篇標記,即是其事。然歐陽《尚書》立學,在漢武帝建元五年,其時後得之《泰誓》未必出,則其經三十二卷,其章句三十一卷者,或劉歆、班固乃自後著録,故其經雖有三十一卷,其篇目仍爲二十九篇。否則,歐陽立學之際即有《泰誓》三篇,乃不可解。

據孔穎達《尚書正義》所載,考定漢代大、小夏侯所傳習之今文《尚書》二十九篇之篇目,當如下述:

合今本《舜典》(『慎徽五典』以下之文,無篇首二十八字)之《堯典》第一;合今本《益稷》之《皋陶謨》第二;《禹貢》第三;《甘誓》第四;《湯誓》第五;《盤庚》第六;《高宗肜日》第七;《西伯戡黎》第八;《微子》第九;《泰誓》第十;《牧誓》第十一;《洪範》第十二;《金縢》第十三;《大誥》第十四;《康誥》第十五;《酒誥》第十六;《梓材》第十七;《召誥》第十八;《洛誥》第十九;《多士》第二十;《無逸》第二十一;《君奭》第二十二;《多方》第二十三;《立政》第二十四;合今本《康王之誥》之《顧命》第二十五;《費誓》第二十六;《吕刑》第二十七;《文侯之命》第二十八;《秦誓》第二十九。

近人蔣善國認爲,以上今文《尚書》之目,也就是伏生所傳二十九篇之篇目,惟伏生所傳之《泰誓》

無後得之文，而今文則合新舊《泰誓》之文而後析以爲三篇，但其篇目與卷數仍爲二十九。這二十九篇，也就是秦始皇焚禁《詩》、《書》時由朝廷所選編的官方《尚書》定本，根本不是秦漢之際亡佚之後的結果。我們則進一步認爲，秦代官方編定的這二十九篇《尚書》，其實也是從當時所流傳的四十五篇《尚書》，也就是所謂孔壁古文《尚書》之中選定的篇目。

司馬遷《史記·儒林列傳》說：『孔氏有古文《尚書》，而安國以今文讀之，因以起其家。逸《書》得十餘篇，蓋《尚書》滋多於是矣。』《漢書·藝文志》也說：『《古文尚書》者，出孔子壁中。武帝末，魯共王壞孔子宅，欲以廣其宮，而得《古文尚書》及《禮記》、《論語》、《孝經》凡數十篇，皆古字也。共王往入其宅，聞鼓琴瑟鍾磬之音，於是懼，乃止不壞。孔安國者，孔子後也，悉得其書，以考二十九篇，得多十六篇。』魯共王壞宅得書之事，當在景帝初年，茲無須置辯。而孔壁古文《尚書》比伏生今文多十六篇，則總數當爲四十五篇。《漢志》著錄『《尚書》古文經四十六卷』，即孔壁有《書序》一卷可知，故爲四十六卷。此十六篇古文篇目當爲秦代選編《尚書》所棄之書，而孔安國但依今文隸讀古文，卻並未爲此十六篇遺棄之書作傳。其後，古文經學盛行，東漢馬融、鄭玄及魏王肅注古文《尚書》，亦僅注今文所有之二十九篇，而於十六篇遺棄之書皆不爲作注。

據《漢志》『得多十六篇』之說，則今古文《尚書》皆有《泰誓》當無所疑。錢大昕《潛研堂答問》說：『《書序》稱武王作《太誓》三篇，史公《周本紀》所載「武王上祭于畢」云云，此《太誓》上篇也。又云「居二年，武王遍告諸侯曰：殷有重罪，不可以不畢伐」，此《太誓》中篇也。又云「十一年十二月戊午，師畢渡孟津，諸侯咸會，曰孳孳無怠，武王乃作《太誓》，告于衆庶……不可再，不可三」，此《太誓》

下篇也。唐初作《疏》時，今文《太誓》尚存，而《疏》云「上篇觀兵時事，中、下二篇伐紂時事」，可證《史記》所書本於《太誓》，史公既親見古文，則今文《太誓》之爲真《太誓》審矣！』司馬遷曾從孔安國問故，則太史公所録《太誓》原文，當爲今古文《泰誓》所共有。

因馬融致疑於後得之《泰誓》，説：『吾見書傳多矣，凡諸所引，今之《泰誓》皆無此言。』僞造《孔安國古文尚書傳》者誤讀馬氏之説，以爲馬融疑於新舊《泰誓》全文，遂另造《泰誓》三篇，其文無一言與《周本紀》相同，以符合馬融所疑後得《泰誓》之説。唐初孔穎達撰《五經正義》，於《尚書》取僞孔傳本，則真《泰誓》乃因馬融一言而終亡。今傳僞孔傳本《泰誓》三篇，既非漢代歐陽及大、小夏侯所傳之今文《泰誓》，亦非司馬遷所見之今古文共有之《泰誓》。

至於清人孫星衍作《尚書今古文注疏》，乃綴集《史記》所引《泰誓》之文，以足二十九篇今文之數，其鈎沈輯逸之心可鑒，但究非西漢今文之舊，亦非完璧全裘。是以本《釋讀》雖以孔穎達《尚書正義》所載篇目爲序，既不取枚氏僞本《泰誓》之文，亦不取孫氏輯逸之書，故本書僅作二十八篇釋讀。至於其篇名之用字，見諸載籍者，與孔氏《正義》本有所異同，則皆於各篇【解題】略作辨析，兹不復贅。

凡例

一、前人經注，往往詳故訓而略文章，至有訓詁家不知文義之譏，此其蔽也。兹編以《釋讀》名者，厥旨有四：明句讀，一也；通故訓，二也；釋章指，三也；繹文法，四也。明句讀、通故訓者，是之謂讀也；釋章指、繹文法者，是之謂釋也。讀之與釋，釋之與讀，乃相關互足，庶免以辭害意之蔽也。

二、前賢舊説，擇善而從；否則間下己意，期於經旨之明而已。

三、所引前人之説，有列某人某書者，以示不敢掠美；有不列某人某書者，以示學術乃公器，不必專屬誰某之私也，以省篇幅。

四、經文用字，以中華書局影印阮元校刻《十三經注疏》嘉慶刊本爲準，如有異文而有助於經義者，則校讀之；無關宏旨者，乃付闕如焉。嘉慶本訛誤顛倒之字，則徑依道光重印本校正，不復出校記。

五、兹編以【解題】、【釋讀】、【繹文】、【後案】設其體。解題者，釋篇名，言作意，揭流傳也。釋讀者，析章句，注經文，明經義也。繹文者，籀古聲，求雅馴，便閲讀也。後案者，詮史實，發微旨，衡藝文也。

六、本人愚見，以『行甫按』若『行甫又按』出之，以示一家之言，不爲典要，未必即以爲定論也。

虞夏書

孔穎達《書疏》曰：『馬融、鄭玄、王肅別錄題皆曰虞夏書，以虞夏同科，雖虞事亦連夏。』又曰：『案鄭《序》，以爲虞夏書二十篇；商書四十篇，周書四十篇。《贊》云「三科之條，五家之教」，是虞夏同科也。』鄭氏所言虞夏書二十篇者，據百篇《書序》而言也。然所謂『虞夏書』云者，並非成書於虞夏之世，不過傳說中的史實年代而已，其成書年代皆相對晚近。

虞夏書

堯典

【解題】

堯，《大戴禮記·五帝德》及《史記·五帝本紀》以爲上古五帝之一。典，《説文》：『五帝之書也。从冊在丌上，尊閣之也。莊都説：典，大冊也。籅，古文典从竹。』孔穎達《書疏》：『其堯舜之典，多陳行事之狀，其言寡矣。』是本篇乃敘事之文而非記言之體，與《尚書》多爲誥誓之文有所不類，其稱之爲『典』者，視以爲『五帝之書』而『尊閣之』也，許君之説是已。

孫星衍《尚書今古文注疏》云：『案《堯典》一篇，梅賾所上僞《孔傳》分「慎徽五典」已下爲《舜典》。案百篇之書自有《舜典》，至後亡逸，不宜以《堯典》分篇也。據《孟子·萬章篇》引《堯典》曰「二十有八載，放勳乃徂落」云云，《論衡·書虛篇》云「《堯典》之篇，舜巡狩東至岱宗，南至霍山」云云，皆在今《舜典》中，明古合爲《堯典》。《淮南·泰族訓》云「堯治天下七十載，四岳舉舜而薦之堯，堯乃妻以二女以觀其內，任以百官以觀其外」，明「慎徽五典」與今《堯典》「嬪于虞」文相連也。《書疏》云：

「鄭、王皆以《舜典》合於此篇。」今並之，以復古。」今傳僞《尚書孔傳》本，「慎徽五典」之前多「曰若稽古帝舜」等二十八字，據清儒臧琳、王鳴盛考證，認爲「曰若稽古帝舜，曰重華協于帝」十二字，乃南朝齊明帝蕭鸞建武四年姚方興所上之僞造《舜典孔傳》時所加；而「濬哲文明，溫恭允塞，玄德升聞，乃命以位」十六字爲隋開皇初「購求遺典」時學士劉炫所增，唐宋以下諸多通行本率相因襲。姚、劉變亂舊章，不足爲據。

本篇敘述遠古堯舜之世觀象授時，選賢任能，以及禮樂教化等多方面之制度安排，代表著先秦儒家的社會政治理想，是中國古代重要的思想文獻與古史文獻。其成書年代，說法雖多，但基本一致。屈萬里《尚書集釋》列十事以證本篇爲戰國時人述古之作。劉起釪《尚書校釋譯論》據王充《論衡・須頌篇》及康有爲《孔子改制考》之說，定本篇成於「鴻筆」孔子之手。蔣善國《尚書綜述》則認爲本篇經過春秋及戰國乃至秦代多次改編而成。較之「周誥殷盤，佶屈聱牙」，本篇語辭淺易，行文流暢；且其所述之天文地理知識及其社會政治制度等內容，多涉及周秦之際的社會歷史。由此可以判斷，本篇最初當是成書於孔子之手，在戰國之世二百六十餘年的流傳過程中，亦有所增改，最終在秦代編定《尚書》篇目之時，又有所加工與整理。因此，上述三說，並不矛盾。

本篇在先秦文獻之中被引用多達十四次，《孟子》引其文稱「《堯典》曰」；《禮記・大學》引其文則稱「《帝典》曰」。由此可見，至戰國晚期周秦之際，本篇受學人重視之程度隨時間之推移而與日俱增。因爲君臣和輯，政治安定的社會圖景，正是戰亂之世托古改制的人心所向。而秦滅六國，大一統集權國家的最終形成，又爲這種托古改制提供了初步的現實基礎。這就是本篇成書之後之所以不斷流傳的社會文化心理背景。

曰若稽古：帝堯曰放勳，欽明文思安安。〔一〕允恭克讓，光被四表，格于上下。〔二〕克明俊德，以親九族。九族既睦，平章百姓。〔三〕百姓昭明，協和萬邦，黎民於變時雍。〔四〕

【釋讀】

〔一〕**曰若稽古**■曰，於也，及也。又作『粵』、『越』，金文作『雩』，聲轉字通。若，及也，至也。稽，鉤考也，計議也。《禮記·緇衣》『而行必稽其所敝』，鄭玄注：『稽，猶考也，議也。』《周禮·宮正》『稽其功緒』，鄭玄注：『稽，猶考也，計也。』行甫按：『曰若』二字爲同義並列虛詞，猶『及至』、『至於』也。『曰若稽古』，追述遠古傳聞之事，用以發端之辭，猶言『及至考校鉤求遠古之事』也，《皋陶謨》、《逸周書·武穆解》皆有之。後世佛經皆以『如是我聞』發端，亦其類也。**帝堯曰放勳**■帝，殷墟甲骨文中指『天帝』，商末乃用之於人王，有『帝乙』、『帝辛』之稱。本篇稱堯、舜爲『帝』者，實因遠古神話歷史化及後世歷史神話化之故（參見拙著《中國早期文化意識的嬗變——先秦散文發展線索探尋》第一卷第十章《時間—因果與理性精神》，武漢大學出版社二〇〇五年版，第四五六—四七五頁），是以此『帝』字亦兼天神與人王之二義焉。堯，《釋文》：『唐帝名。馬融云：謚也。』屈萬里《尚書集釋》曰：『殷代晚年，始有類似謚號之廟號，西周中葉後，始有真正之謚法（見王國維《遹敦跋》，原文載《觀堂集林》），堯時自不應有謚號。然本篇既爲述古之作，述古常以後世之習，加之古代。故以堯爲謚，亦不足異。惟以下文『曰虞舜』例之，則堯當爲名。顧氏《日知錄》（卷二）以爲堯舜禹皆名，其說較勝。』曰，爲也，謂也。放，逸也，縱也。勳，《說文》：『能成王功也。从力，熏聲。勛，古文勳从員。』行甫按：『放勳』，本謂堯所成就之帝王功業廣大無邊，後世乃以之代稱帝堯其人也。《孟子·滕文公上》『放勳曰：勞之，來之』，《萬章上》『放勳乃徂落』，皆是其例也。經生以『放勳』爲帝堯之字或號，郢書燕說而已，不足爲訓。行甫又按：『帝堯曰放勳』，承上文，意即：『遠古之帝王名堯者，傳說稱之爲成就其廣大無邊之功業也』。下文『欽明文思』至『於變時雍』云云，即自修身齊家乃至治國平天下以具體描述其千古蓋世之功也。**欽明文思安安**■欽，枚《傳》：『敬也。』《釋文》引馬融云：『威儀表備謂之欽。』行甫按：所謂『欽』者，『威儀表備』者，猶言『處事虔敬而誠摯』也。明，《釋文》引馬融云：『照臨四方謂之明。』行甫按：『明』者，猶言『明白事理而智慧通達』也。文，《釋文》引馬融云：『經緯天地謂之文。』行甫按：『經緯天地』者，『安排佈置天地萬物』也，猶西人所謂『人爲世界立法』之意也。下文所敘觀象授時，任賢治事，肇十有二州，五年一巡狩，命夔典樂等政教制度，皆所謂『經緯天地』之『文』事也。思，《釋文》引馬融云：『道德純備謂之思。』孔穎達《書疏》引鄭玄曰：『慮深通敏謂之思。』《後漢書·和熹鄧后紀》及《第五倫傳》之章懷注皆引《書緯·考靈曜》『思』作『塞』。《說文》：『寋，實也。从心，塞省聲。《虞書》曰：剛而寋。』今《皋陶謨》作『剛而塞』，是知『塞』亦作『寋』。段玉裁《古文尚書撰異》：『思與塞同部雙聲，故古「思」今作「塞」。凡古文《尚書》與今文《尚書》乖異，不盡關乎音韻，此則關乎音韻者。凡緯書皆出於漢，《書緯》則皆襲今文《尚書》。』陳喬樅《今文尚書經說考》曰：『塞、寋古相通用。寋即从塞省聲也。思、寋同部雙聲，故古文作思，今文作寋，或作塞也。』《後漢書·郅壽傳》載何敞上疏曰『誠不欲聖朝行誹謗之誅，以傷塞晏之化』，章懷太子注引鄭玄《尚書·考靈曜》注：『道德純備謂之塞，寬容覆載謂之晏。』段玉裁《古文尚書撰異》：『道德純備，充實之意也，故以訓「塞」，此今文《尚書》說也。鄭注古文《尚書》云「慮深通敏謂之思」，此古文《尚書》說也。各如其字釋也。馬季長注古文《尚書》曰「道德純備謂之思」，此用今文《尚書》之說釋古文《尚書》，讀「思」爲

「塞」，易其字也。」行甫按：《說文》云：「思，容也。」《洪範》云：「思曰容。」（今作「思曰睿」，此用錢大昕說。參見《洪範》「思曰睿」句、《顧命》「思夫人自亂于威儀」句及《秦誓》「昧昧我思之……其如有容」句釋讀。）「思」之爲「容納」，與「塞」之爲「充實」，無二義也，馬融以今文說古文，是也。鄭玄說古文之「思」爲「深通」，說今文之「塞」爲「充實」，今文與古文不相糾葛也。《洪範》今文作「思曰容」，古文作「思曰睿」，《洪範五行傳》「思心曰不容，是謂不聖」，鄭玄注：「容當爲睿。睿，通也。」是知鄭玄注《堯典》古文「思」字，亦從《洪範》古文「思曰睿」之「深通」爲說也。然「思」與「塞」既爲同部雙聲，則當義無二致。是鄭氏「深通」之說不可從。安，今文《尚書》作「晏」。陳喬樅《今文尚書經說考》：「晏字古通用安，《漢書·古今人表》有「晏孺子」，即《左傳》之「安孺子」也。」行甫按：「安」與「晏」通假，此讀當從今文本字「晏」。《爾雅·釋訓》：「晏晏、溫溫，柔也。」《衛風·氓》「言笑晏晏」，毛《傳》：「和柔也。」鄭玄注《書緯·考靈曜》曰：「寬容覆載謂之晏。」則「晏晏」云者，乃補充上文「思」字爲「容納」之義，溫和寬柔包容之謂也。

〔二〕**允恭克讓**■允，信也。恭，孔穎達《書疏》引鄭玄注：「不懈於位曰恭。」《魏三體石經》作「龔」，江聲《尚書集注音疏》：「龔、恭，古今字也。」行甫按：「允恭」，猶言「忠於職守，盡職盡責」也。克，能也。讓，謙讓也。《漢書·藝文志》道家引作「攘」，顏師古注：「攘，古讓字。」行甫按：《說文》：「攘，推也。」讓，相責讓也。」二字義實不同。此「讓」字當讀「攘」，謙退推讓也。**光被四表**■光，猶「廣」也，充塞之義。行甫按：今文《尚書》字亦作「廣」，或作「橫」，皆通假字也。《漢書·天文志》：「黃道，一曰光道。」《風俗通義·皇霸篇》：「黃者，光也。」《說文》：「黃，地之色也。从田，炗聲，炗，古文光。」是「黃」從「光」得聲，「廣」字、「橫」字又皆从「黃」得聲，故「廣」與「橫」皆與「光」相通互用。枚《傳》釋「光」爲「充」，則讀如「桄」也。《說文》：「桄，充也。从木光聲。」《爾雅·釋言》：「桄，充也。」陸氏《釋文》云「孫作光」，是枚氏從《爾雅·釋言》說也。被，覆蓋也。《漢書・禮樂志》『況於聖主廣被之資』，顔師古注：『被，猶覆也。』四表，四方極邊遠之地也。行甫按：『表』與『裏』相對爲義，《左傳》僖公二十八年『表裏山河』，猶言『山河外内』，是其例也。**格于上下**■格，至也。甲骨、金文作『各』，即『洛』字之初文。《方言》卷一：『洛，至也。』《説文》：『假，非真也。从人，叚聲。一曰至也，《虞書》曰：假于上下。』行甫按：『各』、『洛』、『格』、『假』、『假』皆聲轉相通互用。上下，猶言『天地之間』也。行甫按：鄒漢勳《讀書偶識》曰：『《洛誥》「明光于上下，勤施于四方」，即「光被四表，格于上下」也。』以鄒氏之言，則《堯典》此文或襲之於《洛誥》也。

〔三〕**克明俊德**■克，能也。明，勉也。行甫按：『明』讀若『孟』，《禹貢》『被孟豬』，《夏本紀》作『被明都』。《禹貢》『又東至于孟津』，《漢書・溝洫志》引作『明津』。是其證也。《爾雅・釋詁》：『孟，勉也。』俊，《禮記・大學》引作『峻』，敦煌寫本《釋文》作『畯』，云：『本又作儁，皆古俊字。』是『俊』、『峻』、『畯』、『儁』通用也。行甫按：『俊德』，孔穎達《書疏》引鄭玄注：『賢才兼人者。』是謂超倍於儕輩之才德也。《史記・五帝本紀》作『能明馴德』，章太炎《尚書説》：『太史公作「馴德」，此或壁中經本然也。馴德即順德。《禮記》「孝順德」，「克明俊德」，謂能明孝道耳。能明孝道，故能親九族也。』行甫按：章氏説太史公作『馴德』之義或是也。然經文作『俊德』，則所含甚廣，非僅『孝道』之一途也。太史公因下文『以親九族』而以『俊德』爲『馴德』耳。**以親九族**■以，猶『而』也，順接連詞。親，親近也，親愛也。玄應《一切經音義》卷九『親親』注引《蒼頡篇》：『親，愛也，近也。』九族，古文家以高祖至玄孫爲『九族』，今文家以父族四、母族三、妻族二或父族三、母族三、妻族三合稱爲『九族』。劉起釪《尚書校釋譯論》：『卜辭所見有「王族」、「多子族」、「三族」、「五族」等，正與「九族」提法相類，即下文的「百姓」、「萬邦」等提法，亦完全和此相同，可知「九族」是泛指各氏族。』行甫按：劉氏爲擺脱禮經之糾纏，採清人汪中《釋三九》以『九』爲『多』，其説是也；以爲『九族』乃『泛指各氏族』，則非也。『克明俊德』與『以親九族』構成遞進關係，猶下文以『九族』與『百姓』爲遞進關係也。宋人吳棫曰：『九族者，數之極。凡王者於祖免之親，同姓之國，皆當所親也。』則『九族』當指堯本人家族内父、母、妻黨之大小各宗而言之也。劉起釪既引吳棫之説又不用其義，失之交臂。**九族既睦**■既，枚《傳》：『已也。』睦，蔡《傳》：『親而和也。』**平章百姓**■平，通『辨』，辨別也。《五帝本紀》作『便』，司馬貞《索隱》：『古文《尚書》作「平」，此文蓋讀「平」爲浦耕反。平既訓便，因作「便章」。其今文作「辯章」。古「平」字亦作「便」，音婢緣反。便則訓辯，遂爲辯章。鄒誕生本亦同也。』是『平』、『便』、『辯』皆通假互用。章，與『彰』通，彰顯也。《後漢書·劉愷傳》『辯章百姓，宣美風俗』，章懷太子引鄭玄《尚書注》云：『辯，別也。章，明也。』是其義也。百姓，枚《傳》：『百官。』行甫按：『百姓』不可簡單等同於『百官』，金文作『百生』，《伯吉父盤》『其惟諸侯百生』，《史頌敦》『里君百生』，由『百生』在『諸侯』與『里君』之下，知『百生』乃各家族或宗族自治之長，按某種文化習俗於家族内部自然產生，既非任職於朝廷或政府之公卿大吏，亦非由朝廷任命指派之官員。此家族自治之長，既代表家族民眾的政治利益與經濟利益而與政權有所疏離，同時也與家族民眾即家族内部其他成員形成政治張力。組織生產與經營，發動群毆與械鬥，皆其人也。是所謂『百姓』者，既非官非民，也亦官亦民也。參見《盤庚》『汝不和吉言于百姓』釋讀。

〔四〕**百姓昭明**■昭，明也。昭明，同義複詞。行甫按：『平章百姓，百姓昭明』，意謂：辨別各家族或各宗族之來源及其關係，以及各家族或各宗族現有戶口男丁數及田畝數，使其數據準確，情況清楚。《國語·楚語下》所謂『百姓、千品、萬官、億醜、兆民，經入畡數』者，即『平章百姓』之事也。所謂『天子之田九畡，以食兆民；王取經入焉，以食萬官』者，是『百姓昭明』之義也。**協和萬邦**■協，和也。協和，同義複詞。《説文》：『協，同眾之龢也。』《五帝本紀》作『合和』，亦同義複詞。邦，猶殷墟卜辭之『方』，即不同的氏族部落。萬邦，《五帝本紀》作『萬國』，以『國』訓『邦』，實爲天下眾多不同之部落氏族也。**黎民於變時雍**■黎，《爾雅·釋詁》：『眾也。』《説文》：『黔，黎也，从黑，今聲。秦謂民爲黔首，謂黑色也。周謂之黎民。』行甫按：『黎民』即『庶民』，下層民衆，面目黧黑，故又謂之『黔首』、『蒼生』。於，猶『於是』也，順接連詞。變，《漢書·成帝紀》引作『蕃』，《隸釋》卷七《泰山都尉孔宙碑》引作『卞』，段玉裁《古文尚書撰異》：『《孔宙碑》「卞」即今之「卞」字，「弁」之變體。「弁」蓋「蕃」之假借，古音「弁」讀如「盤」。』章太炎《尚書説》：『案《詩·小雅》「弁彼鸒斯」，《傳》：「弁，樂也。」《説文》正作「昪」，云「喜樂皃」。此義實較「蕃」、「變」爲長。蓋上言「親九族」，則下言「九族睦」，上言「平章百姓」，則下言「百姓昭明」，上言「協和萬邦」，則下言「黎民於樂時和」，義皆相應，若言「變」言「蕃」，非「協和」之效矣。《五帝德》説堯事云「四海之内，舟輿所至，莫不説夷」，「説夷」即樂之謂。』劉起釪謂『卞』即『歡忭』之『忭』，是也。行甫按：『變』、『蕃』、『盤』、『弁』、『昪』、『卞』，皆聲同義通，即『盤樂』也。時，是也。行甫按：『是』猶『之』也，『之』猶『而』也。説見吴昌瑩《經詞衍釋》。雍，和也。

此乃本篇第一節，總言帝堯具有修身、齊家、治國、平天下的偉大資質與政治才能。

【繹文】

至於考求遠古之事，則有帝堯成就了遠大無邊的帝王事功。其爲人虔敬而誠實，聰明而智慧，有經天緯地之文才，有廣大含弘之思想，寬柔仁厚，慈愛溫和。在帝王之位，既克盡其職責，又推讓於賢能，他那偉岸的人格精神，覆蓋五湖四海，充斥天地人間。帝業傳頌千秋，操行垂範萬古。他既能夠努力修養自己異乎常倫的高尚品德，又能夠親近家族，友善親戚；使家族親戚内部，互相團結，和睦相處。然後又擴而大之，辨明其他各個家族的人丁編户與經濟實力，以及他們相互之間錯綜複雜的淵源關係。準確清楚地掌握天下各個氏族的基本情況，有助於天下各個氏族部落的團結協作，也有助於社會安定與國家治理。天下各個氏族團結協作，國家政治清明，社會和諧安定，於是人民群衆也就無不歡心鼓舞而快樂祥和了。

乃命羲和，欽若昊天，厤象日月星辰，敬授人時。〔一〕分命羲仲，宅嵎夷，曰暘谷。〔二〕寅賓出日，平秩東作。〔三〕日中，星鳥，以殷仲春。〔四〕厥民析，鳥獸孳尾。〔五〕申命羲叔，宅南交，平秩南訛，敬致。〔六〕日永，星火，以正仲夏。〔七〕厥民因，鳥獸希革。〔八〕

分命和仲，宅西，曰昧谷。〔九〕寅餞納日，平秩西成。〔一〇〕宵中，星虛，以殷仲秋。〔一一〕厥民夷，鳥獸毛毨。〔一二〕申命和叔，宅朔方，曰幽都，平在朔易。〔一三〕日短，星昴，以正仲冬。〔一四〕厥民隩，鳥獸氄毛。〔一五〕

帝曰：『咨汝羲暨和，朞三百有六旬有六日，以閏月定四時成歲。〔一六〕允釐百工，庶績咸熙。〔一七〕』

【釋讀】

〔一〕**乃命羲和**■乃，於是也。命，任命也。羲和，羲氏與和氏也。《國語·楚語下》：『乃命南正重司天以屬神，命火正黎司地以屬民」，『堯復育重、黎之後不忘舊者，使復典之。以至於夏、商，故重、黎氏世敘天地』，韋昭注：『堯繼高辛氏平三苗之亂，紹育重、黎之後，使復典天地之官，羲氏、和氏是也。』賈公彦《周禮正義序》引鄭玄《尚書注》：『高辛之世，命重爲南正司天，黎爲火正司地。堯育重、黎之後，羲氏、和氏之子賢者，使掌舊職天地之官。』鄭玄、韋昭皆以『羲』、『和』爲二氏。《離騷》『吾令羲和弭節兮，望崦嵫而勿迫』，《天問》『羲和之未揚，若華何光』，王逸注皆云：『羲和，日御也。』是『羲和』乃一神話人物，非重、黎二氏之後。《山海經・大荒南經》『東南海之外，甘水之間，有羲和之國。有女子名曰羲和，方浴日于甘淵。羲和者，帝俊之妻，生十日』，郭璞注：『羲和，蓋天地始生主日月者也。故《歸藏・啓筮》曰：「空桑之蒼蒼，八極之既張，乃有夫羲和，是主日月，職出入，以爲晦明。」又曰：「瞻彼上天，一明一晦，有夫羲和之子，出于暘谷。」故堯因此而立羲和之官，以主四時，其後世遂爲此國。作日月之象而掌之，沐浴運轉之於甘水中，以效其出入暘谷虞淵也，所謂世不失職耳。』行甫按：《大荒南經》以『羲和』爲『帝俊之妻，生十日』，女性神祇。郭璞注引《歸藏》又爲男性神祇，因其主日月出入，故堯以羲和之官以主四時。據《楚辭》、《山海經》以及《歸藏》之説，則羲和與日月有關，鄭玄、韋昭皆以羲氏、和氏乃重、黎之後，與本經羲氏、和氏『欽若昊天』、『敬授人時』之職掌相近。此乃神話歷史化與歷史神話化之相關互動的結果，既不足爲怪，亦不必當真。**欽若昊天**■欽，敬也。若，《爾雅・釋言》：『順也。』行甫按：《五帝本紀》作『敬順』，訓詁字也。昊天，枚《傳》：『言元氣廣大。』孔穎達《書疏》：『昊天者，混元之氣，昊然廣大，故謂之昊天也。《釋天》云：「春爲蒼天，夏爲昊天，秋爲旻天，冬爲上天。」毛《詩傳》云：「尊而君之，則稱皇天；元氣廣大，則稱昊天；仁覆閔下，則稱旻天；自上降鑒，則稱上天；據遠視之，蒼蒼然，則稱蒼天。」《爾雅》四時異名，《詩傳》即隨事立稱。』**厤象日月星辰**■厤，《説文》：『治也。从厂，秝聲。』行甫按：歷來注家多解此『厤』爲『步歷』之『歷』，進而引申爲『曆法』之『曆』，恐非是。『厤』與『歷』通，《史記・曆書》引作『歷』。《莊子・天下篇》惠施『厤物之意」，陸氏《釋文》曰：「厤，古歷字。本亦作歷。」是其例也。「厤」、「歷」皆當讀如「覈」。《史記・滑稽列傳》「桐歷爲棺」，《索隱》：「歷即釜鬲也。」《説文》：「鬲，鼎屬也。象腹交文三足。𤮼，鬲或从瓦。㽁，漢令鬲从瓦，厤聲。」《史記・楚世家》「吞三翮六翼」，《索隱》：「翮，亦作𤮼，同音歷。三翮六翼，亦謂九鼎也。」則「鬲」、「歷」、「𤮼」、「㽁」音同義通。「翮」、「𤮼」從「鬲」得聲，與「隔」、「槅」同紐，《廣韻》入聲二十一「麥」小韻「覈」收「翮」字，下革切；小韻「隔」收「鬲」、「槅」字，古核切。是「隔」、「槅」、「翮」同爲「鬲」聲，既可讀「古核切」，亦可讀「下革切」。則「鬲」聲之字必有與「覈」字相通者，左思《蜀都賦》「肴槅四陳」，正「槅」與「覈」相通之例。《説文》：「覈，實也。考事，襾笮邀遮其辭得實曰覈。」段玉裁注：「襾者，反覆之。笮者，迫之。徼者，巡也。遮者，遏也。言考事者定于一是，必使其上下四方之辭皆不得逞，而後得其實，是謂覈。此所謂咨於故實也，所謂實事求是也。」段氏注又曰：「骨，肉之覈也。蔡邕注《典引》曰『有骨曰覈』，《周禮》『其植物曰覈物』，謂梅李之屬。按《詩・小雅》『肴覈維旅』，《典引》及注不誤。《蜀都賦》作槅，假借字也。今本作核，傳譌也。《周禮》經作覈，注作核，蓋漢人已用核爲覈矣。」據此，則「厤」、「歷」與「𤮼」、「翮」通，「翮」與「槅」同讀，「槅」又通「覈」，是惠施之「厤物」即爲「覈物」也，此言「厤象」者，猶「覈象」也。《大戴禮記・文王官人》「歷其才藝」，亦謂「覈其才藝」也。《説文》訓「厤」爲「治」，考覈研究亦是「治」，今之所謂「治學」者，亦即「考覈學問」也。象，天象也。《周易・繫辭上》「天垂象，見吉凶」，是其例也。行甫按：「象」者，下文「日月星辰」是也。「厤象」，謂「考覈日月星辰之天象」也，亦即觀察研究日月星辰運行之規律。因考覈研究天象而記於文字，乃後世「曆法」之由來，「厤」亦隨而轉爲名詞矣。然此「厤象」乃動賓結構，與名詞之「曆」不同。《五帝本紀》作「數法」，蓋以「數」訓「厤」，以「法」訓「象」也。

星，枚《傳》：「四方中星。」孔穎達《書疏》：「二十八宿，布在四方，隨天轉運，更互在南方，每月各有中者。《月令》每月昏旦，惟舉一星之中，若使每日視之，即諸宿每日昏旦莫不常中。中則人皆見之，故以中星表宿。四方中星，總謂二十八宿也。』辰，枚《傳》：『日月所會。』孔穎達《書疏》：『日行遲，月行疾，每月之朔，月行及日而與之會，其必在宿。分二十八宿，是日月所會之處。辰，時也。集會有時，故謂之辰。日月所會，與四方中星，俱是二十八宿。舉其人目所見，以星言之；論其日月所會，以辰言之。其實一物，故星辰共文。』行甫按：孔氏之說是也。因地球繞日運行，自人目所見，仿佛穹窿之天繞地而行。地球所經行之軌道，即周天恆星的不同位置。自人目視之，乃形成不同的星象替換。古人將日月所經之周天（黄道）劃分爲東南西北四個區域，每區七個星宿，稱爲二十八宿。因日月所行之區域更替，則每月在黄昏有一恆星定在南方之中，此星即本月之『中星』。每當月亮運行到地球與太陽相隔之處，月亮—地球—太陽形成一條直線，則地面不見月光，此日即稱爲『月朔』或『朔日』。『朔日』即『初一』這天，日在二十八宿中之位置稱爲『辰』，日月每年十二次相會，故有『十二辰』。日每前進一『辰』，即是『辰』後退一次，故又稱『十二次』。不過『辰』與『次』方向相反，猶如人與跑步機的運動方向相反一樣。**敬授人時**■敬，慎也。人，本作『民』，唐人避諱字未及回改也。行甫按：『敬授人時』，謂正式曆法產生之前，乃觀天象變化以授予農事。日月四時所歷不同，亦即地球與日相距遠近不同，自有冷暖寒溫氣候變化，因而各有適其季節時令之農事焉。下文『分命』與『申命』即是其事也。孔穎達《書疏》引《尚書大傳》云：『主春者，張昏中，可以種穀。主夏者，火昏中，可以種黍。主秋者，虛昏中，可以種麥。主冬者，昴昏中，可以收斂。皆云上告天子，下賦臣人，天子南面而視四方星之中，知人緩急，故曰敬授人時。』是乃漢人伏生遺說也。

〔二〕**分命羲仲**■分，分別也。命，任命也。行甫按：『分命』者對前『乃命』爲總命言也。羲仲，羲氏兄弟排行第二，下文『羲叔』即羲氏兄弟排行第三。依此，則『乃命羲和』者，當是命羲氏與和氏之老大，即羲伯與和伯也。故古文家謂堯命羲和乃命六人也。**宅嵎夷**■宅，居也。鄭玄《周禮·縫人》注引本篇作『度』，漢《熹平石經》亦作『度』，《方言》卷三：『度，居也。』行甫按：『宅』與『度』古音相同通用。嵎夷，枚《傳》：『東表之地。』《五帝本紀》作『郁夷』。《釋文》：『馬融曰「嵎，海嵎也；夷，萊夷也。」《尚書·考靈曜》及《史記》作「禺銕」。』**曰暘谷**■曰，猶『謂之』也。暘谷，枚《傳》：『暘，明也。日出於谷而天下明，故稱暘谷。暘谷、嵎夷，一也。』《山海經·海外東經》：『湯谷上有扶桑，十日所浴，在黑齒北。居水中，有大木，九日居下枝，一日居上枝。』袁珂《山海經校注》：『《史記·五帝本紀》作暘谷，《索隱》云：《史記》舊本作湯谷，又引《淮南子》舊本亦作湯谷。《楚辭·天問》「出自湯谷，次于蒙汜」，知固早有作湯谷者。《說文》作暘谷、亦作崵谷。《歸藏·啓筮》（玉函山房輯佚本）作陽谷。湯、暘、崵、陽一也，古書無定。』行甫按：《禹貢》青州云『嵎夷既略』，《說文》：『堣，堣夷，在冀州陽谷。立春日，日值之而出。从土，禺聲。《尚書》曰：宅堣夷。』《禹貢》『嵎夷』在青州，《說文》『暘谷』在冀州，又《說文》：『崵，崵山，在遼西。从山，昜聲。一曰：嵎銕，崵谷也。』若嵎夷、暘谷在遼西，則在冀州極東之境，遠達遼河以西；而青州跨海以遠達遼東，其地相近。故《禹貢》以爲在『青州』，《說文》以爲在『冀州』，說之不同，實不相妨也。

〔三〕**寅賓出日**■寅，《爾雅·釋詁》：『敬也。』賓，導也。行甫按：『寅賓』，《五帝本紀》作『敬道』，訓詁字也。張守節《正義》：『道音導。』蓋史公讀『賓』爲『儐』或『擯』也。《說文》：『儐，導也。从人賓聲。擯，儐或从手。』是許君以『儐』、『擯』同字也。孔穎達《書疏》引鄭玄曰：『寅賓出日，謂春分朝日。』行甫按：『賓導』，謂導引以迎接也；『朝日』，謂晨祭以迎接也。**平秩東作**■平，辨也。《五帝本紀》作『便』，《尚書大傳》作『辯』，《釋文》引馬融作『苹』，云『使也』。行甫按：『平』、『苹』、『便』、『辯』皆音同通假，義爲『辨別』，與上文『平章』之『平』義同。秩，次序也。《說文》：『豑，爵之次弟也。从豊弟。《虞書》曰：平豑東作。』壁中古文作『豑』，通假字也。《五帝本紀》作『程』，訓詁字也。作，起也，始也。行甫按：『平秩東作』，枚《傳》曰：『平均次序東作之事，以務農也。』張守節《史記正義》曰：『三春主東，故言日出。耕作在春，故言東作。命羲仲恭勤道訓萬民東作之事，使有程期。』蘇軾《書傳》：『東作，春作也。』然據下文『平在朔易』以觀之，本節『分命』與『申命』云云，實乃互文見義。則『平秩東作』者，謂命羲仲在東方觀測辨別春夏秋冬四時之日出與日入之時刻也。以下羲叔與和仲及和叔，亦在各自所宅之方位觀測辨別其四時日出與日入之時刻也。下文所謂『厥民』之『析』、『因』、『夷』、『隩』，乃農事與民生活動之描述。

〔四〕**日中**■日，白晝也。中，晝夜中分也。行甫按：『日中』與下文『宵中』爲互文，謂白晝與黑夜時長相等。**星鳥**■星，中星也，亦即上文所謂『辰』也。鳥，鳥星，南方朱雀井、鬼、柳、星、張、翼、軫七宿中之『星』宿。**以殷仲春**■殷，正也。行甫按：『以殷仲春』，與下文『以正仲夏』爲互文，是知『殷』乃『正』也。仲春，春季三月分別稱之爲孟春、仲春與季春，『仲春』即『春季之中月』也，《五帝本紀》即作『中春』。行甫按：『日中，星鳥，以殷仲春』者，意謂：春分之日，晝夜時長相等，黃昏時南方朱雀七宿之『星』宿出現在正南方天際，以此確定此時乃春季中月正中之春分日。

〔五〕**厥民析**■厥，其也。《五帝本紀》作『其』，訓詁字也。行甫按：『其』字，代指春季之時也。析，枚《傳》：『冬寒無事，並入室處，春事既起，丁壯就功。言其民老壯分析。』劉起釪用胡厚宣、楊樹達、陳邦懷及于省吾諸氏據甲骨文有『東方曰析，鳳曰劦』之辭，謂『析』爲東方之神名，其風名『劦風』，以爲《堯典》作者不懂殷代神話之原始意義，將東方之神名『析』硬變成無法理解的東方之民『析』，以作『風』字用的『鳳』字，硬說成鳥獸『把有和合意義的『劦』，胡亂說成是『孳尾』』。行甫按：胡、楊諸氏研究甲骨文四方神名與風名之意義，可視爲殷商文化史研究的重大突破，功不可沒。但《堯典》既對殷代原始宗教祭祀神話作了歷史化的改編與整理，也就產生了新的文化意義，不可再以原始祭祀神話科範其義，否則不啻方枘圓鑿，且於《堯典》經義理解亦毫無價值。劉起釪氏亦知其說不能通於本經，故其譯文不得不從舊說，甚無謂也。今考《漢書·食貨志》云：『在壄曰廬，在邑曰里。春令民畢出在壄，冬則畢入於邑。冬，民既入，婦人同巷，相從夜績，女工一月得四十五日。必相從者，所以省費燎火，同巧拙而合習俗也。』又曰：『孟春之月，群居者將散。』顔師古注：『謂各趣農畮也。』所謂『春令民畢出在壄』，所謂『各趣農畮』，皆本經『厥民析』之義也。下文『仲冬』之言『厥民隩』者，即《志》之所謂『冬則畢入於邑』也。説經者，何必著意好奇！是以下文『因』、『夷』、『隩』各字，皆因本經立解，毋庸贅引各家之説以冗篇幅也。

鳥獸孳尾■孳尾，枚《傳》：『乳化曰孳，交接曰尾。』《五帝本紀》作『字微』，《集解》：『乳化曰字。』行甫按：『微』與『尾』通，《論語・公冶長》『微生高』，《戰國策・燕策一》『信如尾生高』，梁玉繩《漢書・古今人表考》：『尾生高即微生高，微生，姓，名高，魯人。』二字一音相轉，故多通用。』是『厥民析，鳥獸孳尾』者，謂春日升陽，其邑里群居之民出而分散，各趨田畮以就耕作；鳥獸亦於此時交尾卵胎生育也。

〔六〕**申命羲叔**■申，《爾雅・釋詁》：『重也。』行甫按：『申命』者，猶言『繼續任命』也。**宅南交**■南交，南方交阯也。《墨子・節用中》言『古者堯治天下，南撫交阯，北降幽都，東西至日所出入，莫不賓服』，《韓非子・十過》謂堯有天下，『其地南至交趾，北至幽都，東西至日月之所出入者』，《大戴禮記・少間》云虞舜以天德嗣堯，『朔方幽都來服，南撫交趾，出入日月，莫不率俾』，皆據本經爲説，則『南交』即南方交阯也。孔穎達《書疏》云：『古史要約，其文互相發見也。』又引鄭玄曰：『夏不言「曰明都」，三字摩滅也。』又引王肅説以爲『夏無明都，避敬致』，乃『闕文相避』。是皆知此處與上下春秋冬文例不類，孔穎達以爲互文見義，鄭玄以爲有奪文，王肅之説，最無道理。王引之《經義述聞》謂『當以「宅南」爲句，「交」上當有「曰大」二字。「宅南」猶言「宅西」、「宅朔方」也。「曰大交」，猶言「曰暘谷」、「曰昧谷」、「曰幽都」也。「幽都」，山名，見《爾雅》；「大交」與「幽都」對文，則亦山名也，其山蓋在南裔交阯之地。』**平秩南訛**■平，亦『辨』也。《五帝本紀》作『便』。秩，次序也。《五帝本紀》作『程』。南訛，《五帝本紀》作『南爲』。司馬貞《索隱》：『爲，依字讀。春言東作，夏言南爲，皆是耕作營爲勸農之事。孔安國强讀爲「訛」字，雖則訓「化」，解釋亦甚紆回也。」《漢書・王莽傳》「以勸南僞」，顔師古注：「僞，讀曰訛，訛，化也。」《周禮・馮相氏》鄭玄注引作「譌」。行甫按：「爲」、「僞」、「譌」、「訛」，古皆同音通用，此當以「譌」字爲正。《方言》卷三：「譌，化也。」「平秩南譌」與上文「平秩東作」互文見義，謂「在南方觀測辨别春夏秋冬四時之日出與日中以及日入之時刻變化」也。**敬致**■致，蔡《傳》：「《周禮》所謂「冬夏致日」，蓋以夏至之日中，祠日而識其景，如所謂「日至之景尺有五寸，謂之地中」者也。」行甫按：上文「寅賓出日，平秩東作」下接「日中星鳥」，此處「敬致」之後無文，且在「平秩南譌」之下，當有譌誤，無所疑也。蔡氏以《周禮・馮相氏》「冬夏致日，春秋致月，以辨四時之敘」，說此「敬致」之義，或是也。「致」者，既有「迎至」之義，亦有「送詣」之義，正反不嫌同辭。是「敬致」者，猶言「恭敬地迎日之來且送日之往」也。依蔡仲默、王伯申之說補正，疑本經原文當爲：「申命羲叔，宅南曰大交，敬致日中，平秩南譌」，然書缺有間，不敢懸揣。

〔七〕**日永**■永，《爾雅・釋詁》：「長也。」行甫按：此「日永」與下文「日短」相對，謂白晝最長，夏至之日是也。**星火**■火，東方蒼龍角、亢、氐、房、心、尾、箕七宿中之「心」宿。行甫按：「星火」，謂黄昏時大火星在正南方天際出現，此夏至之時星象也。**以正仲夏**■仲夏，夏季中月。夏季亦分孟夏、仲夏、季夏三月也。行甫按：「日永，星火，以正仲夏」者，意謂：夏至之日，白晝時間最長，夜晚時間最短，黄昏時東方蒼龍七宿之「心」宿亦即「大火」星出現在正南方天際，以此確定此時乃夏季中月正中之夏至日。

〔八〕**厥民因**■因，仍也。簡朝亮《尚書集注述疏》：「因者，仍於前之謂也。」行甫按：「厥民因」者，謂「其民仍然分散在野而耕作」也。**鳥獸希革**■希，稀之省文，疏也，少也。革，與「䩐」通，《小雅・斯干》「如鳥斯革」，《釋文》：「《韓詩》作䩐」。《說文》：「䩐，翄也。」《漢書・鼂錯傳》：「楊粵之地，少陰多陽，其人疏理，鳥獸希毛，其性能暑。」孔穎達《毛詩・斯干・正義》引鄭玄《尚書注》：「夏時鳥獸毛疏皮見。」行甫按：「厥民因，鳥獸希革」者，亦謂夏季日長暑熱，民衆仍然分散於田野，勤勞耕作；鳥獸亦因天氣炎熱而毛羽稀疏。

〔九〕**分命和仲**■分，別也。行甫按：此「分命」，亦就上文「乃命」而言，與「分命羲仲」並列。**宅西曰昧谷**■宅西，《五帝本紀》作「居西土」，當是以意增之。曰，爲也，謂之也。昧谷，枚《傳》：「昧，冥也，日入於谷而天下冥，故曰昧谷。」裴駰《史記集解》引徐廣曰：「一本作「柳谷」。」《周禮·縫人》「衣翣柳之材」，鄭玄注引「《書》曰」作「柳穀」，賈公彦《疏》謂「《書》曰者，是濟南伏生《尚書》文」。段玉裁《古文尚書撰異》謂壁中古文必是「卯」字。《周禮》「翣柳」注云「故書柳作㮄」，㮄，從木貿聲；貿，從貝卯聲。「先鄭讀㮄爲柳，此於疊韻求之也。後鄭注《尚書》，讀卯爲昧，此於雙聲求之也」。行甫按：《尚書》原文當爲「卯谷」，伏生以疊韻讀「卯」爲「柳」，鄭玄以雙聲讀「卯」爲「昧」。《淮南子·天文訓》又作「蒙谷」，「蒙」亦「昧」也，皆取「冥暗」之義。

〔一〇〕**寅餞納日**■寅，敬也。餞，枚《傳》：「送也。日出言導，日入言送，因事之宜。」敦煌唐寫《釋文》「餞」字作「淺」，《集韻》「獮」韻引作「淺」，王應麟《漢書藝文志考證》引亦作「淺」，通假字也。納，古文當作「内」，入也。孔穎達《書疏》引鄭玄云：「寅賓出日，謂春分朝日，又以寅餞納日，謂秋分夕日也。」行甫按：鄭此注依《周禮·馮相氏》「冬夏致日，春秋致月」爲説，「夕日」當爲「夕月」。章太炎《尚書説》云：「鄭以爲春分朝日，秋分夕月，指言祭祀，頗近之，而未釋賓淺之意，且經明言内日，又不應言夕月矣。案《春官·大宗伯》故書以賓柴祀日月星辰，蓋賓與柴（即祡）爲二祭，春賓而秋柴也。柴車或爲棧車，柴奇或作棧奇，則柴與戔聲字雙聲相轉，故此以淺爲之。」據章氏之説，《尚書》原文當作「淺」，「淺」與「柴」實即「祡」，字相通；乃祭天之詞，則「淺」者，「餞」者，乃送日之祭，其説可與枚氏互相備。且章太炎《文始》亦曰：「某氏淺作餞，餞者，送去食也。」是章氏不廢枚氏之説也。**平秩西成**■平秩，《五帝本紀》亦作「便程」，亦辨別其次序也。成，周秉鈞《尚書易解》：「終也，見《皋陶謨》「簫韶九成」鄭注。西成，指日西沒時刻。」行甫按：周説是也。「分命和仲，宅西曰昧谷，寅餞納日，平秩西成」，亦與上下爲互文，謂『分派和仲居於西方昧谷之地，恭敬地以祭祀之禮奉送日落，且在西方觀測辨別春夏秋冬四時之日出與日中以及日入之時刻變化』也。

〔一一〕**宵中**■宵，夜也。中，晝夜中分也，此指秋分時節。行甫按：『宵中』與『日中』爲互文，謂晝夜時長相等也。**星虛**■星，亦指黄昏南方天際正中之星宿也。虛，北方玄武斗、牛、女、虛、危、室、壁七宿之『虛』宿也。**以殷仲秋**■殷，亦『正』也。仲秋，秋季亦分爲孟秋、仲秋、季秋三月也，『仲秋』即秋季中月也。行甫按：『宵中，星虛，以殷仲秋』者，意謂：秋分之日，晝夜時長相等，黄昏時，北方玄武七宿之『虛』宿出現在正南方天際之中，以此確定此時乃秋季中月正中之秋分日。

〔一二〕**厥民夷**■夷，《爾雅·釋詁》：『易也。』《史記》作『夷易』，臧琳《經義雜記》卷八曰：『古文《尚書》作「厥民夷」，今文《尚書》作「厥民易」，古文「夷」字當從今文義爲「易」，《史記》作「其民夷易」，當是以書校史注其旁，而寫者誤入。』行甫按：臧氏之說，差爲得之。《五帝本紀》當爲『其民易』，訓詁字也，非關今文、古文用字之異。枚《傳》訓『夷』爲『平』，謂『老壯在田，與夏平也』，蔡《傳》亦訓『夷』爲『平』，謂『暑退而人氣平也。』說皆牽强，晦澀難通。劉起釪亦依胡厚宣、楊樹達諸氏牽合甲骨文、《山海經》各種怪物爲說，去經義尤遠。此『夷』字當與上文『析』、『因』及下文『隩』諸字相參以求解。《爾雅·釋詁》『平』、『夷』同訓，而史公不訓『夷』爲『平』而訓『易』，必有其故。上文『析』乃分散在野，『因』即『因仍』，謂仍然在野也。下文『隩』乃爲『入室』之辭，則『夷』者，當訓『移易』之『易』而非『平易』之『易』也。《盤庚》『無俾易種于茲新邑』，王念孫曰：『言毋使移種于新邑也，移、易二字同義。』《莊子·田子方》『草食之獸不疾易藪』，成玄英曰：『易，移也。』是其例也。『厥民易』者，謂其民秋收斂成而後自野廬以移易於邑里也。《漢書·食貨志》云『春令民畢出在壄，冬則畢入於邑』，據此『厥民易』云者，秋成而後，即可入邑，不待冬也。**鳥獸毛毨**■毨，《說文》：『選也。仲秋鳥獸毛盛，可選取以爲器，从毛先聲，讀若選。」段玉裁注：「毨、選雙聲。《堯典》鄭注：『毨，理也。毛更生整理。』《周禮》『中秋獻良裘，王乃行羽物』，鄭注：『良，善也。仲秋鳥獸毛毨，因其良時而用之。』按許說兼包鄭二義。」行甫按：「厥民夷，鳥獸毛毨」者，謂秋天作物成熟收斂，其民乃由野廬移居於邑里；鳥獸亦因天氣轉涼乃毛羽更生而豐澤也。

〔一三〕**申命和叔**■申，重也，又也。命，任命也。**宅朔方**■朔方，北方也。**曰幽都**■幽都，幽暗之地也。**平在朔易**■平，亦辨也。在，《爾雅·釋詁》：「察也。」朔易，《五帝本紀》作「伏物」。章太炎曰：「朔易二字不易解。朔或方位之稱。易者，余疑本爲『曶』字，或書作『昒』，後人誤作易也。昒，天暗也。朔易者，北方幽暗之意耳。太史公作『平在伏物』，更不可解。孔《傳》云『在察其政，以順天常』，易與常更不相關也。」楊筠如《尚書覈詁》：「《大傳》：『北方，伏也。』是伏、朔同誼。『物』、『易』則形之譌。鄒漢勳謂『易』當作『昒』，昒、昧、蔑、微，一聲之轉。《廣雅》：『昒，冥也。』《王莽傳》：『北巡以勸蓋藏。』蓋藏與冥伏義近。」行甫按：《五帝本紀》作「伏物」者，當是以「伏」訓「朔」，而「物」當爲「易」字之形譌。周秉鈞《尚書易解》：「朔，北也。易，改易。北易，指冬至時日道從南回歸線向北移易。」周氏之說差爲得之也。此「平在朔易」與上文「平秩東作」、「平秩南訛」、「平秩西成」，亦爲互文。謂又命和叔居於北方幽都之地，在北方辨別觀察春夏秋冬四時之日出與日中以及日入之時刻變化也。

〔一四〕**日短**■日，白晝也。行甫按：「日短」與上文「日永」相對，謂冬至之日，晝短夜長也。**星昴**■星，中星也。昴，西方白虎奎、婁、胃、昴、畢、觜、參七宿之「昴」宿也。**以正仲冬**■正，確定也。仲冬，冬季亦分爲孟冬、仲冬、季冬三月也，「仲冬」即冬季中月也。行甫按：「日短，星昴，以正仲冬」者，謂：冬至之日，晝短夜長，黃昏時，西方白虎七宿之「昴」宿出現在正南方天際之中，以此確定此時乃冬季中月正中之冬至日。

〔一五〕**厥民隩**■隩，與「奥」音同義通。枚《傳》：「隩，室也。民改歲入此室處，以辟風寒。」《釋文》引馬融曰：『煖也。』《五帝本紀》作『燠』，段玉裁謂本當作『奧』，淺人據馬融說改爲『燠』字。《文選・赭白馬賦》李善注引鄭玄注：『奧，內也。』《爾雅・釋宮》『西南隅謂之奧』，郭璞注：『室中隱奧之處。』《釋文》：『奧，本或作隩。』劉熙《釋名》：『室中西南隅曰奧。不見戶，明所在秘奧也。』行甫按：『厥民隩』若『厥民奧』者，謂冬季天氣寒冷，其民入於宮室隱蔽之處以避風寒，馬融訓『煖』者，引申之說也。《豳風・七月》：『穹窒熏鼠，塞向墐戶。嗟我婦子，曰爲改歲，入此室處。』其事也。上言『厥民易』者，去田廬而移居邑里也；此言『厥民奧』者，進而入隱蔽之室以避風寒也，以見冬至之日天氣大寒也。**鳥獸氄毛**■氄毛，枚《傳》：『鳥獸皆生耎毳細毛以自溫焉。』《漢書・鼂錯傳》作『鳥獸毳毛』，《說文》：『𣰋，羽獵韋絝，从𣯛，灷聲。褎，《虞書》曰：鳥獸褎毛。从朕从衣。』又《說文》：『氄，毛盛也。从毛，隼聲。《虞書》曰：鳥獸氄髦。』皆今古文用字不同，經義無別。

孔穎達《書疏》曰：『《曲禮》說軍陳象天行，「前朱雀，後玄武，左青龍，右白虎」。雀，即鳥也。武，謂龜甲捍御，故變文玄武焉。是天星有龍、虎、鳥、龜之形也。四方皆有七宿，各成一形。東方成龍形，西方成虎形，皆南首而北尾。南方成鳥形，北方成龜形，皆西首而東尾。』則四象二十八宿所以如此排列者，乃以春季面向南方而背對北方爲觀察之基準。初春黃昏，朱雀七宿正在南中天（當前），則其（左）東方爲蒼龍七宿，其（右）西方爲白虎七宿，（背後）北方爲玄武七宿。孔氏《書疏》又曰：『天道左旋，日體右行，故星見之方，與四時相逆。春則南方見，夏則東方見，秋則北方見，冬則西方見，此則勢自當然。』是以春爲南方朱雀七宿在正南方起始，依次左旋，夏則東方蒼龍七宿轉入正南方。而秋爲北方玄武，冬爲西方白虎，各以其次轉入正南方。是本經四方與四時之序也。

〔一一六〕**帝曰**■帝，堯也。**咨汝羲暨和**■咨，枚《傳》：『嗟。』行甫按：段玉裁《撰異》：『咨與嗟雙聲。』唯此『嗟』字，非嘆詞之『嗟』，即《甘誓》、《牧誓》、《費誓》、《秦誓》諸篇之『嗟』，皆爲敦促聽者，引其注意之呼語詞。參見上述諸篇相關文句釋讀。汝，爾也，此表複數，猶『你們』也。暨，《爾雅・釋詁》：『與也。』**朞三百有六旬**

有六日■朞，校《傳》：『匝四時曰朞。』《説文》：『稘，復其時也。从禾，其聲。《唐書》曰：稘三百有六旬。』段玉裁注：『言帀也。十二月帀爲期年。今皆假期爲之，期行而稘廢矣。』三百，三百日。有，又也。旬，十日也。行甫按：地球繞日一周爲三百六十五日又四分之一日，此天文數據乃春秋中葉以圭表測量所得，乃『四分曆』産生之天文基礎。此言『朞三百有六旬有六日』者，舉其成數也。**以閏月定四時成歲**■以，用也。閏月，甲骨文有『十三月』而無『閏』字。《左傳》文公元年：『於是閏三月，非禮也。先王之正時也，履端於始，舉正於中，歸餘於終。履端於始，序則不愆。舉正於中，民則不惑。歸餘於終，事則不悖。』言制曆置閏之事也。定，確定也。《五帝本紀》作『正』，訓詁字也。四時，春夏秋冬四季也。成，亦『定』也。《國語・吳語》『吳、晉爭長未成』，韋昭注：『成，定也。』歲，猶『年』也。顧炎武《日知録》卷三十二：『天之行謂之歲。《書》「以閏月定四時成歲」。人之行謂之年。《書》「維吕命王享國百年」。今人多謂年爲歲。《周禮》「太史」注：「中數曰歲，朔數曰年。」自今年冬至至明年冬至，歲也。自今年正月朔至明年正月朔，年也。』章太炎曰：『蓋古人本知陽曆，爲便民，故用陰曆耳。用陰曆則望月可知。所謂陽曆者，以節氣爲據，不依月爲據也。』行甫按：章氏所謂『以節氣爲據』之『陽曆』，即《禮注》『中數曰歲』，顧氏所謂『自今年冬至至明年冬至，歲也』。章氏所謂『依月爲據』之『陰曆』，即《禮注》『朔數曰年』，顧氏所謂『自今年正月朔至明年正月朔，年也』。行甫又按：『以閏月定四時成歲』者，乃陰陽合曆也。月繞地球一周爲二十九日又九百四十分之四百九十九日，即二十九日半以上。大月三十日，小月二十九日。每年十二月總計三百五十四日，對照地球繞日一周三百六十五日四分之一日，相差十一日有餘。故必以閏月補足其數。若於十九個陰曆年中設置七個閏月，就與十九個陽曆年之總日數相等；每年四個季節也就各各固定在相應的月份，從而年、季、月、氣、日、時，皆相互配適而無差忒，此即『以閏月定四時成歲』也。

〔一七〕**允釐百工**■允，以也，用也；目的連詞，説見王引之《經傳釋詞》。釐，讀落蓋切，賜也，予也。《大雅·江漢》『釐爾圭瓚』，毛《傳》：『釐，賜也。』《大雅·既醉》『釐爾女士』，毛《傳》：『釐，予也。』皆是其例也。工，臣工也。百工，泛指百官。行甫按：《周禮·太史》『正歲年以序事，頒之于官府及都鄙』，是此『允釐百工』之義也。**庶績咸熙**■庶，《説文》：『眾也。』績，事也，業也。《大雅·文王有聲》『維禹之績』，毛《傳》：『績，業也。』《爾雅·釋詁》：『事也。』咸，《爾雅·釋詁》：『皆也。』熙，《爾雅·釋詁》：『興也。』《方言》卷十二：『長也。』郭璞注：『熙謂壯大也。』行甫按：《左傳》文公六年曰『閏以正時，時以作事，事以厚生，生民之道，於是乎在』，即此『庶績咸熙』之謂也。

此乃本經第二節，言堯命羲和之官掌觀象授時。

【繹文】

於是堯命令羲氏與和氏，恭敬地順承上天的自然規律，認真考覈研究天象，亦即日月星辰之運行軌跡，小心翼翼地給各個部門以及全體民眾頒授一年四季的節氣與時日，用以指導民眾的生產與生活。

分別委派羲仲，居住在東方嵎夷，此地是太陽升起之處，稱爲『暘谷』。在此恭敬地迎接太陽從東方地平線上升起，觀察辨別春夏秋冬四時太陽從升起到正中再到落山的時刻變化過程。在晝夜時長相等的這一天黄昏，觀察正南方天空中的星象，根據南方朱雀井、鬼、柳、星、張、翼、軫七宿之中『星』宿處於南方正中的天象，確定此時爲春季三月之中月，也就是春分節氣所在之月。此時春日陽氣上升，邑里群居之民乃出而分散，各自趨向田畝以就耕作；　鳥獸亦於此時交尾卵胎生育。

又委派羲叔，命其居住在南方邊遠的交阯之地，在此觀察辨别春夏秋冬四時太陽從升起到正中再到落山的時刻變化過程，也和羲仲在東方一樣，恭敬地迎接太陽從東方升起並恭敬地奉送太陽到西邊落山。　在白晝最長的這一天黄昏，觀察正南方天空中的星象，根據東方蒼龍角、亢、氐、房、心、尾、箕七宿之中『心』宿即『大火』星出現在南方正中的天象，確定此時爲夏季三月之中月，也就是夏至節氣所在之月。　此時夏日炎炎，那些分散在田野勞作的民衆，也因農事未完，仍然還在田野裹繼續辛勤地耕作。　鳥獸亦因天氣炎熱而毛羽脱落故而顯得格外稀少。

分别委派和仲，命他居住在西方邊遠地帶，此地是日落之處，稱之爲『昧谷』。　在此地以祭祀之禮送别西邊的落日，在西方觀察辨别春夏秋冬四時太陽從升起到正中再到落山的時刻變化過程。　在晝夜時長相等的這一天黄昏，觀察正南方天空中的星象，根據北方玄武斗、牛、女、虛、危、室、壁七宿之中『虚』宿出現在南方正中的天象，確定此時爲秋季三月之中月，也就是秋分節氣所在之月。　此時秋風送爽，穀歸倉，麥歸土，田野的農作物，該收的都收了，該種的也都種了，民衆便開始從田廬向邑里回移了。　天氣涼爽，鳥獸的毛羽更生，開始顯得豐滿鮮亮起來。

又委派和叔，命他居住在北方邊遠地帶，此地陽光幽暗，稱之爲『幽都』。　以便在北方辨别觀察春夏秋冬四時之日出與日中以及日入之時刻變化。　在白晝最短的這一天黄昏，觀察正南方天空中的星象，根據西方白虎奎、婁、胃、昴、畢、觜、參七宿之中『昴』宿出現在南方正中的天象，確定此時爲冬季三月之中月，也就是冬至節氣所在之月。　此時天氣寒冷，民衆爲保暖御寒，將北向的窗口都堵上，居室內外門戶都緊閉起來，到室內最爲隱蔽的地方居住以避風寒。鳥獸也長出厚厚的絨毛以自我保暖。

帝堯説：『好好聽著，你們羲氏與和氏，按照一年三百六十六天，根據不同的閏月將每年春夏秋冬四季與各自相應的月份調節準確，不要讓它們出現差錯，將你們所觀察的天象與所調配的季節時日，按時通報給各級各部門負責人，以便於頒佈政令，各行各業都會因此而興盛發達起來，民衆生活水平就會有所提高。』

帝曰：『疇，咨，若時登庸？』放齊曰：『胤子朱啓明。』帝曰：『吁，嚚訟，可乎？』〔一〕帝曰：『疇，咨，若予采？』驩兜曰：『都，共工方鳩僝功。』帝曰：『吁，静言庸違，象恭滔天。』〔二〕

帝曰：『咨四岳，湯湯洪水方割，蕩蕩懷山襄陵，浩浩滔天，下民其咨，有能俾乂？』僉曰：『於，鯀哉！』〔三〕帝曰：『吁，咈哉！方命圮族。』岳曰：『异哉！試可乃已。』帝曰：『往欽哉！』〔四〕九載績用弗成。〔五〕

【釋讀】

〔一〕**帝曰**■帝，堯也。**疇咨若時登庸**■疇，《爾雅·釋詁》：『誰也。』咨，亦『嗟』也。段玉裁《撰異》：『尋此經之語，當云：「帝曰咨疇若時登庸」，「帝曰咨疇若予采」，乃與「疇若予工」，「疇若予上下草木鳥獸」一例，而倒易二字者，蓋史臣紀帝語，恐失其真，不求明順也。《五帝本紀》云「誰可順此事」，「誰可」者，則明順矣。』行甫按：　段説是也。上文『咨汝羲暨和』，其文例亦『咨』在『汝』前；　王鳴盛《尚書後案》引《汗簡》古文《尚書》亦有『疇』字在下者，可證也。此『咨』字亦爲敦促聽衆關注之呼語詞。據今本『疇』字在上，則先問『誰』，再以呼語『嗟』引人警覺，意謂事關重大，不可輕忽。猶今口語：『誰？　啊？』吴汝綸《尚書故》謂『猶言誰哉』，庶幾爲是。若，《爾雅・釋言》：『順也。』行甫按：『順』猶『如』也。時，如字讀，考覈官員政績所規定之『時』也。下文堯在位有『九載績用弗成』之考語，後文舜在位又有『三載考績，三考黜陟幽明』之説，則帝堯考覈官吏之『時』亦以『三載』爲限也，其言『九載』者，『三考』也。要之，此『若時』決非虚辭虚指，亦非泛指所謂『順應天時』，乃具體的『三載』之『時』，毋容曲説。登，《爾雅・釋詁》：『陞也。』庸，枚《傳》：『用也。』行甫按：『若時登庸』者，意即『如期考覈陞遷進用』也。《周禮・司士》曰：『凡邦國，三歲則稽士任，而進退其爵禄』。又曰：『以德詔爵，以功詔禄，以能詔事，以久奠食。』皆謂官員『以時進退』之事，可爲本經旁證。**放齊曰**■放齊，枚《傳》：『臣名。』**胤子朱啓明**■胤，《釋文》引馬融曰：『嗣也。』《爾雅・釋詁》：『繼也。』是『胤子』即帝堯之『嗣子』也。章太炎《尚書説》：『僞《傳》獨謂「胤國之君名朱」，蓋以皇嗣不可任官耳。不悟丹朱雖適長，實未定居儲位，不然，堯不應讓位四岳，四岳亦當以有太子對，不徒自言否德而已。』行甫按：《史記正義》引《汲冢紀年》云：『后稷放帝子丹朱。』是『胤子』即『繼嗣之子』，非後世所謂『太子』也。啓明，《五帝本紀》作『開明』，訓詁字也。張守節《正義》引鄭玄云：『帝堯胤嗣之子，名曰丹朱，開明也。』行甫按：　據鄭注，似『開明』乃『丹朱』之字，非謂其『開朗明達』也。劉起釪曰：『「丹朱開明」四字皆作爲堯之子，豈非丹朱、開明二人？』亦可反證『開明』乃『丹朱』之字也。《説文》：『丹，巴越之赤石也。朱，赤心木也，松柏屬。絑，純赤也。《虞書》丹朱如此。』是『丹朱』若『丹絑』者，皆今之所謂『大紅色』也。《史記正義》引范汪《荊州記》云：『丹水縣在丹川，堯子朱之所封也。』此後世臆説，未必可信。行甫又按：『晵』，當讀爲『啓』。《說文》：『晵，雨而晝夝也。从日，啓省聲。夝，雨而夜除星見也。』段玉裁注云：『古夝、暒、精皆今之晴。夝、星疊韻，引申爲晝晴之稱，故其字又作暒。』是『晵』之與『明』，亦即『晴明』，乃近義詞也。『丹朱』乃大紅純赤之色，明光鮮艷，今所謂『暖色』也。『晵明』者，雨後初晴，陽光明媚，丹霞漫天之謂也。是『朱晵明』者，其名與字相應也。惟漢人讀『晵』爲『启』而訓『開』，誤導後世不淺矣。且帝詢『誰可如期升遷進用』，答者提其人之名與字可也。若其人果『開朗明達』，帝乃曰『嚚訟』，何君臣察人如是其顛邪？益信『晵』當讀爲『啓』也。 **帝曰吁**■吁，枚《傳》：『怪疑之辭。』行甫按：『吁』者，表否定之象聲辭，猶今人發『噓』聲禁人說話也。 **嚚訟**■嚚，《左傳》僖公二十四年：『口不道忠信之言爲嚚。』訟，枚《傳》：『又好爭訟。』《釋文》引馬融作『庸』，段玉裁《撰異》：『古訟通作頌，頌通作庸，《周禮》注：「頌或作庸。」《儀禮》注：「古文頌爲庸。」是也。』行甫按：『嚚訟』，猶『謊言欺詐，拒善怙惡，爭辯好鬥』也。《五帝本紀》作『頑凶』，《左傳》僖公二十四年曰『心不則德義之經爲頑』，段玉裁《撰異》謂《爾雅》、《說文》皆曰：『訩，訟也，疑本作訩，誤作凶。』孫星衍《尚書今古文注疏》謂『凶』乃『詾』或『訩』或『説』字之省文。孫氏『省文』之說或是，然不足深論也。 **可乎**■枚《傳》：『言不可。』行甫按：『可乎』，反詰之辭。《五帝本紀》作『不用』，以意譯之。

〔二〕**帝曰疇咨若予采**■予，我也。采，枚《傳》：『事也。』《釋文》引馬融曰：『官也。』行甫按：《五帝本紀》作『堯又曰：誰可者』，則史公不以『采』訓『事』訓『官』也。歷來注家皆承馬融、枚氏之說，釋義迂遠，不切經意。《說文》云：『采，捋取也。』《周南·芣苢》『采采芣苢』，毛《傳》：『采，取也。』是『若予采』者，謂『如我所取』也，亦即符合『若時登庸』之『求取標準』，猶今所謂『符合考覈條件』也。《左傳》僖公七年『予取予求，不汝疵瑕也』，謂『我取我所求之於汝者，不苛責汝之過惡』也。可爲本經參證。 **驩兜曰都**■驩兜，枚《傳》：『臣名。』都，枚《傳》：『於，嘆美之辭。』行甫按：《小爾雅·廣言》：『都，盛也。』胡承珙《義證》曰：『《廣雅》都與敦並訓大，蓋一聲之轉。」則驩兜欲薦共工，先贊嘆其功勳盛大，造成先聲奪人之勢也。**共工方鳩僝功**■共工，枚《傳》：「官稱。」《史記集解》引鄭玄曰：「水官名。」《國語·周語下》：「古之長民者，不墮山，不崇藪，不防川，不竇澤。昔共工棄此道也，欲壅防百川，墮高堙庳，以害天下。皇天弗福，庶民弗助，禍亂並興，共工用滅。」是「共工」爲「水官」之證也。方鳩僝功，僝，《釋文》引徐邈音「撰」，引馬融云「具也」。《說文》人部：「僝，具也。从人，孨聲。《虞書》曰：『旁救僝功。』」又辵部：「逑，斂聚也。从辵，求聲。《虞書》曰：『旁逑孱功。』」《五帝本紀》作「旁聚布功」。文獻所引，甚爲駁雜，說者亦多歧互。周秉鈞《尚書易解》據《說文》所引及《國語》之說，認爲當與共工「壅防百川」有關，謂「方借爲防；鳩借爲救」，又據《說文》「僝，具也」及《釋文》引馬融「僝，具」之訓，謂「共工方鳩僝功」乃「共工防救水災，已具功績」。行甫按：《史記·孔子世家》「防叔」，《漢書·古今人表》作「方叔」。此「方」與「防」通用之證也。「鳩」乃「救」之借字。段玉裁《撰異》曰：「壁中故書作救，《集韻》十八尤曰『勼，聚也。古作救，通作鳩。』此語必有所受之。《周官經》大司徒職以救爲求，《尚書》以救爲勼，皆六書之假借也。」是「鳩」與「救」通，「救」當爲本字。所謂「防救」者，即《國語》之以「壅防」之法「救治」水患也。韋昭注：「防，障也。」是「方鳩」者，猶言「以隄防壅水救患」也。且「僝」既爲「撰具」，則「僝功」即「具功」，猶今語所謂「貢獻巨大，居功甚偉」之意也。**帝曰吁靜言庸違象恭滔天**■靜言庸違，《五帝本紀》作「共工善言，其用僻」，張守節《正義》：「共工善爲言語，用意邪僻也。」枚《傳》：「靜，謀也。言共工自爲謀言，起用行事而違背之。」行甫按：「靜言庸違」，史公與枚氏稍異，細繹經文，當以枚說較妥。靜既可訓「巧善」，亦可依《爾雅》訓「謀」，以今語繹之，所謂「靜言」者，猶言「理論主張周密巧善」也；庸，《說文》：「用也。」違，《說文》：「離也。」所謂「庸違」者，猶言「其言論與行事相背離」也。是「靜言庸違」者，意即「共工的治水主張，雖然說起來頭頭是道，但其施行起來卻效果不佳」。此針對驩兜所謂「僝功」而言之也。象恭滔天，《五帝本紀》作「似恭漫天，不可」，張守節《正義》：

『似於恭敬，罪惡漫天，不可用也。』枚《傳》：『貌象恭敬，而心傲很若漫天，言不可用。』是皆以共工『外表恭敬，內心傲狠』之表裏不一爲說。章太炎《尚書說》：『「滔天」與上語若不相承，故宋儒疑涉下文而誤。言共工世濟其惡，法象其先共工氏，壅川以成滔天之禍也。《荀子·成相》云「禹有功，抑下鴻，辟除民害逐共工」，是則共工先鯀鄣水，馴致滔天，故禹爲民除害而逐之。』行甫按：章氏就治水而說『滔天』之義，極爲有見。以『象恭』爲『效法共工先世』，說乃牽强。史公與枚氏皆訓『象』爲『貌似』，猶今語所謂『表面上』或『看起來』。『恭』，《漢書·王尊傳》引作『龔』，段玉裁《古文尚書撰異》云：『《尚書》凡恭肅字皆從「心」；供奉、供給字則作「共」，分用畫然。』行甫按：此當今文作『象龔』，古文作『象共』。後人依《史記》改爲『象恭』也。章太炎《新出三體石經考》曰：『《說文》龔、龏異字。龔訓給，與供同義；龏訓愨，與恭同義。』是『象龔』即『象供』也。古文作『共』，即『供』之通假字也。《爾雅·釋詁》：『供，具也。』《國語·周語上》『事之供給於是乎在』，韋昭注：『供，具也。』是其義也。『滔天』，非譬喻之辭，乃如太炎說，實寫『洪水漫天』耳。則『象龔滔天』者，謂『共工以壅鄣治水，表面看來供給力役甚爲勤苦，實使洪水積升滔漫於天』也。是其鄣塞之法用力愈勤苦，其水患反致愈加危重。此針對驩兜所謂『方鳩（防救）而言之也；亦爲補說『靜言庸違』之實際後果。驩兜薦共工者在其治水『有功』，帝堯否之者，亦謂其治水看來確有『貢獻』，其『貢獻』就在加大了水患以致洪水滔天。不無反諷之意。

〔三〕**帝曰咨四岳**■咨，嗟也。亦爲敦促聽衆之呼語辭。四岳，裴駰《史記集解》引鄭玄曰：『四時官，主方嶽之事。』枚《傳》：『即上羲和之四子，分掌四岳之諸侯。』蔡《傳》：『官名。一人而總四岳諸侯之事也。』行甫按：屈萬里《尚書集釋》以下文『僉曰』證蔡《傳》之非，又引《路史後紀·炎帝紀》羅苹注云『言僉，非一人也』爲證，其說是也。以下文『巡守章』觀之，『四岳』當爲東南西北四方諸侯之長，爲四人而非一人，明矣。**湯湯洪水方割**■湯湯，枚《傳》：『流貌。』《釋文》：『湯音傷。』蔡《傳》：『水盛貌。』洪，大也。蔡《傳》：『蓋水涌出而未洩，故氾濫而逆流也。」方，與『旁』通，《說文》：『旁，溥也。』段玉裁注：『旁讀如滂，與溥雙聲。』割，枚《傳》：『害也。』《大誥》『弗弔天降割于我家』，是『割』與『害』音同義通。『方割』，猶『普遍爲害』也。**蕩蕩懷山襄陵**[redacted]蕩蕩，枚《傳》：『言水奔突有所滌除。』張守節《史記正義》：『蕩蕩，廣平之貌。言水奔突有所滌除，地上之物爲水漂流蕩蕩然。』懷，蔡《傳》『包其四面也。』襄，蔡《傳》：『駕出其上也。』陵，蔡《傳》：『大阜曰陵。』**浩浩滔天**[redacted]浩浩，蔡《傳》：『大貌。』滔，枚《傳》：『浩浩盛大若漫天。』行甫按：『浩浩滔天』與上文『象恭滔天』皆言『水勢浩瀚，浪薄雲天』之勢。皮錫瑞《今文尚書考證》以『或謂共工不善治水以致滔天』之說爲非，故以『象恭滔天』之『滔』當『從心』作『慆慢』之『慆』，『浩浩滔天』之『滔』當『從水』作『滔漫』之『滔』。劉起釪《尚書校釋譯論》亦從其說。然皮氏之說，似是而實非。共工治水，有文獻可徵。且驩兜以治水之『功』薦共工，帝堯必就治水之『功』而駁之。立敵共許，方可有的放矢。否則，遊辭漫語，各自爲說，古今論辯，無是體也。**下民其咨**[redacted]下民，眾民也。『下』即『有鰥在下』之『下』，位卑也。其，猶『乃』也。咨，嗟也。《五帝本紀》作『憂』。枚《傳》：『民咨嗟憂愁，病水困苦。』**有能俾乂**[redacted]有，猶『或』也。行甫按：『有』之訓『或』，乃選擇之意。此既爲詢問之辭，則『有』者『或』者，猶言『誰』也、『何人』也。俾，《爾雅·釋詁》：『使也。』乂，《說文》：『嬖，治也。从辟，乂聲。《虞書》曰：有能俾嬖。』《五帝本紀》作『治』，訓詁字也。皮錫瑞曰古文作『乂』，今文作『艾』，《洪範》『乂用三德』，《石經》作『艾』，可證。王國維《釋辭》謂彝器銘文之『辪』，即《說文》之『嬖』，亦即經典之『乂』、『艾』本字。**僉曰**[redacted]僉，《說文》：『皆也。』僉曰，《五帝本紀》作『皆曰』，訓詁字。**於鯀哉**[redacted]於，贊嘆之辭。《釋文》：『音烏。』鯀，枚《傳》：『崇伯之名，朝臣舉之。』《釋文》引馬融曰：『禹父。』行甫按：《國語·周語下》『有崇伯鯀』，韋昭注：『鯀，禹父。崇，鯀國。』哉，語詞。加重語氣，以爲强調。行甫按：『於，鯀哉！』以今語繹之，即：『啊！還有誰能使治呢？鯀呀！』

〔四〕**帝曰吁咈哉**■咈，《説文》：『違也。从口，弗聲。』蔡《傳》：『咈者，甚不然之之辭。』**方命圮族**■方，《釋文》：『馬云：「方，放也。」徐云：「鄭、王音放。」』《孟子·梁惠王下》『方命虐民』，趙注：『方，猶逆也。』《五帝本紀》作『負』。楊筠如《尚書覈詁》：『放猶廢也。《詩·韓奕》「無廢朕命」，《盂鼎》「無灋朕命」，金文假「灋」爲「廢」，與此假「方」爲「廢」者同。』行甫按：『放命』、『負命』、『廢命』，皆『方』之聲訓，『逆命』則『方』之義訓也。圮，《爾雅·釋詁》：『毀也。』行甫按：《釋文》曰『音皮美反』，則今讀『比』音也。族，枚《傳》：『類也。』蔡《傳》：『圮，敗也。族，類也。』行甫按：《五帝本紀》作『毀族』，張守節《正義》：『鯀性很戾，違負教命，毀敗善類，不可用也。』**岳曰异哉**■岳，四岳之省文也。异，《説文》：『舉也。从廾，㠯聲。《虞書》曰：嶽曰异哉。』段玉裁注：『《釋文》曰「鄭音異」，於其音求其義，謂四岳聞堯言驚愕而曰「異哉」也。謂「异」爲「異」之假借也。』行甫按：鄭讀非也。此『异哉』之『异』字本作『舁』，與『異』非一字，當從許君之説訓『舉』。《説文》：『舁，對舉也。从手，與聲。一曰輿也。』段玉裁注：『輿即舁，轉寫改之。《左傳》「使五人輿豭從己」，舁之假借也。舁者，共舉也。共者，非一人之辭也。舉之義亦或訓爲舁。』此『舁』即『共舉』也。『岳曰舁哉』者，謂：『四岳曰：我們共同推舉其人啊！』**試可乃已**■試，《説文》：『用也。从言，式聲。《虞書》曰：明試以功。』行甫按：『試』即今所謂『試用』之『試』也。可，猶『適合』也。《荀子·解蔽》『則不可道而可非道』，楊倞注：『可，謂合意也。』乃，於是也，然後也。已，通『以』，《易·損》『已事遄往』，《釋文》：『已，本亦作以。』是其證也。『以』，使也。《戰國策·秦策一》『向欲以齊事王』，高誘注：『以，猶使也。』行甫按：《説文》『以，用也。』『用』猶『因』也，『因』猶『仍』也。『試可乃已』者，謂『嘗試而用之，合意而後乃繼續使用之』也。此『已』、『以』與上文『俾』、『使』之字相照應。**帝曰往欽哉**■往，《説文》：『之也。』《國語·晉語二》『吾言既往矣』，《呂氏春秋·不侵》『願因請公往矣』，韋昭及高誘注皆云：『往，行也。』欽，敬也，謹慎也。

〔五〕**九載績用弗成**■載，年也。《五帝本紀》作『九歲』，《爾雅·釋天》：『載，歲也。夏曰歲，商曰祀，周曰年，唐虞曰載。』張守節《史記正義》引孫炎《爾雅注》云：『載，取萬物終更始也。載者，年之別名，故以載爲年也。』績，《爾雅·釋詁》：『功也。』用，與『庸』音同義通，下文『舜生三十徵庸』，《論衡·氣壽》引『庸』作『用』，《臯陶謨》『五刑五用哉』，《後漢書·梁統傳》引『用』作『庸』。是其例也。《周禮·大司徒》『十有二曰以庸制祿』，鄭玄注：『庸，功也。』是其義也。行甫按：『績用』乃同義複詞。成，《説文》：『就也。』《儀禮·士虞禮》『西面告利成』，鄭玄注：『成，畢也。』行甫按：『績用弗成』者，謂『不能畢其功』也。《國語·周語下》：『其在有虞，有崇伯鮌，播其淫心，稱遂共工之過，堯用殛之羽山。』所謂『稱遂共工之過』，意即『仍然採用共工之錯誤方法』，故其治水九年無成，勞而無功。

此爲本篇第三節，言帝堯如期考覈臣下，雖德能並重，不徇私情；但也不重德輕能，而是聽取衆議，願意給予德行有虧者一試其能之機會。

【繹文】

帝堯又在朝中議論有關官員考覈與晉升任用之事，他詢問衆位大臣説：『誰？啊？你們看看，能夠準時升遷進用呢？』一位名叫放齊的大臣説：『你那將來要繼承你的事業的大兒子丹朱啓明，我看他的資歷年限已經夠了，可以從現居職位提拔晉升一級了。』帝堯不太滿意他的建議，説：『噓——，他這人説話不算數，不知他哪句話是真實可信的；又無論有理沒理，總喜歡與人擡槓唱反調。這樣的人，哪能提拔他呢？』帝堯又接著問道：『還有誰？啊？你們想想看，能夠符合我所規定的考覈條件可以按時提拔晉升呢？』一位名叫驩兜的大臣說：『嗬喲，共工這人就很了不起！他築大壩，修堤防，治水救災，作出了巨大貢獻，功勞卓著！我看他就符合提拔晉用的條件。』帝堯對驩兜的提議也不太滿意，說：『噓——，你就別提他了！共工這人，談起治水的理論和方法，那可是頭頭是道，但落實施行起來，卻一無是處。說的和做的，不相一致。表面看來，他的確很賣力氣，作了很大貢獻；可他的巨大貢獻，就是讓洪水越積越多，已經到了洪水漫天不可收拾的地步了！』

說到這裏，帝堯不無憂慮地嘆息一聲，詢問分管不同地區的四位要員說：『唉——，你們四位大區的主管啊！現在，天下洪水氾濫成災，到處都是一片汪洋澤國，那大水把山都包圍起來，快要漫過山頂了，水勢浩瀚，白浪滔天。那些小民百姓，簡直沒法生活了，無不憂懣愁苦，唉聲嘆氣。你們看，有誰能夠承擔治水這個重任呢？』四大片區主管異口同聲地說：『啊——，崇地的一把手鯀呀！』帝堯說：『噓——，別說了，完全不可能吧！鯀這個人，常常違抗命令，又很難與他的部下相處共事，治理天下洪水，這麼浩大的工程，豈是他一個人能夠完成的呀！』四位片區主管說：『大家都覺得他有能力承擔這個重任，所以共同推舉了他呀！那就試用他一段時間吧，如果合適的話，就讓他繼續幹下去。』見幾位片區主管大臣如此推薦崇伯鯀，帝堯也不好再堅持己見，說：『好吧！就讓他去吧！可是要認真負責啊！』然而，鯀治洪水，仍然用共工的老辦法，辛辛苦苦一幹就是九年，但勞而無功，績效並不明顯，治水的任務仍然沒法徹底完成。

帝曰：『咨四岳，朕在位七十載，汝能庸命巽朕位？』岳曰：『否德忝帝位。』曰：『明明揚側陋。』〔一〕師錫帝曰：『有鰥在下，曰虞舜。』帝曰：『俞，予聞，如何？』〔二〕岳曰：『瞽子。父頑，母嚚，象傲，克諧以孝，烝烝乂，不格姦。』〔三〕帝曰：『我其試哉！女，于時觀厥刑于二女。』〔四〕釐降二女于嬀汭，嬪于虞。帝曰：『欽哉！』〔五〕

【釋讀】

〔一〕**帝曰咨四岳**■帝，堯也。咨，嗟也。亦敦促聽者之呼語詞。**朕在位七十載**■朕，《爾雅·釋詁》：我也。』在位，在帝位也。**汝能庸命巽朕位**■庸，《說文》：『用也。从用庚，庚，更事也。《易》曰：先庚三日。』行甫按：『庚』既有『更』義，亦有『續』義，或有『續』而不『更』者，斷無『更』而不『續』也。《說文》糸部：『續，連也。从糸賣聲。賡，古文續，从庚貝。』段玉裁注：『古文續，从庚貝會意。庚貝者，貝更迭相聯屬也。《毛詩》「西有長庚」(《小雅·大東》)，毛《傳》：「庚，續也。」此正謂「庚」與「賡」同義。「庚」有「續」義，故古文「續」字取以會意也。』此『庸』字正用其本義也。命，天命也。是『庸命』者，猶言『更迭而繼續行用上天之命』也。巽，枚《傳》：『順也。』《釋文》：『巽音遜，馬云：讓也。』《五帝本紀》作『踐』，裴駰《集解》引鄭玄曰：『言汝諸侯之中有能順事用天命者，入處我位，統治天子之事者乎？』俞樾《群經平議》：『《五帝本紀》「巽」作「踐」者，當從之。《尚書》作「巽」者，假借字也。「踐」從「戔」聲，古音與「巽」近，《史記·仲尼弟子列傳》宓不齊，字子賤；任不齊，字子選。「賤」從「戔」聲，「選」從「巽」聲，而皆名不齊，是其證也。』行甫按：俞氏說《史記》作『踐』字者，郢書燕說也。此『巽』作如字讀，訓『備具』之『具』，是其義也。《說文》丌部：『巺，具也。巽，篆文巺。』人部：

『僎，具也。从人，巽聲。』是『巽』、『僎』同也。《論語・先進》『異乎三子者之撰』，《釋文》：『鄭作僎。』《憲問》『大夫僎』，《漢書・古今人表》作『大夫選』，是『巽』、『僎』、『撰』、『選』通用，其義皆爲『具』也。《說文》：『具，共置也。』『共置』亦即『供置』也。《爾雅・釋詁》：『供，具也。』邵晉涵《正義》：『具，備也。』是『供置』猶言『備辦』也。《儀禮・士相見禮》『以食具告』，鄭玄注：『具，猶辦也。』胡培翬《正義》：『注云「猶辦」，解「具」爲「備辦」，與《廣雅・釋詁》訓「具」爲「備」同也。』《淮南子・原道訓》『各有其具』，高誘注：『具，猶備也。』《論語・先進》『可謂具臣矣』，邢昺《疏》：『具，備也。』是『巽朕位』猶言『備朕位』也。『備朕位』者，亦即後世所謂『爲儲君』也。『汝能庸命巽朕位』，言『爾等能否相繼行用天命而爲儲貳以備承接我之帝位』也。史公以意譯爲『踐朕位』者，則未必『巽』、『踐』相假借，俞氏之孤證不能立也。**岳曰否德忝帝位**■否，與『鄙』通，《五帝本紀》作『鄙』，皮錫瑞《今文尚書考證》引臧琳說：『《論語》「予所否者」，《論衡・問孔》作「予所鄙者」，兩漢人所引《魯論》爲今文《論語》作「予所鄙」者，與《書》古、今文正同。』是知今文《尚書》作『鄙』，古文《尚書》作『否』也。行甫按：『鄙』，本爲邊遠荒野之地，引申之有『淺薄』、『庸劣』之意。《資治通鑒・漢紀》五十八『又爲其州里俱僑客者所鄙』，胡三省注：『鄙，薄也。』因其『庸劣』，故遭人所『鄙薄』也。趙翼《陔餘叢考》卷二十二：『樸陋者爲鄙，《漢書》云「周勃爲布衣時，鄙樸庸人」，曹大家《女誡》云「鄙人愚闇」，是皆以鄙爲庸陋也。』是其證也。忝，《爾雅・釋言》：『辱也。』帝位，與上『朕位』相照應，指堯之位。『否德忝帝位』者，猶言『我等淺薄平庸劣陋之德，有辱你爲帝之位』也。**曰明明揚側陋**■曰，帝堯曰也。明明，一說：上『明』爲『顯明』，下『明』爲『明哲』。揚，《廣雅・釋詁》：『舉也。』側，《說文》：『旁也。』段玉裁注：『不中曰側。』陋，《說文》：『阨陜也。』行甫按：《五帝本紀》句作『悉舉貴戚及疏遠隱匿者』，說者皆解下『明』爲地位『高明』之『貴戚』。然此乃史公臆說，未必是也。若『明明』爲『顯揚明哲』，則『揚側陋』爲『明明』之補充性解釋。意即：要顯揚明哲之人，尤其是要努力推舉顯揚那些處身邊遠阨狹難以爲人知曉的明哲之人。文辭不免冗贅。《爾雅·釋訓》：『明明、斤斤，察也。』郝懿行《義疏》曰：『「明明」者，《詩·大明》、《常武》并云：「察也。」《常武·正義》引舍人曰：「明明，言其明甚。」孫炎曰：「明明，性理之察也。」《釋名》云：「斤，謹也。」是「斤」有明審之義。故《漢書·律厤志》云：「斤者，明也。」《詩·執競·傳》：「斤斤，明察也。」《爾雅釋文》引舍人云「斤斤，物精詳之察」，孫炎云「斤斤，重慎之察也」。』則『明明』者，又當爲『揚側陋』之狀詞，謂『謹慎詳察以顯揚處身側陋之人』也。

（二）**師錫帝曰**■師，《爾雅·釋詁》：『眾也。』錫，章太炎《尚書說》：『經傳以「錫」爲「賜」，而彝器字祇作「易」。凡由此逐彼曰「易」，《盤庚》「無俾易種于兹新邑」，《春秋·隱公傳》「惡之易也，如火之燎于原」，《傷寒論》說病有陰陽易，皆此義。由此迻予彼亦曰「易」，《漢書·衛綰傳》「劍，人之所施易，獨至今乎」，然則彼此相與，古祇作「易」，其後乃有「賜」字，爲上予下之專稱。「賜」可通言「易」，「易」不可變言「賜」。「師易帝」者，謂眾予帝也。』行甫按：章說精審。《五帝本紀》作『眾皆言於堯曰』，以意譯之也。**有鰥在下曰虞舜**■鰥，枚《傳》：『無妻曰鰥。』《孟子·梁惠王下》：『老而無妻曰鰥。』《五帝本紀》作『矜』，《禮記·王制》『老而無妻謂之矜』，是『鰥』與『矜』字通。在下，枚《傳》：『在下民之中。』《五帝本紀》作『在民間』。虞舜，枚《傳》：『虞，氏；舜，名。』孔穎達《書疏》：『舜居虞地，以虞爲氏。』《孟子·離婁下》：『舜生於諸馮，遷於負夏，卒於鳴條，東夷之人也。』劉起釪《尚書校釋譯論》謂『虞地』當在『至今尚有遺稱的河南東部虞城縣附近，其地鄰近山東』，並謂『諸馮』在『菏澤南』，『負夏』在『濮陽、滋陽間』，『鳴條』在『開封附近』；以及載籍所稱舜之活動地點諸如『歷山』（在雷澤）、『雷澤』（在菏澤境）、『河濱』（在定陶西南）、『常陽』（在恆山以南）、『壽丘』（曲阜境）、『頓丘』（河南清豐南）、『姚虛』（濟陰、城陽）等地，大抵皆在今之山東西部，少數在今之河南東部，與虞城相去不遠。是知舜以所居之『虞』爲氏，虞地上古屬『東夷』，在今之豫東也。**帝曰俞予聞如何**■俞，表贊同之語辭，《爾雅·釋言》：『然也。」聞，《說文》：「知聞也。从耳，門聲。聞，古文从昏。」《戰國策・齊策三》「吾所未聞者」，高誘注：「聞，知也。」如何，問其詳情也。

〔三〕**岳曰瞽子**■瞽，枚《傳》：「無目曰瞽。」**父頑母嚚象傲**■頑，心地險惡也。母，舜後母。嚚，言語欺詐也。《左傳》僖公二十四年：「心不則德義之經曰頑，口不道忠信之言爲嚚。」其義也。象，舜異母弟也。《五帝本紀》：「舜父瞽叟盲，而舜母死，瞽叟更娶妻而生象，象傲。」傲，枚《傳》：「傲慢不友。」行甫按：《孟子・萬章上》云：「父母使舜完廩，捐階，瞽瞍焚廩。使浚井，出，從而揜之。象曰：「謨蓋都君咸我績。牛羊，父母；倉廩，父母。干戈，朕；琴，朕；弤，朕；二嫂，使治朕棲。」」是其事也。**克諧以孝**■克，能也。諧，《爾雅・釋詁》：「和也。」以，用也。孝，《說文》：「善事父母者。从老省，从子，子承老也。」**烝烝乂**■烝，枚《傳》：「進也。」行甫按：《爾雅・釋言》「烝，塵也」，邢昺《疏》引孫炎曰：「烝，物久之塵。」《小雅・南有嘉魚》「烝然罩罩」，鄭《箋》：「烝，塵也。塵然，猶言久如也。」是「烝烝」者，猶言「久而久之」也。乂，治也。行甫按：「烝烝乂」，謂「久而久之，關係便處理好了」。**不格姦**■格，至也。姦，惡也。行甫按：「不格姦」，謂「關係不至於惡化」。《五帝本紀》述此三句作「能和以孝，烝烝治，不至姦」，王引之《經義述聞》據漢魏文章多以「烝烝」形容孝道，謂經文當讀爲「克諧，以孝烝烝，乂不格姦」。然王氏之說非是。漢魏文章以「烝烝」形容孝道，乃用典斷章之法，不可等同原文之義也。張守節《史記正義》云：「舜皆和以孝，進之於善，不至於姦惡也。」差爲得之。

〔四〕**帝曰我其試哉**■其，猶「將」也。試，猶「驗」也。《易・无妄・象傳》「不可試也」，《釋文》：「試，試驗。」是其義也。行甫按：「我其試哉」與上文「試可乃已」之「試」，皆有「試用」與「試驗」之義；然「試可」之「試」乃四岳之建議，重在「試用」；此爲帝堯「試」眾人之說，意在「檢驗」虛實，故重在「試驗」也。**女于時觀厥**

刑于二女■女，猶今言『嫁』也。枚《傳》：『女，妻。』孔穎達《書疏》：『以女妻人謂之女。鄭「不言妻者，不告其父，不序其正」，又注《禮記》云「舜不告而娶，不立正妃」，此由鄭自所說，未有書傳云然。』段玉裁《撰異》：『古凡言妻者，必爲其正妻，如「以其子妻之」、「以其兄之子妻之」，是也。凡言女者，不必爲其正妻，如《左傳》「宋雍氏女於鄭莊公」、「驪戎男女晉以驪姬」，《孟子》齊景公「涕泣而女於吳」，是也。左氏桓公十一年《傳》曰：「鄭昭公之敗北戎也，齊人將妻之。」必以其未有嫡妃也。又曰：「宋雍氏女於鄭莊公曰雍姞。」明非莊公夫人也。又僖二十三年《傳》云：「齊桓公妻之。」此謂正妻一人，不得言女之也。其上下文云：「狄人獲二女，納諸公子」，「秦伯納女五人」，此皆不得言妻之也。皆一章之中書法分別如是。然則《尚書》鄭注，其所見精矣。帝使九男二女事舜，不曰妻之也，不惟不以爲舜榮，且不敢言妻舜也。其注《禮記》亦云「舜不告而娶，不立正妃」，舜亦不敢言有妻也。』行甫按：段氏析鄭說之精，則枚、孔混『妻』、『女』爲一，而古人妻妾嫡庶禮文度制之別泯矣。于，猶『以』也。時，猶『是』也，『此』也。楊筠如《尚書覈詁》謂『于時』二字下屬爲讀，上『女』字乃涉下文兩『女』字而衍。行甫按：『于時』二字下屬爲讀，是也，介賓結構作『觀』的狀語，猶『以此方式觀之』也。其謂『女』爲衍文，則非也。無此『女』字，則下文『刑于二女』、『釐降二女』皆無著落。觀，猶『考察』也。厥，猶『其』也，指舜。刑，枚《傳》：『法也。』行甫按：『刑』即『型』之借字，本義爲鑄造所用之『模型』或『範型』，引申之則有今所謂『榜樣』、『楷模』、『表率』之意。二女，娥皇、女英也。『刑于二女』，猶言『與二女作榜樣』、『爲二女之楷模』也。王充《論衡・正說》云：『試之以職，妻以二女，觀其夫婦之法，職治修而不廢，夫道正而不僻。』又云：『夫文言「觀」、「試」，觀試其才也。』蔡《傳》曰：『此堯言其將試舜之意也。《莊子》所謂「二女事之，以觀其內」是也。蓋夫婦之間，隱微之際，正始之道，所繫尤重，故觀人者於此爲尤切也。』二氏之說，甚得經旨。

〔五〕**釐降二女于嬀汭**■釐，與『允釐百工』之『釐』音義從同，亦讀落蓋切，賜也，予也。降，下也。帝女下嫁，乃以『賜下』言之，後世娶帝女則云『尚公主』，相對爲言也。嬀，水名，音規。劉起釪謂《史記・陳杞世家》載舜之後裔嬀滿封於陳，在豫東虞城西南，知嬀水必爲其地之某水也。汭，《說文》：『水相入也。从水，从内，内亦聲。』《召誥》『攻位于洛汭』，即洛水入河之處。『嬀汭』乃嬀水與另一水相會之處也。**嬪于虞**■嬪，枚《傳》：『婦也。』此爲動詞，猶言『爲婦』也。虞，舜所居之地。**帝曰欽哉**■欽，敬也。劉逢祿《尚書今古文集解》：『「帝曰欽哉」者，飭戒二女之辭。』行甫按：劉說是也。堯戒其二女謹遵婦道，敬事舅姑，不可挾貴而驕也。《五帝本紀》敘舜事曰：『堯二女不敢以貴驕事舜親戚，甚有婦道。』可證也。劉起釪置『帝曰欽哉』於『慎徽五典』之前，以爲堯誡勉舜之辭。變亂章法，誤認述謂對象，非經義也。

此乃本篇第四節，言堯在位七十載，欲尋儲君以備承其帝位，衆臣乃薦虞舜，帝堯配以二女，觀試其才。

【繹文】

帝堯說：『哎——，你們四位片區的主管呀！我居帝位七十年了，你們能不能繼我之後續行天命，作爲接班人準備接替我的帝位呢？』四位片區主管無不誠惶誠恐，聲稱：『我們德行淺薄，不敢辱沒你的寶座。』帝堯又說：『要努力擴大考察範圍，認真挑選那些雖然處身卑賤但聰明睿智的人物，想方設法把他們從偏僻閉塞的處境之中顯揚出來。』這時，衆大臣不約而同地想到一人，便對帝堯說：『在虞地民間有一位尚未娶妻的單身漢名叫虞舜，聽說此人很不錯。』帝堯亦若有所悟，說：『是啊！我也曾聽說過這個人，但不知此人詳情究竟如何？』四位片區主管說：『一個瞎老頭的兒子，他的身世處境非常糟糕。他的母親早就過世，那瞎老頭爲他討了後娘，後娘又生了一個弟弟名叫象。父親爲了討好後娘，寵愛幼子，極不待見虞舜，而且心地陰險惡毒，總是千方百計地想要害死他。他後娘也是個當面說好話，背後捅刀子的壞女人，常常與她丈夫老瞎子合夥謀害虞舜。他後娘養的那個弟弟也不是東西，恃寵而驕，傲慢無禮，對虞舜極不友善，也想害死哥哥好讓自已獨佔家產。可是虞舜卻極爲忠厚，總是用孝順友愛的方法，緩解各種矛盾，盡力與這些刁蠻的家庭成員和睦相處。久而久之，家庭矛盾就逐漸緩和化解了，彼此之間也不至於出現十分惡劣的傷害事件了。』聽完各位片區主管大員的匯報，帝堯說：『這樣吧！我要檢驗一下，看看你們說的是否屬實！』帝堯打算將自己的兩個寶貝女兒許配給虞舜，以此考察虞舜如何給他的兩個婦人做表率，如何妥善處理家庭內部的各種矛盾糾紛。於是帝堯把他的兩個女兒娥皇和女英下嫁到嬀水灣，給老虞家做媳婦，臨行之前，囑咐她們說：『恭敬地侍候公婆，善待小叔子，謹慎地幫助虞舜處理家務吧！』

以上僞古文爲《堯典》，以下僞古文爲《舜典》。

慎徽五典，五典克從。〔一〕納于百揆，百揆時敘。〔二〕賓于四門，四門穆穆。〔三〕納于大麓，烈風雷雨弗迷。〔四〕帝曰：『格汝舜，詢事考言，乃言厎可績。三載，汝陟帝位。』〔五〕舜讓于德，弗嗣。〔六〕

【釋讀】

〔一〕**慎徽五典**■今本『慎徽五典』之上有『曰若稽古帝舜，曰重華，協于帝。濬哲文明，溫恭允塞，玄德升聞，乃命以位』二十八字，分別爲齊代姚方興及隋初劉炫作僞依次濫入，茲刪除，以復舊觀。慎，《釋文·敘錄》作『眘』，乃『慎』之古文。徽，僞《傳》：『美也。』《釋文》：『王云：美；馬云：善也。』《五帝本紀》作『和』。行甫按：馬、王訓『徽』爲『美』爲『善』者，蓋以『徽』通『嬍』也。《周禮·地官》『師氏以嬍詔王』，賈公彥《疏》：『嬍，美也。』杜佑《通典·禮十三·大學》引馬融注：『嬍，嬍道，告王以善道。』五典，僞《傳》：『五常之教，父義，母慈，兄友，弟恭，子孝。』楊筠如《尚書覈詁》：『《曲禮》「天子之五官曰司徒、司馬、司空、司士、司寇，典司五眾。」昭二十九年《左傳》「故有五行之官，是謂五官」，「木正曰句芒，火正曰祝融，金正曰蓐收，水正曰玄冥，土正曰后土」。五典，疑即五官之典也。』行甫按：《說文》云：『典，五帝之書也。从冊在丌上，尊閣之也。莊都說：典，大冊也。箕，古文典，从竹。』是所謂『五典』者，當爲王朝五種重要典冊。楊氏以爲『五官之典』，或是也。下文曰『五典克從』，可知『五典』猶今所謂『五種重要典章制度』也。**五典克從**■克，能也。從，《說文》：『隨行也。』行甫按：『從』者，猶今所謂『遵從』也。由此可知，所謂『慎徽五典』云者，猶言『謹慎地修訂完善五種規章制度，使之切於實際能夠付諸施行』也。則馬融訓『徽』爲『善』，最是；史公訓『徽』爲『和』，非其義也。

〔二〕**納于百揆**■納，當爲『內』，『內』與『納』爲古今字。『內』即『入』也。行甫按：『納』後省賓語『之』，謂『納舜』也。揆，《爾雅·釋言》：『度也。』僞《傳》：『度百事，總百官，納舜於此官。』行甫按：『事』爲『百官』所掌，故僞《傳》說之如此也。『揆』爲動詞，即『謀劃』、『商度』之意；爲名詞，則爲『計劃』、『規劃』之意。『納于百揆』，猶言『使舜加入國家大批規劃之制訂事宜』也。**百揆時敘**■時，猶『是』也，『是』猶『乃』也。說見吳昌瑩《經詞衍釋》。敘，次序也。行甫按：『百揆時序』，猶言『舜所參與制訂之大批規劃皆井井有條，無所紊亂，可順次按步實施』也。《左傳》文公十八年曰：『舜臣堯，舉八愷，使主后土，以揆百事，莫不時序，地平天成。』所謂『地平天成』者，即『天地之間所有事務皆周洽圓滿』，正爲本經『百揆時敘』之意。章太炎《尚書說》云：『百揆非特爲長官，正謂后土所掌爲百揆耳。次後舜咨四岳求使宅百揆者，「僉曰：伯禹作司空。帝曰：俞，咨禹，女平水土，惟時懋哉」，平水土與「地平天成」大同，但官則變后土爲司空，亦非特設百揆之官也。《說文》：「癸，冬時水土平，可揆度也。」百揆義正取此。』章氏不以『百揆』爲官名，其說甚是也。其據本經與《左傳》以及許君『癸』字說，謂『百揆』與『后土』、『司空』之職相關，可證『百揆』實即土木工程計劃，則『揆』即今所謂『工程預算』或『規劃預算』之意也。

〔三〕**賓于四門** 賓，僞《傳》：『四方諸侯來朝者，舜賓迎之。』孔穎達《書疏》：『鄭玄以賓爲擯，謂舜爲上擯，以迎諸侯。今孔不爲擯者，則謂舜既錄攝，事無不統，以諸侯爲賓，舜主其禮，迎而待之，非謂身爲擯也。』行甫按：《聘禮》『卿爲上擯，大夫爲承擯，士爲紹擯』，鄭玄注曰：『擯謂主國之君所使出接賓者也。』《士冠禮》『擯者請期』，注曰：『擯者，有司佐禮者，在主人曰擯。』《說文》：『儐，導也。从人，賓聲。擯，儐或从手。』段玉裁注：『擯相字當从手，賓禮字當从人。許儐、擯合而一，云「導也」，與二《禮》與鄭說不合。』行甫按：孔穎達用『擯』字義與二《禮》及鄭玄說同，謂『擯』是『擯相』之職，『儐』是『迎賓』之禮。沖遠之意以爲，舜既已總攝萬機，當是以賓禮迎接賓客，非獨任擯相之職。然考經文敘次，舜代堯總攝萬機在『正月上日受終于文祖』之後，其繼堯登帝位，又在堯崩之後。代堯總攝，屬篇末所謂『徵庸』也；繼堯登帝位，屬篇末之『在位』也。自『女于時觀刑于二女』至『納于大麓』，乃皆在『歷試』之期，故宜以鄭說『舜爲上擯』爲是也。不過『上擯』之職，亦是以『賓禮』迎接賓客，即《周禮·大宗伯》所謂『以賓禮親邦國』，其職司亦是『儐』之事也。此乃許君所以合『儐』與『擯』爲一之理也。四門，《周禮·考工記》：『匠人營國，方九里，旁三門。』是『四門』者，猶言都城四方之門，非僅四門也。『賓于四門」，謂舜爲天子上擯，負責以賓禮迎接四方來朝之諸侯。**四門穆穆**■穆穆，僞《傳》：「美也。舜流四凶族，四方諸侯來朝者，舜賓迎之，皆有美德，無凶人。」《五帝本紀》：「賓於四門，四門穆穆。諸侯遠方賓客皆敬。」又：「舜賓於四門，乃流四凶族，遷于四裔，以御螭魅，於是四門辟，言毋凶人也。」《集解》引馬融曰：「諸侯群臣朝者，舜賓迎之，皆有美德也。」行甫按：《左傳》文公十八年：「舜臣堯，賓于四門，流四凶族。渾敦、窮奇、檮杌、饕餮，投諸四裔，以禦螭魅。故《虞書》數舜之功曰：「賓于四門，四門穆穆。」無凶人也。」是《本紀》及僞《傳》皆用左氏之説也。然經文敘次「四罪而天下咸服」在舜代堯總攝萬機之後，非在此「歷試」之期也。諸家之説，顛倒時序，非經義也。行甫又按：此「穆穆」者，猶「敦信」、「和睦」之謂也。《方言》卷一「穆，信也。」錢繹《箋疏》：「睦與穆同。」《廣雅・釋詁》「睦，信也」，王念孫《疏證》：「穆與睦通。」《爾雅・釋訓》「穆穆，敬也」，郝懿行《義疏》：「穆者，睦之假音也。」《漢書・王子侯表上》「臨樂敦侯光」，顏師古注：「敦字或音弋灼反，又作敫，古穆字。」皆是其例證也。則「四門穆穆」者，謂舜爲天子之擯，以賓禮親邦國，而四方諸侯賓客皆親睦誠信而無虞詐之欺也。

〔四〕**納于大麓烈風雷雨弗迷**■納，後亦省「之」字。麓，僞《傳》：「錄也。納舜使大錄萬機之政，陰陽和，風雨時，各以其節，不有迷錯愆伏。明舜之德合於天。」《釋文》：「麓音鹿。王云錄也。馬、鄭云山足也。」《五帝本紀》：「堯使舜入山林川澤，暴風雷雨，舜行不迷。堯以爲聖。」又：「舜入于大麓，烈風雷雨不迷，堯乃知舜之足授天下。」僞《傳》採王肅説以「麓」爲「錄」，乃今文家言，故曰「使大錄萬機之政」。章太炎《尚書説》：「今文多漢制，錄尚書事始於霍光，前古無有也。」行甫按：此亦在「歷試」之期，非代堯總攝萬機之時也，王肅所據今文家説非也。此當以史公所述以及馬、鄭之注爲是。山麓多林木，入之則不辨西東，況於烈風暴雨迅雷之際，尤其易迷也。蔡《傳》曰：「遇烈風雷雨非常之變而不震懼失常，非固聰明誠智確乎不亂者不能也。」《易》「震驚百里，不喪匕鬯」，意爲近之。」

〔五〕**帝曰格汝舜**■格，僞《傳》：『來也。』《士冠禮》『孝友時格』，注：『今文格作嘏。』《少牢饋食禮》『以嘏于主人』，注：『古文嘏爲格。』《家語・問禮》『嘏以慈告』，注曰：『嘏，傳先祖語於孝子。』説者據之以爲『格』通『嘏』，義爲『傳相告語』。行甫按：《五帝本紀》譯述此句作『召舜曰』，舜在外，堯在内，召之使來，故以『召』訓『格』也。且『曰』即爲『告』，何復言『告』？《盤庚》『格汝衆』，《湯誓》『格爾衆庶』，『格』字均在『曰』字後，皆訓『來』不可訓『告』。尤其是帝堯徵舜由虞地入朝，文末所謂『徵庸』是也，則『格汝舜』者，意即『召你虞舜來朝』也。是『格』者，猶『使之來』也。　**詢事考言**■詢，咨謀，探訪也。《爾雅・釋詁》：『詢，謀也。』《左傳》哀公二年『兆詢可也』，杜預注：『詢，諮詢也。』考，考校，稽覈也。《周禮・大司馬》『以待考而賞誅』，鄭玄注引鄭司農云：『考，謂考校其功。』《大雅・文王有聲》『考卜維王』，鄭《箋》：『考，稽也。』玄應《一切經音義》卷十八『考檢』注：『考，謂質覈之也，問也。』**乃言厎可績**■乃，猶『是』也，亦猶『即』也。言，謂也。《墨子・經上》：『言，出舉也。』行甫按：孫星衍以爲『考言』作『丂言』，『丂』與『乃』形近，故誤衍『乃言』二字，其説非也。『乃言』，猶今語所謂『這就説明』也。厎，僞《傳》：『致也。』《釋文》：『王云：致也。馬云：定也。』可，堪也。黄生《字詁》：『克古文作㝁，即可字之變文。克與可同義，但轉其聲耳。又堪、戡亦聲之轉。』績，功也，業也。行甫按：『詢事考言，乃言厎可績』者，帝堯觀試虞舜而後所作之考語也，謂『訪謀汝之事，稽覈汝之言，是可謂定能有所成功』也。**三載汝陟帝位**■陟，《爾雅・釋詁》：『升也。』行甫按：《五帝本紀》：『女謀事至而言可績，三年矣。女登帝位。』則史公以爲『歷試』已滿『三載』可登帝位矣，非經義也。『三載』，乃指『未來三載』也。言下之意：『尚須更大歷練，方可陟登帝位』，實乃命其總攬萬機，熟悉全局，以備三年之後陟登帝位也。所謂『巽朕位』是也，亦即暫爲『儲君』，總攬全局，三年之後乃正式登帝位。

〔六〕**舜讓于德弗嗣**■讓，推讓也。于，猶『以』也。德，猶言『治國能力』。行甫按：『讓于德』，即所謂『否德忝帝位』也。宋人林之奇《尚書全解》引王氏（安石）説，謂『讓於有德之人』，下文『垂讓于殳斨暨伯與』、『益讓于朱虎熊羆』、『伯夷讓于夔龍』云云，則王説亦有據。然『讓於有德』亦因『否德忝帝位』，且經文並無『讓於誰某』之明言，不必增『有』字爲訓也。《東坡書傳》曰：『以德不能繼爲讓。』是也。嗣，章太炎《尚書説》：『壁中經恐爲「台」字，《史記·自敘》曰「唐堯遜位，虞舜不台」，班固《典引》曰「有于德不台，淵穆之攘」，皆據此經也。李善《文選注·典引》篇引《尚書》曰「舜攘于德不台」，然則古《尚書》實作「不台」也。案《詩》「子寧不嗣音」，《韓詩》作「子寧不詒音」，壁中經恐爲「台」字，古文家讀爲「嗣」耳。』行甫按：『台』乃『嗣』之假借，應以『嗣』爲本字。《五帝本紀》作『不懌』，是讀『台』爲『怡』，以致文意夾纏，注家曲意彌縫經史，終不可通，兹不取。『嗣』者，繼也，續也。《説文》：『嗣，諸侯嗣國也。从冊口，司聲。』《左傳》襄公三年『晉侯問嗣焉』，杜預注：『嗣，續其職者。』是其義也。此亦與上文『庸命巽朕位』及『否德忝帝位』相關聯，『讓于德弗嗣』者，謂『三載』之後亦不敢『嗣帝位』也。則舜僅辭帝之位，而非以帝之事一並而辭之也。終堯之世，舜僅『徵庸』而未『陟帝位』，待堯崩之後，舜乃爲『帝』，其辭帝位可知也。下文『正月上日，受終于文祖』云云，言『受終』不言『受位』，其不辭帝之事又可知也。劉起釪用于省吾氏之説，以此句屬下文，且輾轉通假，讀作『舜以德贊襄而不厭』，不辭之甚，實乃舍經文以求曲説，純屬多事。由誤信史公『三年矣。女登帝位』之命令語氣而已。舜『徵庸三十』，而攝政二十八載，是堯告舜之言，蓋在『歷試將滿而未滿三年』之時也，又以未來三年爲儲攝政歷練，然後陟登帝位，與『三載考績』之説合。而舜以德爲辭，三年之後亦未登帝位也。

此乃本篇第五節，言帝堯歷試虞舜而後定爲『儲君』，命其總攝萬機，再行歷練，以備三年之後正式登上帝位。舜以才薄德淺，可代堯總攝政事，不敢嗣其帝位也。

【繹文】

帝堯賜虞舜二女之後，見其齊家有方，乃徵舜到朝任事，進一步考察其才能與秉賦。虞舜到朝之後，便慎重修改完善朝中五種重要典章制度，使之切於實際便於施行。帝堯又讓虞舜參加一大批國家重大土木工程的規劃與設計，這些規劃與設計，規模合理，工序得當，皆依其輕重緩急一一付諸實施。帝堯又讓虞舜擔任國家禮賓司司長，負責迎接四方邦國來訪的賓客，虞舜款誠相待，與他們建立了誠信友好的親密邦交關係。最後，帝堯將虞舜送進深山老林，大麓之野，考察他絕地生存的能力與智慧，他在電閃雷鳴，急風暴雨的惡劣環境之中自我救助，也沒有迷失方向。於是帝堯認爲虞舜乃天才上智，可堪重任，召之進宮，對他說：『把你虞舜從虞地召來朝中，將近三年了。對你所有行事進行了通盤考察，對你所有言論也進行了充分覈實，所有這些都説明你一定大有作爲，能夠在國家治理上有所建樹。但你還必須總攬全局，進一步歷練自己，準備爲儲攝政，三年之後登上帝位。』虞舜認爲，自己才淺德薄，能力有限，即使是歷練三年之後，也不敢登上帝位。

正月上日，受終于文祖。〔一〕在璿璣玉衡以齊七政，肆類于上帝，禋于六宗；〔二〕望于山川，徧于群神。〔三〕輯五瑞，既月乃日，覲四岳群牧，班瑞于群后。〔四〕歲二月東巡守，至于岱宗柴，望秩于山川，肆覲東后，協時月正日，同律度量衡。〔五〕修五禮五玉，三帛二生一死贄。如五器，卒乃復。〔六〕五月南巡守，至于南岳，如岱禮。〔七〕八月西巡守，至于西岳，如初。〔八〕十有一月朔巡守，至于北岳，如西禮。〔九〕歸格于藝祖，用特。〔一〇〕五載一巡守，群后四朝。〔一一〕敷奏以言，明試以功，車服以庸。〔一二〕肇十有二州，封十有二山，濬川。〔一三〕

【釋讀】

〔一〕**正月上日**■正月，一月也。孔穎達《書疏》：『鄭玄以爲，帝王易代，莫不改正，堯正建丑，舜正建子。』屈萬里《尚書集釋》：『三正之說，起於戰國之世，戰國以前，無以地支配月者。鄭氏云云，或戰國以來有此傳說也。』上日，僞《傳》：『朔日也。』蔡《傳》：『朔日也。葉氏曰：上旬之日。曾氏曰：如上戊上辛上丁之類。未詳孰是。』王引之《經義述聞》：『上日、元日，皆非謂朔日也。上日，謂上旬吉日。當以葉氏、曾氏之說爲是。元日，善日也，吉日也。《王制》「元日，習射上功；習鄉上齒」，《正義》以元日爲善日。《月令》孟春「天子乃以元日祈穀于上帝」，盧植、蔡邕並曰：「元，善也。」鄭注曰：「謂以上辛郊祭天。」上辛謂上旬之辛，不必在朔也。仲春「擇元日，命民社」，注曰：「祀社日用甲。」甲日亦不必在朔也。古人格廟，亦不必以朔日。《師秦宮鼎》曰「惟五月既望，王各于享廟」，《師毛父敦》曰「惟六月既生霸戊戌旦，王各于大室」，《龙敦》曰「惟元年既望丁亥，王各廟」，《郉敦》曰「惟二年正月初吉，王在周邵宫，丁亥，王各于宣射」。《師訇敦》曰「惟元年二月既望庚寅，王各于大室」，《牧敦》曰「惟王十年十又三月既生霸甲寅，王各大室」。各，並與格同。是古人格廟，不必朔日也。《太平御覽·時序部》十四引《尚書大傳》曰：「上日，元日。」亦謂上旬之善日也。』**受終于文祖**■受，授予也，接受也。終，終止也，起始也。行甫按：『受終』者，堯授舜之帝事，於堯爲終；舜受堯之帝事，於舜爲始。文祖，先祖之尊稱。此謂『一月之上旬吉日，帝堯與虞舜於先祖廟舉行政事交接儀式』也。《五帝本紀》曰：『於是帝堯老，命舜攝行天子之政。』言『攝行天子之政』，則非踐天子之位，明矣。史公之說是也。

〔二〕**在璿璣玉衡以齊七政**■在，《爾雅·釋詁》：『察也。』璿璣玉衡，孔穎達《書疏》引馬融云：『渾天儀，可旋轉，故曰璣。衡，其横簫，所以視星宿也。以璿爲璣，以玉爲衡，蓋貴天象也。』揚雄《法言·重黎》：『或問渾天，曰：落下閎營之，鮮于妄人度之，耿中丞象之，幾乎幾乎，莫之能違也。』戴震《尚書義考》卷一：『璿璣玉衡，先儒徒據漢以後之渾天儀爲說，皆失之。揚雄《法言》或人問渾天於雄，雄曰「洛下閎營之，鮮于妄人度之，耿中丞象之，幾幾乎莫之違也」，渾天之器，創於此三人，遂以其轉旋名之曰璇璣；以其中之窺管，名之曰玉衡。雖襲取古名，非唐虞時所謂機衡也。』西漢前無渾天之器，則馬融之說非是。《史記·天官書》：『北斗七星，所謂旋璣玉衡以齊七政。』司馬貞《索隱》引《運斗樞》：『斗，第一天樞，第二旋，第三璣，第四權，第五衡，第六開陽，第七摇光。第一至第四爲魁，第五至第七爲標，合而爲斗。』《晉書·天文志》：『魁四星爲琁璣，杓三星爲玉衡。』行甫按：『璿』，即『璇』之異體，『璇』與『旋』通，旋轉也。『璣』，即『機』也，《宋書·天文志》引鄭玄曰『動運爲機。』『機』與『幾』通，章太炎《尚書說》：『《尚書大傳》引《傳》曰：機者，幾也，微也。其變幾微，而所動者大，謂之旋機。』是也。『玉衡』，北斗第五至第七星狀如『斗杓』，俗稱『斗柄』者也。齊，整齊也，統一也。七政，僞《傳》：『日月五星各異政，舜察天文齊七政，以審己當天心與否。』章太炎《尚書說》曰：『孔說非也。五星與五步曆無關，當天心與否，乃後世占驗之說。案七政者，二十八宿分四方耳。此段即堯「欽若昊天」意，與步曆及辨正方位均有關係，自來解者均不得其實也。』屈萬里曰：『七政，蓋謂七種政事。意者古人以爲北斗七星，每一星主一政事，故云。』行甫按：『齊七政』者，歷來注家紛紜衆說，莫衷一是。章太炎與上文『欽若昊天』關聯爲說，差爲得之。是『在璿璣玉衡』者，即『厤象日月星辰』之意也；『以齊七政』者，乃『敬授人時』之謂也。是屈萬里以『七政」爲『七種政事』，說亦可從也。**肆類于上帝**■肆，遂也。類，祭名。《說文》：『禷，以事類祭天神。』段玉裁注：『《五經異義》曰：「今《尚書》夏侯、歐陽說：禷，祭天名也。以禷祭天者，以事類祭之。以事類祭之何？天位在南方，就南郊祭之是也。古《尚書》說：非時祭天謂之禷，言以事類告也。肆禷于上帝，時舜告攝，非常祭。從古《尚書》說。許君謹按：《周禮》郊天無言禷者，知禷非常祭，從古《尚書》說。」玉裁按：郊天不言禷，而《肆師》「類造上帝」，《王制》「天子將出，類于上帝」，皆主軍旅言。凡經傳言禷者，皆謂因事爲兆，依郊禮而爲之。《說文》亦從古《尚書》說。』上帝，天帝也。行甫按：『帝堯』乃在人之帝，『上帝』即在天之帝。**禋于六宗**■禋，僞《傳》：『精意以享謂之禋。』《說文》：『禋，潔祀也。一曰精意以享爲禋。』《周禮・大宗伯》『以禋祀祀昊天上帝，以實柴祀日月星辰，以槱燎祀司中司命飌師雨師』，鄭玄注：『禋之言煙，周人尚臭，煙氣之臭聞者。槱，積也。《詩》曰「芃芃棫樸，薪之槱之」。三祀皆積柴實牲體焉，或有玉帛燔燎而升煙，所以報陽也。』行甫按：《大宗伯》『禋祀』、『實柴』、『槱燎』皆以焚柴實牲爲祭，而『禋祀』則又『有玉帛燔燎而升煙』，是知許君以『潔祀』及『精意以享』說『禋』者，偏重燔玉帛而忽諸焚牲體也。孔穎達回護僞《傳》而駁鄭玄之說，知二五不知一十也。劉起釪從僞《傳》及孔氏之說，又不知『禋』之取義正在『燔燎而升煙』也。六宗，僞《傳》：『宗，尊也。所尊祭者，其祀有六，謂四時也，寒暑也，日也，月也，星也，水旱也。』行甫按：『六宗』之說，繁然淆亂，未有定論。劉起釪以爲甲骨文『示』、『宗』、『主』既爲一字，而『示』爲祖先神主，則『六宗』亦即『六示』，乃堯以前六位先祖。考慮到本篇成於春秋之世孔子之手，堯舜既『受終于文祖』，於『上帝』、『山川』、『群神』皆有祀，而獨不敬享於先祖，其勢未必可能。是『六宗』乃『六示』，亦即堯之先祖，或是也。

〔三〕**望于山川**■望，遙祭也。張守節《史記正義》：『望者，遙望而祭山川也。』**偏于群神**■偏，今字作『遍』，謂『無所遺漏』也。群神，眾神也。行甫按：《周禮・大宗伯》『以血祭祭社稷五祀五嶽，以貍沈祭山林川澤，以諞辜祭四方百物』，則『偏于群神』者，蓋所謂『四方百物』之神也。

〔四〕**輯五瑞**■輯，《釋文》引馬融曰：『斂也。』瑞，《説文》：『以玉爲信也。』行甫按：《周禮·典瑞》『公執桓圭，侯執信圭，伯執躬圭，子執穀璧，男執蒲璧，以朝覲宗遇會同于王』，《白虎通義·瑞贄》『何謂五瑞？謂珪、璧、琮、璜、璋也』，則今文與古文家説各異。當以古文《周禮》説爲是，即不同等級之諸侯所執之節信有差。『輯五瑞』者，謂諸侯執瑞來朝，天子以『瑁』覆之，而後轉『瑁』爲『同』，聚合而盛之，故或稱爲『同』，或稱爲『瑁』，或合而稱之爲『同瑁』也。參見《顧命》『上宗奉同瑁』釋讀。**既月乃日**■既，通『暨』，《周禮·閭胥》『既比同讀法』，鄭玄注：『故書既爲暨，杜子春讀暨爲既。』是其證也。《禮記·喪服大記》『塗不暨于棺』，鄭玄注：『暨，及也。』乃，猶『及』也。説見吴昌瑩《經詞衍釋》。行甫按：『既月乃日』者，猶『及月及日』也。上言『正月』，此言『既月乃日』，謂『及於正月之日』而不出『正月之日』之外也。**覲四岳群牧**■覲，《爾雅·釋詁》：『見也。』四岳，分守東南西北四方諸侯之長，即堯時之『四岳』也。牧，王朝派出之地方長官。王引之《經義述聞》：『群牧十二人。』**班瑞于群后**■班，《説文》：『分瑞玉。』《周禮·宮伯》『頒其衣裘』，鄭玄注：『頒，讀爲班。班，布也。』行甫按：上言『輯五瑞』，此言『班瑞』，謂朝覲之時收而驗之，朝覲之後頒而分之。群后，指『四岳』及『群牧』也。

〔五〕**歲二月東巡守**■歲二月，當歲之二月也。巡守，《五帝本紀》作『巡狩』，《孟子·梁惠王下》：『天子適諸侯曰巡狩。巡狩者，巡所守也。』《告子下》：『天子適諸侯曰巡狩；諸侯朝於天子曰述職。』《公羊傳》隱公八年『有事于泰山』，何休《解詁》：『有事者，巡守祭天告至之禮也。巡猶循也；狩猶守也；循行守視之辭。亦不可國至，人見爲煩擾，故至四嶽，足以知四方之政而已。』**至于岱宗柴**■岱宗，東岳泰山也。《風俗通·山澤篇》：『泰山，山之尊者。一曰岱宗，岱，始也。宗，長也。』柴，僞《傳》：『燔柴祭天告至。』《爾雅·釋天》：『祭天曰燔柴。』《釋文》引馬融曰：『祭時，積柴加牲其上而燔之。』《説文》：『祡，燒柴尞祭天也。从示，此聲。《虞書》曰：『至于岱宗，祡。𥛚，古文祡，从隋省。』孔穎達《書疏》：『《郊特牲》云：「天子適四方，先柴。」是燔柴爲祭天告至也。』**望秩于山川**■望，遥祭也。秩，次序也。《公羊傳》隱公八年『天子有事于泰山』，何休《解詁》全引本節四方巡守文字，徐彥《疏》引鄭玄注曰：『望秩于山川者，遍以尊卑祭之。五嶽視三公，四瀆視諸侯，其餘小者，或視卿大夫，或視伯子男矣。秩，次也。』行甫按：『山川』者，謂東地之山川也。鄭氏『五嶽視三公，四瀆視諸侯』云云，比況之辭也。**肆覲東后**■肆，遂也。覲，見也。東后，徐彥引鄭玄注：『東方之諸侯也。』**協時月正日**■協，合也。正，調整，定準。僞《傳》：『合四時之氣節，月之大小，日之甲乙，使齊一也。』徐彥引鄭玄注：『協正四時之月數及日名，備有失誤者。』**同律度量衡**■同，《釋文》：『王云：齊也。』律，《釋文》：『王云：六律也。馬云：法也。鄭云：陰呂陽律也。』僞《傳》：『法制。』劉起釪從鄭玄說，謂『同』爲『陰律』，『律』爲『陽律』，以『同律』爲『六同六律』。行甫按：古代雖有『鐘律』與『管律』之不同，但音階原理通天下而一致；作爲定音標準的『律』，不可能參差不齊，否則音不成調，樂亦無和。且以『同』與『律度量衡』並列爲名詞，則當讀『協時月，正日同律度量衡』，以『日』與『同律度量衡』同『正』，又大爲不倫矣。是知鄭、王之說非而馬融及僞《傳》之說是也。《周禮·大行人》曰『十有一歲，達瑞節，同度量，成牢禮，同數器，修灋則』，可與本經互證。度，長度計量也。《漢書·律曆志》：『度者，分、寸、尺、丈、引也，所以度長短也。』量，體積計量也。《律曆志》：『量者，龠、合、升、斗、斛也，所以量多少也。』衡，重量計量也。《律曆志》：『衡，平也；權，重也。衡所以任權而均物平輕重也。一龠容千二百黍，重十二銖。兩之爲兩，二十四銖爲兩。十六兩爲斤，三十斤爲鈞，四鈞爲石。』

〔六〕**修五禮五玉三帛二生一死贄**■修，行也。《國語·晉語五》『而不修天罰』，《孔子家語·禮運》『講信修睦』，韋昭、王肅注並云：『修，行也。』五禮，《史記集解》：『馬融曰：吉、凶、賓、軍、嘉也。』徐彥隱公八年《公羊傳注疏》引鄭玄注：『公、侯、伯、子、男朝聘之禮矣。』戴震《尚書義考》卷二：『以周之吉凶軍賓嘉言者，非也。

此五者乃人事之經，鉅細必核，委曲繁重，豈覲於方岳下之頃所能舉而修之？當從鄭說爲公侯伯子男朝聘之禮。」劉起釪謂不唯吉、凶、軍、賓、嘉五禮之說甚誤，即公侯伯子男朝聘之禮亦誤，乃用邵懿辰《禮經通論・論五禮》之說，謂當『指父子、兄弟、夫婦、君臣、朋友五品之人所行之節文儀則而言』。行甫按：若以『修』爲『修纂』、『修訂』之意，則非唯吉、凶、軍、賓、嘉五禮造次之間不能頃就，『五品之人所行之節文儀則』更其繁重，豈亦『於方岳下之頃所能舉而修之』？隱公八年《公羊傳》：『天子有事于泰山，諸侯皆從泰山之下。』知『修五禮』當爲『行五禮』，鄭氏之說是也。五玉，徐彦《公羊傳》隱公八年《注疏》引鄭玄曰：『瑞節。執之曰瑞，陳列曰玉也。』僞《傳》：『五等諸侯執其玉。』行甫按：諸侯朝覲天子，所行之禮及所執之玉，相互配套。則『五禮五玉』乃諸侯行朝聘之禮所執之瑞節，無由他說也。三帛，徐彦引鄭玄注：『所以薦玉也。受瑞玉者，以帛薦之。帛必三者，高陽之後用赤繒，高辛氏之後用黑繒，其餘諸侯皆用白繒。周禮改之爲繅也。』僞《傳》：『諸侯世子執纁，公之孤執玄，附庸之君執黃。』孔穎達《書疏》引王肅云：『三帛，纁玄黃也。附庸與諸侯之適子，公之孤執皮帛，其執之色未詳聞。或曰孤執玄，諸侯之適子執纁，附庸執黃。』行甫按：鄭、王之說不同，僞《傳》從王肅之說。『三帛』當爲諸侯所獻之禮物，即三種不同顏色之絲織品，非僅薦玉之繒也。二生一死，僞《傳》：『二生，卿執羔，大夫執雁。一死，士執雉。』徐彦引鄭玄注：『羔雁，生也，卿大夫所執。雉死，士所執也。』行甫按：『雁』即是『鵝』。古『雁』與『鵝』一聲之轉。贄，《五帝本紀》作『爲摯』，張守節《正義》：『摯音至。贄，執也。鄭玄云：「贄之言至，所以自致也。」韋昭云：「贄，六贄：孤執皮帛，卿執羔，大夫執鴈，士執雉，庶人執鶩，工商執雞也。」』**如五器**■如，若也。行甫按：『如』、『若』義同，皆訓『此』，說見吴昌瑩《經詞衍釋》。五器，裴駰《史記集解》引馬融曰：『上五玉。五玉禮終則還之，三帛已下不還也。』僞《傳》：『器謂圭璧。如五器，禮終則還之，三帛生死則否。』**卒乃復**■卒，終也。乃，於是，然後也。復，返還也。行甫按：『如五器』者，『此五器』也。『卒乃復』者，即上文『輯五瑞』、『覲四岳群牧』而後『班瑞于群后』也。

〔七〕**五月南巡守至于南岳**■南岳，衡山也。**如岱禮**■如，同也。如岱禮，謂巡守南岳之禮，同於巡守岱宗之禮。

〔八〕**八月西巡守至于西岳**■西岳，華山也。**如初**■初，指岱禮。

〔九〕**十有一月朔巡守至于北岳**■朔，北方也。《五帝本紀》簡敘三方曰：『五月南巡狩，八月西巡狩，十一月北巡狩，皆如初。』北岳，恆山也。**如西禮**■『西禮』即『如初』，『如西禮』猶言『如初』也。行甫按：何休隱公八年《公羊傳解詁》引本節『如西禮』下多『還至嵩，如初禮』六字。

〔一〇〕**歸格于藝祖**■格，至也。藝，《釋文》：『馬、王云：禰也。』何休《公羊傳解詁》引作『禰』。父廟曰禰。祖，即《周禮·考工記》『左祖右社』之『祖』，猶言『宗廟』也。『藝祖』，猶言『父廟』也。**用特**■用，用牲也。特，一頭公牛。

〔一一〕**五載一巡守**■謂每五年巡守一次。**群后四朝**■朝，入朝覲見。四朝，巡守之年不入朝也。《史記集解》引鄭玄曰：『巡狩之年，諸侯見於方岳之下。其間四年，四方諸侯分來朝於京師也。』行甫按：鄭玄『分來』之說與經文『五載群后四朝』不相符，恐非。

〔一二〕**敷奏以言**■敷奏，僞《傳》：『敷，陳；奏，進也。』蔡《傳》：『程子曰：敷奏以言者，使各陳其爲治之說。』以，猶『於』也，『於』，猶『其』也。下三『以』字同。說見吳昌瑩《經詞衍釋》。**明試以功**■明，猶言『公開』也。試，猶『考察』、『考覈』也。功，績也。行甫按：『功』與『言』相對，猶今語所謂『說的』與『做的』相對爲言也。『明試以功』者，謂據其所陳奏之言，而公開考覈其實際施爲也。**車服以庸**■庸，功也。戴震《義考》：『庸如功庸之庸，《國語》曰「無功庸者不敢居位」。』行甫按：『庸』即『功勞』也。『車服以庸』，謂用車馬與服飾賞賜有功者。《大盂鼎》『易女鬯一卣，冂衣（頭巾），市（禮服之蔽膝），舄（木底鞋），車，馬；易女祖南公旂，用獸』，《頌壺》『易女玄衣黹屯（以刺繡鑲邊之黑赤朝衣），赤市（赤色蔽膝），朱黃（朱色佩玉），鑾旂（車上所用懸玲於竿頭之旂），鋚勒（銅飾馬絡頭），用事』，皆周代賜車服之事。

〔一三〕**肇十有二州**■肇，《爾雅·釋詁》：『始也。』僞《傳》：『始置十二州。』章太炎《尚書說》：『當如《詩》「肇域彼四海」之「肇」，讀爲垗，堆土堆以分界也。』行甫按：章說是也。《史記集解》引『馬融曰：「禹平水土，置九州。舜以冀州之北廣大，分置并州。燕、齊遼遠，分燕置幽州，分齊爲營州。於是爲十二州也。」鄭玄曰：「更爲之定界，濬水害也。」』《爾雅·釋地釋文》引鄭玄注：『舜以青州越海，而分齊爲營州，冀州南北太遠，分衛爲并州，燕以北爲幽州。新置三州，並舊爲十二州也。』即於《禹貢》九州冀、兖、青、徐、揚、荊、豫、梁、雍之外，增幽、并、營三州爲十二州。崔述《唐虞考信録》曰：『十二州名無可考證，適見《周官》、《爾雅》有幽、并、營三州名，爲《禹貢》所無，遂附會之以補舜十二州之數。』行甫按：『九州』之名，《禹貢》、《爾雅》、《周官·職方氏》所言各異，此十二州實由秦代整編《尚書》之時以諸書所載疊加而成。崔東壁所言是也。**封十有二山**■封，封禪也。《大戴禮記·保傅篇》盧辯注：『封，謂負土石於泰山之陰，爲壇而祭天也。禪，謂除地於梁甫之陰，爲墠以祭地也。變「墠」爲「禪」，神之也。』《白虎通義·封禪篇》：『增泰山之高以報天，附梁甫之基以報地。』是祭天爲『封』，祭地爲『禪』也。《周禮·職方氏》言每州有一山爲鎮，此既言十有二州，則亦爲十有二山也。**濬川**■濬，《爾雅·釋言》：『深也。』行甫按：『濬』即『浚』，謂深挖疏通川水也。陳夢家《尚書通論》曰：『封者，《封禪書正義》謂「泰山上築土爲壇以祭天報功曰封」是也。「濬」若「決」者，是祭川之名。謂祭名川時深其川道，亦猶封山爲益土于山巔也。』則『濬』乃祭祀與疏通河流之事也。

此乃本篇第六節，言舜攝堯之帝事，舉行各種祭祀活動以及巡視四方，劃定各地山川疆域分界，舉行封禪大典，考察各地諸侯治績，並以車服賞賜有功者。

【繹文】

一月上旬吉日，帝堯與虞舜在先祖廟舉行政事交接儀式。如同帝堯一樣，虞舜攝行萬機總攬全局之第一要事，便是觀天象授民時，觀察北斗七星之方位以整齊七項政務。然後在南郊舉行特別的祭天儀式，將虞舜攝代萬機之事宜報告於上帝。又以加玉帛焚柴升煙的儀式，精心享祭帝堯的六位祖先神靈。並且遙祭望祀各大名山與名川，以及遍祭天地四方百物之神祇。舉行了一系列祭祀活動之後，將各路諸侯的瑞節收集上來，也就是說，虞舜開始朝見各路諸侯了。就在這正月的光景裏，虞舜分批接見了來朝的四方諸侯以及各路地方長官，考覈了他們的所作所爲及其實際治績，沒有發現他們有什麼重大違規行爲，就把他們的瑞信發還給他們，讓他們繼續管理各地的政治事務。

從當年二月開始，虞舜出京巡視地方諸侯。先往東方巡行，到達泰山，舉行焚柴祭天告至儀式，意思是報告上天，自己巡狩四方諸侯已經到達東方的泰山了，並且按照大小尊卑之次序，遙祭望祀東方的名山大川，然後朝見東方諸侯，進行頒曆授時活動。調整統一四時之節氣與十二月之大小朔望以及日之甲乙，不使發生誤差。並統一規定各地的律法體系以及長度、體積與重量等計量單位之進位體系。分別與東方的五等諸侯舉行朝覲之禮，並將他們各自所執的瑞信玉器收集上來。五等諸侯也各自按照自己的不同身份與等級，向虞舜呈獻了各種不同的禮物，有三種不同顏色的皮帛，以及羔羊與鵝等家畜家禽之類的活物，還有捕獲的野雞之類的死禽。諸侯所呈獻的這些禮物，或作爲當時膳食之用，或帶回國庫以備日後之用，皆無須一一歸還。只有諸侯們所執的這五種瑞信玉器，在朝覲儀式結束之後要歸還給他們，以此證明朝廷對他們的地方治理狀況表示認可。

五月往南方巡視，到達南岳衡山，就象在東方泰山一樣，舉行了一系列祭祀活動與朝覲儀式。八月往西方巡視，到達西岳華山，也舉行了與東方泰山一樣的祭祀活動與朝覲儀式。十一月往北巡視，到達北岳恆山，舉行了與前三次一樣的系列祭祀活動與朝覲儀式。四方諸侯巡視完畢，虞舜便回到京師，來到堯的父廟，用一頭公牛舉行告歸祭祀。

虞舜自此立下王制規定：天子五年一次巡視各地諸侯；各地諸侯每年進京述職。只是在天子巡視的這一年，各地諸侯無須來京。在巡視與朝見過程中，諸侯們必須陳述自己的履職情況，天子根據諸侯所述，對他們的實際行爲及其政治績效進行公開考覈；那些確有政績貢獻突出的諸侯方伯，天子賜予車馬與服飾以示表彰。

在巡視四方諸侯之際，虞舜劃定了十二州山川疆域之邊界，對每州的方鎮大山舉行了封禪儀式，對各州之内的河流也舉行了祭祀儀式，並作了疏通治理以除水患。

象以典刑，流宥五刑，鞭作官刑，扑作教刑，金作贖刑。〔一〕眚災肆赦，怙終賊刑。欽哉欽哉，惟刑之恤哉！〔二〕流共工于幽洲，放驩兜于崇山，竄三苗于三危，殛鯀于羽山，四罪

而天下咸服。〔三〕

二十有八載，帝乃殂落，百姓如喪考妣，三載，四海遏密八音。〔四〕

【釋讀】

〔一〕**象以典刑**■象，歷來學者有二説，一爲象徵；一爲象示。《荀子·正論》「世俗之爲説者曰：治古無肉刑而有象刑。墨黥，慅嬰；共，艾畢；菲，對屨；殺，赭衣而不純」，楊倞注：「象刑，異章服，耻辱其形象，故謂之象刑。《慎子》曰：『有虞氏之誅，以畫跪當黥，以草纓當劓，以履紨當刖，以艾畢當宫。』」又《尚書大傳》曰：「唐虞之象刑，上刑赭衣不純，中刑雜屨，下刑墨幪。」「幪，巾也。」王先謙《荀子集解》引劉台拱曰：「『共』，當作『宫』，『菲』當作『剕』，殺當如字讀。言犯墨黥之罪者以草纓代之，宫罪以艾畢代之，剕罪以紨屨代之，殺罪以赭衣不純代之。注引《尚書大傳》及《慎子》之言，正可參證。」行甫按：是所謂「象徵之刑」之「象刑」，乃以草具爲刑械，施於罪人以恥辱之。墨黥之罪則編草爲枷施於頸項；所謂「草纓」（「慅」與「草」通，《詩》「勞人草草」即「勞人慅慅」）是也。宫罪則以艾草爲蔽膝，施於下腹陰前，所謂「艾畢」是也。刖罪則著草鞋象徵其刑（「對」當爲「紨」之訛，枲也），殺頭之罪則以赭衣無領口不緣邊（即「不純」）象徵其刑。宋人林之奇《尚書全解》：「王氏云：『象者，垂以示人之謂，若《周官》「垂法象魏」是也。』此説比先儒爲長。《周官·司寇》「正月之吉，始和布刑於邦國都鄙，乃縣刑象之法於象魏，使萬民觀刑象，挾日而斂之」，此則唐虞之「象以典刑」之意也。而説者多以象刑爲畫象，其説出於《大傳》與漢帝之詔，薛氏又論「世俗以爲畫衣冠異章服爲象刑」，豈非讀《舜典》而誤與？此説有理。」呂祖謙《東萊書説》：「蓋布象其法以示民，使曉然可見也。」戴震《尚書義考》：「象刑之義，林氏所論當矣。』曾運乾《尚書正讀》：『象，刻畫也。蓋刻畫墨、劓、剕、宮、大辟之刑於器物，使民知所懲戒，如九鼎象物之比。俗説乃以畫衣冠異章服爲象刑，蓋傳之失其真也。』行甫按：此皆以『象刑』爲『象示之刑』，即以形象描摩五刑之狀，或懸之於魏闕，使民觀象而知戒；或刻之於器物示民有所避。猶夏鑄九鼎以象物，使民知神姦之意。以下文『流宥五刑』以及『眚災肆赦，怙終賊刑』云云而觀之，當以『象示』之意爲確也。若『象徵』爲刑，本無肉刑，則無所謂『宥』矣。且亦無所謂『鞭』、『扑』之施，則亦無所謂『金作贖刑』也。以，猶『爲』也。典，《爾雅·釋詁》：『常也。』刑，五刑也。行甫按：『象以典刑』者，謂『以形象描繪五種刑罰之狀，懸示於民使其知有所戒避』也。**流宥五刑**■流宥，《史記集解》引馬融曰：『流，放也；宥，寬也。』五刑，《史記集解》引馬融曰：『墨、劓、剕、宮、大辟。』僞《傳》：『以流放之法寬五刑。』**鞭作官刑**■官刑，僞《傳》：『以鞭爲治官事之刑。』行甫按：『鞭作官刑』者，謂『以鞭笞之刑維護社會公共治安』也，今新加坡民事處罰條例猶有鞭刑也。**扑作教刑**■扑，僞《傳》：『榎楚也。不勤道業則撻之。』《禮記·學記》『夏楚二物，收其威也。』鄭玄注：『夏，槄也。楚，荊也。』《爾雅·釋木》『槄，山榎』，郭璞注：『今之山楸。』是『夏』與『榎』通。行甫按：『扑作教刑』者，謂『學校以山楸與荊條扑擊督戒不勤道業者』也。**金作贖刑**■金，僞《傳》：『黃金。誤而入刑，出金以贖罪。』《史記集解》：『馬融曰：金，黃金也。意善功惡，使出金贖罪，坐不戒慎者。』孔穎達《書疏》：『古之金銀銅鐵總號爲金，別之四名耳。此傳黃金，《呂刑》黃鐵，皆是今之銅也。古之贖罪者皆用銅。』

〔二〕**眚災肆赦**■眚，過誤也。災，害也。肆，《爾雅·釋詁》：『故也。』赦，免也。**怙終賊刑**■怙，恃也。終，竟也。賊，與『則』通。楊筠如《尚書覈詁》：『《盤庚》「女有戕則在乃心」，《散氏盤》「余有散氏心賊，則爰千罰千」，「戕則在心」，即《散氏盤》之「心賊」也。古「賊」字從「則」作「賊」，故「則」、「賊」可通。』刑，殺也。《康誥》曰：『人有小罪，非眚，乃惟終，自作不典，式爾；有厥罪小，乃不可不殺。乃有大罪，非終，乃惟眚災，適爾；既道極厥辜，時乃不可殺。』意即：人雖犯有小罪，但並非過失犯罪，而是蓄意將犯罪行爲實施到底，此乃自爲不法，情節十分惡劣，其罪雖小，也不可不殺；人雖有大罪，但沒有將犯罪行爲實施到底，只是偶然一次過失犯罪；既經針對其過失所造成的危害作了相應的處罰，也就可赦而不殺了。顧頡剛謂本篇此二句即由《康誥》之文簡括而成。其説是也。**欽哉欽哉**■欽，敬慎也。**惟刑之恤哉**■惟，猶『以』也。刑，殺也。之，猶『是』也，『爲』也。恤，猶『慎』也。《五帝本紀》作『靜』，《集解》引徐廣曰：『今文云「惟刑之謐哉」。《爾雅》曰「謐，靜也」。』《索隱》：『注「惟形之謐哉」，案：古文作「恤哉」，且今文是伏生口誦，卹謐聲近，遂作「謐」也。』戴震《尚書義考》：『《詩》「假以溢我」，《左傳》引作「何以恤我」，《説文》引作「誐以謐我」。《毛詩》訓「溢」爲「慎」，義出《爾雅》。而「溢」、「慎」、「謐」，《爾雅》又皆訓「靜」。故《史記》云「惟刑之靜哉」。「謐」之爲「靜」，雖《爾雅》正訓，而「謐刑」爲「慎刑」，義尤切至。』

〔三〕**流共工于幽洲**■流，放也。共工，水官。幽洲，《大戴禮記·五帝德》述流共工之地作『幽州』，段玉裁《古文尚書撰異》：『今《尚書》作「洲」者，衛包以俗字改也。』《五帝本紀》作『幽陵』，《集解》：『馬融曰：北裔也。』**放驩兜于崇山**■放，流也。驩兜，堯臣。《五帝本紀》：『驩兜進言共工，堯曰不可，而試之工師，共工果淫辟。於是舜歸而言於帝，請流共工於幽陵，以變北狄；放驩兜於崇山，以變南蠻。』崇山，《集解》引馬融曰：『南裔也。』孔穎達《書疏》：『《禹貢》無崇山，不知其處，蓋在衡嶺之南。』**竄三苗于三危**■竄，投棄之名。三苗，《戰國策·魏策一》吳起對魏武侯曰：『昔者，三苗之居，左彭蠡之波，右洞庭之水，文山在其南，而衡山在其北，恃此險也，爲政不善，而禹放逐之。』《五帝本紀》：『三苗在江淮、荆州數爲亂。遷三苗於三危，以變西戎。』張守節《正義》：『洞庭，湖名，在岳州巴陵西南一里，南與青草湖連。彭蠡，湖名，在江州潯陽縣東南五十二里。今江州、鄂州、岳州，三苗之地也。』行甫按：『三苗』在今湖北、湖南、江西三省交界處。三危，《史記集解》引馬融曰：『西裔也。』張守節《正義》引《括地志》云：『三危山有三峰，故曰三危，俗亦名卑羽山，在沙州敦煌縣東南三十里。』徐文靖《禹貢會箋》：『《西河舊事》云：「三危山，俗亦謂昇雨山。」《史記注》作「卑羽山」，字之譌也。《錐指》仍之，亦誤。』**殛鯀于羽山**■殛，《爾雅·釋言》：『誅也。』《楚辭·天問》『永遏在羽山，夫何三年不施』，王逸注：『言堯長放鯀於羽山，絕在不毛之地，三年不舍其罪也。』《五帝本紀》『四嶽舉鯀治鴻水，堯以爲不可，嶽彊請試之，試之而無功，故百姓不便。於是舜歸而言於帝，殛鯀於羽山，以變東夷。』羽山，僞《傳》：『東裔，在海中。』《史記集解》引馬融曰：『東裔也。』《漢書·地理志》『東海郡祝其縣』下云：『《禹貢》羽山在南，鯀所殛。』《史記正義》引《括地志》云：『羽山在沂州臨沂縣界。』戴震《尚書義考》：『羽山在今登州蓬萊縣東南三十里，古萊夷地。《寰宇記》「縣南有鯀城，四罪皆流耳。」』屈萬里《尚書集釋》：『羽山相傳有二：一說在今山東郯城縣東北；一說在今山東蓬萊東南。據《禹貢》，以在今郯城東北者爲當。』行甫按：《禹貢》徐州『淮、沂其乂，蒙、羽其藝』，蒙山在今山東蒙陰縣南四十里，西南接費縣界，則與《括地志》所言相近。傳聞異辭，要之，羽山當在東方邊裔之地。今不可確考。**四罪而天下咸服**■罪，猶言『處罰』也。咸，皆也。服，從也。行甫按：『四罪』者，古者兵刑合一，故征伐『三苗』亦謂之『罪』也。說見下文『五刑有服』釋讀。

〔四〕**二十有八載**■二十八年也。行甫按：此『二十有八載』與上『三載，汝陟帝位』及『舜讓于德弗嗣』相關聯也。謂虞舜歷試之後，堯命舜『巽朕位』總攝萬機，繼續歷練，以備三年之後正式陟登帝位。然『舜讓于德弗嗣』，終堯之世，長達二十八年之久，虞舜僅攝帝事而未登帝位也，是益知虞舜力辭帝堯之位而非辭卻帝堯之事也。**帝乃殂落**■帝，堯也。《孟子·萬章上》引作『放勳乃徂落』，《爾雅·釋詁》：『徂落，死也。』《說文》：『殂，往死也。从歺，且聲。《虞書》曰：勛乃殂。殂，古文殂，从歺从作。』段玉裁《古文尚書撰異》據《孟子》、《春秋繁露》、《說文》、《帝王世紀》諸書引作『放勛』或『放勳』，皆不作『帝』字，曰：『《堯典》之紀堯也，始言「曰放勛」，終言「放勛乃殂」；其書舜之即真也，始言「舜格于文祖」，「舜曰咨四岳」，終言「舜生」。古史文法精嚴如是。自僞孔《傳》不謂「放勳」爲堯名，而云「堯放上世之功化」，則「放勛乃殂」不可通矣。於是姚方興傅會之，易爲「帝」字。推見至隱，其在斯乎！若《孟子集注》云「放勳本史臣贊堯之詞，孟子因以爲堯號」，如其說，似《尚書》本作「帝乃殂落」，孟子易以「放勳」，其亦誣矣。』行甫按：段氏之說，似是而實非也。虞舜終堯之世僅攝帝堯之事而未陟帝堯之位，《堯典》之文於堯之世稱『帝堯』而不稱『帝舜』；堯崩而後始稱『舜格』與『舜曰』，繼而乃稱『帝曰』，則堯崩而後舜乃『陟帝位』，其敍述次第尤明。此『舜曰』後之『帝曰』乃爲『帝舜』無所疑也。而篇末『舜生』不容稱『帝生』者，『鴻筆』敍事之詞且有所嫌於堯也。且『放勳』亦不爲帝堯之名，已見上文『曰若稽古帝堯曰放勳』釋讀，此亦毋須贅言也。**百姓如喪考妣**■百姓，非指『百官』，乃各宗族自治之長，由各宗族內部自發產生，不由朝廷指派，非官非民，亦官亦民。參見上文『平章百姓』釋讀及《盤庚》『汝不和吉言于百姓』釋讀。喪，亡也。考妣，《爾雅·釋親》：『父曰考，母曰妣。』郭璞注：『《禮記》曰：生曰父、母、妻；死曰考、妣、嬪。』郭沫若《甲骨文字研究·釋祖妣》謂『考妣連文爲後起之事，《爾雅·釋親》「父爲考，母爲妣」，當係戰國時人語。』**三載四海遏密八音**■三載，三年也。四海，四方邊遠之地也。遏密，《爾雅·釋詁》：『遏，止也。密，靜也。』八音，《周禮·大師》『播之以八音』：金石土革絲木匏竹。』鄭玄注：『金，鐘鎛也。石，磬也。土，塤也。革，鼓鼗也。絲，琴瑟也。木，柷敔也。匏，笙也。竹，管簫也。』《五帝本紀》：『百姓悲哀，如喪父母。三年，四方莫舉樂，以思堯。』蔡《傳》：『言堯聖德廣大，恩澤隆厚，故四海之民思慕之深至於如此也。』行甫按：史公及蔡說是也，此與『三年之喪』無關。

此乃本篇第七節，言舜攝堯事，制訂法典並明確『眚災肆赦，怙終賊刑』之司法原則，流放四位罪人於邊遠蠻荒之地，天下諸侯皆服從虞舜號令。舜攝行政事二十八載，帝堯崩，百姓悲哀思慕，三年不舉樂。

【繹文】

虞舜命將常用的五種刑罰之一般條例以圖像形式描畫出來，懸掛在都邑的城門之上，讓天下之民皆知有所避忌與戒懼，以免觸犯刑憲。五刑有所寬赦，就用流放的方式代替肉刑以免肢體毀傷。用皮鞭抽打的方式，維護社會公共治安秩序；用楸木片敲擊或者以荊條抽打的方式，作爲督責學校生徒學習課業遵守道義的處罰方式；用黄銅作爲贖金，保釋年老體弱之囚犯於獄外就醫頤養。如果是過失犯罪造成的傷害，可以得到赦免；如果是蓄意犯罪，並把犯罪行爲實施到底，造成他人傷害，那就大刑伺候，決不輕饒。一定要小心謹慎啊！千萬不能掉以輕心啊！要認真分析案情，調查犯罪動機，覈復犯罪事實，要把刑殺與處罰作爲人命關天的大事嚴肅對待啊！

虞舜在代堯攝政期間，將那治水無方的共工給流放到北方邊遠之地，把那與共工沆瀣一氣的驩兜流放到南邊的蠻荒之地，又把在江淮荊州一帶屢屢作亂的三苗族集體驅逐到西方邊遠之地與戎人雜居。還把那個經常違抗命令，不能與部下團結協作而治水多年卻勞而無功的崇伯鯀，也放逐到東方極爲遙遠的不毛之地，讓他自生自滅。對這四個凶族作出嚴重處罰，天下諸侯與百姓也就對虞舜執政能力心服口服，完全聽從虞舜的號令了。

虞舜不登帝位，直到帝堯殂落崩亡，其攝行帝堯之政事，已長達二十八年之久。因舜攝堯事，天下太平無事，帝堯崩亡之後，天下百姓無比悲哀，號泣如喪父母。三年以來，四方百姓仍然悲傷不已，思慕帝堯之德，哪怕是窮鄉僻壤之民，也都不願舉行娛樂活動。

月正元日，舜格于文祖，詢于四岳，闢四門，明四目，達四聰。〔一〕咨十有二牧，曰：食哉惟時：柔遠能邇，惇德允元，而難任人，蠻夷率服。〔二〕

舜曰：『咨四岳，有能奮庸熙帝之載，使宅百揆，亮采惠疇？』僉曰：『伯禹作司空。』〔三〕帝曰：『俞，咨禹，汝平水土，惟時懋哉！』禹拜稽首，讓于稷契暨臯陶。帝曰：『俞，汝往哉！』〔四〕

帝曰：『棄，黎民阻飢，汝后稷，播時百穀。』〔五〕

帝曰：『契，百姓不親，五品不遜，汝作司徒，敬敷五教，在寬。』〔六〕

帝曰：『臯陶，蠻夷猾夏，寇賊姦宄。汝作士，五刑有服，五服三就，五流有宅，五宅三居，惟明克允。』〔七〕

帝曰：『疇若予工？』僉曰：『垂哉！』〔八〕帝曰：『俞，咨垂，汝共工。』垂拜稽首，讓于殳斨暨伯與。帝曰：『俞，往哉！汝諧。』〔九〕

帝曰：『疇若予上下草木鳥獸？』僉曰：『益哉！』〔一〇〕帝曰：『俞，咨益，汝作朕虞。』益拜稽首，讓于朱虎熊羆。帝曰：『俞，往哉！汝諧。』〔一一〕

帝曰：『咨四岳，有能典朕三禮？』僉曰：『伯夷。』〔一二〕帝曰：『俞，咨伯，汝作秩

宗，夙夜惟寅，直哉惟清。』〔一三〕伯拜稽首，讓于夔龍。帝曰：『俞，往欽哉！』〔一四〕

帝曰：『夔，命汝典樂，教胄子。〔一五〕直而溫，寬而栗，剛而無虐，簡而無傲。〔一六〕詩言志，歌永言，聲依永，律和聲。八音克諧，無相奪倫，神人以和。』〔一七〕夔曰：『於，予擊石拊石，百獸率舞。』〔一八〕

帝曰：『龍，朕堲讒說殄行，震驚朕師，命汝作納言，夙夜出納朕命，惟允。』〔一九〕

帝曰：『咨汝二十有二人，欽哉！惟時亮天功，三載考績，三考黜陟幽明。』〔二〇〕

庶績咸熙，分北三苗。〔二一〕

【釋讀】

〔一〕**月正元日舜格于文祖**■月正，猶言『正月』也。元日，猶『善日』、『吉日』也。格，至也。文祖，亦堯之先廟也。王夫之《尚書稗疏》：『堯崩之明年，舜即嗣爲天子，未嘗俟三年之喪畢也。』行甫按：王說是也。此謂堯崩之明年，舜於堯之先廟舉行祭祀儀式，以報告嗣帝位也。**詢于四岳**■詢，《爾雅·釋詁》：『謀也。』四岳，即上文『四岳』，亦謂四方片區之主管官員也。**闢四門明四目達四聰**■闢，開也。四門，四方城門也。僞《傳》：『開闢四方之門未開者，廣致衆賢。』目，猶『視』也。達，猶『通』也。聰，猶『聽』也。僞《傳》：『廣視聽於四方，使天下無壅塞。』蔡《傳》：『開四方之門以來天下之賢俊，廣四方之視聽以決天下之壅蔽。』行甫按：『四目』、『四聰』乃由『四門』而生之比喻義，猶言廣開言路，下情上達而無所閉塞壅滯也。《漢書·梅福傳》上書云『博覽兼聽，謀及疏賤，令深者不隱，遠者不塞，所謂辟四門，明四目也」，是其義也。

〔一二〕**咨十有二牧曰**■咨，《說文》：「謀事曰咨。」行甫按：「咨」猶上「詢于四岳」之「詢」，亦「謀」也。十有二牧，即上「肇十有二州」之州長也。行甫按：「咨十有二牧」與「詢于四岳」乃互文，非「詢」之以彼文而「咨」之以此文也。**食哉惟時**■食，孫星衍《尚書今古文注疏》：「《方言》云：『勸也。』《廣雅・釋詁》同。《爾雅・釋詁》云：『食，僞也。』案：『僞』即『爲』也，言勸使有爲。《魏志・華陀傳》云：『陀恃能厭食事。』言厭爲事也。」王先謙《尚書孔傳參正》：「『食哉』，勸勉之意。時，是也。『勉哉惟是』，猶言『惟是勉哉』，與下文『惟時懋哉』同義，文係倒裝。本文可通，不勞改字。」行甫按：《說文》：「飭，致堅也。从人，从力，食聲。讀若敕。」《爾雅・釋詁》：「敕，勞也。」《釋文》：「敕本又作飭。」是「飭」從「食」得聲，此「食」即「飭」字之假借。「致堅」猶言「加固」，今語所謂「鞏固」、「加强」者，是其義也。惟，猶「以」也，「爲」也。時，猶「是」也，「此」也，指代下文「柔遠能邇，惇德允元，而難任人」諸事也。行甫按：「食哉惟時」，猶今語所謂「以此等事爲努力方向」，或「於此等事須努力加强」。**柔遠能邇**■柔，《爾雅・釋詁》：「安也。」能，善也。戴震《尚書義考》：「今以聲義考之，能、而、如、若，一聲之轉，後漢《督郵斑碑》『柔遠而邇』。《易》『利建侯而不寧』，《釋文》云『鄭讀「而」曰「能」』。能，猶安也。《禮運》『聖人耐以天下爲一家』，注云『耐，古能字』。疏云『亦有誤不安「寸」直作「而」字』。劉向《說苑》『能』字皆爲『而』也。《爾雅》『若，善也，順也。』蓋『柔』有使之馴伏意，『能』有與之調善意。下『敦德』、『允元』對文，則『柔遠』、『能邇』之爲對文，明矣。」王引之《經義述聞》：「『古者謂相善爲相能。』襄二十一年《左傳》曰『范鞅與欒盈爲公族大夫而不相能』、《康誥》曰『亦惟君惟長，不能厥家人』，並與『柔遠能邇』之『能』同義。」行甫按：戴、王二氏之說是也。唯此「遠」者，謂遠方之「蠻夷」也；「邇」者，謂中國之諸侯也。**惇德允元**■惇，《爾雅・釋詁》：「厚也。」德，有德之人。行甫按：「惇德」，猶言「崇尚有德之人」也。允，《爾雅・釋詁》：「信也。」元，善也。行甫按：『允元』，猶言『信用善良之人』也。**而難任人**■而，猶『且』也。順接連詞。難，《爾雅·釋詁》：『阻也。』僞《傳》：『拒也。』任，《爾雅·釋詁》：『任，壬，佞也。』**蠻夷率服**■蠻，古代中國對南方少數族種之稱。《說文》：『蠻，南蠻，它種。』夷，《說文》：『東方之人也，从大从弓。』率，遵從也。《左傳》宣公十二年『今鄭不率』，杜預注：『率，遵也。』《戰國策·東周策》『又禁天下之率』，鮑彪注：『率，猶從也。』服，從也。行甫按：『率服』同義複詞，猶今所謂『順從、服從、親附』之義也。《君奭》曰：『丕冒海隅出日，罔不率俾。』則『率服』亦即『率俾』也。

〔三〕**舜曰咨四岳**■舜曰，僞《傳》：『稱「舜曰」以別堯。』林之奇《尚書全解》：『蓋自此而上稱「帝曰」者皆堯也，自此而下稱帝曰者，皆舜也。』行甫按：林氏之說是也。堯崩之前舜未嗣位，故不稱『帝』；自此而下舜已嗣位，乃稱帝，故下文即稱『帝曰』也。咨，猶『嗟』也。亦敦促聽者之詞，非嘆詞，亦非動詞也。**有能奮庸熙帝之載**■有，猶『或』也，今所謂『有人』也，通俗口語則曰『誰』也。奮，僞《傳》：『起也。』庸，《說文》：『用也。』熙，《爾雅·釋詁》：『光也，興也。』蔡《傳》訓『熙』爲『廣』。行甫按：『光』與『廣』同義，『興』亦猶『廣』也。《五帝本紀》作『美堯之事』，訓『熙』爲『美』，引申之義也。帝，帝堯也。行甫按：舜不自稱『帝』，乃以『帝』稱堯也。下文『帝曰』者，『鴻筆』之詞，非舜自謂也。載，事也。行甫按：《爾雅·釋詁》：『哉，始也。』『載』與『哉』通，是『載』之爲『事』者，猶言『初始之事』也。惟『初始之事』，故須『熙』之『廣』之而已。行甫又按：前文帝堯曰『疇咨若時登庸』，謂『如期升遷進用』也。此言『奮庸』者，謂由白丁而『起用』也。漢人所謂『起家』者，是其義也。《史記·魏其武安侯列傳》『薦人或起家至二千石，權移人主』，是其例也。以下舜所命者，皆非朝廷舊臣，乃『起家錄用』之人也。因歷來注經者於此義皆不了，兹特爲揭而出之。**使宅百揆**■宅，與『度』字通假，『度』猶言『謀計』、『揆度』也。《大雅·皇矣》『爰究爰度』，鄭《箋》：『度，亦謀也。』《爾雅·釋言》：『揆，度也。』郭璞注：『度，商度。』行甫按：　章太炎據《左傳》文公十八年『舜臣堯，舉八愷，使主后土，以揆百事，莫不時序，地平天成』之説，謂『百揆』於《左傳》爲『后土所掌』，本經『則變后土爲司空』，而『平水土』實與『地平天成』之意從同。《説文》『癸，冬時水土平，可揆度也』。則『百揆』與『后土』、『司空』相關，可證『揆度』實即今所謂『工程預算』或『建設規劃』之意也。是『宅百揆』者，謂『謀度制訂各種土木工程計劃與預算』也。**亮采惠疇**■亮，《爾雅・釋詁》：『左、右、助，勴也；左、右，亮也。』郭璞注：『勴，謂贊勉。』行甫按：『亮』，猶言『佐助』、『幫持』也。采，猶『取』也，常訓。惠，《爾雅・釋言》：『順也。』《新書・道術》：『心省恤人謂之惠。』疇，亦猶『類』也，『誰』也。行甫按：『亮采惠疇』一語，歷來經師，紛紜衆説，皆不得經義。『亮』與『惠』乃近義詞，『惠』爲『順從』，『順從』即是『不逆』，『不逆』亦是『佑助』也。『采』與『疇』即上文堯曰『疇咨若予采』之『采』之『疇』也。『采』者，堯之所『求』所『取』者，『疇』乃堯所『求取』之『類』，故亦可訓爲代詞『誰』，猶言『其人』也。『亮采惠疇』與『熙帝之載』相關爲義，前既取鯀使治洪水，然『九載績用弗成』，是『帝之載』者，仍爲當初『俾乂洪水』而未竟之事也。舜欲起用（『奮庸』）新人，佐助（『亮』）堯時所取（『采』）之舊人（『疇』）弼成（『惠』）其事（『帝之載』）也。故舜一言『宅百揆，亮采惠疇』，四岳乃皆知爲『平水土』之事以薦伯禹爲司空也。歷來經師，不明斯義，誤訓誤讀，以爲經文有闕，百計彌縫。不通文法章句，不可以談經義者，信矣！　**僉曰伯禹作司空**■僉，皆也。伯禹，相傳爲崇伯鯀之子。司空，掌土木工程營建之官。《荀子・王制》：『脩隄梁，通溝澮，行水潦，安水臧，以時決塞，歲雖凶敗水旱，使民有所耕艾，司空之事也。』是『平水土』亦屬土木工程，故爲『司空』所掌。

〔四〕**帝曰俞咨禹**■帝，舜也，堯崩舜嗣帝位，故書『帝曰』也。俞，猶『然』也，贊同之詞。咨，猶『嗟』也，敦其措意，以示重視，非嘆詞。**汝平水土惟時懋哉**■平，治也。惟，猶『以』也，『爲』也。時，猶『是』也，『此』也。懋，《爾雅・釋詁》：『勉也。』行甫按：『惟時懋哉』，猶『以是爲勉』也。**禹拜稽首**■拜，《説文》：『捧，首至手也。』

跪，所以拜也。』行甫按：《周禮・太祝》『辨九拜：一曰稽首，二曰頓首，三曰空首』，鄭玄注：『稽首拜，頭至地也。頓首拜，頭扣地也。空首拜，頭至手，所謂拜手也。』則所謂『拜』者，既跪而拱手，頭俯至於手與心平，是之謂『首至手』也。頭不至於地，謂之『空首』，對『稽首』、『頓首』之頭著地也。稽首，《說文》：『䭫，下首也。』是『稽』乃『䭫』之假借。『拜稽首』者，謂『跪而拱手，頭俯至於手與心平，然後納頭至於地』也。此乃君臣之禮。**讓于稷契暨皋陶**■讓，推讓也。稷，本爲農官之稱，周人始祖棄曾爲其官，載籍遂以『稷』或『后稷』代周始祖棄之名。《國語・魯語上》『周人禘嚳而郊稷』，是也。契，相傳爲商人之始祖，《禮記・祭法》『殷人禘嚳而郊冥，祖契而宗湯』，是也。字又作『偰』，《說文》：『偰，高辛氏之子，堯司徒，殷之先。』字亦作『卨』或『离』，《說文》：『卨，蟲也。从厹，象形。讀與偰同。离，古文卨。』張守節《殷本紀正義》引《括地志》云『商州東八十里商洛縣本商邑，古之商國，帝嚳之子卨所封也』。暨，及也，與也。《說文》：『臮，眾與詞也。从㐺，自聲。《虞書》曰：臮咎繇。』皋陶，《說文》引作『咎繇』。《左傳》文公十八年『高陽氏有才子八人』其曰『庭堅』者，杜注：『庭堅，即皋陶字。』《左傳》文公五年『臧文仲聞六與蓼滅，曰：皋陶庭堅不祀，忽諸！』此當爲杜注所本。然崔東壁《夏考信錄》以爲『唐虞之時未有字』而規杜注。行甫按：崔氏之說，似未諦也。其一，唐虞之書皆後世據傳聞而作，非當時之實錄。其二，本經堯胤子丹朱啓明，『啓明』亦即『啓明』，丹朱之字也，說見上文釋讀。其三，皋陶之『陶』，即《大雅・緜》『陶復陶穴』之『陶』。劉起釪謂『陶復陶穴』，今西北一帶仍稱『窑洞』，是『陶』或『繇』亦即『窑』也。準此，則『庭堅』正爲『陶穴』之意。杜預以『庭堅』爲『皋陶』字，何不可哉！**帝曰俞汝往哉**■俞，亦『然』詞也。往，猶今言『上任』，謂『往任司空之官』也。行甫按：據本經文例，此『俞』乃不聽其讓之詞。猶今人欲制止他人某種言行而說：『好了！』說見下文『俞往哉汝諧』釋讀。

〔五〕**帝曰棄**■棄，周稷之本名，因其生而見棄乃名棄。《左傳》襄公二十六年載『宋芮司徒生女子，赤而毛，棄諸堤下，共姬之妾取以入，名之曰棄。長而美，平公入夕，共姬與之食。公見棄也，而視之，尤。姬納諸御。』《大雅・生民》言后稷之生曰：『誕彌厥月，先生如達。』鄭《箋》：『達，羊子也。』是鄭讀『達』爲『羍』也。《說文》：『羍，小羊也。从羊，大聲，讀若達同。』是后稷亦如宋芮司徒之女（後爲宋平公夫人）因『赤而毛』以見棄而名棄也。參見拙文《〈大雅・生民〉后稷棄因旁證》，載《武漢大學學報》（人文科學版）二〇〇〇年第二期。**黎民阻飢**■黎民，庶民也。阻，《五帝本紀》作『黎民始飢』，《集解》引徐廣曰：『今文《尚書》作「祖飢」。祖，始也。』《索隱》：『古文作「阻飢」。孔氏以爲「阻，難也」。祖、阻聲相近，未知誰得。』俞樾《群經平議》：『竊謂「阻」、「祖」皆「且」之假字。古字「祖」、「阻」皆與「且」通。商《祖庚卣》、《祖乙卣》，其「祖」字皆作「且」，《儀禮・大射禮》曰「且左還」，鄭注曰：「古文且爲阻。」是其證也。《說文》且部：「且，薦也。」然則「黎民且飢」，猶云「黎民薦飢」。《詩・雲漢》篇「飢饉薦臻」，毛《傳》曰：「薦，重也。」《正義》引《爾雅・釋天》「仍飢爲荐」，謂「薦」、「荐」字異義同。「黎民薦飢」正「仍飢」之義也。「且」古文作「𠀃」，几在地上，有薦藉之意，故訓爲薦。作「祖」作「阻」，均其假字。因其作「祖」而訓爲「始」，因其作「阻」而訓爲「阨」，俱未免望文生訓矣。』行甫按：俞氏之說，理據堅實，可從。今文之『祖』，古文之『阻』皆爲『且』字之假借，史遷如字讀『祖』訓『始』爲誤說，不足信也。**汝后稷**■后，主也，動詞，猶言『掌管』也。稷，孔穎達《書疏》：『稷是五穀之長，立官主此稷事。』行甫按：『汝后稷』者，猶言『汝主管農事，爲農政之官』也。**播時百穀**■播，散也，佈也。時，與『蒔』通。《周頌・思文》鄭《箋》：『后稷播殖百穀。』孔穎達《詩疏》引鄭玄《尚書注》云：『時讀曰蒔。汝居稷官，種蒔百穀以救活之。』段玉裁《撰異》：『殖、植古通用，亦即易時作蒔之意也。』《呂刑》曰「稷降播種，農殖嘉穀」，《鄭語》曰「周棄能播殖百穀蔬，以衣食民人者也」，韋注：「殖，長也。」』行甫按：《說文》『蒔，更別種』，與『播』同義。是『播時』即『播蒔』，乃同義並列複詞也。百穀，猶言各種糧食作物也。屈萬里《集釋》：『棄非新命，故無推讓之言。下文契、皋陶同。』行甫按：

《史記集解》引馬融曰：『稷、契、皋陶，皆居官久，有成功，但述而美之，無所復勑；禹及垂已下皆初命，凡六人。與上十二牧四嶽，凡二十二人。』是屈氏本馬融之説。然稷、契、皋陶因禹之推讓而命，無須再讓。下文命伯夷而『讓于夔、龍』之後再命夔、龍，二人亦皆無推讓之辭，即其證也。此節敘舜命官分職乃爲『奮庸』，亦即『起家錄用』，皆爲『新命』，屈説非也。且四岳、十二牧尤非『初命』，馬説亦不足信。參見下文『二十有二人』釋讀。

〔六〕**帝曰契百姓不親**■百姓，各宗族之長，此泛指民眾也。親，《説文》：『至也。』《呂氏春秋·貴信》『不能相親』，高誘注：『親，比也。』行甫按：『百姓不親』，猶言『百姓不團結』也。**五品不遜**■五品，《史記集解》：『鄭玄曰：父母兄弟子也。王肅曰：五常也。』行甫按：《説文》：『品，眾庶也。』《國語·鄭語》『夏禹能單平水土，以品處庶類者也』，韋昭注：『庶，眾也。品，高下之品也。』是『五品』者，猶言『五類眾庶高下之別』也。遜，《説文》：『愻，順也。从心，孫聲。《唐書》曰：五品不愻。』行甫按：《五帝本紀》作『馴』，《殷本紀》作『訓』，『馴』、『訓』、『遜』、『愻』，音同義通，可互用。『不遜』即『不順』，猶言『不通暢』，今所謂『矛盾叢叢，不能有效溝通』者，是其義也。『五品不遜』與『百姓不親』互爲解釋。**汝作司徒**■作，爲也。司徒，金文作『嗣土』，此官掌土地與民籍，故亦掌鄉校之平民教育，是以《周禮》司徒掌邦教，而太師掌教國子即貴族子弟也。《孟子·滕文公上》曰：『使契爲司徒，教以人倫：父子有親，君臣有義，夫婦有別，長幼有敘，朋友有信。』又曰：『設爲庠序學校以教之。庠者，養也；校者，教也；序者，射也。夏曰校，殷曰序，周曰庠，學則三代共之，皆所以明人倫也。人倫明於上，小民親於下。』是司徒掌庠序之平民教育使之相『親比』之證也。參閲拙著《中國早期文化意識的嬗變》第二卷『新舊六藝更迭』與『官學下移』以及『平民教育與大比選士廢馳』之相關論述（武漢大學出版社二〇〇五年版，第五二一—九一頁）。**敬敷五教**■敬，謹也。《孟子·梁惠王上》：『謹庠序之教，申之以孝悌之義。』行甫按：『謹』猶『慎』也。敷，布也。五教，即『五品之教』也。《左傳》文公十八年：『舉八元，使布五教于四方：

父義，母慈，兄友，弟共，子孝，内平外成。』行甫按：　左氏之言與《堯典》正同。**在寬**■寬，猶言『從容』也。行甫按：　道德教育不可一蹴而就，必如細雨潤物，優柔從容，不疾不徐；　若急功近利，期於速成，則人心生厭，適得其反。若著力過猛，舉措失中，則流於欺詐，以致弄虚作假。東漢謠諺有曰：『舉茂才，不知書；　舉孝廉，父別居。』其例也。蘇軾《書傳》曰：『以此教民，必寬而後可。亟則以德爲怨，否則相率爲僞。』是也。

〔七〕**帝曰皋陶蠻夷猾夏**■蠻夷，泛指中國周邊少數族群。猾，亂也。夏，《說文》：『中國之人也。』《史記集解》引鄭玄曰：『猾夏，侵亂中國也。』**寇賊姦宄**■寇賊，鄭注：『强取爲寇，殺人爲賊。』姦宄，《左傳》成公十七年：『亂在外爲姦，在内爲宄。』《史記集解》引鄭玄曰：『由内爲姦，起外爲軌。』行甫按：　鄭説與左氏異，傳聞異辭，不足怪也。『軌』與『宄』通。『寇賊姦宄』，四字並列爲句，《尚書》多有之。**汝作士**■作，爲也。士，《史記集解》引鄭玄曰：『獄官之長。』《漢書·東方朔傳》『皋陶爲大理』，顔師古注：『以其爲士，士亦理官。』行甫按：『士』爲理獄之官，故又稱『理官』，後世所謂『大理寺』，即典刑獄之府衙也。上古刑戮與征伐皆由士師任之，故此命皋陶爲『士』而言『蠻夷猾夏，寇賊姦宄』也。《國語·魯語上》『大刑用甲兵』，是也。**五刑有服**■五刑，《史記集解》引馬融曰：『墨、劓、剕、宫、大辟。』《國語·魯語上》臧文仲曰：『刑五而已，無有隱者，隱乃諱也。大刑用甲兵，其次用斧鉞，中刑用刀鋸，其次用鑽笮，薄刑用鞭扑，以威民也。故大者陳之原野，小者致之市、朝，五刑三次，是無隱也。』韋昭注：『五刑，甲兵、斧鉞、刀鋸、鑽笮、鞭扑也。次，處也。三處，野、朝、市也。』江聲《尚書集注音疏》：『此五刑實不同前文五刑。馬於前文既爲是解，於此處又云然，則口費而煩且非也。』陳喬樅《經説考》：『江聲云：　此五刑實不同前文五刑，當以賈、韋説甲兵、斧鉞、刀鋸、鑽笮、鞭扑爲當。』行甫按：　上文『流宥五刑』之『五刑』，既指五種犯罪條例，亦含臧文仲所言『五刑』之義焉。經既云『四罪而天下咸服』，其『流共工于幽洲，放驩兜于崇山』以及『殛鯀于羽山』，乃依『五刑』條例而『流宥』之也。至於『竄三苗于三危』，即『大刑用甲兵』或『大者陳之原野』之義也。則《堯典》所言之『五刑』，皆刑戮與征伐合一，江聲謂『此五刑不同前文五刑』，非也。而馬融説前文『五刑』，非不是也，乃不備耳。服，《説文》：『用也。』行甫按：『五刑有服』者，猶言『五刑各有所用』也。**五服三就**■三就，僞《傳》：『行刑當就三處，大罪於原野，大夫於朝，士於市。』行甫按：『三就』者，猶《魯語上》臧文仲所謂『三次』也。『就』猶『即』也。『次』亦『即』也。《康誥》『勿庸以次汝封』，《荀子·致士》及《宥坐》並作『勿庸以即』，《家語·始誅》作『勿庸以即女心』，孫星衍曰：『即、次聲之緩急，義皆得爲就也。』是『五服三就』者，謂『五刑之用乃有三處』也。行甫又按：『五刑有服』，就『五刑』各有所用之對象與事實言之；『五服三就』，以『五刑』各有施行之處所言之也。**五流有宅**■五流，即上文『流宥五刑』也。宅，與『度』通，《五帝本紀》『有宅』、『五宅』皆作『度』。行甫按：此當讀『度』，謂『揆度』也。**五宅三居**■三居，《史記集解》引馬融曰：『大罪投四裔，次九州之外，次中國之外。』行甫按：『五流有宅，五宅三居』，謂『五種肉刑寬宥之法則有五種流放之刑以對應，必各有所擬；所擬五種流放之刑，依其輕重，有三處不同之流放處所』。所謂『三居』者，言其地各有寒暑、遠近以及饒瘠之不同，必以罪之輕重而擬之度之也。**惟明克允**■惟，猶『爲』也。明，準確也，公開也。克，能也。允，公正也，允當也。《史記集解》引馬融曰：『當明其罪，能使信服之。』行甫按：『惟明克允』者，乃總括上文『五刑有服，五服三就；五流有宅，五宅三居』而言之，謂『服』與『就』以及『宅』與『居』，皆當『明』且『允』也。

〔八〕**帝曰疇若予工**■疇，誰也。若，如也，順也。予，我也。工，工匠也。《孟子·盡心上》：『大匠不爲拙工改廢繩墨。』行甫按：『疇若予工』，猶言『誰符合我之工匠要求』，或言『誰符合我之工官標準』，欲起用技術官僚主管百工之事也。**僉曰垂哉**■僉，皆也。垂，古代能工巧匠之名。《顧命》：『兑之戈，和之弓，垂之竹矢，在東房。』字又作『倕』，《莊子·胠篋》：『毀絶鉤繩而棄規矩，攦工倕之指，而天下始人有其巧矣。』《淮南子·説山訓》『人不愛倕之手而愛己之指』，高誘注：『倕，堯之巧工也。』皆是其證也。

〔九〕**帝曰俞咨垂汝共工■**俞，然詞也。咨，嗟也，敦促聽者之詞。共，僞《傳》：『謂供其職事。』段玉裁《古文尚書撰異》：『共，讀爲供。他處皆經衛包改，惟此倖存其舊。』行甫按：『共』，動詞，猶『作司徒』、『作士』、『典樂』之『作』之『典』也。今所謂『供職』者，是其義也。『汝共工』者，猶言『汝典工官』或『汝作工官』也。孔穎達《書疏》曰：『上云「疇若予工」，單舉工名；今命此人云「汝作共工」，明是帝謂此人堪供此職，非是呼此官名爲共工也。』孔說是也，此『共工』爲動賓結構，與上文『共工』爲『水官之名』非一義也。是以孔氏當云『汝作工』，方無語病矣。**垂拜稽首■**拜稽首，亦『跪而拱手，頭俯至於手與心平，然後納頭至於地』也。**讓于殳斨暨伯與■**殳斨，殳與斨二人之名也。暨，與也，及也。伯與，人名也。王夫之《書經稗疏》：『《世本》「伯余始作衣」，此伯與疑即伯余。余、與音同。』行甫按：《說文》謂『臮，眾與詞也』，三人成眾，此所以用『臮』之義也。林之奇《尚書全解》曰：『禹讓稷契臮皋陶，三人也；此之所讓，與禹正同。然中加「暨」字，則爲三人也，無疑矣。殳一也，斨二也，伯與三也。』蔡《傳》：『殳、斨、伯與，三臣名也。殳，以積竹爲兵，建兵車者。斨，方銎斧也。古者多以其所能爲名，殳斨豈能爲二器者歟?』**帝曰俞往哉汝諧■**俞，然詞也。諧，《爾雅·釋詁》：『和也。』《楚辭·七諫》『眾並諧而妒賢兮』，王逸注：『諧，同也。』此『諧』則兼此二義焉。行甫按：此句『俞』字之義，歷來經師有二說：或以爲『然其讓』；或以爲『不然其讓』。以爲『然其讓』者以『諧』爲『和』，戴震《義考》云：『汝諧者，與其佐協和治官也。』是其例也。以爲『不然其讓』者以『諧』爲『宜』，王充耘《書管見》云：『各言「汝諧」，言惟汝可以宜此職耳。』是其例也。細按經文文例，不然其讓者，不言『汝諧』，其所讓之人皆別有所命；『禹讓于稷契暨皋陶』及『伯夷讓于夔龍』者是也。是則不然其讓者，其『俞』之意猶言『好了』；然其讓者，其『俞』之意猶言『好啊』；故接言『汝諧』，且其所讓之人皆別無所命。此『垂讓于殳斨暨伯與』及下文『益讓於朱虎熊羆』者是也。則『俞往哉汝諧』者，猶言：『好啊！你們共同前往吧！要相互配合，彼此協調呀！』然此其意也，司馬遷亦未必不知。下文命益『作朕虞』而『讓于朱虎熊羆』之『汝諧』，《五帝本紀》引作：『舜曰：「往矣！汝諧。」遂以朱虎熊羆爲佐。』史公深通文章之法，知經言『汝諧』者，必以其人爲『佐』也。且略之於前，而著之於後，令學者以三隅反也。後儒讀書，尋行數墨，死於句下，反謂『《典》之所不載，不知太史公何從而得之』。說經者不諳文章之道，猶不得門牆而入，焉能有中！此又一證也。

〔一〇〕**帝曰疇若予上下草木鳥獸**■疇，誰也。若，如也，順也。上下，僞《傳》：『上謂山，下謂澤。』順，謂施其政教，取之有時，用之有節。』孔穎達《書疏》：『上之與下，各有草木鳥獸，即《周禮》山虞、澤虞之官，各掌其教，知「上謂山，下謂澤」也。順其草木鳥獸之宜，明是「施其政教，取之有時，用之有節」也。』行甫按：僞《傳》孔《疏》之說是也。《孟子·梁惠王上》曰：『數罟不入洿池，魚鱉不可勝食也；斧斤以時入山林，材木不可勝用也。』即其一端也。句意謂：『誰能按我之要求管理上下草木鳥獸？』**僉曰益哉**■僉，皆也。孔穎達《書疏》：『馬、鄭、王本皆爲「禹曰益哉」，是字相近而彼誤耳。』劉起釪謂『禹』字古文作『禼』，與『僉』字形相近，故『僉』訛爲『禼』，而後隸定爲『禹』字耳。『僉曰』與上下文例一致。《五帝本紀》作『皆曰益可』，是本當爲『僉曰』也。益，人名。又稱『伯益』，聲轉亦作『伯翳』或『柏翳』。《史記·秦本紀》載『佐舜調馴鳥獸』而『舜賜姓嬴氏』者名『柏翳』，《索隱》：『此即秦趙之祖嬴姓之先，一名伯翳，《尚書》謂之伯益，是也。』

〔一一〕**帝曰俞咨益**■俞，然詞也。咨，猶『嗟』，敦促聽者之詞。**汝作朕虞**■虞，僞《傳》：『掌山澤之官。』《周禮·太宰》九職：『三曰虞衡，作山澤之材；四曰藪牧，養蕃鳥獸。』《地官·大司徒》下又有山虞、澤虞、林衡、川衡四官。行甫按：『作朕虞』者，謂『任我之虞官，掌管林、牧、漁、獵之事』也。**益拜稽首讓于朱虎熊羆**■朱虎熊羆，四人名。劉起釪謂四人之『朱』即《山海經·海外南經》之『離朱』，『常與熊羆虎豹在一起』。『虎』與

『熊』即《左傳》文公十八年所謂『高辛氏有才子八人』之『伯虎』與『仲熊』。『羆』當爲『八人』之『季貍』，《漢書·古今人表》列『柏虎、仲熊、叔豹、季熊』，顔師古注謂『季熊』即『《左傳》所謂「季貍」者』，段玉裁《撰異》曰：『季貍，《古今人表》作季熊，熊疑羆之誤，即益所讓之虎、熊、羆也。』行甫按：蔡沈《書傳》、孫星衍《今古文注疏》、段玉裁《古文尚書撰異》皆以『朱虎熊羆』爲四人之名，僞《傳》以爲『朱虎、熊羆』二人。當以四人爲是。其人皆以獸名者，蓋以所馴之獸得名，猶上文『殳』與『斨』以所制之器爲名也。準此，則『伯與』恐不讀『伯余』而當讀『伯輿』，且『殳』、『斨』皆爲車用之器也。**帝曰俞往哉汝諧**■俞往哉汝諧，然益之所讓，命諸人皆往相協以治虞官之事也。參見上文釋讀。

〔一二二〕**帝曰咨四岳**■咨，猶『嗟』，敦促聽者之詞。**有能典朕三禮**■典，主也。猶言『執掌』、『主持』也。《周禮·天官·序官》『典婦功』，鄭玄注：『典，主也。』三禮，《史記集解》引馬融曰：『天神、地祇、人鬼之禮也。』引鄭玄曰：『天事、地事、人事之禮也。』**僉曰伯夷**■僉，皆也。伯夷，人名。

〔一二三〕**帝曰俞咨伯**■俞，然詞也。咨，猶『嗟』，敦促聽者之詞。伯，伯夷也。《五帝本紀》作『伯夷』，是也。《白虎通·王者不臣篇》曰：『先王老臣不名。親與先王戮力，共治國功于天下，故尊而不名。《尚書》曰「咨爾伯」，不言名也。』行甫按：舜所命者皆『起家錄用』之人，所謂『奮庸』者是也。班固以伯夷爲『先王老臣』，臆爲之說，非其實也；司馬遷所據今文當有『夷』字。此本或爲省文，或有脱字，下文『伯拜稽首』與此同，無義例也。**汝作秩宗**■作，爲也。《五帝本紀》作『以汝爲秩宗』。寫本《釋文》：『女秩宗，本或作「女作秩宗」，作，衍字。』今本《周禮·春官·序官》鄭司農注引『故書《堯典》』之文作『咨伯汝作秩宗』，《釋文》出『女秩』二字，則《釋文》本鄭司農所引當無『作』字，與唐寫本同。行甫按：所謂『故書』，即鄭氏所見壁中古文。新出《熹平石經》之《堯典》殘字亦無『作』字。是漢時今文與古文《尚書》皆無『作』字，與上文『汝共工』句法從同。而司馬遷皆曰『以垂爲共工』，

「以汝爲秩宗」者，乃史公以意述之也。今本《堯典》及《春官・序官》鄭司農注所引之『作』字，後人據《史記》補之也。秩宗，僞《傳》：『秩，序也。宗，尊也。主郊廟之官。』孔穎達《書疏》：『宗之爲尊，常訓也。主郊廟之官，掌序鬼神尊卑，故以秩宗爲名。郊，謂祭天南郊，祭地北郊。廟，謂祭先祖。即《周禮》所謂天神、人鬼、地祇之禮是也。』行甫按：經文無『作』字，則『秩』乃動詞。僞孔與唐孔以『秩宗』二字爲官名，與司馬遷之意從同。考上文『平秩東作』，《説文》引作『平豑東作』，許君訓『豑』爲『爵之次弟』，則此『秩宗』之字，正當作『豑宗』也。『宗』即『主』也、『示』也。甲骨文『宗』、『主』、『示』一字，意即祖先神主。參見上文『禋于六宗』釋讀。是『豑宗』者，宗廟祭祀次弟尊卑之謂也。**夙夜惟寅**■夙夜，猶言『早晚』。惟，猶『以』也。寅，敬也。行甫按：『夙夜惟寅』者，猶言『早晚肅敬，以守其職』也。**直哉惟清**■直，忠信正直也。哉，表强調之語氣詞。惟，猶『與』也，『及』也。清，潔淨也。《五帝本紀》作『直哉維靜絜』，『靜』讀『淨』；『絜』即『潔』也。行甫按：主宗廟之祭祀而言『直哉惟清』者，非人與人相處之謂也。《左傳》桓公六年載隨國季梁曰：『所謂道，忠於民而信於神也。上思利民，忠也；祝史正辭，信也。今民餒而君逞欲，祝史矯舉以祭，臣不知其可也。』又曰：『故奉牲以告曰：「博碩肥腯。」謂其民力之普存也，謂其畜之碩大蕃滋也，謂其不疾瘯蠡也，謂其備腯咸有也。奉盛以告曰：「絜粢豐盛。」謂其三時不害而民和年豐也。奉酒醴以告曰：「嘉粟旨酒。」謂其上下皆有嘉德而無違心也。』莊公十年魯君答曹劌亦曰『犧牲玉帛，弗敢加也，必以信』；襄公二十七年趙孟曰『其祝史陳信於鬼神無愧辭』。則所謂『直哉惟清』者，言祭祀及陳辭，皆『正』而有『信』。所謂不『矯舉以祭』者，其所用之犧牲玉帛，祝史必『正辭』『以告』於鬼神，不敢謊報『加』多而有所『誣』也；其所奉之酒醴粢盛，不敢有所污穢而不『清潔』也。其所謂『博碩肥腯』而『不疾瘯蠡』，所謂『絜粢豐盛』，所謂『嘉粟旨酒』，乃至一應祭器如籩豆筐篚爵尊等祭祀用品，皆須『清整淨潔』而無所疵癘染污也。歷來注家，無與斯者，致經義晦而不明。揭櫫於此，待來哲以定是非耳。

〔一四〕**伯拜稽首讓于夔龍**■夔龍，二人名。《説文》：『夔，神魖也，如龍，一足。从夊，象有角手人面之形。』《國語・魯語下》孔子曰：『木石之怪曰夔、蝄蜽；水之怪曰龍、罔象。』據夫子與許君言，則『夔』與『龍』乃同類之物。**帝曰俞往欽哉**■俞，然詞也。往，獨『往』也。欽，敬也。行甫按：按本經文例，無『汝諧』二字，則『俞』乃不聽其讓也。

〔一五〕**帝曰夔命汝典樂**■命，令也。不聽伯夷之讓，別有所命也。典，主也。典樂，掌管音樂，其官名『樂正』。《呂氏春秋・察傳》：『昔者舜欲以樂傳教於天下，乃令重黎舉夔於草莽之中而進之，舜以爲樂正。夔於是正六律，和五聲，以通八風而天下大服。』是也。**教胄子**■胄子，僞《傳》：『胄，長也。謂元子以下至卿大夫子弟。以歌詩蹈之舞之，教長國子中和祗庸孝友。』《釋文》：『王云：胄子，國子也。馬云：胄，長也。教長天下之子弟。』《五帝本紀》作『教稺子』。《説文》：『育，養子使作善也。从𠫓，肉聲。《虞書》曰：教育子。毓，育或从每。』段玉裁注：『考鄭注《王制》作胄，注《周官・大司樂》作育。王肅注《尚書》作胄。蓋今文作育，古文作胄也。《釋言》曰「育，稚也」，故《史記》作「教稚子」，《邠風》毛《傳》亦曰「鬻子，稚子也」。稚者當養以正，二義實相因。』王引之《經義述聞》：『古謂稺子爲育子，或曰鞠子。《堯典》之育子，即《豳風》之鬻子，亦即《康誥》所謂「兄亦不念鞠子哀」，《顧命》所謂「無遺鞠子羞」者也。凡未冠者，通謂之稺子。稺子即育子。育、胄聲相近，作胄者假借字耳。』行甫按：『教胄子』當從段、王之説依今文讀爲『教育子』，史公作『稺子』者，亦『育子』之義也，段氏所謂『稚者當養以正，二義實相因』，是也。則『教胄子』者，謂『教育長養天下幼稚子弟』也。馬融曰『教長天下之子弟』，僞《傳》云『教長國子中和祗庸孝友』者，皆是其義也。

〔一六〕**直而溫**■直，正直。溫，溫和。《史記集解》引馬融曰：『正直而色溫和。』行甫按：《論語・泰伯》：『直而無禮則絞。』可與此相參。**寬而栗**■寬，寬弘、寬緩也。栗，嚴謹、莊重。《史記集解》引馬融曰：

『寬大而謹敬戰栗也。』僞《傳》：『寬弘而能莊栗。』孫星衍《尚書今古文注疏》：『《表記》云「寬而有辨」，注云：「辨，別也。猶寬而栗也。」是言寬而有分別。《詩箋》云：「栗，析也。古者，聲栗、裂同也。」則鄭以栗爲分析，與辨別義相近也。』俞樾《群經平議》：『栗，猶秩也。《詩·良耜篇》「積之栗栗」，《說文》引作「稽之秩秩」，哀二年《公羊傳》「戰于栗」，《釋文》曰：「栗，一本作秩。」是栗與秩古通用。「寬而栗」，猶「寬而秩」也，言寬大而條理秩然也。《爾雅·釋訓》曰：「條條、秩秩，智也。」是其義也。《禮記·表記篇》「寬而有辨」，鄭注曰：「辨，別也。猶寬而栗也。」然則鄭君以「寬而栗」爲寬而有辨別，得其旨矣。』行甫按：漢儒與清儒之說互相備也。『寬而栗』者，猶言『寬弘而謹嚴，隨和而莊重』也。**剛而無虐**■剛，剛毅、彊猛也。虐，殘暴、狠戾也。行甫按：『剛而無虐』者，猶言『剛彊而不暴戾，猛毅而不蠻横』也。此與『直而溫』之義互補，謂『直道而行，剛正不阿，但又爲人溫和善良而不暴戾』也。**簡而無傲**■簡，簡單、疏闊也。行甫按：『簡』訓『大』，猶『不拘小節，不顧細行』也，今俗語所謂『粗略豪放，大大咧咧』者，其意近之矣。傲，倨傲、簡慢也。行甫按：『簡而無傲』者，猶言『簡單而不簡慢，粗放而不粗鄙』也。此亦與『寬而栗』之義互補，謂『寬宏大度，疏闊豪放，但又爲人端莊謹嚴而不倨傲簡慢』也。行甫又按：『教胄子』至『簡而無傲』，謂音樂教育可培養人之德性，僞《傳》所謂『以歌詩蹈之舞之，教長國子中和祇庸孝友』者，是也。經文豐富之内涵及其深微之精蘊，可參讀本節相關繹文。

〔一七〕**詩言志**■言，說也。猶今所謂『表達』也。志，情意也。《說文》：『志，意也。从心㞢，㞢亦聲。』《詩大序》：『詩者，志之所之也。在心爲志，發言爲詩。情動於中而形於言，言之不足故嗟嘆之。』孔穎達《毛詩正義》：『情、志一也。』**歌永言**■歌，歌唱也，詠嘆也。《詩大序》：『嗟嘆之不足故詠歌之。』行甫按：《說文》云：『歌，詠也。从欠，哥聲。謌，歌或从言。詠，歌也。从言，永聲。咏，詠或从口。』是『歌』、『詠』一也。永，《說文》：『長也。』《史記集解》引馬融曰：『歌所以長言詩之意也。』行甫按：《漢書·禮樂志》曰『詩言志，歌咏言」，「永」通「詠」也。既「歌」、「詠」爲一，是以「歌永言」之「永」，不得再讀「詠」矣。《禮記・樂記》曰：「故歌之爲言也，長言之也。說之，故言之；言之不足，故長言之。長言之不足，故嗟嘆之。嗟嘆之不足，故不知手之舞之足之蹈之也。」是謂「歌詠」所以「長言」之意也。**聲依永**■聲，樂曲之聲也。僞《傳》：「聲謂五聲：宮商角徵羽。」孔穎達《書疏》：「五聲之清濁有五品，分之爲五聲也。」依，依附也，輔助也。《漢書・禮樂志》「聲依詠，律和聲」，顔師古注：「依，助也。五聲所以助歌也。」孔穎達《書疏》：「聲依永者，謂五聲依附長言而爲之。」永，亦「長」也。黎靖德編《朱子語類》卷七十八：「古人詩只一兩句，歌便衍得來長。宮商角徵羽五聲，依所歌而發，卻用律以和之。如黄鐘爲宮，則太簇爲商之類，不可亂其倫序也。」行甫按：朱子說「詩」與「歌」與「樂」之關係至明晰。「永」乃「歌永言」三字之借代，「依永」亦即「依歌詠之長言」也。則「聲依永」者，亦即「音樂之聲依隨歌詠之長言而發」也，今之所謂「音樂伴奏」者，即是其事也。若《漢書・禮樂志》引作「聲依詠」，「詠」乃「永」字之借。「歌」與「詠」既爲一，則「永」不得讀爲「詠」，明矣。**律和聲**■律，僞《傳》：「謂六律六呂。」屈萬里《集釋》：「古代正樂之器，截竹爲筒，筒之長短不同，其聲音遂有清濁高低之異；樂器之音，即依之爲準則。」行甫按：「律」，音樂節奏之長短、音質之清濁、音階之高下，相互配合自有其規律，非僅爲「竹筒律管」之謂也。和，讀去聲，配合也；讀平聲，協調也。此當以平聲爲是。《史記集解》引鄭玄曰：「聲之曲折又依長言，聲中律乃爲和也。」《漢書・禮樂志》顔師古注：「六律所以和聲也。」行甫按：音樂節奏之長短、音質之清濁、音階之高下，其和諧組合乃謂之「和」也。聲，樂曲之聲也。蘇軾《書傳》：「聲者，樂聲也。永者，人聲也。樂聲升降之節，視人聲之所能至，則爲中聲；是謂『聲依永』。永則無節，無節則不中律，故以律爲之節，是謂『律和聲』。」行甫按：蘇氏之說，至爲明晰。人之歌聲必以音樂爲伴奏；音樂伴奏必自相協調，而後樂聲乃與人聲相互和合，是所謂「聲依永，律和聲」也。**八音克諧**■八音，《白虎通・禮樂篇》：「八音者，何謂也？《樂記》曰：土曰塤，竹曰管，皮曰鼓，匏曰笙，絲曰弦，石曰磬，金曰鐘，木曰柷敔。』克，能也。諧，和諧也。《説文》：『龤，樂龢也，从龠，皆聲。《虞書》曰：八音克龤。』段玉裁注：『龤與言部諧，音同義異，各書多用諧爲龤。』是『諧』爲『龤』之假借也。**無相奪倫**■相，彼此也。奪，失也，亂也。《文選·李康〈運命論〉》『而名不奪』，李周翰注：『奪，失也。』《禮記·仲尼燕居》『給奪慈仁』，鄭玄注：『奪，猶亂也。』倫，次序也。行甫按：『八音克諧，無相奪倫』，謂『以八種樂器，按照樂律，彼此組合相配，使其音聲之長短清濁，抑揚曲折，各得其所，無所雜越失次（今俗語『黃腔走板跑調子』，即所謂『奪倫』）也。**神人以和**■以，猶『乃』也。和，愉悦也，快樂也。《禮記·經解》：『發號出令而民説謂之和。』《古文苑·邯鄲淳〈魏受命述〉》『莫不君臣和德』，章樵注：『和，悦也。』《爾雅·釋訓》『廱廱、優優，和也。』郭璞注：『和，和樂。』孔穎達《書疏》曰：『《禮記·樂記》云：「樂在宗廟之中，君臣上下同聽之，則莫不和敬；在族黨鄉里之中，長幼同聽之，則莫不和順。在閨閣之内，父子兄弟同聽之，是莫不和親。」是樂之感人，能成忠和祗庸孝友之六德也。《周禮·大司樂》云：「大合樂以致鬼神示，以和邦國，以諧萬民，以安賓客，以説遠人。」是神人和也。』行甫按：『神人以和』者，謂音樂用之於宗廟祭祀、朝廷燕享、鄉黨賓射之禮，能令人神上下氣氛愉悦，心情舒暢，精神快樂也。行甫又按：自『詩言志』至『神人以和』，謂詩樂可以陶冶人之情性，孔穎達所謂『和邦國』、『諧萬民』、『安賓客』、『説遠人』者，是也。

〔一八〕**夔曰於予擊石拊石**■於，《釋文》：『如字，或音「烏」而絕句者，非。』行甫按：陸氏之説，大非經旨。此『於』字乃讚歎之詞，非無義之贅語，正當『音烏而絕句』。若『如字』讀，則爲介詞，非其義也。舜既言『詩』、『樂』有『神人以和』之如許巨大功能，夔則有所感激以至情不自禁，故大爲讚歎曰：『好啊！』其自言『擊石拊石，百獸率舞』，乃擴充舜意也。意謂『不特神與人而已，百獸亦爲所動』也。擊石拊石，僞《傳》：『石，磬也。磬，音之清者。拊，亦擊也。』孔穎達《書疏》：『擊有小大，擊是大擊，拊是小擊。』**百獸率舞**■百獸，猶言『所有獸類』

也。率，循也，從也。行甫按：『率』字，由『循』之義引申則爲『用』爲『因』；由『從』之義引申則爲『皆』爲『類』。此『率』字實兼此二義焉。舞，《說文》：『樂也，用足相背。从舛，無聲。翌，古文舞从羽亡。』行甫按：『百獸率舞』，猶言『百獸皆隨之而樂』也。

自『夔曰』以下十二字，或以爲錯簡。戴震《經義考》引蘇軾《書傳》曰：『此舜命九官之際也，無緣夔於此獨稱其功，此《益稷》之文也。簡編脫誤復見於此。』又引劉敞《七經小傳》曰：『《益稷》之末又有「夔曰於予擊石拊石百獸率舞」，然則《舜典》之末衍一簡也。何以知之耶？方舜之命二十有二人莫不讓者，惟夔、龍爲否。則亦已矣，又自贊其能。夔必不爲也。』又引時瀾《東萊書說》曰：『或者以爲簡脫亦未可知。不然，夔若自言其功，蓋聞舜之言，心領神會，曰「於予擊拊之際，百獸尚將率舞」，則「神人以和」可知。』戴氏自作案語曰：『蘇氏、劉氏以此條爲簡編衍誤，得之。然《史記》於此命官亦載夔之言，則漢初已訛舛矣。』行甫按：此亦尋行數墨，死於句下之論也。『夔曰』云云者，謂詩樂之和，非特感於神人，百獸亦爲所樂也。上文『於』字釋讀，已揭其義矣。然此經之勝義，早爲宋人陳經所發。陳氏《尚書詳解》駁蘇、劉二氏說曰：『夔非自言其功，所以信舜樂感通之必然爾。獸且舞，況神人乎！』呂祖謙雖亦以爲錯簡，又由文章之學以自矯其說，所言固當，惜其持論不堅耳。唯陳氏之說，最得經旨！是不通文義章法，不可以論經義者，又一證也。

〔一九〕**帝曰龍■**行甫按：據《國語·魯語下》孔子所言，『夔』與『龍』乃同類之物，『夔』乃『木石之怪』，而『木石』關乎『樂器』，故以『典樂』，且夔亦自言『予擊石拊石』，是也。『龍』乃『水之怪』，『水』之性『平湛』，故以爲『納言』。《考工記·輪人》『揉輻必齊，平沈必均』，謂置輪輻於水，以驗其輕重浮沈，是其義也。且『出納朕命惟允』，『允』即『公正公平』之謂也。是本經出自『鴻筆』孔子之旁證邪？錄之以備考。**朕堲讒說殄行■**朕，我。堲，疾惡也，憎恨也。《說文》：『垐，以土增大道上，从土，次聲。堲，古文垐，从土即，《虞書》曰：龍，朕堲讒說殄行。塈，疾惡也。』《五帝本紀》作『畏忌』，段玉裁《撰異》以爲『塈』之訓詁。讒說殄行，《論衡・答佞篇》：『讒，以口害人。』《說苑・臣術篇》：『智足以飾非，辯足以行說，反言易辭而成文章，內離骨肉之親，外妬亂朝廷。如此者，讒臣也。』是所謂『讒說』者，即『利口巧舌之人所以飾僞文奸顛倒黑白之言』也。《五帝本紀》作『讒說殄僞』，《集解》引徐廣曰：「一云『齊說殄行』。」段玉裁謂《史記》一本作『齊』者，乃『讒』字之駁文，『齊，疾也，謂利口捷給也。』是『齊說』亦即『讒說』也。戴震《尚書義考》：『《周禮・稻人》「夏以水殄草而芟夷之」，鄭注云：「殄，病也，絕也。」讒說殄行，謂足以傷病人之德行，舉其爲害之實也。』楊筠如《尚書覈詁》：『殄猶病、敗也。《魯語》「固國之殄病是待」，《詩・瞻卬》「邦國殄瘁」，瘁亦病也。宣二年《左傳》「敗國殄民」，殄與病、敗義近可證。殄行，猶言病行、敗行也。』皮錫瑞《今文尚書考證》：『《史記》「行」作「僞」者，古以作僞爲行。《周禮・胥師》「察其詐僞飾行儥慝者，而誅罰之」，《疏》謂後鄭以爲行濫之行（行甫按：皮氏引文不明晰，據原文補『之行』二字）。又《司市》「害者使亡」，鄭注：「害，害於民，謂物行苦者。」《群書治要》崔寔《政論》曰「器械行沽」，《潛夫論・浮侈篇》「以牢爲行」，《後漢書・王符傳》作「破牢爲僞」，是行、僞義同之證。』行甫按：據皮氏疏解《史記》所以用『僞』訓『行』之說，則『行』亦有『僞劣』、『鹽濫』、『虛假』之意。是『殄行』者，謂『弄虛作假之人所行傷天害理滅絕人性之事』也。**震驚朕師**■震，《說文》：『劈歷振物者，从雨，辰聲。《春秋傳》曰：震夷伯之廟。』僞《傳》：『震，動也。』《五帝本紀》作『振』，通假字。驚，《說文》：『馬駭也。』《文選・揚雄〈羽獵賦〉》『軍驚師駭』，李善引宋衷注《春秋緯》曰：『駭，動也。』是『震驚』二字乃近義并列複詞，猶言『如雷之振，如馬之駭』也。朕，我；師，眾也。《史記》作『眾』，訓詁字也。**命汝作納言**■納言，僞《傳》：『喉舌之官。』孔穎達《書疏》：『《詩》美仲山甫爲王之喉舌。喉舌者，宣出王命，如王咽喉口舌，故納言爲喉舌之官也。』**夙夜出納朕命惟允**■夙夜，早晚也。行甫按：上文『夙夜惟寅』之『夙夜』，責其『持之以恆』也；此『夙夜出納』之『夙夜』，責其『勤勉不怠』也。出納，出入也。朕，我。惟，猶『以』也，『爲』也。允，信也，實也。僞《傳》：『聽下言納於上，受上言宣於下，必以信。』孔穎達《書疏》：『此官主聽下言納於上，故以「納言」爲名。亦主受上言宣於下，故言出朕命。納言不納於下，朕命有出無入，官名「納言」，云「出納朕命」，互相見也。必以信者，不妄傳下言，不妄宣帝命，出納皆以信也。』行甫按：僞孔與唐孔之説官名『納言』之義，是也。此官乃『上達輿情，下宣王命』，故曰『喉舌之官』也。蔡《傳》曰：『納言，官名。命令政教，必使審之既允而後出，則讒説不得行，而矯僞無所託矣。敷奏復逆，必使審之既允而後入，則邪僻無自進，而功緒有所稽矣。周之内史，漢之尚書，魏晉以來所謂中書門下者，皆此職也。』蔡氏所言，謂『納言』之稱，雖代有不同，其所職之事，則亙古未變。是也，今亦有之。朕命，我之命令也。行甫按：宋元之際，有質疑唐宋舊説『出納』之義與『朕命』二字相扞格者，陳櫟《集傳纂疏》曰：『自孔注「出納朕命」以爲「聽下言納於上，受上言宣於下」，蔡《傳》又分「命令政教」、「敷奏復逆」以配「出納」，然於「朕命」二字欠通。愚謂：欲其審君命之當否，當者出之，否則納之，惟至於允當而止，如後世批敕審覆之官，庶於「出納朕命」文義明順也。』戴震亦引陳氏之言而後自加案語曰：『蓋上之命既允，則直出宣之；上之命未允，則必入陳其當否，歸於允乃出之，故曰「夙夜出納朕命，惟允」。陳氏謂「如後世批敕之官」，得之。』行甫按：陳氏言『當者出之，否則納之』，是以『納』爲『駁回』之義，其舉『後世批敕審覆』之制以爲證，則『納朕命』之云者，是『審覈覆按之後，以不允當而駁回朕命』也。戴氏謂『蓋上之命既允，則直出宣之；上之命未允，則必入陳其當否，歸於允乃出之』，乃解釋陳氏『批敕審覆』之意，不過是説『先駁回不允之朕命』而後『宣出歸於允之朕命』而已。竊以爲陳、戴二氏以『出納朕命』之『納』爲『駁回』，非其義也。經言『出納』，是『出』在前，『納』在後，乃便言也。僞《傳》先云『聽下言納於上』而後説『受上言宣於下』，再總説『必以信』，將『入』與『出』兩相關聯，其邏輯秩然有序，甚得經旨。蓋『朕命』乃由『聽下言』以成，非無的放矢之具文也。唯『聽下言納於上』之『允』之『信』，則『朕命』乃『允』而『信』也。蔡《傳》

所謂『敷奏復逆，必使審之既允而後入』，亦是其義也。若『納下言』乃虚稱謊報，欺上瞞下，下情不能上達，『朕』據以所成之『命』又何『允』何『信』之有？是『納朕命』必『信』也。若『出上言』乃矯誣其旨，或匿其要義，或妄加己意，則『朕命』又何『允』何『信』之有？盤庚曰：『王播告之脩，不匿厥指，王用丕欽；罔有逸言，民用丕變。』則『王所播告』必『不匿不逸』，是『出朕命』必『信』也。解此經當與《盤庚》相參證，方得其旨也。

〔二〇〕**帝曰咨汝二十有二人欽哉**■咨，嗟也，敦促聽衆之詞。二十有二人，舜之所命，據其讓者，分爲四組：一、禹與棄、契及皋陶；二、垂與殳斨及伯與；三、益與朱、虎、熊、羆；四、伯夷與夔、龍，實爲十六人。加上四岳及十有二牧之十六人，當是三十有二人。然《五帝本紀》既云：『嗟，女二十有二人，敬哉，惟時相天事。』又云：『此二十二人咸成厥功。』後世學者，欲足二十二人之數，或以爲有兼官，或以爲有新舊，或以四岳爲一人；衆說紛紜，千載訢訢，交爭不息，不免左支右絀，終無定論。行甫按：《堯典》原文當爲『汝三十有二人』，古書一二三四之數，皆積橫畫而成，十、二十、三十、四十，據《曶鼎》，金文則書作丨凵、山、皿，隸書作『十』、『廿』、『卅』『卌』，皆爲積竪畫而成，最易訛誤。《漢書・藝文志》所載各類書籍，皆總計若干家、若干卷或若干篇，其總數與明細之數多有出入。是『三十』奪一畫而成『二十』，未始不可能。王引之《經義述聞》謂『上「二」字當作「三」』，傳寫者脱去一畫耳』，其說是也。今本《史記》與《堯典》皆爲『二十有二人』者，或爲後世據訛文而互改，或史公訛以傳訛，猶『信以傳信，疑以傳疑』之史法也。劉起釪從朱熹『十二牧、四岳、九官』之說，不知『汝諧』即命『同往』，實十有六人非僅九官也；且朱氏無視『僉曰』即『皆曰』，以『四岳』爲一人，已爲王氏伯申所駁。王氏曰：『若以四岳爲一人，則群牧亦可謂之一人乎？經又曰「詢于四岳，闢四門，明四目，達四聰」，凡言四者，其數皆實有四也。如謂四岳爲一人，則四門亦可謂之一門，四目亦可謂之一目，四聰亦可謂之一聰乎？』劉起釪不信王氏鑿鑿之論，反蔓引雜說，游離本經之外，改『四岳』爲『大岳』，且謂『四岳不能分爲四人』，『正如不能把李四光分爲李家四個光輝人物一樣』。立説如此狡獪，豈可取信於後學哉！欽，敬也，慎也。**惟時亮天功**■惟，猶『以』也。時，猶言『期限』也，下文『三載』與『三考』之期，即此『時』也。行甫按：此『時』與上文『堯曰疇咨若時登庸』之『時』從同。亮，與『亮采惠疇』之『亮』字『惠』字義同，協助也，順從也。天功，亦作『天工』，《臯陶謨》有『天工人其代之』之句。《五帝本紀》作『敬哉惟時相天事』，是『天功』若『天工』者，『天事』也。何謂『天事』？日月懸象以著明，四時寒暑以相推；春生而夏長，秋斂而冬藏，天之事也。何謂『亮天功』？即『欽命羲和』以『厤象日月星辰，敬授民時』者是也。然則『惟時亮天功』者，猶言『按照任職之期限及其所擔之職責，依從四時寒暑之推移，指授與保障天下黎民百姓之生產與生活』。即『厥民析』、『因』、『夷』、『隩』是也。**三載考績**■三載，三歲也。考，考察、考覈也。績，業績也。《周禮·司士》：『凡邦國三歲則稽士任，而進退其爵禄。』**三考黜陟幽明**■三考，九載也。黜，貶謫也。陟，陞遷也。幽，昏暗；明，明達。行甫按：自『帝曰咨汝二十有二人』至此，乃帝舜總敕四岳、十二牧及『奮庸』之十六人也。戒之曰：『汝等四岳、十二牧及起家新命之人，皆須敬慎其職守，任期三年即以考覈，三次考覈之後，將據其政績貶退幽昏，擢陞明達』也。

〔二一〕**庶績咸熙**■庶，衆也。績，事功也。咸，皆也。熙，光也，興也，廣也。行甫按：『庶績咸熙』，與上文『奮庸熙帝之載』相照應，是二『熙』字義同。**分北三苗**■北，《釋文》：『如字。又音佩。』段玉裁《撰異》：『古北、背同音通用。韋昭《吴語》注曰：「北，古之背字。」許君云：「八，別也。象分別相背之形也。」又云：「八猶背也。」與鄭注「北猶別也」正互相發明。』三苗，即『竄三苗于三危』之『三苗』也。蘇軾《書傳》：『苗之國，左洞庭，右彭蠡，南方之國也。而竄之西裔，必竄其君耳，其民未也。至此治功大成，而苗民猶不服，故分北之。』夏僎《書詳解》：『分北三苗，不與上文相連，不可曲爲之説。北，只音如字。三苗國在南，遷之於北，如周遷頑民之類。』行甫按：蘇説是也。『竄三苗于三危』，竄逐其首領酋豪而已，非以三苗舉族而遷也。如夏氏説『如周遷頑民』，亦是遷殷人貴族於洛邑，非以殷民悉數而遷也。然夏氏謂『分北三苗，不與上文相連』之說，乃極爲有見；但言『北只音如字』，恐泥也。『分北三苗』者，謂無論南北之三苗，皆分而別之，使其族人各各自安生計，不可相互串通以生滋擾也。行甫又按：此二句乃『鴻筆』敘事之詞，總言舜之治平如此。亦與上文『柔遠能爾』及『蠻夷率服』相照應也。則『庶績咸熙，分北三苗』者，猶言『百業興旺，四境安寧，邊鄙無事』也。

此乃本篇第八節，言舜嗣堯踐位稱帝之後，勵行新政，革除壅蔽，廣開言路；刷新吏治，任人唯賢，大批起用新人參政。於是國家百業興旺發達，四境之內和平安寧，天下大治。

【繹文】

帝堯崩亡，虞舜料理完後事，便於第二年正月上旬之吉日，前往堯的先祖廟，舉行盛大祭祀儀式，報告自己繼堯嗣帝位承大業。事後，與四大片區主管官員及十二州之行政長官商量有關新朝政治方針與發展路線。首先，徵得四大片區總管意見，決定開放國都四周城門：一者廣開言路，使下情上達，政令暢通；二者廣開賢路，招納天下才俊，使之盡爲朝廷效力。然後，與十二州行政長官商議，確立了未來國家政治的努力方向。大家一致認爲，應該努力加强的事宜，有如下這些方面：其一，安定團結，穩定內外大局。對周邊族裔，取懷柔之計，盡量不起紛爭；對內部百姓，取安養之策，大力發展生計。其二，崇德信善，加强道德教育。努力提升國人心靈境界，不斷優化社會風氣。其三，改革吏治，訂立制度。選拔德才兼備之人上位執政，不給讒佞阿諛之人進身機會。如此施行，經過一段時期的不懈努力，國内政治必然安定，民心定趨良善，周邊族裔也會怡然心服，願意友好親附，天下也就太平無事了。

大政方針既定，餘下便是設官分職，任用得人了。帝舜説：『哦，對了，四位片區主管呀，你們覺得，有誰可以直接提拔起用，振興且拓展帝堯所未竟之事呢？尤其是洪水之患尚未根治，還有很多土木工程設計方面之事宜，急須有人總領其事，以協助帝堯在世之時所任用的那些同僚繼續完成治水的任務。』四位片區總管異口同聲地説：『伯禹可擔任司空。』帝舜説：『好啊！那，伯禹呀，任命你平治水土吧！這個任務很艱巨，爲此，你要好好努力啊！』禹跪而拱手平心，然後以頭至地，叩謝帝舜的信任，但工程浩大，自以爲能力有限，推讓給棄、契與臯陶。帝舜説：『好了呀，就不要謙讓了，你還是去上任吧！他們另有所命。』

於是帝舜説：『棄，天下庶民百姓，長期以來糧食匱乏，飢無裹腹。任命你主管農業生産，爲農政之官，教天下之民耕耘稼穡，種植糧食，讓他們豐衣足食。』

帝舜又説：『契，百姓不團結，家族不和睦，父子、兄弟、夫婦、朋友、上下級之間，相互積怨甚多，矛盾叢叢，彼此很難有效溝通。任命你擔任司徒之官，掌管天下户籍民人。用心設立各級地方學校，廣泛開展人倫道德教育，讓天下民衆皆知尊老愛幼，團結互助，上下親近，内外和睦。當然，道德教育也不能指望一蹴而就，期待一個晚上便人心大善，這決不可能。必須如同細雨潤物，優柔從容。既不可急功近利，期於速成；也不可用力太過，舉措失度。頻頻説教，定會令人厭倦而心生反感，以致欲速則不達；奬懲之法，失於偏激，則僥倖之徒，就會弄虚作假，欺騙僞裝，反致民心大壞。』

帝舜接著說：『臯陶，周邊少數族裔時時尋釁滋事，騷擾中國；盜賊流寇亦復打家劫舍，謀財害命；更有不法之徒，坑蒙拐騙，作姦犯科。因此，任命你擔任司法長官，內懲不法之徒，外討尋釁之敵。則五等刑罰，各有所用。大刑用甲兵，陳之原野以伐罪。中刑用刀鋸，戮於外朝以懲惡。小刑用鞭扑，施於鬧市以示威。黥、劓、刵、宮、大辟，五等肉刑，若有所寬宥，便擬之以相應的流放之刑取而代之。依照案犯情節之輕重，以及認罪態度之誠懇與否，擬度五刑之流放地點，有三種參考因素：一是氣候之寒溫；二是地理之遠近；三是物產之饒瘠，必使罪行之輕重，與流放之地點各當其所。總之，無論是五刑之判定實施，還是五刑之寬宥流放，都必須做到公開與公正，令人信服，才能有效地達到懲惡揚善的司法目的。』

一日，帝舜對群臣說：『你們覺得，有誰，啊？能夠符合我們對國家工業技術發展的管理要求呢？』大家不約而同地回答說：『垂呀！』帝舜說：『好啊，那，垂呀！任命你就職於國家製造技術管理部門之最高長官吧。』垂跪拜叩頭，推讓於擅長於車兵器械製造的殳和斨以及伯與。帝舜說：『好呀，你們一同赴任吧！但是要互相支持配合，彼此團結協作呀！』

又一日，帝舜對群臣說：『你們覺得，有誰，啊？能夠按照我的想法，妥善管理山林澤地的各種草木鳥獸呢？』大家又不約而同地說：『益呀！』帝舜說：『好啊，那，益呀！任命你擔任我們國家有關山林川澤管理部門的最高長官吧。負責封山育林，禁伐禁獵，保護山林川澤的各種資源和生態環境，有利於動物植物生長繁殖。』益跪拜叩頭，推讓給擅長馴養各類動物的朱、虎、熊、羆。帝舜說：『好呀，你們一同前往吧！但要搞好團結，相互協調配合呀！』

帝舜安排了有關國民生計的物質生產部門以及有關國家安全與社會管理的司法與民政系統的各類官員之後，一日，帝舜對四位片區的主管官員說：『四位片區大總管呀，你們想想看，有誰能夠承擔我們國家意識形態的管理工作，主持天地鬼神的祭祀儀式呢？』四位總管大員異口同聲地推薦說：『伯夷這個人比較適合。』於是帝舜便命令伯夷說：『好呀！那麽伯夷呀，就請你擔任宗廟祭祀之官吧，掌管天神地祇與祖先人鬼的尊卑次序。你要早晚肅敬，忠於職守，不可淫祀矯祭，虚辭謊報，欺騙上天與神靈啊！祭祀所供奉的所有犧牲玉帛，酒醴粢盛，以及籩豆筐篚爵尊等一應祭器用品，也都必須清潔整齊，不可有所疵癘染污呀！』伯夷跪地而拜，稽首叩頭，推讓給夔與龍。帝舜說：『好了，别再謙讓了，你就認真準備赴任吧！他們二位别有安排。』

於是帝舜接著説：『夔，任命你掌管國家的音樂機關，負責教習天下後輩子弟，培養國家未來人才。訓導他們優秀的道德品質，陶冶他們良好的藝術情操。教導他們，既要爲人正派，直道而行，剛正不阿；但是又要與人爲善，富有同情心與慈愛精神，不能因爲嫉惡如仇便六親不認，甚至殘忍酷虐，踐踏傷害他人生命。既要心胸開闊，寬弘大度，簡單明快，但是又要體察微細，心思縝密，關心、體諒、尊重他人，不能因爲性情粗放，簡單疏闊，就對人傲慢無禮，沒有文化，缺乏教養，讓人難以親近。詩歌與音樂，是能夠陶情怡性的。詩是用語言表達意志和情感，歌詠是拉長腔調以吟唱詩意。音樂伴奏，是依隨人聲拉長腔調歌唱，音樂節奏之緩急，音質之清濁，音階之高低，都必須符合樂律，和諧動聽，不可嘸殺雜越。用八種材質的音樂器具進行組合交響演奏，也必須相互配合協調，不可顧此失彼，黄腔走板跑了調子，亂了次序。只有歌聲與樂聲悦耳動聽，才能打動人心，激發情感。無論是宗廟祭祀，朝廷燕享，還是鄉黨之間，舉行賓射之禮，開展養老尊賢等宗教文娛活動，和諧動聽的音樂演奏，都能營造情景交匯，人神交歡，其樂融融的愉悦氛圍，從而讓在場者感受到心情舒暢，精神快樂。』夔聽了帝舜這番話，非常贊同； 覺得詩歌與音樂，的確具有如此巨大的道德教化作用與性情陶冶功能，便情不自禁地説：『是啊！ 豈止是人和神心情舒暢，精神快樂而已呢！ 即使是那些不通人性的各種動物獸類，也能大爲所動！ 當我敲擊大大小小的石磬，演奏出美妙動聽的音樂，那些動物獸類，就會隨著我的音樂節奏而手舞足蹈，歡快不已啊！』

帝舜又接著説：『龍啊，我很討厭那些利口巧説，飾僞文奸，顛倒黑白的荒謬言論； 也很討厭那些喪盡天良，滅絕人性，殺人不見血的醜惡行徑。 這些顛倒是非的歪理邪説，卻能蠱惑人心，煽動愚衆盲從； 這些傷敗人性的醜惡行徑，卻能大行其道，吸引蠢人倣效。 這些言行，特能敗壞我們的社會風氣，腐蝕我們的世道人心。 因此，我任命你擔任喉舌之官，隨時恭敬嚴謹地負責上達輿情，下傳政令。輿情上達，不可虚稱謊報，欺瞞實情，這會影響我對下情的正確判斷，導致政策命令無的放矢，變成徒具空文的廢話。 下宣政令，也要如實傳達，不可隱匿重要的指示精神，更不可對政令妄加揣摩，私附己意。 只有這樣，才能令行禁止，不至於歪曲走樣。 所以無論上傳下達，都要準確清楚，明明白白。』

虞舜繼堯登上帝位之後，陸陸續續，起用了十六位新任官員，加上四位片區的主管和十二州的地方長官，總共三十二人。 帝舜對他們説：『好了，你們三十二位大員，都是朝廷命官，你們要高度謹慎，認真負責，忠於職守呀！ 日月高懸，寒暑相推，春生、夏長、秋斂、冬藏，這是老天爺的鐵定事功。要求你們，在各自的任期之内，根據各自所擔之職責，盡心盡力地協助老天爺，依照四時寒暑之推移，指導天下蒼生百姓，保障他們的生産與生活秩序，保護他們的生命與財産安全。三年舉行一次政績考覈，三次考覈之後，決定你們的去留。那些精明强幹，有所作爲的能臣幹吏，將會得到升遷與重用；那些昏聵無能，爲官不爲的昏官庸吏，將會遭到貶謫與斥退。」

經過帝舜數十年的勵精圖治，國家各項事業無不興旺發達，那些曾經因爲竄逐而有所不滿的三族苗民，也爲之作了妥善安排與處置。帝舜之時，百業興旺，四境安寧，邊鄙無事，天下大治。

舜生三十，徵庸三十；〔一〕在位五十載，陟方乃死。〔二〕

【釋讀】

〔一〕**舜生三十**■生，謂其生三十歲而爲堯所召也。**徵庸三十**■徵，召也。庸，用也。三十，自『慎徽五典』、『帝曰格汝舜』、『正月上日，受終于文祖』至『二十八載，帝乃殂落』，含歷試、攝政、服喪三期在内而統言之也。行甫按：『二十有八載，帝乃殂落』，言虞舜爲儲以代帝堯攝行政事二十八年而後帝堯乃『殂落』也。則『歷試』與『服喪』共爲二年而已。『三載，四海遏密八音』，言四方之民念堯之德，而三年不舉樂也，與所謂『三年之喪』無涉。『月正元日』，言堯崩，逾年，舜乃登帝位也。準此，則歷試之期，當以新舊逾年爲計，實不足三載也。是以堯言『三載，汝陟帝位』，乃將滿三年而期許未來三年之詞也。然『舜讓于德弗嗣』，攝政事達『二十有八載』而不登帝位，是『徵庸三十』包含歷試在内之確據也。簡朝亮《尚書集注述疏》曰：『徵庸三十者，試舜三載，受終攝政二十八載；其試舜末年，即受終初年，凡三十年也。』其説是也。

〔二〕**在位五十載**■在位，堯崩之後，虞舜踐阼登帝位也。五十載，在帝位五十年也。自『月正元日，舜格于文祖』起算也。**陟方乃死**■陟方，陟，猶『陞』也。方，僞《傳》：『道也。舜即位五十年，升道南方巡守，死於蒼梧之野而葬焉。』屈萬里《集釋》：『陟方，意謂巡行各國。巡行而曰陟者，蓋猶後人出行曰登程之比。』行甫按：『陟方乃死』者，謂『登程上道而死』也。《墨子・節葬下》曰：『舜西教乎七戎，道死，葬南己之市。』墨子言『道死』，與經言『陟方乃死』相合。《孟子・離婁下》曰：『舜生於諸馮，遷於負夏，卒於鳴條，東夷之人也。』不言『道死』，述作之體乃不之及也。《禮記・檀弓上》『舜葬於蒼梧之野』，鄭玄注：『舜征有苗而死，因留葬焉。《書》說舜曰：「陟方乃死。」蒼梧，於周，南越之地，今爲郡。』鄭氏言『征有苗而死』，引《書》曰云云，亦言舜野死於道路也。至於『蒼梧』、『己市』、『鳴條』也，或各自有方，或不異其地；傳聞異辭，不足爲怪也矣。經言『陟方乃死』，不言其地者，以示不必深究也。

行甫按：此四句乃簡述舜之生平履歷，而經師異讀頗多，竊以爲鄭玄讀近之。孔穎達《書疏》曰：『鄭玄讀此經云：「舜生三十」，謂生三十年也；「登庸二十」，謂歷試二十年；「在位五十載，陟方乃死」，謂攝位至死爲五十年。舜年一百歲也。《史記》云：「舜年三十，堯舉用之。年五十攝行天子事，年五十八堯崩，年六十一踐天子位，三十九年崩。」皆謬耳。』史公以舜『徵庸』與堯始帝在同一年。又以『攝行天子事』與『在位』合言『五十載』，乃減去『生三十』，是爲『徵庸二十』也。史公誤讀經文，邏輯混亂，唐孔以爲謬，宜矣。鄭氏句讀雖爲得之，惟以『徵庸三十』爲『登庸二十』，當爲遷就史公之言而改『三十』爲『二十』也。然以舜『歷試二十年』，顯與經文不符。『二十八載，帝乃殂落』，言虞舜攝天子事二十八載而堯崩，非言帝堯在位二十八載乃崩耳。否則，舜『徵庸』與堯始帝爲同年，此與史公同誤也。是其『歷試』之期過『二十』遠甚，不知鄭氏何以讀『三十』爲『二十』也？明據經文，舜一百一十歲而死也。

此乃本篇最後一節，乃簡括虞舜之生平履歷也。

【繹文】

虞舜生年三十乃爲帝堯所徵召而任用。經由帝堯歷試諸難，而後代堯攝行天子之事。歷試與攝事，前後三十載。帝堯崩殂，虞舜乃踐阼登帝位；在位五十載。晚年巡狩方國，客死於道途之中，享年一百一十歲。

【後案】

本文乃傳世之極爲重要的先秦經學文獻，當是先秦儒學初興、經學萌芽之際，由儒家某位思想巨人整合而成篇者。王充以爲乃『鴻筆孔子』所爲，觀《論語》所記孔子贊美唐堯虞舜之語氣，以及讀《禮記·禮運》載孔子所言之『大同』景象，則王充之言，不爲無據。雖然本篇所述之材料，來源於諸多蕪雜舛駁的上古神話與歷史傳聞，但其立言之旨，卻有一以貫之的整體思想統系；其文辭章法，亦有其嚴密而自足的內在邏輯結構。因此，本文既非一般意義上以所謂『傳信』爲宗旨而『綴遺輯佚』的史學著作，也不同於所謂『殘叢小語，道聽途說』的小說家言。

作爲早期儒學之重要經典文獻，本篇立言大旨，首先是描述了早期儒家所憧憬的『大同』之世以

『選賢與能，講信修睦』爲核心政治價值的『君主禪讓』制。一篇之中，其所反復致意極力渲染者，莫不以之爲要談。『疇咨若時登庸』，放齊薦堯子丹朱，帝以爲不賢，不可升遷。堯欲以帝位讓於四岳，而四岳皆言德不配位不敢有所覬覦。虞舜則大賢至聖，誠信無私，品德尤爲高尚；辭帝位之尊，不辭帝事之勞，代帝堯攝行天子之事，跋涉遠行，巡狩方岳；訂制度，立刑法，流罪人；任勞而任怨。且由歷試而攝事，長達三十年不登其帝位，不有其天下。至堯之崩，不得已乃承大位，繼大統，實則大公無私，以天下爲己任而已，非以帝位爲大寶也。而《韓非子・五蠹》乃謂『古之讓天子者，是去監門之養而離臣虜之勞』，以爲『古傳天下而不足多』者，猶不可持以論虞舜之其人與其事也。至於踐阼登帝位，乃大批起用新人，唯『熙帝之載』爲其能事，亦是『選賢與能』之義，乃不言而自明。

其次，既重民生，亦重民教，也是本篇關於國家治理的重要政治思想內容。所謂『汝作司空』，平治水土；『汝后稷』，播殖百穀；令垂爲『共工』，以重視工業技術；乃至使益『若予上下草木鳥獸』以爲『朕虞』管理環境資源，都是有關國民生計之大事業。而『敷五教』，『典三禮』，『教胄子』，乃至『作納言』，皆爲重視國民教育，加强道德教化之重要政治舉措。至於確立『眚災肆赦，怙終賊刑』的司法原則，以及制訂『五刑有服』與『五宅三居』之兵刑合一的司法制度，既是國家安全與國民生計的制度保障與法律保障，其懲惡揚善的司法原則與司法目標，同時也是國民道德教育的重要輔助手段。因而法律規範與道德教育，兩全互用而無所偏廢。

此外，與『選賢與能』相關互動的政治運作手段，是官吏的銓選與考覈制度。『明明揚側陋』以及『若時登庸』乃至『奮庸』擢拔，都是官吏的銓選之法。而『三載考績，三考黜陟幽明』，則是對於在任官員的考覈制度。這是有關國家治理的重要運作方式，也是國家機器得以內部修復與自我調整的重要程序設計。否則，官員能上不能下，能臣幹吏得不到升遷重用，昏聵無能的冗員庸吏尸位素餐，甚至盜器爲姦的倉鼠社蟲充斥其間，必然導致整個國家機器運轉不靈，乃致壅堵而壞死。中國歷史上，由漢唐以至明清，在官吏的銓選與考覈方面，積累了許多可資借鑒的寶貴經驗，無一不是以本篇的吏治思想爲基本原則所進行的創造性轉化與創新性運用。

由於本文不是一般意義上以『傳信』爲宗旨而『綴遺輯佚』的史學著作，而是作爲儒學經典文獻的基本品格傳之於世，這就規定了本文是『經』不是『史』因而『經史有別』的理解詮釋路徑。職是之故，凡是以所謂『徵實考信』的史學方法進入本文，一開始便誤入歧途。近代以來，以顧頡剛爲代表的『古史辨派』學者，對於中國遠古神話的歷史化過程，作了饒有興味的考證與發掘，對於重構中國古史作出了不可磨滅的學術貢獻。尤其是殷墟甲骨卜辭的不期而遇，對於殷商史乃至先周史的研究，更有重大突破。然而，如果將所有這些歷史與考古學研究成果如數吸納，作爲《堯典》的詮釋基礎，則無異於緣木以求魚。魚既不可得，其木亦成朽株枯木而全無活力矣。例如，以甲骨文所謂『四方風名』或『四方神名』解釋『羲和』章『厥民析』、『厥民因』、『厥民夷』、『厥民隩』之四時民生樣態，其圓鑿方枘互不相入，導致經義晦而不明，即其顯例。

可想而知，《堯典》作者既對上古原始宗教祭祀神話作了大幅度的改編與整理，也就產生了新的思想意義；遠古神話也經過轉化而獲得文化新生，不可再以原始神話科範《堯典》之義。否則不僅治絲益棼，且於文本理解毫無價值。至於動輒連篇累牘，考證經文每個人物之神話來源，及其在傳說過程中的每個細節演變，既昧於經史之別，更不知學術研究之求真與求善乃各有所用。這種經、史不分，真、善無別的研究方法，用之於《尚書》尤其是《堯典》的解讀，最屬無謂。於以治經，則使經義晦而不明；於以治史，則尤其支離汗漫，勞而無功。

因此，《堯典》的經學品格，決定了它的文本價值。其有關國家治理的所有敘述，思想弘深，意義重大，決非一般史學著作可比。乃視其書爲遠古神話之集萃，實貶其價值等諸自鄶，以爲不足觀而已，是於《尚書》一經未得門牆而入矣。

漢初伏生所傳之《堯典》，實含今傳堯、舜二《典》之文，作僞者割裂『慎徽五典』以下，冒充早已亡佚之《舜典》以售其姦。經明清兩代學人之精心考證，已成定論。合二文以觀，其內在的邏輯結構井然有序，其用語準確精當，前後關聯照應，鍼腳綿密，法度謹嚴，實非『殘叢小語，道聽途說』之小說家言可望其項背。而且，其文章內在的邏輯理路及其自我解說的話語體系，實在是檢驗經師訓釋經文是否正確無誤的客觀依據。也就是說，訓詁釋義愈是精準確當，也就愈能領略經文文章之妙。換言之，不通文章之道，沒有文學的眼光與素養，也不可能透悟經文的文本內涵，必是霧裏看花，於經義終將有隔。

由全文釋讀可知，貫通本文上下文氣的關鍵字眼，就是『若時登庸』的『時』字。可惜，歷來經師解說，皆不得其義；以致本是首尾完足一氣貫注的文章整體，支離破碎，不成統系。

『若時』就是『按時』。無論是帝堯或是帝舜，他們對於現任官員的考覈都是以三年爲期。舜登帝位之後告誡在朝官員，言『三載考績，三考黜陟幽明』，就是繼承帝堯『若時登庸』的吏治傳統。因此，『若時』之『時』，也就是『三載』之『時』。所以『疇咨若時登庸』，就是『誰可以經過考覈而如期升遷任用』。注家或以爲『順天時登用』，或以爲『順是登用』，皆大而無當，不知所云。知乎此，則鯀奉命治水，何以言『九載績用弗成』，實爲『三載考績』以及『三考黜陟』之考評結果而已。

帝堯欲禪帝位於虞舜，説『三載，汝陟帝位』。這是虞舜歷試之期三年將滿之際，帝堯對他的期許，其實是希望虞舜攝行天子之事，總攬全局，接受更爲艱巨的考驗，繼續歷練三年，然後登上帝位。歷試與攝政，皆以三年爲期。司馬遷僅知舜歷試將近三年，而不知『陟帝位』之前仍須『三年』，故譯爲『三年矣，汝登帝位』，仿佛是讓舜立登大寶。而『舜讓於德弗嗣』，也就被誤讀爲舜不受帝位，也不受攝行天子之事了。然文章接著又説『月正上日，受終於文祖』，於是于省吾、劉起釪們就糊塗了，不是『讓於德弗嗣』嗎？怎麼立馬就『受終』呢？其實，舜願意代堯攝行天子之事，但認爲自己才能不足，德不配位，即使再歷練三年也不敢登上帝座。于、劉二氏錯會了『三載』之意，不知歷試有三載，攝天子事仍須三載，三載之後方可登於帝位。因此，『月正上日，受終於文祖』云云，也就是虞舜歷試之期三年已滿，於次年正月吉日，與帝堯在宗廟舉行政事交接儀式。故文曰『受終』而不言『受位』，可見法度謹嚴，一字不苟。且正因舜辭帝位，故攝政二十八年以至堯崩，才不得已而勉登大寶。是以文章之末『舜生三十，徵庸三十，在位五十載，陟方乃死』，開列虞舜之生平履歷，則歷試與攝政，前後相加，乃爲三十之數。時段清楚，邏輯分明。

可見『三載，汝陟帝位』，也就是三載之後便可『若時登庸』了。知乎此，則堯對四岳説『汝能庸命巽朕位』之『巽』，就知道該如何理解了。

僞《傳》讀『巽』爲『順』，陸德明《經典釋文》『音遜』，又引馬融説：『讓也。』司馬遷《五帝本紀》作

『踐』，裴駰《史記集解》引鄭玄說：「言汝諸侯之中有能順事用天命者，入處我位，統治天子之事者乎？」其實，無論是『遜讓』，還是『順入』，乃至司馬遷直接譯爲『踐』，皆非正訓。此『巽』字《說文》解爲『具』，乃『具備』、『準備』之意。『庸』字意爲『賡續』，則『汝能庸命巽朕位』，即『你們能不能續承天命準備接替我的位置』，其意與『三載，汝陟帝位』相同，也是『若時登庸』之意。經文不用『踐』，也不用『遜』，乃用『巽具』之字，相當於後世所謂『爲儲君而準備登朕位』，其用詞何其精準！惜乎學者不之知耳。

《堯典》記述君臣對話，本是十分風趣有味，而訓詁家往往不知文義，解讀全無面目，乃至興味索然。堯問『疇咨若時登庸』後，又問：『疇咨若予采？』『采』字，僞《傳》訓『事』，馬融訓『官』。其實『采』者，取也，『誰可以符合我之所取』，正是緊承『疇咨若時登庸』之『時』，也就是說『誰符合我按時考覈晉升的選拔條件』。於是驩兜薦共工便說他『方鳩僝功（防救具功）』，意即共工築堤防，救水患，具有很大功勞，符合按時升遷的條件。但帝堯不同意驩兜的提議，反駁說：『共工的治水理論是不錯，但實際效果卻與他的理論不一致；表面看起來他貢獻很大，可是他的巨大貢獻，就是讓洪水越積越多以致水漫滔天。』這就是『靜言庸違，象恭滔天』的真正意涵。於是堯便傷嘆『湯湯洪水方割，蕩蕩懷山襄陵，浩浩滔天』而問『有誰可派使治』。堯的話本是就事論事，就功談功，就治水説治水，針對性十分明確，且話鋒不無反諷之趣。而訓詁家不通文義，不知章法，硬要解釋成道德評價，說是『貌象恭敬而心傲狠若漫天』，不僅談話雙方驢唇不對馬嘴，又與下文洪水氾濫以求治水之人相割裂。將好端端一段文字，說得零紈斷素，不成錦緞文章。

此外，舜登帝位起用禹稷契皐陶等十六位新人一節，其文章法度亦十分嚴謹，其遣詞造句亦非常講究。舜所命分爲四組，每組首命之人必有所推讓，即禹『讓於稷契暨皐陶』，垂『讓于殳斨暨伯與』，益『讓于朱虎熊羆』，伯夷『讓于夔龍』。但舜有許其讓者，有不許其讓者。許其讓者，舜必說：『俞，往哉，汝諧。』就是命令讓者與被讓者一同前往，但必須相互協調，搞好關係。不許其讓者，則不說『汝諧』，其所讓之人即另有所命，其文例亦有條而不紊。最後說『汝二十有二人欽哉』，含四岳與十二牧共十六人，加上新命十六人，實爲三十二人，王引之謂前『二』字乃爲『三』字傳寫脱去一畫，其説極確。而今之説者，既昧於文章之法，不顧『四岳僉曰』之『僉』義爲『皆』，强改『四岳』之『四』爲『太』，又全不理會有無『汝諧』之文例差别，硬説舜所命者爲『九官』，四岳爲一人，加十二牧，以湊合由三十二人而訛誤爲二十二之數。

要之，經學須由文學而顯，舍文學亦無經學。不通文章之道，經學必晦而不彰。

臯陶謨

【解題】

臯陶謨，《說文》：『謨，議謀也。从言莫聲。《虞書》曰：「咎繇謨。」碁，古文謨从口。』《史記·夏本紀》：『臯陶作士以理民，帝舜朝，禹、伯夷、臯陶相與語帝前，臯陶述其謀曰：「信其道德，謀明輔和。」禹曰：「然，如何」』云云，是本篇乃記帝舜之朝臯陶與禹於御前會議商謀議論之語，故以《臯陶謨》題其篇。

僞孔安國《尚書序》曰：『伏生又以《舜典》合於《堯典》，《益稷》合於《臯陶謨》。』孔穎達《益稷疏》曰：『馬、鄭、王合此篇於《臯陶謨》，謂其别有《棄稷》之篇。』是無論今文與古文，《臯陶謨》與《益稷》皆爲一篇。枚氏僞古文本則分『思曰贊贊襄哉』以上爲《臯陶謨》，分『帝曰來禹汝亦昌言』以下爲《益稷》。兹仍從漢代今、古文之舊，合爲一篇。

本篇亦以『曰若稽古』發其端，其爲後世追敘之詞，非虞廷當時實録，只是具體時代之早晚，學者稍有參差之説而已。顧頡剛以爲在秦漢之際。張西堂以爲至早成書在戰國末，而有秦代或漢初寫定的嫌疑。屈萬里認爲，本篇稍遲於《堯典》，皆戰國初葉之人據傳聞筆之於書，《臯陶謨》與《堯典》相同之處，乃《臯陶謨》襲自《堯典》而非《堯典》襲自《臯陶謨》。劉起釪亦認爲與《堯典》相去不遠，但並非孔子所編定，孔子論『恭寬信敏惠』五德，當受到《皋陶謨》影響。蔣善國開列十二證，認爲《皋陶謨》和《堯典》是根據同一史料同時整編而成，二者相同之處並非彼此相襲，而是材料來源相同，整編時代亦同之故。且謂『《堯典》是秦統一天下到禁《詩》、《書》時所整編，《皋陶謨》的整編也一定在秦始皇二十六年（前二二一年）到三十四年（前二一三年）這個期間』。

諸家之説，似異而實同，所論定之時代，皆在春秋戰國乃至秦王朝統一之間。因此，本篇的成書年代與流傳年代可能在春秋之末或戰國之初，與其整編之年代大致相先後，只不過成書與流傳之目的，與整編之目的略有不同。成書與流傳，是爲了建立儒家經學的思想體系，而整編的目的，在於爲嬴秦帝國所用而已。

曰若稽古，皋陶曰：『允迪厥德，謨明弼諧。』〔一〕禹曰：『俞，如何？』皋陶曰：『都，慎厥身，修思永，惇敘九族，庶明勵翼，邇可遠在兹。』〔二〕禹拜昌言，曰：『俞。』〔三〕

【釋讀】

〔一〕**曰若稽古**■曰，於也，及也。若，及也，至也。稽，鉤考，計議也，察也。此亦追憶遠古傳聞以發端之辭，如後世佛經開首即言『如是我聞』也。説見《堯典》『曰若稽古』釋讀。**皋陶曰**■皋陶，《説文》引作『咎繇』，寫本《釋文》：『咎，音羔；繇，音遙。』《左傳》文公十八年『高陽氏有才子八人』之『庭堅』，杜注：『庭堅，即皋陶字。』《左傳》文公五年『臧文仲聞六與蓼滅，曰：皋陶庭堅不祀，忽諸！』當爲杜注所本。説見《堯典》『讓于稷契暨皋陶』釋讀。《論語・顔淵》：『舜有天下，選於衆，舉皋陶。』行甫按：皋陶亦爲帝舜『奮庸』十六人之一，其爲起家録用之新進，故曰『選於衆』也。**允迪厥德**■允，《爾雅・釋詁》：『信也。』行甫按：此『允』字除修飾動詞『迪』之外，亦爲表假設與條件之連詞，乃副詞而兼連詞之用。迪，《爾雅・釋詁》：『道也。』行甫按：『迪』也，『道』也，皆爲動詞，猶言『踐行』也。厥，其也。枚《傳》：『其古人也。』行甫按：枚説非也。『其』代君主。德，治國舉措。《尚書》所言之『君德』，多指治國舉措，間亦指君主個人品行。**謨明弼諧**■《夏本紀》作『謀明輔和』，以訓詁代經文。謨，謀議也。明，明智、精確也。弼，輔助也，指臣下。諧，同心協力之謂也。行甫按：『允迪厥德，謨明弼諧』者，猶言『君主若要準確無誤地推行其治國舉措，則其謀議國事必須明智精審，其臣下輔政必須同心協力』。此乃本篇『文眼』，通篇即以此爲主題反覆展開。

〔二〕**禹曰俞如何**■俞，然詞也。如何，若何也。行甫按：『俞如何』者，先表贊同，而後問其所以然也。**皋陶曰都**■都，枚《傳》：『嘆美之重也。』行甫按：此『都』字非僅讚歎之詞，乃有『盛大、豐富、美備』之意。《國語・楚語上》『使富都那豎贊焉，而使長鬣之士相焉，臣不知其美也』，徐元誥引汪遠孫曰：『富、都、那三字義相近。』參見《洪範》『既富方穀』釋讀。『皋陶曰都』者，即『皋陶曰：此事意義深廣，恐言辭不能盡其萬一也。』枚氏言『嘆美之重』，心知其意矣。**慎厥身**■慎，謹也。厥，其也，指君主。身，自身也。行甫按：『慎厥身』者，猶下文『帝慎乃在位』也。**修思永**■修，《説文》：『飾也。』《九歌・湘君》『美要眇兮宜修』，王逸注：『修，飾也。』思，謀求也。永，長久也。枚《傳》：『慎修其身，思爲長久之道。』陸德明《釋文》：『身修絶句。』孫星衍《注疏》：『《漢書・本紀》永光四年詔曰：「慎身修永」，顔師古曰：「永上有職字。」』知「慎厥身」爲句，「修思永」，言修其職業，思可永也。職與思、斯聲相近，皆語詞。』行甫按：孫讀是也，其説『思』字義非也。『思』與『職』通，『職』乃『職志』而非『職業』之義也。『修』即『慎厥身』也。『慎厥身，修思永』者，謂『君主謹慎其言行，即是修治其身也；

修治其身，當志在永久，不可一蹴而就』也。**惇敘九族**■惇，厚也。行甫按：『惇』即『敦睦』，篤實親厚之意。敘，次序也。九族，指家族之內父、母、妻黨之大小各宗，所謂『祖免之親，同姓之國』是也。參見《堯典》『以親九族』釋讀。**庶明勵翼**■庶，眾也。明，明智之臣。勵，勉勵也。段玉裁《撰異》：『古者「砥礪」、「勉勵」皆作「厲」，無作「礪」、「勵」者。「厲」本旱石，引申爲勉勵。』翼，羽翼，引申爲輔助。**邇可遠**■邇，近也。可，可以，將然之詞。遠，與『邇』相對。《夏本紀集解》引鄭玄曰：『政由近可以及遠也。』**在茲**■茲，此也。行甫按：『茲』指代上四句所言也，枚《傳》曰：『近可推而遠者，在此道。』是也。《夏本紀》訓『茲』爲『已』，非也。

〔三〕**禹拜昌言曰俞**■昌，《說文》：『美言也。』段玉裁《撰異》：『古文《尚書》作「昌」，今文《尚書》作「黨」。《孟子·公孫丑》篇「禹聞善言則拜」，趙注云：「《尚書》曰：禹拜讜言。」此今文《尚書》作「黨」之證也。班固《西都賦》云「讜言宏說」，李善注引《字林》：「讜言，美言也。音黨。」孟堅蓋亦用今文《尚書》耳。古「昌」、「黨」音同。』行甫按：『昌』、『黨』、『讜』三字相通互用，『昌言』即『美言』，猶言『正確之言』也。俞，然詞也。

此乃本篇第一節，述皋陶與禹討論君主踐德修身，則賢明之臣皆勉力爲其輔佐，從而政令可使由近而及遠也。

【繹文】

至於考求古代，曾經有皋陶和禹在帝舜的朝堂上說：『君主若要正確無誤地推行他所要推行的治國舉措，則其謀議國事必須英明確當，其大臣輔政也必須齊心協力。』禹說：『是啊！你能詳細說說嗎？』皋陶說：『啊！這可是個十分重大的話題，恐怕三言兩語很難說清楚。簡而言之，君主應該謹慎他的言行，修養他的身心；這種謹言慎行的修養功夫，必須考慮長期堅持不懈，然後篤實親睦大大小小的同姓宗族以及那些具有婚姻裙帶關係的異姓宗族；衆多明哲之人就會盡心盡力地輔助他治國理政，他的政令就能夠由近及遠，國家的影響也就不斷擴大。這是個再簡單不過的道理。』禹聽完之後，起而跪拜皋陶這番精彩的言論，說：『是啊！非常正確！』

皋陶曰：『都，在知人，在安民。』〔一〕禹曰：『吁，咸若，時惟帝其難之。知人則哲，能官人。安民則惠，黎民懷之。〔二〕能哲而惠，何憂乎驩兜，何遷乎有苗，何畏乎巧言令色孔壬？』〔三〕皋陶曰：『都，亦行有九德，亦言其人有德，乃言曰：載采采。』〔四〕禹曰：『何？』〔五〕

皋陶曰：『寬而栗，柔而立，愿而恭，亂而敬，擾而毅，直而溫，簡而廉，剛而塞，彊而義，彰厥有常，吉哉！〔六〕日宣三德夙夜浚明有家。日嚴祗敬六德亮采有邦。〔七〕翕受敷施，九德咸事，俊乂在官。〔八〕百僚師師，百工惟時，撫于五辰，庶績其凝。〔九〕無教逸欲有邦，兢兢業業，一日二日萬幾。〔一〇〕無曠庶官，天工人其代之。〔一一〕天敘有典，勑我五典五惇哉！〔一二〕天秩有禮，自我五禮有庸哉！同寅協恭和衷哉！〔一三〕天命有德，五服五章哉！天討有罪，五刑五用哉！政事懋哉懋哉！〔一四〕天聰明，自我民聰明。天明畏，自我民明威。達于上下，敬哉有土！〔一五〕』皋陶曰：『朕言惠可厎行？』〔一六〕禹曰：『俞，乃言厎可績。』〔一七〕皋陶曰：『予未有知，思曰贊贊襄哉！』〔一八〕

【釋讀】

〔一〕**皋陶曰都**■都，與上文『都』字用法意義從同。行甫按：『都』者，猶言『這個問題之所以重大，尚有如下之義焉』。蔡《傳》曰：『皋陶因禹之「俞」而復推廣其未盡之旨。』得經義也。**在知人在安民**■知人，知其人才德之優劣長短，用其長而避其短，所謂『予取予求』也。安，保也。行甫按：以下文『五刑五用』以及《堯典》『五刑』乃兵刑合一，知『安民』即保境安民也。知人善任爲施政手段，保境安民爲政治目的。是『人』爲官人，『民』爲庶民也。行甫又按：此照應上文『庶明勵翼』也，謂『且必若使衆明哲之人盡力輔政』，其關鍵又『在於知人善任，在於保境安民』也。

〔二〕**禹曰吁**■吁，怪訝之詞，所以怪訝者，知人安民，非易事也。**咸若**■咸，皆也。指『知人』與『安民』而言『咸』也。若，《爾雅·釋詁》：『善也。』行甫按：『若』之訓『善』，言『順』之『善』也。《夏本紀》譯作『皆若是』，讀『咸若時』句，訓『時』爲指示代詞，則『皆如是』者，『是』字指代不明，其讀非也。**時惟帝其難之**■時，是也，此也。代『咸若』也。惟，猶『雖』也。帝，帝堯也。行甫按：下文『何憂乎驩兜，何遷乎有苗』，即用《堯典》『放驩兜于崇山，竄三苗于三危』之事，皆帝堯時事。宋人張載、林之奇以爲『帝』即舜，其說非也。殊不知此正爲借古論今之言說技巧耳，有斥當朝君主無能者乎？腐儒不通文學，論經義鮮中！其，猶『且』也，『且』猶『尚』也。說見吳昌瑩《經詞衍釋》。難之，以之爲難也。行甫按：二句謂：『知人與安民，皆能妥善如意，此雖帝堯尚且以爲難事也。」**知人則哲**■則，即也。哲，枚《傳》：「智也。」《漢書・五行志》引作「悊」，顔師古注：「悊，智也。能知其材則能官之，所以爲智也。」**能官人**■官，動詞，授予其官職也。**安民則惠**■惠，《爾雅・釋詁》：「愛也。」行甫按：「惠」即施恩德澤惠也。**黎民懷之**■黎民，庶民也。懷，《説文》：「念思也。」《孔子家語・執轡》「而兆民懷之」，王肅注：「懷，歸也。」

〔三〕**能哲而惠**■而，《夏本紀》作「能」。行甫按：「能」、「而」聲轉義通。哲，代「知人」；惠，代「安民」。**何憂乎驩兜**■憂，患也。乎，猶「于」也。**何遷乎有苗**■遷，即「竄逐」也。有苗，即「三苗」也。**何畏乎巧言令色孔壬**■畏，懼怕也。巧言，巧善之言。令，《爾雅・釋詁》：「善也。」色，面色。孔，《爾雅・釋言》：「甚也。」壬，《爾雅・釋詁》：「佞也。」行甫按：「巧言令色孔壬」，指共工，帝堯謂共工「静言庸違」，指其言辭巧善，説起話來頭頭是道，責其實際效果則不堪入目。是則「何憂」、「何遷」、「何畏」，乃分指「四罪」之驩兜、三苗與共工，而獨不及鯀。《夏本紀集解》引鄭玄曰：「禹爲父隱，故言不及鯀。」考慮到《皋陶謨》之經學品格及其成書時代，鄭説是也。不可以遠古傳説人物没有儒家倫理觀念爲理由，指斥鄭説爲非。經史有别，《堯典》篇【後案】有詳論，讀者當不至速忘也。

〔四〕**皋陶曰都**■都，意義與用法同上文，亦嘆其問題重大，義藴宏深，難可盡言，勉爲補充申述耳。以下即以「官人」與「安民」爲二邊，分别詳述其義。《夏本紀》引述此文作「然，於」，段玉裁《撰異》謂漢代今文當有「俞」字。行甫按：段説或是。此先然禹之言，後嘆而申述前説。**亦行有九德**■亦，不過之義，猶「祇詞、特詞」也。説見吴昌瑩《經詞衍釋》。行，行爲，舉動也。有，猶「以」也。説見吴昌瑩《經詞衍釋》。行甫按：「亦行有九德」，意即：「祇不過人依九種品德而行」。**亦言其人有德**■亦，亦「不過」之義，仍爲「祇詞、特詞」也。言，述謂也，稱説也。行甫按：此『言』字，猶今所謂『斷言』、『評價』之意。其人，猶『彼人』也。段玉裁《撰異》謂《唐石經》每行十字，獨此行『其有德乃言曰載采采』僅九字，諦視之則爲重刻摩刊『人』字。知唐時存有異本。行甫按：此有無『人』字不害經義，『其』亦『其人』也。有德，具有某種德行也。**乃言曰載采采**■乃，猶『是』也。言，與上『亦言』之『言』同義。曰，謂也。猶今所謂『説明』、『證明』也。載，與『哉』音同義通。《爾雅·釋詁》：『哉，初也。』采，《説文》：『捋取也。』行甫按：此『采』字即《堯典》『疇咨若予采』之『采』，亦即『考察』、『取舍』之意。采采，重言之，猶言『反復考察與取舍』也。蘇軾《東坡書傳》：『「亦行有九德」者，以其自修也。「亦言其人有德」者，以此求人也。』行甫按：蘇説甚是。四句謂：『皋陶應答禹之言曰：是啊！唉——，此義深廣，甚爲難言。不過其人依九種品德而行，也就特爲斷言彼人具備了這些德行。這種斷言或評語，就意味著對其人開始進行反覆考察與取舍了』。説者皆以『采采』爲『某事某事』，不得其義，兹不從。

〔五〕**禹曰何**■何，枚《傳》：『問九德品例。』蔡《傳》：『問其九德之目也。』行甫按：枚説著一『例』字，是也，蔡説不備。『何』者，既問『九德之目』；亦問如何以『九德』爲次弟『采』其人入官也。下文『日宣三德』乃『浚明有家』；『祗敬六德』則『亮采有邦』；『九德咸事』則『俊乂在官』，是其證也。

〔六〕**皋陶曰寬而栗**■寬，寬弘、寬緩也。栗，嚴謹、莊重。參見《堯典》『寬而栗』釋讀。**柔而立**■柔，柔弱、柔順也。立，猶言『自立』也，有主見之謂也。**愿而恭**■愿，枚《傳》：『慤愿。』行甫按：『愿』猶今所謂『老實忠厚』之意。恭，枚《傳》：『恭恪。』《夏本紀》作『愿而共』，段玉裁《撰異》以《史記》作『共』爲是，謂謹愿之人，其才能多不能供辦稱職，德與才不能互兼。以爲今文作『愿而共』，勝於古文《尚書》。行甫按：『慤愿』之人，謹慎穩妥有餘而勤恪進取不足。段氏以才具不足爲説，未得一間。**亂而敬**■亂，《爾雅·釋詁》：『治也。』敬，謹慎也。屈萬里《集釋》：『有治才者，往往恃才輕物，故以敬謹爲佳。』行甫按：屈説是也。有治事之才者，往往易於草率冒進，故以謹慎爲其補救。**擾而毅**■擾，枚《傳》：『順也。』《周禮・大宰》『以擾萬民』，鄭玄注：『擾，猶馴也。』毅，枚《傳》：『致果爲毅。』行甫按：『擾馴』亦『柔順』也，上言『柔而立』，此言『擾而毅』，其别在『立』與『毅』；柔弱順從，則依附因循而無主見，故不能自立；柔馴善良，則心有不忍而無決斷，故不能剛毅。所謂『當斷不斷，反受其亂』者，是也。**直而溫**■直，正直。溫，溫和。**簡而廉**■簡，簡單，疏略。枚《傳》：『性簡大。』孔穎達《書疏》：『簡者，寬大率略之名。』廉，枚《專》：『廉隅。』《説文》：『廉，仄也。』段玉裁注：『此與廣爲對文，謂偪仄也。廉之言斂也。堂之邊曰廉，堂邊有隅有棱，故曰廉。廉，隅也。又曰廉，棱也。許以仄晐之。仄者，圻咢陖陗之謂。』行甫按：廉隅，猶言邊界，引申之即今所謂『有原則』、『有規矩』、『有法度』。簡大疏略者，即所謂『大行不顧細謹』，往往放縱無所檢束，故必以邊界廉隅亦即有規矩法度以濟之。**剛而塞**■剛，剛健，剛强也。塞，篤實也。《説文》：『𡨄，實也。从心，塞省聲。《虞書》曰：「剛而𡨄。」』行甫按：『塞』與『𡨄』，音同字通。《洪範》曰：『沉潛剛克。』是『剛而塞』者，剛健進取則有失於狂妄，故必以沉潛篤實以濟之。《大畜・彖傳》：『剛健篤實輝光，日新其德。』是其義也。**彊而義**■彊，枚《傳》：『無所屈撓。』義，善也。王引之《經義述聞》：『性發强而又良善也。《大雅・文王》篇「宣昭義問」，毛《傳》：「義，善也。」字通作「儀」，《爾雅》：「儀，善也。」彊與義亦是上下相對。昭元年《左傳》曰：「不義而彊，其斃必速。」正與此相反也。』屈萬里曰：『《詩・烈文》毛《傳》：「競，彊也。」則彊者，猶今語所謂要强，即求勝也。』行甫按：屈氏之説是也。『彊而義』者，謂『爭强好勝不屈不撓，其失往往在於不擇手段；必以良善合於道義以濟之』。《莊子・人間世》：『以巧鬥力者，始乎陽，常卒乎陰。』莊生所謂『陰』者，陰謀暗算之意也，是則不『義』也。**彰厥有常**■彰，彰明也。行甫按：『彰』者，顯揚也。厥，其也。有，猶『以』也。常，猶言『次序』也。《小雅・賓之初筵》『不知其秩』，毛《傳》：『秩，常也。』是其義也。**吉哉**■吉，《説文》：『善也。』枚《傳》：『明九德之常，以擇人而官之，則政之善。』行甫按：二句謂：

「依次彰顯擢拔彼行九德之人，乃爲大好之事。」

〔七〕**日宣三德夙夜浚明有家**■日，日日也。宣，顯明，發揚也。《周頌·雝》「宣哲維人」，馬瑞辰《傳箋通釋》：「宣之言顯，顯，明也。」《左傳》昭公十二年「寵光之不宣」，杜預注：「宣，揚也。」《國語·周語下》「勉以宣之」，韋昭注：「宣，發揚也。」三德，枚《傳》：「九德之中有其三。」夙夜，早晚，猶言「勤劬」也。行甫按：「日宣三德夙夜」句，「夙夜」乃「日宣三德」之補語。所以知者，以「浚明有家」與下「亮采有邦」及「俊乂在官」爲對文也。浚，《釋文》引馬融曰：「大也。」段玉裁《撰異》：「浚當是俊之字誤，馬季長曰『浚，大也』，即《説文·人部》之『俊，大也。』」劉起釪謂《魏石經》三體品字式殘石正作「俊」，可證段説之確。《夏本紀》「浚」作「翊」，「翊」同「翌」，《爾雅·釋言》：「翌，明也。」則「翌」、「翊」與下「明」字爲同義複詞。明，顯揚也。行甫按：此「明」字猶《堯典》「明明揚側陋」上「明」字之義也。有，猶「於」也。説見吳昌瑩《經詞衍釋》。行甫按：此「有」與下文「俊乂在官」之「在」字義同。家，卿大夫之家也。孔穎達《書疏》：「大夫受采邑，賜氏族，立宗廟，世不絕祀，故稱家。」行甫按：全句意即「日宣三德，夙夜勤劬不懈者，乃大顯於卿大夫之家」也。言下之意謂：九德中擁有三德者，即可擢拔爲卿大夫之家臣也。如孔門弟子仲弓爲季氏宰，即其例也。**日嚴祗敬六德亮采有邦**■日，亦「日日」也。嚴，《説文》：「教命急也。」行甫按：「嚴」，猶今所謂「嚴格」不苟且之意也。祗，敬也。《夏本紀》作「振」，段玉裁《撰異》：「《盤庚》『震動萬民』，《石經》作『祗動』。《粊誓》『祗復之』、《無逸》『治民祗懼』，《魯世家》作『振復』、『振懼』。然則『祗』、『振』古通用，合韻最近，又爲雙聲也。《內則》『祗見孺子』，注云：『祗或作振。』」行甫按：「祗敬」、「振敬」，乃同義複詞。六德，九德之中有其六也。亮，《説文》：「明也。」行甫按：此「亮」字當如字讀，猶言「顯明」也，與上「浚」字詞性從同。蔡《傳》：「亮，亦明也。」是也。采，亦「取」也。行甫按：《尚書》「采」字無訓「事」訓「官」者，皆用其本義「捋取」，引申之則有「求取」、「考察」、「擢拔」、「錄用」諸義。

參見《堯典》『疇咨若予采』及『亮采惠疇』釋讀。行甫又按：『亮采惠疇』之『亮』與此『亮采有邦』之『亮』意義有別，『采』字義則二者從同。有，亦猶『於』也。邦，諸侯之國也。孔穎達《書疏》：『天子分地建國，諸侯專爲己有，故有國謂諸侯也。』行甫按：此句謂：日日嚴格恭敬踐行九德中之六德，則可顯揚取用於諸侯之國。言下之意，九德中擁有六德者，即可采擢爲諸侯之卿大夫也。如管仲爲齊桓公之相，但並非天子之命卿，其例也。此意惟宋人王安石得之，王氏曰：『日宣達三德之賢，使任有家；日嚴祇敬六德之賢，使任有邦。』是也。

〔八〕**翕受敷施**■翕，枚《傳》：『合也。』行甫按：《荀子·議兵》『代翕代張』，楊倞注：『翕，斂也。』《太玄》『翕』，司馬光注引陸曰：『翕，亦入也。』然『合』也，『斂』也，『入』也，皆此『翕』字義也。受，接受也。敷，猶『鋪』也，『張』也。《荀子》『代翕代張』，以『翕』與『張』爲對文，猶本經以『翕』與『敷』爲對文也。施，施予也。行甫按：『翕受』與『敷施』相對爲文，乃指互爲相反的兩種行爲。『翕受』者，猶言『斂入以接受』也；『敷施』者，猶言『鋪張以施予』也。『翕受』，斂入以處己之事，《曲禮上》所謂『臨財毋苟得』者，是『翕受』處己之事也。『敷施』，付出以待人之事，《曲禮上》所謂『臨難毋苟免』者，是『敷施』待人之事也。引申之，則有權益不濫用，義務不推卻之義。歷來注家，皆不了。**九德咸事**■咸，皆也。事，《爾雅·釋詁》：『勤也。』行甫按：此『事』字猶言『勤行』、『勤用』、『勤爲』也。《孟子·萬章下》『非事道與』，焦循《正義》曰：『行、事、爲，三字義同。』《論語·先進》『請事斯語矣』，皇侃《義疏》云：『事，猶用也。』皆是其例。**俊乂在官**■俊乂，《釋文》引馬融曰：『千人曰俊，百人曰乂。』行甫按：『俊乂』，猶言『品行卓著，道德完美』，此指『九德咸事』之人。官，官府也，朝廷也。《周禮·士師》『二曰官禁』，鄭玄注：『官，官府也。』《禮記·玉藻》『在官不俟屨』，鄭玄注：『官，謂朝廷治事處也。』是其例也。行甫按：『在官』，猶『在官府任職』也。

〔九〕**百僚師師**■僚，《釋文》：『本又作寮。』《爾雅·釋詁》：『寮，官也。』郭璞注：『同官爲寮。』師，《爾雅・釋詁》：『眾也。』師，猶『官吏』也。《説文》：『官，吏事君也。从宀自，自猶眾也。此與師同意。』是『師』亦『官』也。**百工惟時**■工，臣工也。《周頌・臣工》：『嗟嗟臣工。』于鬯《香草校書》卷五：『蓋「百僚」者，內官也。「師師」者，外官也。則「百工」者，兼內外百吏也。』行甫按：于氏之説是也。『百僚』與『師師』，統稱『百工』，猶言『朝廷內外所有臣工』也。惟，猶『乃』也，『爲』也。時，是也，此也。指代『俊乂』也。**撫于五辰**■撫，《廣雅・釋詁一》：『有也。』王念孫《疏證》：『撫又爲奄有之有。成十一年《左傳》「使諸侯撫封」，杜注云：「各撫有其封內之地。」《文王世子》「西方有九國焉，君王其終撫諸」，鄭注云：「撫，猶有也。」撫、方一聲之轉，方之言荒，撫之言幠也。《爾雅》「幠，有也」，郭注引《詩》「遂幠大東」，今本幠作荒，毛《傳》云：「荒，有也。」』行甫按：『撫』猶『奄』也，即今所謂『遍及』、『覆蓋』之意。『撫于五辰』，謂『覆蓋遍及於五辰』也。五辰，于鬯《香草校書》：『「五辰」殊無義。「辰」疑「長」字之誤。「長」、「辰」二字隸書形近，故「五長」誤爲「五辰」。「五長」者，即《益稷篇》所云「外薄四海，咸建五長也。」』行甫按：于氏以『五辰』爲『五長』之誤，其説甚是。然此『五長』與下文『咸建五長』之『五長』義各不同。于氏校字是，説義則非，茲不從。此『五長』即《立政》所述之內外上下五類官長。一爲宮中內侍官；二爲卿大夫食邑官；三爲太史寮之官長；四爲卿事寮之官長；五爲朝廷委派於四方外服諸侯之命官。參見《立政》篇『虎賁、綴衣、趣馬』至『夷微盧烝，三亳阪尹』釋讀及該篇【後案】。**庶績其凝**■庶，眾也。績，事業也，功績也。其，猶『乃』也。凝，成也。《釋文》引馬融曰：『定也。』行甫按：自『翕受敷施』至『庶績其凝』，言九德俊乂之人，可取用於朝廷官府任職。朝廷內外上下，從中央到地方五類官員，皆爲九德俊乂之人，則百業有成。

〔一〇〕**無教逸欲有邦**■無，《夏本紀》作『毋』，孔穎達《書疏》：『「毋」者，禁止之辭。』行甫按：『無』與『毋』通用。但此『無』字非『禁止之辭』，當如字讀。《爾雅・釋言》：『靡，無也。』邢昺《疏》：『無，不有也。』玄應《一切經音義》卷六「無復」注：「無，謂非有也。」此「無教」與「無曠」，皆承上文「俊乂在官」與「庶績其凝」而補充其義。「無教」、「無曠」之「無」，即今所謂「不會有」或「不可能有」之謂也。教，段玉裁《撰異》：「《漢書・王嘉傳》嘉奏封事曰：「臣聞咎繇戒帝舜曰：無敖佚欲有國，兢兢業業，一日二日萬機。」此今文《尚書》也。《夏本紀》「毋教邪淫奇謀」，或《尚書》本作「敖」而依博士讀爲「教」，或《史記》本作「敖」而後人改之，皆未可知也。師古曰：「敖讀曰傲。」」行甫按：「教」與「敖」，字形相似易訛，當以「教」字爲是。《説文》：「教，上所施、下所效也。」逸，安樂也，字或作「佚」。欲，欲望也。行甫按：「逸欲」，偏正結構，「安逸之欲」也，亦即「貪圖安逸」之謂，故下文曰「兢兢業業，一日二日萬幾」也。有，猶「於」也。邦，邦國。行甫按：上文「亮采有邦」之「邦」指諸侯，此「邦」乃指「天下」也。句意謂：「俊乂在官」、「百工惟時，撫于五長」，不僅「庶績其凝」，且「九德」之人「在官」，必謹慎自約，勤政愛民，其言行舉止，亦不可能對邦國民衆施有貪圖安逸之不良影響。**兢兢業業**■兢兢，《爾雅・釋訓》：「戒也。」業業，《釋訓》：「危也。」行甫按：「兢兢業業」，今仍沿用，猶言「謹慎勤勉」也。**一日二日萬幾**■一日二日，時之短也。幾，變之微也。《周易・繫辭下》：「幾者，動之微。」蔡《傳》：「一日二日者，言其日之至淺；萬幾者，言其幾事之至多也。」行甫按：《三國志》卷二十七《魏書・王基傳》載王基書戒司馬景王曰：「天下至廣，萬機至猥，誠不可不矜矜業業，坐而待旦也。」則「兢兢」作「矜矜」，「萬幾」作「萬機」也。二句意謂：「九德」之人「在官」，不會貪圖安逸，怠於政事，必謹慎勤勉，在一二日極短之時，能理瞬息萬變之事。

〔一二〕**無曠庶官**■無，亦「不有」、「非有」也。曠，空也，廢也。庶官，猶言「衆職」也。《夏本紀》述作「非其人居其官，是謂亂天事」。王充《論衡・藝增篇》：「曠，空；庶，衆也。毋空衆官，寘非其人，與空無異，故言空也。」行甫按：「無曠庶官」者，謂「九德」之人「在官」，必謹慎勤勉，不會尸祿其位，怠棄庶務，荒廢衆職也。**天工人其代之**■天工，猶「天功」也。「天工」，天之事也。所謂「天工」或「天事」，即下文「天敘」、「天秩」、「天命」、「天討」諸項事宜也。人，與天相對，實指「庶官」也。其，猶「乃」也。代，替代也。之，代指「天工」。蔡《傳》：「天工，天之工也。人君代天理物，庶官所治，無非天事。苟一職之或曠，則天工廢矣。」行甫按：《堯典》言「亮天功」，此言「代天工」，其義同而稍異也。「亮天功」，謂「二十有二人（實三十有二人）」各以其所擔之職，依日月四時寒暑之推移，協助上天指導與保障天下黎民百姓之生產與生活也。參見《堯典》「惟時亮天功」釋讀。「代天工」者，言「九德」之人「在官」，則人人謹慎勤勉，庶職無所廢缺，亦即「庶官」各以其職事，依「天敘」、「天秩」、「天命」、「天討」諸「天事」，代爲上天而行之也。亦即勉力施行下文所謂「勑五典」、「協五禮」、「章五服」、「用五刑」諸項「政事」也。其言各有所當，不可亂其宗旨，强行攀引。此說經之大忌也。

〔一二〕**天敘有典**■敘，次序也。「天敘」猶「天之次序」也。蔡《傳》：「敘者，君臣父子夫婦兄弟朋友之倫敘也。」有，具有也。典，常也。行甫按：「天敘有典」者，猶言「上天規定之五種次序永久常在」也。**勑我五典五惇哉**■勑，猶今所謂「調整鞏固」之義。段玉裁《撰異》：「《五經文字》曰：敕，古勑字，今相承皆作勑。《廣韻》廿四職曰：敕，今相承用勑。勑，本音賚。」行甫按：段說是也。「敕」、「勅」、「勑」以及「飭」、「飾」諸字皆可通用。《易·噬嗑·象傳》「先王以明罰勑法」，《釋文》：「勑，《字林》作勅。」《呂氏春秋·舉難》「難爲非則行飾」，高誘注：「飾讀曰勑，勑，正也。」是「勑飾」之字又通作「飭」。《呂氏春秋·季冬》「飭國典」，高誘注：「飭，讀曰勑。」是其例也。《說文》云：「飭，致堅也。从人、从力，食聲。讀若敕。」《漢書·禮樂志》「五音飭」，顏師古注：「飭，讀與敕字同，謂整也。」皆其例與其義也。五典，五常也。即父子、兄弟、父婦、朋友、君臣之五種倫常也。惇，《爾雅·釋詁》：「厚也。」行甫按：二句意謂：上天安排人間有父子、兄弟、夫婦、朋友、君臣等各種人際關係，具有永久不變的次序；庶官之職責，就是擺正調整以及鞏固維繫這些關係，使這五種人際關係親厚緊密，篤誠無間。此「天工人其代之」之一事也。

〔一三〕**天秩有禮**■秩，屈萬里《集釋》：「僖公三十一年《公羊傳》何注：「秩者，隨其大小尊卑高下之所宜。」按《堯典》「平秩東作」，《說文》引「秩」作「豑」，云「豑，爵之次弟也。」是秩、豑古通。何、許二家之說亦相合。則「天秩」乃天定之爵秩也。」行甫按：「天秩」既以「五禮」爲言，當與郊廟祭祀以及人際往來所規定之禮文儀式相關，舉凡天地、山川、鬼神、人倫，各有尊卑大小高低之序。是「天秩」亦即天所規定的天地陰陽人鬼幽明之際的總秩序，則下文「五禮」當以「吉凶賓軍嘉」爲說。禮，表現秩序之象徵性禮儀節文，亦即各種相關儀式規範也。**自我五禮有庸哉**■自，由也，從也。我，我人也。五禮，《周禮・大宗伯》：「以吉禮事邦國之鬼神示；以凶禮哀邦國之憂；以賓禮親邦國；以軍禮同邦國；以嘉禮親萬民。」行甫按：必《周官》「五禮」始總關天地人鬼之際，歷來經師糾纏於天子、諸侯、卿大夫，士、庶爲說，且彼此訕笑，甚無謂也。庸，《說文》：「用也。」行甫按：二句謂：上天規定了天地陰陽人鬼幽明之際的總秩序，表達這種秩序，有其象徵性的禮儀節文；這就是由我等「庶官」之人所制訂、所執行的吉、凶、賓、軍、嘉等五類各有所用的儀式規範。**同寅協恭和衷哉**■同，協同也，統一也。寅，《爾雅・釋詁》：「敬也。」協，協合也，和同也。《說文》：「協，同衆之龢也。」恭，《爾雅・釋詁》：「敬也。」王鳴盛《尚書後案》：「鄭注《無逸》「嚴恭寅畏」云：「恭在貌，敬在心。」則於此亦當寅在心恭在貌也。」和，猶「和諧」、「同和」也。行甫按：《論語・學而》「有子曰：禮之用，和爲貴」，是此「和」字義也。衷，中也，正也。《左傳》僖公二十八年「今天誘其衷」，杜預注：「衷，中也。」此「衷」即「內心」也。昭公六年「楚辟我衷」，杜預注：「衷，正也。」此「衷」即「中正」也。行甫按：「和衷」之「衷」，兼「內心」與「中正」二義焉。「五禮」之用，雖各有所施，其要在欲人通同其敬畏之心，協合其恭肅之貌，使人之內心趨於平正，寧靜，和諧也。此「天工人其代之」之又一事也。

〔一四〕**天命有德**■命，使令也，制成也。行甫按：《禮記・中庸》曰：「天命之謂性。」王符《潛夫論・巫列》云：『命者，天之制也。』此『命』當是此意。然下文『天討有罪』，與『天命有德』句法一律，則此『命』與『討』相對，其義當爲『爵命』之意也。有，猶『具備』也。德，與下『罪』字相對爲義，則『德』者，善德也。句意謂：上天獎賞爵命有德之人。**五服五章哉**■五服，枚《傳》：『天子、諸侯、卿、大夫、士之服也。』五章，五種紋飾。枚《傳》：『尊卑采章各異，所以命有德。』行甫按：『章』，猶『彰』也。二句謂：上天爵命有德之人，在五種不同色彩的衣服上繪以不同形狀的紋飾，以此彰明其人不同的等級身份。此『天工人其代之』之又一事也。**天討有罪**■討，誅伐也。罪，犯法也。《說文》：『罪，捕魚竹网。从网，非聲。秦以爲辠字。辠，犯灋也。从辛自，言辠人戚鼻，苦辛之憂。秦以辠似皇字，改爲罪。』行甫按：『罪』與『德』相對，則『罪』爲惡德，觸犯法律，即作惡也。**五刑五用哉**■五刑，既指五種刑罰，亦指五種刑具。五用，《國語·魯語上》：『大刑用甲兵，其次用斧鉞，中刑用刀鋸，其次用鑽笮，薄刑用鞭扑，以威民也。故大者陳之原野，小者致之市、朝，五刑三次，是無隱也。』枚《傳》：『言天以五刑討有罪，用五刑宜必當。』行甫按：古者兵刑合一，『五刑』既涉民事，亦涉軍事。涉民事者，以『斧鉞』、『刀鋸』施『墨、劓、剕、宫、大辟』五種肉刑於市朝，以誅殺其罪也。涉軍事者，即『大刑用甲兵』興師『陳之原野』，以討伐其逆也。參見《堯典》『五刑有服，五服三就』釋讀。二句謂：上天討伐惡德有罪之人，以五種刑罰與五種刑具分別施之於五種不同的罪人，各有所當。此『天工人其代之』之又一事也。**政事懋哉懋哉**■政事，即上文『代天工』所行之『勑五典』、『協五禮』、『章五服』、『用五刑』諸項政治事務也。懋，《說文》：『勉也。』《後漢書·章帝紀》『烏呼懋哉』，章懷注：『懋，美也。』行甫按：此『懋』兼『勉』與『美』二義焉。此句結上文以啓下文，意謂：『代天工』所行諸事，必須加倍努力好好辦理；上天有眼目以觀聽人事也。下文即言『天聽明自我民聽明』也。

〔一五〕**天聰明**■聰明，耳聽曰聰；目視曰明。**自我民聰明**■自，由也，從也。我，我民也。民，人也。行甫按：『我』與『民』爲同位語，『我民』猶言『我人』也。聰，聽也。明，視也。《孟子·萬章上》引《太誓》曰：『天視自我民視，天聽自我民聽。』**天明畏**■明，顯揚也，彰明也。畏，《釋文》：『如字。徐音威。馬本作威。』行甫按：『畏』與『威』古音通假互用，下文『自我民明威』即作『威』。『威』者，懲罰也。有『威』必爲可『畏』，是亦施受不嫌同辭也。孫星衍《今古文注疏》：『明威，言賞罰。《呂刑》云「德畏惟威，德明惟明」是也。明者，《周語》「尊貴明賢」，韋昭注云：「明，顯也。」』行甫按：孫氏謂『明畏』亦即『賞罰』，其說是也。《呂刑》原作『德威惟畏，德明惟明』，意即：『德行敗壞者，則加以威罰與懲處；德行磊落者，則加以顯揚與表彰。』是『明畏』猶顯揚表彰與懲處威罰也。**自我民明威**■自，從也，由也。我民，我人也。明威，同『明畏』，彰顯與處罰也。**達于上下**■達，通也。上下，猶言天人也。蔡《傳》：『天人一理，通達無間。』行甫按：天之賞罰通於人之賞罰，故曰『達于上下』也。**敬哉有土**■敬，慎也。有土，蔡《傳》：『有民社也。』劉起釪以甲骨文與金文之『土』即『社』，認同蔡說。行甫按：《論語・先進》：『子路使子羔爲費宰。子曰：「賊夫人之子。」子路曰：「有民人焉，有社稷焉。何必讀書然後爲學？」子曰：「是故惡夫佞者。」』此子羔之職，雖爲費宰，亦『有民人焉，有社稷焉』，則『有土』云者，亦通於貴賤也。枚《傳》曰：『天所賞罰，惟善惡所在，不避貴賤；有土之君，不可不敬懼。』可備一義。然據下文皋陶曰『朕言惠可厎行』及『予未有知，思曰贊贊襄哉』，則『有土』者，當指采『九德』之人而任命其『庶官』以代『天工』之帝舜也。是『上下』仍當以『天人』爲允，枚氏以『達于上下』爲『不避貴賤』，義有所偏，不可從。

〔一一六〕**皋陶曰朕言惠可厎行**■朕，我也。古者尊卑所共，貴賤不嫌，人可自稱爲『朕』，自秦始皇乃以天子自稱專用『朕』。言，枚《傳》：『其所陳九德以下之言。』惠，通『惟』，『惟』猶『乃』也，『爲』也。行甫按：古音『喻三歸匣』，『惠』與『惟』聲同通用。說見《君奭》『予不惠，若茲多誥』、『予不允，惟若茲誥』及《酒誥》『予不惟，若茲多誥』、《多方》『我不惟，多誥』諸句釋讀。亦可參讀拙文《〈尚書〉『予不惟』、『予不惠』、『予不允』文例釋義》（見本書附錄）。可，堪也。厎，致也。行甫按：『朕言惠可厎行』，猶言：『我之所言，乃可付諸施行？』

〔一七〕**禹曰俞乃言厎可績**■俞，然詞也。乃，猶『爾』也，『汝』也。厎，亦『致』也。可，堪也，猶『可以』，『可能』也。績，功也。行甫按：『乃言厎可績』者，猶言『你所言付諸施行，定可獲得成功』也。

〔一八〕**皋陶曰予未有知**■未，尚未也。有，猶『以』也；『以』，猶『及』也。說見吳昌瑩《經詞衍釋》。行甫按：『予未有知』者，猶『我尚未及知』或『我尚無從得知』也。**思曰贊贊襄哉**■思，猶『惟』也。吳昌瑩《經詞衍釋》卷八：『思，詞之惟也。「惟」訓曰「思」，故「思」可訓曰「惟」詞（此義《釋詞》不載）。《書》「予未有知，思曰贊贊襄哉」，言「予未有所知，惟曰贊助哉」也。《集傳》云：「曰讀作日，謂惟思日贊助以成治。」蓋不知思即訓「惟」，故不免添改經文。』行甫按：吳說是也。『思』訓『惟』，則『思』當依『惟』字爲訓，『思曰』即『惟曰』也。『惟曰』即『唯曰』，猶『獨曰』，祇詞也。曰，言也，謂也。贊，助也。《儀禮·特牲饋食禮》『宰自主人之左贊命』，鄭玄注：『贊，佐也，達也。』《左傳》昭公元年『天贊之也』，杜預注：『贊，佐助也。』行甫按：『贊贊』者，重言之，猶『佐助而又佐助』也。屈萬里《集釋》曰：『勤力輔佐之意也。』是也。襄，輔助也，上達也。行甫按：《說文》：『襄，漢令：解衣而耕謂之襄。』許君以『《漢令》解衣而耕』說『襄』之本義，因其從『衣』也。然此曰『贊贊襄哉』，《君奭》曰『襄我二人，汝有合哉』，其『襄』字皆佐助、輔助之意，是『襄』字較早之語用也。由『佐助』而引申之則有『上達』之義，『浩浩懷山襄陵』之『襄』，是其義也。則『贊贊襄哉』者，猶『佐助之而又佐助之，使上達於此言』也。

此爲本篇第二節，言君主之職責在於能知人善任，能保境安民。知人善任，當以『九德』爲采擇標準，逐級篩選；『九德』之人充任邦國天下之『庶官』，則可代天而行政，保境以安民。

【譯文】

臯陶接著說：『唉——，這個議題的確非常重大而深遠。要做到政令能夠由近及遠，國家的影響不斷擴大，關鍵就在於能知人而善任，能保境以安民。』禹說：『哦——，知人和安民兩個方面都做得很好，這恐怕連帝堯都以爲難事吧。能知人，就是大眼光、大智慧。能知人之才，就能授予其人以相應的官職。能安民，就是大恩惠、大福澤，天下百姓就會心懷向往，歸附於他。如果帝堯既能做到知人善任，又能做到安保百姓，又何以因爲出現了驩兜這種人而發愁呢？又何以會發生遷逐有苗於三危這種事呢？又何必擔心會有共工這種能說會道、言行不一的人混跡於朝廷呢？』臯陶說：『是啊，你說得很對！但這恐怕也不是那麼簡單，可以一刀了斷的事情。祇不過若有人依照九種不同的品德爲人處事，也就可以評價與斷定此人具備了九德之中的某種德行了。有了這種評價與斷定，也就意味著已經對此人開始進行反覆不斷地考察與取舍了。』禹說：『爲什麼這樣說呢？九德是什麼？怎樣用九德標準去評價與取舍各種不同的人物呢？』

臯陶說：『寬弘大度而又謹嚴莊重；從善如流而又自有主張；謹慎穩妥而又勤勉進取；治才卓越而又尊重他人；心地善良而又果決剛斷；爲人正直而又溫厚和藹；性情豪放而又法度謹嚴；剛健進取而又沉穩篤實；寧折不彎而又遵循道義；這就是所謂「九德」。能把這九種不同品德之人依次彰顯擢拔出來，就是大好之事了。如果每日發揚九德之中的三種德行，早晚勤勉而不懈怠者，就可以彰顯擢拔其人爲卿大夫之家臣。如果每日嚴格恭敬地踐行九德之中的六種德行，就可以擢顯取用其人爲侯國之卿大夫。如果其人於處己待人之際，臨財不苟得，臨難不苟免；權益不濫用，義務不推託； 時時事事處處，都能依九種品德而行，那就是品行卓著、道德完美之士，就應當選拔他到朝廷官府來任職。如果朝中內廷所有官員，外朝各衙各署衆多官長，或者説所有官府的工作人員都是秉持九德的優秀人物，舉國上下，從中央到地方，乃至邊遠地區，所有官府衙門的五大類官長，都由這些九德完備之人充任，那麼，國家的任何事業，都會興旺發達，成就顯著。因爲這些品德優秀的人在官府任職，怎麼也不會對邦國的民衆産生苟且懶散貪圖安逸的不良影響，他們兢兢業業，謹慎而勤勉，哪怕在極爲短暫的時間之内，都要應對和處理無數瞬息萬變的政治事務。也因此，各個官府衙門都是這些品德優秀的人擔任官長，就不會出現尸位素餐，爲官不爲，荒政瀆職的「曠官」現象。老天爺的職事與功能，就是由這些優秀的官員代爲行使的。比如説，老天爺規定了人世間有父子、兄弟、夫婦、朋友、君臣這五種永久不變的人倫次序； 衆位官長就是依照上天的安排，擺正與調整乃至鞏固這五種人倫關係，使它們更加親厚緊密，和睦無間的呀。老天爺也規定了天地陰陽人鬼幽明之際的總秩序，表現這個總秩序的象徵性儀式規範就是禮。由我們所制訂的吉、凶、賓、軍、嘉這五種儀式規範，也就各有其用場。而踐行這五種禮儀規範的最終目的，就是統一人們的敬畏之心，整齊人們的恭肅之貌，讓人們的内心深處趨向平靜與和諧的呀。老天爺也運用各種不同等級與稱號的爵命方式獎掖人世間的有德之人，這就是採用五種不同顔色的衣服繪上不同形狀的紋飾，以此彰顯其人不同等級的道德修養水準與不同階位的道德身份價值的呀。老天爺也誅伐有罪之人，這就是用墨、劓、剕、宫及大辟等五種肉刑，以及用甲兵、斧鉞、刀鋸、鑽鑿以及鞭扑等五種刑具分别懲罰不同性質的犯罪的呀。所有這些替上天代爲施行的政治事務，都是必須努力啊再努力，用心啊再用心，妥善地辨理好的呀； 因爲老天爺是有眼目以觀聽人間之事的。老天爺的耳和目，其實就是來自我們人間的耳和目；老天爺要表彰誰，要處罰誰，都是根據我們人間的意願的；是因爲我們人間要表彰誰，要處罰誰；老天爺就表彰誰，處罰誰；天與人根本上就是上下相通的！所以，有民人、有社稷的君主帝王，采擇道德純備之人入官任職，讓他們代替上天行使其功能與職責，是不能不小心謹慎的！』說到這裏，皋陶稍作停頓，然後問禹說：『你認爲我所説的這些話，可不可以付之於實行呢？』禹說：『可以呀！你所説的這些話，如果付諸施行，是可以取得很大成效的。』皋陶說：『那可不一定，我還無法確知。不過可以說，我會不斷地努力協助帝舜向這個目標邁進的呀。』

以上僞古文爲《皋陶謨》，以下僞古文爲《益稷》。

帝曰：『來，禹，汝亦昌言。』〔一〕禹拜曰：『都，帝，予何言？予思日孜孜。』〔二〕皋陶曰：『吁，如何？』〔三〕

禹曰：『洪水滔天，浩浩懷山襄陵，下民昏墊，〔四〕予乘四載，隨山刊木，暨益奏庶鮮食。〔五〕予決九川，距四海，濬畎澮距川，暨稷播奏庶艱食鮮食。〔六〕懋遷有無化居，烝民乃粒，萬邦作乂。〔七〕』皋陶曰：『俞，師汝昌言。』〔八〕

禹曰：『都，帝慎乃在位。』帝曰：『俞。』〔九〕禹曰：『安汝止，惟幾惟康；其弼

直，惟動丕應，徯志以昭受上帝。〔一〇〕天其申命用休。〔一一〕』帝曰：『吁，臣哉鄰哉，鄰哉臣哉！』禹曰：『俞。』〔一二〕

帝曰：『臣作朕股肱耳目。予欲左右有民，汝翼。〔一三〕予欲宣力四方，汝爲。〔一四〕予欲觀古人之象，日月星辰，山龍華蟲，作會；宗彝藻火，粉米黼黻，絺繡；以五采彰施于五色作服，汝明。〔一五〕予欲聞六律五聲八音，在治忽，以出納五言，汝聽。〔一六〕予違，汝弼。汝無面從，退有後言。〔一七〕欽四鄰，庶頑讒説，若不在時，〔一八〕侯以明之，撻以記之；〔一九〕書用識哉，欲並生哉。〔二〇〕工以納言，時而颺之，〔二一〕格則承之庸之，否則威之。〔二二〕』

【釋讀】

〔一〕**帝曰來禹汝亦昌言**■帝，帝舜也。來，呼語詞，或獨用，或與『吁』、『嗟』同用，虚擬以喚取聽者注意，非直命其人來前也。《左傳》襄公十四年將執戎子駒支，范宣子親數諸朝，曰：『來！姜戎氏！昔秦人迫逐乃祖吾離于瓜州。』《禮記·檀弓下》：『有餓者，蒙袂輯屨，貿貿然來。黔敖左捧食，右執飲，曰：「嗟來，食！」揚其目而視之，曰：「予唯不食「嗟來」之食，以至於斯也。」』《吕刑》：『吁來，有邦有土，告爾祥刑。』皆是其例也。『吁來』亦即『嗟來』也。《莊子·大宗師》：『子桑戶死，未葬。相和而歌曰：嗟來桑戶乎！嗟來桑戶乎！』對死者亦呼『嗟來』，其爲虚擬之呼語詞，尤其明顯。亦，也詞也。章太炎《尚書説》：『上文文氣未斷，此云「汝亦昌言」，知爲承上之詞也。』昌言，亦『美言』也。行甫按：『汝亦昌言』，猶今所謂『你也談談高見吧』。

〔二〕**禹拜曰都帝予何言**■拜，起身跪拜，以表尊敬。都，既讚歎話題重大，意義深遠；亦自謙口才欠佳，不善言辭。何言，如何言。**予思日孜孜**■思，亦猶『惟』也，『惟』猶『獨』也。見上文『思曰贊贊襄哉』釋讀。日，日日也。孜孜，《說文》：『孜，孜孜，汲汲也。从攴子聲。《周書》曰：孜孜無怠。』段玉裁注：『《廣雅》：孜孜、汲汲，劇也。按：汲汲與彶彶同；急行也。』《夏本紀》作『孳孳』，《說文》：『孳，孳孳，彶彶生也。』段玉裁注：『孜、孳二字古多通用。《堯典》「鳥獸孳尾」，某氏《傳》曰：「乳化曰孳。」然則蕃生之義當用孳，故从茲。無怠之義當用孜，故从攴。』行甫按：段氏說『孜』、『孳』二字甚是。句意謂：『禹跪拜說，唉——，話題內容豐富，意義深遠，帝呀，我能說什麼呢？我祇有每日彶彶力行，勤勉無所懈怠而已。』

〔三〕**皋陶曰吁如何**■吁，怪訝之詞。如，若也。行甫按：『如何』，猶『爲什麼這樣說』。《夏本紀》作『皋陶難禹曰：何謂孳孳』，當云『孳孳於何事』，乃與下文治水之事相合，『何謂孳孳』，則須解釋『孳孳』二字之語義了。

〔四〕**禹曰洪水滔天**■洪，大也。滔，漫也。**浩浩懷山襄陵**■浩浩，盛大貌。懷，環抱也。襄，上達也。**下民昏墊**■下民，平民也。昏墊，沉沒陷溺也。孔穎達《書疏》引鄭玄注：『昏，沒也。墊，陷也。』

〔五〕**予乘四載**■乘，乘用也。《說文》：『乘，覆也。』朱駿聲《通訓定聲》：『凡自下而升曰登，自上而加曰乘。』四載，四種行路工具。《夏本紀》：『陸行乘車，水行乘船，泥行乘橇，山行乘檋』。行甫按：『橇』音脆。裴駰《集解》引孟康曰：『橇形如箕，擿行泥上。』又引如淳曰：『橇音茅蕝之蕝，謂以板置泥上以通行路也。』張守節《正義》：『橇形如船而短小，兩頭微起，人曲一腳，泥上擿進，用拾泥上之物。今杭州、溫州海邊有之也。』又『檋』音局，字亦作梮。裴駰《集解》引如淳曰：『檋車，謂以鐵如錐頭，長半寸，施之履下，以上山不蹉跌也。』張守節《正義》：『上山，前齒短，後齒長；下山，前齒長，後齒短也。』然則『檋』即『屨』也，如淳以『四載』而言『檋車』，不確。**隨山刊木**■隨，順從也。刊，《說文》：『栞，槎識也。《夏書》曰：「隨山栞木。」讀若刊。栞，篆文从幵。』段玉裁注：『槎，衺斫也。槎識者，衺斫以爲表志也。』行甫按：山水相依，順山勢而識水道。是『隨山刊木」者，謂隨山勢斫樹木以爲表記，其事猶今所謂「水文調查」也。**暨益奏庶鮮食**■暨，與也，及也。益，虞官，掌山林川澤草木鳥獸。奏，枚《傳》：「謂進於民。」庶，衆民也。鮮食，枚《傳》：「鳥獸新殺曰鮮。與益槎木，獲鳥獸，民以進食。」行甫按：「暨益奏庶鮮食」者，因「隨山刊木」，知山林川澤草木鳥獸魚鱉，故與益共奏生鮮之食以活民命也。《夏本紀》作「與益予衆庶稻鮮食」，史公意爲之説耳。此時洪水未退，則食鳥獸魚鱉以活命，無黍稷稻麥也。

〔六〕**予決九川**■決，《説文》：「下流也。」九川，屈萬里《集釋》：「即《禹貢》九系之川也。九系之川，其首川爲弱水、黑水、河、漾、江、沇、淮、渭、洛。」行甫按：「決九川」者，疏通九川，使之下流也。**距四海**■距，枚《傳》：「至也。決九州名川通之至海。」海，《説文》：「天池也，以納百川者。」段玉裁注：「凡地大物博者，皆得謂之海。」行甫按：「四海」，猶言「四方之大蓄水池」而已，非今所謂「海」也。**濬畎澮距川**■濬，《爾雅·釋言》：「深也。」《説文》：「容，深通川也。从𣦵谷，𣦵，殘也。谷，阬坎意也。《虞書》曰：「容畎澮歫川。」濬，容或从水。濬，古文容。」《夏本紀》作「浚」，《説文》：「浚，抒也。」亦深挖以疏通川水之意也。畎，《説文》：「水小流也。《周禮》匠人爲溝洫，枱廣五寸，二枱爲耦。一耦之伐，廣尺深尺謂之畎。倍畎謂之遂。倍遂曰溝。倍溝曰洫。倍洫曰澮。甽，古文從田川。畎，篆文從田犬聲。」澮，《説文》：「水流澮澮也。方百里爲澮，廣二尋，深二仞。」距，至也。川，《説文》：「毌穿通流水也。《虞書》曰：濬畎澮歫川。言深畎澮之水會爲川也。」行甫按：「濬畎澮距川」，即深通小水以順次入於大水也。《説文》「畎」字作一撇折，「澮」字作二撇折，「川」字作三撇折，皆象形字。許書於「容」字下引《虞書》作「畎澮歫川」，於「川」字下引「畎」、「澮」、「川」三字皆作撇折形，段玉裁以爲蒼頡古文。**暨稷播奏庶艱食鮮食**■暨，與也，及也。稷，掌播殖百穀之官。播，《説文》：「種也。」奏，進也。艱，枚《傳》：「難也。衆難得食處，則與稷教民播種之。」《釋文》：「馬本作根，云『根生之食，謂百穀。』」《周頌・思文》孔穎達《正義》引鄭玄注曰：『禹復與稷教民種澤物菜蔬難戹之食，授以水之衆鱻食，謂魚鱉也。』《夏本紀》作『與稷予衆庶難得之食』。俞樾《平議》：『艱當讀爲饎。《説文》艱，重文囏，曰是籀文艱，从喜。篆文艱从艮聲，籀文囏从喜聲也。囏从喜，饎亦从喜，兩字聲同，故得通用。《儀禮・士虞禮》、《特牲饋食禮》鄭注并曰：「炊黍稷曰饎。」《爾雅・釋訓》篇《釋文》引《字林》曰：「饎，熟食也。」然則饎食謂熟食，正與鮮食相對成義。先時隨山刊木，猶未播種，止得鳥獸之屬而食之，故曰「暨益奏庶鮮食」；此時「決九川距四海，濬畎澮距川」，田疇已可耕種，兼得黍稷之食，故曰「暨稷播奏庶饎食鮮食」也。馬融「百穀」之説，於義正合，但必作「根食」，則轉未安耳。艱、根並從艮聲，囏、饎並从喜聲，以六書假借之例求之，無不合。而饎食之義則視根食之義爲長。』行甫按：俞説可從。《盤庚中篇》『惟喜康共』之『喜』亦『囏』之省文，『艱』之與『康』，亦相對成義，故曰『共』，猶『同甘共苦』之義也。『艱食』猶『饎食』，即『炊黍稷』之『熟食』也。《夏本紀》作『難得之食』，望文生義，不足爲訓也。鮮食，以鳥獸魚鱉之活物爲食也。屈萬里《集釋》：『既言艱食，又言鮮食者，謂兼食穀物及魚鱉等。』《夏本紀》『與稷予衆庶難得之食』下接言：『食少，調有餘補不足，徙居。』則史讀『鮮食』爲『少食』而屬下文爲義，恐非。此謂水土甫平，穀物不足，輔以鮮活之物也。

〔七〕**懋遷有無化居**■懋，與『貿』通，易也。《説文》：『貿，易財也。』遷，移也。行甫按：『懋遷』乃同義複詞，猶言『移易遷轉』也。有，謂水土先平之處，多谷物、少鮮食；無，謂水患後除之地，少谷物、多鮮食。化，古『貨』字，古錢幣刀布銘文皆作『化』。行甫按：『化』，猶『變』也，『變』而後可『通』，今所謂『通貨』者，是也。居，囤積也。孫星衍《注疏》：『居者，積貯之名。《晉語》叔向曰「假貸居賄」，韋昭注云：「居，蓄也。」《史記・呂不韋傳》云「此奇貨可居」，《漢書・食貨志》「廢居居邑」，注：「如淳曰：居賤物于邑中，以待貴也。」』行甫按：『懋遷有無化居』，猶言『遷轉有無化通囤積』也，史公所謂『調有餘補不足』之意也，此乃原始共產主義配給制，非商業買賣也。**烝民乃粒**■烝，衆也。乃，於是也。粒，枚《傳》：『米食曰粒。』《周頌・思文》『立我烝民』，鄭《箋》：『立當作粒。』孔穎達《正義》引鄭玄《尚書》注：『粒，米也。乂，養也。衆民乃復粒食，萬國作相養之禮。』王引之《經義述聞》：『「粒」當讀爲《周頌・思文》「立我烝民」之「立」。「立」者，成也，定也。昔也「昏墊」而今也安定矣。故《史記・夏本紀》作「衆民乃定」也。烝民乃立，非專指艱食言之，則非米粒之「粒」可知。作「粒」者，字之假借耳。鄭訓「粒」爲「米」，「烝民乃米」，爲不辭矣。』行甫按：『烝民乃粒』，與上文『下民昏墊』相照應，非專指『艱食』、『米粒』爲言，王引之說甚是也。劉起釪《校釋譯論》引王說乃删其『昔也昏墊而今也安定』之關鍵文句，仍執『米粒』之說，以爲『與此處全文文義相合，亦不必遽定今文是而古文非』，失於抉擇而割斷文脈，此劉氏說經常有之病也。**萬邦作乂**■萬邦，猶言『天下』也。作，始也，乃也。王引之《經義述聞》謂『作』、『乃』相對成文，言『烝民乃粒，萬邦始乂』也。屈萬里《集釋》：『作，甲骨文及早期金文但作「乍」。甲骨文中「乍」字，往往與「則」字義同。』說見胡小石《甲骨文例》及郭氏《甲骨文字研究・釋作》篇。』行甫按：『則』亦猶『乃』也，與王說無二致。乂，治也。二句謂：『衆民於是安定，天下始乃大治』也。

〔八〕**皋陶曰俞**■俞，然詞也。**師汝昌言**■《夏本紀》譯作『然，此而美也』，江聲《集注音疏》謂『「然」即「俞」，「而」即「汝」，「美」即「昌言」，誼訓同也。「師」與「此」絕不類，「斯」則聲近「師」，而誼爲「此」，據《史記》「此」字推《尚書》當爲「斯」』。孫星衍《注疏》：『史遷說「師」爲「此」者，段君玉裁云：「師，或作斯，故有是說。」皋陶既問禹以何謂孳孳，禹答以洪水爲災，下民没陷，乘四載，行山浚川，與益稷播種，衆民乃定，萬國始治，故皋陶稱之爲：此真汝之美言也。』行甫按：江聲因《史記》作『此』，乃讀『師』爲『斯』，孫氏引段玉裁說，今段氏《撰異》無其文，或孫氏誤以江說爲段說歟？然『師』讀如『斯』，載籍不見其例，史公意爲之說，不足據也。此『師』字當讀如『實』，《左傳》成公十八年『齊侯使士華免殺國佐于內宮之朝，師逃于夫人之宮』，杜注：『內宮，夫人之宫。』是也。然杜氏又以『伏兵』説『師』字，恐非其義。既爲『逃』，則不知其處，何可預先伏兵乎？楊伯峻謂『師』爲『衆』，以爲『在内宫』之『他人』，『紛紛逃散而進入夫人之宫』，以『内宫』與『夫人之宫』爲二處，亦非是。傳既爲經文『齊殺其大夫國佐』而發，謂國佐『實逃於夫人之宫』，故爲華免殺之於『内宫』也，與『衆人』無涉。是『師汝昌言』者，猶『實汝昌言』也。帝舜使禹『亦昌言』，而禹曰『予何言』，故皋陶曰『實汝之昌言』也。孫星衍曰『此真汝之美言也』，著一『真』字，即得其旨矣，而『此』字可删。

〔九〕**禹曰都帝慎乃在位**■都，嘆美之詞，義有未盡，亦欲推而廣其旨也。慎，謹慎也。乃，汝也。在位，在帝之位也。行甫按：『慎乃在位』者，實指帝與臣之關係而言也。**帝曰俞**■俞，然詞也。枚《傳》：『然禹言，受其戒。』

〔一〇〕**禹曰安汝止**■安，使動用法，猶『使之安』也。止，不動也。《夏本紀》作『安爾止』，《集解》引鄭玄曰：『安汝之所止，無妄動，動則擾民。』《禮記·間傳》『大功貌若止』，鄭玄注：『止，謂不動於喜樂之事。』孔穎達《禮記正義》：『止，平停不動也。』朱彬《訓纂》引吴幼清曰：『止，謂止而不動貌。』行甫按：『安汝止』者，即『安汝於止』也，猶言『使汝安於不動』也。**惟幾惟康**■惟，猶『若』也。説見吴昌瑩《經詞衍釋》。幾，動之微也。屈萬里《集釋》：『與上文「一日二日萬幾」之「幾」同義。』惟，猶『則』也。康，《爾雅·釋詁》：『安也。』行甫按：『惟幾惟康』者，猶言『若微有所動則必平安無恙』也。此照應申説『慎乃在位』之『慎』字也。**其弼直**■其，代指『汝』也。弼，輔弼也。指汝之臣也。直，正直也。《論語·爲政》『舉直錯諸枉』，皇侃《疏》：『直，謂正直之人也。』是其義也。**惟動丕應**■惟，猶『若』也。動，動作也，行動也。丕，大也。應，隨也。《淮南子·覽冥訓》『應而不藏』，高誘注：『應，猶隨也。』行甫按：此數句《夏本紀》省作『禹曰：帝！慎乃在位，安爾止，輔德，天下大應』，譯『弼直』爲『輔德』，江聲乃以爲『直』當爲『悳』即『德』之壞字。然史公省『其』字，又以『弼』爲動詞，誤讀經文，不足爲訓也。此『弼』即下文『臣哉鄰哉』之『臣』，亦與上文『在位』相照應，『在位』者，必有輔『弼』之『臣』。謂『帝在位而安止，若有所微動即必平安』，其輔弼之臣皆正直而無私曲之人，帝若有所動亦隨而大應之』也。江聲又以爲『動則天下大應之』，亦非其義也。此一大節經文皆言君臣關係，非言『天下』也。**徯志以昭受上帝■**徯，待也。《孟子·梁惠王下》『徯我后』，趙岐注：『徯，待也。』志，意也。《夏本紀》作『清意』。行甫按：《爾雅·釋詁》：『顉竢替戾底止徯，待也。』王引之《經義述聞》引王念孫曰：『顉竢徯，爲竢待之待；替戾底止，爲止待之待。待亦止也。』是『徯志』猶言『止心而待』也。史公以『清意』譯之，猶言『靜心息慮』也。以，猶『而』也，表目的之連詞。昭，與『紹』通，《文侯之命》『用會紹乃辟』，《魏石經》『紹』作『昭』。《孟子·滕文公下》引《書》『紹我周王見休』，今僞《武成》作『昭我周王』。是其例也。『紹』，猶『承』也。《漢書·翟方進傳》『乃紹天明意』，顏師古注：『紹，承也。』《大雅·抑》『弗念厥紹』，朱熹《集傳》：『紹，謂所承之緒也。』受，亦『承』也。《儀禮·喪服》『受以小功衰』，《呂氏春秋·本生》『其於物無不受也』，鄭玄及高誘注並曰：『受，猶承也。』是『昭受』乃近義複詞，猶『承受』、『接受』也。上帝，在上之帝也。行甫按：此句補充『其弼直，惟動丕應』，謂在下位之臣不會揣摩帝心，希旨用事，只會專心一志等待接受在上位之帝的命令。此言君安止，微動即平康；臣下靜心以待君上，君動而後應之也。

〔一一〕**天其申命用休■**天，上天也。其，將也。申，《爾雅·釋詁》：『重也。』今所謂『不斷』者，其義也。命，猶『天命有德』之『命』，使令也，制成也。用，猶『以』也。休，《説文》：『息止也。从人依木。庥，休或从广。』《爾雅·釋詁》：『庇、庥，廕也。』是『休』，即庇蔭也，庇護也，引申之有『美』、『善』、『福』之意。行甫按：此乃總關上文『安汝止』至『徯志以昭受上帝』之意，謂君上安而少動，若動則安；臣下正直，隨君上之動而後動，靜心息志以秉承君上之命。方如此，則上天將不斷賦予庇護與福佑。

〔一二〕**帝曰吁臣哉鄰哉鄰哉臣哉**■吁，微異之嘆。帝以禹言有理，但於『徯志以昭受上帝』微有異議。鄰，猶『比』也。《淮南子·精神訓》『與德爲鄰』，高誘注：『鄰，比也。』《論語·里仁》『德不孤，必有鄰』之『鄰』，亦猶『比』也。行甫按：『臣哉鄰哉』，猶言『臣啊，乃帝之比鄰也』，此乃事實判斷；『鄰哉臣哉』，猶言『帝啊，以臣爲比鄰也』，此乃價值判斷。謂禹不當以『上』與『下』言之而曰『昭受上帝』；實則『臣』與『帝』乃平等比鄰關係，並非上下尊卑關係。此乃原始儒家之民主思想，以君臣爲一體，相互依存，相互平等，無尊卑之别。歷來注者，皆昧於斯義，以『上帝』爲『上天之帝』，以致此語竟不知所云。司馬遷删去二『鄰哉』，只録『臣哉臣哉』，亦是以『上帝』爲『上天之帝』而不得其說以致誤也。**禹曰俞**■俞，然詞也。行甫按：禹接受帝舜君臣平等之說，下文帝舜乃鋪陳君臣一體相須之事，以申其旨。

〔一三〕**帝曰臣作朕股肱耳目**■作，爲也。股肱耳目，譬喻之詞。蔡《傳》：『君，元首也。君資臣以爲助，猶元首須股肱耳目以爲用也。』行甫按：此言君臣一體相須之義也。**予欲左右有民**■左右，《爾雅·釋詁》：『相導也。』郭璞注：『皆謂教導之。』有，助語詞。王引之《經傳釋詞》：『一字不成詞，則加「有」字以配之。』行甫按：加『有』字變單音詞爲雙音詞，使脣吻調利也。非『一字不成詞』也。『有民』猶『民衆』也。**汝翼**■翼，輔翼也，佐助也。《國語·楚語上》『求賢良以翼之』，韋昭注：『翼，輔也。』《鶡冠子·泰鴻》『神聖踐承翼之位』，陸佃注：『前後曰承，左右曰翼也。』《淮南子·脩務訓》『故立三公九卿以輔翼之』，高誘注：『翼，佐也。』行甫按：二句謂：『我欲教化民衆，你們輔佐我。』

〔一四〕**予欲宣力四方**■宣，顯示也，宣用也。《小雅·鴻雁》『謂我宣驕』，毛《傳》：『宣，示也。』《衛風·淇奥》『赫兮咺兮』，《釋文》：『咺兮，《韓詩》作宣，宣，顯也。』《左傳》昭公二十七年『而弗敢宣也』，杜預注：『宣，用也。』《文選·陸機〈謝平原内史表〉》『世無先臣宣力之效』，張銑注：『宣，用也。』力，徭役與征伐也。《國語·

魯語下》『任力以夫』，韋昭注：『力，謂徭役。』《周禮·均人》『均人民牛馬車輦力政』，鄭玄注：『力征，人民則治城郭涂巷溝渠；牛馬車輦則轉委積之屬。』《荀子·彊國》『力術止』，楊倞注：『力術，彊兵之術。』行甫按：『宣力四方』，謂『用民力、示武力』也。『左右』，謂引導教化也。『宣力』，謂彰顯力量也。**汝爲**■爲，行動也，作爲也。行甫按：二句謂：『我欲有所營造及有所征伐，你們付諸行動。』

〔一五〕**予欲觀古人之象**■觀，《爾雅·釋言》：『示也。』《國語·周語上》：『聖人耀德不觀兵』，韋昭注：『觀，示也。』象，服飾之圖案，皆有所模擬，故稱爲『象』，下文所謂『日月星辰』之類是也。『象』者，『似』也。《漢書·匡衡傳》『則而象之』，顔師古注：『象，似也。』其例也。行甫按：『欲觀古人之象』者，謂『欲以古人服飾所繪繡之各種事物模擬圖案再現於當今之世』也。**日月星辰山龍華蟲作會**■日月星辰，謂日、月、星三辰也。孔穎達《書疏》：『桓二年《左傳》云「三辰旂旗，昭其明也」，「三辰」謂此日、月、星也。』山龍華蟲，謂山、龍與華蟲也。枚《傳》：『華象草華，蟲，雉也。』孔穎達《書疏》：『孔以華象草華，蟲，雉。則合華蟲爲一。《周禮》鄭玄注亦然。』是『華蟲』，謂『有花紋之雉鳥』也。作，猶『爲』也。會，孔穎達《書疏》引鄭玄曰：『讀爲繪』。行甫按：『繪』猶今所謂『繪畫』也。**宗彝藻火**■宗彝，《釋文》：『彝，馬同鄭云：彝，虎也。』孔穎達《書疏》引鄭玄曰：『謂宗廟之鬱鬯樽也。故虞夏以上，蓋取虎彝蜼彝而已。』然孔氏又以鄭説『取理太迴，未知所説誰得經旨』。屈萬里《集釋》謂甲骨文、金文『彝』字『象雙手捧雞奉獻之形，祭於宗廟時蓋如此。則所謂「宗彝」者，殆即雙手捧雞之狀歟』。行甫按：世渺年淹，未知孰是，闕疑可也。藻，枚《傳》：『水草有文者。』火，枚《傳》：『爲火字。』行甫按：『爲火字』，即繡爲『火』字形狀也。**粉米黼黻**■粉米，孔穎達《書疏》引鄭玄注：『白米也。』黼，枚《傳》：『若斧形。』孔穎達《書疏》：『《考工記》云：「白與黑謂之黼。」《釋器》云：「斧謂之黼。」孫炎云：「黼文如斧形。蓋半白半黑，似斧刃白而身黑。」』黻，枚《傳》：『爲兩己相背。』孔穎達《書疏》：『黻謂兩己相背，謂刺繡爲己字，兩己字相背也。《考工記》云：「黑與青謂之黻。」刺繡爲兩己字，以青黑線繡也。』**絺繡**■絺，《釋文》：「馬同鄭，陟里反，刺也。」孔穎達《書疏》引鄭玄注：「絺讀爲黹，黹，紩也。」行甫按：「黹」者，猶今所謂「針線活」也。「紩」，猶今所謂「穿針引線」也。繡，枚《傳》：「五色備曰繡。」行甫按：此「絺繡」者，亦即「刺繡」也。孔穎達《書疏》：「此經所云，凡十二章：日也，月也，星也，山也，龍也，華蟲也，六者畫以作繪，施於衣也。宗彝也，藻也，火也，粉米也，黼也，黻也，此六者，紩以爲繡，施之於裳也。」**以五采彰施于五色**■五采，五種色彩之顔料及絲線也。《魏石經》「采」作「介」。王國維《以五介彰施於五色說》：「《尚書正義》引鄭注：『性曰采，施曰色。未用謂之采，已用謂之色。』是鄭本古文《尚書》作『五采』，僞孔本同。此『采』作『介』，其義未聞。案《隋書·禮儀志》大業元年虞世基奏：『近世故實，依《尚書大傳》山龍純青，華蟲純黃，作繪；宗彝純黑，藻純白，火純赤，以此相間而爲五采。』是今文《尚書》或本作『五介』，故《大傳說》以青黃黑白赤相間爲說，五者相界以發其色。故曰『以五介章施于五色』。《考工記》：『畫繢之事雜五色：東方謂之青，南方謂之赤，西方謂之白，北方謂之黑，天謂之玄，地謂之黃。青與白相次也，赤與黑相次也，玄與黃相次也。青與赤謂之文；赤與白謂之章，白與黑謂之黼，黑與青謂之黻。五采備謂之繡。雜四時五色之位以章之，謂之巧。』是繢次以相對爲義，繡次以相承爲義。與《大傳》不同，此又一說也。鄭以未用、已用分釋采、色，然未能得章施之說，不如《石經》作『五介』得之。」行甫按：古文《尚書》作「采」，是也。《石經》作「介」，今文或自有其說。乃鄭玄以「已用」與「未用」分說「采」與「色」之別，則非是。「采」即「色」也。彰施，猶言「彰明以施加」也。于，表對象之介詞。則「五采」者，謂青黃黑白赤五種不同色澤之顔料或彩線；「五色」者，謂青黃黑白赤五種不同之繒帛或衣料。「五采」與「五色」各有所指，非同物也。**作服**■作，爲也。服，服裝也，服飾也。**汝明**■明，顯明也，明析也。行甫按：此謂發掘與弘揚古代文化遺存，不使失墜，是人文化成之事也。

〔一六〕**予欲聞六律五聲八音**■六律，即六律六吕也。陽聲爲律，陰聲爲吕。六律：黄鐘、太蔟、姑洗、蕤賓、夷則、無射；六吕：大吕、應鐘、南吕、林鐘、仲吕、夾鐘。孔穎達《書疏》：『六律六吕，當有十二。唯言六律者，鄭玄云：舉陽，陰從可知也。』五聲，五度音高，即宫、商、角、徵、羽也。八音，八種不同樂器製作材料，即金、石、絲、竹、匏、土、革、木也。孔穎達《書疏》：『八物各出其音，謂之八音。八音之聲，各有清濁。聖人差之，以爲五品，宫商角徵羽，謂之五聲。五聲高下，各有所準則，聖人制爲六律，與五聲相均。作樂者，以律均聲，聲從器出。』**在治忽**■在，察也。治，政平也。忽，疏怠也。枚《傳》：『在察天下治理及忽怠者。』《夏本紀》作『來始滑』，《集解》：『《尚書》「滑」字作「曶」，音忽。鄭玄曰：「曶者，臣見君所秉，書思對命者也。君亦有焉，以出内政教於五官。」』《索隱》：『古文《尚書》作「在治忽」，今文作「采政忽」，先儒各隨字解之。今此云「來始滑」，於義無所通。蓋來采字相近，滑忽聲相亂，始又與治相似，因誤爲「來始滑」，今依今文音「采政忽」三字。劉伯莊云「聽諸侯能爲政及怠忽者」，是也。』劉起釪謂《漢書·律曆志》作『七始詠』，漢高祖《唐山夫人房中歌》作『七始華』，《熹平石經》殘字作『七始滑』，《隋書·律曆志》作『七始訓』，今古文及載籍所見，總有六種異文。劉氏則依《漢書·律曆志》及《尚書大傳》定爲『七始詠』，謂原文當爲『予欲聞六律、五聲、八音、七始詠』。行甫按：劉起釪氏倒本爲末，去經義之遠，不可以道里計也。此三字當以古文『在治忽』爲正，其音讀當以今文作『在治滑』。《釋名·釋形體》：『骨，滑也。骨堅而滑也。』是『忽』與『滑』音近，故古文寫作『忽』而今文師説讀爲『滑』也。《荀子·議兵》『滑然有離德者也』，『滑然』猶『忽然』也。『在』字訛奪爲『十』，古籀書『七』字作『十』，故誤以爲『七』。段玉裁《撰異》謂漢人書『七』字多作『桼』以免形簡致訛，而『桼』又誤爲『來』爲『采』也。如劉氏之説，則是『七』字訛爲『在』字，既訛爲『在』矣，無容再訛爲『來』爲『采』也，偏旁筆畫之訛奪，總爲奪多成少，未有奪少成多者，其説顛倒，明矣。『治』訓『政』，故誤爲『政』。『治』字形音皆可訛爲『始』。『忽』（鄭又讀爲『曶』）音同『滑』，由漢人『滑』音而訛爲『華』爲『訓』，又由『訓』形訛爲『詠』，是高祖唐山夫人《房中歌》作『七始華』，班氏《漢書・律曆志》作『七始詠』也。則愈訛愈遠矣。『滑』，亂也。《淮南子・精神訓》『趣舍滑心』，高誘注：『滑，亂也。』孔穎達《書疏》曰：『帝言我欲以六律和彼五聲八音，以此樂之音聲，察世之治否。《詩序》云：「治世之音安以樂，其政和；亂世之音怨以怒，其政乖。」此則聽聲知政之道也。』孔說由音聲知治亂，是也。**以出納五言**■以，用也，因也。出納，猶『出入』也，行甫按：『出』謂『出其號令』也；『納』謂『入其下情』也。『入下情而出政令』，是此『出納』之義也。參見《堯典》『出納朕命』釋讀。行甫又按：以『出納』爲偏義複詞，猶『出』也，因察治亂而出政令也，亦簡而清通也。五言，枚《傳》：『仁義禮智信五德之言。』行甫按：先儒說『五言』，樊然淆亂，皆無稽之談，今皆不取。《周禮・太宰》：『凡治，以典待邦國之治；以則待都鄙之治；以灋待官府之治；以官成待萬民之治；以禮待賓客之治。』以『典』、『則』、『灋』、『官成』、『禮』五者皆爲治邦國官府萬民之政令，當即本經所謂『五言』也。**汝聽**■汝，汝臣也。聽，審音也。枚《傳》：『汝當聽審之。』慧琳《一切經音義》卷一『聽往』注引《考聲》曰：『聽，以耳審聲也。』是其義也。孔穎達《書疏》：『此經大意，令臣審聽樂音，察世之治否，以報君也。』行甫按：此言『我欲聽音聲以知治亂，以施政令；你們當審聽明白』。

〔一七〕**予違**■違，《說文》：『離也。』行甫按：『違』者，謂『違離君臣一體之道』也。**汝弼**■弼，矯拂也。行甫按：『弼』與『拂』通，《夏本紀》作『匡拂』，即匡正扶持之義也。《孟子・告子下》『入則無法家拂士，出則無敵國外患者，國恆亡』，是其例也。**汝無面從**■面從，當面順從也。**退有後言**■後言，背後之言也。《夏本紀》作『女無面諛，退而謗予』，引申之義也。行甫按：二句謂『汝不可陽奉陰違，當面一套，背後一套』也。

〔一八〕**欽四鄰**■欽，敬也。鄰，比鄰也。《禮記・文王世子》『虞夏商周有師保有疑丞，設四輔』，孔穎達《正義》引《尚書大傳》曰：『古者天子必有四鄰，前曰疑，後曰丞，左曰輔，右曰弼。天子有問無以對，責之疑；可志而不志，責之丞；　可正而不正，責之輔；　可揚而不揚，責之弼。』行甫按：　此『鄰』即上『臣哉鄰哉』之『鄰』，是『四鄰』猶言『四周比鄰之臣』也。《尚書大傳》所言之『四鄰』，尚不失本經『四鄰』之意，若《文王世子》牽合《洛誥》『亂爲四輔』以當『四鄰』，則附會之說，不足信也。『四輔』非『四周輔臣』，說見《洛誥》『亂爲四輔』釋讀。『欽四鄰』者，謂『敬重身邊大臣，有事必與之謀，不專斷也』。**庶頑讒說**■庶，眾也。頑，《說文》：『棞頭也。』段玉裁注：『棞、頑雙聲，析者銳，棞者鈍，故以爲愚魯之稱。』《左傳》僖公二十八年『喜賂怒頑』，杜預注：『不可告請故曰頑。』行甫按：　『頑』者，即『頭腦頑固，固執己見』之人也。讒，章太炎《尚書說》：『當讀儳言之儳。《說文》：「儳，儳互、不齊也。」儳說，謂諸眾不齊之言耳。』行甫按：　章說甚得經旨。『儳互』字正與『眾庶』字相互關聯也。**若不在時**■若，猶『如』也，『倘』也，假設之詞。在，察也。時，是也。行甫按：　『若不在是』，即『不能明察其是』，猶言『於眾多頭腦頑固，固執己見者之各種參差不齊之言，若不能察其是非，則以下述方式決之』也。

〔一九〕**侯以明之**■侯，與『候』通。《周禮・小祝》『將事侯禳禱祠之祝號』，鄭玄注：『侯之言候也。』《說文》：『候，伺望也。』《國語・晉語八》『候遮扞衛不行』，韋昭注：『候，候望。』行甫按：　『侯以明之』者，猶言『待將來以明之』也，故下文又曰『撻以記之』、『書用識哉』。先儒狃於《說文》所引『撻以記之』之說，乃以此『侯』字爲『射侯』，實與本經語境全不相侔，今不取。**撻以記之**■撻，《說文》：『鄉飲酒，罰不敬，撻其背。从手達聲。遽，古文撻。《周書》曰：　遽以記之。』枚《傳》：『當行射侯之禮，以明善惡之教；　笞撻不是者，使記識其過。』行甫按：　先儒皆從許君說，以此『撻』爲『罰不敬』之『笞扑』義，又以『侯』爲『射侯』，與上下經文祇說君臣關係全不相協。考《儀禮・既夕禮記》『設依撻焉』，鄭玄注：『今文撻作銛。』《說文》：『銛，讀若棪。』是『銛』與『撻』聲同義通。《方言》卷三：『銛，取也。』郭璞注：『謂挑取物也。』錢繹《箋疏》云：『《盡心篇下》：「士未可以言而言，是以言銛之也；　可以言而不言，是以不言銛之也。」趙岐注云：「銛，取也。」孫奭《音義》引丁公著云：「字書及諸書並無此銛字，郭璞《方言注》云音忝，謂挑取物也。其字從金，今此字從食，與《方言》不同，蓋傳寫誤也。當作銛。」《鄭風・子衿》「挑兮達兮」，「挑」、「達」亦聲轉義通。《說文》：「叏，滑也。《詩》云：叏兮達兮。一曰取也。」是「挑」、「叏」、「達」、「撻」、「銛」，皆一聲之轉。郭璞注「銛」爲「挑取」，正以聲訓，「挑取」亦猶「叏取」也。字又作「佻」。《國語・周語中》「而郤至佻天之功以爲己力」，亦猶「挑取」或「叏取」天之功也。《孟子》「以言銛之」、「以不言銛之」，猶「以言挑取之」、「以不言挑取之」也。是「銛」與「言」相關，正與上文「讒言」即「儳互不齊之言」相合。則「撻」者、「銛」者，即「挑取儳互不齊之言」也。記，標記，識別也。《說文》：「記，疏也。」《釋名・釋言語》：「紀，記也，記識之也。」《釋典藝》：「記，紀也，紀識之也。」互相訓。「紀」猶「端」也，「緒」也，是此「記」者，猶今所謂「分別標識」也。則「侯以明之，撻以記之」者，與上「若不在時」及下「書用識哉，欲並生哉」文意一氣貫注，謂「若不能察儳互不齊之言之誰是誰非，何去何從，則當假以時日等候事態之漸顯而自明，不必遽斷其是與非也，乃將其不齊之言依其相反與相同分類挑取以作簡別，並書之於竹帛，令其同時並存，互相補正，以防偏頗」也。餘說見下文釋讀。

〔二〇〕**書用識哉**■書，猶「寫」也。徐鍇《說文繫傳》：「著於竹帛曰書也。」用，以也，目的連詞。識，志也，記也。行甫按：「撻以記之」之「記」，分紀識別也。「書用識哉」之「識」，文字記載也。「識」猶言「著於竹帛，立此存照」也。哉，猶「之」也。**欲並生哉**■欲，希望也。行甫按：此「欲」字與上文「侯以明之」之「侯」字相照應。並，謂「撻以記之」即「分頭挑取」之各類相同與不同之言也。生，進也，變也。《說文》：「生，進也，象艸木生出土上。」慧琳《一切經音義》卷二十七「產生」注：「因物造變謂之生。」是其義也。哉，之也。行甫按：將不同之言，分類挑取，載於竹帛，立此存照，欲事態之變以其互補，不使有所偏廢，是「並生」之義也。

〔二一〕**工以納言**■工，臣工也。枚《傳》：「樂官也。」行甫按：「工」當與「四鄰」不同，或《周語》所謂「瞽史師矇』之類樂工也。以，猶『乃』也，『乃』，猶『若』也。納言，進言也。《國語·周語上》：『天子聽政，使公卿至於列士獻詩，瞽獻曲，史獻書，師箴，瞍賦，矇誦，百工諫；庶人傳語，近臣盡規，親戚補察，瞽史教誨，耆艾修之，而後王斟酌焉，是以事行而不悖。』則『百工諫』即『工以納言』之義也。**時而颺之**■時，是也。行甫按：『是』者，猶『贊成』、『同意』也。而，猶『乃』也，『於是』也。颺，《說文》：『風所飛揚也。』行甫按：此『颺』字猶今所謂『發揚光大』之義。『時而颺之』，謂：『百工之所進諫之言，於其所贊同者，便發揚光大之。』

〔一二二〕**格則承之庸之**■格，正也。《孟子·離婁上》『惟大人爲能格君心之非』，趙岐注：『格，正也。』是其義也。行甫按：『時』者，謂完全贊同；『格』者，謂有所糾正，即『批評指正』也。則，猶『即』也。承，《說文》：『奉也，受也。』庸，《說文》：『用也。』**否則威之**■否，與『格』字相對，猶『批評不正確』。則，亦『即』也。威，與『畏』通。《小雅·巧言》『昊天已威』，毛《傳》：『威，畏也。』行甫按：『否則威之』，謂『批評得不正確，即以之爲懼怕之事，當有所警防』也，《詩序》『言之者無罪，聞之者足以戒』，其義也。謂『百工進言，有所贊成者，則繼續發揚光大之；有所是正者，則接受之而採用之；若無所是正，批評不當，則以之爲畏而有所戒免』。行甫又按：自『欽四鄰』至『否則威之』，歷來之說，米鹽雜碎，不成章法，全不關經義，今皆不取。是邪！非邪！好學深思之士，必有所知焉。

此乃本篇第三節，言君臣平等，應當相互敬重；且亦各有其責，只有君臣配合默契，方能有效實現國家意志。

【繹文】

臯陶説完之後，帝舜對禹説：『好吧！禹呀！你也談談高見吧！』禹起身跪拜，謙遜地説：『啊！我沒什麽高見呀！我能談什麽呢？我只知道每天彶彶力行，勤勉努力而不敢懈怠而已。』臯陶詫異地問：『哦？爲什麽這樣説呢？』禹説：『洪水滔天，浩浩蕩蕩，環抱山頭，沖上山頂。下層百姓遭洪水淹沒，無法安居。爲治水患，我是泥裏、水裏，山路、平路，四處跋涉奔波。平路乘車，水路乘船，泥地裏坐泥橇，山路上著樺屐，順隨山勢勘察水道，沿途斫去樹皮做上記號，廣泛進行水利資源的田野調查；並與虞官伯益指導百姓捕鳥獸魚鱉等生鮮活物以充飢。後來又疏通九大川水，使之下流，排向四方各大湖泊與海洋；又將各地小水溝深挖疏通，讓它們依次流向大水。洪水退去之後，便與農官后稷一起指導百姓種植穀物作爲主食，而以鳥獸魚鱉等活物作爲副食。因地勢有高低，水退有先後，水土先平之處，穀物充足，生鮮副食較少；水患後除之地，穀物較少，生鮮副食較多，我們便組織轉運，互相配給，化通囤積，調有餘而補不足。廣大百姓就生活安定，天下也平安無事了。』臯陶聽了禹的話，很有些興奮，説：『這實在就是你的高見呀！』

大禹不好意思地説：『哪裏啊，差得遠呢。唉——，要説呀，帝舜啊，你在帝位，也要謹慎你的職責。』帝舜説：『是啊。當然應該。』禹接著説：『你要安於你的帝位，無爲而治，不要輕易有所行動。如果有所行動，哪怕是極其細微的動作，也必須平平穩穩，不能有所差錯。你身邊的臣下都是正直之人，只要你有所行動，便會大力響應，他們不會希旨用事，平白無故地去揣摩你的心事，而是平心靜氣，一門心思等待並接受你作爲在上之帝的指令。只有這樣，上天才會源源不斷給我們降下福祉和蔭庇。』帝舜説：『啊呀，你説得有些過分了。臣工嘛，是帝的比鄰呀！帝嘛，也是以臣工爲比鄰的呀！帝與臣是相互平等的關係，不是你説的在上與在下的關係呀！我就是這麽認爲的呀！』禹説：『那倒也是！』

帝舜接著説：『各位臣工，都是我的手足和耳目，我們是一體相須，相互配合，缺一不可的。我若要教化民衆，你們就要輔佐我。我想要有所建設營造或者征討不守秩序的搗亂份子，你們就要付之於行動。我想弘揚傳統文化，將古人有過的各種事物圖案，展示於當今之世，用他們繪制的日月星辰，山形與卷龍以及色彩斑斕的野雞圖案，作爲繪畫，裝飾我們的器物；用他們繡織的宗彝、水草、火字形、白色的米粒，以及黑白相間的斧形花紋和青與黑兩己相背的回紋圖案，作爲刺繡，裝襯我們的衣物。再將這些不同的圖案與花紋，用青黄黑白赤五種不同色澤的顔料和絲線，描繪或刺繡在青黄黑白赤不同顔色的繒帛與衣料上，制成色彩斑斕的服裝，以彰顯不同身份的人群，你們要做出明確的方案。我想通過五聲八音所演奏的音樂考察社會治亂，以便有針對性地發佈有關邦國官府萬民治理的五種政令，你們要審聽明白。我有什麽違背君臣一體有礙治國理民的錯誤做法和言論，你們要加以糾正。你們不能當面恭維順從，退下去之後，又在背地裏誹謗我，當面一套，背後一套。我當然更會敬重我身邊前後左右的近臣，有事必與他們商量，不會專斷獨裁。有些人很有想法，也很執著，提出了很多不同的建議甚至相互矛盾的主張，如果一時還不能判斷誰是誰非，何去何從，那就讓時間來檢驗與證明了；可以將這些不同的建議和主張，按其性質，分別加以簡擇挑取歸類，然後把它們一一記録下來。把它們記載下來的目的呢，就是讓它們同時並存，以備事態之變，可作相互補充與彼此糾正，以免政令有失偏頗。對於臣工的進諫，他們贊成的，我們就大加發揚，爭取好上加好，精益求精。他們有所批評指正，就接受它，採納它，加以改善； 他們批評得不對，那就應當引起警惕，盡量避免，惟恐他們所指出的那種錯誤有所發生。這就是對待批評的正確態度，有則改之，無則加勉而已。』

禹曰：『俞哉！ 帝，光天之下，至于海隅蒼生，萬邦黎獻，共惟帝臣，惟帝時舉。〔一〕敷納以言，明庶以功，車服以庸，誰敢不讓，敢不敬應。〔二〕帝不時敷同，日奏罔功。〔三〕無若丹朱傲，惟慢遊是好，〔四〕傲虐是作，罔晝夜頟頟，罔水行舟，〔五〕朋淫于家，用殄厥世。〔六〕予創若時，娶于塗山，辛壬癸甲； 啓呱呱而泣，予弗子； 惟荒度土功。〔七〕弼成五服，至于五千，州十有二師。外薄四海，咸建五長，各迪有功。苗頑弗即工，帝其念哉！〔八〕』

帝曰：『迪朕德，時乃功，惟敘。〔九〕皋陶方祗厥敘，方施象刑，惟明。〔一〇〕』

【釋讀】

〔一〕**禹曰俞哉**■俞，然詞也。哉，感嘆語氣詞。禹非常贊同帝舜有關君臣關係之説，故大爲感嘆。**帝**■呼其帝，猶更有所言也。**光天之下**■光，廣也，充也，説見《堯典》『光被四表』釋讀。行甫按：『光天之下』，猶『普天之下』也。**至于海隅蒼生**■隅，邊界也。行甫按：『海隅』，猶『海表』也，《立政》『至于海表』，蔡《傳》：『海表，四裔也。」蒼生，猶言「黎民」、「黔首」也。**萬邦黎獻**■萬邦，猶言「天下」也。黎，衆庶也，亦「黧黑」也。參見《堯典》「黎民於變時雍」釋讀。獻，枚《傳》：「賢也。」王引之《經義述聞》謂「獻」與「儀」通，訓「賢」訓「善」。章太炎謂「黎獻」猶如「黎元」，與「蒼生」同意。「獻」當訓「萌櫱」之「櫱」，「元」字從「兀」得聲，「兀」與「櫱」字同音。「元」在寒部，與「獻」同音。「櫱」即「蘖」，《書》之「殷獻臣」、「獻民」，皆爲殷遺餘蘖。行甫按：章氏就語源考證「黎獻」猶「黎元」，與「蒼生」、「黔首」同意，是也。「萬邦黎獻」與「海隅蒼生」爲對語，非所謂「萬國衆賢」也。此與下文「共惟帝臣」乃禹推擴帝舜君臣平等一體相須之説，謂天下蒼生黎元，皆爲帝之臣也。**共惟帝臣**■共，同也。惟，猶「爲」也，「乃」也。**惟帝時舉**■惟，猶「以」也，時，猶「是」也，「爲」也。舉，通「與」。《周禮·師氏》「王舉則從」，鄭玄注：「故書舉爲與。杜子春云：當爲與。」是其例也。《説文》：「與，黨與也。从舁，从与。舁，古文與。」《易·咸·彖傳》「二氣感應以相與」，《釋文》引鄭云：「與，猶親也。」《國語·齊語》「桓公知天下諸侯多與己也」，韋昭注：「與，從也。」行甫按：「惟帝是與」，補充「共爲帝臣」之義，謂天下臣民皆「以帝爲親」，「以帝爲從」也，猶今所謂「緊密地團結在周圍」之意。

〔二〕**敷納以言**■敷，猶「溥」也。納，入也。以，猶「於」也，「於」，猶「其」也。説見吴昌瑩《經詞衍釋》。行甫按：「以」猶「其」，代上文「共爲帝臣」者。「敷納以言」，猶「普遍採納其言」也。**明庶以功**■明，公開也。庶，與「度」通。章太炎《尚書説》：「《逸周書·謚法解》『心能制義曰庶』，《春秋傳》庶作度，此庶亦度也。「明度以功」與《堯典》「明試以功」，其文稍異，其義大同矣。《呂刑》「明啓刑書胥占，咸庶中正」，庶亦度也。度本從庶省聲，故古字相借。」行甫按：章説可從。若訓爲「以功勞顯揚衆庶」，則與「敷納以言」構詞不一致，此三「以」字爲排比，皆「其」也，代指「帝臣」。則「明度以功」，意即「公開考量其功」也。功，功績也。**車服以庸**■車服，車馬衣服也。以，亦猶「其」也。庸，功勞也。行甫按：「車服以庸」，猶言「以車馬服飾賞賜其功勞」也。《堯典》亦有此三句，因語境與用字不同，其義各有所當。《左傳》僖公二十七年趙衰引《夏書》「賦納以言，明試以功，車服以庸」而後曰「君其試之」，「賦納」即「敷納」，「賦」、「敷」聲同通用。但「賦納」與《堯典》「敷奏」則大不相同，知其所引當是本篇也。「明試」與「明庶」雖用字不同，「庶」讀「度」，則其義不異也。**誰敢不讓**■讓，推讓其功賞也。**敢不敬應**■敬，恭敬也。應，隨從，響應也。《淮南子・主術訓》「莫不響應」，高誘注：「應，和也。」《覽冥訓》「應而不藏」，高誘注：「應，猶隨也。」

〔三〕**帝不時敷同**■時，是也，此也，指「賦納以言」三句。敷，猶「溥」也。同，共同，相同也。行甫按：「不時敷同」，即「不以『敷納以言，明庶以功，車服以庸』爲普遍原則而一視同仁地對待臣民」也。**日奏罔功**■日，日日，每日也。奏，進也，走也。《說文》：「奏，進也。」《大雅・綿》「予曰有奔奏」，《釋文》：「奏，本又作走。」《漢書・張釋之傳》「此走邯鄲道也」，顏師古注：「走音奏，奏，趣也。」罔，無也。功，成也。行甫按：「日奏罔功」，猶「日進無功」也。謂「帝若不能一視同仁論功行賞，鼓勵臣民上進，則曠日持久，日日奔忙，亦將一無所成」也。

〔四〕**無若丹朱傲**■丹朱，字啓明，堯之胤子也。說見《堯典》「胤子朱啓明」釋讀。傲，《釋文》：「字又作奡。」《說文》：「傲，倨也。」夰部：「奡，嫚也。从百从夰，夰亦聲。《虞書》曰：若丹朱奡。讀若傲。《論語》奡湯舟。」行甫按：「傲」當作「敖」，說見下「傲虐是作」釋讀。「傲」即「倨傲」、「侮慢」之意。《論語・憲問》：「羿善射，奡盪舟，俱不得其死然。」似「丹朱」與「奡」爲二人。據本經當是一人。行甫又按：《夏本紀》於「毋若丹朱傲」上有「帝曰」二字，以此至「予創若時」爲帝舜戒禹之辭。然「予創若時」顯爲承上啓下，「娶于塗山」者，乃禹而非舜，則此數句乃禹引丹朱爲戒，以言爲臣之道也。作「帝曰」之語，其說難通也。**惟慢遊是好**■惟，以也，唯也。慢，《說文》：「惰也，从心曼聲，一曰慢，不畏也。」《釋名・釋言語》：「慢，漫也，漫漫心無所限忌也。」行甫按：「慢」字兼「懶惰」與「無顧忌」之二義焉。遊，遊樂也。《呂氏春秋・貴直》「在人之遊」，高誘注：「遊，樂也。」行甫按：『慢遊』，猶言『懶惰無所事事，荒淫放縱以遊樂』也。是，猶『爲』也。好，喜好也。

〔五〕**傲虐是作**■傲，段玉裁《撰異》謂『無若丹朱傲』及此『傲虐』二『傲』字，古文當皆作『奡』，孔安國易以今文『敖』，唐衛包又改爲『傲』。行甫按：『傲』、『敖』、『奡』三字音同通用。『無若丹朱傲』，枚《傳》曰：『丹朱，堯子；舉以戒之。』不說『傲』字義。『傲虐』，枚注曰：『傲戲而爲虐。』是枚氏視二『傲』字同義也。細按經文，『無若丹朱傲』當作『無若丹朱敖』，《說文》：『敖，出游也。从出放。』此句爲定性評語，猶言『無若丹朱游冶散漫，無所事事』也。『惟慢遊是好』，即補充『敖』字之義，謂其人『唯以懶惰無所事事，荒淫放縱遊蕩之樂爲好尚』也。至若『傲虐是作』之『傲』，當作『傲』，即上文『無若丹朱傲』釋讀所引《說文》之『倨傲』及『奡嫚』之義也。虐，殘暴，暴虐也。是，猶『乃』也，『於是』也。說見吳昌瑩《經詞衍釋》。作，《說文》：『起也。』《呂氏春秋・長利》『利自此作』，高誘注：『作，起也。』行甫按：『傲虐是作』與上二句構成遞進關係，謂：『於是倨傲不恭與暴虐殘忍之事也就隨之而發生了。』說經者無視此二『傲』字語義有別，於經義終當有隔也。**罔晝夜頟頟**■罔，無也。晝夜，日夜也。頟頟，枚《傳》：『無晝夜，常頟頟，肆惡無休息。』蔡《傳》：『頟頟，無休息之狀。』王先謙《尚書孔傳參正》：『《潛夫論・斷訟篇》：「晝夜鄂鄂，慢游是好」，是今文作「鄂鄂」。「頟」即「額」字，額、鄂雙聲通用。《釋名・釋形體》：「額，鄂也，有垠鄂也。故幽州人謂之鄂。」《漢書・霍光傳》「群臣皆驚鄂失色」，顏注：「凡言鄂者，皆謂阻礙不依順也。」《大戴禮・曾子立事篇》「是故君子出言以鄂鄂」，注：「鄂鄂，辨厲也。」出言不順人爲鄂鄂，行事不順人亦爲鄂鄂，晝作夜息，人道之常，今不分晝夜，無有休息，是於天時人事皆阻礙不順，故曰鄂鄂也。』行甫按：『罔晝夜頟頟』者，猶言『無日無夜，晝夜顛倒，其行不近情理，其爲不合人性』也。『罔水行舟，朋淫于家』，是其『頟頟』之事也。**罔水行舟**■罔水，無水也。孔穎達《書疏》引鄭玄曰：『丹朱見洪水時人乘舟，今水已治，猶居舟中，頟頟使人推行之。』孫星衍《注疏》：『丹朱乘舟行水，非有治水之役，惟好慢遊。居舟中，是舟行以爲戲也。云「頟頟使人推行之」者，水淺舟滯，使人人推舉行之，此所謂「慢遊」也。或以爲陸地行舟，謬矣。』行甫按：鄭注、孫疏，是也。丹朱好遊冶之樂，無事而乘舟以爲戲，遇水淺之處，亦不離舟陸行，而使人扛舟而過也。此即『頟頟』不近情理之事也。

〔六〕**朋淫于家**■朋，枚《傳》：『朋，群也。群淫于家，妻妾亂。』《夏本紀集解》引鄭玄曰：『朋淫，淫門内。』《説文》：『堋，喪葬下土也。从土朋聲。《春秋傳》曰：朝而堋。《禮》謂之封，《周官》謂之窆。《虞書》曰：堋淫于家，亦如是。』段玉裁注：『稱《春秋傳》、《禮》、《周官》，説轉注也。堋、封、窆，異字同義也，惟封略近假借。此稱《皋陶謨》説假借也。謂假堋爲朋，其義本不同，而形亦如是作也。堋淫于家，即朋淫于家。故孔安國以今文字讀之，定爲朋字。朋淫，即群居終日言不及義，恆舞于宫，酣歌于室，徇于貨色也。』《後漢書・樂成靖王傳》安帝詔作『風淫于家』，楊筠如《覈詁》：『朋，本古鳳字。卜辭風並作鳳。故朋、風可通。風，放也。《左傳》「風馬牛不相及」，《粊誓》「馬牛其風」。《釋名》：「風，放也。」』曾運乾《正讀》：『朋讀爲風，放也，牝牡相誘謂之風。淫，淫亂。鄭云「朋淫，淫門内」，是也。』行甫按：『朋』、『鳳』、『風』三字聲同字通，『朋淫于家』，謂『縱欲放蕩，聚眾宣淫於其門牆之内』也，與『罔水行舟』於曠野之外相對。此即『頟頟』不合人性之事也。**用殄厥世**■用，以也。殄，《爾雅・釋詁》：『絕也。』厥，其也。世，繼也。《荀子・彊國》『有天下者之世也』，楊倞注：『世，謂繼也。』《國語・吴語》『而吴國猶世』，韋昭注：『世，繼世。』行甫按：『殄厥世』，猶言『絕其繼嗣』，即斷其祀享，貶爲庶人，所謂『無後』也。

〔七〕**予創若時**■創，枚《傳》：『懲也。』《説文》：『刅，傷也。从刃从一。創，刅或从倉。』行甫按：『創』，因有所『創傷』乃有所『懲戒』也，『創』實兼此二義焉。若，如也。時，是也，此也。指『丹朱因懶惰游戲以至傲虐放縱而絕嗣無後』也。**娶于塗山**■塗山，《説文》：『嵞，會稽山也。一曰九江當涂也。民俗以辛壬癸甲之日嫁娶。

从屾，余聲。《虞書》曰：予娶嵞山。』《左傳》哀公七年『禹會諸侯於塗山，執玉帛者萬國』，《國語·魯語下》『昔禹致群神於會稽之山，防風氏後至，禹殺而戮之』，段玉裁《説文注》：『二《傳》所説正是一事，故云嵞山即會稽山。會稽山在今浙江省紹興府治東南十二里。「一曰」者，别一義，謂嵞山在九江當涂也。《地理志》「九江郡當塗」，應劭曰：「禹所娶塗山氏國也。」《郡國志》九江郡屬縣有當塗、有平阿。平阿有塗山。按平阿本當塗地，漢當塗即今安徽省鳳陽府懷遠縣，縣東南有塗山，非今在江南太平府治之當塗也。縣之名當塗者，蓋以嵞得名。』楊伯峻《春秋左傳注》：『唐蘇鶚《蘇氏演義》及宋王楙《野客叢書》均謂塗山有四：一在會稽（今浙江紹興縣西北四十五里），一在渝州（今四川重慶市），一在濠州（今安徽懷遠縣東南八里），一在當塗（今安徽當塗縣）。《國語》、《史記》以及《吴越春秋》俱謂塗山在會稽，杜注《左傳》則謂「在壽春東北」，即今懷遠縣之當塗山，梁玉繩《史記志疑》卷二力主之，並舉柳宗元《塗山銘》、蘇軾《塗山詩》爲證，《清一統志》亦以在懷遠者爲正。然皆傳説，不必深究。而《水經》謂「伊水歷崖口，崖上有塢，伊水逕其下，歷峽北流」，注：「即古三塗山也。」《方輿紀要》亦謂「三塗山在河南嵩縣西南十里」。似禹之塗山即三塗山。』行甫按：年代綿渺，傳聞異辭，後世多有附會，不定何處也。懷遠縣今屬蚌埠市郊縣。**辛壬癸甲**■十天干名之四也。孔穎達《書疏》引鄭玄曰：『登用之年，始娶于塗山氏，三宿而爲帝所命治水。』《水經·淮水》『又東過當塗縣北』，酈道元注引《吕氏春秋》：『禹娶塗山氏女，不以私害公，自辛至甲四曰，復往治水。故江淮之俗，以辛壬癸甲爲嫁娶日也。』孔穎達《書疏》：『懲丹朱之惡，故不可不勤。故辛日娶妻，至於甲日，復往治水。』行甫按：二句謂：『因治水勤勞，雖新婚宴爾，亦聚少而分多，不過寥寥可數之日而已』。先儒説此經，不啻尋行數墨，致有娶妻二日生啓之非常可怪之論。舍文學而有經學哉？吾不敢知也！**啓呱呱而泣**■啓，禹子。呱，《説文》：『小兒啼聲。从口瓜聲。』《大雅·生民》『后稷呱矣』，毛《傳》：『后稷呱呱然而泣。』《釋文》：『呱，音孤，泣聲也。《尚書》云：「啓呱呱而泣。」是也。』**予弗子**■子，愛養之也。《禮記・中庸》『子庶民也』，鄭玄注：『子，猶愛也。』《孟子・萬章下》『子男同一位』，孫奭《疏》：『子，字也；字，養也。』行甫按：新婚宴爾，兒子出世，禹皆不遑，其治水之勤可知也。**惟荒度土功**■惟，以也，祇詞也。荒，大也。度，《爾雅・釋詁》：『謀也。』功，猶『事』也。行甫按：此句總關上文新婚與生子二事言之也。謂因全面圖謀治水之事，新婚相聚之日無多，生子亦無遑愛養也。

〔八〕**弼成五服**■弼，《爾雅・釋詁》：『輔也。』《說文》：『𠨘，輔信也。从卩，比聲。《虞書》曰：𠨘成五服。』蔡《傳》：『言非特平治水土，又因地域遠近以輔成五服之制也。』五服，即《禹貢》之甸、侯、綏、要、荒五服也。行甫按：『服』猶『𠬝』也。《說文》：『𠬝，治也。从又卩，卩，事之節。』是『𠨘成五服』之『𠨘』亦从『卩』也。『五服』者，猶言節成五級而分治之也。**至于五千**■五千，枚《傳》：『服五百里，四方相距爲方五千里。治洪水，輔成之。』**州十有二師**■州，《禹貢》之九州也。師，《太平御覽》卷一五七《州郡部三》：『《尚書大傳》曰：古之處師，八家而爲鄰，三鄰而爲朋，三朋而爲里，五里而爲邑，十邑而爲都，十都而爲師。州有十二師焉。鄭玄注曰：州凡四十三萬二千家。此蓋虞夏之數也（行甫按：原文作『州有十師焉』，脱『二』字；『州凡四十三萬二千家』，『凡』誤爲『九』，今訂正）。』枚《傳》：『一州用三萬人功，九州二十七萬庸。』《釋文》：『州十有二師，二千五百人爲師。』《周禮・小司徒》：『五人爲伍，五伍爲兩，四兩爲卒，五卒爲旅，五旅爲師，五師爲軍。』乃枚氏、陸氏之說所本。《小雅・蓼蕭》孔穎達《正義》引鄭玄《尚書注》：『九州，州立十二人爲諸侯之師，以佐其牧，外則五國立長，使知守其職。』行甫按：《大傳》以『師』爲『三萬六千家』之數；鄭玄以爲州牧之屬官；枚氏、陸氏以爲『二千五百人』之數，說各不同。當以《大傳》與鄭玄《尚書注》爲長。『五服』兼九州之内外，九州之内，『州十有二師』，『師』三萬六千家，各立一『長』。九州百有八師，亦百有八長，爲州牧之屬官，以佐州牧之政也。枚氏、陸氏以《周禮》『卒伍』人數爲說，與地方建制無涉，故知非是。《周禮》言鄉遂之制，《大司徒》曰『五家爲比、五比爲閭、四閭爲族、五族爲黨、五黨爲州、五州爲鄉』；《遂人》曰『五家爲鄰，五鄰爲里，四里爲酇，五酇爲鄙，五鄙爲縣，五縣爲遂』；皆不以『師』言。唯《小司徒》『會萬民之卒伍而用之』則有『師』也。**外薄四海**■外，九州之外也。薄，《爾雅·釋詁》：『至也。』枚《傳》：『薄，迫也。』四海，猶『四裔』，即『四方邊陲』也。《蓼蕭序》『澤及四海也』，鄭《箋》：『九夷、八狄、七戎、六蠻，謂之四海。國在九州之外，雖有大者，爵不過子。《虞書》曰：「州十有二師，外薄四海，咸建五長。」』行甫按：古者以爲夷狄蠻戎之人，居於邊裔，不與中國同風，故有是說也。**咸建五長**■咸，皆也。建，立也。五長，枚《傳》：『言至海諸侯，五國立賢者一人爲方伯，謂之五長，以相統治，以獎帝室。』鄭玄曰：『外則五國立長。』《釋文》：『五長，衆官之長。』行甫按：二句謂：九州之外，四方邊遠之地，爲戎狄蠻夷之人所居，亦各方爲之設五位官長以治之也。戎狄蠻夷之人，份屬化外，容其自治，與中國九州相安而已也。**各迪有功**■迪，《說文》：『道也，从辵，由聲。』行甫按：『迪』從『由』得聲，其義亦從『由』引申而有『進』也、『行』也、『作』也諸義焉。有，猶『爲』也，『其』也。說見吴昌瑩《經詞衍釋》。功，《說文》：『以勞定國也。』行甫按：『各迪有功』，謂九州之外，四方蠻夷戎狄之五長，皆各進其勞，以定其族中之治也。**苗頑弗即工**■苗，三苗之人也。頑，固執也。弗，不也。即，就也，成也。工，功也。古『工』與『功』通用。行甫按：『苗頑弗即工』，謂『三苗頑固，未成其定治之功』也，意即『三苗不服管制，雖立之長，亦不能治定』也。**帝其念哉**■其，猶『尚』也，『庶幾』也，希冀之詞。念，《說文》：『常思也。』哉，猶『之』也。句意謂：『苗民尚不服管制，庶幾帝以之爲懷』也。行甫按：『苗頑弗即工』，乃刑官之事，不在禹之職守範圍，但不可知情不報，故稟告於帝也。說經者不及斯義，揭櫫於此。

〔九〕**帝曰迪朕德**■迪，亦『由』也，『進』也，『行』也。德，猶言治國舉措也。**時乃功**■時，猶『寔』也。乃，爾也，汝也。功，功勞也，成就也。**惟敘**■惟，猶『以』也，『乃』也，『爲』也。敘，次序也。行甫按：帝言『四海之內皆能踐行我之治國路線，汝之平治水土，輔成五服，實有其功，天下治理格局亦因之而定矣』。帝慰其勞，嘉其功，以對應『無若丹朱傲』云云也。

〔一〇〕**皋陶方祗厥敘**■方，猶『將』也，祗，敬也。厥，其也。敘，即上『惟敘』之『敘』也。行甫按：『祗厥敘』者，猶言『嚴格遵循此行政格局及其管控秩序』也。**方施象刑**■方，亦『將』也。施，施行也。象刑，猶言『懸於魏闕之象似之刑』也，即已經公示於衆之成文法也。參見《堯典》『象以典刑』釋讀。**惟明**■惟，亦猶『乃』也，『爲』也。明，顯明也，公開也。行甫按：此回應禹『苗頑不即工，帝其念哉』之報告與建議也，謂：『皋陶將嚴格遵循汝所輔定節成之五級治理秩序，將公開公正以施行所懸示於民之五等刑罰條例，維護此秩序』。言下之意，苗民不服從管理格局，非你所職，你既已上報，我將差派刑官皋陶以『甲兵』威服之。古者兵刑合一，故『苗頑不即工』，而皋陶『方施象刑』也。

此乃本篇第四節，言君明臣賢，各有其道，君臣當各依其道而行之。文分三層，首以推擴帝舜君臣平等之義，謂天下蒼生皆爲帝臣，惟帝是從。次言帝於臣民當一視同仁，論功以行賞，廣泛鼓勵臣民進言獻策，建立功勳。是爲君之道也。再次，禹以丹朱爲戒及其自我說法，言臣民皆當勤於事功，不可遊嬉荒怠本業。若職責之外，有所不遂，則必以下情稟報，以供君帝度而裁之。是爲臣之道也。

【繹文】

聽了舜帝關於君臣平等一番話，禹大爲感歎，說：『好啊，你對君臣關係有這樣的想法，真是太好了呀！帝舜呀！普天之下以至天涯海角的蒼生黎民，普天之下所有地方的平民百姓，都是帝的臣民，都會緊密地團結在帝的周圍，與帝爲親。因此，帝也必須廣泛地採納天下臣民的意見和建議，公開公平公正地考覈他們的成績，用車服的形式獎賞他們的功勞。這樣，天下臣民，還有誰敢於不以小功推大功、不以小賢讓大賢呢？還有誰不會嚴肅恭敬地響應你的號召呢？如果對待天下臣民不能一視同仁，不能廣泛地採納他們的建言獻策，不能公正無私地考覈他們的功勞，不能公開公平地論功以行賞，廣泛地鼓勵天下臣民奮發有爲，建功立業，即使是爲帝者日夜操勞，忙忙碌碌，也終將是一事無成呀！賞罰公正，一視同仁，激勵天下臣民積極上進，這就是爲君之道。至於爲臣，就應當勤勉於事功，不可遊戲荒怠，喪失本職。不可如丹朱那樣遊手好閑，無所事事，一味地追求荒淫放縱，遊蕩嬉戲之樂，以致那些放蕩不羈、暴虐殘忍之事也就自然而然地隨之發生了。他遊戲人生，沒日沒夜地倒行逆施，做了許多不近情理，不合人性，叫人愕然不得其解的怪異之事。他平白無故地乘舟出遊，即使是遇到水淺之處，也不願離船上岸，卻偏偏要人把他連舟帶人扛著走。至於在家門之內所行之事，就更讓人驚掉下巴骨了，他放蕩無忌，縱情聲色，常常與一大幫男男女女聚衆宣淫。因此，丹朱也就被削了臣籍，貶爲庶人，絕了繼嗣，斷了香火。這就是爲臣不義不勤的可恥下場。因此，我常常以丹朱之事提醒我自己，一定要勤劬於帝事，克盡於職守，不可稍有懈怠。我迎娶塗山氏女之時，雖新婚宴爾，如膠如漆，可聚少而分多，在一起的日子，都掰著指頭數得清楚。後來我的兒子啓出生了，哇哇地啼哭，我也沒有工夫安心在家養護兒子，一門心思都放在治水這件大事上。這是我爲臣的本份，我不得不如此勤勉。治水工作完成之後，我又協助劃分疆域，根據遠近，將天下劃分爲甸服、侯服、綏服、要服與荒服五個級次的行政治理區域，縱橫達於五千里開外。九州之内，每州劃分爲十二師，每師大致以三萬六千家爲準率，每個師立一位長官，作爲州長的下屬，以協助州長行其政務。九州之外，遠達四方邊陲夷狄蠻戎所居之地，也都爲他們各自建立了五位官長，使他們各進其勞，自己治定本族之事，以與九州中國之民相安。只有苗民還比較頑固難以對付，雖然爲之設立了官長自治其事，但仍然不服管制，沒有多大功效。舜帝啊，你可要把這事放在心上啊！』

帝舜說：『我的治國理念能夠貫徹施行，你實在大有功勞；你治平了水土，協助完成了天下疆域的劃分，天下的治理格局與管控秩序也就因此而確定下來了。皋陶也將嚴格地按照這個疆域劃分與治理格局，將那些不服管制的少數搗亂份子按照已經公佈的刑罰條例繩之以法，以維護這個格局與秩序，他會公開妥善地處理這些事情。所以，苗民不服，你已上報，就交由皋陶去處理，你就放心好了。』

夔曰：『戛擊鳴球，搏拊琴瑟，以詠。』〔一〕祖考來格，虞賓在位，群后德讓。〔二〕下管鼗鼓，合止柷敔，笙鏞以間。鳥獸蹌蹌，簫韶九成，鳳皇來儀。〔三〕夔曰：『於，予擊石拊石，百獸率舞，庶尹允諧。』〔四〕

帝庸作歌，曰：『勑天之命，惟時惟幾。』〔五〕乃歌曰：『股肱喜哉，元首起哉，百工熙哉！』〔六〕皋陶拜手稽首，颺言曰：『念哉，率作興事！慎乃憲，欽哉！屢省乃成，欽哉！』〔七〕乃賡載歌曰：『元首明哉，股肱良哉，庶事康哉！』〔八〕又歌曰：『元首叢脞哉，股肱惰哉，萬事墮哉！』〔九〕帝拜曰：『俞，往欽哉！』〔一〇〕

【釋讀】

〔一〕**夔曰戛擊鳴球**■夔，樂官也。《夏本紀》作『於是夔行樂，祖考至』，孫星衍《注疏》：『史公說爲「於是夔行樂」者，以「夔曰」至「鳳凰來儀」爲虞史之言，故說「曰」爲「於是」。《釋詁》云「爰，曰也」，《洪範》「土爰稼穡」，《史記》「爰」作「曰」，是此「曰」當訓「爰」也。《釋詁》又云：「曰，於也。」曹大家注《幽通賦》云「爰，于是也」。』周秉鈞《易解》：『「曰」下十字爲夔命樂工奏樂之詞。』行甫按：周說可從，孫說非是。史公言『於是夔行樂』，乃意爲節錄，加『於是』以與上文相銜接，非譯其文也。『於是夔』與『夔於是』，語序不同。戛，枚《傳》：『擊。』《釋文》：『馬云：櫟也。』行甫按：『戛擊』乃近義複詞，唯『戛』之『擊』，猶『由下向上反披而擊之』，故馬云『櫟』，是也。鳴球，玉磬也。行甫按：《說文》：『球，玉也。』磬以玉石爲之，成磬之玉，乃徑稱爲『鳴球』也。

搏拊琴瑟■搏，拍擊也。《漢書·項籍傳》『夫搏牛之蝱不可以破蟣』，顏師古注：『搏，擊也。』《周禮·考工記》『搏埴之工二』，鄭玄注：『搏之言拍也。』拊，撫擊也。行甫按：『搏拊』亦近義複詞，撫拍摩挲而擊之也，唯『搏』重而『拊』輕耳。琴瑟，弦樂器。《說文》：『珡，禁也。神農所作，洞越，練朱五弦。周時加二弦。瑟，庖犧所作弦樂也。』**以詠**■以，猶『爲』也。詠，與『永』通，猶《堯典》『歌永言』、『聲依永』之『永』，猶『歌唱』也。

〔二〕**祖考來格**■格，亦『來』也。**虞賓在位**■虞賓，《周禮·大司樂》賈公彥《注疏》引鄭玄注：『「虞賓在位」者，謂舜以爲賓，即二王後丹朱也。』行甫按：上既言丹朱『用殄厥世』，此又以爲虞廷之賓，何如此反覆無恒邪！虞者，舜『徵庸』前所居之地也。『虞賓』者，『虞地之賓客』，謂舜父瞽叟也，猶漢高祖尊其父爲太上皇之比也。《孟子·萬章上》載咸丘蒙問孟子：『舜既爲天子矣，敢問瞽叟之非臣，如何？』孟子曰：『孝子之至，莫大乎尊親，尊親之至，莫大乎以天下養。爲天子父，尊之至也，以天下養，養之至也。《詩》曰：「永言孝思，孝思惟則。」《書》曰：「祇載見瞽叟，夔夔齋栗，瞽叟亦允若。」是爲父不得而子也。』《漢書·高帝紀下》曰：『上歸櫟陽，五日一朝太公。太公家令曰：「皇帝雖子，人主也；太公雖父，人臣也。奈何令人主拜人臣！」夏五月丙午，詔曰：「人之至親，莫親於父子，故父有天下傳歸於子，子有天下尊歸於父，此人道之極也。朕爲皇帝，而太公未有號，今上尊太公曰太上皇。」』是虞舜之以瞽叟非臣，漢祖上尊號於太公，先後一揆也。則『虞賓』當爲舜父瞽叟無疑也。先儒説經，未有及之者。日人赤塚氏以『既葬還祭於殯宮曰虞』説之，其誤又不可以道里計也。在位，在賓客之尊位也。 **群后德讓**■后，《爾雅·釋詁》：『君也。』行甫按：『群后』者，眾諸侯也。德讓，以德相讓也。

行甫按：相讓以年爵班次之位也，未必以助祭資格相讓也。

〔三〕**下管鼗鼓**■下，堂下，在階下廷前也。管，竹樂之總名，笙、簫之類也。鼗，今所謂『拔浪鼓』，是也。《説文》：『鞀，遼也。从革，召聲。鞉，鞀或从兆聲。鼗，鞀或从鼓兆。磬，籀文鞀，从殸召。』《周禮·小師》鄭玄注：『鼗，如鼓而小，持其柄搖之，旁耳還自擊。』《釋名·釋樂器》：『鞉，導也，所以導樂作也。』鼓，《釋名》：『郭也，張皮以冒之，其中空也。』**合止柷敔**■合，合樂也。止，止樂也。柷，合樂用柷。敔，止樂用敔。《周禮·大司樂》孔穎達引鄭玄曰：『「合止柷敔」者，合樂用柷。柷狀如漆筩，中有椎，搖之所以節樂。敔狀如伏虎，背有刻，以物擽之，所以節樂。』《爾雅·釋樂》『所以鼓柷謂之止，所以鼓敔謂之籈』，郭璞注：『柷如漆桶，方二尺四寸，深一尺八寸，中有椎，柄連底，挏之令左右擊，止者，其椎名。敔如伏虎，背上有二十七鉏鋙，刻以木，長尺，擽之，籈者其名。』行甫按：『合止柷敔』者，謂以柷敔之器合樂與節樂也，指音樂演奏之配器而言之也。 **笙鏞以間**■笙，《説文》：

『十三簧，象鳳之身也。笙，正月之音。物生故謂之笙。大者謂之巢，小者謂之和。从竹生。古者隨作笙。』《爾雅・釋樂》『大笙謂之巢，小者謂之和』，郭璞注：『列管匏中，施簧，管端大者十九簧。』鏞，《説文》：『大鐘謂之鏞，从金，庸聲。』間，枚《傳》：『迭也。』行甫按：『笙鏞以間』者，謂以笙與大鐘間歇而迭奏之，此亦指音樂演奏之配器而言之也。**鳥獸蹌蹌**■蹌蹌，《爾雅・釋訓》：『動也。』《説文》：『牄，鳥獸來食聲也。从倉，爿聲。《虞書》曰：鳥獸牄牄。』《周禮・大司樂》賈公彦《注疏》引鄭玄注：『云「鳥獸牄牄」者，謂飛鳥走獸牄牄然而舞也。』**簫韶九成**■簫，《説文》：『參差管樂，象鳳之翼。从竹肅聲。』韶，《説文》：『虞舜樂也。《書》曰：簫韶九成，鳳皇來儀。从音，召聲。』行甫按：《左傳》襄公二十九年吴季札觀樂『見舞韶箾』，《説文》云『箾，以竿擊人也。从竹，削聲。虞舜樂曰箾韶』，是舜樂之名或作『簫韶』、或作『箾韶』，或作『韶箾』，又或單稱『韶』。《論語・述而》『子在齊而聞韶』，是也。九成，孔穎達《書疏》：『成，謂樂曲成也。鄭云「成，猶終也」，每曲一終，必變更奏，故《經》言「九成」，《傳》言「九奏」，《周禮》謂之「九變」，其實一也。』**鳳皇來儀**■鳳皇，枚《傳》：『雄曰鳳，雌曰皇；靈鳥也。』儀，屈萬里《集釋》：『《詩・柏舟》「實維我儀」，毛《傳》：「儀，匹也。」《國語・周語上》「丹朱憑身以儀之」，韋注同。則「儀」者，乃配合之意也。』屈説是也。『鳳皇來儀』與『鳥獸蹌蹌』相關聯，謂鳳皇亦來與鳥獸相合也。行甫按：《禮記・樂記》『韶，繼也』，鄭玄注：『舜樂名也。韶之言紹也。』《説文》：『章，樂竟爲一章。竟，樂曲盡爲竟。』『竟』亦『成』也，『九成』猶『九章』或『九竟』也，故《莊子・至樂》又稱爲『九韶』。則『簫韶九成，鳳皇來儀』者，當與『鳥獸蹌蹌』爲互文，意即：堂上玉磬琴瑟人聲伴奏演唱一章，堂下諸般樂器又合奏一章，然後又以簫管繼續獨奏一章，其樂乃竟。如此反覆九次，乃謂『九成』也，此之謂『舜樂』也。而『鳥獸蹌蹌』者，三成、四成、五成之時也，『鳳皇來儀』者，七成、八成、九成之時也。枚《傳》曰：『備樂九奏而致鳳皇，則餘鳥獸不待九而率舞。』其説可意會也。

〔四〕**夔曰於予擊石拊石**■於，嘆美之詞。擊，大擊也。石，磬也。拊，小叩也。行甫按：『擊石拊石』者，泛指音樂演奏，非僅爲擊磬也。**百獸率舞**■百獸，各種鳥獸也。率，循也。舞，動也。**庶尹允諧**■庶，衆也。尹，官長也。允，信也。副詞，猶『的確』也。諧，和諧也。行甫按：此補充上文『祖考來格，虞賓在位，群后德讓』也。樂感天地，神人以和，鳥獸亦循樂音而舞動。所以如此者，君主開明，臣工勤勉，協力同心，共圖國事，朝野上下，一派太平祥和之象也。

〔五〕**帝庸作歌**■庸，用也，因也。作，猶『爲』也。行甫按：『作歌』者，謂『制歌曲』或『造曲詞』也。**曰勑天之命**■曰，言也，謂也。行甫按：『曰』字下二句，歌前小序，言所以『作歌』之意也。勑，整飭也，修飾也。參見上文『勑我五典五惇哉』釋讀。『天之命』，猶言『天之令』也。行甫按：『勑天之命』者，猶『天工人其代之』之意，亦與之相關聯也。謂人間之君臣，不過是爲上天代行其政令，使天下蒼生黎民太平安康、幸福祥和而已。若要將上天之命令代理得更加出色，更加漂亮（『勑』也），人間之君臣就必須在『惟時惟幾』上下工夫，而在『惟時惟幾』上下工夫，則又須『股肱』與『元首』相互配合，共同努力而已也。**惟時惟幾**■惟，猶『以』也，『爲』也。時，猶『朝夕』也，『常』也。《儀禮·既夕禮記》『觶俟時而酌』，鄭玄注：『時，朝夕也。』《荀子·王制》『政令時則百姓一』，楊倞注：『時謂有常。』是其義也。幾，不時也，動之微也。行甫按：『時』與『幾』爲對文，『時』謂日常朝夕之時；『幾』謂變動非時之微也。人間君臣，不過代替上天行使其政令，妥善完美地行使天之政令，當珍惜日常朝夕之時，關注萬變不時之機也。

〔六〕**乃歌曰股肱喜哉**■乃，於是也。歌，長言之也。股肱，左右近臣也。喜，讀若『囍』，『喜』即『囍』之省文。《說文》：『艱，土難治也。从堇，艮聲。囍，籀文艱，从喜。』《盤庚中》『惟喜康共』之『喜』，亦讀如『囍』也。參見上文『艱食』釋讀及《盤庚中》『惟喜康共』釋讀。行甫按：王引之《經義述聞》謂『喜』、『起』、『熙』三字皆爲

「興起」之義，其說似過於粗疏而有遺經文之精義也。此經「股肱」、「元首」云云者，乃上下文義相對，由「良」與「隋」，可知「喜（囍）」之義也。「股肱囍哉」，即爲臣當不辭艱苦，不畏辛勞，勤於守職赴任也；正與上文「無若丹朱傲」及禹勤於治水相照應，亦與下文「股肱良哉」相關爲義，又與「股肱惰哉」作相反之對比也。唯其守職任勞赴「囍」，則知惜其朝夕之「時」也。**元首起哉**■元首，君也。起，讀若「啓」，開明也。《釋名·釋言語》：「起，啓也，啓一舉體也。」是「起」猶「啓」也，「啓」訓「開」，正與下文「元首明哉」相關爲義，而與「元首叢脞」之義相反也。唯其通達開「明」，則知動微之「幾」也。**百工熙哉**■工，功也。行甫按：「百工」猶言「庶事」、「萬事」也。此照應「天工人其代之」及「勑天之命」也。熙，興也，廣也，光大也。《爾雅·釋詁》「熙，興也」，郝懿行《義疏》：「熙，廣也，是廣之興也。」《方言》卷十二「興，長也」，郭璞注：「興，謂壯大也。」行甫按：「百工熙哉」，猶言「萬事興盛發達，成長壯大」也。

〔七〕**皋陶拜手稽首**■拜手稽首，跪而拱手，頭俯至於手與心平，然後納頭至於地也。**颺言曰念哉**■颺，與「揚」通。行甫按：「颺」猶言「發揚」也，「提升」也，與「時而颺之」之「颺」義近。言，猶「旨意」也。《爾雅·釋詁》「言，間也」，郝懿行《義疏》：「言者，意之間也。」是「言」即「意」也。行甫按：「颺言」，猶「發揚其意」也，今語所謂「深刻領會其精神，高度申發其意義」，即「颺言」也。念，《說文》：「常思也。」**率作興事**■率，皆也，指君臣。作，作爲也，行動也。興，廣也，光大也。行甫按：「興」字與「百工熙哉」之「熙」義同，亦與下文「康哉」、「墮哉」相照應。事，業也，功也。行甫按：「率作興事」，猶言「大家一起行動，共同努力，就會把各項事業推向興盛與發展」。**慎乃憲**■慎，謹也。乃，爾也，汝也。憲，思慮也。《大戴禮記·文王官人》「觀其意憲慎」，俞樾《群經平議》：「《學記》以『發慮憲，求善良』爲對文，良猶善也，則憲猶慮也。原憲字子思，是憲有思義。故義與慮同。此云『其意憲慎』者，言其意思慎也。《周書·官人篇》曰『其老者，觀其思慎』，可證此文意憲之義。」行甫按：「慎乃憲』，其意正與《大戴記》之『意憲慎』及《周官》之『思慎』構詞相同也，則『憲』乃『思慮』之義無疑矣。說者皆訓『憲』爲『法度』字，非也。**欽哉**■欽，敬也，慎也。行甫按：『率作興事』之『率』，指君臣雙方，此『慎乃憲』與下『元首明哉』相照應，偏指君言。謂：『汝爲君者，當慎其思慮；鑒照事理，辨別是非，區分賢愚，當有所明也。』**屢省乃成**■屢，枚《傳》：『數也。』省，《爾雅·釋詁》：『察也。』乃，汝也，爾也。成，功也。**欽哉**■枚《傳》：『當數顧省汝成功，敬終以善，無懈怠。』行甫按：『屢省乃成』，與下文『股肱良哉』相照應，亦與上文『其弼直』相關聯，偏指臣言。謂：『汝爲臣者，當反覆省察其所成事功，有無欺詐冒領或敷衍塞責之過。』是所以兩言『欽哉』者，承『率作興事』，先總而後分，戒君與戒臣，各有所當也。行甫又按：此皋陶『颺言』舜帝之意，蔡《傳》曰『皋陶將欲賡歌，而先述其所以歌之意也』，是已。

〔八〕**乃賡載歌曰**■乃，於是也。賡，《說文》：『續，連也。從糸賣聲。賡，古文續，從庚貝。』段玉裁《撰異》：『《詩·大東》「西有長庚」，毛《傳》云：「庚，續也。」《書·正義》引作「賡」，《爾雅》「賡，續也」，《詩·正義》引作「庚」。古「庚」、「更」通用。《夏本紀》「乃更爲歌曰」，以「更」代「賡」。』載，枚《傳》：『成也。』孔穎達《書疏》：『鄭玄以載爲始，孔以載爲成，各以意訓耳。』行甫按：《爾雅·釋詁》云：『哉，始也。』『哉』與『載』音同義通，《大雅·文王》『陳錫哉周』，《左傳》宣公十五年引作『陳錫載周』，是其例也，此鄭玄所以訓『載』爲『始』也。『載歌』，即『始歌』，指帝舜之『初始之歌』也。『賡載歌』，謂『賡續帝舜初始所歌』也。**元首明哉**■明，開明，明審也。**股肱良哉**■良，善良，正直也。**庶事康哉**■康，猶言『廣大』也。《爾雅·釋宮》『五達謂之康』，郝懿行《義疏》：『康有廣大之義，故五穀並登謂之康年，五途並出謂之康衢。』行甫按：『庶事康哉』與上文『百工熙哉』義同，亦相照應之文句也。

〔九〕**又歌曰元首叢脞哉**■又，復也，再也。行甫按：《書經》常有一人前後之語而加『又曰』者，即後之所言，與前之所語，其意相類，其文不同。或總撮前言大意，或補述前言未逮，或更换一種説法，不一而足。如《君奭》兩言『又曰』，即是其例。此『又歌曰』亦是更换一種説法，或補充前言之未逮也。叢脞，枚《傳》：『細碎，無大略。』《釋文》引馬融注：『叢，揔也。脞，小也。』孔穎達《書疏》：『孔以叢脞細碎無大略，鄭以叢脞揔聚小小之事以亂大政。皆是以意言耳。』行甫按：『叢脞』，猶『器局狹小，不明事理，小大緩急，一皆不辨』也，今俗語所謂『鬍子頭髮一把抓』，是其義也。**股肱惰哉**■惰，懶惰也，懈怠也。**萬事墮哉**■墮，廢毁也。《説文》：『陊，敗城𨸏曰陊。从𨸏，𡉚聲。墒，篆文。』《釋文》：『惰，徒臥反；墮，許規反。』行甫按：『墮』者，猶今所謂『崩塌』也，與『熙』、『康』之義相反。

〔一〇〕**帝拜曰俞往欽哉**■拜，跪拱手平心也。舜所以拜者，實深然其言也。俞，然詞也。往，之也，去也。行甫按：『往』，即『各就其職』，帝亦自與其中。欽，謹也，敬也。共勉之辭。

此乃本篇最後一節，言君臣各依其道而行，配合默契，親密無間，則人神以和，庶事安康。於是虞廷賡歌，樂感天地，百獸率舞，鳳皇來儀，朝野上下，一派祥和之氣。

【繹文】

帝舜之時，君主開明，大臣勤勉，天下太平。一次，君臣會集，舉行燕享典禮，宫廷的樂官長夔，指揮他的樂工説：『大大小小的玉磬，都敲擊起來吧；長長短短的琴瑟，都彈奏起來吧；響亮動聽的歌聲，也高唱起來吧。』於是，朝廷上下，樂音煌煌，歌聲嘹亮，先祖先父們的在天之靈，也紛紛來降，參與盛會，歆享福禮。舜的父親瞽叟，作爲朝廷尊貴的客人，此刻也端坐在他的位置上，滿臉寫著喜悅與愉快。朝中群臣與各路封疆大吏，在座位之前互相謙讓，氣氛十分融洽。此時，堂下簫管齊鳴，鼓樂喧天，柷敔合奏，洪鐘巨響，笙歌間作，飛禽走獸，皆隨樂音而蹁躚起舞；繼而簫聲嗚咽，拔地而起，時而清揚，時而婉轉，華章九曲，回腸蕩氣，澡雪精神，於是鳳凰靈鳥，也張開美麗的翅膀，加入陣容，領銜舞蹈，舞姿優美，儀態萬方。樂官夔興奮不已，説：『好啊！金石並奏，竹肉相發，我們的音樂演唱，是多麼和諧啊！飛禽走獸，隨而起舞；百官眾長，精誠和睦。天地神靈，吉祥止止，朝野上下，一團和氣！』

帝舜神情激動，起而度曲作歌，説：『人間君臣，就是代替上天行使政令；正確完美地執行上天的旨意，有兩個關鍵：一是勤勉職事，只爭朝夕；二是察於事變，抓住機遇。』於是帝舜引吭高歌一曲，歌詞説：『大臣勤勉喲，不辭艱辛！君主通達喲，治政開明！萬物蓬勃喲，百業興盛！』帝舜歌罷，皋陶跪拜稽首，對帝舜的話語和歌詞作了深入的領會與高度的發揮，他説：『我們要牢牢記住這個道理呀，眾人拾柴火焰高啊！只有君臣上下，齊心協力，我們的事業，才會興旺發達！作爲君主，要思慮謹慎周密，不可輕率作出決定，必須上應天心，符合上天的指令。應當謹慎再謹慎啊！作爲朝臣，要反覆省察事功，不可有所敷衍與欺詐，必須對得起自己的良心，應當恭敬又恭敬啊！』於是接著帝舜始歌之意，放聲高唱道：『元首英明啊，指引方向！大臣正直啊，心懷坦蕩！事業壯大啊，道路康莊！』接下來，又反其意而高歌一曲，説：『君主昏庸啊，是非不分！大臣懶惰啊，推諉君命！萬事廢毀啊，前景幽昏！』皋陶的領會與發揮，帝舜十分滿意，對皋陶拱手一拜，然後説：『好啊！我們各就其職，共同努力，謹慎從事吧！』

【後案】

本篇與《堯典》乃中國經學初興之際兩大鴻文巨制，堪稱政治哲學與制度設計的思想雙璧，具有永不磨滅的理論價值與歷久彌新的實踐意義，當與《堯典》一樣，也是出自先秦某位聖賢大哲之手，或者竟是孔子親作，亦未可知。就其思想價值而論，如果說，《堯典》形象生動地描繪了具有原始民主思想的早期儒家有關『君主禪讓』的理想政治圖式以及與之相表裏而體現著『選賢與能』思想的官吏詮選與考覈制度；那麽，本篇則集中論述了在『選賢與能』及『君主禪讓』前提下所當具有的君臣關係以及國家政府的天賦職能。

人世間君臣的職責，就是代替上天行使政令；因此，現實的國家與政府，應該是實現上天意志的代理機構。這是從《堯典》『惟時亮天功』到《臯陶謨》『天工人其代之』以及『勑天之命』一以貫之的政治哲學與行政理念。不過《堯典》『惟時亮天功』，只是帝舜在『奮庸』起用十六位新人之後，對他們以及帝堯時代原有的四岳、十二牧等元老重臣所作的簡單『敕戒』之語，並沒有作更多的理論闡釋與思想發揮；而且，『亮天功』，也還僅僅是以『協助上天之事』的形式提出的簡單命題。至於本篇則是以『天工人其代之』以及『勑天之命』的哲學命題，對國家與政府這一天賦職能作了比較系統與明確的理論闡發。這就是本篇『天工人其代之』以下『天敘有典』、『天秩有禮』、『天命有德』、『天討有罪』等四個排比句所闡述的基本內容。

人世間的五倫之序，天地間的幽明之禮，以及『天命有德』與『天討有罪』，這都是上天的意志與安排；人世間君臣所有的政治事務及其努力的政治目標，或者說，政府與國家的根本職能，就是將這些上天意志執行得更加出色，完成得更加精彩。本篇之末，帝舜作歌的點睛之筆：『勑天之命』，説的就是這個意思。

毋庸諱言，表面看來，君臣的職責是執行國家意志；可是國家意志卻是來自上天的意志；上天的意志，卻又來自天下蒼生黎元的民意。因而歸根結柢，天意就是民意，民心就是天心！『天聰明，自我民聰明；天明畏，自我民明威』，這種有關天意與民心的基本命題，與孟子所引《太誓》『天聽自我民聽，天視自我民視』，正是一脈相承的。得民心者得天下，失民心者失天下。而孟子所謂『得乎丘民而爲天子，得乎天子爲諸侯，得乎諸侯爲大夫』，也正是《太誓》與本篇『民心即天心，天意即民意』的思想發揮。可以説，這是放之四海而皆準的理論，也是中國經學的核心價值所在！董仲舒云『天不變，道亦不變』，劉彦和亦云『經也者，恆久之至道，不刊之鴻教』；所謂『不變』、『不刊』者，舍乎此，何足以當之？因此，董子之所謂『不變』之『天』、劉子之所謂『不刊』之『教』，其闡釋維度，就是『天心即民意』，過此以往，吾不之知也。

由此可見，國家與政府的基本職能，就是上應『天心』，下合『民意』，以賞善罰惡的制度文明，建立人世間的政治秩序；以贊化天地的禮樂文明，建立人世間的道德價值。因而在上之天，在下之民，以及溝通上下天人的國家與政府，三者之間不過是垂直互動與相互顯現的關係；也因此，每個具體的國家公職人員，無論其所居之職位高低，其所轄理之範圍廣狹，其最基本的工作職責，就是盡心盡力地按照上天與民意的基本要求，辦好國家與政府的每一件事。必有如此之思想前提，他們的天賦職能，才可以盡善盡美地付諸實踐。

當然，爲了更好地實現國家意志，或者說，爲了更加順利通暢、準確無誤地貫徹天意與民心，人間君臣，必須精誠合作，各負其責；且君臣之間，亦各有其道，當各依其道而行。本文開篇一語：『允迪厥德，謨明弼諧』，既是本篇的『文眼』所在，也是本篇的論述宗旨：君主決策英明，政治路線正確，輔政之臣齊心協力，就是落實天心民意，實現國家意志的基本保證。

因此，作爲君主，要有知人之明，要有安民之政。知人，就是根據『九德』的標準，逐級選拔錄用人才，爲朝廷效力。安民，就是代替上天在人間行使政令，訂立人倫規範，制定禮樂秩序，賞善罰惡，讓天下百姓安居樂業，各得其所。因而知人的目的，就在安民，可以說，天下黎民蒼生精神愉快，生活安寧，這就是上天的旨意，也是人間君臣的努力方向，而國家與政府存在的合理性與合法性，一繫於斯！至於說，在具體的操作過程中，君主應當如何調動臣民的積極性，臣民應當如何各司其職，各盡其責，正直勤勉，爲了實現這個總的政治目標而齊心協力，不懈奮進，那自是題中應有之義了。

不過，值得注意的是，本篇關於君臣關係的論述並沒有流於膚淺的表面層次。它並不認爲，人間君臣是天尊地卑的主奴關係，而是互相尊重與互相配合的平等比鄰關係，或者更準確地說，就是如同元首與股肱那樣一體相須的相互依存與相互信賴。因此，君主應該尊重人臣，必須廣泛地聽取臣民的不同意見，不可獨裁專斷；人臣也應該與君主坦誠相見，表裏如一，不可陽奉陰違，當面一套，背後一套；更不可爲了達到某種不可告人的目的，揣摩君主的心態，希旨用事。也因此，無論是君主還是人臣，都應該虛心接受建議，正確對待批評。符合天心與民意之事，便要發揚光大；有所不足，便要虛心改正；如果批評有所不中，就要引以爲戒，加以避免。因而君臣的一舉一動，必須上應天心，下合民意，更應該對得起自己的天賦職責與天地良心。

本篇實是一氣貫注不可分割的整體，但被作僞者割裂成《臯陶謨》與《益稷》兩個不同的篇目，經過明清兩代學人的研究，已經恢復了原貌。但關於文末『簫韶九成』以及『虞廷賡歌』一節，學者卻有不同看法。宋人林之奇即以爲『史官集而記之，非一日之言』，而『夔言其所以作樂之功，其文當爲一段，不與上下文勢相屬』。清末民初之際，章太炎亦謂『方施象刑惟明』乃『史官之語』，而《臯陶謨》一文『至此已了，下文與上不相涉』。近人劉起釪亦云『《臯陶謨》作者將兩段不同來源的資料雜湊在一起』。

其實，所謂『非一日之言』，『集而記之』本無大錯，此文本來就是先秦儒家學者整理舊聞而成，但是也並非毫無邏輯的雜然拼湊。前賢所以說之如此，關鍵就在對『勑天之命』的理解有所偏差，更沒有正確領會『天工人其代之』的思想價值及其理論內涵。而且，就首尾照應的文章之學而言之，虞廷君臣賡歌互勉，正是與本文開篇『允迪厥德，謨明弼諧』的論述宗旨是遙相呼應的。因此，雖然我們大可不必從『治定制禮，功成作樂』的陳俗老套去理解經義；但君臣各依其道而行，精誠合作，和睦相處，對於實現國家意志，完成天賦使命，滿足民心所向，正是本篇最爲偉大而深刻的哲學思想，在華夏政治文明史上，閃耀著千古不磨的思想光輝！

禹貢

【解題】

《書序》：『禹別九州，隨山濬川，任土作貢。』枚《傳》：『任其土地所有，定其貢賦之差。』孔穎達《書疏》：『賦者，自上稅下之名；謂治田出穀，故經定其差等，謂之「厥賦」。貢者，從下獻上之稱，謂以所出之穀，市其土地所生異物，獻其所有，謂之「厥貢」。』是以『禹貢』名篇者，即『禹定九州，制其貢賦』也。宋儒王炎曰：『挈貢名篇，有大一統之義焉。』

本篇成書時代，孔穎達以爲夏史所作，自不可信。南宋趙汝談《南塘書說》謂『禹功只施於河洛』，即以九州非禹跡所到。晚近以來懷疑與討論者不乏其人，或以爲西周，或以爲春秋，或以爲戰國之世，或以爲秦統一前後。近人蔣善國從九州名稱由來與畿服制度之演變，以及鐵的使用等，考定本篇成於戰國之末。屈萬里據《左傳》哀公九年（前四八六年）載吳王夫差『城邗，溝通江淮』，杜注云『通糧道』，然本篇揚州貢道卻『沿于江海，達于淮泗』，認爲本篇著成之時，『江、淮尚未通』。劉起釪據王國維及辛樹幟之説，以爲最初成書當於西周『成康全盛』之時，『下至穆王爲止』，因流傳過程較長，『由前後不同的人遞增而成』，且謂周定王五年（前六〇二年）河徙，『形成後代河道』；本篇言大河則『自大伾山北折，經大陸澤，再北至今天津北入海，自南向北直貫今河北省境』，是『根本不知有河徙之事』，此乃本篇成書『不晚於春秋的鐵證』。不過周定王五年河徙，學界尚有不同意見，譚其驤《西漢以前的黄河下游河道》認爲公元前四世紀四十年代齊、趙、魏等各在大河兩側築堤，其後河走《漢書·地理志》河道，而此前《禹貢》河與《漢志》河，很可能是同時並存的。或者先有《漢志》河，某年從宿胥口北決而形成《禹貢》河。是《禹貢》所記河道，不過與《漢志》所記不同而已。則『至于大伾，北過降水，至于大陸』，根本不能成爲《禹貢》著作年代的證據。

據辛樹幟考證，本篇史料多取材於《詩》、《書》，來源較早。據顧頡剛考證，本篇亦間採戰國史實。因此，其成書年代，當以蔣善國説較近事實，應在戰國中期秦昭王（前三〇六—前二六五年在位）滅義渠（前二七一年）『遂有隴西、北地、上郡，且築長城以拒胡』之後。是以本篇最後成書之時代，亦其流傳之始。戰國中期而後，兼併戰爭最爲慘烈，人心復思一統，想望上古三代虞夏殷湯乃至西周盛世，而『禹劃九州，任土作貢』的歷史傳説正可滿足這一現實訴求，於是整合《詩》、《書》舊聞，融鑄新事，以成此篇。

禹敷土，隨山刊木，奠高山大川。〔一〕

【釋讀】

〔一〕禹敷土■　敷，《釋文》引馬融曰：『分也。』《夏本紀》：『禹乃遂與益、后稷奉帝命，命諸侯百姓興人徒以傅土。』司馬貞《索隱》：『《大戴禮》作「傅土」，故此紀依之。傅即付也，謂付功屬役之事。若《尚書》作

「敷」，敷，分也，謂令人分布理九州之土地也。』行甫按：《墨子・經下》『宇進無近，説在敷』，《經説下》『偃宇不可偏舉：宇也，進行者先敷近，後敷遠』，孫詒讓《墨子閒詁》：『《説文》云：「敷，㪅也。」又云：「尃，布也。」敷即「尃」之俗，義則與尃近，蓋分布履步之謂。』是『禹敷土』之『敷』，正當爲『分布履步』之義；謂禹足跡遍佈九州之土，以勘查山川土地物産及其貢賦之宜也。**隨山刊木■** 隨，順從也。刊，《説文》：『栞，槎識也。《夏書》曰：「隨山栞木。」讀若刊。栞，篆文从幵。』段玉裁注：『槎，衺斫也。槎識者，衺斫以爲表志也。』枚《傳》：『隨行山林，斬木通道。』孔穎達《書疏》：『鄭云：「必隨州中之山而登之，除木爲道，以望觀所當治者，則規其形而度其功焉。」是言登山之意也。』行甫按：許君以『刊木』爲斫樹木以爲『槎識』，鄭説以爲『除木爲道』，實相備而不悖也。『除木爲道』，猶言『篳路藍縷以啓山林』也。『隨山刊木』，謂隨山勢斫樹木以爲表記，亦即『規其形而度其功』，猶今所謂『水文調查』也。《夏本紀》作『行山表木』，亦是其義。**奠高山大川■** 奠，枚《傳》：『定也。』高山大川，山水相依，有高山必有大水，隨山水走勢而定其高下，亦以别九州之分際也。

此三句乃本篇之總綱。

【繹文】

禹行遍九州之土，依隨山體走向，斬木除道，觀察地形，確定高山大水之方位走勢，並斫削樹木之表皮使露白木作爲識别標記，以爲九州疆域劃分之依據。

冀州：　既載壺口，治梁及岐。〔一〕既修太原，至于岳陽。〔二〕覃懷底績，至于衡漳。〔三〕厥土惟白壤，厥賦惟上上錯，厥田惟中中。〔四〕恆衛既從，大陸既作。〔五〕島夷皮服，夾右碣石入于河。〔六〕

【釋讀】

〔一〕**冀州**■《呂氏春秋·有始覽》：『兩河之間爲冀州，晉也。』蔡《傳》：『冀州，帝都之地，三面距河。兗河之西，雍河之東，豫河之北。』冀州之域，胡渭《禹貢錐指》謂其州西面、東面及南面皆距河，『東北與青分界處，古傳記無可考』，以大遼水爲界，『遼西爲冀域，遼東爲青域』；其『北界亦無可考，約略言之，當得陰山。侯應曰：北邊塞至遼東，外有陰山，東西千餘里是也』。行甫按：冀州之得名，當因其地有名冀者，春秋時之冀國，亦是也，在今山西河津市轄境，後爲晉所滅。屈萬里《集釋》：『疑其處古有地名曰冀，冀國、冀州之名，皆緣之而起也。』九州始於冀者，枚《傳》曰『堯所都也』，相傳堯都平陽，其地在今山西臨汾市轄境，故作《禹貢》者，以冀州爲九州之首。**既載壺口**■既，已也。崔東壁《唐虞考信錄》：『水土之平，往日事也。故其文曰「既載」、「既修」、「既作」；於山則曰「既藝」、「既旅」；於水則曰「既導」、「既入」；於澤則曰「既澤」、「既豬」。皆以明其爲前日之事，而因原貢所由致，故追溯之也。』行甫按：崔說是也，九州之文皆主貢賦言，水土未平，土田未定，無遑貢賦。經之言『既』者，皆『已事之辭』也。載，猶『始』也。行甫按：『既載壺口，治梁及岐』爲互文，謂治理黃河水道，始於壺口及梁山與岐山也。壺口，山名。《漢書·地理志》謂在河東郡北屈縣東南，今山西吉縣西北黃河邊有壺口鎮，即是其地也。屈萬里曰：『壺口南距龍門約百四十里。壺口以上，黃河寬約半里，至此，寬僅二十餘公尺。致懸崖直瀉，成爲瀑布，上下流水面，相差約十五公尺。水衝石槽，儼如壺形，因名壺口。』**治梁及岐**■梁，梁山。胡渭《禹貢錐指》：『《尸子》、《呂氏春秋》、《淮南子》皆言龍門未闢，呂梁未鑿，河出孟門之上。三子所稱呂梁山，即《禹貢》之梁山也。《春秋》成公五年「梁山崩」，《公羊》曰：「梁山，河上山。」《穀梁》曰：「壅遏河三日不流。」梁山之崩，能壅河，則俯瞰河流可知，三子所稱呂梁即此山之别名矣。先言龍門，次言呂梁，其爲夏陽之梁山無疑也。』行甫按：梁山或呂梁山，在今陝西韓城市東北與山西河津市西北之間橫亙夾河之處。胡渭曰：『龍門之上口爲孟門（現壺口鎮北之文城鎮），在今吉州（現名吉縣）西，西直陝西延安府之宜川縣（現仍名宜川縣）；其下口即今河津縣壺口山盡處（現河津市之龍門），近世亦謂之龍門者也。西與韓城之龍門相對（陝西韓城市亦轄有名爲龍門鎮者），上口至下口約一百六十餘里。』是其地也。岐，枚《傳》：『梁、岐在雍州。』崔東壁《唐虞考信録》：『岐無可考，蓋此二山皆當跨河，在雍、冀之界上，故能阻塞河流；而梁岐又當在壺口之下。因其利害在冀而不在雍，故記之於冀，猶九河之記於兗也。但古今山名更易者多，而梁又屬崩頹之餘，難以辨識，是以不得其實。要之，經、傳之文具在，不得以他地之山冒之也。』行甫按：崔説可從。『既載壺口，治梁及岐』，就治冀州西河而言之，則壺口、梁、岐三山皆在跨河之地，不當别求也。

〔二〕**既修太原**■修，治也。太原，枚《傳》：『高平曰太原。今以爲郡名。』孔穎達《書疏》：『太原，原之大者。《漢書》以爲郡名，即晉陽縣是也。』行甫按：『太原』，即今山西太原市所轄之地，爲汾水所出。《水經注》：『汾水出太原汾陽縣北管涔山。』胡渭曰：『汾陽故城在今陽曲縣西北。』又曰：『今靜樂縣在太原府西北二百二十里，本漢汾陽縣地。』則汾陽縣故城在今太原市陽曲縣西北，其轄地包括今之靜樂縣地。管涔山更在其北，爲汾水發源之處。**至于岳陽**■至于，胡渭《錐指》：『曰「至于」者，所以聯絡其兩頭，見中間相去之遠也。』行甫按：指引相對延闊之地理空間曰『至于』，此乃本篇行文之法也。岳陽，枚《傳》：『岳，太岳；在太原西南。山南曰陽。」孔穎達《書疏》：「下文「導山」云「壺口雷首，至于太岳」，知此「岳」即太岳也。《地理志》河東彘縣有霍太山，《周禮・職方氏》冀州山鎮曰霍山，即此太岳是也。」胡渭《錐指》：「岳陽，凡太岳山南皆是其地，當直抵南河。」行甫按：「彘縣」，今山西霍州市所轄之地，即「霍太山」或「太岳」所在也。其南直抵今平陸縣之地界，皆所謂「岳陽」也。是「既修太原，至于岳陽」者，修治汾水流域以潔其原隰也。

〔三〕**覃懷厎績**■覃懷，枚《傳》：「近河地名。」孔穎達《書疏》：「《地理志》河內郡有懷縣，在河之北。蓋「覃懷」二字共爲一地，故云近河地名。」胡渭《錐指》：「懷縣故城在今河南懷慶府武陟縣西。」行甫按：漢郡河內懷縣之名，當依《禹貢》「覃懷」而起，非《禹貢》時即確有其地名「懷」者也。覃，延也，長也。《周南・葛覃》「葛之覃兮」，毛《傳》：「覃，延也。」《大雅・生民》「實覃實訏」，毛《傳》：「覃，長也。」是其義也。懷，包藏也。《堯典》「懷山襄陵」，孔穎達《書疏》：「懷，藏；包裹之義。」《莊子・至樂》「褚小者不可以懷大」，成玄英《疏》：「懷，包藏也。」則所謂「覃懷」者，指河水自風陵渡東折包絡山西芮城、平陸至河南孟州、武陟而後向延津、浚縣方向北折，其地袤遠綿長，形如懷囊包裹之勢，故稱之爲「覃懷」耳，非僅指武陟縣一地也。厎，致也，定也。績，功也。

至于衡漳■衡，與「橫」通。漳，水名。枚《傳》：「漳水橫流入河。」孔穎達《書疏》：「「衡」即古橫字，漳水橫流入河，故云橫漳，在懷北五百餘里。從覃懷致功，而北至橫漳也。《地理志》云清漳水出上黨沾縣大黽谷，東北至渤海阜城縣入河。過郡五，行千六百八十里。此沾縣因水爲名，《志》又云沾水出壺關。《志》又云濁漳水出長子縣，東至鄴城入清漳。」胡渭《錐指》：「清漳出山西樂平縣沾嶺，縣在太原府平定州東南五十里，縣西南有沾縣故城。南流至涉縣與濁漳合流，謂之交漳口。」行甫按：今山西昔陽縣治樂平鎮，當即清之樂平縣治，其西有沾尚鎮，當是漢之「沾縣」故城。鄴縣故城在今河北臨漳縣西，當在磁縣與臨漳縣之間。二漳合流後，東北經成安縣入肥鄉、曲周二縣界入河。孔穎達謂「東北至渤海阜城縣入河」者，乃《漢書・地理志》之「河」，非《禹貢》之「河」，說見譚其驥《西漢以前的黃河下游河道》。汾水入河後南流，於風陵渡東折而後北上，至橫漳入河之處，皆致其力而定其功，即『覃懷厎績，至于衡漳』也。

〔四〕**厥土惟白壤**■厥，其也，指冀州之地。土，土壤也。惟，爲也，是也。壤，枚《傳》：『無塊曰壤。』《說文》：『壤，柔土也。』《釋文》：『馬云：壤，天性和美也。』行甫按：『壤』者，土質鬆散柔和無塊礫也。**厥賦惟上上錯**■賦，枚《傳》：『土地所生以供天子。』孔穎達《書疏》：『賦者，稅斂之名。』上上，第一等也。行甫按：《禹貢》言田賦有九等，上中下復分以上中下也。錯，枚《傳》：『雜。雜出第二之賦。』行甫按：《禹貢》田賦之『錯』，歷來皆訓『雜』，非也。朱駿聲《說文通訓定聲》：『錯假借又爲差。《楚辭·惜誦》「心懷兮隔錯」，注：「失其性也。」按：差錯雙聲字。』《易·繫辭上》『錯綜其數』，焦循《章句》：『錯，謂較兩數相差也。』是『錯』猶言『相差』也。『上上』之『錯』，謂近於『上上』而不足於『上上』也。參見梁州章『厥賦下中三錯』釋讀。**厥田惟中中**■中中，第五等也。行甫按：此州『田惟中中』，而『賦惟上上』稍差，經師衆說紛紜，無所折衷，然《左傳》昭公十三年子產曰『卑而貢重者，甸服也』，或因轉輸之便，其地愈近於帝都，其賦稅乃愈重乎？

〔五〕**恒衛既從**■恒衛，二水名。孔穎達《書疏》：『《地理志》云恒水出常山上曲陽，東入滱水。衛水出常山靈壽縣，東入滹沱。』胡渭《錐指》：『恒即滱水，衛即滹沱也，古今異名耳。曲陽以下之滱，本名恒；靈壽以下之滹沱，本名衛。』行甫按：曲陽，靈壽，皆今河北省縣名，地在今自保定至石家莊京廣線西。滱水，今名唐河。從，順也，就也。謂恒與衛皆順其道而就下入河也。**大陸既作**■大陸，《地理志》謂《禹貢》大陸澤在鉅鹿北，又名鉅鹿澤。《呂氏春秋·有始》：『趙有鉅鹿，又名廣河澤。』劉起釪《校釋譯論》：『《河北平原黑龍港地區古河道》表明巨鹿、南宮、冀縣、束鹿、寧晉、隆堯、任縣間有一範圍廣大的古湖澤遺跡。』既作，已耕作也。

〔六〕**島夷皮服**■島夷，枚《傳》：『海曲謂之島。』皮服，枚《傳》：『居島之夷，還服其皮，明水害除。』《夏本紀》作『鳥夷』。孔穎達《書疏》：『孔讀鳥爲島，島是海中之山。鄭玄云：「鳥夷，東方之民搏食鳥獸者也。」王肅云：「鳥夷，東北夷國名也。」與孔不同。』行甫按：當以『鳥夷』爲是，即東方以鳥爲崇拜之民族。《商頌·玄鳥》『天命玄鳥，降而生商』，《左傳》僖公二十年風姓之太皞氏，及昭公十七年鳥紀之少皞氏，皆『鳥夷』也。『皮服』，《爾雅·釋地》『東北之美者，有斥山之文皮焉』，郭璞注：『虎豹之屬，皮有縟綵。』**夾右碣石入于河**■夾，貼近也。右，西也。碣石，《漢書·武帝紀》注：『文穎曰：在遼西絫縣。絫縣今罷，屬臨榆。此石著海旁。師古曰：碣，碣然特立之貌也。』行甫按：絫縣故城在今河北昌黎縣南。言東方鳥夷所貢皮服，由渤海灣貼近碣石山西行以入河也。崔述謂《禹貢》『每州爲一章，章各分三節：第一節平水土之事；第二節土、田、賦之別；第三節貢、篚、包之制；而以辨州域始之，以識貢道終之。此九州之章法次第也。』本州次第不合，疑簡策譌奪也。

此乃『冀州章』。

【繹文】

冀州三面距河，西北界陰山之南，東北達遼水之西，與青州分域。禹治水始於冀州之壺口，其鑿西河壺口狹道之後，便順勢治理其下流夾岸梁山與岐山之水道。繼而疏通太原北面發源於管涔山之汾河流域，以及太岳山南面諸水。大河東折而後北向，至與東向横流之漳水會合，這一河内狹長地帶，形如懷囊包裹之勢，也治理完功。冀州的土壤是白色的鬆散土質，其賦稅乃第一等稍差，田地的肥沃程度只在第五等。恆水與衛水已疏通入河，鉅鹿澤周邊也就可以耕作種植了。東方少數族所貢之皮毛山貨，即可由渤海灣環繞碣石山西行而進入大河以輸向帝都了。

濟、河惟兗州：〔一〕九河既道，雷夏既澤，灉沮會同。〔二〕桑土既蠶，是降丘宅土。〔三〕厥土黑墳，厥草惟繇，厥木惟條。〔四〕厥田惟中下，厥賦貞，作十有三載乃同。〔五〕厥貢漆絲，厥篚織文。〔六〕浮于濟漯達于河。〔七〕

【釋讀】

〔一〕**濟河惟兗州**■濟，《地理志》作『泲』，河南郡滎陽縣『有狼湯渠首受泲』是也。《說文》：『泲，沇也，東入于海。沇，沇水，出河東垣東王屋山，東爲泲。』垣縣即今山西垣曲縣與河南濟源縣地。行甫按：『沇』與『兗』同，『兗州』得名於此水也。此水故瀆殊難考，據下文導水節所述，大抵距今黄河相去不遠，今大清河、小清河或有其故道焉。河，即大河，乃由今浚縣而北上至天津入海之河也。惟，爲也，乃也。兗州，《吕氏春秋·有始覽》：『河濟之間爲兗州，衛也。』行甫按：由今浚縣而東北折至天津入海之禹貢河與今黄河水道東岸沿線大、小清河之西，當爲本經『兗州』之地。

〔二〕**九河既道**■九河，《爾雅·釋水》九河：『徒駭、太史、馬頰、覆鬴、胡蘇、簡、絜、鉤盤、鬲津。』胡渭《錐指》：『求九河者，正不必尺寸皆合於禹之故道，亦不必取足於九。』既，已也。道，導也。**雷夏既澤**■雷夏，澤名，一名雷澤。《地理志》雷澤在濟陰成陽縣西北。王先謙《補注》謂成陽故城在濮州東南。行甫按：濮州治當在今河南范縣濮城鎮，以今地勢考之，則雷夏澤正在今河南長垣、濮陽、范縣沿今黄河水道之低濕地帶。澤，水匯聚爲澤也。孔穎達《書疏》：『洪水之時，高原亦水，澤不爲澤。雷夏既澤，高地水盡，此復爲澤也。』**灉沮會同**■灉沮，二水名。會同，會合也。枚《傳》：『二水會同此澤。』行甫按：以今地勢考之，灉、沮二水，當爲由原陽、延津、封丘即雷澤西南平地流向長垣東北及范縣濕地以入河（古濟水舊道）之水，不過其名久已改易耳。

〔三〕**桑土既蠶**■桑土，宜於種植桑樹之土地。蠶，養蠶也。**是降丘宅土**■是，於是也。降，下也。丘，高阜也。宅，居也。土，平地也。洪水退去，民下丘陵，居於平地，以就生業也。

〔四〕**厥土黑墳**■厥，其也。墳，《釋文》引馬融曰：『有膏肥也。』行甫按：『黑墳』當爲土質黑色而肥沃也。**厥草惟繇**■繇，《釋文》引馬融曰：『抽也。』《說文》：『蘨，艸盛皃，从艸，繇聲。《夏書》曰：「厥艸惟蘨。」』**厥木惟條**■條，枚《傳》：『長也。』行甫按：《夏本紀》作『草繇木條』，《地理志》亦無『厥』、『惟』二字，段玉裁《撰異》以爲漢代今文本無此二字，其說或是。許君所引乃古文《尚書》也。

〔五〕**厥田惟中下**■中下，第六等也。**厥賦貞**■貞，正也，當也。蘇軾《書傳》：『此州田中下，賦亦中下，田賦皆第六，故曰貞。』劉起釪用馬廷鸞、金履祥說，謂『下下』二字，因篆書重文符號而誤爲『正』，遂譌爲『貞』字。行甫按：本經『上上』、『中中』、『下下』屢見，皆不因重文而譌，獨此爲譌，何也？此當以蘇氏之說爲是，即賦與田等級正相當也。林之奇以雍州賦第六而兗州賦不應爲第六駁之，非也。《禹貢》之賦既無純粹之『上上』，亦無純粹之『下下』；只有『上上錯』與『下中三錯』，說見上冀州『厥賦上上錯』釋讀。**作十有三載乃同**■作，耕作也。同，與他州相同也。蔡《傳》：『兗當河下流之衝，水激而湍悍，地平而土疏，被害尤劇。今水患雖平，而卑濕沮洳未必盡去，土曠人稀，生理鮮少，必作治十有三載，然後賦法同於他州。』胡渭《錐指》：『後世募民開墾之法，數年後起科，漸加與熟田等，亦即此意。』行甫按：蔡氏、胡氏之說差爲得之，此州田與賦之等級雖相當，但土曠人稀，須募民以開墾，乃十有三年而後起賦，始與他州同，言其賦緩也。

〔六〕**厥貢漆絲**■貢，蔡《傳》：『下獻其土所有於上也。』漆絲，枚《傳》：『地宜漆林，又宜桑蠶。』行甫按：上言『桑土既蠶』，則本州貢絲亦宜也。**厥篚織文**■篚，《地理志》作『棐』，顔師古注：『棐與篚同。篚，竹器，筐屬也。織文，錦綺之類，盛於筐篚而獻之。』孔穎達《書疏》：『鄭玄云：「貢者，百工之府，受而藏之。其實於篚者，入於女功，故以貢篚別之。」歷檢篚之所盛，皆供衣服之用，入於女功，如鄭言矣。』

〔七〕**浮于濟漯達于河**■浮，漕運也。蔡《傳》：『舟行水曰浮。』濟，即『泲』也。漯，《地理志》漯水出東郡東武陽縣。』《説文》：『濕水，出東郡東武陽，入海。』行甫按：東武陽故城在今山東莘縣朝城鎮西。達，枚《傳》：『因水入水曰達。』孔穎達《書疏》：『當謂從水入水，不須舍舟而陸行也。』行甫按：『達』，通也。《禹貢》之濟水通於漯水，漯水通於河水，入河即入冀州之帝都矣。此兖州之貢道也。

此乃『兖州章』。

【繹文】

兖州西面與西北面以河水爲界，南邊以濟水爲界，北面與東北面皆以海爲界。河水於兖州散佈爲多條水道，這些水道皆一一加以疏通而流向渤海及萊洲灣。高處之水已退，在（今河南范縣西南一帶）地勢較低的地方形成了雷夏澤，周邊的灉水與沮水也會合流向澤中。適宜於種植桑樹的地方也可以開始養蠶取絲了，於是民衆便從高坡大阜遷徙下來，居於平地，開始正常生產與生活。此州的土壤屬於黑色而肥沃的腐殖質土壤，因而草木抽條成長也很快。此地的耕田屬於第六等，其賦稅也正與耕田的等級相當，也是中下等。但由於此地卑濕，土曠人稀，必須募民開墾，只能暫緩納賦，待耕作十三年之後才可以與其他州一樣繳納賦稅。此地物產，主要是漆和絲，那些具有精美花紋的絲織品，作爲貢物，要用筐篚竹器盛裝起來才能漕運轉輸。兖州的貢道，是由濟水轉入漯水，然後由漯水轉入河水輸於帝都。

海岱惟青州：〔一〕嵎夷既略，濰淄其道。〔二〕厥土白墳，海濱廣斥。〔三〕厥田惟上下，厥賦中上。〔四〕厥貢鹽絺，海物惟錯。〔五〕岱畎絲枲，鉛松怪石。〔六〕萊夷作牧，厥篚檿絲。〔七〕浮于汶達于濟。〔八〕

【釋讀】

〔一〕**海岱惟青州**■海，今山東半島所臨之黄海與渤海。岱，岱宗，泰山也。惟，爲也。青州，蘇軾《書傳》：『西南至岱宗，東北跨海至遼東。』《呂氏春秋·有始覽》：『東方爲青州。』劉起釪曰：『山東半島與遼東半島處九州之最東，故有此名。』行甫按：『青州』之西南以古之濟水與兖州分界；西北以大遼水與冀州分界；南以泰山爲界，自今之平陰東、肥城北、泰安北、萊蕪北、臨朐南、諸城南以至瑯玡一帶與徐州分界。東北面當至鴨綠江與圖們江與朝鮮分界。

〔二〕**嵎夷既略**■嵎夷，枚《傳》：『地名。』孔穎達《書疏》：『即《堯典》「宅嵎夷」是也。』《説文》：『堣，堣夷，在冀州暘谷。《尚書》曰：宅堣夷。』又，『崵，首崵山也，在遼西。从山，昜聲。一曰：嵎銕，崵谷也。』許君謂嵎夷、暘谷在遼西，乃冀州極東之境。青州跨海達遼東半島，其地相近。故《禹貢》在『青州』，《説文》在『冀州』，實不相妨。《説文》『暘』字下以『嵎銕』爲『暘谷』，是『夷』又作『銕』，司馬貞《夏本紀索隱》：「今文《尚書》及《帝命驗》並作「禺鐵」，在遼西。鐵，古「夷」字也。」《説文》『銕』字乃『鐵』字之古文，胡渭《錐指》：「古文鐵從夷，從夷則可讀爲夷，不當作鐵，其作鐵者，蓋後人傳寫之誤。」略，劃分疆界也。胡渭《錐指》：「曾氏（旼）曰：地接於夷，不爲之封畛，則有猾夏之變。」行甫按：古『嵎夷』之地，當跨遼水而爲冀、青共域，《堯典》『宅嵎夷』，即表其方位而已，則『嵎夷』實中國與夷狄相界之地，故以『封略』言之也。**濰淄其道**■濰，《地理志》琅邪郡箕下云『《禹貢》濰水北至昌都入海』，王先謙《補注》：「故城今莒州東北百餘里。昌都當爲都昌誤倒。」行甫按：王氏言『箕』故城所在地，今屬五蓮縣，濰水在縣南，過縣西。都昌，即今昌邑地，濰水由此入萊州灣。淄，《地理志》『泰山郡萊蕪原山，甾水所出，東至博昌入泲。』行甫按：『原山』在今淄博市博山縣（區）東二十五里。博昌故城，在今濱州博興縣南二十里。其，亦『既』也。吴昌瑩《經詞衍釋》：「《禹貢》「淮沂其乂」，「蒙羽其藝」，「大野既豬」，其與既，相互成文，此其之訓既也。」道，導也。劉起釪《校釋譯論》：「青州分遼東半島與山東半島兩部分，「嵎夷既略」，解決遼東半島的治理；「濰淄其道」，解決山東半島的治理。」

〔三〕**厥土白墳**■白墳，色白而肥沃也。《史記·貨殖列傳》：「齊帶山海，膏壤千里。」**海濱廣斥**■濱，枚《傳》：『涯也。』廣，胡渭《錐指》：「鄭康成《周禮注》云：「東西曰廣，南北曰輪。」《禮記注》云：「橫量曰廣，從量曰輪。」廣者，東西之地形也。今登、萊二府，東西長八九百里，三面濱海，皆可以煮鹽。「海濱廣斥」，蓋謂此也。」斥，鹹鹵也。《説文》：『鹵，西方鹹地也，从鹵省，口象鹽形。安定有鹵縣，東方謂之㡿，西方謂之鹵。』孔穎達《書疏》：「海畔迥闊，地皆斥鹵，故云廣斥。」

〔四〕**厥田惟上下**■惟，爲也，是也。上下，田第三等。**厥賦中上**■中上，賦第四等。承前省『惟』字。

〔五〕**厥貢鹽絺**■鹽，海鹽也。《國語・齊語》「通齊國之魚鹽」，是海鹽乃齊國特產。絺，細葛。《墨子・辭過》：「冬則練帛之中，足以爲輕且暖；夏則絺綌之中，足以爲輕且清。」則葛布之細者，可爲夏服。**海物惟錯**■海物，海產也。惟，乃也。錯，枚《傳》：「雜，非一種。」行甫按：海產非一，有魚類，貝類、亦有藻類，故云「惟錯」，古今之注者多生糾葛，甚無謂也。

〔六〕**岱畎絲枲**■岱畎，泰山之谿谷也。孔穎達《書疏》：「《釋水》云：「水注川曰谿，注谿曰谷。」谷是兩山之間流水之道，故言畎，去水故言谷也。」絲，蠶絲也。枲，《爾雅・釋草》：「麻。」**鈆松怪石**■鈆，《說文》：「鉛，青金也。从金，㕣聲。」胡渭《錐指》：「《本草》云「鉛乃五金之祖，變化最多。一變而成胡粉，再變而成黃丹」。胡粉一名白粉，黃丹一名朱粉，可以代丹堊，故貢其材使煉治之，以給繪畫塗飾之用也。」松，胡渭《錐指》：「《鄒山記》曰：「徂徠山在梁父、奉高、博三縣界，猶有美松。昔秦始皇登泰山避風雨於松下，因封其樹爲五大夫。」岱畎之多松明矣。」怪石，怪異之石。其形狀、色彩、紋理之異於常石者，統謂之怪石也。屈萬里《集釋》：「據記載，泰山出紫石英，齊州出雲滑石，歷城出鵝管石，皆怪石之類。」

〔七〕**萊夷作牧**■萊夷，《地理志》東萊郡即古萊國，今山東半島西北之壽光至東南之瑯玡以北皆屬古萊夷國。作，始也，爲也。《魯頌・駉》「思馬斯作」，毛《傳》：「作，始也。」《爾雅・釋言》：「作，爲也。」牧，放牧也。行甫按：「萊」本草穢之名，《禮記・王制》「居民山川沮澤」，鄭玄注「沮，謂萊沛」，《釋文》引何胤云：「草所生曰萊。」《小雅・十月之交》「田卒汙萊」，毛《傳》「下則汙，高則萊」，孔穎達《正義》：「萊者，草穢之名。」則「萊夷」當以畜牧爲生業之族群。「萊夷作牧」，謂水土治而草始生，乃爲畜牧之業，以貢其所得也。**厥篚檿絲**■檿，《說文》：「山桑也。」《爾雅・釋木》「檿桑，山桑」，郭璞注：「似桑，材中作弓及車轅。」檿絲，枚《傳》：「蠶絲，中琴瑟弦。」行甫按：胡渭云「檿絲」乃野生之蠶食檿桑之葉所產之絲，堅韌異常，「製爲紬，久而不敝」。是「檿絲』亦青州萊夷之特產也。

〔八〕**浮于汶達于濟**■汶，汶水。《地理志》泰山郡萊蕪縣原山，《禹貢》汶水出，西南入泲。胡渭《錐指》：『汶水自萊蕪歷泰安、肥城、寧陽至東平入濟，合流以注於海。』行甫按：此青州之貢道，諸地今仍其名，可按圖而索也。達于濟，屈萬里《集釋》：『不更言達于河者，省文也。』

此『青州章』。

【繹文】

青州跨海擁有山東半島與遼東半島之地，南面以泰山爲界。於山東半島西面以濟水爲界與兖州分，於遼東半島以大遼水爲界與冀州分。其東北面則達今鴨綠江與圖們江與朝韓分疆。位於遼東半島而與冀州共域的嵎夷之地，已劃分了中國與諸夷之封界；濰水與淄水也疏通了水道奔向渤海。青州的土地大抵是白色肥沃的，廣袤的海濱之地都是可以煮鹽的鹹鹵土壤。此州的耕地屬於第三等，賦税則屬於第四等。貢獻給中央朝廷的特產是鹽和精細的葛布；還有豐富多樣的各類海產品。泰山山谷出產的蠶絲與枲麻，也是上好的服飾材料；此外，還有錫金和松木以及各種不同形狀與不同色彩的奇異石材，也是這個地區的特產。而海邊萊夷之地，水土治平，草本植物也生長茂盛，可以大量放牧，此地的畜產也是上好的貢品；尤其是那些在山桑檿柞樹木上野生的蠶絲，堅韌異常，也是難得的稀有之物。盛入筐篚，漕運也很方便。此州之貢道，是由汶水轉濟水，然後由兖州之漯水進入河水以到達帝都。

海岱及淮惟徐州：〔一〕淮沂其乂，蒙羽其藝。〔二〕大野既豬，東原厎平。〔三〕厥土赤埴墳，草木漸包。〔四〕厥田惟上中，厥賦中中，厥貢惟土五色，〔五〕羽畎夏翟，嶧陽孤桐，〔六〕泗濱浮磬，淮夷蠙珠暨魚。〔七〕厥篚玄纖縞。〔八〕浮于淮泗，達于河。〔九〕

【釋讀】

〔一〕**海岱及淮惟徐州**■徐州，枚《傳》：『東至海，北至岱，南及淮。』屈萬里《集釋》：『徐州之域，東至今黃海，北至泰山，南至淮水；　即今山東南部、江蘇北部一帶，或兼及河南東部、安徽東北部之地。』

〔二〕**淮沂其乂**■淮，《地理志》南陽郡平氏縣：『《禹貢》桐柏大復山在東南，淮水所出，東南至淮陵入海。』行甫按：平氏縣故城在今河南南陽桐柏縣西。沂，《地理志》泰山郡蓋縣：『臨樂子山，沂水所出，南至下邳入泗。』行甫按：蓋縣故城在沂水縣西北八十里，今沂源縣界當是其地。下邳故城在今江蘇邳州市東北。今沂水則於江蘇新沂市南境匯於駱馬湖入運河。其，既也。乂，治也。**蒙羽其藝**■蒙，山名。《地理志》泰山郡蒙陰縣：『《禹貢》蒙山在西南，有祠。』行甫按：蒙山自山東蒙陰之南、平邑之東至費縣之北，由西北向東南綿延百餘里，又因在魯國都城曲阜之東，故又稱東蒙。羽，羽山，《地理志》東海郡祝其縣：『《禹貢》羽山在南，鯀所殛。』行甫按：今江蘇贛榆縣青口鎮當爲漢祝其縣舊治。其，既也。藝，種植也。胡渭《錐指》：『淮不乂則沂不可得而治，沂不乂則蒙羽不可得而治。然淮沂既乂，而二山畎澮距川之處，施功正不少也。』行甫按：『蒙羽其藝』與『淮沂其乂』，互文見義，必先『乂』之而後可『藝』也。

〔三〕**大野既豬**■大野，澤名，即鉅野澤。《地理志》大野澤在山陽郡鉅野縣北。行甫按：大野澤，宋時稱梁山泊，今已淤塞；大抵在山東梁山縣南、巨野縣北、嘉祥縣西北三縣相夾之地。豬，蓄聚也。枚《傳》：『水所停曰豬。』《夏本紀》作『都』，《禮記・檀弓下》『洿其宮而豬焉』，鄭玄注：『豬，都也。南方謂都爲豬。』段氏《撰異》：『古音無魚、虞、模斂侈之別，「都」音同「豬」，二字皆「者」聲也。「南方謂都爲豬」者，謂北人二音略有別，南音則無別也。俗「豬」旁加水作「瀦」，未知古人以音爲用，不泥其形也。』**東原厎平**■東原，裴駰《夏本紀集解》引鄭玄曰：『東平郡即東原。』行甫按：《地理志》東平國轄無鹽、任城、東平陸、富城、章、亢父、樊七縣，即今山東平陰、肥城、東平、寧陽、汶上、濟寧、兖州一帶地區。厎，致也。平，平治也。

〔四〕**厥土赤埴墳**■埴，枚《傳》：『土黏曰埴。』《釋文》：『鄭作戠，徐鄭王皆讀曰熾，韋昭音試。』孔穎達《書疏》：『戠埴音義同。』墳，肥沃也。**草木漸包**■漸，枚《傳》：『進長。』《釋文》：『如字。本又作蔪。《字林》：才冉反，草之相包裹也。』《說文繫傳》：『蔪，艸相蔪苞，從艸，斬聲。《書》曰：艸木蔪包。臣鍇曰：蔪，相入也。就冉反。』包，枚《傳》：『叢生。』《釋文》：『包，必茅反，字或作苞，非「叢生」也，馬云：相包裹也。』孔穎達《書疏》：『《易・漸卦・彖》云：「漸，進也。」《釋言》：「包，稹也。」孫炎曰：「物叢生曰苞，齊人名曰稹。」郭璞曰：「今人呼叢緻者爲稹。」漸包，謂長進叢生，言其美也。』

〔五〕**厥田惟上中**■上中，第二等。**厥賦中中**■中中，第五等。**厥貢惟土五色**■土五色，枚《傳》：『王者封五色土爲社，建諸侯，則各割其方色土與之，使立社。燾以黄土，苴以白茅，茅取其潔，黄取王者覆四方。』孔穎達《書疏》：『《韓詩外傳》云：「天子社廣五丈，東方青，南方赤，西方白，北方黑，上冒以黄土。將封諸侯，各取其方色土苴以白茅以爲社，明有土謹敬潔清也。」蔡邕《獨斷》云：「天子大社，以五色土爲壇。皇子封爲王者，授以大社之土，以所封之方色，苴以白茅；使之歸國以立社，謂之茅社。是必古書有此説，故先儒之言皆同也。』屈萬里《集釋》：『殷墟帝王墓中遺物有所謂花土者，以諸色土爲泥，交互堊於壁上，構成各色相間之花紋。此所貢之土五色，或爲墁圬宮室墳墓墻壁之用歟？姑存此疑，以待確證。』行甫按：五色土之用，當不僅於大社封建也。

〔六〕**羽畎夏翟**■羽，羽山。畎，山谷。夏，五色也。《周禮·染人》『秋染夏』，鄭玄注：『染夏者，染五色。』翟，《説文》：『山雉也，尾長，从羽，从隹。』段玉裁注：『《邶風》「右手秉翟」，毛曰：「翟，翟羽也。」《鄘風》「其之翟也」，毛曰：「翟，褕翟、闕翟；翟羽飾衣也。」《周禮》「王后五路：重翟、厭翟」，鄭曰：「重翟，重翟雉之羽。厭翟，次其羽使相迫。」按：翟羽，經傳多假狄爲之，狄人字，傳多假翟爲之。』《夏本紀》作『狄』，是二字相通互用也。行甫按：『夏翟』，即長尾山雉之五色羽毛也。古人以爲女性禮服以及旌旗裝飾之用，枚《傳》『羽中旌旄』，僅其一端也。**嶧陽孤桐**■嶧陽，嶧山之陽也。《地理志》東海郡下邳縣：『葛嶧山在西，古文以爲嶧陽』。行甫按：下邳故城在今山東棗莊市臺兒莊區北，名邳莊鎮者，當是其地。《地理志》魯國騶縣：『故邾國，曹姓，二十九世爲楚所滅。嶧山在北，莽曰騶亭』。行甫按：騶縣故城在今鄒城市東南二十里，嶧山又在故縣城東南二十里，今有名嶧山鎮者，當是依此山爲名，或是其地也。胡渭《錐指》：『嶧山自北而南，葛嶧乃鄒嶧之盡處，故嶧陽當在下邳也。』則嶧陽乃嶧山之陽，地在下邳以南，是也。孤桐，枚《傳》：『孤，特也。嶧山之陽特生桐，中琴瑟。』《太平御覽》卷九五六引《風俗通》：『梧桐生於嶧陽山巖石之上，採東南孫枝爲琴，聲甚清雅。』行甫按：『桐』乃製琴之材，《後漢書·蔡邕傳》：『吳人有燒桐以爨者，邕聞火烈之聲，知其良木，因請而裁爲琴，果有美音，而其尾猶焦，故時人名曰「焦尾琴」焉。』是其事也。

〔七〕**泗濱浮磬**■泗濱，泗水之濱。胡渭《錐指》：『泗濱，先儒但云泗水之涯，而不言在何縣。《水經注》：「泗水自彭城又東南過呂縣南，水上有石梁焉，故曰呂梁。」晉《太康地記》曰：「水出磬石，《書》所謂『泗濱浮磬』

者也。」《括地志》亦云：「泗水至彭城呂梁，出磬石。」今徐州東南六十里有呂梁洪。高誘《淮南子注》云：「呂梁在彭城呂縣，石生水中，禹決而通之。」蓋即磬石所出也。』浮磬，枚《傳》：『水中見石，可以爲磬。』孔穎達《書疏》：『水中見石，似若水中浮然，此石可以爲磬，故謂之浮石也。貢石而言磬者，此石宜爲磬，猶如砥礪然也。』林之奇《全解》：『磬之爲器，必取其石之最輕者，然後其聲清越以長；但以輕，故謂之浮矣。』行甫按：諸説皆望文生義，不足爲訓。《禮記·聘義》『孚尹旁達』，鄭玄注：『孚讀爲浮，尹讀如竹箭之筠，浮筠謂玉采色也。采色旁達，不有隱翳，似信也。』《孔子家語·問玉》王肅注：『孚尹，玉貌。』則『浮磬』者，謂有玉色光采之石，可以爲磬也。林氏既引《聘義》『聲清越以長』，不知『浮磬』之『浮』亦即『孚尹』之『孚』，失之交臂，是説經之不易也。**淮夷蠙珠暨魚**■淮夷，淮水流域之東夷人也。《釋文》引鄭玄云：『淮水之夷民也。』胡渭《錐指》：『淮南北近海之地，皆爲淮夷。淮北之夷，在徐州之域者也；淮南之夷，在揚州之域者也。經所稱淮夷，乃淮北之夷。』蠙珠，枚《傳》：『珠名。淮夷之水出蠙珠。』行甫按：『蠙珠』當爲二物，由『暨』字用法知之也。《説文》：『臮，眾與詞也。从似，自聲。《虞書》曰：臮咎繇。』《堯典》作『暨臯陶』，是『暨』與『臮』通。『讓于殳、斨暨伯與』，林之奇《尚書全解》：『禹讓稷、契臮臯陶，三人也；此之所讓，與禹正同。然中加「暨」字，則爲三人也，無疑矣。』是『暨』若『臮』者，乃三者相『與』、相『及』之詞也。《説文》：『玭，珠也。从玉，比聲。宋宏曰：淮水中出玭珠。玭珠，珠之有聲者。蠙，《夏書》玭从虫、賓。』段玉裁注：『「玭珠珠之有聲者」七字，當作「玭，蚌之有聲者」六字，玭本是蚌名。韋昭曰：「玭，蚌也。」《廣韻》曰：「蠙，珠母也。」』劉起釪引邵望平氏《九州風土考古學叢考》曰：『蠙，應是泛指與鰐需要相同生態環境的一組淡水厚殼蚌。黄河下游史前至商代遺址裏，厚殼蚌殼多有出土。除供食用外，還用於製作工具、武器及飾物。由於「徐州」之域既有大汶口龍山文化系統以獸面紋爲裝飾的文化傳統，鑲嵌工業傳統，又有取之不盡的蚌材，可推測「徐州」淮夷製蚌業最發達，工藝最精良，蚌珠、蚌泡及蚌飾禮器成爲特種工藝而進貢中央王國是有可能的。』珠，今所謂『珍珠』也。胡渭《錐指》：『陸佃《埤雅》云：「龍珠在頷，蛇珠在口，魚珠在眼，鮫珠在皮，鱉珠在足，蚌珠在腹，皆不及蚌珠。」此言最爲明晰。蓋他物皆能生珠，而蚌珠獨多且美，故經言蠙珠以別之：蠙只是蚌之別名，非殊形詭類之物也。』行甫按：陸氏言『珠』之別種甚夥，不獨『蚌珠』也。胡氏知『蠙』是『蚌』之別名，又以『蠙』與『珠』爲一，囿於舊說耳。魚，胡渭《錐指》：『嘗考水中之獸名魚者，《詩·小雅·采薇》曰「象弭魚服」，《采芑》曰「簟茀魚服」，《傳》云：「魚服，魚皮也。」《正義》云：「以魚皮爲矢服。」《左傳》「歸夫人魚軒」，服虔曰：「魚，獸名。」則魚皮又可以飾車也。陸璣《疏》曰：「魚獸似豬，東海有之。其皮背上斑文，腹下純青。今以爲弓鞬步叉（黄氏《韻會》：鞁，《埤蒼》云：『鞴鞁，盛箭室。』鞴音步，《子虛賦》作『步叉』），其皮雖乾燥爲弓鞬、矢服經年，海水潮及天將雨，其毛皆起，海潮還及天晴，則毛復如故。雖在數千里外，可以知海水之潮，自相感也。」《初學記》引張華《博物志》云：「牛魚，目似牛，形似犢子，剝皮懸之，潮水至則毛起，去則毛伏。」楊孚《臨海水土記》云：「牛魚象獺，毛青黄色似鱣，知潮水上下。」此牛魚似即陸璣所謂魚獸者。《周書·王會解》言禹四海異物，有南海魚革。注云：「今以飾小車，纏兵室之口。」又揚州貢禺禺魚，注云：「《說文》作鰅，鰅，魚名，皮有文，出樂浪東暆。神爵四年，初捕輸考工。」則此魚之皮，亦似可以飾器物，故輸之考工也。魚之名見於《毛詩》、《左傳》，其皮可以飾器物，故貢之。』劉起釪引邵望平說，謂『魚』是兩棲爬行動物、其皮可以爲飾的鱷魚。行甫按：淮夷所貢之特產爲厚殼蚌、珍珠與鱷魚皮三種。

〔八〕**厥篚玄纖縞**■玄，黑色。纖，顔師古《地理志》注：『細繒也。』《禮記·間傳》『禫而纖』，鄭玄注：『黑經白緯曰纖。』縞，顔師古注：『鮮支也。即今所謂素者也。言獻黑細繒及鮮支也。』《食貨志》『上履絲曳縞』，顔師古注：『縞，皓素也，繒之精白者也。』《左傳》襄公二十九年『與之縞帶』，孔穎達《疏》引鄭玄《禮記注》：『白經赤緯曰縞。』行甫按：《說文》『縞，帛也』，則『厥篚玄纖縞』者，即以筐篚盛裝精工紡織之黑色絲帛與白色絲帛爲貢品也。

〔九〕**浮于淮泗達于河**■泗，《水經注》：『泗水出魯卞縣故城東南，桃墟西北。』《元和郡縣志》：『泗水縣，漢卞縣之地。泗水源出縣東陪尾山，其源有四，四泉俱導，因以爲名。』《説文》：『泗水受泲水，東入淮。』行甫按：泗水西南流，歷今山東曲阜、兖州、濟寧、魚臺至江蘇沛縣、銅山、邳州、宿遷匯入淮水。元代至元年間，其下流於濟寧南境爲運河所奪。河，當作『菏』，《説文》：『菏水，在山陽湖陵南，《禹貢》：浮于淮泗達于菏。』段玉裁注：『今山東兖州府魚臺縣東南六十里有湖陵故城，與江蘇沛縣接界。』菏水於定陶東北自濟水分出，東南流，至今魚臺縣入泗，今水道淤塞。行甫按：此言徐州貢道也。閻若璩《尚書古文疏證》曰：『自淮而泗，自泗而菏，然後由菏入泲，以達於河。徐之貢道也。上文沇州「浮于濟漯達于河」，次青州「浮于汶達于濟」，不復言「達于河」，次徐州「浮于淮泗達于菏」，不復言「達于濟」，至揚州則「浮于江海達于淮泗」，且不復言「達于菏」，不復言者，蒙上文也。聖經之書法也。』

此『徐州章』。

【繹文】

東面到達黄海，北面到達泰山，南面到達淮水，這是徐州地界。淮水與沂水已經獲得治理，蒙山與羽山一帶的土地也可以耕種了。高處之水匯聚成巨野澤了，東原地區，即今之平陰、肥城、東平、寧陽、汶上、濟寧、兖州一帶的水土也得到平治了。徐州的土地大抵爲肥沃的紅色黏性土壤，因而草木生長也十分茂盛密匝。徐州的耕田屬於中上，爲第二等，其賦稅則屬於中中，爲第五等，大約也是地曠人稀，土地卑濕之故。本州的貢品則十分豐富，有作爲封君建國立社所用的五色土，當然也可能作爲墁圬宫墻與塗堊墓壁的花泥之用。生息在羽山谷澗之間的長尾雉，具有修長而五采斑爛的毛羽，可以用作車服與旌旗以及禮樂之器的裝飾。嶧山之陽特生的孤桐，更是製作琴瑟的上好木材。還有泗水之濱自然天成的青石板，泛著玉色幽光，是製作石磬的極佳石材。淮水北岸的東夷人所采獲的厚殼蚌和蚌中珍珠，以及他們所捕獲的水中魚獸即鰐魚，其皮質堅韌柔軟，可製作弓弢、箭袋乃至車蓬，用途也十分廣泛。至於當地精工紡織的黑白兩色之絲帛，用筐篚盛裝起來，作爲貢品，也是此地獨一無二的特產。徐州的貢道，是由淮水而進入泗水，再由泗水達於菏水，又由菏水轉入濟水，再由濟水轉入漯水而後入河水，則輾轉漕運以達於帝都。

淮海惟揚州：〔一〕彭蠡既豬，陽鳥攸居。〔二〕三江既入，震澤厎定。〔三〕篠簜既敷，厥草惟夭，厥木惟喬。〔四〕厥土惟塗泥，厥田惟下下，厥賦下上上錯。〔五〕厥貢惟金三品，瑤琨篠簜，齒革羽毛惟木。〔六〕島夷卉服，厥篚織貝，厥包橘柚錫貢。〔七〕沿于江海，達于淮泗。〔八〕

【釋讀】

〔一〕**淮海惟揚州**■淮，淮水也，揚州之北界。海，東海迤及南海也。揚州，其地包括今江蘇、安徽兩省之淮河以南地區以及江西、浙江、福建三省全境。此外，與江西南境相應的廣東自韶關、英德、番禺、東莞一線以東，至揭陽、潮州及海上臺灣、澎湖等大小島嶼，亦屬揚州之域。

〔二〕**彭蠡既豬**■彭蠡，湖名，又稱彭蠡澤。《地理志》豫章郡彭澤縣西有彭蠡澤。行甫按：今之鄱陽湖是也，在江西省北部。豬，水所停聚也。**陽鳥攸居**■陽鳥，大雁也。攸，《爾雅·釋言》：「所也。」枚《傳》：「隨陽之鳥，鴻雁之屬，冬月所居，於此澤。」《邶風·匏有苦葉》「雝雝鳴雁」，鄭《箋》：「雁者，隨陽而處。」孔穎達《正義》：「《禹貢注》云：陽鳥，鳴雁之屬，隨陽氣南北。不言陰者，以其彭蠡之澤近南，恆暖，鴻雁之屬避寒隨陽而往居之，故經云『陽鳥攸居』。《注》釋其名曰『陽鳥』之意，故不言陰耳。」

〔三〕**三江既入**■三江，自古說『三江』者，最爲紛歧。其所以紛歧之由，乃在下文導漢云『北江』，導江云『中江』，傳注家合二爲一，故徒滋糾葛。然經文既言『三江既入，震澤底定』，則此『三江』當於『震澤』求之，不可與『導水章』强爲牽合。王夫之《尚書稗疏》：『三江入而震澤定，三江者，震澤之源與支流也。自鮎魚口經蘇州太倉入海者，一江也（今婁江）；其自吳縣長橋東北，合龐山湖，過松江、上海之北入海者，一江也（今松江）；自大姚分支，過青浦之澱山湖，東至嘉定縣界，合上海之黃浦，經嘉定、江灣，自上海之南入海者，一江也（今東江）。凡此三江，皆太湖之委也。委流順，則從出之澤亦平。故三江入海，而震澤以定也。』行甫按：『婁江』即今瀏河，『松江』即今吳松江，『東江』即今匯於黃浦江而入海的太浦河。三江皆首受太湖，入海而後震澤乃定，其說可從也。**震澤底定**■震澤，枚《傳》：「吳南太湖名。」《地理志》會稽郡吳縣，「具區澤在西，古文以爲震澤。」胡渭《錐指》：「葉少蘊云：揚州之藪爲震澤，今平望、八赤、震澤之間，水瀰漫而極淺，其蒲魚蓮芡之利，人所資者甚廣。亦或可隄而爲田，與太湖異，所以謂之澤藪。然積潦暴至無以洩之，則溢而爲害，所以謂之震澤。黃子鴻申其義曰：今土人自包山以西，謂之西太湖，水始淵深；自莫釐武山以東，謂之南湖，水極灘淺，蓋即古之震澤。止以上流相通，後人遂混謂之太湖，誤矣。」行甫按：莫釐武山，即今太湖中東、西洞庭山；平望、震澤，皆吳江市南之小鎮，今其地亦有其名者。行甫又按：所以名『震澤』者，『震』者，動也，謂豬水無常勢，或漫溢，或灘淺。今『三江』既已入海，則震澤亦致平定，有蒲魚蓮芡之利，可常資於人也。

〔四〕**篠簜既敷**■篠，枚《傳》：『竹箭。』《爾雅·釋地》：『東南之美者，有會稽之竹箭焉。』郭璞注：『篠也。』邢昺《疏》：『篠是竹之小者，可以爲箭幹。』簜，《説文》：『大竹也。从竹，湯聲。《夏書》曰：瑤琨筱簜。簜可爲榦，筱可爲矢。』既，已也。敷，布也。**厥草惟夭**■夭，《釋文》：『馬云：長也。』**厥木惟喬**■喬，枚《傳》：『高也。』

〔五〕**厥土惟塗泥**■塗泥，枚《傳》：『地泉濕。』蔡《傳》：『水泉濕也。下地多水，其土淖。』行甫按：『塗泥』者，謂土壤潮濕如泥也。**厥田惟下下**■下下，第九等。**厥賦下上上錯**■下上，第七等。錯，差也。謂近於第七等而不足於第七等，又不至於第八等也。説見『冀州章』之『厥賦惟上上錯』釋讀。

〔六〕**厥貢惟金三品**■金三品，枚《傳》：『金、銀、銅也。』孔穎達《書疏》：『鄭玄以爲「金三品」者，銅三色也。』行甫按：當以鄭説爲是，先秦載籍所謂『金』者，皆指銅言之。『三色』者，青、白、赤也。**瑤琨篠簜**■瑤，《説文》：『石之美者，从玉䍃聲。《詩》曰：報之以瓊瑤。』琨，《説文》：『石之美者，从玉昆聲。《夏書》曰楊州貢瑤琨。瑻，琨或从貫。』**齒革羽毛惟木**■齒革羽毛，枚《傳》：『齒，象牙；革，犀皮；羽，鳥羽；毛，旄牛尾。』惟，與也，及也。木，枚《傳》：『楩、梓、豫章。』

〔七〕**島夷卉服**■島夷，居於海島之夷人。卉服，枚《傳》：『草服，葛越。』孔穎達《書疏》：『葛越，南方布名，用葛爲之。左思《吴都賦》云「焦葛升越，弱於羅紈」，是也。鄭玄云：此州下濕，故衣草服。貢其服者，以給天子之官。』**厥篚織貝**■織貝，劉起釪引顧頡剛、邵望平氏説，以爲切貝殼至極薄，成小圓片，鑽孔後，以繩索連貫編織以爲服飾。行甫按：此『織貝』與『卉服』當爲南方島民抵御潮濕及暑溽所服，具有清涼解暑及不易爲潮氣與汗水沾濕之特性。北方夏天亦可服用，故爲貢物。**厥包橘柚錫貢**■包，包裹也。橘柚，枚《傳》：『小曰橘，大曰柚。』顔師古《地理志》注：『橘、柚皆不耐寒，故包裹而致之也。』胡渭《錐指》：『今浙東、江西橘柚更多，福建多且美，皆在揚域。』錫，與也，予也。錫貢，枚《傳》：『錫命乃貢，言不常。』行甫按：『言不常』者，是也；然『錫命乃貢』，則非。『錫貢』者，當是於上述諸多常貢之外，另附之貢，非常所必貢也。下文豫州『錫貢磬錯』，其性質當同。否則，經文於『貢』前著一『錫』字，甚無謂也。

〔八〕**沿于江海**■沿，枚《傳》：『順流而下曰沿。』《釋文》：『鄭本作「松」，「松」當爲「沿」。馬本作「均」，云「均，平也。」』《夏本紀》、《地理志》皆作『均江海』，《史記集解》：『鄭玄曰：均，讀曰沿。沿，順水行也。』行甫按：『均』，猶『順』也。《管子・立政》『省官』節，一言『以時均脩焉』，兩言『以時鈞脩焉』，《荀子・王制》『序官』節，三句皆作『以時順修』。『均』與『鈞』通，皆訓『順』也。馬融訓『平』，非其義也。江海，枚《傳》：『沿江入海。』**達于淮泗**■達，通也。淮泗，枚《傳》：『自海入淮，自淮入泗。』行甫按：此揚州貢道也。『達于淮泗』，即進入徐州貢道之菏水，然後由菏水入濟水、漯水轉入大河達帝都也。

此乃『揚州章』。

【繹文】

北面以淮水爲界，與徐州分疆；東面與南面皆爲大海，這就是揚州之地。彭蠡澤已經聚滿了水，逐陽而居的大雁也在此有了安居之處。婁(瀏)江、(吳)松江以及太(黄)浦江都已經歸入大海，太湖旁邊時消時漲動盪不已的澤藪之地也趨於平静了。其地大大小小的竹子遍生成林；那緑草如茵，生長茂盛；那樹木也十分挺拔高大。揚州的土地屬於潮濕的泥性土壤，其耕田爲第九等，其賦税則接近第七等而不足於第七等。此州的貢物是成色不同的三種銅，還有瑶和琨這種近似玉的漂亮石頭以及造弓箭用的大小竹子，象牙、犀牛皮、鳥羽、旄牛尾這些珍稀物品與楩、梓及樟樹這些上好的木材，也是此地的貢品。居住在海島上的夷人製作精良的葛衣，質地柔軟，輕薄透氣，他們那些用小貝殼編織起來的貝衣，既清涼散熱，也耐潮耐汗，都是裝在筐篚中進貢的稀有之物。此外，還有包裹起來的橘子和柚子，作爲揚州的特産，也與那些必貢的物品一起，順江入海，然後由海入淮，由淮入泗，再由泗入菏，由菏入濟，從而輾轉進入大河輸向帝都。

荊及衡陽惟荊州：〔一〕江漢朝宗于海，九江孔殷，沱潛既道，雲土夢作乂。〔二〕厥土惟塗泥，厥田惟下中，厥賦上下，厥貢羽毛齒革，惟金三品；〔三〕杶榦栝柏，礪砥砮丹，惟箘簵楛；〔四〕三邦底貢，厥名包匭菁茅；〔五〕厥篚玄纁璣組；〔六〕九江納錫大龜。〔七〕浮于江沱潛漢，逾于洛，至于南河。〔八〕

【釋讀】

〔一〕**荊及衡陽惟荊州**■荊，山名。《地理志》南郡臨沮縣下：「《禹貢》南條荊山在東北，漳水所出」。王先謙《補注》謂今湖北當陽縣西北之遠安，漢臨沮縣地，南漳、當陽半入臨沮境。石泉《古代荊楚地理新探》（武漢大學出版社二〇一三年版）謂在今南漳縣東南臨沮崗稍南之地。行甫按：臨沮故城當以石氏之說爲是，今遺址尚存。荊山在今南漳縣西北境，爲荊、豫二州分界之處。衡陽，衡山之南。《地理志》長沙國湘南縣：「《禹貢》衡山在東南，荊州山」。其地在今湖南衡山縣西。荊州，枚《傳》：「北據荊山，南及衡山之陽。」孔穎達《書疏》：「其境過衡山也，以衡是大山，其南無復有名山大川可以爲記，故言『陽』，見其南至山南也。」胡渭《錐指》：「荊之南界，越衡山之陽，大抵及嶺而止。」行甫按：五嶺以今輿地言之，大庾嶺最東，在江西贛州大余縣南，屬《禹貢》揚州，其餘四嶺皆屬荊州。第二騎田嶺，在湖南郴州南。第三萌渚嶺，在湖南江華縣南偏東。第四都龐嶺，在湖南江永縣西偏南。第五越城嶺，在湖南東安縣西而南迤。荊州之域，約當今湖北、湖南全境及安徽西南隅之地。

〔二〕**江漢朝宗于海**■江漢，二水名。朝宗，枚《傳》：「二水經此州而入海，有似於朝，百川以海爲宗。宗，尊也。」孔穎達《書疏》：「朝宗是人事之名，水無性識，非有此義，以海水大而江漢小，以小就大，似諸侯歸於天子，假人事而言之也。」行甫按：「朝宗」，近義複詞，《周禮・大宗伯》：「春見曰朝，夏見曰宗。」此譬喻之辭，言江漢之水奔向大海，猶以小朝大，以卑宗尊也。枚《傳》孔《疏》之說，是也。**九江孔殷**■九江，歷來說者，紛紜歧出，莫衷一是，參見劉起釪氏《校釋譯論》，茲不復贅。因秦滅楚，以其都壽春置九江郡，《史記・河渠書》則云「余南登廬山，觀禹疏九江」，班氏《地理志》廬江郡尋陽縣下自注：「《禹貢》九江在南，皆東合爲大江。」行甫按：秦置九江郡，《禹貢》屬揚州，不在荊州境。據近人石泉《古代荊楚地理新探・續探》（武漢大學出版社二〇〇四年版）對先秦漢魏荊楚古地理之系列考證，知《禹貢》荊州「九江」地望，當在今鄂西南及江漢平原「湖澤廣布」之地。

而宋儒以『九江』爲湖南境内湘、資、沅、澧諸水系以匯入洞庭湖者，石氏認爲，其名稱皆指戰國秦漢以至魏晉時期鄂西南江漢流域諸水。東晉至梁陳之際，因戰亂頻仍，荆楚中心地帶之政區地理發生巨變，流民頻劇南遷，其所居之城邑名及所利之水域名亦隨之而南移，是以古江漢流域之湘、資、沅、澧四水之名乃隨而移爲今湖南境内四水之專名。王夫之《尚書稗疏》説《禹貢》『九江』云：『江自荆南而合於漢沔間者有九：一曰川江，即大江；二曰清江，源出施州衛之西，至長陽入于江；三曰魯洑江；四曰潛江，出自漢水而會于江；五曰沱江，夏水也；六曰漳江，出南漳，合于江；七曰沮江，出房縣；八曰直江，公安之油水也；九曰漢江。蓋此九水，自長陽而東，漸合于江，至漢口而後江、漢水合。則漢陽以南，城陵磯以西，皆爲九江合流之地，江勢大盛，故曰「孔殷」也。而此上下三百里間，正在巴陵之西北，故《水經》云「在下雋西北」。乃九江之首，起于長陽，故經云「過九江至于東陵」。而湖北諸山，隨江西下，放于江、漢之間，然後逾江而過武昌之南、岳州之北，于「導山」之文亦無不合契者，斯以爲《禹貢》之定論也。皖口、柴桑、洞庭之釋，要于經文無取。』王船山所謂『漢陽以南』，實指漢水中下游南面與西面之地，即鄂西北與鄂西南及江漢平原中西部地區。『長陽』在鄂西南偏東，今地名仍在。『城陵磯』在今岳陽市北。據石泉古荆楚地理之研究，則以宋儒所言『九江』之名，移置於王夫之所言『九江』之方位，當得《禹貢》『九江』之實。餘説參見下文『過九江至于東陵』釋讀。孔，甚也。殷，衆也。孔穎達《書疏》引鄭玄曰：『殷猶多也。』行甫按：『孔殷』，言衆水所會，其流甚盛也。**沱潛既道**■沱潛，二種水名。《夏本紀》作『沱涔已道』，《地理志》作『沱灊既道』，潛、涔、灊字通。《夏本紀集解》引鄭玄注：『水出江爲沱，漢爲涔。』《爾雅·釋水》：『水自河出爲灉。漢爲潛。江爲沱。』行甫按：後世以江、漢支流爲沱、潛，因荆、梁二州境皆有『江』與『漢』，故二州皆有以此爲名之水。非《禹貢》『沱、潛』之義也。既，已也。道，導也，通也。**雲土夢作乂**■雲土夢，《地理志》作『雲夢土』，顔師古注：『雲夢，澤名。言二水既從其道，則雲夢之土可爲畎畝之治也。』《周禮·職方氏》『正南曰荆州，其澤藪曰雲瞢』，孫詒讓《正義》：『雲者，此澤之專名，夢者，楚人之通語。《禹貢》之雲土，即《楚語》之雲連徒州，《漢地理志》江夏郡又有雲杜縣，土徒杜並聲近字通。然則雲土即澤名，雲土夢，猶云雲土澤耳。省文曰雲夢，復省之，則曰雲，曰夢，實一藪也。《史記・夏本紀索隱》以雲土、夢爲二澤，誤。』行甫按：孫說是也。石泉《古荊楚地理新探》謂前人解釋『雲夢』地望，因時而異。由較古之原始材料看，古代雲夢澤實非如今人所想像之大。且不同歷史時期之雲夢澤，也不是始終位於同一地點；同一時期也不止一處叫作『雲夢澤』，通常只有一個較爲著稱。具體而言，一、先秦至漢初之古『雲夢』（《左傳》䢵國之夢和《禹貢》『雲土夢』）實位於漢晉江夏郡雲杜縣境，即今京山、鍾祥間，大致相當於今溳水中上游溫峽口水庫一帶，此乃最早之『云（鄖、䢵）夢』所在。二、漢魏六朝時期著稱的華容雲夢澤（又名巴丘湖，即楚國的『江南之夢』）則當在漢晉南郡的『江南』地區，即漢水中游以西今鍾祥西北境，蠻河南面、洲河北面的沼澤窪地。三、唐至北宋時著稱的安州雲夢澤，則在今安陸市至雲夢縣境。自唐以後，人們按照當時的地理觀念，以兼收並蓄的方式統協有關古雲夢澤地望之各種說法，以致將雲夢澤說成『跨江南北』的大雲夢澤，並逐漸成爲最有影響的說法而流傳至今。石泉《新探》又云：先秦楚國都城郢都地望不在今荊州江陵城北之『紀南城』，應當在漢水中游以西、蠻河下游今湖北省宜城市南十五里鄭集東之楚皇城遺址。則《左傳》定公四年『楚子涉雎濟江入于雲中』，宣公四年『䢵夫人棄子文于夢中』，在今湖北省京山縣與鍾祥市之間，即鍾祥市北境漢水東岸地區。昭公三年楚子以鄭伯『田江南之夢』，在漢水中游今鍾祥市西北境漢水西岸地區，即漢魏六朝時期著稱的華容雲夢澤（此地北距楚宮最近），是『雲中』、『夢中』以及『江南之夢』，其地望皆在漢水中游兩岸，離今宜城市南境之楚郢都不遠。據石氏之說，則《禹貢》之『雲土夢』，當是指漢水中游古代荊州腹心地帶之大片土地而言，非指其澤藪也。因《禹貢》各州關乎澤藪者，皆言『既澤』或『既豬』，不言『作乂』，故而知之也。作，始也。乂，治也。枚《傳》：『水去可爲耕作畎畝之治。』行甫按：上四句謂：江、漢合流，歸宗於大海；荊州境內衆多支流，分別注江入漢，形成浩瀚之勢；　江、漢支分之水也隨勢得以疏通，荊州腹地雲夢澤周邊一帶也逐步治理，可以耕作了。

〔三〕**厥土惟塗泥**■塗泥，土壤潮濕如泥，與揚州同。**厥田惟下中**■下中，第八等。**厥賦上下**■上下，第三等。枚《傳》：『田第八，賦第三，人功修。』行甫按：荊楚之地，在江漢流域，人口密集，開發較早，水稻種植，尤爲發達，亦是歷來南北紛爭之地。**厥貢羽毛齒革**■羽毛齒革，與揚州『齒革羽毛』同，即鳥羽、旄牛尾、象牙、犀牛皮。孔穎達《書疏》：『揚州先齒革，此州先羽毛者，蓋以善者爲先。』**惟金三品**■金三品，亦與揚州同，即三種不同成色之銅。

〔四〕**杶榦栝柏**■杶，《釋文》：『敕倫反，徐敕荀反。木名，又作櫄。』《說文》：『杶，木也，从木，屯聲。《夏書》曰：「杶榦栝柏。」櫄，或从熏。橁，杶也，从木，筍聲。』胡渭《錐指》：『《左傳》「孟莊子斬其橁以爲公琴」，杜注：「橁，木名，杶也，琴材。」徐鍇曰：「杶木似樗，中車輮，實不堪食。」杶又作椿。蘇恭曰：「椿、樗二樹形相似，但樗疏、椿實爲別也。」蘇頌曰：「椿木實而葉香，樗木疏而氣臭。」李時珍曰：「椿、樗、栲，一木而三種，樗、栲皆不材之木，不似椿堅實可入棟梁也。」渭按：杶、櫄、橁、椿爲一木，字異而音義同。杶與樗、栲雖相似而樗、栲不材，貢之何爲，則杶與樗、栲實異種也。杶一作櫄，蓋椿葉香，故從熏，杶之爲椿明矣。其材大抵中琴、中車輮。蘇《傳》曰：「榦，柘也，以爲弓榦。」是以杶、榦爲一木，恐非。』榦，枚《傳》：『柘也。』孔穎達《書疏》：『榦爲弓榦，《考工記》云「弓人取榦之道七，以柘爲上」，知此榦是柘也。』栝，枚《傳》：『柏葉松身曰栝。』《爾雅·釋木》：『樅，松葉柏身。檜，柏葉松身。』《說文》：『栝，檃也，從木昏聲。一曰矢栝，檃弦處。』胡渭《錐指》：『《傳》訓「栝」與《爾雅》「檜」同，《說文》解「檜」如《爾雅》而「栝」下不復出，則栝、檜實一木。北音讀栝爲古外切，故又有木旁從會之字。栝乃柏之類，葉扁而側生者爲柏，俗謂之側柏；葉尖硬而向上者爲栝，俗謂之圓柏。』**礪砥砮丹**■

礪砥，枚《傳》：『砥細於礪，皆磨石也。』孔穎達《書疏》：『砥以細密爲名，礪以麤糲爲稱。故砥細於礪，皆磨石也。鄭云：「礪，磨刀刃石也。精者曰砥。」』砮，枚《傳》：『石中矢鏃。』孔穎達《書疏》：『《魯語》曰「肅慎氏貢楛矢石砮」，賈逵云：「砮，矢鏃之石也。」』韋昭《國語注》：『砮，鏃也，以石爲之。』胡渭《錐指》：『蘇子瞻《石砮記》曰：「余自儋耳北歸，江上得古箭鏃，槊鋒而劍脊，其廉可劌，而其質則石，此即所謂『楛矢石砮』，孔子不近取之荊、梁，而遠取之肅慎，則荊梁之不貢此久矣。」王明逸云：「女真即古肅慎之地，今尚產楛矢石砮。石砮出黑龍江口，名水花石，堅利入鐵。子瞻所見，古荊梁外徼固宜有之也。」渭按：孔子知爲肅慎之矢者，亦以其長尺有咫耳，非以荊、梁不貢而徵諸肅慎也。荊、梁即不貢，中國豈絕無此物，而射隼者必肅慎乎！子瞻說未當，然因此可見古荊梁石砮之狀，亦佳話也。』丹，枚《傳》：『朱類。』孔穎達《書疏》：『丹者，丹砂，故曰「朱類」。王肅云：「丹可以爲采。」』胡渭《錐指》：『《周書·王會》「卜人以丹砂」，孔晁注曰：「卜人，西南之蠻，丹砂所出。」王應麟《補注》曰：「《太平御覽》：卜人，蓋今之濮人也。伊尹爲四方獻，令正南百濮。《牧誓》注：濮在江、漢之南。《左氏傳》：巴濮，吾南土也。」然則卜人寔荊域，故貢丹砂也。《通典》：「辰州貢光明砂四斤。」是辰產最勝。』**惟箘簵楛**■惟，與也，及也。箘簵楛，枚《傳》：『箘簵，美竹。楛，中矢榦。三物皆出雲夢之澤。』《說文》：『箘，箘簵，竹也。从竹囷聲。一曰篿棊也；簵，箘簵也，从竹路聲。《夏書》曰：惟箘簵楛。簬，古文簵，从輅；枯，槁也，从木古聲。《夏書》曰：唯箘輅枯。枯，木名也。』行甫按：『簵』、『簬』與『輅』及『楛』與『枯』，皆音同字通。『箘簵』當爲一物，《戰國策·趙策一》、《韓非子·十過》皆言董安于治晉陽，公宮之垣，皆以狄蒿苦楚廧之，其高至丈餘，『於是發而試之，其堅則箘簵之勁不能過也』，則『箘簵』乃堅韌强勁之竹。顏師古《地理志》注：『箘簵，竹名；楛，木名也，皆可爲矢。』

〔五〕**三邦底貢**■三邦，枚《傳》：『近澤三國。』林之奇《全解》：『三邦之地，經無明文，難以考據。』底，致也。**厥名包匭菁茅**■厥，其也。名，名稱，名號。《墨子·經說上》：「所以謂，名也。」包，包裹也。匭，枚《傳》：「匣也。」菁茅，三脊茅。《管子·輕重丁》：「江淮之間，有一茅而三脊，毌至其本，名之曰菁茅。」《左傳》僖公四年管仲責楚曰「爾貢包茅不入，王祭不共，無以縮酒，寡人是徵」，楚答「貢之不入，寡君之罪也，敢不共給」，是楚貢包茅也。胡渭《錐指》：「王氏曰：『包匭菁茅』者，包且匭也。物或篚或包，至菁茅則包且匭者，正以供祭祀，故嚴之也。朱子曰：古人榨酒不以絲帛，而以編茅。王室祭祀之酒，則以菁茅，取其至潔也。」行甫按：「厥名」二字，或屬上爲讀，或訓爲「著名」、「有名」，恐非。此「包匭菁茅」應爲專有名詞，《左傳》僖公四年所謂「包茅」者，是也。「包茅」當爲「包匭菁茅」之省稱，因其保質應時而貴重，故包裹之而又匣藏之以貢之。

〔六〕**厥篚玄纁璣組**■玄，《說文》：「黑而有赤色者爲玄。」纁，《說文》：「淺絳也。」《考工記·鐘氏》「三入爲纁」，鄭玄注：「染纁者三入而成。」枚《傳》：「此州染玄、纁色善，故貢之。」行甫按：「玄纁」指二色之絲織品。璣組，枚《傳》：「璣，珠類，生於水；組，綬類。」江聲《集注音疏》：「組以貫珠，謂之璣組。璣非篚實，篚實止是組爾。」行甫按：以絲繩編織成扁形絲帶，貫以珠璣爲裝飾，稱爲「璣組」，爲佩玉之用。非「璣」與「組」爲二物也。

〔七〕**九江納錫大龜**■九江，謂九江一帶，江漢流域之地也。說見上「九江孔殷」釋讀。納，《釋文》：「馬融曰：入也。」錫，與也，予也。大龜，以爲占卜之用也。

〔八〕**浮于江沱潛漢**■浮，舟行也，漕運也。江沱潛漢，由江漢之分流入於江漢之主流也。**逾于洛**■逾，翻越也。洛，豫州之水，字當作「雒」。雍州之水，字當作「洛」。後人書豫州雒水爲洛水，乃因曹魏黃初元年詔改「雒」爲「洛」始。荆州之貢道，由江漢之水路航運而後越過南陽陸地以入於洛水。故曰「逾于洛」也。**至于南河**■南河，古黃河自風陵渡東流，至河南浚縣北折，此段河流稱爲「南河」。由南河而達於帝都。

此乃『荆州章』。

【繹文】

位於今湖北南漳縣西北境之荆山至位於今湖南衡山縣西之衡山以南，乃《禹貢》荆州之地。漢水與江水在荆州合流之後便歸宗於大海，荆楚大地江漢平原地區的衆多支流水系注江入漢，水勢甚爲浩瀚，奔流東下。江、漢二水之支流，皆得疏通，各有歸宿。漢水中游荆州腹心地帶，雲夢諸澤周邊的土地，也逐步得到治理，可以耕作了。荆州的土壤與揚州一樣，也是屬於潮濕的泥性土質，其耕田的等級爲下中，是第八等；因本地人口密集，開發較早，尤其水稻種植比較發達，所以荆州的賦税等級比較靠前，屬於上下，爲第三等。本州貢物除了與揚州相同的羽毛、旄牛尾、象牙、犀牛皮以及三種不同成色的銅之外，還有香椿、柘樹、側葉柏、圓葉柏等質實堅硬的各種樹木，還有粗礪與精細不等的各種磨石、用作箭頭的砮石、用作顔料的朱砂，以及質地堅勁可用爲箭桿的箘簵之竹與楛樹之木。靠近雲夢諸澤周邊的三個地區，生有某種特殊的三脊茅，作爲送達朝廷的貢品，有它專門的名稱，叫作『包匭菁茅』，簡稱『包茅』，因其用於朝廷祭祀濾酒，所以特别重視，爲了保質不致腐爛，先用布帛包裹起來，然後又納藏於木匣之中再行運送。此外，還有深黑與淺紅的絲織物以及用於佩戴玉器而貫有珠璣的編織絲帶，這些與絲織品有關的貢物，是照例要盛於筐篚之中才可漕運的。而江漢平原上『九江』縱横交錯之地出産的大龜，是朝廷用以占卜的極好材料，也是荆州獻納給朝廷的貢品。荆州的貢道，是通過分佈廣闊的江漢支流進入江水與漢水的主流河道，然後登上陸地，越過南陽盆地進入大河南岸的洛水，再由洛水進入東西流向的南河到達帝都。

荆河惟豫州：〔一〕伊洛瀍澗既入于河，滎波既豬，導菏澤，被孟豬。〔二〕厥土惟壤，下土墳壚。厥田惟中上，厥賦錯上中。〔三〕厥貢漆枲絺紵，厥篚纖纊，錫貢磬錯。〔四〕浮于洛，達于河。〔五〕

【釋讀】

〔一〕**荆河惟豫州**■荆，荆山。在今湖北南漳縣西北境，爲荆州與豫州分界之處。河，枚《傳》：『西南至荆山，北距河水。』行甫按：『河』即上文『南河』也。豫州，約當今河南省黄河以南，至湖北境漢水中游北岸之地，兼及安徽西部地區；處於九州中心地帶，周邊與荆、梁、雍、冀、兗、徐、揚各州壤地相接。

〔二〕**伊洛瀍澗既入于河**■伊，蘇軾《書傳》：『伊水出弘農盧氏縣東熊耳山，東北入洛。』行甫按：今伊水出河南欒川縣西，與盧氏縣接壤之處。東北流，經嵩縣東、伊川縣東，至偃師市南入洛水。洛，蘇氏《書傳》：『洛水出弘農上洛縣冢嶺山，東北至鞏縣入河。』行甫按：《夏本紀》、《地理志》『洛』皆作『雒』，是也。今洛水出陝西洛南縣，東南流經河南盧氏縣東，東北流，經洛寧縣南，又東北流經宜陽縣北，過洛陽市東南，至偃師市南、鞏義市西，東北流，入黄河。瀍，蘇氏《書傳》：『瀍水出河南穀城縣潛亭北，東南入洛。』行甫按：瀍水出河南孟津縣西北穀城山，東南流，過洛陽市，入洛水。澗，蘇軾《書傳》：『澗水出宏農新安縣，東南入洛。』行甫按：澗水出河南黽池縣，東南流合穀水。經新安縣南至洛陽市東南入洛水。既，已也。入于河，伊、瀍、澗三水皆入洛，洛入河也。**滎波既豬**■滎波，《夏本紀》作『滎播』，司馬貞《索隱》：『播是水播溢之義，滎是澤名。故《左傳》云「狄及衛戰於滎澤」。鄭玄云「今塞爲平地，滎陽人謂其處爲滎播」。』陳喬樅《經說考》：『《漢書》作「波」，即「潘」之假借。《詩》「番惟司徒」，《古今人表》作「司徒皮」。《儀禮・既夕禮》「設披」，鄭注云「今文披皆爲藩」，是其證。《說文》作「潘」，《史記》作「播」，《漢書》作「波」，疑皆三家《尚書》之異文。』行甫按：『波』與『播』、『潘』音同通用，『滎播』即『滎澤』也。故址當在今河南滎陽市境。豬，蓄聚也。《夏本紀》作『都』，通用。**導菏澤**■導，疏導也。《夏本紀》、《地理志》皆作『道』，通用。菏澤，《地理志》濟陰郡曰：『《禹貢》菏澤在定陶東，屬兗州。』漢之定陶故城在今山東定陶縣西北。古濟水通菏水，至定陶東匯爲菏澤，至北宋時澤涸。菏澤屬兗州而敘於豫州，以其水入州境之孟諸澤也。**被孟豬**■被，枚《傳》：『水流溢覆被之。』孟豬，澤名。《地理志》謂孟豬澤在梁國睢陽縣東北，漢睢陽縣在今河南商丘市。《夏本紀》作『明都』，《地理志》作『盟豬』，《爾雅・釋地》、《左傳》僖公二十八年作『孟諸』，《周禮・職方氏》作『望諸』，段玉裁《撰異》：『明、盟、孟、望古音皆讀如盲，在第十部。諸、豬、都古音皆在今之九魚，在第五部，皆同音通用。』行甫按：孟豬澤今亦杳無蹤跡，蓋其涸已久。胡渭《錐指》曰：『余考《漢書・梁孝王傳》，築東苑方三百里，則孟諸澤皆在其中矣。孝王大治宮室、臺榭、陂池，高高下下，澤形盡失。故酈元於睢陽故城絕不言孟諸，而敘臺池甚詳。蓋澤之畔岸蕩夷無存久矣。《元和志》云周迴五十里，亦仿佛言之耳。』

〔三〕**厥土惟壤下土墳壚**■惟，爲也。壤，《說文》：『柔土也。』是土質鬆散柔和無塊礫者謂之『壤』。下土，低處之土。墳，肥沃也。壚，《釋文》：『音盧，黑剛土也。』行甫按：『墳壚』，即黑色而肥沃之土也。**厥田惟中上**■中上，第四等。**厥賦錯上中**■錯，差也。說見冀州章『厥賦惟上上錯』釋讀。上中，第二等。行甫按：『錯上中』者，謂不足於『上中』，亦不至於『上下』也。

〔四〕**厥貢漆枲絺紵**■枲，麻也。絺，精細之葛。紵，亦麻也。《陳風·東門之池》『可以漚紵』，孔穎達《正義》引陸璣《草木蟲魚疏》：『紵，亦麻也。科生數十莖，宿根在地中，至春日自生，不歲種也。荊、楊之間，一歲三收。今南越紵布，皆用此麻。』**厥篚纖纊**■纖，黑經白緯之細繒也。纊，《說文》：『絮也，从糸廣聲。《春秋傳》曰：「皆如挾纊。」』段玉裁注：『《玉藻》「纊爲繭」，注曰：「纊，今之新綿也。」按鄭釋「纊」爲「新綿」者，以別於縕之爲新綿及舊絮也。許則謂「纊」爲絲絮，不分新故，謂「縕」爲麻紼，與鄭絕異。』行甫按：『纊』當是『蠶絲絮』，質性輕柔和暖。**錫貢磬錯**■錫，與也，予也。行甫按：『錫貢』亦非常貢。說見揚州章『厥包橘柚錫貢』釋讀。錯，磨石。磬錯，治磬之石也。枚《傳》：『治玉石曰錯。治磬錯。』

〔五〕**浮于洛達于河**■浮，漕運也。此豫州之貢道也。

此乃『豫州章』。

【繹文】

荊山與南河之間乃豫州之地。洛水發源於今陝西洛南縣，東南流，經河南盧氏縣南，東北流至鞏義市入黃河；其間，發源於今河南西部盧氏縣熊耳山的伊水，至偃師市流入洛水；發源於河南孟津縣西北穀城山的瀍水，東南流，過洛陽市，入洛水；發源於河南黽池縣的澗水，東南流，合穀水，至洛陽市東南，亦流入洛水。伊、洛、瀍、澗，四水皆暢通流入黃河，故地在今滎陽縣境的滎澤湖也已蓄滿了水，而位於兗州上游在今山東定陶西北的菏澤，也已疏導通流，水流覆蓋故地在今河南商丘境內的孟豬澤。豫州境內，水土已平。此州的土壤質性，因其地勢高低而有所不同。高處的土壤，鬆散而柔和； 低處的土壤，油黑而肥沃。此州的耕田屬於中上，是第四等； 此州的賦稅略差於上中，即近於第二等而不足於第二等，但也不至於第三等。本州向朝廷所納之貢品，是漆、枲麻、細葛和紵麻； 其盛於筐篚以呈進的貢品，則黑經而白緯的細繒以及輕柔和暖的蠶絲綿絮。此外，也還附帶獻納攻磨玉磬或石磬的磨石。本州離帝都不遠，但這些貢物仍然以漕運的方式經過洛水，轉入黄河，溯流而上，到達帝都。

華陽黑水惟梁州：〔一〕岷嶓既藝，沱潛既道。〔二〕蔡蒙旅平，和夷厎績。〔三〕厥土青黎，厥田惟下上，厥賦下中三錯。〔四〕厥貢璆鐵銀鏤砮磬，熊羆狐狸織皮。〔五〕西傾因桓是來。〔六〕浮于潛，逾于沔，入于渭，亂于河。〔七〕

【釋讀】

〔一〕**華陽黑水惟梁州**■華陽，華山之南。《地理志》京兆華陰縣南有太華山，則山在今之陝西華陰縣南。胡渭《錐指》：『曾旼曰： 華山之陰爲雍州，其陽爲梁州，則梁州之北，雍州之南，以華爲畿，而梁實在雍州之南矣。』黑水，胡渭《錐指》：『諸家遵孔《傳》，其説穿鑿支離，不可得通。唯韓汝節疑梁州自有黑水爲界，與「導川」之黑水不相涉，而不謂薛士龍已先得之。薛氏曰：「梁州北界華山，南距黑水。黑水，今瀘水也。酈道元説黑水亦曰瀘水、若水、馬湖江，出姚州徼外吐蕃界中，東北至敘州宜賓縣入江也。」蓋古之若水即《禹貢》梁州之黑水，漢時名瀘水，唐以後名金沙江，而黑水之名遂隱。瀘本作盧，如盧弓、盧矢、盧橘之類，皆訓黑。劉熙《釋名》：「土黑曰盧。」沈括《筆談》云：「夷人謂黑爲盧。」漢中盧奴縣有盧水，酈道元云：「水黑曰盧，不流曰奴。」尤盧水爲黑水之證也。』屈萬里《集釋》：『瀘水爲黑水，就字義言之，亦允合也。』惟，是也。梁州，華山之南迄黑水之境，其地也。約當今陝西渭水以南及四川全境，今雲南北部及貴州西北部之地，當亦屬之。

〔一二〕**岷嶓既藝**■岷，山名。《地理志》蜀郡湔氐道云：『《禹貢》崏山在西徼外，江水所出，東南至江都入海。』山在今四川省松潘縣北。嶓，嶓冢山。王夫之《尚書稗疏》：『杜佑《通典》云：「嶓冢有二：一在天水，一在漢中。在天水者，西漢水之所出。在漢中者，東漢水之所出也。」以地考之，無有如佑之切者。《漢地志》（行甫按：當爲《後漢書·郡國志》，王氏誤記）：「漢陽郡西縣，故屬隴西，有嶓冢山，西漢水。」此佑所謂「一在天水」者也。若《經》所云「嶓冢導漾，東流爲漢，又東爲滄浪之水，至大別入江」者，杜佑所謂「一在漢中」者也。蓋西縣、天水今並入秦州，在南條山脊之北，于《禹貢》屬雍而不屬梁，則此「既藝」之嶓，其非天水之嶓可知。而天水嶓冢所出之西漢水，自秦州嶓冢之南，流經鳳縣大散關，南過略陽之西，又南至江津之北入於江。其始出也，雖近於東漢，而其過漢中，即限以青泥、雞頭之阻，其入川北，又隔以金牛、褒斜之險，則終不得合。則《經》之言漾，非西漢之源，而《經》之言嶓，非秦州之嶓明矣。若東漢水之下流，既一一與《經》合，而所出之嶓即此「既藝」之嶓，在梁而不在雍。其以東漢爲沔、西漢爲漾者，《水經》之失也。孔氏曰「泉始出山爲漾水，東流爲沔水，至漢中東流爲漢水」，如淳曰「北人謂漢曰沔」，漾、沔、漢，蓋東漢一水而三名，西漢不得爲漾也。此之嶓冢，在今寧羌州之北、兩當縣之南，宋王仁裕放猿之地。兩當在漢爲武都，故《華陽國志》曰：「東漢水出武都縣」，固梁州之北境也。漢水始出爲漾，南過寧羌，又南過略陽之東，始與沔合。沔水一曰河池水。略陽，漢沮縣也。故《華陽國志》曰：「沮縣，河池水所出東狼谷也。」桑欽之紀沔水，與《國志》同，特不知沔非東漢之源，東漢自出於寧羌之嶓冢，在略陽之北謂之漾，至略陽合沔水乃謂之沔，至沔縣而東過漢中府，始名曰漢。《經》云「嶓冢導漾，東流爲漢」者，此也。其不言汅者，汅入漢，而非漢之源也。桑欽不達於漾爲東漢源，汅合於漾，而以漾名加之於西漢。酈道元乃昏於二漢之源流各別，乃云「東西兩川，俱出嶓冢，同爲漢水」，桑欽知有秦州之嶓冢，而不知有《禹貢》所藝梁州、寧羌之嶓冢。酈道元遂合二嶓冢而爲一，乃不知西漢之自雍南入梁而達於江，今謂之嘉陵江。東漢自梁之北境，東沿雍、梁之界入荆，而後達於江，今固謂之漢江也。蔡氏既知西漢水逕葭萌入江矣，又惑於酈説，强二漢以仝歸，合兩嶓而爲一，而曰「嶓冢一山跨于兩縣」，不知秦州之去寧羌，相去三百餘里，中隔西和、成縣兩邑二百餘里之原隰，又有空同、天井、仇池、朱圉諸山之間隔，兩縣不相爲接壤，而亦安得爲「跨」乎？秦州之嶓冢，北連汧、隴，其爲雍地亡疑。寧羌之嶓冢，在漢中之西，與巴蜀共爲益州，共爲華陽，則亦共爲梁州也。』行甫按：王氏據杜佑之説，分疏漢江（東漢水）與嘉陵江（西漢水）之源流甚晰。今甘肅隴南之『西和縣』，地圖中括注舊名『漢源』，當是漢之『西縣』故地。『寧羌』今名『寧强』，『汅縣』今名『勉縣』（地圖中括注舊名『勉陽』），『秦州』即今之『天水市』。『略陽』、『鳳縣』、『兩當』、『成縣』，今名俱在也。藝，種植。**沱潛既道**■沱潛，二種水名。水出江爲沱，水出漢爲潛。道，與『導』同，疏通也。行甫按：此二句乃互文見義，謂梁州之域，發源於岷山與嶓冢山的江、漢二水，及其別出支分之衆水皆已疏通，其主干及其分支流域之土地，皆可墾植耕種了。

〔三〕**蔡蒙旅平**■蔡蒙，枚《傳》：『二山名。』孔穎達《書疏》：『《地理志》云：「蒙山在蜀郡青衣縣。」應劭云：「順帝改曰漢嘉縣。」蔡山不知所在。』裴駰《史記集解》引鄭玄曰：『《地理志》蔡蒙在漢嘉縣。』胡渭《錐指》：『《志》有蒙山無蔡山，而鄭云然，蓋以蔡蒙爲一山也。』《後漢書·郡國志》蜀郡屬國：『漢嘉故青衣，陽嘉二年改。有蒙山。』王鳴盛《後案》：『二《志》皆云「蒙山」，鄭云「蔡蒙」，蓋「蔡蒙」本一山，亦可單稱「蒙」故也。今雅州府治雅安縣北有漢青衣廢縣，蒙山在縣南，是山盤跨邛州及雅州府之雅安、蘆山、名山四州縣境也。』行甫按：『蒙山』跨州過縣，盤亙數百里，則『蔡』與『蒙』當爲一山之異稱，合稱爲『蔡蒙』，乃因其地異而名異，謂之一山可，謂之二山亦無不可也。旅平，枚《傳》：『祭山曰旅；平言治功畢。』王引之《經義述聞》：『家大人曰：《傳》以「旅」爲祭名，則「旅平」二字、「栞旅」二字皆義不相屬。《禹貢》不紀祭山川之事。五岳四瀆皆不言「旅」，何獨於蔡蒙、荊岐而言「旅」乎？且九川不言「旅」，而九山獨言「旅」（《周官·大宗伯》「旅上帝及四望」，鄭注：「四望，五岳四鎮四瀆。」然則祭上帝及四望皆謂之「旅」，不獨祭山也），則《禹貢》所謂「旅」者，本非祭名可知。余謂「旅」者，道也。《爾雅》：「路、旅，途也。」郭璞曰：「途即道也。」《郊特牲》「臺門而旅樹」，鄭注曰：「旅，道也。」「蔡蒙旅平」者，言二山之道已平治也。曰「岷嶓既藝」，曰「蔡蒙旅平」，曰「荊岐既旅」，或紀其種藝之始，或紀其道路之通，皆以表治功之成，與祀事無涉。』**和夷厎績**■和夷，枚《傳》：『和夷之地，致功可藝。』《水經》『桓水出蜀郡岷山』，酈注引鄭玄《尚書注》曰：『和上，夷所居之地也。和，讀曰桓。《地理志》曰：「桓水出蜀郡蜀山，西南行羌中者也。」』胡渭《錐指》：『和水即涐水，和、涐聲相近，字從而變。《地理志》云：「青衣縣，《禹貢》蒙山谿大渡水，東南至南安入渽。」「渽」乃「涐」字之誤。《說文》：「涐水出蜀汶江徼外，東南入江。从水，我聲。」徐鉉音「五何切」。故知「渽」當作「涐」，「和夷」者，涐水南之夷也。』丁晏《正誤》：『《錐指》於「和夷厎績」謂「和水即涐水」，《漢志》「渽水」乃「涐水」之誤，當從《說文》作「涐」。案顏注：「渽音哉。」《玉篇》水部、《廣韻》十六咍：「渽，水名。」非誤字也。近段若膺注《說文》又改「涐」字作「浅」，即「渽」字。紛紛肊改，皆杜撰也。考鄭君注「和讀曰桓」，引《地理志》「桓水出蜀郡蜀山，西南行羌中」，《水經注》：「桓水出蜀郡岷山，西南行羌中，入于南海。」自桓水以南爲夷，《書》所謂「和夷厎績」也。如氏注《漢書》云：陳留之俗，言桓聲如和。鄭讀和爲桓，其說確矣。下文「因桓是來」，《正義》及《史記索隱》俱謂蜀郡之桓水，甚是。東樵於「和夷」既改爲涐水，於「因桓」又指爲白水，何勇於改經也。』王夫之《尚書稗疏》：『和夷者，和川之夷，猶言島夷、萊夷。曾氏所云「嚴道有和川，夷人居之」，是已。』行甫按：鄭玄讀『和』爲『桓』，是也。『和夷』者，桓水兩岸少數族群所居之地也。是人以地名，地以水名也。人、水、地三者相因爲名，枚《傳》以爲『和夷之地』，亦不誤也。桓水出蜀郡岷山，在今四川松潘及茂汶羌族自治縣境。厎，致也，定也。績，功也。

〔四〕**厥土青黎**■青，黑色也。黎，亦黑色也。《説文》：『黔，黎也，从黑，今聲。秦謂民爲黔首，謂黑色也。周謂之黎民。』《夏本紀》作『驪』，《楚辭·招魂》『青驪結駟兮』，王逸注：『純黑爲驪。』行甫按：『青黎』或『青驪』者，二字乃同義複詞，皆爲黑色。《禮記·禮器》『三代之禮一也，民共由之，或素或青，夏造殷因』，鄭玄注：『素尚白，青尚黑者也。變白黑言素青者，秦二世時趙高欲作亂，或以青爲黑，黑爲黄，民言從之，至今語猶存也。』枚《傳》釋『青黎』曰：『色青黑而沃壤。』段玉裁《撰異》曰：『云「色青黑」者，亦以釋經之「青」，云「而沃壤」者，乃釋經之「黎」，以「沃壤」釋「黎」，其説未聞也。』行甫按：若五行説以東方屬木，色主青，乃以青爲草木之色。而《禹貢》與《招魂》皆以『青黎』或『青驪』爲同義並列，其皆爲黑色當無所疑，是不待趙高指鹿爲馬，以青爲黑也。**厥田惟下上**■下上，第七等。**厥賦下中三錯**■下中，第八等。三錯，其賦可不足於『下上』（第七等）而溢於『下中』（第八等），亦可不足於『下中』（第八等）而下流，但又不至於『下下』（第九等）也，是於『下中』之等而上下浮動，謂之『三錯』也。

〔五〕**厥貢璆鐵銀鏤砮磬**■璆，枚《傳》：『玉名。』《釋文》：『璆，音虯。徐又居虯反。又閭幼反。馬同。韋昭、郭璞云「紫磨金」，案郭注《爾雅》璆即紫磨金。』段玉裁《撰異》：『美玉之字从玉作「璆」，紫磨金之字从金作「鏐」，不能混一。考《夏本紀》亦作「璆」，而《集解》引孔《傳》「璆，玉名」，字作「璆」；又引鄭注「黄金之美者謂之鏐」，字作「鏐」。裴氏不分別之云「鄭作鏐」，此其疏也。《釋文》「馬同」下亦當有「鄭作鏐」三字，其下曰「韋昭云紫磨金，案郭注《爾雅》鏐即紫磨金」，蓋引韋昭者，以其注《地理志》即注《禹貢》也。故又引郭注《爾雅》證之，如此乃通貫。馬本作「璆」，孔同。鄭本作「鏐」，韋昭《漢書》同。又按「閭幼」一反，與《爾雅釋文》「鏐，力幼反」之音相合，恐以「鏐」之反語誤系之「璆」下也。今從鄭作鏐。韋昭《漢書》作「鏐」，疑《史記》亦本作「鏐」，皆本今文《尚書》而古文《尚書》則作「璆」，馬不改字，鄭則依今文讀「璆」爲「鏐」。』行甫按：『璆』與『鏐』同以『翏』爲聲，音近可通，但與『鐵銀鏤』同類，當從鄭讀爲『鏐』。『鏐』今音劉，『璆』今音球。銀，《說文》：『白金也。』《爾雅・釋器》：『白金謂之銀，其美者謂之鐐。』鏤，《說文》：『剛鐵，可以刻鏤。从金婁聲。《夏書》曰梁州貢鏤。』砮，矢鏃之石。磬，當與『砮』矢鏃之石同類，指製磬之石材也。**熊羆狐狸織皮**■熊，《說文》：『熊獸，似豕，山居，冬蟄。从能，炎省聲。』羆，《說文》：『如熊，黄白文。从熊，罷省聲。䕷，古文从皮。』狐，《說文》：『祆獸也，鬼所乘之。有三德，其色中和，小前大後，死則首丘，謂之三德。从犬瓜聲。』行甫按：『祆』省作『祅』，經傳通作『妖』。『中和』猶言『黄』也。狸，《夏本紀》作『貍』，《說文》：『貍，伏獸，似貙，从豸里聲。』段玉裁注：『伏獸，謂善伏之獸。上文云「貙似貍」，此云「貍似貙」，言二物相似，即俗所謂野貓。』枚《傳》：『貢四獸之皮。』行甫按：四獸皆貢活物也。織皮，枚《傳》：『貢四獸之皮，織金罽。』《史記集解》引作『織皮，今罽也』。孔穎達《書疏》：『《釋言》云：「氂，罽也。」舍人曰：「氂謂毛罽也。胡人續羊毛作衣。」孫炎曰：「毛氂爲罽。」織毛而言皮者，毛附於皮，故以皮表毛耳。』郝懿行《爾雅義疏》：『罽者，𦆓之假借也。《說文》云：「𦆓，西胡毳布也。」又云：「紕，氐人𦆓也。」通作罽。《王會篇》伊尹四方令曰正西紕罽爲獻，《後漢書・西南夷傳》冉駹夷其人能作旄氈斑罽，蓋紕之有文者稱斑矣。』王鳴盛《尚書後案》：『晚晉古文以「織皮」屬上「熊羆狐狸」爲句，以四獸爲貢皮，以「織皮」爲罽，《疏》曲附之。然經文但舉四獸，何以知其貢皮？雍州「織皮」與「崑崙析支渠搜」連文，不爲貢物，則此亦當與「西傾」連文，不爲貢物可知。《傳》、《疏》皆非也。』行甫按：『織皮』當爲地名，應屬下爲讀。說見下文『桓是』釋讀。

〔六〕**西傾因桓是來**■西傾，山名。因，以也，由也。桓，枚《傳》：『桓水自西傾山南行，因桓水是來，浮于潛。』孔穎達《書疏》：『《地理志》云「西傾在隴西臨洮縣西南」，西傾在雍州，自西傾山南行，因桓水是來，浮于潛水也。《地理志》云「桓水出蜀郡蜀山西，南行羌中，入南海」，則初發西傾未有水也，不知南行幾里得桓水也。』《水經》『桓水出蜀郡岷山，西南行羌中，入于南海』，酈道元注：『余按《經》據《書》，岷山、西傾，俱有桓水。桓水出西傾山，更無別流，所導者，唯斯水耳，浮於潛漢而達江沔。故《晉地道記》曰：梁州南至桓水，西抵黑水，東限扞關。今漢中，巴郡、汶山、蜀郡、漢嘉、江陽、朱提、涪陵、陰平、廣漢、新都、梓潼、犍爲、武都、魏興、新城，皆古梁州之地。自桓水以南爲夷，《書》所謂和夷底績也。然所可當者，惟斯水與江耳。桓水蓋二水之別名，爲兩江之通稱矣。鄭玄注《尚書》，言「織皮謂西戎之國也。西傾，雍州之山也。雍、戎二野之間，人有事於京師者，道當由此州而來。桓是，隴坂名，其道盤桓旋曲而上，故名曰桓是。今其下民謂是坂曲爲盤也」。斯乃玄之別致，恐乖《尚書》「因桓」之義，非浮潛入渭之文。余考校諸書，以具聞見，今略輯綜川流沿注之緒，雖今古異容，本其流俗，麤陳所由。然自西傾至葭萌入于西漢，即鄭玄之所謂潛水者也。自西漢溯流而屆于晉壽界，沮漾枝津，南歷岡穴，迆邐而接漢，沿此入漾，《書》所謂浮潛而逾沔矣。歷漢川至南鄭縣，屬于褒水，溯褒暨于衙嶺之南，溪水枝灌于斜川，屆于武功而北達于渭水，此乃水陸之相關，川流之所經復，不乖《禹貢》入渭之宗，寔符《尚書》亂河之義也。』段玉裁《撰異》：『上文「和」字鄭讀爲桓水，不應一物而一用假借，一用本名。是以此「桓」字不爲桓水，連「是」字立文云「桓是，隴坂名。今其下民謂坂爲是，曲爲桓也」，舉方俗語言以證己說。今本譌謬，乃不可讀矣。古「是」「氏」通用，見於《禮記・下曲禮》、《儀禮・覲禮》、《史記・宋微子世家》及《後漢書・李雲傳》。《說文》十二篇「氏」字下曰：「巴蜀名山岸脅之堆旁箸欲落墯者曰氏。楊雄賦：響若氏隤。」「桓是」即此「氏」字也。師古《漢書》作「阺隤」，師古曰：「阺音是。」天水隴坻，即鄭玄注《尚書》之「桓是」也。』江聲《集注音疏》：『聲謂雝戎之人來此州者道由桓是而來者，以鄭君言「有事京師，道由此州」爲未然，故易其說。當時京師在冀州，冀州在北方，雝州在西北，當冀州之西，西戎又在雒州之西，梁州則在雒州之南。雒戎之人有事京師，但東向徑直而行，不必迂道南折而梁也。且經於梁州言來，明是來於梁州，非往京師矣。故云來此州者道由桓是而來也。《説文》阜部云：「隴，天水大阪也。」《郡國志》漢陽郡隴州「有大阪名隴阺」。漢陽，故天水郡，則桓是即天水之隴阪矣。西傾山在隴西郡，郡名隴西，是在隴阪之西，而梁州在隴阪南，則自西傾而來梁州，道由桓是也。西戎而來梁必由雒州，則亦必由桓是矣。』王鳴盛《尚書後案》：『據彼《漢志》云「禹貢西頃山在隴西郡臨洮縣西南」，漢臨洮在今爲甘肅洮州廳治所，三面臨番，南與四川松潘廳接界，外連蒙古邊境，西傾山在其界内。《傳》又以桓爲水名，謂「桓水自西傾山南行，因桓水是來」，但出蜀山之桓水以解和夷則可，若云自西傾因此水而來，則此水乃行羌中入南海，不入中國，何由而來乎？《疏》亦知其不通而附會，以爲初發西傾未有水，南行得桓水。考《元和志》謂蜀山桓水在茂州，今西傾乃在洮州西南，距茂州千餘里，何云因乎？酈道元則謂蜀山、西傾俱有桓水（岷山桓水即蜀山桓水），以和夷之和爲蜀山桓水，以因桓之桓爲西傾桓水，其説據馬融、王肅注云「治西傾山惟因桓水是來，言無他道也」，因謂自西傾至葭萌入于西漢即潛水也。酈此條所云桓水即白水。《山海經》曰「白水出蜀而東南注于江」。以今輿地言之，白水自洮州衛流經文縣、平武、劍州至昭化縣東入西漢水。近人以爲此即《禹貢》桓水，西傾之戎所因以來者也。但「是」與「氏」通，是山阪之稱，非水稱。「因桓是來」究以鄭説爲確。』王先謙《孔傳參正》：『「織皮」、「桓是」，當如鄭説。馬以爲禹治西傾山而因桓水是來，雖與僞《傳》説異，其不可通一也。「織皮西傾」，來由桓是，江説書恉大明。』行甫按：『西傾』之山，當在今甘肅臨潭縣東，卓尼縣東北；『桓是』之阪，當在今甘肅天水市境内。則『織皮』之地又當在『西傾』之西矣。

〔七〕**浮于潛逾于沔入于渭亂于河**■浮，漕運也。潛，水出漢曰潛。此乃與漢水相通之水也。逾，翻越也。兩水不相通流，須經陸路運輸，再入另水則稱『逾』。然『潛』爲漢水之支分，不當言『逾于沔』。金履祥《書經注》謂兩句當是『入于沔，逾于渭』之誤。沔，漢水之別稱。渭，渭水也。發源於今甘肅渭源縣西南之鳥鼠山，東經隴西、甘谷、天水諸縣市，東入陝西寶雞，而後横貫陝西全境，至臨潼縣北之風陵渡注入黄河。亂，横渡也。《大雅·公劉》『涉渭爲亂』，鄭《箋》：『乃使人渡渭水，爲舟絶流。』《爾雅·釋水》『正絶流爲亂』，郭璞注：『直横渡也。』邢昺《疏》：『謂横絶其流而直渡名曰亂。』行甫按：此言梁州貢道也。

此乃『梁州章』。

【繹文】

華山之南到黑水，漢時名瀘水，今名金沙江，此乃梁州之地。其發源於岷山與嶓冢山的江、漢二水，及其別出支分之衆水皆已疏通，其主干及其分支流域之土地，皆可墾植耕種了。蔡蒙之山，道路平坦，桓水流域，爲夷種聚居之地，也致力治理成功，可以墾植耕種了。梁州之土，屬於油光發亮的黑色土壤。其耕田屬於第七等，其賦税則在第八等上下浮動。其貢物則有紫磨金、黑鐵、白銀、鋼鏤與製作箭頭與石磬的石材，還有熊、羆、狐狸和野貓。西戎織皮以及西傾之人，皆由天水之桓氏大隴阪翻越而來梁州。梁州貢道，則是漕運於漢水支津入於漢水，然後經陸路進入渭水，再由渭水進入河水，絶流直渡而過黄河，達於帝都。

黑水西河惟雍州：〔一〕弱水既西，涇屬渭汭，漆沮既從，灃水攸同。〔二〕荊岐既旅，終南惇物，至于鳥鼠，原隰厎績，至于豬野。〔三〕三危既宅，三苗丕敘。〔四〕厥土惟黃壤，厥田惟上上，厥賦中下；厥貢惟球琳琅玕。〔五〕浮于積石，至于龍門西河。會于渭汭。〔六〕織皮崑崙，析支渠搜，西戎即敘。〔七〕

【釋讀】

〔一〕**黑水西河惟雍州**■黑水，屈萬里《集釋》據程發軔《禹貢地理補義》以爲即今甘肅之黨河。程氏曰：『黨河流於哈喇淖爾。哈喇淖爾，番語「黑水」之義，即黑水也。今考黨河，《漢志》謂之氐置水；上源曰沙拉果勒河（《一統圖》作西爾噶爾近河，《漢書補注》作錫爾噶爾津河），源出青海北部山中（《漢志》：氐置水出南羌中。正合），曲折西北流，入甘肅境，經黨城西（其東有千佛洞），折西北流，有黨河自西南來會，遂有黨河之名。又北流經故沙州城東，又東北經三危山西麓，《禹貢》「導黑水至于三危」是也。西流入哈喇淖爾。』劉起釪《校釋譯論》：『此處作爲雍州西邊的黑水，似只能於伊州伊吾、沙州敦煌、肅州酒泉、甘州張掖四黑水以尋之。以伊吾黑水爲最西，敦煌黑水有三危山可依托，張掖黑水則言之者最多，終難定其某一水爲雍州西之水。今就地圖以觀，敦煌三危山西南之黨河勉可因三危而附會雍州黑水，然非最西，惟《括地志》所稱伊吾黑水始合「西界」之意。然本爲神話黑水，欲實定之太困難，還是如《禹貢》作者心目中原意，以爲雍州最西有那麼一條水叫黑水，就這樣模糊地認定較說得過去。』行甫按：西河，以其在冀州之西，故稱。今山西與陝西分界之南流河段是也。雍州，枚《傳》：『西距黑水，東據河。龍門之河，在冀州西。』孔穎達《書疏》：『計雍州之境，被荒服之外，東不越河，而西踰黑水。王肅云：「西據黑水，東距西河。」所言得其實也。』胡渭《錐指》：『九州雍最大，冀、梁次之。雍東西相距約三千七百餘里，南北相距約二千五百餘里。』行甫按：《爾雅·釋地》『河西曰雝州』，則字又作『雝』。雍州之地，包括今秦嶺以北之陝西境和寧夏、甘肅、新疆全境與青海北部。《禹貢》篇末『西被于流沙』云云，則黑水以西乃沙漠也。

〔一二〕**弱水既西**■弱水，《地理志》張掖郡刪丹縣：『桑欽以爲道弱水自此，西至酒泉合黎。』《說文》：『溺，溺水自張掖刪丹西至酒泉合黎，餘波入于流沙。从水弱聲。桑欽所說。』《淮南子·墬形訓》『弱水出自窮石，至於合黎，餘波入於流沙』，高誘注：『窮石，山名也，在張掖北，塞水也。』《地理志》張掖郡觻得縣：『羌谷水出羌中，東北至居延入海。』《括地志》：『羌谷水，一名鮮水，一名合黎水，一名張掖河。』胡渭《錐指》：『羌谷水者，張掖河之上源也。其下流與弱水合，則弱水入居延海可知矣。出刪丹者爲弱水之正源，出觻得縣爲弱水之別源。』劉起釪《校釋譯論》：弱水發源於今甘肅山丹縣焉支山西麓，窮石之東，西北流至張掖，合來自祁連山西南之羌谷水，亦稱張掖河。繼向西北流經今高臺縣，過合黎山西南，亦稱合黎水。經合黎峽口折而向北流，經酒泉東金塔縣東北，過巴丹吉林沙漠西部，即所謂『入于流沙』，最後東北入於居延海。行甫按：孟康曰『觻音鹿』，漢觻得縣故城在今甘肅張掖縣西北；刪丹縣故城在今山丹縣治，焉支山，一名刪丹山，在縣東南接永昌縣界。居延海，即今內蒙古額濟納旗西北嘎順淖爾湖。既西，《史記集解》引鄭玄曰：『衆水皆東，此獨西流也。』**涇屬渭汭**■涇，水名。《地理志》安定郡涇陽縣：『幵頭山在西，《禹貢》涇水所出，東南至陽陵入渭。』張守節《史記·五帝本紀正義》引《括地志》：『笄頭山，一名崆峒山，在原州平高縣西百里，《禹貢》涇水所出。』王先謙《漢書補注》：『涇水有二源：北源出固原州南界，隆德縣北界，至平涼府城西北合南源。南源出華亭縣西北八十里隆德縣東南界。南爲正源，北爲別源，合流後東南經府城北，又東南經涇州北，又東南經陝西之長武、邠、三水、淳化、醴泉、涇陽諸州縣，至高陵縣西南、咸陽縣東北入渭，即漢陽陵地也。』行甫按：漢涇陽縣當即今甘肅涇源縣地。漢陽陵縣當即今陝西高陵縣地。屬，枚《傳》：『逮也。』孔穎達《書疏》：『屬謂相連屬，故訓爲逮。逮，及也，言水相及。』渭，渭水。

《地理志》隴西郡首陽縣：『《禹貢》鳥鼠同穴山在西南，渭水所出，東至船司空入河。』行甫按：漢首陽縣故城在今甘肅渭源縣東北。鳥鼠同穴山在渭源縣西南。《地理志》京兆尹船司空，服虔曰：『縣名。』師古曰：『本主船之官，遂以爲縣。』行甫按：船司空故城在今陝西華陰縣東北，離渭水入河之處風陵渡最近。船政主於此，得水利之便耳。汭，《說文》：『水相入也。』行甫按：二水相會，其間必有相夾隈曲之處，故《左傳》閔公二年『渭汭』，杜預注云『水之隈曲』，是其義也。**漆沮既從**■漆沮，《說文》：『濾水出北地直路西，東入洛。』《地理志》與許說同，但文稍有譌誤。《地理志》北地郡歸德縣：『洛水出北蠻夷中。』左馮翊褱德縣：『洛水東南入渭。』《水經》『沮水出北地直路縣，東過馮翊祋祤縣北，東入于洛。』酈道元注略云：沮水東注鄭渠，濁水注焉，復分爲二水，一水東南出，稱濁水，至白渠與澤泉合，俗謂之漆水，又謂之漆沮水。其水又南曲，更名石川水。一水東出，即沮水，東與澤泉合，俗謂是水爲漆水。自沮直絕注濁水，至白渠合焉，故濁水得漆沮之名也。行甫按：漢直路縣故城，當在今陝西富縣之直羅鎮，疑『直羅』當是『直路』音變之字。以今輿地考之，今名葫蘆河者或可當《漢志》所稱之『沮水』。漢歸德縣當在今甘肅環縣與陝西吳起縣接壤之處，洛水有數源，皆在吳起縣境，其主源則伸入定邊縣南境。漢褱德縣當在今陝西富平縣西南。漢祋祤縣故城在今陝西銅川市東之耀州區。然自韓欲令秦無東伐，使水工鄭國入秦，鑿涇引水開鄭渠，灌溉關中沃野四萬餘頃，遂使秦地涇水以東及渭河以北水道大異也，《禹貢》『漆沮』之水，實難考其故跡矣。據《漢志》及《水經》以求『漆沮』二水所在，不免膠柱鼓瑟，執後古以律前古也。且余頗疑『漆沮既從』之『漆沮』，乃泛指涇東渭北以洛水爲主干之東西支流而言之，『灃水攸同』之『灃水』乃言渭水以南之水，是『漆沮既從』與『灃水攸同』，乃分指渭水南北水域言之而已。從，猶順也。**灃水攸同**■灃水，《地理志》右扶風鄠縣：『鄷水出東南，又有潏水，皆北過上林苑入渭。』胡渭《錐指》：『《長安志》：豐水出長安縣西南五十五里終南山豐谷，其源闊一十五步，其下闊六十步，水深三尺。自鄠縣界來，終縣界，由馬坊村入咸陽，合渭水。昔文王作豐，武王治鎬，《詩》詠其事。鄭康成云：豐在豐水之西，鎬在豐水之東，相去蓋二十五里也。』行甫按：『鄠縣』今以同音簡稱爲『戶縣』。攸，所也。同，枚《傳》：『漆沮之水已從入渭，灃水所同，同于渭也。』

〔三〕**荊岐既旅**■荊，荊山。《地理志》左馮翊褱德縣：『《禹貢》北條荊山在南。』胡渭《錐指》：『《寰宇記》引《水經注》云：「洛水東南歷彊梁原，俗謂之朝坂。」今富平無洛水，而朝邑有洛水，歷彊梁原入渭，原在荊山下。一證也。《同州志》云：「華原在朝邑縣西，繞縣西而北而東，以絕於河，古河壖也，一名朝坂，亦謂之華原山。」蓋華原即朝坂，朝坂即彊梁原。荊山之麓直抵河壖，禹從此渡河，故曰「至于荊山，逾于河」。若富平則東距河二百餘里，與經意不合，二證也。朝邑實西漢之褱德，荊山當在其境。』行甫按：漢褱德縣故城當在今渭水北岸大荔縣東境與渭水南岸之華陰縣相直之處，荊山當在今大荔縣東北與合陽西南之境。岐，岐山。《地理志》右扶風美陽縣：『《禹貢》岐山在西北。』王先謙《補注》：『今岐山縣東北五十里，西自鳳皇山，逾天柱山，東至箭括山，六十餘里，皆岐山也。』行甫按：漢美陽縣故城在今武功縣西南。岐山位於今武功縣西北，則亦在岐山縣東北也。既旅，道途已通。**終南惇物**■終南，《地理志》右扶風武功縣：『大壹山，古文以爲終南。』王先謙《補注》：『終南，《左》昭傳作「中南」，《淮南子》作「終隆」，終、中通用，南、隆聲轉。亦曰太白山，在郿縣東南四十里。考山在今郿縣南者曰終南，在今西安府城南者，古止稱南山，從未被以終南之名。後人以陝西省迤南一帶山並曰終南，而別太白爲終南之一峰，其說始自唐柳宗元輩，不符班旨，舛譌甚矣。』行甫按：漢武功縣實今之眉縣，今武功縣則爲漢斄縣及美陽縣二縣之地。斄，顔師古曰：『讀與郃同，音胎。』惇物，《地理志》右扶風武功縣：『垂山，古文以爲敦物，皆在縣東。』王先謙《補注》：『錢坫曰：垂當爲岳，形近而誤。今曰武功山，在郿縣東南，俗呼鼇山。《封禪書》、《郊祀志》並稱岳山。徐廣云：武功有太壹山，又有岳山。是作岳山爲當耳。先謙曰：成蓉鏡云：《索隱》言《志》有垂山，無岳山，是唐本已誤。《續志》垂亦當作岳。據《水經注》，按其方位，太壹山在武功縣南，岳山又在太壹山南，《志》「東」當爲「南」字之誤。先謙案：酈注引杜彦達曰：太白山南連武功山，於諸山最爲秀傑，是太白、武功明爲二山。又謂縣有太一山，亦曰太白山。太白山是終南，則武功山爲敦物無疑矣。《禹貢山水澤地篇》「終南山、惇物山在武功西南」，與《志》合。」丁晏《錐指正誤》：「《水經禹貢篇》「華山爲西嶽，在弘農華陰縣西南」，注「古文之惇物山也」。如酈之説，則「垂山」當作「華山」，字形之誤。華山與終南綿亙相望，鳥鼠爲渭水所出，華山在渭水南，地勢接連，故曰「終南惇物，至于鳥鼠」。」行甫按：「垂山」當即「岳山」在今眉縣東南，俗稱「敖山」，孫星衍曰：「敖、岳聲轉。」酈注以爲「華山」爲「古文之惇物」，顯與《禹貢山水澤地篇》相矛盾，不可取。且本篇敘雍州之山乃由東而西，故曰「荆岐既旅，終南惇物，至于鳥鼠」，若「垂山」爲「華山」之誤，而「惇物」爲「華山」，則忽東忽西，錯亂失次矣。倘無錯簡，經文敘次恐非如是。**至于鳥鼠**■鳥鼠，《地理志》隴西郡首陽縣：「《禹貢》鳥鼠同穴山在西南，渭水所出，東至船司空入河。」《爾雅·釋鳥》「鳥鼠同穴，其鳥爲鵌，其鼠爲鼵」，郭璞注：「鼵如人家鼠而短尾，鵌似鵽而小，黄黑色。穴入地三四尺，鼠在内，鳥在外。今在隴西首陽縣鳥鼠同穴山中。孔氏《尚書傳》云「其爲雄雌」，張氏《地理記》云「不爲牝牡」。」行甫按：漢首陽縣故城在今甘肅渭源縣東北。「至于鳥鼠」者，與上文「荆岐既旅」相關聯，謂「荆、岐」及「終南、惇物」以及「鳥鼠同穴」之山，皆開闢道路也。**原隰厎績**■原隰，《爾雅·釋地》：「下濕曰隰。廣平曰原。」孔穎達《書疏》：「鄭玄以爲《詩》云「度其隰原」，即此「原隰」，是也。原隰，豳地。」行甫按：「原隰」本爲廣平與低濕兩種不同地貌，鄭玄以爲豳地，以下文「至于豬野」觀之，「原隰」當是實指豳地，在今陝西旬邑、彬縣一帶。厎績，致功也。**至于豬野**■豬野，《地理志》武威郡武威縣：「休屠澤在東北，古文以爲豬壄澤。」行甫按：漢武威故城在今甘肅民勤縣北，豬野澤當在民勤縣東北境。言「至于」者，亦謂「致功及於豬野澤」也。

〔四〕**三危既宅**■三危，《水經·禹貢山水澤地所在》：「三危山在燉煌縣南。」酈道元注：「《山海經》曰：

三危之山，三青鳥居之。是山也，廣圓百里，在鳥鼠山西，即《尚書》所謂竄三苗于三危也。《春秋傳》曰：允姓之姦，居于瓜州。瓜州，地名也。杜林曰：燉煌，古瓜州也。州之貢物，地出好瓜，民因氏之。瓜州之戎，並于月氏者也。漢武帝元鼎六年置。南七里有鳴沙山，故亦曰沙州也。』行甫按：餘說參見《堯典》『竄三苗于三危』釋讀。既，已也。宅，居也。枚《傳》：『西裔之山已可居。』《夏本紀》作『度』，通假字也。**三苗丕敘**■三苗，《戰國策·魏策一》吴起對魏武侯曰：『昔者，三苗之居，左彭蠡之波，右有洞庭之水，文山在其南，而衡山在其北，恃此險也，爲政不善，而禹放逐之。』《五帝本紀》：『三苗在江淮、荊州數爲亂。遷三苗於三危，以變西戎。』行甫按：『三苗』原居今湖北、湖南及江西三省交界之處，後逐其首領豪酋分居於北方。餘說參見《堯典》『分北三苗』釋讀。丕，大也。敘，次序也。枚《傳》：『三苗之族，大有次敘。』《夏本紀》作『大序』，訓詁字也。

〔五〕**厥土惟黄壤**■黄壤，黄土。行甫按：今所謂『黄土高原』者，或是其義也。**厥田惟上上**■上上，第一等。**厥賦中下**■中下，第六等。枚《傳》：『人功少。』徐文靖《禹貢會箋》：『按《貨殖傳》：關中自汧雍以東至河華，膏壤沃野千里，自虞夏之間以爲上田。後漢虞詡曰：《禹貢》雍州之域，厥田惟上上，且沃野千里，穀稼殷積；然則雍賦第六，大抵山多而田少，非但爲人功少也。』**厥貢惟球琳琅玕**■球，《說文》：『玉也。从玉求聲。璆，球或从翏。』琳，《說文》：『美玉也。从玉林聲。』琅玕，《說文》：『琅，琅玕，似珠者。从玉良聲。玕，琅玕也，从玉干聲。《禹貢》雝州璆琳琅玕。𤦲，古文玕，从玉旱。』《爾雅·釋地》：『西北之美者，有崑崙虚之璆琳琅玕。』是雍州之地以產玉擅名當時，故《禹貢》以爲貢物也。

〔六〕**浮于積石**■浮，漕運也。積石，《地理志》金城郡河關縣：『積石山在西南羌中。河水行塞外，東北入塞內，至章武入海。』行甫按：漢河關縣故城在今甘肅臨夏縣西，則積石山當在今青海省境內。王先謙《漢書補注》曰：『積石山即今大雪山，在西甯邊外西南五百二十餘里，黄河北岸，綿亙三百餘里，上有九峰，爲青海諸山之冠，河流其南，至山之東乃折而北。土人以爲西海之望，四時禱祀。唐時名爲大積石山。《元史》誤爲崑崙者也。《西域水道記》云：「自章懷注《後書》，誤認龍支縣之小積石爲《禹貢》之積石山，杜佑《通典》踵其謬，至蔡《傳》援以釋經，而大小積石合而爲一矣。小積石山在今河州西北七十里，山之西北百二十里爲積石關。」據王氏之説，則今臨夏市與臨夏縣西北之名「積石山」者，乃所謂「小積石山」也。今青海同德縣西南之名「大雪山」者，乃「大積石山」也。**至于龍門西河**■龍門，《地理志》左馮翊夏陽縣：「《禹貢》龍門在北。」行甫按：漢夏陽縣故城在今陝西韓城縣南二十里。龍門山在今陝西韓城縣東北黄河西岸，跨山西河津縣界。西河，陝西與山西分界由北而南流之河段，以冀州言之故曰「西河」。**會于渭汭**■會，合也。渭汭，潼關縣北風陵渡渭水入河之處。林之奇《全解》：「此州之達於帝都有二道：「浮於積石至於龍門西河」者，一道也；自渭汭以達於河者，又一道也。渭汭之道，亦厎於龍門西河，故以「會」言之。非是至於龍門西河矣，乃始會於渭汭也。」行甫按：林説是也。「浮于積石至于龍門西河」者，謂自積石山浮於河而後順流以下達於帝都也。「會於渭汭」者，則或由涇水入渭，或由洛水入渭，皆由「渭汭」入河而逆上達於帝都也。胡渭《錐指》曰：「人欲避龍門之險，苟有水可以通渭者，無不由南道矣。」或是也。

〔七〕**織皮崐崘**■織皮，從鄭玄説，「西戎之國」，然今則不知所在。餘説參見梁州章「西傾因桓是來」釋讀。崐崘，《釋文》引馬融曰：「在臨羌。」《郡國志》金城郡臨羌：「有崑崙山。」行甫按：《地理志》金城郡臨羌：「西北至塞外，有西王母石室、僊海、鹽池。北則有湟水所出，東至允吾入河。西有須抵池，有弱水、崑崙山祠。」是馬融所謂「崑崙山在臨羌」者也。行甫按：漢臨羌縣故城在今青海西寧市。「僊海」，《水經·河水注》作「西海」，今名「青海」。王先謙《漢書補注》云：「僊西青並聲轉字變。僊海之爲西海，猶先零之爲西零矣。《趙充國（傳）》、《王莽傳》又作鮮水海。鮮僊亦音同變字。**析支渠搜**■析支，《釋文》引馬融曰：「在河關西。」《後漢書・西羌傳》：『河關之西南，羌地是也，濱於賜支，至乎河首，綿地千里。賜支者，《禹貢》所謂析支者也。』行甫按：《後漢書》所載與馬融之説同，『賜支』即『析支』也。《大戴禮記・五帝德》『鮮支渠廋』，則又作『鮮支』。漢河關縣故城在今甘肅臨夏縣西，則所謂『河關西』或『河關之西南』者，當在今青海省境内也。渠搜，徐文靖《禹貢會箋》：『《孔子三朝記》云「北發渠搜，南撫交阯」，此渠搜在朔方。《禹貢》渠搜在雍州西。《周書・王會解》「渠搜以鼩犬」，《隋書・西域傳》「撥汗國都葱嶺之西五百餘里，古渠搜國也」。東去疏勒千里，去瓜州五千五百里。』劉起釪《校釋譯論》：『《穆天子傳》記穆王東還，經巨蒐走三十七天至今河套之地，按里程計，似渠搜在今祁連山之南，與析支、崑崙依次在今青海省境。』行甫按：『渠搜』、『巨蒐』、『渠廋』，皆記音之字。**西戎即敘**■西戎，西方之戎族。孔穎達《書疏》：『鄭玄云：「衣皮之民，居此崑崙、析支、渠搜三山之野者，皆西戎也。」王肅云：「崑崙在臨羌西，析支在河關西，西戎，西域也。」王肅不言渠搜，鄭並渠搜爲一，孔《傳》不明，或亦以渠搜爲一，通西戎爲四也。鄭以崑崙爲山，謂別有崑崙之山，非河所出者也。所以孔意或是地名國號，不必爲山也。』行甫按：『織皮、崑崙、析支、渠搜』皆『西戎』之地，以其所居之地名其人，亦名其國，其所居之地或有此山，亦未可知也。則種族、國地山川，相互爲名也。即，就也。敘，序也。枚《傳》：『皆就次敘，美禹之功及于戎狄也。』蘇軾《書傳》謂此章『簡編脱誤』，言『織皮崑崙，析支渠搜，西戎即敘』當在『厥貢球琳琅玕』之下，『浮于積石，至于龍門西河，會于渭汭』三句，當在『西戎即敘』之下，『以記入河水道，結雍州之末』。蔡《傳》及胡渭《錐指》皆因其説。劉起釪《校釋譯論》則謂『織皮』系貢物，二字當在『琅玕』與『浮于』之間。而『崑崙』等十字敘少數民族，當在『三苗丕敘』與『厥土惟黄壤』之間。行甫按：此章貢道不在文末，與九州章法次第不合，必有錯簡無疑。但劉氏之説過於零碎，古書錯簡未有如是者，無須置辯。蘇氏之説亦有未諦，謂『西戎即敘』而後『三國皆篚織皮』，不唯顛倒語意，且未必州皆有篚，冀梁二州無『篚』，未必皆可以脱簡爲説。即如蘇説，『西戎即敘』又在田賦貢篚之後，文次仍不免凌亂。今反復經文，參以鄭注，知『織皮』十二字當在『三危既宅，三苗丕敘』之前。由『西戎』四國以至『三危』之『三苗』，乃由東而西之次序，與上文『原隰厎績，至于豬野』以及『荊岐既旅，終南惇物，至于鳥鼠』之皆由東而西之方向正同。

此乃『雍州章』。

【繹文】

西自近於流沙的黑水，東至冀州西界的西河，大抵屬於雍州的版圖。發源於今甘肅山丹縣境焉支山的弱水，已經向西流到位於今內蒙古額濟納旗的居延海。發源於今甘肅涇源縣地的涇水，也順利地歸向渭水，涇渭二水在今陝西高陵縣境相會合。涇水以東與渭水以北的漆沮之水皆順勢流入洛水，渭水之北的洛水與渭水之南的灃水皆共同匯入渭水，渭水至臨潼縣北之風陵渡注入黃河。位於今陝西大荔縣東北境與合陽縣西南境的荊山、位於今陝西武功縣西北與岐山縣東北的岐山，以及位於今眉縣東南的終南山與惇物山，以至位於今甘肅渭源西南的鳥鼠山皆已開通了道路。陝西旬邑、彬縣一帶的平原與低地直到位於今甘肅民勤縣東北的豬野澤，皆經過有效治理。位於今青海省東北部的織皮、崑崙、析支、渠搜等西戎四國也順利地納入了管控系統。敦煌南邊的三危山一帶也適於居住，從南方遷徙而來的三苗族人，也完全服從管控，井然有序。雍州的土地屬於黃色土壤，其耕田雖然屬於上等肥沃之地，但因山多田少，其賦稅則爲第六等。本州貢物則是璆琳琅玕之類的玉石與玉器。而本州貢道則有二條：一是從位於今青海省境内積石山下的黄河水道順流而下，通過漕運進入冀州龍門山之西河，然後到達帝都；另一條是通過涇水或洛水進入渭水，然後由渭水進入河水，逆流而上到達帝都。

導岍及岐，至于荆山；逾于河。〔一〕壺口雷首，至于太岳。〔二〕厎柱析城，至于王屋。〔三〕大行恒山，至于碣石，入于海。〔四〕西傾朱圉鳥鼠，至于太華。〔五〕熊耳外方桐柏，至于陪尾。〔六〕導嶓冢至于荆山。〔七〕内方至于大别。〔八〕岷山之陽至于衡山，過九江至于敷淺原。〔九〕

【釋讀】

〔一〕**導岍及岐**■導，開辟道路也。《夏本紀》作『道九山』，王夫之《稗疏》：『夫導者，有事之辭。水流而禹行之，云導可也。山峙而不行，奚云導哉！然則導者，爲之道也。洪水被野，草木暢茂，下者沮洳豬停，軌跡不通，禹乃循山之麓，因其高燥，刊木治道，以通行旅。「刊」「旅」之云，正導之謂矣。青兖徐揚，或本無山，即有山而亦爲孤巒，不能取道。雍冀豫梁荆，則山相連屬，附其麓而可屈乎遠。乃以崖壑崟嶔，草木荒塞，振古而爲荒術，禹乃刊除平夷，使成大道，由西迄東，其道凡九也。岍岐嶓冢言導，而他不言者，其故未有道，則禹導之，其故有道，因而修之者，不言導也。非自禹而導之也。』岍，《夏本紀》作『汧』，《地理志》右扶風汧縣：『吴山在西，古文以爲汧山，雍州山。北有蒲谷鄉弦中谷，雍州弦蒲藪。汧水出，西北入渭。』胡渭《錐指》：『愚謂吴山《漢志》雖云在縣西，而岡巒綿亙，延及其南，與嶽山只是一山。自周尊岍山曰嶽山，俗又謂之吳山，或又合稱吳嶽。《史記》遂析嶽山與吳嶽爲二山，而岍山之名遂隱。其實此二山者，《周禮》總謂之嶽山，《禹貢》總謂之岍山，當以《漢志》爲正。」行甫按：漢汧縣故城在今陝西隴縣南。隴縣東南今有名『千陽縣』者，『千』即『岍』或『汧』之變字，在汧山之南，故名『汧陽』。及，達於也。岐，《地理志》右扶風美陽縣：『《禹貢》岐山在西北。』胡渭《錐指》：『岐山，一名天柱山，其峰高峻，狀若柱然。《國語》「周之興也，鸑鷟鳴于岐山。」故俗呼爲鳳凰堆。山之南，周原在焉。《詩》所稱「周原膴膴」者也。東西横亙，肥美寬平，在今岐山縣東北四十里。』行甫按：漢美陽縣故城在今武功縣西南，岐山在今岐山縣東北。說見雍州章『荊岐既旅』釋讀。**至于荊山**■至于，到達也。荊山，《地理志》左馮翊褱德縣：『《禹貢》北條荊山在南。』行甫按：荊山當在今陝西大荔縣東北與合陽縣西南之境。參見上文『荊岐既旅』釋讀。**逾于河**■逾，跨過也。屈萬里《集釋》：『荊山東接黄河，一若山越河而過者，故云「逾于河」。』行甫按：此乃九山之第一系，王夫之《稗疏》曰：『岍、岐、荊雖三山，而爲渭北之道。』

〔二二〕**壺口雷首**■壺口，《地理志》河東郡北屈縣：『《禹貢》壺口山在東南。』胡渭《錐指》：『導山自荊逾河爲壺口，故於冀言壺口，於雍言龍門。《漢志》亦云壺口在北屈，龍門在夏陽。則兩山夾河而峙，東爲壺口，西爲龍門明矣。兩山對峙，體分而勢合，東必得西而始成其爲口，西亦必得東而始成其爲門。冀州與導山言壺口而不言龍門，至于龍門，即至于壺口，雍州與導河言龍門而不言壺口，其文互相備。』行甫按：胡氏之說甚得經旨。《地理志》左馮翊夏陽縣：『龍門山在北。』漢北屈縣故城在今山西吉縣東北；龍門山在今陝西韓城縣西接合陽縣界。雷首，《地理志》河東郡蒲反縣：『雷首山在南。』胡渭《錐指》：『《通典》云：「雷首在今河東縣。此山凡有八名：歷山、首陽山、薄山、襄山、甘棗山、中條山、渠豬山、獨頭山也。」《蒲州新志》：「首陽山在州南四十五里。又中條山在州東南十五里，山狹而長，西起雷首，迤邐而東，直接太行，南跨芮城、平陸，北跨臨晉、解州、安邑、夏縣、聞喜、垣曲諸境，凡數百里。中條之北有數峰，攢立拱對，州城在州南十五里，中高旁下，俗名筆架山。又南五里爲八盤山。又南十里爲麻谷山。又南爲鳳皇山，去州七十里，與潼關相對，爲中條南麓盡處。」今按雷首之脈爲中條，東盡於垣曲，王屋在焉。』行甫按：漢蒲反縣故城在今山西永濟縣南，今有蒲州鎮者，或是其地，雷首山當在其東南。**至于太岳**■太岳，《地理志》河東郡彘縣：『霍大山在東，冀州山。』行甫按：《水經・汾水注》云：『太岳山，《禹貢》所謂岳陽也，即霍太山矣。』山在今山西霍州市南，接洪洞縣趙城鎮東北及古縣岳陽鎮西北地界。此乃九山之第二系，王夫之《稗疏》曰：『壺口、雷首、太岳三山爲河東之道。』

〔三〕**厎柱析城至于王屋**■厎柱，《釋文》：『山名，在河水中。』孔穎達《書疏》：『厎柱在太陽關東，析城之西。』胡渭《錐指》：『後周改大陽縣曰河北縣，唐又改曰平陸。《水經注》：「厎柱亦名三門，在大陽縣東。」《隋志》河北縣有厎柱山。《通典》陝州硤石縣有厎柱山。貞觀中太宗巡幸，命魏徵勒銘。今按陝州東南七十里有硤石故城，北與平陸縣分水。厎柱山在平陸縣東南五十里，陝州東四十里大河中，最北有兩柱相對，距岸而立，是謂三門。故《傳》云在南河之北，其實山在水中，不與其岸相連也。』行甫按：《夏本紀》作『砥柱』，段玉裁謂《說文》『砥厎同字』，是『厎柱』即『砥柱』。山在今山西平陸縣三門鎮與河南三門峽市湖濱區高廟鄉之間河道之中。石島竦峙，分河道爲三股，俗稱鬼門、神門、人門，故謂之『三門』，曾經多次爭議與擱置而終於一九五七年動工修建之三門峽水電站，其地也。析城，《地理志》河東郡濩澤縣：『《禹貢》析城山在西南。』王先謙《補注》：『《沁水注》：「析城山在濩澤南，山甚高峻，上平坦，下有二泉，東濁西清，左右不生草木，數十步外多細竹。」《紀要》：「山在陽城南七十里，太行支山也。」』胡渭《錐指》：『《括地志》云山在澤州濩澤縣七十里，天寶元年改縣曰陽城。故《通典》云陽城縣有析城山、濩澤水也。』行甫按：漢濩澤縣故城在今山西陽城縣西，則山在今縣西南之地。王屋，《地理志》河東郡垣縣：『《禹貢》王屋山在東北。』王先謙《補注》：『《一統志》：山在今垣曲縣東北百里陽城、濟源接界，山有三重，其狀如屋，故名。』胡渭《錐指》：『《河南通志》云：「山在濟源縣西八十里，形如王者車蓋，故名。其絕頂曰天壇，蓋濟水發源之處。」按天壇在縣西北百二十里王屋山之北，山峰突兀，其東曰日精，西曰月華，絕頂有石壇，名清虚，小有洞天。李濂《遊王屋山記》云：「天壇，世人謂之西頂，上有黑龍洞，洞前有太乙池，即濟水發源處也。」』行甫按：漢垣縣故城在今山西垣曲縣西，王屋山在今垣曲縣東北，爲今河南與山西在黄河北岸分界之地。王夫之《稗疏》以底柱、析城、王屋、太行四山爲河北之道。劉起釪謂王氏爲突出恆山，將太行移屬此系，不合《禹貢》原意。今從劉說。此乃九山之第三系也。

〔四〕**大行恆山**■大行，《地理志》河内郡壄王縣：『太行山在西北。』山陽縣：『東太行山在西北。』胡渭《錐指》：『《河圖括地象》曰「太行，天下之脊」，《漢志》以在壄王者爲太行，而在山陽者爲東太行，其太行之支峰乎！又上黨郡有上黨關、壺口關、石研關、天井關，壺關縣有羊腸坂，蓋皆在太行山上。』劉起釪謂太行山爲我國西北黄土高原與華北平原之分界，位於山西省東邊與河北、河南兩省之邊界，其走向爲東北至西南，蜿蜒千餘里，稱太行山脈，屬陰山山系。行甫按：漢壄王縣故城在今河南沁陽縣治；漢山陽縣故城在今河南修武縣西北。恆山，《地理志》常山郡上曲陽縣：『《禹貢》恆山，北岳，在西北。』行甫按：原作『恆山北谷在西北』，此據王先謙《補注》改。漢上曲陽縣故城在今河北省曲陽縣西。恆山在曲陽縣西北，《夏本紀》作『常山』，避漢文帝劉恆諱。**至于碣石**■碣石，在今河北昌黎縣南，參見冀州章『夾右碣石入于河』釋讀。**入于海**■王夫之《稗疏》：『「入于海」者，盡詞也。』行甫按：自太行至於碣石，乃九山之第四系，王夫之所謂『幽、燕之道』也。然王氏以恆山爲首，移太行於前系，不合《禹貢》之意，玆從劉起釪氏說。

〔五〕**西傾朱圉鳥鼠**■西傾，《地理志》隴西郡臨洮縣：『《禹貢》西傾山在縣西。』王先謙《補注》：『山在洮州衛西南三百三十餘里，番名羅插普喇山，綿亙千餘里，黄河以南諸山無大於此者。』行甫按：『西傾山』當在今甘肅臨潭縣東，卓尼縣東北。朱圉，《地理志》天水郡冀縣：『《禹貢》朱圄山在縣南梧中聚。』顔師古注：『圄讀與圉同。』王先謙《補注》：『《渭水注》：山在梧中聚，有石鼓，不擊自鳴，鳴則兵起。案《五行志》云：冀南山有大石，自鳴者也。《一統志》：山在今伏羌縣西南三十里。』行甫按：漢冀縣故城在今甘肅天水市甘谷縣南。鳥鼠，《地理志》隴西郡首陽縣：『《禹貢》鳥鼠同穴山在西南，渭水所出，東至船司空入河。』行甫按：漢首陽縣故城在今甘肅渭源縣東北。鳥鼠同穴山在渭源縣西南。**至于太華**■太華，華山。《地理志》京兆尹華陽縣：『《禹貢》太華山在南。』行甫按：華山在今陝西華陰市南。胡渭《錐指》：『西傾在鳥鼠之西南，鳥鼠，渭水所出，朱圉、太華皆在渭水之南。』此乃九山之第五系也。王夫之《稗疏》曰：『西傾、朱圉、鳥鼠以達太華，叢山之以名著者四，而爲關西、渭南之道。』是也。

〔六〕**熊耳外方桐柏**■熊耳，《地理志》弘農盧氏縣：『熊耳山在東，伊水所出，東北入雒。』行甫按：漢盧氏縣故城即今河南盧氏縣治。此『熊耳山』在盧氏縣東，洛水與伊水以此相分，與《地理志》弘農郡上雒縣『熊耳獲輿』之『熊耳』非一山也。説見下文『導洛自熊耳』釋讀。外方，《地理志》潁川郡崈高縣：『武帝置，以奉太室山，是爲中岳，有太室、少室山廟，古文以崇高爲外方山也。』顔師古注：『崈，古崇字。』王先謙《補注》：『鄭《詩譜》云：「外方之山，即崈也。」《禹貢山水澤地篇》：「嵩高爲中岳，在潁川陽城縣西北。」又云：「外方山，崧高是也。」中岳、外方，今古文之異。』行甫按：漢崈高縣故城在今登封市治，外方山即今嵩山，在登封市北。桐柏，《地理志》南陽郡平氏縣：『《禹貢》桐柏大復山在東南。』《水經》：『淮水出平氏縣胎簪山東北，過桐柏山。』酈注：『淮水潛流地下三十許里，東出桐柏之大復山南。』行甫按：漢平氏縣故城當在今河南平氏縣治，桐柏山在今鄂豫交界處，淮水發源。**至于陪尾**■陪尾，《地理志》江夏郡安陸縣：『横尾山在東北，古文以爲陪尾山。』行甫按：漢安陸故城在今湖北安陸市北境，《夏本紀》作『負尾』，《地理志》作『倍尾』，『陪』、『負』、『倍』古音同字通。此乃九山之第六系也。王夫之《稗疏》曰：『熊耳、外方、桐柏、陪尾，起豫抵荆，而爲雒南楚塞之道。』

〔七〕**導嶓冢至于荆山**■導，開辟道路也。嶓冢，在今陝西漢中寧强縣西，參見梁州章『岷嶓既藝』釋讀。荆山，在今湖北南漳縣西北境，爲荆、豫二州分界之處。參見荆州章『荆及衡陽惟荆州』釋讀。行甫按：此乃九山第七系。王夫之《稗疏》曰：『嶓、荆千餘里，而爲漢南、蜀北之道。』

〔八〕**内方至于大别**■内方，《地理志》江夏郡竟陵縣：『章山在東北，古文以爲内方山。』王先謙《補注》引《清一統志》：『章山在今鍾祥縣西南接荆門州界，周百里，亦名馬良山。』劉起釪《校釋譯論》：『《左傳》僖公四年：「楚國方城以爲城，漢水以爲池。」方城在今河南葉縣、方城一帶。其西北之嵩山，楚人以爲在方城之外，稱之爲外方山。此爲方城之内又一要塞，故稱爲内方山。』行甫按：内方山位於今鍾祥市西南，在漢水西岸。大别，《地理志》六安國安豐縣：『《禹貢》大别山在西南。』行甫按：漢安豐縣故城在今河南固始縣東。山即今位於鄂皖邊界處之大别山。此乃九山之第八系也。王夫之《稗疏》曰：『江北之山，以内方爲首。内方、大别，相去無幾，而得名一山者，江漢下濕，賴此道以通荆土，故爲漢南、江北之道。』

〔九〕**岷山之陽至于衡山**■岷山，《夏本紀》作『汶山』，《地理志》作『崏山』。山在今四川省松潘縣北。參見梁州章『岷嶓既藝』釋讀。陽，山南曰陽。至于，今中華書局點校本《史記》無『于』字，劉起釪曰：『司馬遷據九個「至于」之山稱爲九山，可證此處原無「于」字。』衡山，在今湖南衡山縣境。參見荆州章『荆及衡陽惟荆州』釋讀。**過九江至于敷淺原**■九江，指漢水中下游南面與西面之地，即鄂西北與鄂西南及江漢平原中西部地區之衆水。參見荆州章『九江孔殷』釋讀。敷淺原，《地理志》豫章郡歷陵縣：『傅易山傅易川在南，古文以爲傅淺原。』顔師古注：『傅讀曰敷；易，古陽字。』胡渭《錐指》：『敷淺原在廬山東南之麓，迫近彭蠡。』行甫按：此乃九山之第九系也，王夫之謂之『川、湖之道』。其《稗疏》曰：『自岷陽而東南可至衡，而東可過九江至于敷淺原也，乃其統爲岷陽所通之道，則二而一也。』

此乃『導山章』。

【繹文】

開通九條山系的道路：自陝西隴縣的岍山直至陝西岐山縣的岐山，達於大荔、合陽交界的荊山，由此跨越黃河通往冀州，這是渭水北岸的山道。自山西吉縣東南的壺口山，到永濟縣南的雷首山，達於霍州市南的太岳山，這是黃河東岸的山道。自山西平陸與河南三門峽市之間河道之中的砥柱山，到陽城縣西南的析城山，達於垣曲縣東南百里開外的王屋山，這是黃河北岸的山道。自太行山與恆山東達碣石山以入海之處，這是北方幽燕之間的山道。自甘肅臨潭縣東的西傾山，到甘肅天水甘谷縣南的朱圉山，到甘肅渭源縣南的鳥鼠山，達於陝西華陰市南面的太華山，這是函谷關以西渭水南岸的山道。自河南盧氏縣東的熊耳山，到河南登封市北的嵩山，楚人所謂外方山，再到河南南陽平氏縣的桐柏山，達於湖北安陸市北境的陪尾山，這是雒水之南荊楚要塞的山道。開辟了自陝西漢中寧强縣西的嶓冢山到湖北南漳縣西北境的荊山之道，這是漢水之南及蜀山之北的山道。自鍾祥市西南的內方山到今鄂皖邊界的大別山，這是漢水之南、江水之北的山道。自四川松潘縣北的岷山之南到湖南衡山，經過江漢平原，東折達於江西廬山東南之麓的敷淺原，這是四川兩湖之山道。

導弱水至于合黎，餘波入于流沙。〔一〕導黑水至于三危，入于南海。〔二〕導河積石至于龍門，南至于華陰，東至于厎柱，〔三〕又東至于孟津，東過洛汭，至于大伾。〔四〕北過降水至于大陸，又北播爲九河，同爲逆河入于海。〔五〕嶓冢導漾，東流爲漢，〔六〕又東爲滄浪之水，過三澨至于大別，南入于江。〔七〕東匯澤爲彭蠡，東爲北江入于海。〔八〕岷山導江，東別爲沱，又東至于澧，〔九〕過九江至于東陵，東迆北會于匯，東爲中江入于海。〔一〇〕導沇水東流爲濟，入于河，溢爲滎，〔一一〕東出于陶丘北，又東至于菏，〔一二〕又東北會于汶，又北東入于海。〔一三〕導淮自桐柏，東會于泗沂，東入于海。〔一四〕導渭自鳥鼠同穴，東會于灃，又東會于涇，〔一五〕又東過漆沮，入于河。〔一六〕導洛自熊耳，東北會于澗瀍，〔一七〕又東會于伊，又東北入于河。〔一八〕

【釋讀】

〔一〕**導弱水至于合黎**■導，溯源沿流之謂也。行甫按：下文諸『導』字皆其義，不復出。《夏本紀》作『道九川』，史公據下文九『導』字而增『九川』二字，得本篇導水之綱紀也。司馬貞《索隱》：『弱、黑、河、瀁、江、沇、淮、渭、洛，爲九川。』蔡《傳》：『水之疏導者，已附於逐州之下，於此又派別而詳記之，而水之經緯皆可見矣。』崔述《考信録》：『導水凡九章，其次弟有五。弱水、黑水在九州之上游，故先之。中原之水患，河爲大，故次河。自河以南，水莫大於江、漢，故次江、漢。河以南，江、漢以北，惟濟、淮皆獨入於海，故次濟、淮。雍水多歸於渭，豫水半歸於洛，然皆附河以入於海，故以渭、洛終之。』弱水，發源於甘肅山丹縣，西北流至張掖合羌谷水，過合黎山，折而北流，入居延海。參見雍州章『弱水既西』釋讀。合黎，山名。《史記索隱》引《地説》：『合黎山在酒泉會水縣東北。』行甫按：會水縣故城在今甘肅酒泉市金塔縣東南，張掖市高台縣西北。**餘波入于流沙**■流沙，《地理志》張掖郡居延縣：『居延澤在東北，古文以爲流沙。』《禹貢山水澤地篇》：『流沙，地在居延縣東北。』酈注：『澤在縣故城東北，《尚書》所謂流沙者也。』行甫按：沙漠之地，古稱流沙。居延澤在今内蒙古額濟納旗之西北。弱水至流沙，系九川之第一系也。

〔二〕**導黑水至于三危**■黑水，屈萬里引程發軔《禹貢地理補義》以爲即甘肅之黨河。參見雍州章『黑水西河』釋讀。三危，在今甘肅敦煌市南。**入于南海**■南海，屈萬里《集釋》引程發軔《禹貢地理補義》以爲即羅布泊，略謂『哈喇淖爾（黑水）之水，經英人斯坦因考證，古時入羅布泊，至今沙跡猶在，潛流尚存。羅布泊即《漢志》之蒲昌海，一名鹽海，或黝澤，又稱臨海，或牢蘭海，樓蘭國因此得名（原注：見《漢書補注》所引《水經注》及《括地志》）。牢與蘭雙聲，急讀爲蘭、爲臨。臨與南古音通轉，是南海即臨海，即牢蘭海，聲韻皆可互通。』行甫按：黑水乃九川之第二系也。

〔三〕**導河積石至于龍門**■河，河水。積石，山名。《地理志》金城郡河關縣：『積石山在西南羌中。』行甫按：漢河關縣故城在今甘肅臨夏縣西，則積石山當在今青海省境内。劉起釪謂積石山即今青海阿尼瑪卿山。龍門，山名，在今陝西韓城縣東北黄河西岸，跨山西河津縣界。**南至于華陰**■南，向南。華陰，華山之北。河水自龍門南流至今陝西華陰縣，而後東折。**東至于厎柱**■東，向東。厎柱，今山西平陸縣三門鎮與河南三門峽市湖濱區高廟鄉之間河道之中。行甫按：河水由龍門南行，至風陵渡折而東行，至於三門峽。

〔四〕**又東至于孟津**■又東，繼續東流也。孟津，枚《傳》：『地名，在洛北，都道所湊，古今以爲津。』孔穎達《書疏》：『孟是地名，津是渡處，在孟地致津，謂之孟津。杜預云：孟津，河内河陽縣南孟津也。在洛陽城北，都道所湊，古今常以爲津。武王渡之，近世以來呼爲「武濟」。』胡渭《錐指》：『孔《疏》於《秦誓序》云：「孟」者，河北地名，《春秋》所謂「向、盟」是也。「盟」古通作「孟」，其地本在河北。閻百詩曰：「孟津之漸謁而南也，自東漢始。考更始二年，使朱鮪等屯洛陽，光武亦令馮異守孟津以拒之，是時孟津猶在北。安帝永初五年，羌入寇河東，至河内，百姓驚奔，南渡河，使朱寵將五營士屯孟津。靈帝中平六年，何進謀誅宦官，使丁原燒孟津，火照城中。城中者，洛陽城中也。則已移其名於河之南。」渭按：杜預云「河陽縣南孟津」，確不可易。又曰「在洛陽城北」者，謂其地南直洛陽城，居天下之中，欲明都道所湊，故舉以爲言，非謂在河之南也。西漢時，河南無孟津，孔《傳》不言河陽，似以爲河南洛北。《傳》出魏晉間手，此又一證。』行甫按：孟津在河内河陽縣南，則在黄河北岸。今河南洛陽北黄河南岸有孟津縣，非《禹貢》孟津之舊地也。**東過洛汭**■洛汭，洛水入黄河處，字當作『雒』，豫州浸。**至于大伾**■大伾，山名，在河南浚縣境。譚其驤《西漢以前的黄河下游河道》：『古代所謂大伾，應包括縣城西南今浮丘山。古河水東過洛汭後，從今河南滎陽廣武山北麓起東北流，至今浚縣西南大伾山西古宿胥口，是爲「東過洛汭，至于大伾」，走的是《漢志》、《水經》、《水經注》中的河水。』

〔五〕**北過降水至于大陸**■北，向北也。降水，枚《傳》：『水名，入河。』胡渭《錐指》引宋人張洎曰：『降水即濁漳水。』譚其驤曰：『古河水從宿胥口緣大伾西麓北流，經《水經注》中的宿胥故瀆和一段白溝，下接《漢書·地理志》中的鄴縣東「故大河」至今河北曲周縣南會合自西東來的漳水，到達曲周以北一片極爲廣闊的平陸，是爲「北過降水，至于大陸」。』劉起釪曰：『周時降水在今河北肥鄉、曲周二縣間注入古大河。』大陸，澤名，即鉅鹿澤。劉起釪謂：據近年地下水探測，今河北省鉅鹿、南宫、冀縣、束鹿、寧晉、隆堯、任縣之間，有一古大湖澤遺跡，由西南斜向東北，長約六十七公里，鉅鹿、隆堯二縣間東西最寬處約二十八公里，此即古大陸澤，現大部分淤爲平地。

又北播爲九河■又北，繼續北流也。播，分散、分佈也。枚《傳》：『北分爲九河以殺其溢。』九河，《爾雅·釋水》：『徒駭、太史、馬頰、覆鬴、胡蘇、簡、絜、鉤盤、鬲津，九河。』一九七八年二月二十八日《光明日報》報道『河北省黑龍港地區地下水綜合科學考察取得重大成果』，報道稱：自一九七三年始經過三年努力，初步查清河北平原黑龍港地區有九條大的地下古河帶，且繪成《河北平原黑龍港地區古河道圖》，九條古河道分別爲：（一）大名、館陶、清河、棗强、景縣、滄州之黄、清、漳河古河道帶；（二）大名、衛東地區，中經山東，至吴橋、東光、南皮、滄州和吴橋、鹽山、孟村之黄河古河道帶；（三）魏縣、廣平、鉅鹿、新河、束鹿、深縣之黄漳河古河道帶；（四）成安、肥鄉、曲周、平鄉、鉅鹿之漳河古河道帶；（五）冀縣、衡水、武强、獻縣、交河、滄州之黄、漳、滹河古河道帶；（六）沿子牙河一帶之漳滹古河道帶；（七）安平、饒陽、河間、大城之滹沱河古河道；（八）肅寧、河間、任丘之滹、沙、唐河古河道帶；（九）任丘、文安之拒馬河古河道帶。且謂『黄河，黄、清、漳河和滹、沙、唐河古河道，又是四條較大的古河道帶』。劉起釪以爲『《禹貢》九河，就是黑龍港地區地下九條古河道帶，應無問題』。行甫按：此河北平原勘察所發之九條古河道，未必即禹貢之九河，且九條古河道亦未必爲同時共存之河道。世久年淹，時代隔越，難以坐實，似可不必深究。**同爲逆河入于海**■同，皆也。逆河，海潮倒流入河，臨海河段受海潮浸灌而成鹹水。王夫之《稗疏》：『九河之尾皆逆，非合而爲一可知已。』海，渤海。行甫按：河水乃九川第三系也。

〔六〕**嶓冢導漾**■嶓冢，山名，在今陝西漢中寧强縣境，漢水所出。參見梁州章『岷嶓既藝』釋讀。漾，漢水之源。《夏本紀》作『瀁』。**東流爲漢**■東流，往東流。爲，稱爲。漢，漢水，亦稱沔水。

〔七〕**又東爲滄浪之水**■又東，繼續向東。《水經·沔水》『過武當縣東北』，酈注：『縣西北四十里，漢水中有洲，名滄浪洲。庾仲雍《漢水記》謂之千齡洲，非也。是世俗語訛，音與字變矣。《地説》曰：「水出荆山，東南流爲滄浪之水」，是近楚都。故《漁父歌》曰：「滄浪之水清兮，可以濯我纓；滄浪之水濁兮，可以濯我足。」余按《尚書·禹貢》言「導漾水東流爲漢，又東爲滄浪之水」。不言「過」而言「爲」者，明非他水決入也。蓋漢沔水自下有滄浪通稱耳。纏絡鄢郢，地連紀郡，咸楚都矣。漁父歌之，不違水地，考按經傳，宜以《尚書》爲正耳。』行甫按：王先謙《漢書補注》據《清一統志》謂武當縣故城在均州，其地在今丹江口市轄區內。**過三澨至于大別**■三澨，《說文》：『澨，埤增水邊土，人所止者。从水，筮聲。《夏書》曰：「過三澨。」』段玉裁注：『土部曰：埤，增也。增，益也。酈善長曰：《左傳》文十六年，楚軍次於句澨；定四年，左司馬戌敗吳師於雍澨；昭二十三年，司馬薳越縊於薳澨。服虔或謂之邑，又謂之地，京相璠、杜預亦云：「水際及邊地名也，今南陽、淯陽二縣之間，淯水之濱有南澨、北澨矣。」《水經》曰：「三澨地在南郡邔縣北沱。」酈注云：「《地說》曰：沔水東行過三澨，合流觸大別山阪。」故馬融、鄭玄、王肅、孔安國等，咸以爲三澨水名也。惟許慎說異。按《水經》釋爲地，與許合。』行甫按：『三澨』當爲漢水中游三處築有堤坊可居人之處。具體地點，無法坐實。大別，《地理志》六安國安豐縣：『《禹貢》大別山在西南。』行甫按：漢安豐縣故城在今河南固始縣東。山即今位於鄂皖邊界處之大別山。**南入于江**■南，向南。漢水過湖北襄陽即東南流，到達大別山南注入長江。

〔八〕**東匯澤爲彭蠡**■東，向東。匯，聚也。彭蠡，今江西鄱陽湖。劉起釪《校釋譯論》：『西漢以前彭蠡澤在長江之北，其留下的遺跡爲今湖北武穴至安徽宿松、安慶之間長江北岸諸湖沼群，東漢以後逐漸南移過江，發展爲今江西鄱陽湖。』**東爲北江入于海**■北江，王夫之《稗疏》：『漢在略陽以北謂之漾，略陽以東謂之漢，均州以東謂之滄浪，漢口以東謂之北江，一水而四名也。』入于海，劉起釪《校釋譯論》謂：《禹貢》所記漢水自甘陝向東南流，曲折斜穿過湖北省，於鄂東南大別山西南注入長江後，又向東匯集成彭蠡澤，然後從彭蠡澤東出爲北江以入海。下文又言長江從彭蠡澤東出爲中江以入海，將漢水和江水說成平行入海之兩條水道，此乃《禹貢》作者不知長江下游水系實況，僅憑異地傳聞所發生之重大錯誤。行甫按：漢水乃九川之第四系也。

〔九〕**岷山導江**■岷山，在今四川松潘縣北。《夏本紀》作『汶』，《地理志》作『崏』，皆古字相通假。行甫按：

《禹貢》作者以爲岷山乃長江之源，故曰『岷山導江』。**東別爲沱**■東，向東。別，分支也。沱，長江支流皆稱爲『沱』，此指今四川境內岷江以東之水。**又東至于澧**■澧，《夏本紀》作『醴』，《集解》：『孔安國及馬融、王肅皆以醴爲水名。鄭玄曰：「醴，陵名也，大阜曰陵。長沙有醴陵縣。」』行甫按：據石泉教授對古荊楚地理之最新研究，此『澧』爲水名，當在今湖北境內。參見上文『荊州章』釋讀。

〔一〇〕**過九江至于東陵**■九江，指漢水中下游南面與西面之地，即鄂西北與鄂西南及江漢平原中西部地區之衆水。參見荊州章『九江孔殷』釋讀。東陵，王夫之《稗疏》：『武昌以東，瑞昌以西，江之東岸諸山也。』**東地北會于匯**■地，《說文》：『衺行也。从辵，也聲。《夏書》曰：「東地北會于匯。」』會，合也。匯，水渚蓄成澤，今之鄱陽湖是也。行甫按：句謂江水至東陵地帶後由東向北偏斜於湖口縣與鄱陽湖相合。**東爲中江入于海**■中江，長江。《禹貢》作者不知長江下游水系，誤以漢水與江水平行入海，且懸揣有所謂『南江』，又不知其具體所在，故止言『北江』與『中江』而已，以致後世紛爭蜂起。行甫按：長江乃九川之第五系也。

〔一一〕**導沇水東流爲濟**■沇水，《地理志》河東郡垣縣：『《禹貢》王屋山在東北，沇水所出，東南至武德入河。』王先謙《漢書補注》：『武德，河內縣。案濟水至河內溫入河，言至武德入河者，酈元以爲枝瀆條分，所在布稱。蓋濟水故瀆合奉溝水入河，朱溝分流爲奉溝，其正流合沁水，先儒以爲濟渠，故酈元云然。』濟，濟水。《水經·濟水》：『濟水出河東垣縣東王屋山爲沇水；又東至溫縣西北，爲濟水。』王夫之《稗疏》：『沇水出今澤州之陽城縣析城山，下有神池，伏流地下，至懷慶府濟源縣復出爲濟。《水經》以爲出垣縣者，析城在漢隸於垣（今垣曲），而後割入於陽城也。若其東至溫縣以後，則爲河水所亂，古今差異，而不可刻舟以求劍矣。漢築石門，而濟隨河合流，不入滎瀆。王莽時大旱，濟源枯絕，而不復有濟。迨後復通流而爲河所奪，則河之經流與濟莫辨，雖滎澤再通，要不能析之爲濟矣。』行甫按：析城山乃王屋山之主峰，在今山西垣縣之東、陽城縣之南。《說文》：『沇，沇水，出河東垣東王屋山，東爲沛。从水，允聲。㕣，古文沇如此。沛，沇也，東入于海，从水，市聲。』沇州以沇水得名，《禹貢》九州作『兗州』，則隸變爲『兗』；『濟』古亦作『泲』，二字皆同義而古今異形也。**入于河**■胡渭《錐指》：『濟水入河之道凡再變。』劉起釪《校釋譯論》：『濟水自濟源分而爲二：一爲支津，自濟源西南流，注於溴水；一爲主流，自濟源東出，古時經溫縣東北，折而東南合奉溝水，歷沙溝南入於河，河南岸爲今汜水鎮。王莽時此道乾涸，稱爲「濟水故瀆」。濟水改由溫縣南入河，河南岸即今鞏縣。後其道又陷河中，而由濟水另入溴水的支津爲主流在孟縣南境入河。今濟水又循溫縣東行，至汜水鎮東廣武鎮北岸入河。』**溢爲滎**■溢，毛晃曰：『水勢有所赴而不能容，則縱其溢而舒之，「溢爲滎」是也。』《夏本紀》作『泆』，張守節《正義》：『濟水入河而南，截度河南岸溢滎澤，在鄭州滎澤縣西北四里。今無水，成平地。』《地理志》作『軼』，顔師古注：『軼與溢同。言濟水入河，並流而南，截河，又並流溢出，乃爲滎澤。』王先謙《漢書補注》：『《說文》「軼，車相出也。」《職方》注作「泆爲滎」。軼、泆蓋今古文異。』滎，滎澤。枚《傳》：『濟水入河，並流十數里而南截河，又並流數里爲滎澤，在敖倉東南。』行甫按：滎澤、敖倉故址皆在今河南滎陽縣北境。

〔一一二〕**東出于陶丘北**■出，段玉裁《撰異》：『《禹貢》導水罕言「出」者，此經「出」字當依《說文》作「至」。』陶丘，《說文》：『陶，再成丘也，在濟陰。从𨸏，匋聲。《夏書》曰：「東至于陶丘。」陶丘有堯城，堯嘗所居，故堯號陶唐氏。』《地理志》濟陰郡定陶縣：『《禹貢》陶丘在西南。』劉起釪《校釋譯論》：『濟水自滎澤東流，東北經今原陽、封丘、蘭考東之古濟陽，直至陶丘北。《禹貢》時陶丘爲其地地名，濟水經陶丘之北向東北流。』行甫按：漢定陶縣故城在今山東定陶縣西南。**又東至于菏**■菏，菏澤。劉起釪《校釋譯論》：『大抵濟水至定陶西會菏水，過定陶東北匯爲菏澤。然後菏水自菏澤東出流入泗水，濟水繼續東北流入大野澤。以上濟水至此稱爲南濟。另自今蘭考東古濟陽之北分出北濟，歷冤朐（今定陶西）至乘氏（今鉅野西），會南濟俱入大野澤。』

〔一三〕**又東北會于汶**■汶，汶水也。劉起釪《校釋譯論》：『汶水在今山東東平縣安山入濟水，其地在菏澤東北，故云「東北會于汶」。蓋濟水入大野澤，復自澤北出，過壽張（即東平境）遇汶水來注。』**又北東入于海**■北東，枚《傳》：『北折而東。』《夏本紀》作『東北』，《地理志》作『北東』，劉起釪《校釋譯論》：『濟水會汶後向北過今東阿、平陰、齊河，然後東過濟南，即自歷城向東北經鄒平、高青、博興諸縣以入海。東漢黄河大體以濟水河道入海，宋慶曆間河決商胡（濮陽境）而離濟水，其後濟水分爲大、小清河。清咸豐時黄河復奪大清河河道以入海，自後不復有濟水（從此古濟水自歷城以上成爲黄河下游河道，歷城以下爲小清河）。』行甫按：濟水乃九川之第六系也。

〔一四〕**導淮自桐柏**■淮，淮水。桐柏，《地理志》南陽郡平氏縣：『《禹貢》桐柏大復山在東南，淮水所出，東南至淮陵入海。』行甫按：漢平氏縣故城在今河南南陽桐柏縣西。**東會于泗沂**■泗，泗水，據《水經》載泗水出魯卞縣北山，至下邳入淮。行甫按：漢卞縣即今山東泗水縣；下邳即今江蘇邳州。今泗水出山東泗水縣汴橋鎮東，西經曲阜、兖州，西南入南陽湖東側之運河，實爲《禹貢》泗水之上游。沂，《地理志》泰山郡蓋縣臨樂子山，沂水所出，南至下邳入泗。行甫按：蓋縣故城在沂水縣西北八十里，今沂源縣界當是其地。下邳故城在今江蘇邳州市東北。今沂水則於江蘇新沂市南境匯於駱馬湖入運河。**東入于海**■海，黄海。行甫按：淮水乃九川之第七系也。

〔一五〕**導渭自鳥鼠同穴**■渭，渭水。鳥鼠同穴，《地理志》隴西郡首陽縣：『《禹貢》鳥鼠同穴山在西南，渭水所出。』行甫按：漢首陽縣故城在今甘肅渭源縣東北；鳥鼠同穴山在渭源縣西南。**東會于灃**■灃，灃水。《地理志》右扶風鄠縣：『酆水出東南，又有潏水，皆北過上林苑入渭。』胡渭《錐指》引《長安志》：『豐水出長安縣西南五十里終南山豐谷，其源闊一十五步，其下闊六十步，水深三尺。自鄠縣界來，終縣界，由馬坊村入咸陽，合渭水。』行甫按：『鄠縣』今音隨字變作『戶縣』。**又東會于涇**■涇，涇水。《地理志》安定郡涇陽縣：『开頭山在西，《禹貢》涇水所出，東南至陽陵入渭。』行甫按：漢涇陽縣當即今甘肅涇源縣地。漢陽陵縣當即今陝西高陵縣地。

〔一六〕**又東過漆沮**■漆沮，當是泛指渭北洛水下游入渭之地。參見雍州章『漆沮既從』釋讀。**入于河**■河，河水。《地理志》言渭水東至京兆尹船司空入河。顔師古注：『本主船之官，遂以爲縣。』行甫按：船司空故城在今陝西華陰縣東北，離渭水入河處風陵渡最近。船政主於此，得水利之便耳。渭水乃九川之第八系也。

〔一七〕**導洛自熊耳**■洛，洛水，豫州浸，發源於陝西省洛南縣，東至河南鞏義市入河。字當作『雒』，今已約定俗成，毋庸回改。熊耳，《地理志》弘農郡上雒縣：『《禹貢》雒水出冢嶺山，東北至鞏入河。』上雒縣下又云：『熊耳獲輿山在東北。』王先謙《漢書補注》：『熊耳、獲輿，連麓異名，言熊耳而必兼獲輿者，以明近獲輿之熊耳，爲真《禹貢》導雒之山，不與盧氏、宜陽二熊耳溷也。』行甫按：此『熊耳』與導山章『熊耳外方大別』之『熊耳』非一山。**東北會于澗瀍**■澗，澗水，洛水經盧氏縣南，東北流經洛寧、宜陽縣北，東至洛陽南，澗水西來入洛。瀍，瀍水，洛水至洛陽南，瀍水北來於洛陽舊城東門外南行入洛。

〔一八〕**又東會于伊**■伊，伊水，洛水自洛陽南又至偃師縣，伊水自西南來，經嵩縣、伊川縣，北行至洛陽南，而後東至偃師縣入洛。**又東北入于河**■河，河水。《水經·洛水》：『東過洛陽縣南，伊水從西來注之；又東過偃師縣南，又東北過鞏縣東，又北入於河。』行甫按：『鞏縣』故城在今河南鞏義市西南二十里。洛水東會伊水而後經鞏縣故城南東北流入河，入河處稱『洛口』。胡渭《錐指》：『古洛水入河處在洛口西，古名什谷。即張儀說秦下三川，塞什谷之口。』行甫按：洛水入河處即上文導河之『洛汭』。此洛水乃九川之第九系也。

此乃『導水章』。

【繹文】

本章所言九川源流大略如次：

弱水發源於今甘肅山丹縣，西北流至今酒泉市金塔縣東南與張掖市高台縣西北之漢會水縣故城東北之合黎山，其餘波流向今内蒙古額濟納旗西北之居延海，古稱爲『流沙』。弱水乃《禹貢》九川之第一系。

黑水流向今甘肅敦煌市南之三危而入於羅布泊，古稱牢蘭海。黑水乃《禹貢》九川之第二系。

河水發源於今青海境内之積石山，或即今青海阿尼瑪卿山。輾轉流向今陝西韓城東北與山西河津縣間之龍門山，又南流至陝西華陰縣，於風陵渡東折，至於今三門峽之底柱，又東行至孟津南，再流經洛水入河之處到達河南浚縣西南之大伾山，然後北折經過濁漳水到達鉅野澤，由此散佈成九條河道北流，九河皆與海水潮汐相觸，海水倒灌入河成鹹水而後流入渤海。河水爲《禹貢》九川之第三系。

漢水導源於今陝西漢中寧强縣境之嶓冢山，源頭處稱爲漾水，繼續東流則稱爲漢水，又稱爲沔水。再往東流進入楚國都城附近則稱爲滄浪之水，又經過三處人口密集之大堤，到達位於今鄂豫皖邊界處之大別山麓，然後南折注入長江。再東流匯聚成江北的彭蠡澤，即今江西鄱陽湖的前身，出彭蠡澤而繼續東流，且作爲『北江』注入東海。漢水乃《禹貢》九川之第四系。

江水發源於今松潘縣北之岷山，東流分成的支流稱爲『沱江』，再東流至於原在今湖北境内的澧水，經過今鄂西及江漢平原中西部之『九江』衆水到達今湖北與江西交界處之江東諸山，再向東北傾斜會聚於江西湖口縣與鄱陽湖相合，然後繼續東流，作爲『中江』注入東海。江水乃《禹貢》九川之第五系。

沇水出於王屋山主峰析城山，東流而後稱爲濟水，又爲大河之水所侵奪，至今河南滎陽縣北境流溢成滎澤，又往東流出於今山東定陶縣之古陶丘之北，再往東流至定陶西與菏水相會，過定陶東北而匯爲菏澤，出菏澤再往東北流與汶水相會合，然後東北流入渤海萊州灣。濟水乃《禹貢》九川之第六系。

淮水發源於今河南南陽桐柏縣東南之大復山，東流與泗水和沂水相會合，再往東流注入黄海。淮水乃《禹貢》九川之第七系。

渭水導源於今甘肅渭源縣西南之鳥鼠同穴山，東流與灃水相合，再東流與涇水相合，再東流經過渭水北岸之洛水下游濕地，於今陝西華縣東北之風陵渡入河。渭水乃《禹貢》九川之第八系。

雒水，今約定俗成已作『洛水』，發源於陝西省洛南縣之熊耳山，東北流至洛陽南，澗水西來東行入洛水，瀍水則北來南行入洛，又東流至河南偃師縣，伊水西來東行入洛水。洛水再東北流，經今河南鞏義市南而後東北流，於洛口入河水。洛水乃《禹貢》九川之第九系。

九州攸同，四隩既宅，〔一〕九山刊旅，九川滌源，九澤既陂。〔二〕四海會同，六府孔修，庶

土交正，〔三〕厎慎財賦，咸則三壤，成賦中邦。〔四〕錫土姓，祗台德先，不距朕行。〔五〕

【釋讀】

〔一〕**九州攸同**■九州，自冀州至於雍州也。攸，所以也。説見吴昌瑩《經詞衍釋》。行甫按：《地理志》作『逌』，音同義通。同，一也。《國語·周語上》『其惠足以同其民人』，韋昭注：『同，猶一也。』《墨子·經上》：『同，異而俱於之一也。』**四隩既宅**■四隩，蔡《傳》：『隩，隈也。厓内近水爲隩。』胡渭《錐指》：『隩者，水曲幽隱之處，猶室之有奥，四方之隩，皆可奠居。』行甫按：胡氏之説是也，《夏本紀》、《地理志》皆作『奥』，『奥』、『隩』音同義通。《爾雅·釋宫》『西南隅謂之奥』，郭璞注：『室中隱奥之處。』是『四隩』者，猶言四境之内也。既，已也。宅，居也。《夏本紀》作『居』，居住也。

〔二〕**九山刊旅**■九山，即『導山章』之九大山系也。刊，斫削樹木以爲表識。旅，道路。《禮記·郊特牲》『臺門而旅樹』，鄭玄注：『旅，道也。』章太炎《尚書説》：『刊旅，刊木而成道也。』**九川滌源**■九川，即『導水章』之九大水系也。滌，洗也。源，水源也。《夏本紀》、《地理志》皆作『原』，《説文》：『原，水本也，从灥出厂下。』是『原』與『源』實爲古今字。孫星衍《今古文注疏》：『滌源者，謂疏達其水原也。』行甫按：『滌源』猶言『清源』也，謂溯其源而通其流也。**九澤既陂**■九澤，王夫之《稗疏》：『大陸一，雷夏二，大野三，彭蠡四，震澤五，雲夢六，荷澤七，孟豬八，豬野九。凡此九澤，見于經文者，具爲縷悉。揚、豫庳下平衍之地，本有二澤，不得故黜其一。青瀕海地狹，源短流疾，梁處叢山亙峽之中，皆不容有澤，無容强而使有。與九川、九山不以州分者同。孔、蔡泥上九州之文，別著山澤，信傳固不如信經也。』陂，胡渭《錐指》：『陂亦隄也，而實不同。川兩厓築隄，制其旁溢，陂則環澤而隄之，此其所以異也。』

〔三〕**四海會同**■四海，《爾雅·釋地》：『九夷、八狄、七戎、六蠻謂之四海。』郭璞注：『九夷在東，八狄在北，七戎在西，六蠻在南，次四荒者。』胡渭《錐指》：『古書所稱四海，皆以地言，不以水言。《爾雅》四海繫《釋地》，不繫《釋水》，《禹貢》九州之外即是四海，不以海水之遠近爲限。』會同，《周禮·大宗伯》：『時見曰會，殷見曰同。』行甫按：『四海會同』者，謂四境蠻戎之人皆來京師朝會納貢，猶言化及夷狄也。**六府孔修**■六府，屈萬里《集釋》：『水、火、金、木、土、穀也；見文公七年《左傳》。』劉起釪《校釋譯論》：『《禮記·曲禮》「天子之六府，曰司土、司木、司水、司韋、司器、司貨，典司六職」，鄭注：「府主藏六物之稅者。」古代甚重府庫收藏，故六府就是掌管貢賦稅收的六個府庫。』孔，甚也。修，治也。行甫按：《左傳》與《禮記》之『六府』分類雖稍不同，要爲各類貨物之藏府。『六府孔修』者，國家府庫充足、管理有序之謂也。**庶土交正**■庶，衆也。行甫按：『庶土』，謂九州之地也。交，互也。正，讀若『征』，稅也。《周禮·司門》『正其貨賄』，鄭玄注：『正讀爲征。』《司書》『九正』，鄭玄注：『正，稅也。』《管子·海王》『何謂正鹽筴』，尹知章注：『正，稅也。』行甫按：九州之地，貢篚之物，各有不同；衆土互補，物無所闕，則應有盡有矣。

〔四〕**厎慎財賦**■厎，致納也。慎，謹慎也。財，貢也。賦，稅也。**咸則三壤**■咸，皆也。則，準則也，效法也。三壤，土質有壤、墳、泥三種也。行甫按：此二句爲倒裝，猶言『咸則三壤，厎慎財賦』也。**成賦中邦**■成，定也。中邦，猶言九州之地也。行甫按：三句謂：確定九州之貢賦制度，皆依其土壤質地肥瘠之不同爲標準，定其品物之種類多寡及賦稅之等級高下也。

〔五〕**錫土姓**■錫，賜也。土姓，屈萬里《集釋》：『舊解多據隱公八年《左傳》「天子建德，因生以賜姓，胙之土而命之氏」之文，以說此「錫土姓」之義。友人楊希枚先生著《先秦賜姓制度理論的商榷》一文（見「中央研究院」歷史語言研究所集刊第二十六本），據「姓」字古義及《楚語》資料，謂「賜姓」乃「賜民、分民或授民」之義。茲取其說。「錫土姓」，言賜之土而授之民也。』**祗台德先**■祗，適也，但也。說見吳昌瑩《經詞衍釋》。台，以也。《邾公華鐘》「台樂大夫，台宴士庶子」，即「以樂大夫，以宴士庶子」也。德，《尚書》一經，凡言治國舉措以及君主個人之作爲，概稱之爲「德」。行甫按：「錫土姓，祗台德先」，謂賜之土而授之民，但以德爲先也。**不距朕行**■距，違也。朕，我也，禹自稱，亦邦國之自稱也。行，《爾雅·釋詁》：「言也。」郭璞注：「今江東通謂語爲行。」郝懿行《義疏》：「行訓道，道亦言也。」行甫按：「朕行」猶「朕言」也，「朕言」即上文「厎慎財賦，咸則三壤，成賦中邦」之「言」也，謂封邦建國，賜土授民，但以其治國舉措爲先，不違背我所規定之制賦原則也。

本節言禹治山川始成，九州同一，邊鄙向化，四境供財，府庫充牣，乃依土宜以定賦額，封土授民，以之爲首德，戒其賦稅之濫也。

【繹文】

九州因以一統，同條共貫；　四境之内，民人皆已安居樂業；　九大山系，也已修治平整，有道路可通；　九大水系，也各自溯源窮流，源委可辨；　九大湖澤，也修築隄壩，防其漫溢。九州江山一統，蠻夷向化，四方邊鄙之人，會聚於京師，貢其有無；　國家府庫充益，財阜物豐，分類貯藏，井然有序；　九州之地，依其物土之宜，各有所貢，互不雷同。依據各地土壤質性不同，謹慎制定賦稅徵收標準，確立中國九州之賦税體系。凡封邦建國，賜土授民，衹以是否符合國家規定之賦税徵收標準爲首要條件，不可違背我們的賦税規定，横徵暴斂，濫行賦税，搜括無度。

五百里甸服，百里賦納總，二百里納銍，三百里納秸服，四百里粟，五百里米。〔一〕五百里侯服，百里采，二百里男邦，三百里諸侯。〔二〕五百里綏服，三百里揆文教，二百里奮武衛。〔三〕五百里要服，三百里夷，二百里蔡。〔四〕五百里荒服，三百里蠻，二百里流。〔五〕

東漸于海，西被于流沙，朔南暨，聲教訖于四海。〔六〕禹錫玄圭，告厥成功。〔七〕

【釋讀】

〔一〕**五百里甸服**■五百里，距王城中心五百里也。四方各距王城國都五百里，則東西南北相距各千里也。在此範圍之内，稱爲甸服。《國語·周語上》『邦内甸服』，韋昭注：『邦内，謂天子畿内千里之地。甸，王田也。服，服其職業也。』行甫按：『服』猶『事』也、『治』也。『甸服』即畿内之地，六鄉六遂之所在，治王田，服王事也。『服』與『艮』通，《説文》：『艮，治也。从又卩，卩，事之節。』亦即分節以治王事也。**百里賦納總**■百里，枚《傳》：『甸服内之百里，近王城者。』賦，《説文》：『斂也。从貝，武聲。』納，入也。《地理志》作『内』，古今字。總，枚《傳》：『禾稾曰總。』行甫按：《説文》：『總，聚束也。』段玉裁注：『謂聚而縛之也，悤有散意，糸以束之。《禮經》之總，束髮也。《禹貢》之總，禾束也。』是『納總』者，總束禾穗以納之也。**二百里納銍**■二百里，王城百里之外，二百里之内也。下文以此類推。銍，枚《傳》：『刈，謂禾穗。』孔穎達《書疏》：『用銍刈者，謂禾穗也。』

禾穗用銍以刈，故以銍表禾穗也。』**三百里納秸服**■秸，《釋文》：『本或作稭，工八反。馬云：去其穎，音鞂。』《地理志》作『戛』。段玉裁《撰異》：『《詩·甫田》、《生民》、《正義》引《尚書》鄭注云：「百里者賦入總，謂入刈禾也。二百里銍，銍，斷去稾也。三百里秸，秸，又去穎也。四百里入粟，五百里入米者，遠彌輕也。」「入刈禾」者，並穗、稾全入之。「斷去稾」者，去稾留穎而入穗也。「又去穎」者，又去穗之穎而入穀實也。穎者，繫實之所之莖也。』行甫按：『穎』者，穀粒外之包皮而有毫芒者，則『去穎』者，謂去其包皮而存穀粒也。《史記》毛遂所謂『錐處囊中，穎脱而出』者，即脱離外層包裹而突出之意，則馬融所謂『去穎』，亦即去其包皮而存其實也。服，與『稃』通，穀殼也。陳奐《詩毛氏傳疏》：『「秸服」二字連文得義，斷去其稾，又去其穎，謂之「秸」；帶稃言謂之「秸服」。「粟」則脱於糠矣，「米」則成爲粱矣。「秸」者，實也；「秸服」者，「粟」之皮也。』楊筠如《覈詁》：『陳奐謂「服」、「稃」聲近，則以「服」爲「稃」之假。按《呂刑》「五辭簡孚」，下又云「五刑不簡，五罰不服」，簡服即簡孚，正承上文而言。古「服」、「伏」通。《文選·陸士衡詩》「誰謂伏事淺」，李注：「服與伏同，古字通。」古「孚」、「包」亦通。《説文》「罦」或从「孚」作「罦」，而「伏羲」一作「包羲」，故「服」亦可用「孚」也。』行甫按：陳説是也。楊氏謂『服』與『孚』音同得通，其説亦是也。徐鍇《説文繫傳》：『稃即米殼也。』《廣韻·虞韻》：『稃，穀皮也。』是『秸服』猶言『秸稃』，帶殼之穀粒也。**四百里粟**■粟，陳奐謂『脱於糠矣』，段玉裁《撰異》：『粟者，糲米也。』**五百里米**■米，陳奐謂『成爲粱矣』，段玉裁《撰異》：『米者，精米也。』行甫按：穀實以礱礪去其糠殼，則爲帶紅色薄皮之米，是爲糙米，此紅糙之米謂之粟；若以石碓舂去其紅皮，則爲白色之精米，此精白之米謂之米也。

〔二〕**五百里侯服**■五百里，《夏本紀》作『甸服外五百里侯服』，環甸服之外四方各五百里也。侯服，枚《傳》：『侯，候也；斥候而服事。』孔穎達《書疏》：『侯聲近候，故爲候也。襄十八年《左傳》稱晉人伐齊使司馬斥山澤之險。斥謂檢行之也。斥候，謂檢行險阻，伺候盜賊；此五百里主爲斥候而服事天子，故名侯服。』《爾雅・釋詁》：「侯，君也。」《説文》：「侯，伺望也。」《國語・晉語八》「侯遮扞衛不行」，韋昭注：「侯，候望。」行甫按：「侯」與「候」通，「侯服」之「侯」實兼「君」與「候」之二義焉，所以名「侯服」者，謂分疆守土之君，以拱衛國都與王畿爲職事也。**百里采**■百里，枚《傳》：「侯服内之百里。」采，采邑。胡渭《錐指》：「王氏曰：於此有采地也。蘇氏曰：卿大夫之采地。張氏曰：《周官》六鄉之外爲六遂，六遂之外有家邑，爲大夫之采地，小都爲卿之采地，大都公之采地、王子弟所食邑也。與此王畿五百里之外始有采地同意。渭按：《禮運》：諸侯有國，以處其子孫；大夫有采，以處其子孫，謂列國大夫之食邑。而此則天子大夫之食邑也。」行甫按：「采邑」實兼包「家邑」、「小都」、「大都」三種「食邑」在内。**二百里男邦**■二百里，侯服内次二之「百里」也。男邦，枚《傳》：「男，任也，任王者事。」孔穎達《書疏》：「男聲近任，故訓爲任。任王事者，任受其役。」《夏本紀》作「任國」，《大戴禮記・本命》：「男者，任也。」是「任」爲「男」之音訓。《酒誥》「侯甸男衛邦伯」，《白虎通・爵》引作「侯甸任衛作國伯」，是其證也。**三百里諸侯**■三百里，胡渭《錐指》引朱子曰：「三百里謂自三至五爲百里者三，隨文生例，不可拘也。」諸侯，眾侯國也。蘇軾《書傳》：「男邦，小國也；諸侯，大國、次國也。」

〔三〕**五百里綏服**■綏，《説文》：「綏，車中把也。」《論語・鄉黨》「升車必正立執綏」，皇侃《疏》：「牽以上車之索也。」引申之有「援引」與「過渡」之意。服，職事也。**三百里揆文教**■三百里，亦如朱熹所謂自一至三爲百里者三也。揆，謀度也。文教，文明與教化也。**二百里奮武衛**■奮，振動也。《禮記・樂記》「奮至德之光」，鄭玄注：「奮，猶動也。」武衛，武力保衛也。行甫按：此「綏服」介於前「甸服」及「侯服」與後「要服」及「荒服」之間，實爲蠻夷與中夏之過渡與綏沖地帶，故前「三百里揆文教」，後「二百里奮武衛」，則中夏之於蠻夷，乃先禦之以武，後教之以文也。

〔四〕**五百里要服**■要，枚《傳》：「要束以文教。」孔穎達《書疏》：「要者，約束之義。上言揆文教，知要者要束以文教也。』胡渭《錐指》：『金氏曰：要，約也。其地遠於畿甸，雜於夷狄，雖州牧、侯伯爲之綱領控制，而其文法則略於中國矣。渭按：奮武衛者，所以防其猾夏也。苟欲其嚮風而慕義，則亦唯揆文教以約束之耳。』行甫按：『要』之『約』，謂『約劑』或『盟約』也。謂不以武力相征伐，而以『盟約』相『結』而『束』之，所謂『化干戈爲玉帛』，乃可相安，是『揆文教』之事也。**三百里夷**■三百里，亦爲百里者三也。夷，夷狄居住之地。**二百里蔡**■蔡，放散也。《左傳》定公四年『王於是乎殺管叔而蔡蔡叔』，杜預注：『蔡，放也。』《説文》：『⿱殺米，⿰米悉⿱殺米，散之也。从米，殺聲。』段玉裁注：『⿱殺米者復舉字，⿰米悉者衍字，《左傳正義》兩引《説文》「⿱殺米，散之也」可證。《左傳》昭公元年曰「周公殺管叔而蔡蔡叔」，《釋文》曰「上蔡字音素葛反，《説文》作⿱殺米」。《正義》曰「《説文》⿱殺米爲放散之義，故訓爲放。隸書改作，已失字體。⿱殺米字不可復識，寫者全類蔡字，至有一蔡字重點以讀之者」。定四年《正義》同。是⿱殺米本謂散米，引伸之，凡放散皆曰⿱殺米，字譌作蔡耳。亦省作殺。《齊民要術》凡云殺米者，皆⿱殺米米也。《孟子》曰「殺三苗於三危」，即⿱殺米三苗也。』行甫按：今湖北天門、沔陽方言謂某物潑撒或濺出，亦言「⿱殺米了」，讀若「殺了」。『二百里蔡』者，放逐罪人之地。

〔五〕**五百里荒服**■荒，《廣雅·釋詁》：『遠也。』**三百里蠻**■蠻，蠻戎居住之地。**二百里流**■流，流放罪人也。行甫按：上文『要服』之『蔡』亦爲放逐罪人之地，較此『荒服』之『流』，其罪稍輕而已，故其距離有遠近之別。

〔六〕**東漸于海**■漸，漫延、延伸也。《荀子·議兵》『是漸之也』，楊倞注：『漸，浸漬也。』行甫按：『漸』義爲『浸漬』，引申而有『漫延』、『延伸』之義。**西被于流沙**■被，覆蓋也。《釋名·釋衣服》：『被，被也，所以被覆人也。』蔡《傳》：『覆也。』流沙，孔穎達《書疏》：『流沙當是西境最遠者也。』**朔南暨**■朔，北方也。南，南方也。暨，《説文》：『日頗見也。从旦，既聲。』行甫按：『頗』猶『偏』也，『見』讀『現』，所謂『日頗見』者，日偏現也。是

『朔南暨』者，言南北極遠之處，緯度較高，其地所見之日各有偏斜也。**聲教訖于四海**■聲教，胡渭《錐指》：『《左傳》云：「樹之風聲。」司馬相如云：「遐聽者風聲。」聲教之謂也。』行甫按：『聲教』者，猶言『風教』也，《詩大序》云：『風，風也，教也，風以動之，教以化之。』訖，盡也。四海，顧炎武《日知錄》卷二十二：『《禹貢》之言海有二：「東漸于海」，實言之海也；「聲教訖于四海」，概言之海也。』行甫按：『四海』猶言『四極』也。

〔七〕**禹錫玄圭**■錫，屈萬里《集釋》：『與上文「錫貢」及「納錫」之錫同義，獻也。』行甫按：屈說可從。《堯典》『師錫帝曰』，章太炎《尚書說》：『經傳以「錫」爲「賜」，而彝器字祇作「易」。「師錫帝」謂「眾予帝」也。』是下對上亦可言『錫』若『賜』也。玄，黑赤色。圭，瑞玉之一。**告厥成功**■告，報白也。厥，其也，指治水也。行甫按：此二句謂禹將赴任前帝舜所班之瑞玉玄圭獻納給帝舜，報告其治水大獲成功。是爲述職也。

此乃本篇最後一節，謂禹治定九州山川而後輔成五服，使風教遍於四海，無遠弗屆，然後回朝復命述職，獻上玄圭，告其成功於天子。

【繹文】

環繞王城之外五百里爲王畿，稱爲甸服，其六鄉六遂之居民耕種天子之田，服天子之事。甸服之內距王城百里，其民之賦稅，捆束禾穗直接繳納；二百里之內，其民之賦稅，則割下禾稈，繳納穀穗。三百里之內，其民之賦稅，乃脫去穀穗之穎皮，繳納帶殼穀粒。四百里之內，其民之賦稅，則繳納脫殼之糙米。五百里之內，其民之賦稅，則舂去糙糲之皮，繳納白色精米。

環繞甸服之外五百里爲侯服，是王朝卿大夫及王子們的食邑與大大小小侯國的領地。在此五百里之中，一百里以内，是王朝公卿大夫以及王子們大小不同的采地；二百里以内，是爵位較低以擔任王朝各種雜務爲主的小國；餘下三百里以内，則是封土授民的較大侯國。

環繞侯服之外五百里爲綏服，實乃蠻夷與中夏之間的過渡與緩沖地帶，蠻夷之人進入王城，此爲必經之地，猶如登車必先援引綏索，故稱之爲『綏服』。在此五百里之中，前三百里爲商謀文明教化之區，經過此地之蠻夷，當以文明禮貌相接相待。後二百里爲設置武裝保衛之區，蠻夷之人通過此地，必經邊防武裝人員層層訶問盤察。過此，則待之以中國文明教化之禮。

環繞綏服之外五百里爲要服，此地區之居民雖爲夷人，但距中國略近，向慕中國文明教化，願意與中國結成盟約關係，故稱之爲『要服』。在此五百里之中，前三百里是夷狄居住區，後二百里是放逐犯罪情節較輕之罪人的隔離區。

環繞要服之外五百里爲荒服，此地距王城國中最遠，故稱之爲『荒服』。在此五百里之中，前三百里爲蠻戎居住區，後二百里爲流放犯罪情節較重之罪人的隔離區。

九州五服，東邊延伸到海濱之地，西邊覆蓋到沙漠地帶；北方與南方所到之地，無所定名，但極北與極南之處，人們肉眼所見的太陽都是偏斜在一邊的。王朝的文明風教遍及天下，禹向帝舜交上象徵權力與責任的赤黑色瑞信之玉，這是禹接受治水命令時，帝舜頒發給他行使權力以完成任務的赤黑色大圭片；現在治水工程已經獲得巨大成功，所以將它交還給帝舜，以示任土作貢的重要工作告竣，責任已完，權力上交。

【後案】

《禹貢》是中國現存較早一篇有關山川地理的古代文獻，但也是實地考察與主觀想像雜揉並陳之作，此之所以歷代注家聚訟紛紜，終有不得其解者之原因所在。

《四庫全書總目》經部《書類總敘》曰：『諸家聚訟，猶有四端：曰今文古文；曰錯簡；曰《禹貢》山水；曰《洪範》疇數。』又《總目》卷十二《日講書經解義提要》曰：『《尚書》一經，漢以來所聚訟者，莫過《洪範》之五行；宋以來所聚訟者，莫過禹貢之山川；明以來所聚訟者，莫過今文古文之真僞。』其於《禹貢》山川，《書類總敘》又曰：『禹跡大抵在中原，而論者多當南渡，昔疎今密，其勢則然。』其實，《禹貢》山川聚訟之由，並非僅在禹跡中原而論者多當南渡。考《朱子語類》卷七十九記朱熹之言曰：『《禹貢》地理，不須大段用心，以今山川都不同了。理會《禹貢》，不如理會如今地理。如《禹貢》濟水，今皆變盡了。又江水無沲，又不至澧。九江亦無尋處，後人只白捉江州。又上數千里不說一句，及到江州，數千里間，連說數處，此皆不可曉者。《禹貢》但不可不知之。今地理亦不必過用心。今人說中原山川者，亦是皃說，不可見，無考處。舊鄭樵好說，後識中原者見之云：全不是。』體察朱子之言，則《禹貢》山川終不可曉者，大抵原因有二：

其一，古今地理變遷，山川改易者不在少數，朱子舉濟水爲例。其實，豈止濟水如此，其他大者如河水，自大伾北折，經大陸澤而後再北流入海，既與《漢書·地理志》相乖，亦與今之河道更是大相徑庭。又言漢水起源則曰『嶓冢導漾』，而注家所謂『嶓冢』又不止一處，故有西漢水與東漢水之歧。此外，『熊耳山』亦不止一處，據《地理志》，一在弘農上洛縣，爲雒水所出；一在弘農盧氏縣，爲伊水所出。《禹貢》則一而不分。如是者衆。

其二，《禹貢》記載疏闊，有『上數千里不説一句』者，而『九江』亦無具名，後世無從得知，只好横加揣度。《禹貢》之難治，又不僅朱子所言之二端而足。歷代地名、水名隨政治與人事之動蕩而有所漂移，導致古今地名方位迥異，此亦是《禹貢》歧解紛呈，甚至有不可解者之重要原因。本篇在解釋『荆州章』之『九江孔殷』，即採取武漢大學石泉教授關於古荆楚地理研究之新説，至於是否符合《禹貢》地理之實際，亦難以質正。

又如《四庫總目》所言，簡牘奪落錯亂亦是《禹貢》突出之問題。『冀州章』與『雍州章』皆有明顯之錯簡痕跡。而『導水章』有『北江』與『中江』，而無與之對舉之『南江』，以文章學而論之，則失於照應，當有脱簡；以禹跡中原而論之，則作者疏於南土，以致周顧不及。無論何種原因，皆造成難以破解的閲讀困惑。

此外，本篇顯然依據大禹治水的歷史傳説敷衍而成，因受戰國中期『定於一』的現實思潮影響，從而爲了表達儒家『大一統』的社會理想圖式，在行文上不得不採取實地踏勘與合理想像的敘述方式，也就難免産生虚實雜呈、真僞參互之弊。即如篇末敘述畿服制，以王城周邊五百里爲層級遞進的方式，描述『五服』的遠近次第及其各地之職責，顯系虚構。

總之，《禹貢》的經學價值，遠遠大於其史學價值。朱子既告其門人説『《禹貢》地理，不須大段用心』，又誡其弟子説『《禹貢》但不可不知之』，是知朱子之重視《禹貢》者，乃在其經學價值，而不在其歷史地理知識也甚明。今之學人，讀朱子之言，當相視而笑，莫逆於心，乃善讀書者。

甘誓

【解題】

《書序》：『啓與有扈戰于甘之野，作《甘誓》。』《釋文》：『京兆鄠縣，即有扈之國也。甘，有扈郊地名。馬云：南郊地也。甘，水名。今在鄠縣西。』孔穎達《書疏》：『《地理志》扶風鄠縣，古扈國，夏啓所伐者也。鄠扈音同，未知何時改也。啓伐有扈，必將至其國，乃出兵與啓戰，故以甘爲有扈之郊地名。馬融云：甘，有扈南郊地名，計啓西行伐之，當在東郊。融則扶風人，或當知其處也。』據漢唐儒先之説，則『甘』地在今陝西省西安市鄠邑区境。

楊筠如《尚書覈詁》引王國維之説曰：『甘亭、扈谷之説，余未敢信。緣卜辭地名中有甘有雇，甘疑即《春秋》甘昭公所封之邑；雇疑即諸侯會于扈之扈，地當在周、鄭間。』王氏《殷虚卜辭中所見地名考》曰：『雇字古書多作扈。《詩·小雅·桑扈》、《左傳》及《爾雅》之九扈，皆借雇爲扈。然則《春秋》莊二十三年盟扈之扈，殆本作雇。杜預云「滎陽卷縣北有扈亭」，今懷慶府原武縣。』屈萬里《尚書集釋》曰：『相傳禹都平陽，在今山西西南部；鄠在今陝西中部，去禹都較遠。以地理按之，似王説爲勝。』近人劉起釪亦從王説，謂『扈』在今鄭州以北黄河北岸的原陽、原武一帶；『甘』地在今洛陽西南。

《史記·夏本紀》：『夏后帝啓，禹之子，其母涂山氏之女也。有扈氏不服，啓伐之，大戰於甘。將戰，作《甘誓》。』與《書序》說同。《墨子·明鬼下》引本篇稱《禹誓》，《莊子·人間世》云『禹攻有扈，國爲虚厲』，《呂氏春秋·召類》又云『禹攻有扈，以行其教』，《說苑·正理》亦云『昔禹與有扈氏戰，三陳而不服，禹於是修教一年，而有扈氏請服』，皆以爲禹攻有扈。又，《呂氏春秋·先己》則曰『夏后相與有扈戰于甘澤而不勝，六卿請復之，夏后相曰：「不可。」』王應麟《困學紀聞》卷二引蔡邕《銘論》曰『殷湯有甘誓之勒』。衆家之說各不同，或爲傳聞異辭。

孔穎達《書疏》引《曲禮》『約信曰誓』曰：『將與敵戰，恐其損敗，與將士設約，示賞罰之信也。將戰而誓，是誓之大者。禮，將祭而號令，齊百官，亦謂之誓。《周禮·太宰》云「祀五帝，則掌百官之誓戒」，鄭玄云：「誓戒，要之以刑，重失禮也。」《明堂位》所謂「各揚其職，百官廢職，服大刑」，是誓辭之略也。』

本篇語辭淺易，當爲西周末年王朝史官據傳聞而著之竹帛，其時間大抵與周平王策命晉文侯相表裏，其流傳背景則與春秋之世周代王室歷次庶孽之禍密切相關。餘說參見本篇【後案】。

大戰于甘，乃召六卿。〔一〕王曰：『嗟，六事之人，予誓告汝。〔二〕有扈氏威侮五行，怠棄三正。〔三〕天用勦絶其命，今予惟恭行天之罰。〔四〕左不攻于左，汝不恭命。右不攻于右，汝不恭命。〔五〕御非其馬之正，汝不恭命。〔六〕用命賞于祖，弗用命戮于社。〔七〕予則孥戮汝。〔八〕』

【釋讀】

〔一〕**大戰于甘**■大戰，孔穎達《書疏》：『鄭玄云：「天子之兵，故曰大。」蓋以六軍並行，威震多大，故稱大戰。』甘，地名，當在今河南洛陽西南。**乃召六卿**■六卿，枚《傳》：『天子六軍，其將皆命卿。』孔穎達《書疏》：『發首二句，敘其誓之由。其王曰已下，皆是誓之辭也。』屈萬里《尚書集釋》：『六卿之官，實始於春秋時之宋國，事在魯文公七年。前此絕無六卿之職。友人史景成教授有《六卿溯源》一文論之（見《大陸雜誌》二十五卷七期）。』劉起釪《尚書校釋譯論》：『《墨子・明鬼下》引載本篇此句作「乃命左右六人」，甲骨文和西周金文中只有「卿事」，《左傳》載周王室有「卿士」（隱公六年）、「左右卿事」（隱公九年）。「六卿」之名始見於春秋中期晉、鄭等國，秦時《呂氏春秋・先己篇》引用此文已有此二字。』行甫按：《夏本紀》引此句作『乃召六卿申之』，當是史公以意增之。

〔二〕**王曰**■《夏本紀》作『啓』，因與有扈戰者爲夏后啓，故史述其事，徑作『啓曰』。嗟，敦促聽眾注意之呼語詞，非嘆詞也。《禮記・檀弓下》『黔敖左奉食，右執飲，曰：嗟來，食』，鄭玄注：『雖閔而呼之，非敬辭。』是『嗟』乃呼語，不爲嘆詞也。行甫按：此『嗟』字爲引起聽眾注意之呼語詞，《牧誓》、《費誓》、《秦誓》諸篇皆有之，前人皆以爲嘆詞，非也。行甫又按：『來』字亦爲嘆詞，與『嗟』字相連爲用，斷《檀弓》爲『嗟，來食』者，非也。**六事之人**■枚《傳》：『各有軍事，故曰六事。』孔穎達《書疏》：『鄭玄云：「變六卿言六事之人者，言軍吏下及士卒也。」下文戒左右與御，是偏敕在軍之士，步卒亦在其間。六卿之身及所部之人，各有軍事，故六事之人爲總呼之辭。』行甫按：鄭、孔之説是也。『六事之人』，猶言『六卿之人』，即『六卿』所統領之人也。**予誓告汝**■誓，《説文》：『約束也。』段玉裁注：『《周禮》五戒：「一曰誓，用之於軍旅。」按凡自表不食言之辭，皆曰誓，亦約束之意也。』《書序・釋文》引馬融曰：『軍旅曰誓，會同曰誥。』行甫按：《周禮・士師》『以五戒先後刑罰，一曰誓，用之於軍旅』，乃軍事行動之前申明軍紀以約束士卒之辭，與盟約之『誥』性質從同。『誥』與『告』通，『誓告』乃近義複詞，猶言『告誡』也。

〔三〕**有扈氏威侮五行**■有扈氏，《説文》：『扈，夏后同姓所封，戰於甘者，在鄠，有扈谷、甘亭。』《淮南子·齊俗訓》『昔有扈氏爲義而亡，知義而不知宜也』，高誘注：『有扈，夏啓之庶兄也。以堯、舜舉賢，啓獨與子，故伐啓。啓亡之。』劉起釪曰：『舊注以爲是夏代同姓諸侯，並以其地在今陝西戶縣一帶。但《左傳》以「扈」爲夏異姓諸侯，而東夷少昊族有「九扈」，當即此「有扈」。「扈」，亦作「雇」，其地名並見於甲骨文，自亦不能西至陝西，當即春秋時「諸侯會於扈」之「扈」，據杜預注在滎陽卷縣北，即今鄭州以北黄河北岸原武一帶。《詩·商頌》「韋顧既伐」的「顧」，也是此「扈」。但在夏代時已向東北遷至今范縣一帶。』行甫按：劉氏用王國維之説，以辨『有扈』在河南鄭州黄河北岸之原武一帶，其説是也。不過，經史有别，『有扈』乃夏之同姓或異姓，實在無關緊要，關鍵在於後世如何看待及如何解讀。餘説參見本篇【後案】。威侮，枚《傳》：『威虐侮慢。』孔穎達《書疏》：『無所畏忌，作威虐而侮慢之，故曰威虐侮慢也。』王引之《經義述聞》：『「威侮」二字，義不相屬，威爲暴虐；侮爲輕慢，不得合言「虐慢」也。「威」疑當作「烕」，「烕」者，「蔑」之假借也。「蔑」，輕也。「蔑侮五行」，言輕慢五行也。《逸周書·克殷篇》「侮滅神祇不祀」，《史記·周本紀》「滅」作「蔑」，倒言之則曰「蔑侮」。《説苑·指武篇》「崇侯虎蔑侮父兄，不敬長老」，是也。「烕」與「威」形極相似，世人多見「威」，少見「烕」，故「烕」字譌而爲「威」矣。《墨子·明鬼篇》引此作「威侮五行」，亦「烕侮」之誤。』行甫按：王説可從，無論『五行』當作何解，皆不可言『威侮』，只能言『輕慢』。《夏本紀》及《漢書·王莽傳》皆作『威侮』，乃以譌傳譌，不能證明經文原作『威』。至若敦煌寫本、日本古寫本作『畏』，又因譌變之『威』字而以通假字代之耳。五行，即《洪範》『汨陳其五行』及『初一曰五行』之『五行』，『行』，用也。水火木金土，五事各有所用，故曰『五行』。參見《洪範》『五行章』釋讀。行甫按：『威侮五行』，其本義猶『汩陳其五行』，謂蔑視輕慢五物之不同性質及其用途。如果考慮本篇乃西周末年平王東遷之際周室二王並立的成文年代，以及春秋之世王室歷代庶孽之禍的流傳背景，則『威侮五行』雖借用《洪範》之典，而當別有所喻，此或與『五行』說的歷史衍變互有關聯，亦或爲戰國中期思孟學派之『五行』說所本，亦未可知，然其詳情今一無可考矣。**怠棄三正**■怠，《說文》：『慢也。』棄，猶『廢』也。《左傳》昭公二十九年『水官棄矣』，杜預注：『棄，廢也。』三正，枚《傳》：『怠惰廢棄天地人之正道。言亂常也。』《釋文》引馬融曰：『建子、建丑、建寅三正也。』章太炎曰：『夏以前未有建丑建子者，馬、鄭說皆誤。又《大誓》紂「毀壞其三正」，商以前尚無建子者，紂亦不自改其正朔，亦不得言毀壞子丑寅三正。正者，長也。三正，謂三公。脯鬼侯，醢鄂侯，囚文王，所謂毀壞其三正。』又曰：『三正，木正金正水正也。』周秉鈞《尚書易解》：『正與政通，謂政事。《左傳》文公七年晉郤缺解《夏書》云：「正德、利用、厚生，謂之三事。」三事即三正也。怠棄三正，謂不重視正德、利用、厚生三大政事。前人解「三正」者，不知用《夏書》證《夏書》，當非正解。』行甫按：夏代固然沒有『三正』月建之說，但考慮本篇的成文年代在兩周之際以及將『五行』與『三正』并列，且《左傳》昭公十七年又載梓慎曰『火出，於夏爲三月，於商爲四月，於周爲五月。夏數得天』，則『三正』月建之說必爲其時所信奉。『有扈氏威侮五行，怠棄三正』者，責其不遵王朝正統而已。

〔四〕**天用勦絕其命**■用，因也。勦，《說文》：『剿，絕也。从刀，喿聲。《周書》曰：「天用剿絕其命。」』又《說文》：『⿱罒潐，釃酒也。一曰浚也。从网水，焦聲。讀若《夏書》天用剿絕。』行甫按：『勦』字當作『剿』或『劋』，《說文》『勦，勞也』，段玉裁注曰：『刀部「剿」字亦作「劋」，《禮記》「毋勦說」，與此从力字絕不同，俗多淆之。』劋絕，乃同義複詞。命，天命也，國運也。行甫按：『劋絕其命』，猶言『劋滅其國』或『滅絕其國』也。**今予惟恭行天之罰**■今，茲也。惟，猶『乃』也，於是也。恭，枚《傳》：『奉也。』行甫按：《墨子·明鬼下》及《史記·夏本紀》作『共』，衛包以爲『共』當讀爲『恭敬』之『恭』，『恭行天之罰』，猶言『恭敬地施行上天的懲罰』，故改『共』爲『恭』。則衛包的理解與改字未必非是。天之罰，上天之懲罰，即『剿絶其命』。行甫又按：《牧誓》篇言武王伐紂亦有『今予發惟恭行天之罰』，是乃襲用其文也。

〔五〕**左不攻于左**■左，枚《傳》：『車左，左方主射。』攻，枚《傳》：『治也，治其職。』行甫按：今本枚《傳》『攻治也』作『絶之也』，此據阮元《校勘記》『岳本、毛本「絶之」作「攻治」』之説改。《墨子·明鬼》作『共』，即奉行之意，與枚氏説同。是『左不攻于左』者，即『車左不履行車左之職責』也。**汝不恭命**■恭，奉也。命，命令也。**右不攻于右**■右，枚《傳》：『車右，勇力之士，執戈矛以退敵。』**汝不恭命**■此二句意謂：『車右不履行車右的職責，就是你不執行命令』。

〔六〕**御非其馬之正**■御，駕車者。非，《説文》：『韋也。从飛下翄，取其相背也。』段玉裁注：『韋，各本作違。今正。違者，離也。韋者，相背也。自違行韋廢，盡改韋爲違。「非」以相背爲義，不以離爲義。』行甫按：『非』猶『違』也，『背』也。之，猶『於』也。正，善也。《儀禮·士冠禮》『以歲之正』，鄭玄注：『正，猶善也。』《墨子·明鬼》及《史記·夏本紀》皆作『政』，二字相通義同。行甫按：『其馬之正』，謂『其馬處於最佳之戰爭狀態』，即左右周旋折返，皆得心應手，進退自如也。**汝不恭命**■恭，奉也。行甫按：二句謂：『駕車者不能調御其馬爲最佳作戰狀態，就是你不奉行命令』。

〔七〕**用命賞于祖**■用，以也，由也。行甫按：『用命』，猶言『聽從命令』也。賞，《墨子·經上》：『上報下之功也。』祖，先祖之木主，猶今所謂『牌位』也。枚《傳》：『天子親征，必載遷廟之祖主行。有功則賞祖主前，示不專。』**弗用命戮于社**■弗，《夏本紀》作『不』，用訓詁字也。戮，殺也。《明鬼下》及《夏本紀》作『僇』，音同通用。社，社壇木主，亦即所謂『土地神之牌位』。枚《傳》：『天子親征，又載社主，謂之社事。不用命，奔北者。則戮之於社主前。社主陰，陰主殺。親祖嚴社之義。』行甫按：《墨子·明鬼下》曰：『故聖王，其賞也必於祖，其僇也必於社。賞於祖者何也？告分之均也；僇於社者何也？告聽之中也。』『分之均』，謂慶賞公平也；『聽之中』，謂處罰得當也。《周禮·考工記》曰：『匠人營國，方九里，旁三門。國中九經九緯，經涂九軌。左祖右社，面朝後市。』《小宗伯》之職『掌建國之神位，右社稷，左宗廟』，則『祖』與『社』乃國家固定之公共祭祀場所，若君主出征或巡狩，乃載宗廟遠祖之木主即所謂『遷廟之主』以及社壇神主而行，以作行軍禱祀與賞罰之用，所謂『聽於神』而『示不專』也。

〔八〕**予則孥戮汝**■則，猶『將』也。說見吳昌瑩《經詞衍釋》。孥戮，《夏本紀》作『帑僇』，通假字。枚《傳》：『孥，子也。非但止汝身，辱及汝子。言恥累也。』行甫按：『孥』、『帑』與『奴』三字音同義通。《禮記·中庸》『《詩》云：樂爾妻帑』，鄭玄注：『古者謂子孫曰帑。』陸德明《釋文》：『帑，子孫也。』《國語·楚語下》『見藍尹亹載其孥』，韋昭注：『妻子曰孥。』《周禮·司厲》『其奴，男子入於罪隸』，鄭司農注引《書》『予則奴戮女』，是三字相通之證也。此『孥』字歷來有二說。鄭司農《司厲》注曰：『今之爲奴婢，古之罪人也。故《書》曰「予則奴戮汝」，《論語》曰「箕子爲之奴」，罪隸之奴也。』孔穎達《甘誓疏》：『《湯誓》云「予則孥戮汝」，《傳》曰：「古之用刑，父子兄弟罪不相及，今云孥戮汝，權以脅之，使勿犯。」此亦然也。』孔穎達《湯誓疏》引鄭玄云：『大罪不止其身，又孥戮其子孫。』鄭玄與鄭司農說不同。枚《傳》則同於鄭玄。此當以鄭玄及枚《傳》之說爲是。戮，殺也。行甫按：『戮』字亦有二說。顔師古注《漢書·季布傳贊》曰：『奴僇，謂髡鉗爲奴而賣之也。』是以『僇』爲『辱』也。其《匡謬正俗》又以『戮』爲『加刑戮』，即自相歧互。其實，既身自爲奴，妻子亦當不免爲奴，『孥』、『奴』字本通用。且既爲奴，則辱矣。是『戮』、『僇』無須再訓爲『辱』。『戮』、『僇』本通用，則『戮』字義當以《匡謬正俗》說爲是，謂『刑殺』也。劉起釪曰：『《墨子·明鬼》所引《甘誓》全文無此五字，而本書《湯誓》有此句，顯係儒家整理此篇時從《湯誓》中抄入。由《夏本紀》有此語，知抄入時間較早；然與上兩句犯複，應删去。』行甫按：此句與上文並不重複，上文止言賞罰其身，此則及於妻子。至於《湯誓》有此句，因本篇成文較《湯誓》爲晚，故有所襲用而已。餘説參見本篇【後案】。

本篇乃述夏啓與有扈戰於甘之誓辭。其内容大致有二：一是彰明有扈氏之罪狀，申明其討伐之理由。二是敕戒軍紀，明其賞罰。此乃臨戰誓師之大要也。

【繹文】

夏啓與有扈氏將決戰於甘地，於是召集國家六位重要大臣舉行軍事會議。然後又對六位軍事重臣所率之甲士進行訓話。夏王啓説：『大家注意了，你們六個戰鬥部隊的所有軍士，我要把有關戰爭的情況以及軍事紀律向你們廣爲宣佈！有扈氏膽大包天，藐視朝廷，水火木金土這五種物事的性質與用途，是不能隨意顛倒與混亂的；王朝所頒佈的曆法也是必須認真施行的。有扈氏卻肆意踐踏五種物事的性質與用途，這就是公然與朝廷的思想主張相對抗；也不遵循朝廷頒行的曆法，這就是明目張膽地與朝廷爲敵！因此，上天就要消滅這個國家，去斷絶他們的天命了。現在，我就要遵循上天的意旨去懲罰他們。在戰車左邊的射手，負責遠程射箭御敵，如果車左沒有履行車左的職責，那就是沒有認真執行我的命令。在戰車右邊的勇士，負責以戈矛殺敵，如果車右沒有履行車右的職責，那就是沒有認真執行我的命令。在中間趕馬的駕車手，如果沒有把馬調理妥當，不能進退自如，折沖周旋，以致失去戰機，那就是沒有認真執行我的命令。嚴格執行我的命令，出色地完成了戰鬥任務，就在祖先的木主牌位之前接受賞賜；沒有嚴格執行我的命令，不能很好地完成戰鬥任務，就在社壇的木主牌位之前接受懲罰。不僅如此，我還會處死你們，並且把你們的妻子兒女收歸爲奴婢。

【後案】

本篇辭文淺近，必非夏代所傳之書。近人蔣善國曰：『《甘誓》這篇既襲用《太誓》的「毀棄三正」和《牧誓》的「惟恭行天之罰」，一定是周初以後根據傳説編寫的，至早成於西周中季，至晚成於戰國初年。《墨子》已引《甘誓》作《禹誓》，可見在《墨子》以前已經成書。』除蔣氏所言之外，本篇『予則孥戮汝』顯係襲用《湯誓》『予則孥戮汝，罔有攸赦』以成文，惟蔣氏以《墨子》所引本篇無此句，謂《湯誓》及本篇相同文句皆爲秦季整編《尚書》時所『增竄』，近人劉起釪説與蔣氏同。其實，《墨子》所引《禹誓》與本篇不同之處甚多，《墨子》未引，不足以證明即爲秦季所增。要之，本篇成書年代當在兩周之際，當無可疑。

有扈與有夏是否同姓氏族，歷來即有二説。《世本·氏姓篇》曰：『有扈，姒姓。』又曰：『莘姓、姒姓，夏禹之後。』許慎《説文》『扈』字條云：『夏后同姓所封。』高誘注《淮南子·齊俗訓》『昔有扈氏爲義而亡』曰：『有扈，夏啓之庶兄。』高氏又注《呂氏春秋·先己篇》『夏后相與有扈戰於甘澤而不勝』亦曰：『有扈，夏同姓諸侯。』《傳》曰：「啓伐有扈。」《書》曰：「大戰於甘，乃召六卿，王曰：六事之人，予誓告汝，有扈氏威侮五行，怠棄三正，天用勦絕其命，今予惟龔行天之罰。」此之謂也。』馬融、鄭玄《尚書注》或云『姒姓之國』，或云『有扈與夏同姓』。此皆以有扈乃夏之同姓諸侯之説，且或謂啓之庶兄。

《左傳》昭公元年趙孟曰：『虞有三苗，夏有觀扈，商有姺邳，周有徐奄。』以『三苗』、『姺邳』、『徐奄』與『觀扈』對舉，則『扈』乃夏之異姓氏族。孔穎達《甘誓疏》曰：『孔、馬、鄭、王與皇甫謐等，皆言有扈與夏同姓，並依《世本》之文。《楚語》云昭王使觀射父傅太子，射父辭之曰：「堯有丹朱，舜有商均，夏有觀扈，周有管蔡。」是其恃親而不恭也。《周語》云：「帝嘉禹德，賜姓曰姒」，禹始得姓，有扈與夏同姓，則爲啓之兄弟。』然今本《楚語》作『堯有丹朱，舜有商均，啓有五觀，湯有太甲，文王有管蔡，是五王者，皆元德也，而有姦子』，《韓非子·説疑》亦云：『其在《記》曰：「堯有丹朱，而舜有商均，啓有五觀，商有太甲，武王有管蔡。」五王之所誅者，皆父兄子弟之親也。』《今本竹書紀年》於帝啓十一年云：『放王季子武觀于西河。』十五年云：『武觀以西河叛，彭伯壽帥師征西河，武觀來歸。』王國維《今本竹書紀年疏證》曰：『《楚語》「啓有五觀」，韋注：「五觀，啓子，太康昆弟也。」《墨子·非樂下》「于《武觀》曰：啓乃淫溢康樂，野于飲食」云云，是《武觀》乃書篇名，非人名。此以「五觀」爲「武觀」，乃雜採二書爲之。』今本《國語·楚語》與《韓非子·説疑》所引『《記》曰』相同，則韓非所謂《記》即《國語》無疑。孔穎達所引《楚語》或撂以《左傳》之文，以證成《世本》以來有扈爲夏同姓之説。然『武觀』在《墨子》所引爲書名而非人名，當然也不排除以人名爲書名者。是有扈爲夏之同姓或異姓，疑不能明。但傳聞之中存在有扈爲夏同姓所封乃至爲啓庶兄之異辭，亦是不可否認的事實。

本篇言辭淺易，與商周之書皆所不類，其著作年代當與《文侯之命》同時。《太平御覽》卷一四七引《紀年》曰：『幽王八年，立褒姒之子曰伯服爲太子。』《左傳》昭公二十六年曰：『攜王姦命，諸侯替之，而建王嗣，用遷郟鄏。』杜預注：『攜王，幽王少子伯服也。王嗣，宜臼也。幽王后申姜生大子宜臼，王幸褒姒，生伯服，欲立之而殺大子，大子奔申。申伯與鄫及西戎伐周，戰于戲。幽王死，諸侯廢伯服而立宜臼，是爲平王，東遷郟鄏。』孔穎達《左傳正義》引《汲冢紀年》云：『平王奔西申而立伯盤以爲大子，與幽王俱死于戲。先是，申侯、魯侯及許文公立平王於申，以本太子，故稱天王。幽王既死，而虢公翰又立王子余臣於攜。周二王並立。二十一年，攜王爲晉文公所殺，以本非適，故稱攜王。』范祥雍《古本竹書紀年輯校訂補》：『「服」字當是「股」字之譌。「股」即「般」，與「盤」同。阮元《左傳校勘記》說：「段玉裁校本盤作股。按《周禮·司勳》注引盤庚作般庚，《漢石經殘碑》作股庚。《五經文字》云：《石經》變舟爲月。」《左傳疏》又引束晳云：「《左傳》攜王姦命，舊説攜王爲伯服。伯服，古文作伯盤。」』范氏《訂補》又曰：『朱（右曾）本「二十一年」作「三十一年」，「文公」改作「文侯」。案孔《疏》「二十一年」上不著王號。朱氏以爲是周平王二十一年，蓋從《今本紀年》，當晉文侯三十一年。「文公」，《通鑑外紀》作「文侯」，朱改當是。』晉文侯殺王子余臣而定平王之位，解除了周王朝二十餘年『二王並立』的僵局，功莫大焉，故周平王策命晉文侯，有《文侯之命》一書存於世（詳情參見《文侯之命》篇【後案】）。而本篇因爲有扈氏與夏后氏同姓乃至爲夏啓之庶兄的歷史傳説，故平王時代之史官根據傳聞異辭以造《甘誓》其文，以暗喻晉文侯爲周平王消除庶孽之禍而安定王室之功，同於夏啓之滅絕不遵王朝正統之有扈氏，則未必純爲揣度之辭。而其時『五行』、『三正』之説，作爲普遍的社會意識形態業已流行。《墨子·經下》『五行毋常勝，説在宜』，乃駁『五行常勝』之説，是『五行生克』之説當早已流佈人間。《左傳》昭公十七年又載梓慎曰『火出，於夏爲三月，於商爲四月，於周爲五月。夏數得天』，則『三正』月建之説，亦早爲其時學人所信奉。是以本篇之中責數有扈氏之罪，乃以『威侮五行，怠棄三正』爲辭，而非如《湯誓》之以夏眾『弗協』而吊民伐罪，或《牧誓》之以『暴虐于百姓，以姦宄于商邑』爲辭而『恭行天之罰』。當然，所有這些説法，皆不免循環論證，但『一切真正的歷史都是當代史』，好學深思之士當心知其意也。

明於此，則有關『五行』、『三正』之説，當大可不必真以爲夏代之辭而苦求索解，而『威侮』與『怠棄』云云者，亦不過責其人不遵王室正統而已。且經自經，史自史，經史有別。『有扈氏』之在陝西鄠縣，或在今鄭州之黄河北岸之原武，抑或其是否有夏之同姓與異姓，就其爲『當代史』的思想意義而言，就不是顯得特別重要了。當然，之所以相傳『有扈氏』在陝西鄠縣者，或者更具影射性，因平王在東都，而攜王在豐鎬之故也。

商書

孔穎達《尚書正義》曰：『鄭《序》以爲，虞夏書二十篇，商書四十篇，周書四十篇。』此亦據百篇《書序》而言之。今傳於世者，五篇而已。《多士》云『惟殷先人有冊有典』，則商書可能爲商代之書，而個別篇目之成書，更可能在周初。

商書

湯誓

【解題】

湯，商代開國君主。《墨子·兼愛下》：『湯曰：惟予小子履，敢用玄牡，告于上天后。』《論語·堯曰》：『予小子履，敢用玄牡，敢昭告于皇皇后帝。』是湯名『履』。《史記·殷本紀》：『主癸卒，子天乙立，是爲成湯。』裴駰《集解》引張晏曰：『禹、湯，皆字也。二王去唐、虞之文，從高陽之質，故夏、殷之王皆以名爲號。』司馬貞《索隱》：『湯名履，《書》曰「予小子履」是也。又稱天乙者，譙周云：「夏、殷之禮，生稱王，死稱廟主，皆以帝名配之。天亦帝也。殷人尊湯，故曰天乙。」從契至湯凡十四代，故《國語》曰：「玄王勤商，十四代興。」玄王，契也。』陸德明《尚書釋文》：『馬云：俗儒以湯爲謚，或爲號，號者似非其意，言謚者近之。然不在《謚法》，故無聞焉。及禹，俗儒以爲名。《帝繫》「禹名文命」。《王侯世本》「湯名天乙」。推此言之，禹豈復非謚乎？亦不在《謚法》，故疑焉。』王國維《殷卜辭中所見先公先王考》曰：『唐與大丁、大甲連文而又居其首，疑即湯也。《説文》口部：「啺，古文唐，從口昜。」《齊侯鎛鐘銘》曰「虩虩成唐」。卜辭之唐，必湯之本字。後轉作啺，遂通作湯。』《商頌·玄鳥》『古帝命武湯，正域彼四方』，《長發》『武王載旆，有虔秉鉞』，《殷本紀》『於是湯曰：「吾甚武」，號曰武王』，史公之説當本之《商頌》。是商湯名履，廟號天乙，又號成湯。唐與湯音同，成唐即成湯。又稱武湯、武王者，皆後世追尊之謚號。裴駰《殷本紀集解》引《謚法》：『除虐去殘曰湯。』馬融既云禹、湯『不在《謚法》，故無聞焉』，則裴氏所引者，乃東漢以後所補擬也。

《書序》：『伊尹相湯，伐桀，升自陑，遂與桀戰于鳴條之野，作《湯誓》。』孔穎達《書疏》引鄭玄云：『鳴條，南夷地名。孟子云：「舜卒於鳴條，東夷之地。」或云：「陳留平丘縣，今有鳴條亭。」是也。』《商頌·長發》『韋顧既伐，昆吾夏桀』，《左傳》昭公十二年載楚靈王曰『昔我皇祖伯父昆吾，舊許是宅』，『舊許』即許國，今河南許昌市。後遷於葉，又遷於夷，其地爲鄭所得，故謂之『舊許』。《左傳》哀公十七年載『衛侯夢於北宮，見人登昆吾之觀，被髮北面而譟曰「登此昆吾之虛，緜緜生之瓜。余爲渾良夫，叫天無辜」。』則『昆吾之墟』又在衛地，即今之河南濮陽一帶。《左傳》昭公十八年『春王二月乙卯，周毛得殺毛伯過，而代之，萇弘曰：「毛得必亡。是昆吾稔之日也。」』孔穎達《書疏》引皇甫謐曰『左氏以爲昆吾與桀同以乙卯日亡，韋、顧亦爾。故《詩》曰「韋顧既伐，昆吾夏桀」，於左氏，昆吾在衛，乃在濮陽，不得與桀異處同日而亡。』皇甫謐爲反對鄭玄以鳴條在陳留平丘縣之説，舉《商頌·長發》與昭十八年《左氏》爲證，不意昆吾與夏桀相鄰乃可同日而亡，正爲鳴條距昆吾之地不遠，必在今河南東北部，鄭玄引或云『陳留平丘縣，今有鳴條亭』，説當不誤。東漢之平丘縣，在今河南封丘市東。《水經注·淮水注》引《帝王世紀》曰：『穀熟爲南亳，即湯都也。』穀熟在今河南商丘東南，其地今仍名穀熟。則商湯之伐夏桀，乃由湯都南亳經陑地西行而上，夏桀與昆吾聯軍迎拒湯衆於鳴條，故同於乙卯之日亡也。

本篇爲商湯伐夏桀而戰於鳴條之野以誓師戒衆之辭。『誓』，《匡謬正俗》卷二引《商書・湯誓》作『斳』。王引之謂其字當因『折』字之籀文而轉寫之譌。『「誓」音逝而得借用「折」字者，「折」亦有逝音。《曲禮》「立則磬折垂佩」，《祭法》「瘞埋於泰折」，《釋文》並云：「折，舊音逝。」是也。「誓」字又有「折」音，《逸周書・商誓》篇「商先誓王」，《皇門》篇「有國誓王」，皆借「誓」爲哲。是也。』則《匡謬正俗》之『斳』，乃『折』字籀文之傳譌，非古字也。

《多士》篇曰：『惟殷先人有冊有典』，此篇當爲商人所傳，周人滅商後亦存之於内府。西周末年幽、厲之世，君王無道，國勢動蕩，其弔民伐罪之政治觀及歷史觀，與當下之現實頗相切近。由是本篇乃從周代王室檔案之中翻檢而出，流傳於世。參見拙作《西周末年的鑒古思潮與今文尚書的流傳背景》，載《漢學研究》第十九卷第一期（見本書附録）。在傳抄過程中或有所改動，故語句不似周初文誥之詰屈聱牙。而《孟子・梁惠王上》引《湯誓》曰：『時日害喪，予及女皆亡。』是本篇於戰國中期已大行於世矣。

王曰：『格爾衆庶，悉聽朕言！〔一〕非台小子，敢行稱亂，有夏多罪，天命殛之。〔二〕

【釋讀】

〔一〕**王曰**■王，商湯也。**格爾衆庶**■格，《爾雅·釋言》：『來也。』《殷本紀》作『格女衆庶，來，女悉聽朕言』，孫星衍曰：《本紀》『比經文多出「來女」二字者，蓋以訓「格爾」也。』屈萬里引吴汝綸《尚書故》『格與假同字。格爾者，告爾也』之説，謂『來、告二義，於此俱通。』行甫按：吴氏、屈氏之説，皆非其義也。此『格』之訓『來』，猶今所謂『召集』也。古者行伍之卒寓於鄉遂之民，居民組織與軍隊編制相疊合，無役則士卒爲鄉民，有事則鄉民亦士卒，三代皆同其制。下文『我后不恤我衆，舍我穡事而割正夏』，即成湯召集商邑亳都之『穡事』丁壯以出師征伐之證。爾，你，你們。衆庶，孔穎達《書疏》：『衆亦庶也。古人有此重言，猶云「艱難」也。』行甫按：孔説是也。『衆庶』乃同義并列複詞，與『爾』爲同位語，猶今所謂『你們大家』也。**悉聽朕言**■悉，《爾雅·釋詁》：『盡也。』朕，我。言，説也。

〔二〕**非台小子**■台，《爾雅·釋詁》：『我也。』小子，自謙之詞。行甫按：《尚書》『小子』一詞，既以稱人，亦以自稱。稱人者，謂其富於春秋，年輕有爲也。《康誥》『孟侯，朕其弟，小子封』是也。自稱者，謂其年幼無知，見識短淺也。《君奭》周公曰『予小子旦』，是也。**敢行稱亂**■行，爲也。稱，《殷本紀》作『舉』，訓詁字。段玉裁《撰異》謂當作『偁』，《爾雅·釋言》：『偁，舉也。』郭璞注引《書》作『偁』。稱亂，枚《傳》：『以諸侯伐天子，非我小子敢行此事。』行甫按：『稱亂』，猶今所謂『挑起事端，擾亂秩序』也。**有夏多罪**■有，助語詞，湊足音節。王引之《經傳釋詞》曰：『一字不成詞，則加「有」字以配之，若虞、夏、殷、周皆國名，而曰有虞、有夏、有殷、有周是也。』行甫按：王説不確。加『有』字者，變單音詞爲雙音詞，以求唇吻調利耳。猶上文但云『敢稱亂』，其意亦足，而於『敢』字後加一『行』字，作『敢行稱亂』，四字爲句，則唇吻調利矣，非『一字不成詞』也。夏，大也。《國語·周語下》太子晉曰『皇天嘉之，祚以天下，賜姓曰姒，氏曰有夏，謂其能以嘉祉殷富生物也』，韋昭注：『姒，猶祉也。

夏，大也。以善福殷富天下爲大也。』多罪，《殷本紀》：『當是時，夏桀爲虐政淫荒。』是其義也。**天命殛之**■命，令也。殛，《爾雅·釋言》：『誅也。』

此爲本篇第一節，言湯召集亳都丁壯組成軍隊，稱天命討伐夏桀。

【繹文】

商王成湯說：『把你們大家召集起來，都好好地聽我講話。不是我這個年輕人敢於挑起事端，擾亂天下！夏桀大行暴虐之政，殘害百姓，罪孽太多，上天已經發出了命令，讓我們去討罰他！』

今爾有眾，汝曰：我后不恤我眾，舍我穡事而割正夏？〔一〕予惟聞汝眾言，夏氏有罪，予畏上帝，不敢不正。〔二〕

今汝其曰，夏罪其如台？〔三〕夏王率遏眾力，率割夏邑。〔四〕有眾率怠弗協，曰時日曷喪，予及汝皆亡。〔五〕夏德若茲，今朕必往。〔六〕

【釋讀】

〔一〕**今爾有眾**■今，猶『若』也。說見吳昌瑩《經詞衍釋》。有，助語詞，與『眾』字構成雙音詞。**汝曰**■汝，爾也，與『爾有眾』既爲同位語，亦爲特稱。曰，言也，謂也。行甫按：『今爾有眾，汝曰』，意即：『如果你們大夥兒有人説』。**我后不恤我衆**■我，我衆也。后，《爾雅·釋詁》：『君也。』行甫按：『我后』，指商湯。此乃商湯擬度衆人之有所怨言者之聲口。恤，《爾雅·釋詁》：『憂也。』猶今所謂『不關心』也。**舍我穡事而割正夏**■舍，同『捨』，放下，廢棄也。穡事，猶言『農事』也。行甫按：上古部落之間相互爭戰，猶近世鄉民之械鬥，不可想象如後世國家正規軍之專門武裝，故曰『舍我穡事』也。而，猶『乃』也，反接連詞。割，害也，何也。段玉裁曰：『古字「割」、「害」通用，如《堯典》「方割」，割，害也。《大誥》「降割」，馬本作「害」。』《君奭》『割申勸寧王之德』，『割』亦讀『害』。行甫按：《周南·葛覃》『害澣害否』，《毛傳》：『害，何也。』是其義也。正，與『征』通，甲骨文『征伐』字皆寫作『正』。上三句意謂：如果你們大夥兒有人説，我們的君王太不關心我們大家夥了，爲什麼要荒廢我們的農事反而讓我們去打仗呢？夏，《殷本紀》無此字。劉起釪曰：清儒皆因枚《傳》誤釋『割正』爲夏桀『奪民農功而爲割剥之政』，故以爲當從《殷本紀》無『夏』字。行甫按：《殷本紀》無『夏』字或是也，湯衆以『農功』與『征伐』對舉，謂『征伐』有礙『農功』，初不論其『征伐』誰某也。

〔二〕**予惟聞汝衆言**■惟，雖也。聞，猶『知』也。《戰國策·齊策三》『吾所未聞者』，高誘注：『聞，知也。』**夏氏有罪**■夏氏，即太子晉所謂『氏曰有夏』也。行甫按：『氏』，支也。《史記·匈奴列傳》『聽後義盧侯難氏等計，與漢吏相距』，《漢書·匈奴傳》作『難支』。《漢書·韓安國傳》『若是則北發月氏』，《韋玄成傳》『禽月氏』，顔師古注並曰：『氏讀曰支。』其證也。古人之姓與氏有别，氏即同姓之支派也。是『夏氏』猶言『夏支』也。**予畏上帝**■畏，懼也。**不敢不正**■正，猶『征』也。屈萬里《集釋》曰：『《周禮·夏官·大司馬》「賊殺其親則正之」，鄭注云：「正之者，執而治其罪。」「不敢不正」之「正」字，以用《周禮》此義爲長。』行甫按：『不敢不正』之『正』與上文『舍我穡事而割正夏』之『正』字相關聯，乃商湯回應有衆『何征』之言，故當訓爲『征』。鄭玄注《周禮·大司馬》之『正』爲『執而治其罪』，實『征』字之引申義。屈氏之説遠離經文語境，不可取。

〔三〕**今汝其曰**■今，亦猶『若』也。其，猶『有』也，『有』，猶『又』也。吴昌瑩《經詞衍釋》：『有、其互相訓，此義《釋詞》不載。』行甫按：吴氏之説是也，訓『有』之『其』，亦可兼訓爲『又』。《左傳》隱公元年『其誰曰不然』，猶『有誰曰不然』，亦猶『又誰曰不然』也。成公八年『辟陋在夷，其孰以我爲虞』，猶『有誰以我爲虞』，亦猶『又孰以我爲虞』也。昭公五年『備之若何，誰其重此』，猶『有誰重此』，亦『又誰重此』也。此句謂：『如果你們又説』。

夏罪其如台■其，與上『今汝其曰』之『其』從同，亦猶『有』也，『又』也。如台，《殷本紀》作『奈何』，訓詁字。孫星衍曰：『台、何，音之轉。《一切經音義》八引《蒼頡篇》云：「奚，何也。」台聲近奚，故爲何。班固《典引》云：「作者七十有四人，今其如台獨闕也！」謂如何而不封禪。《僞傳》以「台」爲「我」，失之。』屈萬里《集釋》：『高本漢《尚書注釋》以爲「台」與「何」通假絶無可能。《經傳釋詞》則歷引《法言・問道篇》、《漢書・敘傳》、《文選・典引》，以明漢時説《尚書》者，皆以「如台」爲「奈何」。按「如台」語除本篇外，又見於《盤庚》、《高宗肜日》及《西伯戡黎》；其他先秦典籍，絶無此語法。而此四篇皆《商書》。疑此乃宋地之習語，固不必以音轉或字訛説之也。「夏罪其如台」，謂夏之罪過如何也。』行甫按：高本漢謂『台』與『何』通假『絶無可能』，其説是也。然『台』字當讀若『以』，『台』與『以』上古同屬之部，音同互用。《説文》『台，説也。从口，㠯聲。』『㠯』字今隸變爲『以』，『台』從『㠯』聲，故得假『以』爲『台』。而『以』則訓『何』，《召南・采蘋》『于以采蘋？南澗之濱。于以采藻？于彼行潦。于以盛之？維筐及筥。于以湘之？維錡及釜。于以奠之？宗室牖下。誰其尸之？有齊季女』，諸『于以』，皆爲『于何』也。《邶風・擊鼓》『于以求之？于林之下』，亦『于何』也。説見楊樹達《積微居小學金石論叢・〈詩〉「于以采蘩」解》。

〔四〕**夏王率遏衆力**■率，劉淇《助字辨略》卷五：『大率、大抵，並都凡之辭。』《小雅・賓之初筵》『其未醉止」，鄭《箋》：「所以敗亂天下率如此也。」孔穎達《正義》：「言率者，非一之辭。」行甫按：此助動詞之「率」字，乃由動詞「率，循」之訓引申而爲範圍副詞，猶「皆」也、「類」也。又由「皆」、「類」之範圍副詞轉爲頻率副詞。是以「率」又有「節律」、「頻度」之意涵，猶今語「一貫」、「一向」、「不斷」也。《爾雅·釋言》「淪，率也」，郝懿行《義疏》曰：「率者，當讀如律。《史記·老莊申韓傳》『大抵率寓言也』，《正義》曰：『率，猶類也。』然則率、律聲同，律、類聲轉。古皆通用。凡言相類，或云普律，或云一律，或云大率，是其聲義俱通矣。」章太炎曰：「《述聞》以爲發語辭，恐非。古無以率爲發語辭者也。」遏，蔡《傳》：「絶也。」楊筠如《覈詁》：「『遏』當讀爲『竭』。字通作『歇』，《爾雅·釋詁》：『歇，竭也。』《史記·高祖本紀》『趙歇爲王』，《索隱》引鄭德音『遏絶』之『遏』。又作『渴』，《爾雅·釋訓釋文》：『竭，本亦作渴。』《廣雅》：『渴，盡也。』則『遏』、『竭』、『歇』、『渴』並以同聲得通假。衆，猶『民』也。**率割夏邑**■率，亦猶『不斷』也。割，讀『害』，猶『危害』、『禍害』也。《殷本紀》作『奪』，乃意譯也。夏邑，猶言『夏邦』也。」

〔五〕**有衆率怠弗協**■有衆，夏邑之民衆也。率，猶「皆」也，範圍副詞。怠，懈怠，怠惰也。《説文》：「慢也。」《國語·晉語二》「喜亂必怠德」，韋昭注：「怠，懈也。」俞樾《群經平議》：「古怠與殆通。此文怠字當作爲危殆之殆。」行甫按：俞説非也。此「怠」字與「弗協」二字互相解釋。協，服從也。《説文》：「協，同衆之龢也。从劦，从十。叶，古文協从曰、十；叶，或从口。」《爾雅·釋詁》：「協，服也。」郭璞注：「謂喜而服從。」邢昺《疏》：「和合而服也。」行甫按：「率怠弗協」，猶言「皆懈怠不和合以服從」也，即今語所謂「民心不可收拾，一盤散沙，失去向心力與凝聚力」。**曰時日曷喪**■曰，言也，謂也。承前省主語「有衆」也。時，是也。曷，《爾雅·釋言》：「盍也。」郭璞注：「盍，何不也。」《孟子·梁惠王上》引作「害」，與「曷」聲同通用。喪，猶「亡」也。**予及汝皆亡**■汝，指「日」。

〔六〕**夏德若茲**■德，品行也。行甫按：《尚書》之『德』，多指國家治理狀況，亦與君主個人品行相關。今**朕必往**■今，猶『故』也。朕，我也。必，定也。

此爲本篇第二節，言湯之有衆不願舍農事而征伐，成湯以有夏之天命及其民情申明必伐之理由。

【繹文】

商湯繼續對召集起來的士卒們說：『如果你們大夥兒有人說，我們的君王真不關心我們的生活，爲什麽要讓我們放棄農耕作業，在這農事大忙的季節去從軍打仗，無緣無故地去征伐什麽夏國呢？我雖然猜想得到你們大夥兒會這樣說，但是夏家的罪惡實在太多，我很擔心上帝會因爲我對惡貫滿盈的人袖手旁觀坐視不管而懲罰我，所以我不敢不率領你們去討伐他們！

如果你們又說，那夏家的罪惡究竟又能怎樣呢？我可以這樣告訴你們：那夏王桀不斷地搜刮民脂民膏，把夏國民衆的生存能力一點一點地榨乾了、耗盡了；把夏國的政治基礎也一點一點地敗壞了、掏空了。夏國的民衆已經人心渙散，離心離德，根本就不服從官府的號令了。他們一個個怨氣沖天，都在那裏咬牙切齒、賭咒發誓地説，這個日頭爲什麽不熄滅呀！我和你們一起都死絶呀！夏王的德行以及夏國的國政，已經敗壞到這般田地，所以我一定要去懲罰他。』

爾尚輔予一人，致天之罰，予其大賚汝。〔一〕爾無不信，朕不食言。〔二〕爾不從誓言，予則孥戮汝，罔有攸赦。〔三〕』

【釋讀】

〔一〕**爾尚輔予一人**■爾，你們。尚，讀若『倘』，假設之詞。王引之《經傳釋詞》：『儻，或然之詞也；字或作「黨」，或作「當」，或作「尚」。』行甫按：『儻』即今之『倘』字。輔，佐助也。《殷本紀》作『及』，詁訓字也。行甫按：史公以『及』訓『輔』者，『及』既有『與』義，亦有『追隨』義，徐鍇《說文繫傳》曰：『及，逮也。從又從人。臣鍇曰：及前人也，會意。』而『輔』亦有『親附』之訓。《荀子・非十二子》『輔然端然』，楊倞注：『輔然，相親附之貌。』其證也。予一人，天子之自稱，猶言『我一個人』。**致天之罰**■致，給與也，送達也。《說文》：『致，送詣也。』《公羊傳》莊公三十三年『吾將焉致乎魯國』，何休注：『致，與也。』是其義也。罰，上報下之罪也。**予其大賚汝**■其，猶『乃』也。行甫按：『其』與上『尚』字相搭配，條件關聯詞『如果……，就……』。大，重也。賚，《說文》：『賜也。』《殷本紀》作『理』，『理』與『賚』雙聲，亦作『釐』，《大雅・江漢》『釐爾圭瓚』，毛《傳》：『釐，賜也。』段玉裁《說文注》：『釐者，賚之假借也。』行甫按：『理』、『釐』、『賚』，皆來母字，聲轉義通。

〔二〕**爾無不信**■無，《殷本紀》作『毋』，禁止之詞。信，誠也。**朕不食言**■食言，蔡《傳》：『言已出而反吞之。』行甫按：《左傳》哀公二十五年魯卿孟武伯謂哀公之車僕郭重『何肥也』，魯哀公借機指桑罵槐譏孟孫諸人言而無信，曰『是食言多矣，能無肥乎』。是『食言』，即說出的話又收回去，今語所謂『說話不算數』之意。

〔三〕**爾不從誓言**■誓，約戒也。**予則孥戮汝**■則，即也。孥，與『奴』通。《殷本紀》作『帑』。《說文》：『帑，金幣所藏也。从巾，奴聲。』段玉裁注：『此與府、庫、廥等一律，帑讀如奴。帑之言囊也，以幣帛所藏，故从巾。《小雅・常棣》傳曰：「帑，子也。」此假帑爲奴。《周禮》曰「其奴，男子入於罪隸，女子入於舂槀。」本謂罪人之子孫爲奴，引伸之則凡子孫皆可偁奴。又叚帑爲之。鳥尾曰帑，亦其意也。今音帑藏他朗切，以別於妻帑乃都切。』行甫按：『帑』、『孥』、『奴』三字古音同互通，《禮記・中庸》『《詩》云：樂爾妻帑』，鄭玄注：『古者謂子孫曰帑。』陸德明《釋文》：『帑，子孫也。』《國語・楚語下》『見藍尹亹載其孥』，韋昭注：『妻子曰孥。』《周禮・司厲》『其奴，男子入於罪隸』，鄭司農注引《書》『予則奴戮女』，是三字相通之證也。此『孥』字即『以其子孫爲奴』之意，孔穎達《書疏》引鄭玄云：『大罪不止其身，又孥戮其子孫。』戮，《說文》：『殺也。』《殷本紀》作『僇』，借字也。《漢書・季布欒布田叔傳贊》『及至困戹奴僇，苟活而不變』，顏師古注：『僇，古戮字也。』行甫按：『孥』字，歷來有二說。鄭司農《司厲》注曰：『今之爲奴婢，古之罪人也。故《書》曰「予則奴戮汝」，《論語》曰「箕子爲之奴」，罪隸之奴也。』枚《傳》云：『古之用刑，父子兄弟罪不相及。今云孥戮汝無有所赦，權以脅之，使勿犯。』枚氏雖以爲古無連坐之法，但亦云『權相脅之』，實與鄭玄之說同，而與鄭司農之說異也。顏師古《匡謬正俗》卷二曰：『「孥戮」者，或以爲奴，或加刑戮，無有所赦耳。此非孥子之「孥」，猶《周書・泰誓》稱「囚孥正士」，亦謂或囚或孥也，豈得復言並子俱囚也？又班固《漢書・季布傳贊》云「及至困亢奴僇苟活」，蓋引《商書》之言以爲折衷矣。』孫星衍曰：『古無從坐之法，漢法因暴秦之舊，未能盡除。鄭(玄)用漢法說經，失之。』儒家以爲，上古三代乃仁義盛世，應無連坐之法，非也。此當以鄭玄之說爲是。『戮』字亦有二說。顏師古注《漢書・季布傳贊》曰：『奴僇，謂髡鉗爲奴而賣之也。』是以『僇』爲『辱』也。其《匡謬正俗》又以『戮』爲『加刑戮』，即自相歧互也。其實，既身自爲奴，妻子亦當不免爲奴，『孥』、『奴』字本通用。且既爲奴，則辱矣。是『戮』、『僇』無須再訓爲『辱』。『戮』、『僇』本通用，則『戮』字義當以《匡謬正俗》說爲是，謂『刑殺』也。

罔有攸赦■罔，無也。《殷本紀》作『無』，詁訓字也。攸，《爾雅・釋言》：『所也。』赦，免罪也。

此乃本篇最後一節，言信賞必罰以敕軍令。

【繹文】

成湯最後説：『你們如果追隨我、幫助我，跟我一起把老天爺對夏王桀罪有應得的懲罰送到夏國去，我就重重地賞賜你們。你們可不能不講信用，跟隨我去討伐夏國，卻又不願交戰，背棄我臨陣而逃。我也會説話算話，決不收回成命，把自己説出的話又咽回去。但你們要是不遵守我們今天約好的誓言，我就要嚴厲地懲罰你們，把你們的妻兒老小罰入官府爲奴婢賤隸，更要砍下你們的腦袋，決不輕饒，沒有哪一個可以僥倖得到我的寬恕！』

【後案】

上古『兵農合一，寓軍於民』，直至春秋之世，依然如此。《國語・齊語》言管仲『作内政而寄軍令焉』曰：『管子之制國：五家爲軌，軌爲之長；十軌爲里，里有司；四里爲連，連爲之長；十連爲鄉，鄉有良人焉。以爲軍令：五家爲軌，故五人爲伍，軌長帥之；十軌爲里，故五十人爲小戎，里有司帥之；四里爲連，故二百人爲卒，連長帥之；十連爲鄉，故二千人爲旅，鄉良人帥之；五鄉一帥，故萬人爲一軍，五鄉之帥帥之。』此即古者『兵農合一』之遺法也。《左傳》宣公十二年載晉欒武子曰：『楚自克庸以來，其君無日不討國人而訓之于民生之不易、禍至之無日、戒懼之不可以怠；在軍，無日不討軍實而申儆之于勝之不可保、紂之百克而卒無後』，楚君既在國『討國人而訓之』，又在軍而『討軍實而申儆之』，是亦『兵農合一』之孑遺也。故成湯開首即言『格爾衆庶』，『格』之爲言猶『召集』也。有關上古『兵農合一』之事，亦可參見本書《費誓》篇【後案】關於『鄉遂制度』之討論。

既然是『兵農合一』，則軍事訓練亦當在農閒事少之季節舉行。《國語・周語上》曰：『三時務農，而一時講武，故征則有威，守則有財。』又曰：『王治農於籍，蒐於農隙，獮於既烝，狩於畢時，耕耨亦於籍，是皆習民數者也。』是則上古之時，農忙季節或者亦不大舉行力役狩獵爭戰之事。因此，成湯戒誓其衆，首言『非台小子，敢行稱亂』，其所謂『亂』者，既謂無故挑起事端，攻伐鄰國，擾亂既有秩序；亦謂其違背『三時務農，一時講武』的既有習慣。也因此，成湯說服其衆庶出征，必首先揣摩衆人所謂『我后不恤我衆，舍我穡事』而征討夏國之心理，而後消除他們因行征伐而廢農事的不滿情緒，因此，如果不採取『畏上帝』的託辭，便不能有效壓服他們的怨望之情。然後，又以夏王桀『率遏衆力，率割夏邑』而夏邑之民『率怠弗協』的民生問題，以及夏邑民衆『活不下去』而怨天尤人的詛咒，申明必須『致天之罰』的理由，以圖激起本國民衆的同情和敵愾。最後，又以賞罰嚴明，以保證出師之利。

由此可見，本篇所敘之事實，與上古『兵農合一，寓軍於民』的社會組織結構極爲吻合。且章法嚴謹，首尾一氣，文勢貫通。而商湯鼓動民衆放棄手頭農事而參加爭戰的言說技巧，亦可爲後世宣傳家、文章家所效法。

盤庚

【解題】

盤庚，又作般庚，商代第二十位君主。帝祖丁之子，帝陽甲之弟，帝小辛之兄，成湯第十世孫。《左傳》哀公十一年伍子胥引其文而稱爲《盤庚之誥》。是本篇題名，春秋戰國之際，尚未有定。至《書序》則云：『盤庚五遷，將治亳殷，民咨胥怨，作《盤庚》三篇。』是題作今名，乃由《書序》也。枚《傳》解《盤庚》之篇題曰：『盤庚，殷王名，殷質，以名篇。』謂殷人質樸無文，不避尊者之諱，直斥王名以題篇，其說非也。《序》題《盤庚》之名，乃用篇首二字也。以篇首二字或三字題篇名，古書多有其例，與殷家文質無關。

據《書序》說，本篇作於盤庚在世之時。而《史記·殷本紀》又曰：『帝小辛立，殷復衰，百姓思盤庚，乃作《盤庚》三篇。』《史》、《序》之説，雖有不同，但皆以爲作於殷代。近人多以爲成於西周，而陳夢家更以爲乃戰國宋人所擬作。劉起釪以『德』字非殷人所有，其必作於西周。蔣善國則認爲《尚書》各篇有始作之時代，有整編之時代，認爲本篇乃西周初年史官據内府檔案整編而成。

我們以爲，《尚書》各篇之時代當有始作、流傳、整編三個時代。《盤庚》三篇由王室檔案翻檢而出且得以流傳，當與西周末年周平王東遷洛邑之事密切相關，乃西周末年之鑒古思潮以歷史與當下互動的結果。說見拙作《西周末年的鑒古思潮與今文尚書的流傳背景》(〔臺〕《漢學研究》第十九卷第一期)以及拙著《中國早期文化意識的嬗變——先秦散文發展線索探尋》第一卷相關章節。

《漢書·藝文志》書類錄《大小夏侯解故》二十九篇,與《史記·儒林傳》載『伏生求其書,亡數十篇,獨得二十九篇』之說相較,知西漢大、小夏侯所傳本當以《盤庚》三篇爲一篇。而據《漢志》錄《歐陽章句》三十一卷,則分《盤庚》爲三篇,當是歐陽家所爲。東漢《熹平石經》雖不題上、中、下,但上篇與中篇之末各空一格,並加圓點以爲間隔。今題上、中、下者,或始於枚《傳》歟?然其排列次序與三篇內容之始末不相值。俞樾《群經平議》曰:『以當時事實而言,《盤庚中》宜爲上篇,《盤庚下》宜爲中篇,《盤庚上》宜爲下篇。曰「盤庚作,惟涉河以民遷」者,未遷時也。曰「盤庚既遷,奠厥攸居」者,始遷時也。曰「般庚遷于殷,民不適有居」者,則又在後矣。』俞氏之說是也。至於何以產生這種顛倒失次,是否與本文在西周末年的流傳次序有關,即最先從王室檔案中傳之而出者乃今之上篇,依次乃爲今之中篇和下篇。否則這種明顯的始末次序顛倒,無法解釋。但三篇之次,沿用既久,學人貫習,今亦仍其舊。僅依西漢大、小夏侯傳本,以三篇爲一篇,上篇與中篇之末各空一行,以示間隔。

盤庚遷于殷,民不適有居,率籲衆慼出矢言,〔一〕曰:『我王來,既爰宅于兹,重我民,無盡劉。〔二〕不能胥匡以生,卜稽曰其如台!〔三〕先王有服,恪謹天命,兹猶不常寧,不常厥邑,于今五邦。〔四〕今不承于古,罔知天之斷命,矧曰其克從先王之烈。〔五〕若顛木之有由蘖,天其永我命于兹新邑,紹復先王之大業,底綏四方。〔六〕』

【釋讀】

〔一〕**盤庚遷于殷**■盤，陸德明《釋文》：『本又作般。』洪适《隸釋》載《漢石經》字又作『股』。殷，孔穎達《書疏》：《汲冢古文》云『盤庚自奄遷于殷』，殷在鄴南三十里，奄在今之曲阜。《書疏》又引晉人束皙曰：《漢書·項羽傳》云『洹水南殷墟上』，今安陽西有殷墟。王國維《觀堂集林》曰：『今龜甲獸骨出土，皆在此地，蓋即盤庚以來殷。《史記正義》引古本《竹書紀年》云自盤庚徙殷，至紂之亡，七百七十三年，更不遷都。雖不似《竹書》文，必隱括本書爲之，較得事實。』**民不適有居**■適，孫星衍《尚書今古文注疏》：『《一切經音義》引《三蒼》云「悅也」，言民不悅新邑。』有，王引之《經傳釋詞》：『語助也。一字不成詞，則加有字以配之。故邦曰有邦，家曰有家，室曰有室，廟曰有廟，居曰有居。』行甫按：王說不確，加『有』字乃變單音節以爲雙音節，使唇吻調利耳，非『一字不成詞』也。**率籲眾慼出矢言**■率，用也，因也。籲，《說文》：『呼也。從頁，籥聲，讀與籥同。《商書》曰：率籲眾戚。』慼，《說文》引作『戚』，貴戚也。矢，《爾雅·釋詁》：『陳也。』行甫按：『出矢言』者，即『出而陳言』也。此『眾戚』與下文『在位』不同，『眾戚』乃王室近親，位高權重，深居簡出，不輕易露面，故經文用『出』字，即今語『出面』。『矢言』即『陳言』，陳述遷都理由也。

〔二〕**曰我王來**■曰，言也，謂也。眾貴戚所陳之言如下也。我王，俞樾《群經平議》：『我王即謂盤庚也。盤庚自言皆稱予，此則使眾近臣出而陳辭，非盤庚自言，故稱我王也。』來，自奄遷來于殷也。**既爰宅于茲**■既，已也。爰，易也，換也。俞樾《群經平議》：『「爰」之言「易」也。僖十五年《左傳》「晉于是乎作爰田」，服注：「爰，易也。」是「既爰宅于茲」，言「既易宅于茲」也。』茲，此也，此新邑。**重我民**■重，看重也，重視也。『重我民』，猶言

『以我民爲重』也。**無盡劉**■劉，枚《傳》：『殺也。』金兆梓《尚書詮譯》曰：『「劉」亦通「流」，故「流覽」可作「劉覽」，見《淮南子·原道訓》。《管子·宙合》「君失音則風律必流」，房玄齡注：「流謂蕩散。」蕩散義即流離失所。』行甫按：金氏之説是也。《説文》無『劉』字，但水部有從『劉』得聲之『瀏』，許君謂『清流貌』，則『瀏』之爲言『流』也。《淮南子·原道篇》『劉覽遍照，復守以全』，『劉覽』猶『瀏覽』，『瀏覽』猶『流覽』，『流覽』即『汎覽』也，『汎覽』亦即『流觀』也，故陶潛詩曰『汎覽周王傳，流觀山海圖』，是其例也。則『無盡劉』之『劉』，即『瀏』字之省，義同於『流』，即『流蕩』、『蕩散』之意也，與《盤庚下》『今我民用蕩析離居，罔有定極』之文正合。

〔三〕**不能胥匡以生**■胥，《爾雅·釋詁》：『相也。』匡，救也。《左傳》成公十八年『匡乏困』，杜預注：『匡，亦救也。』以，猶『而』也。生，生存也。**卜稽曰其如台**■卜，《説文》：『灼剥龜也，象灸龜之形。一曰象龜兆之縱横也。』稽，《説文》：『卟，卜以問疑也，从口卜，讀與稽同。』是『卜稽』即『卜卟』，乃『卜以問疑』也。《周禮·太卜》云：『國大遷，則貞龜。』是其事也。曰，吳昌瑩《經詞衍釋》：『猶詞之「爲」也。』其，猶『有』也，『有』猶『又』也。如台，猶『如何』也。説見《湯誓》『今汝其曰夏罪其如台』釋讀。行甫按：『卜稽曰其如台』，謂『占卜問疑以爲又如何』也。蓋盤庚之遷，或卜之不吉而不遵也，故《盤庚》下篇有『非敢違卜』之言。本篇下文言『恐沈于衆』，大抵與盤庚『違卜』之事有關。

〔四〕**先王有服**■先王，謂盤庚前之殷王。服，制度也。俞樾《群經平議》：『《説文》又部：「𠬝，治也，从又从卪，卪，事之制也。」然則服事之服字，本作𠬝。卪爲事之制，故服亦爲制，鄭石制字子服，是也。襄三十年《左傳》「子產使都鄙有章，上下有服」，上下有服，言上下有制也。』**恪謹天命**■恪，《爾雅·釋詁》：『敬也。』《説文》：『謹，慎也。慎，謹也。』互相訓。行甫按：『慎』之爲言『順』也。《荀子·富國》『將脩小大强弱之義以持慎之』，楊倞注：『慎，讀曰順。』是『恪謹天命』者，謂『恭敬地遵從天命』也。**兹猶不常寧**■兹者，承上啓下之詞，猶言

『如此』也。猶，尚也，且也，仍也。常，《廣雅·釋詁》：『長也。』王念孫《疏證》：『常、長聲相近。』寧，安也。行甫按：『茲猶不常寧』者，謂『即使如此，尚且未能長處安寧』也。**不常厥邑**■厥，其也。邑，都城也。《左傳》莊公二十八年：『凡邑，有宗廟先君之主曰都，無曰邑。』然邑之與都，對文有別，散文則通也。**于今五邦**■于，至也。五邦，據楊樹達《積微居讀書記》曰：『仲丁遷囂，《史記》作傲（行甫按：在今河南滎陽市境），一也；河亶甲遷相（行甫按：在今河南內黃縣境），二也；祖乙遷耿，《史記》作邢（行甫按：在今河南溫縣境），三也；耿圮遷庇（行甫按：此『庇』不詳所在，或說在今山東西部，近于奄），四也；南庚遷奄（行甫按：在今山東曲阜），五也。』行甫按：據《書序》言，自契至于成湯有天下之前，殷人已有八遷，『于今五邦』者，乃成湯以後至盤庚之前也。故張衡《西京賦》曰『殷人屢遷，前八後五，居相圮耿，不常厥土』。商人所以屢遷其都，古今說者尚多，奢侈說、水患說、遊牧說、遊農說、內爭說、外敵說，亦有方國平等輪流爲都之說，不一而足（參見劉起釪《尚書校釋譯論》）。諸說各似有理，又非必全然可信。至於盤庚之遷，據《盤庚下》『今我民用蕩析離居，罔有定極』與本篇『無盡劉』及『不能胥匡以生』而觀之，則或因水澇之災，或因地力枯竭，致使生態惡化與土地貧瘠而不宜居住，『水泉鹹鹵，孤幼受害』。加之富民豪强又乘機『逼迫貧乏』，『侵奪下民』，而『細民弱劣無所容居』，故紛紛逃散，遠走異地。盤庚爲收拾離散的民心，決定『遷都改制』，則孔穎達《書疏》之說是也。但我疑心『重我民，無盡劉』，『民用蕩析離居』，乃盤庚號召遷殷的公開說辭或宣傳口徑，實則大可能如劉起釪氏之說，乃是針對正西、正北及西北諸邦部落的戰略遷徙。此實乃先民部落領袖之雄才大略，不爲一般吏民所理解，故招致『民咨胥怨』，輿情沸騰。若盤庚真爲解決民生遷都，則民衆決無『不適有居』之理。

〔五〕**今不承于古**■今，現在，亦爲設詞，猶『若』也。承者，繼也，猶下文『克從先王』之『從』也。古，謂『先王有服』之時也。**罔知天之斷命**■罔知，楊樹達《書盤庚罔知天之斷命解》：『「罔知」者，古人成語，猶今人言「不保」或「難保」。此文意言：今不承於古，則不保天之將斷絶其命。」之，猶『其』也，『將』也。斷，絶也。劉逢祿《尚書今古文集解》：「『斷命』對下『永我命』、『續乃命』言。」**矧曰其克從先王之烈**■矧，況，何況也。其，將也。克，能也。從，猶『不承于古』之『承』，亦『繼』也。烈，光也，業也。猶今所謂『輝煌事業』也。

〔六〕**若顛木之有由蘖**■顛木，倒仆之木。之，猶『而』也，反接連詞。有，猶『又』也。由蘖，《説文》：「甹，木生條也，从马由聲，《商書》曰：若顛木之有甹枿。古文言由枿。」則『由』即『甹』之假借也。段玉裁注：「『甹』者，生也。《左傳》史趙曰：「陳，顓頊之族也。歲在鶉火，是以卒滅。陳將如之。今在析木之津，猶將復由。」此以生、滅對言，由即甹之假借。《詩序》曰：「由儀，萬物之生各得其宜也。」此以生釋由，以宜釋儀。由亦甹之假借。」是『由』即『生』也。《説文》：「𣡌，伐木餘也，从木獻聲。《商書》曰：若顛木之有甹𣡌。不，古文𣡌，从木無頭。栓，亦古文𣡌。」則『由蘖』乃『甹𣡌』之假借也。至『枿』也、『不』也、『栓』也，又爲《書》之今古文異體別構也。『顛木之有由蘖』，意謂『砍伐倒仆之樹木又生出嫩枝條』也。**天其永我命于兹新邑**■其，將也；永，延長也。我，我民、我族也。命，猶言『生命』、『命運』也。兹，即上『爰宅于兹』之『兹』，與『新邑』爲同位語。句意謂：『天將使我邦族民衆之生命在這新邑里永久地延續下去』。**紹復先王之大業**■紹，與上『從』字、『承』字義同，亦『繼承』也。復，恢復也。業，即上『烈』字義也。**厎綏四方**■厎，音底，定也，致也。綏，安也。四方，四境也。

以上爲本篇第一節，乃盤庚派遣衆貴戚近臣向民衆所做的宣傳演講。講辭説，遷都於殷，是爲了重視民衆的生活，不讓他們因生態惡劣不宜居住而流離失所，而只要是互相幫持能夠有利於生存，有沒有占卜並不是最重要的。這是因爲盤庚或者沒有就遷都行過占卜，或者卜之不吉而不信，所以不願遷徙的豪强富民乃以此作爲借口，煽動民眾反對遷都；既遷之後，又大放流言，蠱惑人心，於是民眾不敢放心居於新邑。盤庚從救民於苦難，以大眾民生入説，最易博得民眾的支持。而以務實的精神重視民生，也就巧妙地擊碎了以占卜爲借口的别有用心（安陽殷墟至今没有發現盤庚時代的卜辭，可能與盤庚不信占卜有關，或者雖卜卻不作記錄，因其不以卜後是否有驗爲意也）。然後援引殷商先王『于今五邦』的遷都事例，從歷史傳統找根據，説明此次棄舊圖新的遷都之舉，正是繼承和仿效先王的歷史經驗，不僅能夠解決本邦族眾的生存問題，同時更是爲了贏得機會，繼承和復興先王的偉業，爲邦國的未來發展與四境的和平安寧打下堅實的基礎。這段説辭，從民眾的切身利益説到邦國的發展前景，從小到大，由近及遠，可謂高瞻遠矚，合情合理，不容置疑。對於輿情存在的不同意見，也以守爲攻，不露鋒芒，足以體現盤庚的歷史智慧和領袖胸懷。

清儒姚鼐、孔廣森及近代吴汝倫均以爲『自「我王來」至「底綏四方」，皆述民不願遷之言』。近人金兆梓承其説而變其辭，以爲『有眾向盤庚述殷民之辭』。然『不願遷之民』竟有如此遠大的領袖抱負，足令盤庚無地自容。而作爲眾戚面對不願遷徙之民轉述盤庚遷都目的之宣講辭，不僅文從字順，其深謀遠慮的雄才大略，其揮灑自如的言説技巧，更與盤庚作爲部落領袖的精神氣質相吻合。知姚、孔諸儒之説非是也。

【繹文】

盤庚將都邑從奄地遷往殷墟，商民不喜歡新的居地，於是盤庚呼王室眾貴戚之臣出面給民眾講明所以遷都的道理。衆貴戚近臣對民衆說：『我們的王盤庚已經自奄地遷居來到這裏重建都邑，是因爲他看重我們民衆的生存狀態，不希望他們一個個流離失所無家可歸。倘若不能相互扶持救助而得以生存，即使占龜問卜那又能怎麼樣呢？先王訂立了規章制度，恭敬地遵從上天的旨意，但即使是這樣，也仍然不能長享安逸，不能在一個地方長久地居住，從商湯有天下以來，已經遷居過五個地方了。如果不繼承和傚效先王遷都而治的傳統做法，就難保上天將不會斷送我們的生命，哪裏還談得上能夠繼承和發揚先王的光輝事業呢？由舊都遷來新邑，就像倒仆枯死的樹木重新生出新芽，必然會欣欣向榮，枝葉繁茂；這就是上天將要讓我們在這個新都邑興旺發達，永久昌盛，在這裏繼承和復興先王的偉大事業，使我們的周邊四境得到和平與安寧。』

盤庚斆于民由乃在位，〔一〕以常舊服正法度，曰無或敢伏小人之攸箴。〔二〕王命衆悉至于庭，王若曰：〔三〕『格汝衆，予告汝訓汝，猷黜乃心，無傲從康。〔四〕古我先王亦惟圖任舊人共政：〔五〕王播告之脩，不匿厥指，王用丕欽；罔有逸言，民用丕變。〔六〕今汝聒聒，起信險膚，予弗知乃所訟。〔七〕非予自荒兹德，惟汝含德，不惕予一人。〔八〕予若觀火，予亦拙謀。〔九〕

【釋讀】

〔一〕**盤庚斆于民由乃在位**■斆，《説文》：『覺悟也。从教從冂，冂，尚蒙也。』于，介詞，到也；行甫按：『于民由乃在位』，介賓結構作動詞『斆』之補語。由，即《論語》『民可使由之』之『由』，有服從或上行下效之意。乃，其也。在位，亦《論語》『不在其位，不謀其政』之『在位』，亦即莊公十年《左傳》所謂『肉食者謀之』之『肉食』而『謀政』者。

〔二〕**以常舊服正法度**■以，用也。常舊服，與『先王有服』相照應。正法度，正於法度，即依法度而整飭；句意謂『用由來以久的規章制度，整肅思想，規範行爲，使之合於法度』也。**曰無或敢伏小人之攸箴**■曰者，金兆梓解爲『詮詞』之『欥』，屈萬里依枚《傳》孔《疏》解爲言説。行甫按：『曰』字既非語詞，亦非言説，猶『爲』也。此『曰』字乃述盤庚暗自忖度之詞，與上『斆』字相照應。『斆』與『曰』，皆爲盤庚内心活動，『曰』者，猶今所謂『認爲』也，乃盤庚暗自忖度後所作之決定（行甫按：此當是中國文學史上最早的心理描寫）。而『無或敢』云者，表其態度之堅決，語氣之堅定，猶今語所謂：『決不允許有任何人敢於……！』伏，隱匿也。小人，庶人，無職無位之庶民。攸，所。箴，規誡。清人戴鈞衡《書傳補商》引方宗誠曰：『「無或敢伏小人之攸箴」，蓋謂不可匿我箴民之言耳。下文「不匿厥指」、「惟汝含德」、「不和吉言于百姓」、「其惟致告」，皆反復此一語，所謂「斆于民由乃在位」也。』行甫按：方氏之説，不易之論。『伏小人之攸箴』與『斆于民由乃在位』句法一律，『伏』字後乃省介詞『于』字，即對於小人所作的規誡之言。

〔三〕**王命衆悉至于庭**■王，盤庚也。衆，衆在位也。悉，皆也。枚《傳》：『衆，群臣以下。』孔穎達《書疏》：『民不欲徙，由臣不助王勸民，故以下多是責臣之辭。』**王若曰**■若，如是也，意謂盤庚庭訓之語如此。實乃史臣轉述王言大要之辭。行甫按：自『盤庚斆于民由乃在位』至『王若曰』，乃史臣敘事之辭，描摩盤庚由思慮忖度到作出決斷並付之實施之過程，頗爲傳神。

〔四〕**格汝衆**■格，來也，使動用法，訓爲『告』者，與下文『告汝』重複，非其義也。行甫按：此三字猶今之會議開場白：『把你們大家請到這裏來……』。解爲『你們來！』語氣生硬。**予告汝訓汝**■此句多有異讀，孔傳讀作『予告汝訓』，今人亦有作三字句讀作『予告汝，訓汝猷』者。兹從俞樾讀五字爲句，『告汝訓汝』與《中篇》『承汝俾汝』句法一律。行甫按：《說文》：『告，牛觸人，角箸横木，所以告人也，从口从牛。』段氏以爲許君乃以『梏』字之義說『告』字之義，譏其『告可不用人口』，乃以『牛口』也。原許君之意，『告』者，乃囑人遠離危險，避免傷害，正寓告誡與忠告之義。是忠告、勸告、告誡者，皆『告』字本義也。《說文》：『訓，說教也。』段氏注：『說教者，說釋而教之，必順其理。引申之，凡順皆爲訓。』段氏讀『說』爲『悦』，『說釋而教』，猶今語『輕鬆愉快地教導』，即以好言開導，循循善誘，讓受教者輕鬆愉快也。**猷黜乃心**■猷，與『由』字、『繇』字及『攸』字通，猶以也，所以也，目的連詞。黜，《說文》：『貶下也。』**無傲從康**■傲，倨也。傲狠不屈、心高氣浮也，因內氣鬱積不發而又有所不服，故而昂首挺胸決不低頭之況狀詞。從，順也，即也，就也。康，安也、靜也、寧也。行甫按：上四句乃盤庚的會議開場白。『無傲從康』，與『黜乃心』，乃相互作解。因內氣鬱積不發而心高氣浮，故須降低與平抑其心氣；降低與平抑其心氣之法，即放棄心高氣浮的心理情緒，趨向於心氣安寧與平靜。

〔五〕**古我先王亦惟圖任舊人共政**■亦，不過之義，猶祇詞、特詞也。說見吴昌瑩《經詞衍釋》。惟，是也。圖，謀也，任，使也，用也。共政猶言共事也。舊，久也。舊人，王先謙《尚書孔傳參正》：『久于其位之人。』行甫按：此句乃盤庚對衆在位者進行忠告和訓導的重要話題，也是本篇談話的文眼所在，亦爲本篇所謂『德』的內涵指向。下文引遲任之言『人惟求舊』，仍然是申言這一談話主題。篇末『自今至于後日，各恭爾事，齊乃位，度乃口』，乃就這一談話主題所作的最後結論。而『罰及爾身，弗可悔』，則是對群臣的最後警告，從而達到『告汝訓汝』的最終目的。可見此話題的中心內容，是給與會衆臣講說君臣關係，其目的有二：一是要求所有臣下必須步調一致地『若網之在綱，有條而不紊』，貫徹落實『予一人』的各項指令，即『勉出乃力，聽予一人之作猷』；二是要求所有臣下必須經過艱苦的努力『若農服田力穡，乃亦有秋』，完成『予一人』所交辦的所有任務。只有這樣，才能得到榮祿和升遷的機會（『作福』）。做不到這二點，不僅不能得到任何好處（『作福』），相反還會受到嚴厲的懲罰（『作災』）。而無論『作福作災，予亦不敢動用非德』，全憑他個人的實際表現，我不會以主觀好惡隨意給誰加官晉爵，也不會以個人意氣妄加黜罰懲處。因此，三復全文，知此所謂『舊人』者，乃今語所謂『相互瞭解、相互信任、可以長期共事之人』。也因此，知盤庚所以說『古時候我們的先王不過是老想著任用可以長期共事之人』，其言下之意也無非是說，我也會像我們的先王那樣，是不會輕易撤換某人的職位的。如果一定要撤換某人的職位，那也是迫不得已而爲之的事情，那必定是因爲他非常嚴重地不能與我保持一致，沒有付出艱苦的努力去完成我交辦的任務。而如何正確地認識和處理眼前遷都定居這件大事，正是檢驗我們君臣關係是否合『德』的關鍵時刻。

〔六〕**王播告之脩**■王，即『古我先王』。播，《說文》引作譒，譒，敷也，布也。播告，猶言佈告也。之，至也。《鄘風·柏舟》『之死矢靡它』，毛《傳》：『至死誓無它心』。脩，遠也。薛季宣《書古文訓》作『攸』，『脩』從『攸』得聲，通用。『播告之脩』，謂『佈告達至於遠方』也。**不匿厥指**■匿，隱藏。『匿』與上文『伏』字相照應，乃盤庚重點批評之現象。指，通『恉』，意旨也。**王用丕欽**■王，亦『古我先王』也。用，因也。丕，大也。欽，敬也。**罔有逸言**■逸，過也，淫也，『逸言』與下文『逸口』、『浮言』相照應，即『放任不負責任之言』。傳達王者旨意，最忌借題發揮以致過甚其辭，偏離本旨而貽害下民。**民用丕變**■用，因也。丕，大也。變，化也。行甫按：以上四句，敘述先王所以『圖任舊人共政』之理由。

〔七〕**今汝聒聒**■今，與上文『古』字照應；汝，亦與上『舊人』作對比。聒，《說文》：『𦧇，歫善自用之意也。』

从心銛聲。《商書》曰：今女懖懖。䎢，古文从耳。」鄭玄云：『聒（應爲懖），讀如聒耳之聒，聒聒（應爲懖懖），難告之貌。』馬融、王肅之説皆與《説文》同。枚《傳》：『無知之貌。』行甫按：『聒』，當爲古文『䎢』之省。許君《説文》耳部另著『聒』字曰『讙語也』，即喧譁、喧囂之語。然則鄭氏當是用許君『懖』、『聒』二字之義爲説。『讀如聒耳之聒』者，意爲『讙語』。『難告之貌』者，乃『拒善自用』之意。是鄭氏當就主客兩邊作解：『其讙語聒耳，則必拒善自用；其拒善自用，則必爲難告』。《論語・顔淵》：『子貢問友，子曰：忠告而善道之，不可則止，無自辱焉。』告之而不可，竟至於自取其辱，是『難告』之甚也。聯繫上文『不匿厥指』及『罔有逸言』，則『聒聒』者，其態必與之相反。對『不匿厥指』，則『聒聒』乃『拒善自用』而『難告』；對『罔有逸言』，則『聒聒』必『讙語』多言而『自用』。蔡《傳》僅以『譊譊多言』説之，則遺其一邊矣。**起信險膚**■起，興也，造端生事，無中生有也。信，讀爲申，穿鑿附會，隨意引申也。險，衺也，又與『憸』聲近相通，義亦爲『詖』。是衺也，詖也，皆爲『邪侈』、『偏頗』之意。膚，膚淺。《説文》：『臚，皮也，从肉盧聲，膚，籀文臚。』《國語・晉語六》『風聽臚言于市』，韋昭注：『臚，傳也。』段玉裁謂韋注讀當如『敷奏以言』之敷。行甫按：『臚』即今皮膚字。《晉語》所謂『臚言』者，實兼散佈之『臚』和膚淺之『膚』之二義焉，即散佈風聞於市井細民之間的膚末浮淺之言，則與本篇之『逸言』、『浮言』之意從同。行甫又按：『起信險膚』，四字錯綜成文，謂『起膚申險』也。起膚，生造膚末浮淺無稽之言；申險，引申偏頗衺僻有害之説。**予弗知乃所訟**■訟，《説文》：『爭也。从言公聲。』行甫按：『訟』者，公言也，形聲兼包會意。公言者，公開言之也。《史記・吕太后本紀》『未敢訟言誅之』，裴駰《集解》引韋昭曰：『訟猶公也。』『所訟』，意即『在稠人廣衆之間公開散佈的言論』。上三句以當今衆臣與先王舊人相比較。

〔八〕**非予自荒兹德**■自，獨自，與上文『共政』之『共』相對。荒，廢。兹，此；德，品德。兹德，即『圖任舊人共政』之德。**惟汝含德**■含德，《史記・殷本紀》約此文作『舍而弗勉，何以成德』，則史公所見爲『舍德』。王先謙曰：「『舍德』與『荒德』語意相對，較『含』字爲合。」行甫按：王說是也。『舍』之與『含』，當由隸變楷之際因形近而訛，是唐人所見六朝傳本已誤爲『含』矣。而後世亦有反向爲訛者，阮元《校勘記》謂永懷堂葛氏刊本『含誤作舍，注同』，即楷書『舍』、『含』互訛之證。**不惕予一人**■《白虎通義·號篇》引此句作『不施予一人』，是今文作『施』，古文作『惕』。段玉裁《古文尚書撰異》曰：「『施』與『惕』同在歌支一類，《詩·何人斯》『我心易也』，《韓詩》作『施』。」行甫按：『惕』從『易』得聲，則『惕』亦讀如『易』，與『施』音同通假。俞樾謂『施』爲本字，『惕』爲假借字，下文『施實德于民』，字正作『施』。其說是也。施，延及也，引申則爲親近、靠攏，猶今語『緊密團結』也。『不惕予一人』，即不親近我，實即與我離心離德，遠離甚至背叛了我。

〔九〕**予若觀火**■鄭玄《周禮·司爟》注：『爟，讀如「予若觀火」之「觀」，今燕俗名湯熱爲「爟」』，則『爟火』即「熱火」與？』賈公彦《疏》：『「予若觀火」者，盤庚告其群臣「予若觀熱」也，我有刑罰如熱火可畏，故引燕俗以湯熱爲「爟」。』行甫按：鄭注『爟火』所以爲『熱火』，即民間理爨炊飯之火，乃與以陽燧取火於日而用爲庭燎照明之火爲『冷火』相對爲言（『冷火』爲秋官『司烜氏』所掌；『熱火』爲夏官『司爟』所掌）。鄭氏讀『觀火』爲『熱火』，賈氏讀『觀火』爲『觀熱』，以『觀』與『火』皆爲『熱』，爲同義複詞。則『予若觀火』，意即：『我像一團熾熱的火』。**予亦拙謀**■《說文》：『炪，火光也。从火出聲。《商書》曰：「予亦炪謀。讀若巧拙之拙。」』段《注》：『《類篇》作「火不光」，《集韻·六術》曰：「炪，爩煙皃。」《類篇》同。又《九迄》：「炪，爩煙出也。」煙盛火微，是知《說文》奪「不」字。』此句注者或連下句，讀作『予亦炪謀作乃逸』，或僅讀作『予亦拙』。行甫按：當據《說文》讀作『予亦炪謀』。亦者，與『亦惟圖任舊人共政』之『亦』同，『祇是』、『不過』，亦爲祇詞、特詞也。『炪』，火暗淡無光之謂也。此字從火、出聲，則形聲兼會意也。古從『出』之字，多有短小、短少、短缺之意：絀、黜、屈、拙、𪙗、詘、柮、朏諸字，皆是其例。『觀火』與『炪』，皆以火爲喻，其比喻的字面之意，即：我就像一團熾熱的火，只是沒有發出應有的光和熱。『謀』，念頭、想法。『予若觀火，予亦炪謀』，所喻之意是説：我本打算以古代先王任用舊人共政爲榜樣，因而我對你們熱情似火；只是現在我不想再對你們散發我的光和熱了，因而我任用舊人的這一想法已經大大地打了折扣。則『炪謀』者，即弱化了既有想法。以上五句言盤庚之所以打消了效法先王『圖任舊人共政』之既有想法的主要原因。

【繹文】

盤庚意識到民衆是服從並效法於他們的官長的，之所以『民咨胥怨』，就是因爲他們的官長認識糊塗多有怨言，也沒有把自己所以遷都的重要意義給民衆講清楚説明白。他決定要用由來以久的規章制度，以整肅各級官吏的思想言行，使之合於既有的法制規範，並果斷地作出決定：決不允許任何人膽敢隱匿本王對於民衆所作的規誡之言，對於本王的指令，必須不折不扣地貫徹落實。

盤庚説：『之所以把你們大家召集到這裏來，是因爲我要給你們一些忠告，給你們一些開導。其所以如此，也無非就是讓你們降降心頭之火，把你們心中鬱憤高張的情緒平息下來，不要這樣心高氣浮，狠戾不服，你們的心態要安寧平靜，你們的情緒要穩定平和。

古時候我們的先王不過是老想著任用可以長期共事之人，我也會像我們的先王那樣，是不會輕易撤换某人的職位的。先王之所以願意與多年的大臣共同理政，是因爲經過多年共事，發現他們值得依賴，做事穩妥：先王發佈政令，即使傳達到極爲偏遠的窮鄉僻壤，這些大臣們也決不會掐頭去尾，斷章取義，隱藏或者遺漏先王的旨意，所以先王十分敬重他們。而且，他們傳達先王政令，更不會隨意穿鑿，胡亂引申，偏離本旨，將自己一己之言當作先王之意强加於民，因而民情大悦，風俗也爲之大變。政令暢通，上下一致，無遠弗屆，這就是先王所以信賴和任用共事長久之舊人的根本原因。可是現在呢？你們這些在位大臣卻與先王所共事的舊人恰恰相反，你們自以爲是，不全面正確地傳達貫徹我對下民的規誡之言，又對我下達的指令掐頭去尾，斷章取義，隨意發揮，生造出許多膚末浮淺無根的言論，到處宣揚你們自己炮製的歪理邪説去誤導民衆。我真不知道你們在稠人廣衆之中究竟公開散佈了些什麼謬論！』盤庚説，『並不是我單方面獨自廢棄了先王圖任舊人共政的品德，而是你們舍棄了先王共政舊人那些如實傳達指令，決不斷章取義，胡亂發揮的美好德行。是你們遠離了我，背叛了我，與我離心離德，以致我們無法繼續共政了。我本來對你們熱情似火，但現在我對你們如火的熱情已經大大地弱化削減了；原來一味倣效先王，只想任用舊人共政的想法，現在看來是不切實際了，應該打些折扣了。那些不與我同心同德，自以爲是的人，那些不願努力工作，懶惰懈怠的人，該撤换的，仍然是要堅決撤换的。』

作乃逸。〔一〕若網在綱，有條而不紊；若農服田力穡，乃亦有秋。〔二〕汝克黜乃心，施實德于民，至于婚友，〔三〕丕乃敢大言汝有積德，乃不畏戎毒于遠邇。〔四〕

【釋讀】

〔一〕**作乃逸**■作，勞作也，與下文『不昏作勞』之『作』意同。乃，然後。逸，快樂，安逸。《小雅·十月之交》

『民莫不逸』，鄭《箋》：「逸，逸豫也。」行甫按：此三字，枚《傳》連上讀作『予亦拙謀作乃逸』，解爲『是我拙謀成汝過』。與此語境不合，說已見上。且下文盤庚明言『惟汝衆自作弗靖，非予有咎』，則『汝過』實非因『我』而『成』，是知盤庚並無引咎自責之意。又，金兆梓讀作下文領起句，但訓詁釋義則迂曲難通。『作乃逸』者，意謂：只有付出了艱辛的勞作，然後才能獲得安逸和快樂。此乃簡單常識，人所共知，盤庚以此訓導群臣：只有勤勞王事，才能獲得回報。下文『施實德』及『服田力穡』云云，皆是其義也。

〔二〕**若網在綱有條而不紊**■綱，穿網之粗繩，用以舉網。條，條理，紊，亂。**若農服田力穡乃亦有秋**■農，農夫。服，治也，事也，即耕治田畝。穡，種爲稼，斂爲穡。乃，即『作乃逸』之『乃』，然後也。有秋，有年，有收成。行甫按：『若網在綱有條而不紊』，關聯上文『不惕予一人』爲說，强調必須像網繫於綱那樣，與我保持一致，不可與我離心離德。又關聯下文『汝克黜乃心』以至『不畏戎毒于遠邇』，强調自上而下，無論遠近，皆須『有條而不紊』地服從王的指令。『若農服田力穡乃亦有秋』，關聯『作乃逸』以及下文『惰農自安』至『則惟汝衆自作弗靖，非予有咎』爲說，强調只有付出艱苦努力，踏實勤勉地勤於王事才能有所回報，否則只會收獲惡果。因此，艱苦努力，踏實勤勉，又必須以『若網之在綱有條而不紊』的政治路線爲前提、爲條件，不可隨心所欲，亂說亂動。則下文『勉出乃力，聽予一人之作猷』，即兼揭『服田力穡』與『若網在綱』二喻之義。

〔三〕**汝克黜乃心**■與上文『猷黜乃心』相關聯，即改變心高氣浮的心態。**施實德于民**■實德，實實在在的德行，即踏踏實實，勤勤懇懇地努力爲民治事，不要誇誇其談，造端生事，貽害於民。**至于婚友**■至，達也。婚，姻親，妻黨；友，兄弟，父黨。將踏實勤勉的治事作風影響於家族親友，率領家族姻親成員形成『有條而不紊』的協調和一致，切切實實地聽從王的指令。

〔四〕**丕乃敢大言汝有積德**■丕，大也，古人表强調之語氣詞，此處用法，猶今所謂『只有，唯有』之意。乃，於是，然後。行甫按：『丕乃』統轄『敢』與『不畏』二句，猶言：唯其如此才敢；唯其如此才不畏。敢，敢於，即當之無愧也。大言，揚言也，猶高聲言，公開言。積德，多重之德，亦即『施于民』以『至于婚友』之不同層次之『實德』。**不畏戎毒于遠邇**■畏，懼怕，擔心。戎，大。毒，怨恨，憎惡。《廣雅·釋詁》『毒，惡也』，王念孫《疏證》：『凡相憎惡亦謂之毒。《緇衣》云「唯君子能好其正，小人毒其正」，是也。』遠邇，遠近。行甫按：孔穎達《書疏》曰『遠近謂賒促，言害至有早晚也』，其說非也。此『遠邇』實乃邦國與家族之代稱。《論語·陽貨》『邇之事父，遠之事君』，《顏淵》『出門如見大賓，使民如承大祭。己所不欲，勿施於人。在邦無怨，在家無怨』，孔子上承《詩》、《書》，應屬同一話語傳統。是則『遠』爲『在邦』，『邇』爲『在家』；遠邇之毒，亦即在邦之怨，在家之怨。上八句乃盤庚訓導衆臣應該勤勉於王事。

【繹文】

盤庚說，『只有付出了艱辛的勞動，才會獲得安逸和快樂。因此，你們只有勤勉於王事，才有可能獲得相應的回報。你們要像魚網繫掛在網綱大繩上那樣，條理分明一絲不亂地逐級服從我的指令；你們必須勤勞於王事，就像農夫耕治田畝經過勤苦的勞作之後才有好的收成那樣，才會得到我的獎賞。從今往後，你們能夠真正平息那些心高氣浮、狠戾不服的抵觸情緒，克服那些誇誇其談，自以爲是的虛驕之氣，踏踏實實，勤勤懇懇地爲民衆辦實事，也給你們的親戚朋友兄弟家人樹立勤勉王事，爲民造福的模範與表率。只有這樣，你們才可以當之無愧、理直氣壯地宣稱：你們在方方面面都做出了驕人的成績；也只有這樣，你們才可以不用擔心因爲勤勞王事不夠努力而受到邦國法度的嚴厲懲治和責罰，也不用擔心因給自己的家族帶來禍患而招致家人親友的深深怨恨。』

惰農自安，不昏作勞，不服田畝，越其罔有黍稷。〔一〕汝不和吉言于百姓，〔二〕惟汝自生毒，乃敗禍姦宄以自災于厥身，〔三〕乃既先惡于民，乃奉其恫，汝悔身何及？〔四〕相時憸民，猶胥顧于箴言，其發有逸口，矧予制乃短長之命？〔五〕汝曷弗告朕而胥動以浮言，恐沈于衆。〔六〕若火之燎于原不可嚮邇，其猶可撲滅？〔七〕則惟汝衆自作弗靖，非予有咎。〔八〕

【釋讀】

〔一〕**惰農自安**■惰，懶惰。自，苟也，假如也。句法上與下『越其罔有黍稷』之『越其』字構成條件複句，即今語『如果怎樣，則將會怎樣』。《大戴禮記·問入官》：『君子入官，自行此六路者，則身安譽至政從矣。』其文以『自』與『則』相關聯，猶此以『自』與『越其』相關聯也。安，逸也。『惰農自安』以下云云，文法上與前言『作乃逸』相呼應，謂若不『作』將有何後果也。**不昏作勞**■昏，《經典釋文》曰：『一本作暋，音敏。』《爾雅》昏、暋皆訓强，故兩存。孔《疏》：『鄭玄讀昏爲暋，訓爲勉也。』强、勉皆今所謂『努力』之意。**不服田畝**■服，事也，治也。與上『服田力穡』相照應。**越其罔有黍稷**■越，于是也。《釋文》曰：『一本作粵。』通用字。其，將也。罔，無也。黍稷，《周禮·太宰》有九穀：黍、稷、稻、粱、麻、大豆、小豆、麥、苽。此以黍稷泛指糧食穀物。『有黍稷』與上『有秋』義同。孔《疏》：『此經惰農弗昏無黍稷，對上服田力穡乃亦有秋，但其文有詳略也。』行甫按：孔《疏》未達一間。此從反面説明『作乃逸』的道理，强調『不作』的後果，爲下文責衆臣無所作爲或竟至胡亂作爲而自食惡果張本。

〔二〕**汝不和吉言于百姓**■和，宣也。《天官·太宰》『正月之吉，始和布治于邦國都鄙』，王引之《經義述聞》曰：『和當讀爲宣。和布者，宣布也。』吉言，善言，良言也，猶今語所謂『好言相慰』。百姓，孔《疏》：『此篇上下皆言民，此獨云百姓，則知百姓是百官也。』行甫按：孔《疏》依枚《傳》爲説，然倘仍以『百官』釋『百姓』，則有意義含混之嫌。此『百姓』當爲各宗族自治之長，按某種文化習俗於家族内部自然産生，既非任職於朝廷之公卿大吏，亦非由朝廷任命指派之官員。此家族自治之長，既代表家族民衆的政治利益與經濟利益而與政權有所疏離，同時也與家族民衆即家族内部其他成員形成政治張力。組織生産與經營，發動群毆與械鬥，皆其人也；因而社會秩序之穩定與否，其人之作用最爲關鍵。

〔三〕**惟汝自生毒**■惟，猶『乃』也，與下『乃』字用法從同，於是、然後。自，自我，自己。生，産生，招致也，凡由因以致果，從無以至有者，皆謂之生。毒，怨恨，憎惡。與上『戎毒』之『毒』義同。**乃敗禍姦宄以自災于厥身**■乃，於是。敗，毁壞；禍，患害。姦宄，《左傳》成公十七年：『亂在外爲姦，在内爲宄。』災，傷害。《公羊傳》隱公五年『記災也』，何休曰：『災者，有害于人，物隨事而至者。』行甫按：此二句互相補充，『敗禍姦宄』而『自災厥身』，即『自生毒』。敗禍姦宄，四字皆爲動詞，意即：因敗壞『共政』之『德』而生禍亂；其禍亂又由外而及内，因邦國百姓之憎惡而致内部婚友之怨恨。厥，其也。身，己也，猶今所謂當事者本人。

〔四〕**乃既先惡于民**■乃，且，而且、況且也，遞進關聯詞。既，已經。先：楊樹達謂讀如《禮記·郊特牲》『天先乎地』之『先』，鄭注：『先，謂倡道也。』惡，不善也。行甫按：『先惡于民』，與『盤庚斅于民由乃在位』相關聯，意即給民衆起了不好的帶頭作用。所謂『先惡于民』，即上文『今汝聒聒，起信險膚』及下文『胥動以浮言』。**乃奉其恫**■乃，於是也，順接連詞。奉，承也，承擔也。恫，痛也。奉其恫，即自作自受，承擔由此造成的痛苦。**汝**

悔身何及■悔身，悔恨自身也。何及，何所及，不及也。行甫按：據此所述，則其時在位之臣或有因遷都之事激起民怨而遭到人身攻擊，甚至其婚友家人也連帶受到傷害者。此乃其人內氣鬱積狠戾不服之原因所在，故盤庚言之如此，借以開導他們『黜乃心，無傲從康』。上六句分爲上下兩層：上層謂沒有好言慰撫各個家族宗長；下一層謂更進而興造流言蠱惑民衆。

〔五〕**相時憸民**■相，視也。時，是也。憸民，《說文》『思』字引此句作『相時思民』。段玉裁云：《立政》『罔有立政用憸人』，《釋文》云：本又作『思』。漢石經《尚書》殘碑書此字作『散』，『散』即『散』。疑古文《盤庚》作思，今文《盤庚》作散，異字同音。《說文》：『思，疾利口也。从心从冊。《詩》曰：相時思民（《集韻》引《說文》作《商書》，或丁度所見《說文》與今本不同）。』段氏注：『疾，惡也。謂疾惡利口之人也。』行甫按：段氏之說非也。此『疾』，即『利口捷疾』之『疾』，能說會道之意也，故馬融云『憸，利佞人也』（陸德明《立政釋文》引），則馬融釋『憸』爲『思』，與《說文》同也。然今文作『散民』者，當爲《春秋繁露·服制篇》『散民不敢服雜采』之『散民』，謂庶人或凡人也。而古文作『思民』者，乃爲利口捷疾之民，則『思民』可包『散民』之義，唯其爲『散民』，無官守，無言責，可肆無忌憚地呈口舌之快，即下文『其發有逸口』之事也。**猶胥顧于箴言**■猶，尚也。胥，相也，皆也。顧，顧慮、顧忌也。箴，規誡。箴言，盤庚對民衆所規誡之言，即上文『小人之攸箴』。**其發有逸口**■其，乃也，轉折連詞，猶『可是』、『然而』。發，即《莊子·齊物論》『其發若機栝，其司是非之謂也』之『發』，謂發話出言也。逸，通佚，放縱也。逸口，猶今語放縱之言或俗語所謂『過頭話』。**矧予制乃短長之命**■矧，況也，遞進連詞。制，折也。《呂刑》『制以刑』，《墨子·尚同篇》作『折以刑』。乃，爾；你、你們。短長，偏義複詞，短也；或並列複詞，可短亦可長也。行甫按：上四句以在位之臣與喜好臧否人物非毀執政的清議之民對比，指責他們尚不如這類清議之民出言謹慎。

〔六〕**汝曷弗告朕而胥動以浮言**■曷，何也。告，請也，見《爾雅·釋言》。《儀禮·鄉射禮》「以告於鄉先生君子可也」，鄭注：「告，請也。」朕，我。胥，相也。動，驚動。《左傳》宣公十一年「謂陳人無動」，《史記·陳杞世家》作「謂陳人無驚」。浮言，無根之言。行甫按：「胥動以浮言」，謂以無根之謠言互相驚恐震動，與下「恐」字相關聯。下篇云「震動萬民以遷」，亦是震恐驚動之事也。**恐沈于衆**■恐，驚懼，恐慌。沈，漸也，漬也。《考工記·輪人》「揉輻必齊，平沈必均」，鄭注：「平沈，平漸也。」行甫按：清儒釋「沈」字多所異説，且改字注經，甚無謂也。「沈」與「湛」音同義通，古書互用。《微子》「沈酗于酒」，《漢書·霍光傳》引作「湛」，是其例也。《考工記·鍾氏》「以朱湛丹秫」，先鄭注：「湛，漬也。」後鄭注：「湛讀如『漸車帷裳』之『漸』。」則「沈」乃「浸漫」、「漸漬」之意，引而申之，猶今語所謂「影響、蔓延、傳染」也。衆，「王命衆悉至于庭」之衆也，亦即下「惟汝衆」之衆。行甫按：「恐沈于衆」，謂恐慌情緒在衆臣之間普遍蔓延。其所以如此，可能因盤庚遷都没有問龜占卜，或卜之不吉，因而自上而下謠言四起，一片恐慌。

〔七〕**若火之燎于原不可嚮邇其猶可撲滅**■《説文》：「燎，放火也。」放火，謂烈火漫延性燃燒也。嚮邇，迎面靠近。其，豈，猶今語「哪裏」。猶，尚也。楊樹達曰：「浮言浸淫於衆，久而愈廣，速而且易，將如火之燎原，令人不得湊近，而況撲滅乎！」行甫按：比喻恐怖情緒漫延也。

〔八〕**則惟汝衆自作弗靖**■則，即也。惟，爲也。靖，安也，和也，樂也。《經典釋文》引馬融曰：「靖，安也（此條注疏本佚）。《國語·周語下》晉叔向引《詩》「亶厥心，肆其靖之」，其自解之曰：「靖，龢也。」韋昭注亦曰：「和也。」又，《古經解鉤沈》卷六引《毛詩》「有靖家室」薛君章句：「樂也。」行甫按：「自作弗靖」，意即庸人自擾，自尋煩惱，自己造成不安。此正盤庚開導衆臣「無傲從康」之意也。**非予有咎**■咎，過也，罪責也。行甫按：上六句謂在位之衆自無主見，相互傳謠信謠，造成謠言四起的自我恐慌局面，並非他盤庚違卜遷都有什麽過錯。

【繹文】

盤庚又從反面告誡衆臣説，『懶惰的農夫如果貪圖安逸，不願從事艱苦的勞動，不想在田地裏精耕細作，那樣的話，田地裏是不會自己產出糧食來的！你們沒有將遷都造成的不便廣泛地對各個家族的族長做好安撫和疏導，於是你們自己便招來了這些族長們的怨恨和憎惡；就因爲你們這般地毁棄了爲政的起碼要求，當然就會引來邦國内各個家族的憎惡，又因爲邦國内各家族的群起而攻，致使你們自己的家族也受到無端的牽連，於是你們家族内部各色人等也對你們產生怨恨。你們這是搬起石頭砸了自己的腳，自害其身。而且你們不僅沒有做好各個家族宗長的安撫和引導，你們還早已在大範圍的民衆之中起了煽風點火的壞作用，你們到處散佈的那些膚淺無根的流言，編造的那些有關占卜的歪理邪説，在民衆中造成了極爲惡劣的影響，你們當然要爲此承擔責任，付出代價，承受苦痛，這是你們自作自受，痛自悔恨，又如何來得及！』

盤庚接著説，『看那些能説會道的無位小民們，雖然他們平時喜歡議談清議，有時也會口無遮攔地臧否人物，非毁執政，可在遷都這件大是大非的事情上，他們尚且顧忌到我對民衆的規誡，出言十分謹慎，沒有説什麽過頭話。可是你們反而肆無忌憚地到處不負責任地大放厥詞，更何況我還隨時都有可能要了你們的命，你們居然膽敢把我的話當作耳邊風，根本不放在心裏！可見你們的共政之德還真不如這些無職無位喜歡清議的小人物。』盤庚接著又説，『你們爲什麽不向我請示我何以違卜遷都呢？

聽聽我的理由和主張呀！你們自己又昏聵糊涂，目光短淺，且毫無主見，不明事理，不辨是非虚實，就輕易相信那些無根的謡傳而又大肆擴散那些無根的謡傳，造成一片恐慌。恐慌之所以四處蔓延，其實都是因爲你們自己嚇唬自己。這樣謡言四起，恐慌蔓延的局面倘若繼續下去，那就像烈火燃燒於荒原曠野一樣，讓人無法朝它靠近，哪里還能撲滅！所有這一切，都是你們這幫人庸人自擾，自己造成的恐懼和不安，並不是我違卜遷都有什麼過錯！」

遲任有言曰：「人惟求舊，器非求舊，惟新。」〔一〕古我先王暨乃祖乃父，胥及逸勤，予敢動用非罰？〔二〕世選爾勞，予不掩爾善，〔三〕兹予大享于先王，爾祖其從與享之。〔四〕作福作災，予亦不敢動用非德！〔五〕

【釋讀】

〔一〕**遲任有言曰**■遲任，鄭玄曰：『古之賢史。』孔疏曰：『其人既没，其言立於後世，知是古賢人也。』**人惟求舊**■人，相處之人。惟，獨也。求，義本爲索、爲覓；然此用與上文『圖任舊人共政』之『圖』字同，乃『力圖』、『謀求』之意。舊，長期相處。**器非求舊**■器，使用之物。舊，長期使用。**惟新**■惟，亦獨也。新，更新也。依其文例，此亦當有『求』字而省也。隱公三年《穀梁傳》云：『求之爲言，得不得未可知之辭也。』則『求』之云者，猶今語所謂『希望』也。

行甫按：『人惟求舊，器非求舊，惟新』，此當爲其時流傳的生活格言，爲遲任其人所總結。意即：『相處之人，總希望能夠與之長久相處，特不願中途睽違反目；使用之物，總不想長期使用，總希望時常更新換代。』盤庚引此格言，意在表明，自己總是希望能與共政之人盡量地長期共事下去，不像對所用器物那樣，總希望以舊換新。因此，接下來盤庚便要説自己既不敢『動用非罰』，亦不敢『動用非德』，否則，傷及人心，便難以久與共政了。

〔二〕**古我先王暨乃祖乃父**■古，楊樹達據《全盂鼎》銘文之例讀爲『故』。暨，及也、與也。乃祖乃父，你們的祖輩與父輩。**胥及逸勤**■胥，相也。及，與也，共也。逸，安。勤，勞也。孫星衍曰：『言相與共勞逸。』行甫按：『胥及逸勤』，即今言『同甘苦，共患難』，謂君臣相處甚洽，故可久與共政也。**予敢動用非罰**■敢，猶言『不敢』、『豈敢』。孫星衍曰：『《詩·文王》疏引《五經異義》作「不敢」。』行甫按：無『不』字義雖可通，但有『不』字則與下『不敢動用非德』，文法上照應較工，當從《異義》作『不敢』。動，輒也。劉淇《助字辨略》卷三引《漢書·食貨志》『又動欲慕古，不度時宜』曰：『凡云動者，即兼動輒之義，乃省文也。』是『動用』者，輒用也，猶今語所謂『動不動就使用』之意。非罰，不當之罰。

〔三〕**世選爾勞**■世，猶世世也。選，與纂音近義通，繼也。俞樾云：『《説文》食部：「籑，具食也。从食，算聲。饌，籑或从巽。」是巽聲、算聲相近之證。選當讀爲纂，《爾雅·釋詁》：「纂，繼也。」《禮記·祭統》：「纂乃祖服。」襄十四年《左傳》：「纂乃祖考。」《國語·周語》：「纂修其緒。」其義並同。世纂爾勞者，世繼爾勞也。選從巽聲，纂從算聲，古音相近。』行甫按：俞説是也。《齊風·猗嗟》『舞則選兮』，《文選》李注《舞賦》、《日出東南隅行》兩引《韓詩》，『選』均作『纂』。是『選』、『纂』通用之證也。爾，乃，你、你們。勞，功勞也。《夏官·司勳》『六功』謂『事功曰勞』。**予不掩爾善**■掩，遮蔽、隱沒也。

〔四〕**茲予大享于先王**■茲，承上啓下之詞，猶於是也。大享，《春官·大宗伯》言祭祀之名：『天神曰祀，地祇曰祭，人鬼曰享。』孔《書疏》：『此大享于先生，謂天子祭宗廟也。《禮記·禮器》「大饗，腥」，鄭注：「大饗，祫祭先王也。」「大饗」即「大享」也。文公二年《公羊傳》「五年而再殷祭」，何休注：「殷，盛也。謂三年祫，五年禘，禘所以異於祫者，功臣皆祭也。」」孫星衍曰：『惟禘有諸侯助祭。』**爾祖其從與享之**■其，猶也，尚也。從，《說文》：『隨行也。』行甫按：此義猶『配食』、『配享』之『配』也。與，預也，同也。《夏官·司勳》『凡有功者，銘書於王旐之大常，祭於大烝，司勳詔之』，鄭注：『銘之言名也，生則書于王旐，以識其人與其功也，死則於烝先王祭之。詔謂告其神以辭也。盤庚告其卿大夫曰「兹予大享于先王，爾祖其從與享之」是也。』行甫按：此以『世選爾勞』領起，分別以『予不掩爾善』與『爾祖其從與享之』相承爲文：因『世選爾勞』而有『爾祖其從與享之』，此謂其祖參與先王配享；因『世選爾勞』，則亦有『不掩爾善』，此謂書其名與功並參與王室祭助也。

〔五〕**作福作災**■作，爲也，行也。『作福作災』，謂行賞行罰也。**予亦不敢動用非德**■亦，亦爲特詞，其意與今語之『尤其』相當。德，共政之德；非德，即不符合共政之德。德善則行賞，德惡即行罰，各依其德之善惡而報之，不妄賞妄罰也。

盤庚重新回到『圖任舊人共政』的話題，推心置腹，以情動人；欲令在位衆臣有所感奮、有所激勵。是以下文即訓導衆臣如何克盡職守，勤於王事。否則，難免撤職查辦。

【繹文】

盤庚接著説，『遲任曾經説過：「與人相處，希望相處和睦，共事愉快，總不願中途反目，分道揚鑣；唯有使用器物，才巴望總能更新换代，以舊换新。」因此，我們的先王與你們的祖輩與父輩，總是互相關心，互相體貼，君臣之間同甘共苦，相處甚爲融洽。所以我們的先王與你們的祖輩和父輩就能夠長期共政，成就事功。正因爲明白這個道理，我也努力地以先王爲榜樣，這就不敢對你們妄行責罰，罪及無辜；深知一旦處罰不當，便傷害了君臣之間的股肱手足之情。不僅如此，我也非常看重你們家族的榮耀，牢記你們祖輩與父輩的功勞，這也是爲了讓你們珍惜和繼承你們祖輩與父輩的榮譽與勳業借以自警與自勵；我也不斷地發現和盡量地彰顯你們的優點，決不埋没和遮掩你們絲毫的善德與善行。爲此，我在宗廟按時依次舉行重大祭祀活動之際，你們的先祖也伴隨著先王一起歆饗福禮；如果你們立下了功勞，我也總是把你們的名字和功績，按儀式書寫在王旌日月太常大旗之上，借以詔告天地神靈，並賦予你們參與王室助祭的榮耀。總而言之，無論是行賞還是行罰，我都十分謹慎，格外小心，有善即賞，見惡必罰，各依其德而作相應的處置，決不敢妄賞妄罰。濫賞則功臣齒冷，濫罰則干城寒心。由此而君臣離心離德，乃期於長久共政，不亦其難乎！』

予告汝于難，若射之有志，〔一〕汝無侮老成人，無弱孤有幼；〔二〕各長于厥居，勉出乃力，聽予一人之作猷。〔三〕無有遠邇，用罪伐厥死，用德彰厥善。〔四〕邦之臧，惟汝衆；邦之不臧，惟予一人有佚罰。〔五〕

【釋讀】

〔一〕**予告汝于難**■于，以也。『告汝于難』，即告汝以難也。説見楊樹達《古書疑義舉例續補》卷二。難，校《傳》：『告汝行事之難。』謂事難也。鄭玄注：『我告汝於我心至難矣。』謂心難也。王先謙曰：『據下句，則難屬心言，鄭說是。枚《傳》專言行事，於理未圓。」行甫按：鄭、王之說是也。《孟子・萬章下》曰：「智，譬則巧也；聖，譬則力也。由射於百步之外也，其至，爾力也；其中，非爾力也。」是射也者，智巧與體力分任其勞也。射於百步之外而能達於『的』者，乃其體力堪任也；然其中之與否，則非其體力所能勝也，乃由心智巧拙之運也。而盤庚以『射之有志』譬其所言之『難』，則其『難』在智巧而不在體力也。行事在力，謀事在智。故知鄭、王之說是也。**若射之有志**■志，鄭玄注：『夫射者，張弓屬矢，而志在所射必中，然後發之。爲政之道，亦如是也。以己心度之，可施於彼，然後出之。』又，鄭玄注《儀禮・既夕記》『志矢一乘』云：『志，猶擬也，《書》云「若射之有志」。』是鄭氏釋『志』爲『擬度』也，猶今語所謂『瞄準』。行甫按：志矢，習射所用之矢，以骨爲鏃，擬於實戰所用之金鏃，故鄭氏曰『志，猶擬也』。然『若射之有志』之『志』，雖亦爲『擬』，但此『擬』非彼『擬』，鄭氏混而一之，是則學者不可不知也。的，質也，箭靶也。曾運乾《尚書正讀》：『《詩・賓之初筵》云「發彼有的」，傳云「的，質」。質、志聲相近。』曾氏釋『志』爲『質的』，猶今語所謂『目標』。《左傳》定公八年載：『顏息射人中眉，退曰：我無勇，吾志其目也。』行甫按：志者，心之所之也，在心爲志。故顏息云『吾「志」其目也』，不云『吾「的」其目也』。則『射之有志』之『志』，雖爲名詞，實兼動詞，猶西語所謂動名詞。而『彼發有的』之『的』，則僅爲名詞而不兼動詞之意也。鄭既云『張弓屬矢，而志在所射必中』，則『志』在心之内而不在心之外，明矣。吾從鄭氏。

〔二〕**汝無侮老成人**■無，漢《熹平石經》作『毋』，勿也，不要。侮老，唐《開成石經》作『老侮』，古文也；《熹平石經》作『翕侮』，今文也。段玉裁謂今本『老侮』二字顛倒，又因『老成人』三字爲口頭習語，故誤會枚《傳》與孔《疏》。『老侮』之『老』，讀如《漢書・趙充國傳》『時充國年七十餘，上老之』之『老』，輕忽之意也。而今文『翕侮』猶『狎侮』也，『翕』蓋『狎』之假借字。成人，與下『有幼』相對。行甫按：老侮、翕侮、狎侮，皆輕慢不尊重之意。老侮成人，謂對成年人不加尊重，輕視侮慢不敬。**無弱孤有幼**■弱孤，與上『老侮』相對。孫星衍引臧庸曰：

『《左傳》「宋華閱卒，華臣弱皐比之室」，杜注：「弱，侵易也。」是老弱皆爲輕侮之詞。』曾運乾曰：『老侮、弱孤，皆輕忽之言。《左傳》昭公二十七年「專禍楚國，弱寡王室」，弱寡猶弱孤，古孤、寡聲同。』有幼，即年幼也，『有』字乃變單音詞爲雙音詞之助語詞也。

〔三〕**各長于厥居**■長，宋人黄度《尚書説》：『公卿大夫各有封邑而爲之長，當率其民勉出力以聽命也。』宋人時瀾《增修東萊書説》：『各長厥居者，各統其所屬部伍不可紊亂。』行甫按：『各長于厥居』之『長』，猶『長國』、『長民』之長，即統領、轄制之謂也。《國語・晉語五》趙盾謂韓厥『臨長晉國者，非女其誰』，韋注：『長，帥也。』《周語下》太子晉曰『晉聞古之長民者不墮山』，韋注：『長，君也。』例皆統領、轄制之意。厥，其也。居，居邑；猶居業、家室也。**勉出乃力**■勉，盡心，努力。出，使出。乃，其，他們的。力，力量。**聽予一人之作猷**■聽，聽從。作，爲也。猷，謀也，計劃、打算之謂。作謀，猶今語制定計劃，訂立規劃。段玉裁曰：『《爾雅・釋詁》「猷，已也」，然則「作猷」猶「作輟」，若後世言指揮進止也。』行甫按：此雖可兩通，然『謀猷規劃』可兼包『指揮進止』，而『指揮進止』則僅關乎戰場進退，所言局狹而難兼『謀猷規劃』之意。既言『各長于厥居』而『勉出乃力』，則所包甚廣，『出使長之，入使治之』，皆聽『予一人』之謀劃也。

〔四〕**無有遠邇**■無有，不别，不分也。遠邇，遠近親疏，亦猶在邦、在家也。『無老侮成人，無弱孤有幼』，在邦也，是謂『遠』；『各長于厥居』，在家也，是謂『邇』。**用罪伐厥死**■用，因也。伐，《説文》：『擊也，从人持戈。』甲骨文『伐』字乃象以戈擊人首之形。伐厥死，謂擊殺以致其死。**用德彰厥善**■德，《釋名・釋言語》：『得也，得事宜也。』行甫按：此與『用罪伐厥死』之『罪』相對。罪爲過失；德爲適宜。凡達到既定要求而無過失，符合既有規範而相適宜，皆可謂之德。故曰：『德之爲言，得也。』彰，《廣雅・釋詁》：明也。善，《説文》云：『譱，吉也。从誩从羊。此與義、美同意。善，篆文从言。』是『善』之云者，美也。《呂氏春秋・古樂篇》『以見其善』，高誘注：『善，美也。』是其例也。而《大戴禮記·盛德篇》『夫民善其德』，亦『德』與『善』相對爲文，王聘珍《解詁》：『善，猶美也。』

〔五〕**邦之臧惟汝衆■之**，猶『若』也。臧，善也。惟，爲也。《國語·周語上》內史過引《盤庚》曰『國之臧，則惟女衆』，韋昭注：『臧，善也。國俗之善，則惟女衆，歸功於下也。』**邦之不臧，惟予一人有佚罰■之**，猶『若』也。佚，內史過引之作：『國之不臧，則惟余一人是有逸罰。』韋昭注：『逸，過也。罰，猶罪也。國俗之不善，則惟余一人是有過也。言其罪當在我也。』行甫按：『佚』，與『逸』通。韋昭以『逸』爲過，以『罰』爲罪，則『逸』與『罰』，其義一也，故述其意曰『惟餘一人是有過也』。其說大悖盤庚之旨。《墨子·經上》、《經說上》：『罰，上報下之罪也。』《說文》：『逸，失也。从辵兔。兔謾訑善逃也。』《廣雅·釋詁》：『逸，失也。』王念孫《疏證》：『逸者，縱之失也。』此『逸罰』之『逸』，正用其義，乃謂『縱失于罰』也。準此，則『邦之不臧，惟予一人有佚罰』，謂邦之不善，乃因爲我過於放縱你們，沒有給你們不勤於王事、不盡心於邦國的瀆職罪過施以應得的懲罰。則『邦之不臧』，亦『惟汝衆』也，只是話說得比較委婉而已，並非『言其罪當在我也』。是知『邦之臧，惟汝衆』亦非『歸功於下也』，乃謂『邦之臧，惟汝衆有其全責』耳。

盤庚强調，衆臣必須擰成一股繩，心往一處想，勁往一處使。邦國政治清明，乃衆臣與國君齊心協力之結果；　邦國如有差錯，則是國君姑息群臣之所致。

【繹文】

盤庚接著說，『我要把那最困難的事告訴你們，那最困難的事，就是如何用心思想方設法去做好每一件事情。這就像射箭一樣，僅憑蠻力未必就能射中目標，必須在瞄準發射之際，運用智慧與技巧去擬度和解決影響射中目標的各種可能因素，然後才能有效地命中目標以畢其功於一役。落實到遷都之事，則其難爲之處並不在遷都的行爲本身，而在於如何盡心處理與遷都相關的各種伴隨情況。比如，如何安撫和穩定新邑的民心，這就是眼前的當務之急，你們應該在這方面多花些心思。你們既不可輕視那些年高老成的人，也不可無視那些年紀尚幼的人。因此無論老幼，你們都要誠懇恭敬地對待他們，廣泛聽取他們的意見，了解他們的真實想法，體察他們的實際困難。而且，你們還要率領你們居邑之内本家族的其他成員，動員和鼓勵他們共赴時艱，爲國效力，擰成一股繩，積極服從我的命令，聽從我的指揮，努力執行我所制定的一切行動計劃，完成我交辦的一切工作任務。尤其重要的是，你們要一視同仁，不要有遠近親疏之別，無論是對待邦國的民衆，還是對待本族邑的成員，誰有過錯和罪責，就要進行處罰，情節特别嚴重的就要把他們處死，以儆效尤；而且，如果誰有功勞和善行，就要通過各種有效方式，大力表彰他們的美德，以勵爲善。這樣，無偏無私，令行禁止，社會風氣就會日臻於良善，民情風俗就會日漸於淳樸。社會風氣善良淳厚，民情風俗敦樸茂美，這就是你們應該努力實現的根本目標，你們應該爲此付出你們畢生的辛勞和智慧。如果整個社會人欲横流，道德敗壞，民風刁蠻，荒淫無恥，那就是因爲我對你們過於放縱和姑息，不忍心對你們施加應有的懲罰所造成的惡果。』

凡爾衆，其惟致告：〔一〕自今至于後日，各恭爾事，〔二〕齊乃位，度乃口。〔三〕罰及爾身，弗可悔！〔四〕』

【釋讀】

〔一〕**凡爾衆**■凡，皆也。《說文》：「最括也。」凡爾衆，猶言所有在座各位。**其惟致告**■其，將也。惟，是也，以也。致告，時瀾《增修東萊書說》：「蓋盤庚當時所告惟在廷之人，在外者容或未知，故使之轉相告語，使皆知其意。」

〔二〕**自今至于後日**■至，往也。于，遠也。《公羊傳》莊公元年：「築于外。」何休解詁：「于，遠辭也。」《漢書・景十三王傳》：「膠西于王端。」顔師古注：「于，遠也。」後，《呂氏春秋・長見》：「知古則可知後。」高誘注：「來也。」句意謂：「從今日開始，到很遠的將來。」**各恭爾事**■恭，《熹平石經》作「共」。共者，敬也。《史記・屈原賈生列傳》「共承嘉惠兮」，張晏注：「共，敬也。」行甫按：共，讀爲恭，今本作「恭」字者，乃衛包據文義改之也。《漢書・元帝紀》「母曰共哀許皇后」，顔師古注：「共，讀曰恭。」

〔三〕**齊乃位**■齊，《爾雅・釋言》：「中也。」郝懿行《義疏》：「齊者，平也，等也，皆也，同也，又整齊也，五者實一，義皆無長短高下之差，故爲中也。」位，職位也，即上「由乃在位」之「位」。行甫按：郝氏說「齊中」之義是也，齊之爲中者，猶言相適無差忒也。《淮南子・詮言篇》「捉(投)得其齊」，高誘注：「齊，得其適也。」即其例也。是「齊乃位」者，猶言與你們的職位相適應，即德配其位也。**度乃口**■度，宋、元解者多釋爲「法度」。陳經《陳氏尚書詳解》：「度汝之口，言汝之所言者，當合法度，無如前日之動浮言也。」清儒多以爲「敷」字之省文。江聲《尚書集注音疏》：「度當爲敷，敷，閉也。閉爾口者，戒勿浮言也。此經「度」字當亦「敷」字省去「攴」傍爾。」行甫按：盤庚既欲「以常舊服正法度」，此「度」當爲「法度」字，倘作「敷閉」字，雖詁訓有據，亦新奇可喜，然揆諸人情事理，則皆有不合。人既不能全然閉塞其口隻字不語，盤庚亦不能命其衆今而後一言不發，祇不過戒其不要『起信險膚』而『胥動浮言』而已。是『度乃口』者，猶今語所謂『管好你們的嘴巴，不要到處胡説八道』，亦即宋人林之奇《尚書全解》所謂『無肆爲浮言』之意。

〔四〕**罰及爾身**■及，《説文》：『逮也，从又从人』。行甫按：凡災禍至於其人皆謂之及。《左傳》僖公二十三年：『晉公子重耳之及於難也。』是其例也。**弗可悔**■悔，悔恨也。

此乃盤庚對蒞會衆臣所作之最後告誡，措辭嚴厲，以懲將來。

【繹文】

盤庚説，『今天，你們所有在座各位，在散去之後，有幾句話，你們要互相轉告，要讓所有人都知道：從今往後，每個人都要勤勉恭敬地做好你們自己份内的事情，你們的思想行爲要和你們所處的職位和承擔的職責嚴格相稱，既不可思出其位，越俎代庖；又不可互相推諉，不負責任。尤其要管好你們自己的嘴巴，掌握説話的分寸，再也不要像以前那樣肆意妄言，胡説八道。否則的話，法網恢恢，你們決難逃脱王法的嚴厲懲罰。一旦遭了刑憲，坐了班房，可就説什麽都没有用了！』

以上爲《盤庚》上篇。

盤庚作，惟涉河以民遷，乃話民之弗率，誕告用亶。〔一〕其有衆咸造，勿褻在王庭。〔二〕

盤庚乃登進厥民，曰：『明聽朕言，無荒失朕命。〔三〕嗚呼，古我前后，罔不惟民之承保。后胥慼，鮮以不浮于天時；〔四〕殷降大虐，先王不懷厥攸作，視民利用遷。〔五〕汝曷弗念我古后之聞？〔六〕承汝俾汝，惟喜康共。非汝有咎，比于罰。〔七〕予若籲懷兹新邑，亦惟汝故，以丕從厥志。〔八〕

【釋讀】

〔一〕**盤庚作**■作，興起也。《孟子·公孫丑上》『由湯至於武丁，賢聖之君六七作』，趙岐注：『作，興也。』劉起釪謂其意猶今之所謂『登上歷史舞臺』。是也。**惟涉河以民遷**■惟，《爾雅·釋詁》：『謀也。』涉，渡水也。《鄘風·載馳》『大夫跋涉』，毛《傳》：『水行曰涉。』河，古者專指黄河。揚雄《兖州牧箴》：『盤庚北渡，牧野是宅。』行甫按：盤庚自奄（今山東曲阜）遷於殷（今河南安陽），必西涉黄河而北行。以，猶『使』也，『率』也。《公羊傳》桓公十四年：『以者何？行其意也。』《戰國策·秦策一》『向欲以齊事王』，高誘注：『以，猶使也。』是『以民遷』者，猶『使民遷』也。**乃話民之弗率**■乃，猶『於是』也。話，《説文》：『會合善言也，从言昏聲。《傳》曰：告之話言。譮，籀文話，从言會。』于省吾曰：『古從「昏」之字，今多寫作「舌」，每與「會」爲聲訓。如《禹貢》「栝柏」即檜柏。《釋名》「栝，會也」，又《説文》「佸，會也」，可證。』行甫按：于説是也。江聲、俞樾、吴汝綸皆有類似之説。是『話』者，猶今所謂『召集訓話』也。之，猶『其』也，『彼』也，代詞，與『民』爲同位語。率，《爾雅·

釋詁》：『循也。』行甫按：『話民之弗率』，猶『召集那些不願遵命遷徙之民衆以好言相勸』也。**誕告用亶**■誕，大也。楊筠如《覈詁》：『《書中》訓「大」之字，如「丕」，如「誕」，如「洪」，皆多用爲語辭，無意義。』行甫按：此説非也。《詩》、《書》『誕』、『丕』、『洪』諸語詞，猶今口語之副詞『好』字也。若言『好大』、『好香』、『好美』，決非僅爲『大』、『香』、『美』之一義可了。明乎此，則所謂『語辭無意義』者，謬説也！此『誕』字修飾『告』字，既爲程度副詞，謂主『告』者投入精力之厚，猶言『努力』也；亦爲範圍副詞，言受『告』者參與人數之衆，猶言『廣泛』也。諸如此類，皆當細心體會，不可輕易以『語辭無義』斥之。告，勸告也。行甫按：此『告』字與上『話民』之『話』字相照應，意猶《論語·顔淵》『忠告而善道之』之『告』也。用，以也。亶，《説文》：『多穀也。』段玉裁注：『亶之本義爲多穀，引伸之義爲厚也，信也，誠也。』《釋文》：『馬本作單，誠也。』行甫按：『亶』、『單』古音同通用。《小雅·天保》『俾爾單厚』，《風俗通·窮通》、《潛夫論·慎微》皆引『單』作『亶』，是其例也。『誕告用亶』者，猶今語所謂：『盡可能以最大的努力以及盡可能最大範圍地，對廣大不願服從遷徙命令的民衆以坦誠之心相勸告』也。

〔二〕**其有衆咸造**■其，猶『彼』也。《王風·揚之水》『彼其之子，不與我戍申』，《莊子·則陽》篇『彼其乎歸居』，『彼其』二字義同，古人自有複語，前人以爲『彼其』之『其』爲語詞無義，非也。有，亦變單音詞爲雙音詞之助語詞。咸，《爾雅·釋詁》：『皆也。』造，枚《傳》：『至也。』**勿褻在王庭**■勿褻，枚《傳》：『衆皆至王庭，無褻慢。』楊筠如《覈詁》：『《一切經音義》引作「忽媟」，謂孔安國曰「媟，慢也」。段玉裁謂「忽」者，字之誤，「褻」本作「媟」。按「勿褻」，古成語，《説文·出部》：「槷黜，不安也。《易》曰槷黜。」又作「杌隉」，《秦誓》：「邦之杌隉。」《説文》「檮杌」作「檮柮」。杌、柮、黜通用，隉、槷亦通用字。一作「出執」，《召誥》「徂厥亡出執」，勿、出古同部，故又轉作「勿褻」也。』行甫按：楊氏説《秦誓》之『杌隉』爲『不安』尚可通，但以説《召誥》之『出執』及本篇『勿褻』則非其義也。『出執』，將解於《召誥》『徂厥亡出執』句釋讀，茲不贅。『勿褻』，枚《傳》『無褻慢』並非不是。

《盤庚》中篇所誥之對象爲『汝萬民』，實乃上篇『汝不和吉言于百姓』及下篇『歷告爾百姓于朕志』之『百姓』。所謂『百姓』，並非舊釋之『百官』，乃各地宗族自治之長，即地方豪右或宗族頭人。其身份地位及其社會作用，上篇『汝不和吉言于百姓』釋讀，言之甚詳，兹亦不復贅。此『百姓』亦即『萬民』之代表，故下文又稱之曰『汝萬民』也。因其身份終究爲『民』，乃盤庚親自召集訓話，懾於其王者威儀，故不敢輕慢放肆以徑近盤庚之前，是以盤庚爲緩和氣氛，利於交談，乃『登進』之也。不敢大膽放肆，亦即傴促不安，是『勿褻』不必破讀爲『杌隉』或『槷甈』方有『傴促不安』之義也。庭，門内也。《周禮・小司寇》『掌外朝之政，以致萬民而詢焉。一曰詢國危，二曰詢國遷，三曰詢立君』，鄭司農注：『致萬民，聚萬民也。詢，謀也。《詩》曰「詢于芻蕘」，《書》曰「謀及庶民」。』孫詒讓《周禮正義》：『江永云：「外朝在庫門外，無宫室，平時臣民得皆往來。」孔廣森云：「臯門内之庭，是爲外朝。凡民之出入城者，得由於朝。故縣法則萬民觀之，詢衆庶則萬民造之，嘉肺之石，民之罷者窮者至之。」』行甫按：殷周制度雖有不同，此『王庭』亦當如《周禮》所謂『外朝』之庭，在『臯門』之内、『庫門』之外，或亦爲殷王朝『聚萬民』而『詢國遷』之地也。

〔三〕**盤庚乃登進厥民**■乃，於是也。行甫按：此『乃』字與上『勿褻』相照應。登，《爾雅・釋詁》：『陞也。』枚《傳》：『升進，命使前。』是也。厥，其也。**曰明聽朕言**■明，明悉、詳盡也。《戰國策・齊策一》『此不叛寡人明矣』，高誘注：『明，審也。』《韓非子・難四》：『知微之謂明。』行甫按：此『明』字或以爲《爾雅・釋詁》『孟勉』之借字，其實如字讀義長，不必破讀爲『孟』而後解爲『勉』也。『明聽』，即今語『仔細地聽清楚、詳盡地聽明白』也，與下文『荒失』之意正相反對。**無荒失朕命**■無，毋也。荒，讀與『芒』同，闇昧也。《荀子・富國》『芒軔僈楛』，楊倞注：『芒，昧也。或讀爲荒，言不習孰也。』是其義也。失，《說文》：『縱也。』《禮記・禮運》『故人情不失』，鄭玄注：『失，猶去也。』行甫按：『荒失』，近義複詞，與上『明聽』之『明』相對。闇昧，即不明白；縱失，即不詳盡。朕命，與上『朕言』意同。

〔四〕**嗚呼古我前后**■嗚呼，《漢石經》、《尚書》殘字『嗚呼』四見，皆作『於戲』，字異音同，嘆詞。前后，先王也。**罔不惟民之承保**■罔不，無不也。惟，猶『以』也。之，猶『是』也，『爲』也。行甫按：『惟×之×』與『惟×是×』之句法從同，猶『以×爲×』之意也。《左傳》襄公十四年『唯余馬首是瞻』，『唯』與『惟』通，猶言『以余馬首爲瞻』也。承，《說文》：『奉也，受也。』保，《說文》：『任，保也；保，養也。』段玉裁注：『「保」之本義，《尚書》所謂「保抱」，「任」之訓「保」，則「保」引伸之義。』行甫按：『承保』乃近義複詞。屈萬里曰：『金文有一習見之字，象抱子高舉之狀，疑即「承」字之初文；金文「保」字則皆象負子之狀。』是屈氏所言金文『承』、『保』二字之形象，正爲許君『承』、『保』二字之義也。高舉其子，正爲『奉持承受』之象；負子於背懷，正爲『任保安養』之狀。《召誥》云『夫知保抱攜持厥婦子』，其『保抱攜持』，正爲『承保』之意。引申之，則『承保』即『扶持』與『愛護』也。**后胥感**■后，君王也，即上文之『前后』也。胥，《爾雅·釋詁》：『皆也。』感，猶『憂恤』也。行甫按：《說文》無『感』字而有『慽』字，云『憂也。从心，戚聲』。徐鍇《繫傳》云：『今作戚。』此『感』字承上文『承保』二字而來，『后胥感』者，言『我先王憂恤其治下一切之民』也。行甫又按：《漢石經》『感』作『高』，章太炎曰：『今文「感」作「高」，乃「戚」字古文之形訛。』**鮮以不浮于天時**■鮮，《爾雅·釋詁》：『罕也。』《左傳》宣公二年『鮮克有終』，《釋文》：『鮮，少也。』《小雅·蓼莪》『鮮民之生』，毛《傳》：『寡也。』以，猶『有』也。說見吴昌瑩《經詞衍釋》。浮，讀若『保』，猶『保全』、『安保』也。《說文》『保』字從人從古文『孚』省聲，古文不省則作『㒒』，又作『呆』，段玉裁注：『古文以「孚」爲「保」也。』行甫按：上古『俘』與『保』音同通作。《說文》：『捊或作抱。』《漢書·楚元王傳》『浮丘伯者，孫卿門人也』，《鹽鐵論·毀學》作『苞丘子』。《禮記·投壺》『若是者浮』，鄭玄注：『浮或作匏。』《呂氏春秋·直諫》『葆申』，《淮南子·說山》作『鮑申』。《大戴禮記·保傳》『成王處繦抱之中』，賈誼《新書·胎教》作『繈褓』。是皆『俘』、『孚』、『包』、『呆』、『保』音同相通之證。『浮』從『孚』聲，亦與『保』、『保』相通也。天時，《逸周書·武順》：『天有四時，不時曰凶。』行甫按：『天時』，猶『天之凶時』也，謂天有風雷水旱災害之時也。行甫又按：歷來經師，說此句皆不了。劉起釪從江聲、朱彬、孫詒讓、楊筠如諸氏據《無逸》『懷保小民，惠鮮鰥寡』句，以『鮮』字屬上爲讀。又不知『浮』字之訓，更不知『天時』何謂，劉氏乃從俞樾讀『浮』爲『浮屠』字寫作『佛陀』之『佛』字，更破讀爲《說文》『咈，違也』之『咈』。然此『鮮』字正與上文『胥』字相對爲言，因『胥慼』故『鮮有不保』也。『浮』字上古音讀若『保』，與『咈』之讀若『弼』者不類。俞氏以中古之音說上古之字，決不可信。此連上句意謂：『先王憂恤所有民衆，其民少有不能保全於水旱天時之災者』也。下文『殷降大虐』，即天降重大災難，人力所不能抗拒，乃『視民利用遷』耳。文意遞進，層次井然。文章之不通，豈經義乃通邪！

〔五〕**殷降大虐**■殷，《說文》：『作樂之盛稱殷。』引申則有『盛大』之義。《禮記·喪服大記》『主人具殷奠之禮』，鄭玄注：『殷，猶大也。』《漢書·禮樂志》『殷薦之上帝』，顏師古注：『殷，盛大也。』是也。虐，災害也。屈萬里曰：『成湯以後數遷，大都在今豫東、魯西及皖北一帶，而此數地區，常因黄河氾濫成災。此所謂「大虐」，殆指河水氾濫而言。』行甫按：水泉鹹鹵，地力枯竭，環境惡化，不宜居住，皆可謂之『大虐』也，不僅爲水患而已。此句承上『天時』字而省主語『天』字也。**先王不懷厥攸作**■懷，《說文》：『念思也。』厥，其也。攸，所也。作，興作也，營造也。《漢書·禮樂志》『作者之謂聖』，顏師古注：『作，謂有所興造也。』《廣韻·箇韻》：『作，造也。』『厥攸作』者，謂所營造之都邑宮室也。**視民利用遷**■視，《說文》：『瞻也。』猶今語所謂『爲了……起見』也。用，猶『以』也，『因』也。連上三句，意謂：『老天爺如果降下了人力不可抗拒的特大災難，先王們便不再懷戀他們所營造的都邑宮室，只是爲了民衆的利益起見，因而遷徙到別的地方去』。

〔六〕**汝曷弗念我古后之聞**■汝，你們。曷，何也。念，《說文》：『常思也。』古后，古之先王也。之，猶『如是』也。聞，章太炎曰：『遺事也。』行甫按：章説是也。『聞』，猶『傳聞』也。唐玄宗《孝經序》『朕聞上古其風朴略』，邢昺《疏》：『聞者，目之不睹，耳之所傳曰聞。』是其義也。『古后之聞』，指先王有關『浮（保）』其民於『天時』及『視民利用遷』之遺事傳聞也。句意謂：『你們爲何不記得我們古代先王保民遷都的那些傳聞遺事呢？』

〔七〕**承汝俾汝**■承，與上文『承保』之『承』義同。俾，《説文》：『益也。』段玉裁注：『俾與埤、朇、裨音義皆同。今裨行而埤、朇、俾皆廢矣。』行甫按：『承』與上文『承保』之『承』相關聯，『俾』與上文『視民利用遷』之『利』相照應。是『承汝俾汝』，意謂『護持你們，助益你們』。**惟喜康共**■惟，猶『與』也，『及』也。喜，讀若『囏』，《説文》『艱，土難治也。从堇，艮聲。囏，籀文艱，从喜。』行甫按：『囏』字從『喜』，則『喜』乃『囏』字之省文也。《周禮·鄉師》『而賙萬民之囏阨』，《釋文》：『囏，古艱字，本亦作艱。』《遺人》『以恤民之囏阨』，鄭玄注：『故書艱阨作墐阨。杜子春云：「墐阨」當爲「艱阨」。』《禮記·檀弓下》『陳太宰嚭』，《漢書·古今人表》『嚭』作『喜』。《文選·廣絶交論》『伍員濯溉於宰嚭』，李善注：『《吴越春秋》曰「帛否」，《史記》曰「伯嚭」，《左氏傳》曰「使太宰嚭」，然本或作「伯喜」，或作「帛否」，或作「太宰嚭」，字雖不同，其人一也。』行甫又按：此人名『嚭』，讀若『喜』，又以『否』或『喜』爲字，『否』即『否極泰來』之『否』，則此『太宰嚭』之字『喜』字『否』，皆爲『囏阨』之義，無所可疑也。參見《皋陶謨》『股肱喜哉』釋讀。是知本經『喜』字當爲『嚭』字或『囏』字之省文，與下『康』字義正相反對，故以『共』言之也。康，《爾雅·釋詁上》：『樂也。』《釋詁下》：『安也。』《周頌·臣工》『迄用康年』，毛《傳》：『康，樂也。』《大雅·民勞》『汔用小康』，鄭《箋》：『康、綏，皆安也。』《逸周書·謚法》：『豐年好樂曰康。』是其義也。共，《説文》：『同也。』行甫按：『惟喜康共』，猶『以困阨與安樂與汝相共』，亦即上篇所謂『胥及逸勤』之意也。**非汝有咎**■咎，過也，惡也。《小雅·北山》『或慘慘畏咎』，鄭《箋》：『咎，猶罪過也。』**比于罰**■比，等同也。《小雅·六月》『比物四驪』，《釋文》：『比，齊同也。』《荀子·不苟》『天地比』，楊倞注：『比，謂齊等也。』于，猶『爲』也。說見吳昌瑩《經詞衍釋》。罰，懲罰也。《墨子·經上》：『罰，上報下之罪也。』

〔八〕**予若籲懷兹新邑■**若，猶『如此』也。籲，呼也。懷，猶『歸』也。《國語·周語上》『無所依懷』，韋昭注：『懷，歸也。』《逸周書·成開》『政治民懷』，孔晁注：『懷，猶歸之也。』兹，此也。新邑，新都邑也，指殷地。**亦惟汝故■**亦，特也，不過也，猶祇詞、特詞也。說見吳昌瑩《經詞衍釋》。惟，猶『以』也，『因』也。**以丕從厥志■**以，吳昌瑩《經詞衍釋》：『猶「而」猶「則」，「而」與「則」並訓爲「乃」，故「以」亦同「乃」義。』行甫按：此『以』猶『而』也，目的連詞。丕，大也。從，《說文》：『隨行也。』《國語·吳語》『以從逸王志』，韋昭注：『從，順隨也。』厥，其也，指古之先王也。志，《說文》：『意也。』《儀禮·大射儀》『稍屬不以樂志』，鄭玄注：『志，意所擬度也。』

此乃中篇第一節，言盤庚欲徙新邑，召集不願遷徙之民於庭前訓話，謂所以遷都，不過是效法古代先王，愛護百姓，以民衆利益爲重而已。

【繹文】

盤庚即位之後，國家逐步興盛起來，就考慮率領民衆趟過黄河，把都邑遷徙到殷地去。可是有許多人卻不願意遷往異地，不服從盤庚遷都的命令，於是盤庚便召集他們好言相勸，非常誠懇地與他們談心。那些不願服從遷徙命令的民衆都來到國都的外朝，他們個個表情嚴肅，十分拘謹，小心翼翼地站在王朝的大門之内。

盤庚爲了緩和緊張的氣氛，就讓他們走上前來靠近自己，然後對他們說：『你們要好好地聽我講話，要把我的話聽明白，聽仔細，不要曲解也不要遺漏了我的意思。唉——！以前我們的先王，沒有誰不是把百姓們看得非常重要的，盡力地扶持他們，盡心地愛護他們。先王對每個老百姓都非常關心，非常愛護，百姓們少有在水旱風雷等自然災害發生之時不能保全生命的。老天爺降下了人力不能抗拒的巨大災難之時，我們的先王就義無反顧地放棄他們營造得很好的都邑和宫室，以民衆的利益爲重，遷徙到新的地方去，於是又得白手起家，一切從頭開始。你們怎麽就不記得我們古代先王爲了民衆的生命財産安全，爲了廣大人民群衆的切身利益，與自然天災作巨大抗爭的那些傳聞呢？他們之所以放棄舒適的都邑宫室，遷往陌生之地，從頭開始，就是爲了扶助愛護你們，就是爲了你們百姓的切身利益； 況且王室也和你們一道，共同承受著遷徙顛簸跋涉的艱苦，當然也會與你們一起分享新居安寧富足的快樂。你們可要知道，並不是因爲你們犯有什麽過錯，朝廷要懲罰你們，要流放你們，遷徙不是懲罰與流放。我之所以如此熱心地號召你們歸往這個新的地方，也不過是替你們作想的緣故，尤其是努力繼承我們古代先王們利民而遷的遺志罷了。』

今予將試以汝遷，安定厥邦。〔一〕汝不憂朕心之攸困，乃咸大不宣乃心，欽念以忱動予一人。〔二〕爾惟自鞠自苦。若乘舟，汝弗濟，臭厥載。〔三〕爾忱不屬，惟胥以沈。〔四〕不其或稽，自怒曷瘳。〔五〕汝不謀長，以思乃災，汝誕勸憂，今其有今罔後，汝何生在上？〔六〕

今予命汝一，無起穢以自臭，恐人倚乃身，迂乃心。〔七〕予迓續乃命于天。予豈汝威，

用奉畜汝衆。〔八〕

【釋讀】

〔一〕**今予將試以汝遷**■今，猶「故」也。將，猶「當」也。說見吳昌瑩《經詞衍釋》。試，專擅也。《漢書·五行志下之下》引京房《易傳》曰「受命之臣專征云試」，顔師古注：「試，用也，自擅意也。」行甫按：「將試」乃同義複詞，「將」訓「當」，猶言「必定」也。《說文》：「試，用也。」京房以「受命之臣專征」訓「試」，則所謂「試」者，猶言「專擅自用」也。是知「將試」云者，猶今語所謂「必將」、「定當」也。斯言盤庚遷都之意已決，無所變更也。以，猶「使」也。**安定厥邦**■厥，其也。邦，國也。《漢石經》作「國」，今文避劉邦諱改。

〔二〕**汝不憂朕心之攸困**■憂，恤也。猶言「體諒」也。《文選·劉楨〈贈五官中郎將〉》「情眄敘憂勤」，呂延濟注：「憂，恤也。」攸，所也。困，苦厄也。行甫按：此「困」字與上文「喜（囍）」字相照應，「朕心之攸困」，猶言心繫王室遷徙之艱難困厄也。**乃咸大不宣乃心**■乃，猶「而」也，反接連詞。咸，皆也。宣，通達也。《大雅·公劉》「既順乃宣」，馬瑞辰《傳箋通釋》：「宣之言通也，暢也。」《呂氏春秋·古樂》「故作爲舞以宣導之」，高誘注：「宣，通也。」《左傳》昭公元年「民宣汾洮」，杜預注：「宣，猶通也。」行甫按：「不宣乃心」與上「不憂朕心」相對爲文，「不通達乃心」是以「不體恤朕心」也。乃，汝也。**欽念以忱動予一人**■欽，思望而憂也。《說文》：「欽，欠皃。」段玉裁注：「凡氣不足而後欠，欽者，倦而張口之皃也。引伸之，乃歆然如不足謂之欽。」《秦風·晨風》「未見君子，憂心欽欽」，毛《傳》：「思望之，心中欽欽然。」鄭《箋》：「始未見賢者之時，思望而憂之。」念，《說文》：「常思也。」行甫按：「欽念」乃近義複詞，猶言「憂慕常思」也。忱，《說文》：「誠也。」動，感動也。予一人，盤庚自稱。行甫按：『欽念以忱動予一人』，承上文『大不宣乃心』而言，則『不』字貫通上下，猶『不欽念以忱動予一人』也。

〔三〕**爾惟自鞠自苦**■惟，猶『爲』也，『乃』也。鞠，同『簕』。《說文》：『簕，窮治罪人也。』段玉裁注：『簕之俗字作鞫，譌作鞠。鞫與窮一語之轉，故以窮治罪人釋鞫。引申爲凡窮之稱。』苦，困厄也。行甫按：『自鞠自苦』，猶言『自限前途，自尋煩惱』也。**若乘舟**■若，如也。**汝弗濟**■濟，渡也。以『乘舟』爲喻，故言『弗濟』也。**臭厥載**■臭，腐敗也。孫星衍曰：『當讀爲殠，《說文》云：「腐氣也。」又云：「㱙，腐也。」或作「朽」。《廣雅・釋器》云：「㱙，臭也。」言爾徒自窮苦，譬如登舟不渡，坐待其朽敗。』厥，其也。載，舟船也。金兆梓曰：『《虞書・益稷》「予乘四載」，《僞傳》：「所載者四，謂水乘舟，陸乘車，泥乘輴，山乘樏。」是「載」乃舟車之類運載工具的總稱，此自指「若乘舟」之「舟」。』

〔四〕**爾忱不屬**■忱，誠也。屬，聚也，結也。《周禮・大司馬》『屬其植』，鄭玄注：『屬，謂聚會之也。』《國語・晉語四》『必屬怨焉』，韋昭注：『屬，結也。』是『爾忱不屬』者，猶言『爾篤誠之心不繫屬於予一人』也。俞樾《平議》謂『忱』乃『沈』之誤，《釋文》引馬融云『屬，獨也』，連下句，意即『不獨爾自沈溺，且相與共沈溺』也。行甫按：俞氏改字說經既非，『爾沈不獨』亦不辭。此『爾忱不屬』，既與上文『欽念以忱動予一人』相照應，又與下文『今予命汝一』相關聯。『爾忱』繫之於『予一人』，則是『一』之也。『若乘舟』，衆人之『忱』必繫之於施舵鼓棹之人；若遷都，則衆人之『忱』必屬之於君主謀劃之人。馬融破『屬』爲『獨』者，由下文『命汝一』而緣詞生訓，非謂『屬』可訓『獨』也。**惟胥以沈**■惟，猶『乃』也，『則』也。胥，《爾雅・釋詁》：『皆也。』以，猶『與』也。沈，沈溺，沈沒也。行甫按：『爾忱不屬，惟胥以沈』者，謂：『如若不聽從予一人之號令遷往新邑，王室將與爾同毀。』此亦上文所謂『朕心之攸困』也。

〔五〕**不其或稽**■其，猶『之』也，指上文『爾忱不屬，惟胥以沈』之理，爲『稽』字之代詞賓語，於否定句前置。『不其或稽』，猶『不或稽之』也。或，有時也，偶爾也。行甫按：《墨子・小取》：『或也者，不盡也。』『或』之爲『有』者，『有人』、『有時』、『有所』皆爲『或』也。《公羊傳》莊公二十五年『或曰脅之』，何休注：『或曰者，或人辭，其義各異也。』此『或』猶『有人』也。《孔子家語・觀周》『人皆或之，我獨不徙』，王肅注：『或之，東西轉移之貌。』此『或』猶『有所』也。《易・訟》上九『或錫之鞶帶』，孔穎達《周易正義》：『凡言或者，或之言有也。言或有如此，故言或。』此『或』猶『有時』也。『不其或稽』之『或』，『有時』也，劉起釪以『偶或，偶一』訓之，是也。稽，朱駿聲《古注便讀》：『計也，猶考也。』《漢書・藝文志》『然惑者不稽諸躬』，顔師古注：『稽，考也，計也。』是其義也。《漢石經》『稽』作『迪』。行甫按：『迪』從『由』聲，『由』與『猷』通。『猷』，《爾雅・釋詁》：『謀也。』《釋言》：『圖也。』『圖謀』亦猶『計考』也。是『不其或稽（迪）』者，猶言『不願稍一考計（圖謀）此理』也。**自怒曷瘳**■怒，《漢石經》作『怨』，屈萬里曰：『作怨較勝。』行甫按：『怒』亦『怨』也。漢樂府古辭《日出東南隅行》『來歸相怨怒，但坐觀羅敷』，其證也。曷，何也。瘳，猶『損益』也。《國語・晉語二》『君不度而賀大國之襲，於己也何瘳』，韋昭注：『瘳，猶損也。言君不揆神意而令賀之，何損於禍？』行甫按：『自怒曷瘳』者，猶今語所謂『自我怨怒又有何益』之意也。金兆梓曰：『自怨也無救於沈溺。』是其義也。

〔六〕**汝不謀長**■謀，計也，慮也。行甫按：此『謀』字與上文『稽』字相照應也。長，《説文》：『久遠也。』**以思乃災**■以，目的連詞，猶今所謂『來』也。思，亦『慮』也。乃，汝也。災，災害也。行甫按：此二句與上『不其或稽，自怒曷瘳』從同，仍承上文『若乘舟，汝弗濟』之喻而言之也。謂：『汝乘舟而弗濟，亦是安於現狀，不思久長之計也，大災禍即將來臨，而汝弗知之矣』。**汝誕勸憂**■誕，大也。《漢石經》作『永』，段玉裁《撰異》：『誕从延聲，延、永雙聲，皆訓長也。』行甫按：『延長』亦『大』也，《詩》、《書》之『誕』前人所謂無義之語詞者，皆爲

『大』訓。馮登府《漢石經考異》：『「永」字與上「謀長」對言，不爲「長」之「謀」，乃爲長久之擾。』勸，勉也。行甫按：此『勸』猶今所謂『助長』也。**今其有今罔後**■今，猶『故』也。行甫按：『今』之下二句乃爲『若乘舟』之喻作結。其，猶『若』也。罔，猶『無』也。枚《傳》：『只圖目前，不計久遠。』是也。**汝何生在上**■生，猶『生存』也。在上，枚《傳》：『在人上。』章太炎曰：『陸地之上也。』簡朝亮《尚書集注述疏》：『謂在天也。』劉起釪引《詩》、《書》及金文用語，謂『在上』乃『商周時習用語，是説在上天那裏，上帝那裏。奴隸主宣揚人的生命是上帝給予的，在這裏是説，在上帝那裏哪還能有你們的活命。』行甫按：各家之説皆非。劉氏所引《詩》、《書》及銅器銘文『在帝所』、『在帝左右』、『文王在上』，皆就人死後鬼魂在天而言。即如《西伯戡黎》『乃罪多參在上』、『有命在天』云云，亦非指人活在天上，前者言紂之罪行上聞於天帝，後者乃紂自言『有命數在天』耳。此仍以『乘舟』爲喻，則『在上』者，『在舟上』也。謂『若乘舟，汝弗濟』，『汝不謀長』而『有今罔後』，汝則何能久生於此舟之上邪？

〔七〕**今予命汝一**■今，亦猶『故』也。命，令也。一，章太炎曰：『一心也。』行甫按：『命汝一』，與上文『以忱動予一人』及『爾忱不屬』相關聯，謂：『令汝一心不貳，聽命於予一人』也，此仍承上文『乘舟』之喻，猶言『聽命於我，和衷共濟』也。**無起穢以自臭**■無，毋也。起，猶『生』也。段玉裁《説文注》：『起本發步之稱，引伸之訓爲立，又引伸之爲凡始事、凡興作之稱。』然『始事』、『興作』亦可訓『生』也。《文選·謝朓〈和王著作八公山詩〉》『阡眠起雜樹』，呂延濟注：『起，猶生也。』穢，污穢也。慧琳《一切經音義》卷三『臭穢』注引《玉篇》：『不清潔也。』《離騷》『不撫壯而棄穢兮』，王逸注：『穢，行之惡也，以喻讒邪。』行甫按：『臭穢』、『不清潔』，乃『蕪穢』之本義引申。『惡行』、『讒邪』，乃『污穢』之比喻引申。盤庚所用者，比喻引申之義也。臭，亦『朽敗』也。**恐人倚乃身**■人，謂別有用心之人也。倚，猶『憑借』也，『依憑』也。《禮記·禮器》『有司跛倚以臨祭』，鄭玄注：『依物爲倚。』《禮記·中庸》『夫焉有所倚』，孔穎達《禮記正義》：『倚，謂偏有所倚近。』乃，汝也。身，身體，與下文『心』相對。行甫按：『倚乃身』，字面之義即：『傾近依憑你的身體』，言下之意即：『拉攏你，憑借你，利用你』。**迂乃心**■迂，猶『狂妄』也。《論語·子路》『子之迂也』，《釋文》：『鄭本作「于」，狂也。』《漢書·五行志中之上》『今郤伯之語犯，叔迂，季伐；犯則陵人，迂則誣人，伐則掩人』，顏師古注：『迂，誇誕也。』《說文》：『譁，妄言也。从言，雩聲。誇，譁或从夸。』是『于』、『迂』、『譁』皆音同通用也。『迂乃心』者，猶『使汝心狂誣』也。

〔八〕**予迓續乃命于天**■迓，《爾雅·釋詁》：『迎也。』續，《說文》：『連也。从糸，賣聲。賡，古文續从貝庚。』又，『繼，續也。从糸𢇍。𢇍，繼或作𢇍，反𢇍爲𢇍。』行甫按：『𢇍』，乃古文『絕』字。是『續』猶言『連接斷絕之絲』也。是『迓續』者，猶言『使斷者對接』也，今語所謂『連接』之意也。上篇既云『罔知天之斷命』，此言『迓續乃命于天』，是不遷則『斷命』，遷則『迓續乃命』也。乃，汝也。于，自也。天，上天也。行甫按：《西伯戡黎》『我生不有命在天』，『乃罪多參在上，乃能責命于天』，是古人以爲：人生在下，其命數則由天所定，故『斷命』在『天』，『續命』亦在『天』也。是益知上文『何生在上』之『上』非『天』之『上』也。**予豈汝威**■威，《釋名·釋言語》：『威，畏也，可畏懼也。』《韓非子·人主》：『所謂威者，擅權勢而輕重者也。』行甫按：『予豈汝威』，即『予豈威汝』也。『威』者，『以權勢相迫脅，使人有所忌憚畏懼』也。**用奉畜汝眾**■用，以也，因也。奉，《說文》『承也。』畜，養也。《漢書·陳湯傳》『示棄捐不畜』，顏師古注：『畜，謂愛養也。』行甫按：『奉畜』，猶上文『承保』也。《說文》：『承，奉也；保，養也。』是『奉畜』亦爲『扶持』、『愛護』之義，乃與上文『古我前后罔不惟民之承保』相互挽結照應也。汝眾，猶言『你們眾人』也。

此爲中篇第二節，言盤庚決定遷都，民眾不願合作。盤庚既曉之以理，亦訴之以情，謂遷都乃爲久遠之謀，如同乘舟濟河，朝野上下，當齊心協力，和衷共濟；不可安於現狀，自局於死地。

【繹文】

盤庚接著説，『所以我意已決，一定要率領你們離開這裏，到那個新的地方重建我們的家園，安定我們的邦國。可是你們絲毫不顧念我對你們的良苦用心，完全不理解我爲什麽這樣操心著急。你們這些人沒有一個心無茅塞通情達理，沒有人能夠以坦誠篤實之心站在我的角度，設身處地地替我著想，讓我有所感動。你們不情願離開這裏，只是一味地把自己局限在這個狹小貧瘠的地方，衣食不保，生存維艱。這就好比乘舟渡河，舟船歇在河水之中不願繼續前行，然後坐視這條船在中流腐朽敗壞。你們既不願篤誠效力，與舵手艄公協力同心，和衷共濟，那就只好眼看著這條船沉沒下去，大家一起淹死。你們誰也不去想想，你們這樣做是不是有道理，等到船沉下去了，再去自怨自悔，那又於事何補呢？你們沒有長遠的計劃和打算，只是安於現狀，得過且過，也就不會去想日後會有什麽災難。人無遠慮，必有近憂，你們這樣中流停滯不前，就是遺患將來，必然會釀成無法估量的嚴重後果。如果你們只看眼前，不圖今後，你們在這條停滯腐敗的破船上，又如何能夠生存下去呢？

因此，我要命令你們團結一致，齊心協力，不要把這條船弄得破敗不堪，無法收拾；不要無端生出讒毁的言論和不堪的惡行，把自己弄得臭名昭著。我擔心有些别有用心的人會利用你們，把你們當作挑撥離間的工具，唆使你們心生狂悖，胡言亂語，阻礙我們遷都大計的順利實施。此地既已無法適應我們的生存，只有易地而居才有你們的活路； 我這是把老天爺即將斷絕的命運重新爲你們接續起來。我哪里是要威脅强迫你們就範呢？ 實在是因爲要拯救你們大家，保全你們大家啊！』

予念我先神后之勞爾先，予丕克羞爾用，懷爾然。〔一〕失于政，陳于兹，高后丕乃崇降罪，疾曰：曷虐朕民？〔二〕汝萬民乃不生生，暨予一人猷同心，〔三〕先后丕降與汝罪，疾曰：曷不暨朕幼孫有比？故有爽德。〔四〕自上其罰汝，汝罔能迪。〔五〕

古我先后，既勞乃祖乃父，汝共作我畜民。〔六〕汝有戕則在乃心，我先后綏乃祖乃父，乃祖乃父，乃斷棄汝，不救乃死。〔七〕兹予有亂政同位，具乃貝玉，〔八〕乃祖先父，丕乃告我高后曰：作丕刑于朕孫，迪高后丕乃崇降弗祥。〔九〕

【釋讀】

〔一〕**予念我先神后之勞爾先**■念，《說文》：『常思也。』先神后，已故爲神靈之先王。之，猶『其』也；『其』，猶『如此』也。勞，憂愛，慰勉也。孔穎達《書疏》：『勞，亦愛之義。』行甫按：《爾雅·釋詁》：『勞，勤也。』郝懿行《義疏》：『勞者，謂敘其勤勞以慰勉之。』《淮南子·氾論訓》『以勞天下之民』，高誘注：『勞，猶憂也。』是其義也。爾先，你們的先祖。**予丕克羞爾用**■丕，不也。《漢石經》作『不』。行甫按：古『丕』與『不』同，此當讀爲否定詞『不』。克，能也。羞，恥也，愧也。《左傳》襄公十八年『無作神羞』，杜預注：『羞，恥也。』玄應《一切經音義》卷二十四『由鄙』注引《廣雅》：『羞，愧也。』《周易·恆》九三『或承之羞』，惠棟《易述》：『羞者，恥辱。』用，財用也。《國語・周語中》『以備百姓兆民之用』，韋昭注：『用，財用也。』《荀子・禮論》『貴本而親用也』，楊倞注：『用，謂可用食也。』又《王制》『百姓有餘用也』，楊倞注：『用，謂食足之外可用貿易。』行甫按：百姓衣食財用謂之『用』，則『羞爾用』者，以『爾用』爲『羞』也，即：『爲你們財用匱乏而羞愧恥辱』也。**懷爾然**■懷，思也，傷也。《邶風・終風》『願言則懷』，毛《傳》：『傷也。』《後漢書・班固傳》『上帝懷而降鑒』，章懷注：『懷，猶愍念也。』然，讀若『難』。《說文》：『然，燒也，从火肰聲。𧅫，或从艸難。』段玉裁注：『篆當作𧅫，或古本作𧅫，轉寫奪火耳。《漢五行志》「巢𤏪墮地」，《廣韻》引陸佐公《石闕銘》「刑酷𤏪炭」。』行甫按：《漢書》『然』字多寫作『𤏪』，《五行志中之下》『見巢𤏪』，《陳湯傳》『至𤏪脂火夜作』，《召信臣傳》『晝夜𤏪蘊火』，《西域傳下》『晨火𤏪』，顏師古注皆云：『𤏪，古然字。』《地理志》『可𤏪』，顏師古注：『𤏪，古然火字。』《廣雅・釋詁》『𧅫，爇也』，王念孫《疏證》：『然、𧅫、𤏪並同。』是『然』既從『難』得聲，自可讀若『難』也。『懷爾然』者，猶言『爲你們生活艱難而愍念傷懷』也。行甫又按：『予丕克羞爾用，懷爾然』，歷來說者不得其讀，亦不得其解。茲釋讀如此，以俟來哲擇焉。

〔二〕**失于政**■政，政令也，法制也。《論語・爲政》『導之以政』，皇侃《疏》引郭象曰：『政者，立常制以正民者也。』《管子・侈靡》『政與教孰急』，尹知章注：『政者，立法以齊物。』**陳于茲**■陳，長久也。《爾雅・釋詁》『塵，久也。』孔穎達《書疏》：『孫炎曰：「陳居之久，久則生塵矣。」古者陳、塵同也，故陳爲久之義。』茲，指奄地。**高后丕乃崇降罪**■高后，屈萬里曰：『高遠之君。』劉起釪曰：『甲骨文中「高」與「後」對用。如：高祖乙，后（後）祖乙；高祖丁，后（後）祖丁。故「高」就是「前」。「高后」就是上文的「前后」，同於「先后」，也就是「先王」。』丕，大也。乃，猶『是』也，『爲』也。行甫按：『丕乃』猶今語所謂『大爲』也。『丕』非無義。崇，《爾雅・釋詁》：『重也。』《漢石經》作『知』，『知』與『崇』皆爲舌音，乃一聲之轉。**疾曰**■疾，非也。《禮記・緇衣》『邇臣不疾』，鄭玄注：『疾，猶非也。』又『毋以變御疾莊后』，鄭玄注：『疾，亦非也。』行甫按：注者多以『疾』字屬上爲讀，恐非是。『疾曰』者，猶『非曰』也。**曷虐朕民**■曷，何也。虐，《説文》：『殘也。』《淮南子・覽冥訓》『天不夭於人虐也』，高誘注：『害也。』朕，先祖自稱也。行甫按：『疾曰：曷虐朕民』，即『先祖指責盤庚之辭曰：何以殘害我民？』』

〔三〕**汝萬民乃不生生**■乃，猶『若』也。生生，孫星衍曰：『「生」者，《詩傳》云：「財業也。」「生生」者，《莊子・大宗師》云：「生生者不生。」《釋文》引崔云：「常營其生爲生生。」言汝萬民乃不知自營其生。』戴鈞衡《書傳補商》：『凡滋生、謀生、安生、樂生、遂生，皆可謂之生生。』行甫按：『生生』者，『以生爲生』也。使生命得以生存的一切努力是之謂『生生』，猶言『愛惜生命，好好生活』。**暨予一人猷同心**■暨，及也，與也。猷，《爾雅・釋詁》：『謀也。』又，《釋言》：『圖也。』心，謀慮也。《爾雅・釋言》：『謀，心也。』王引之《經義述聞》：『心者，思也。』行甫按：二句意謂：『你們萬民如果不知道重視生命，不懂得自營其生計，不能與我之圖謀同心同慮。』

〔四〕**先后丕降與汝罪**■丕，大也。與，給予也。**疾曰曷不暨朕幼孫有比**■疾，亦『非』也。暨，與也，及也。朕幼孫，盤庚模擬先王口吻而稱其爲先王之幼孫也。有，猶『爲』也。比，親密也。《説文》：『比，密也。』徐鍇《繫傳》：『比，相與周密也。』《國語・晉語四》『比於諸弟』，韋昭注：『比，親也。』行甫按：『有比』，猶言『爲親』也，即上文『同心』也。**故有爽德**■爽，二心也。《國語・周語上》『實有爽德』，韋昭注：『爽，貳也。』《小雅・蓼蕭》『其德不爽』，毛《傳》：『爽，差也。』德，德性，品行也。

〔五〕**自上其罰汝**■自，從也。上，帝所也。其，猶『而』也，連接狀語與中心詞之連詞。行甫按：《大雅・文王》『文王在上，於昭于天』，朱熹《集傳》：『言文王既沒，而其神在上，昭明于天。』是『自上』即『自天帝之所』也。

此句承前省主語『先后』，意謂：『先王在天之靈將自上帝之所降罰於你們』。**汝罔能迪**■罔，不也。迪，吳汝綸《尚書故》：『當訓猶逃。迪者，由之借字，聲轉而爲逃。《微子》「詔王子出迪」，告王子出逃也。』行甫按：吳説是也。『由』與『繇』通，其例甚夥。《爾雅·釋木》『柚，條』，《釋文》：『柚或作櫾。』又『繇』從『䍃』聲，『䍃』與『兆』通。《爾雅·釋訓》『愮愮，憂無告也』，《釋文》：『愮，本又作搖，樊本作遙，又作恌。恌與愮同訓也。』《戰國策·燕策一》『則莫如遙伯齊而厚尊之』，《史記·蘇秦列傳》『遙』作『挑』。《荀子·榮辱》『其功盛姚遠矣』，楊倞注：『姚與遙同。』又《王霸》『佻其期日』，楊倞注：『佻與愮同，緩也。』是『由』、『繇』、『䍃』、『兆』皆一聲之轉，則『迪』自可訓『逃』也。

〔六〕**古我先后既勞乃祖乃父**■古，昔也。勞，慰勉也，憂愛也。乃祖乃父，你們的先祖先父也。**汝共作我畜民**■共，皆也。《説文》：『共，同也。』《禮記·内則》『共帥時』，鄭玄注：『共，猶皆也。』作，孔穎達《書疏》：『訓爲也。』畜，亦上文『奉畜汝衆』之『畜』，亦猶『愛養』也，『保全』也。

〔七〕**汝有戕則在乃心**■戕，殘害也。《漢石經》作『近』，吳汝綸《尚書故》：『疑爲「斨」之譌文。《釋名》云：「斨，戕也，所伐皆戕毀也。」』則，吳汝綸曰：『「賊」之借音字。《史記·律書》云：「夷則，言陰氣之賊萬物也。」是「則」有「賊」訓也。』王國維《散氏盤考釋》謂『賊』字從戈從則，是『賊』、『則』二字可通。是『戕則』猶『戕賊』也。《淮南子·説林》『反自賊』，高誘注：『賊，敗也，害也。』行甫按：『則』與『賊』二字通用，《堯典》『怙終賊刑』，以『賊』爲『則』，此以『則』爲『賊』也。**我先后綏乃祖乃父**■綏，俞樾《平議》訓『退』，謂『綏』與『退』古字通用，《檀弓》『退然如不勝衣』，鄭注『退或爲妥』，『妥』即『綏』字。『綏乃祖乃父』即『斥退乃祖乃父』。戴鈞衡《書傳補商》謂『讀如《國語》「以勸綏謗言」之「綏」』，韋昭注：『綏，止也。』吳汝綸《尚書故》謂『當訓告。下篇「綏爰有衆」，告於有衆也。《大誥》「綏予曰」，告予曰也。』行甫按：《説文》：『綏，車中把也。从糸从妥。』《儀禮·既夕禮記》『約綏約轡』，鄭玄注：『綏，所以引升車。』是『綏』乃古人登車所援引之繩。《論語·鄉黨》『升車必正立執綏』，皇侃《疏》：『綏，牽以上車之繩也。』引申之則有『援引』、『援手』之義。《顧命》『綏爾先公之臣服于先王』，謂援引爾先公之臣服於先王之舊例也。《大誥》『綏予曰』，猶『支持我說』也。又『克綏受茲命』之『綏受』，亦『援引』與『接受』之義。參見《顧命》及《大誥》相關文句釋讀。下篇『綏爰有衆』之『綏』，亦『援引』、『援手』之義。說見下篇釋讀。是『我先后綏乃祖乃父』者，謂『我先王援手於乃祖乃父』也。**乃祖乃父乃斷棄汝**■斷棄，猶『割斷』、『放棄』也。行甫按：此『斷棄』正與『綏』字之義相反相關也。『乃祖乃父』既與『我先王』聯手相援，則必與汝等『斷』而『棄』汝也。**不救乃死**■死，謂不隨我遷則必死也。行甫按：『不救乃死』，與上文『予迓續乃命于天』相呼應也。

〔八〕**茲予有亂政同位**■茲，猶『斯』也，『斯』猶『雖』也。說見吴昌瑩《經詞衍釋》。亂，《申鑒·政體》：『縱民之情謂之亂。』政，屈萬里曰：『政、正古通；正，官長也。』同位，猶『同僚』也。**具乃貝玉**■具，備置也，辦理也。《說文》：『具，共置也。从廾貝省。古以貝爲貨。』《儀禮·特牲饋食禮》『宗人告有司具』，鄭玄注：『具，猶辦也。』是其義也。乃，猶『其』也。貝，商代所用之貨幣。甲骨文賜『貝』以『朋』爲單位，『朋』字象『兩串貝玉相連』之形。孔穎達《書疏》：『貝者，水蟲。古人取其甲以爲貨，如今之用錢然。』孔氏之說是也。玉，當與『貝』同用爲寶貨。行甫按：此『亂政同位』，即影射上文『恐人倚乃身，迂乃心』之『人』。他們貴爲王室宗親重臣，與盤庚爲同僚，慫恿百姓對於遷都的抵觸情緒，不管萬民死活，只顧自己一味聚斂財富。二句意謂：『雖然我有縱民之情而不願遷都的同僚官員，但他們志在備辦增殖財貨，並不關心萬民之死活』。盤庚意欲告誡百姓，不可受某些同情心汜濫但不負責任的朝廷官員所蠱惑，他們只是關心自己的財富與利益，不會真正關心你們的死活。

〔九〕**乃祖先父丕乃告我高后曰**■乃，汝也。祖先父，先祖先父也。丕乃，亦猶『大爲』也。告，《爾雅·釋言》：『請也。』《儀禮·鄉射禮》『以告於鄉先生君子可也』，鄭注：『告，請也。』我高后，《釋文》：『本又作乃祖乃父。』段玉裁《撰異》：『別本是也。當「乃祖乃父丕乃告」句絶，「乃祖乃父曰作丕刑于朕孫」句絶，「迪高后丕乃崇降不祥」句絶。』行甫按：據段說，依陸氏別本作『乃祖乃父曰：作丕刑于朕孫』，則『朕孫』乃指『萬民』。然三復其文，此處當省『我高后』三字，即『乃祖乃父丕乃告我高后，我高后曰：作丕刑于朕(子)孫』。以『朕(子)孫』爲上文之『亂政同位』，方與文意相合。若『朕(子)孫』指『萬民』，則上文稱『萬民』爲『朕民』，實與『朕幼孫』相對而爲稱也。是知此『朕(子)孫』，當指『高后』之『(子)孫』，且與『幼孫』亦當有別。若爲『乃祖乃父』言大刑於『朕(子)孫』，即大刑於『萬民』，則上文已言『降與汝罪』，即降汝『萬民』之罪也，其文意毋乃重複無謂邪？餘說參見下文釋讀。**作丕刑于朕孫**■作，用也。《周禮·羅氏》『蜡則作羅襦』，鄭玄注：『作，猶用也。』是其例也。丕刑，大刑也，嚴刑也。朕，亦先王之自稱也。朕孫，足利古本及《唐石經》作『朕子孫』，顧炎武以爲『子』字爲衍文，王鳴盛謂枚《傳》言『我子孫』，疑原本有『子』字。段玉裁以爲，枚《傳》增多經字爲說，足利古本往往據《傳》以增經，原文不應有『子』字。劉起釪從顧氏與段氏之說，亦謂當無『子』字。行甫按：如上說，據今本則『朕孫』當指『萬民』，但『萬民』不稱『朕孫』，則此當以有『子』字者爲是。『朕子孫』與『朕幼孫』有別，『朕幼孫』指盤庚，乃無所可疑，而『朕子孫』當指『亂政同位』而言之也。《釋名·釋親屬》：『子，孳也，相生蕃孳也。』彼『亂政同位』之人，亦爲王室宗親，亦即先王之餘裔子孫，故稱之爲『朕子孫』，否則不可與盤庚爲『同位』之人。由是言之，則下文『崇降弗祥』者，降之於『朕子孫』，即盤庚之『亂政同位』也。否則，上文言『亂政同位，具乃貝玉』於下文無所著落，而古今無此文法也。經意謂：『亂政同位』之所作所爲，既不爲『萬民』之先祖先父所容忍，亦不爲『高后』即先王們之所庇護姑息。行甫又按：此文省『我高后』三字，文意較晦；是以前賢之說皆未了，姑録之於此，以俟來哲參定焉。**迪高后丕乃崇降弗祥**■迪，導也。《説文》：『迪，道也。』徐鍇《繫傳》：『迪，又爲引道之道也。』朱駿聲《通訓定聲》：『迪，謂道也。』丕乃，亦猶『大爲』也。崇，重也。祥，善也，吉也。《大雅·大明》『文定厥祥』，毛《傳》：『祥，善也。』《吕氏春秋·制樂》『不祥』，高誘注：『祥，吉也。』行甫按：『弗祥』，不吉，不善，亦猶上文之『罪』與『罰』也。

此乃中篇第三節，言盤庚假託其先王與其先民的在天之靈愛護其民及其後昆之神意，脅迫民衆服從遷都之令。盤庚既自言常思先王慰勉其民，故以百姓財用匱乏爲恥；政令有失，亦恐久淹於貧瘠之地而先王將降罪於己。繼而責數萬民不與同心，先王亦將降罰。又言你們萬民若有破壞遷都之居心，即使你們的先祖亦不會饒恕你們的罪行。至於那些縱恿百姓不願遷都的王室貴胄之臣，只顧聚斂財富，不會關心萬民死活。他們的所作所爲，既不會被你們萬民之先祖所容忍，亦不會爲我先王所庇護。實則再一次告誡民衆，不要爲那些别有用心的人所蠱惑，所利用。

【繹文】

盤庚接著説，『我常常會想起我們神靈在天的先王們，他們是何等無微不至地關心和愛護你們的先祖先父。我不能爲你們的財用匱乏而感到羞愧，不能爲你們生存的艱難困頓而感到憂傷，政令有所失誤，以致長期淹滯在這個貧瘠狹小的地方，那高高在上的遠祖先王們就會萬分地不高興，就要爲此重重地降下大罪，指責我説，你怎麽這樣殘暴地虐待我的下民呀？當然，你們萬民百姓如果不能好好地營謀生計，愛惜自己的生命，不能與作爲君王的我同心同德，目標一致，心往一處想，勁往一處使，先王也會給你們降下重大的罪孽，指責你們說，爲什麽不能與我年幼的孫兒保持親密一致的關係呢？因此可見呀，你們的品行並不專一！　先王的在天之靈，就會給你們降下懲罰；　他們的懲罰高懸在上，從天而降，你們誰也别想逃得過去。

從前我們的先王們既然對你們的先祖先父們十分關心和愛護，你們當然也都是我所應當愛護和保全的天下子民。你們如果對遷都大計居心不良，懷藏破壞與阻礙的企圖和想法，我們的先王就會攏同你們的先祖先父，與你們的先祖先父們聯起手來，割斷你們的恩情，拋棄你們的性命，無動於衷地看著你們走向絶路，決不會施以援手，拯救你們的死亡！　雖然在我們的朝廷上有些孤意慫恿你們反對遷都的宗室臣僚，可他們只是挖空心思聚斂財貨，並不是真正關心你們萬民百姓的死活。你們千萬不要被他們所利用，受他們所蠱惑，以爲他們是真心實意地關懷你們，愛護你們。　對於他們這種無耻的行徑，卑鄙的用心，你們的先祖先父也大爲不滿，非常惱怒，向我們德高望重的遠祖先王們發出請求，要求我們的遠祖先王們對他們加以懲罰。　我們的遠祖先王們也對他們無所姑息，不加庇護，憤怒地説，你就大刑伺候，嚴加懲治我這些不成器的子孫餘孽吧！　你們的先祖先父就是這樣請求我們的遠祖先王，强烈要求給予這些亂臣賊子狠狠地降下罪戾和禍殃。』

嗚呼，今予告汝不易，永敬大恤，無胥絶遠。〔一〕汝分猷念以相從，各設中于乃心。〔二〕乃有不吉不迪，顛越不恭，暫遇姦宄，〔三〕我乃劓殄滅之，無遺育，無俾易種于兹新邑。〔四〕

往哉，生生，今予將試以汝遷，永建乃家。〔五〕」

【釋讀】

〔一〕**嗚呼今予告汝不易**■嗚呼，嘆其遷都之意已決也。今，猶『兹』也。告，曉喻也。《爾雅·釋詁》『命、令、誥，告也』，邢昺《疏》：『告，謂告諭也。』易，枚《傳》：『凡所言，皆不易之事。』孔穎達《書疏》：『此易讀爲難易之易，不易言其難也。王肅云：「告汝以命之不易爲難。」鄭玄云：「我所以告汝者，不變易，言必行之。」謂盤庚自道己言必不改易，與孔異。』行甫按：此『易』字有『容易』、『改易』二訓，以此解經，必有二說。鄭玄主『改易』之訓，故謂遷都之命不可改易。枚氏主『容易』之訓，是謂遷都之事甚難爲。王肅既以爲『容易』，又以爲『改易』，乃謂遷都之命不可改變實爲難。王肅說經，專好與鄭玄立異，其說最無道理。蔡沈《書經集傳》則曰：『「告汝不易」，即上篇「告汝于難」之意。』蔡氏連上篇爲說，不無啓迪。上篇既言『予告汝于難，若射之有志』，以射箭之有目標、善於瞄準爲喻，是言遷都大舉之難，不在於遷都計劃目標之擬定及其遷徙行爲之實施本身，而在於排除計劃目標實施過程中的各種干擾。這些干擾實在太多，既有宗室大臣之自私掣肘，亦有萬民百姓的安土重遷，還有中下層官吏的理解能力與執行能力之低弱。所在皆爲此事難行之干擾因素。而此篇所告對象爲萬民百姓，故下文既言『無胥絶遠』，又言『設中于乃心』，意在說服萬民百姓當敬聽王命，隨遷新邑。其所告對象既爲百姓萬民，當然也就無須告其『難』與『不難』、『易』之『不易』了。何也？『民可使由之，不可使知之』而已。且本篇前後兩言『今予將試以汝遷』，其『將試』云者，不可改易之決辭也。是以吾從鄭氏。**永敬大恤**■敬，畏慎，不怠慢也。《呂氏春秋·孝行》『敢不敬乎』，高誘注：『敬，畏慎。』《周頌·閔予小子》『夙夜敬止』，鄭《箋》：『敬，慎也。』《荀子·彊國》『故王者敬日』，楊倞注：『敬，謂不敢慢也。』《禮記·月令》『祗敬必飭』，孔穎達《正義》：『敬爲心不有怠慢也。」恤，《爾雅・釋詁》：「憂也。」**無胥絶遠**■無，毋也。胥，《爾雅・釋詁》：「相也。」《方言》卷七：「胥，皆也。」絶，斷也。《説文》：「絶，斷絲也。从刀糸，卩聲。𢇍，古文絶，象不連體絶二絲。」行甫按：「絶遠」者，謂「相斷絶而相背遠」也。此句與上文「今予命汝一」相照應，囑其民不可離心離德，必須互相團結，相互扶持救助，亦即上篇「胥匡以生」之意也。

〔二〕**汝分猷念以相從**■分，《説文》：「別也。」行甫按：「分」之義爲「別」，又與「頒予」之義相成。《左傳》昭公十四年「分貧，振窮」，杜預注：「分，與也。」《國語・魯語下》「以分大姬」，韋昭注：「分，予也。」是「分」讀若「頒」也。《漢石經》「分」作「比」，《莊子・天地》「不推，誰其比憂」，成玄英《疏》：「比，與也。」是「分」與「比」乃一聲之轉，無二義也。且「比」又有「合」義，《國語・吴語》「而孩童焉比焉」，韋昭注：「比，合也。」則「合」之與「分」，猶「亂」之與「治」，「落」之與「始」也。是「分」與「比」，亦相成而無二義也。猷，《爾雅・釋言》：「圖也。」《釋詁》：「謀也。」行甫按：「圖」與「謀」，皆今所謂「計劃」、「目標」之義，此指遷都而言也。《漢石經》「猷」作「猶」，通假字，亦無二義也。行甫按：言「分猷」者，謂「別領其猷」也，亦即於總目標、總計劃中各領其部分也，則與下「各設中」之「各」字爲照應。言「比猶」者，謂「合其謀猷」也，亦即汝衆人必「同心合謀」以實現遷徙之目標也，則與下「各設中」之「中」相照應。其義亦相反而相成也。念，慮也，《説文》：「念，常思也。」以，猶「而」也，順接連詞。相，與「胥」通，「皆」也。《大雅・緜》「聿來胥宇」，《魯詩》作「相宇」，馮登府《三家詩異文疏證補》卷二：「毛公本訓胥爲相，《尒疋》「胥，相也」，胥有相義，故可通。」《方言》卷七：「胥，皆也。」從，《説文》：「隨行也。」**各設中于乃心**■各，《説文》：「異詞也。从口、夂。夂者，有行而止之，不相聽也。」《邶風・載馳》「亦各有行」，孔穎達《正義》：「亦各，不一之辭。」行甫按：「各」者，今語所謂「分別，分頭」之意也。設，《漢石經》作「翕」，《爾雅・釋詁》：「合也。」《小雅・常棣》「兄弟既翕」，毛《傳》：「翕，合也。」《禮記・禮器》

『夫禮者，合於天時，設於地財，順於鬼神，合於人心』，則『設』亦『順』也，『合』也。《廣雅・釋詁》：『設，合也。』《呂氏春秋・長攻》『各一則不設』，俞樾《諸子平議》：『「設」與「翕」文異義同，「各一則不設」者，言「各一則不合」也。』中，猶今所謂『中心』、『核心』之意，與上『分猷』之『猷』相照應。行甫按：『設中』與『分猷』相互作解。『分猷』者，言『分領部分計劃、部分任務』也；『設中』，猶『比合總計劃、總目標』也。二句乃謂：『汝皆須以各自之遷徙任務常存於心而隨行，又各於其心與總計劃總目標相協調相配合』。猶言：『汝等既須各自分頭行動，又須有相互配合照應之心』也。是所謂『無胥絶遠』，所謂『胥匡以生』也。

〔三〕**乃有不吉不迪**■乃，猶『若』也。吉，《説文》：『善也。』迪，《爾雅・釋詁》：『道也。』**顛越不恭**■顛，倒也，仆也。《周易・鼎》初六『鼎顛趾』，《釋文》：『顛，倒也。』《大雅・蕩》『顛沛之揭』，毛《傳》：『顛，仆也。』越，墜也，失也。《左傳》成公二年『射其左，越于車下』，杜預注：『越，隊也。』《呂氏春秋・士容》『而處義不越』，高誘注：『越，失也。』行甫按：『顛越』之義，本爲『倒仆失墜』，引申之則爲『顛倒錯亂而失次』也。恭，肅敬也。《左傳》哀公十一年引作『共』，段玉裁《撰異》：『《尚書》恭敬字不作「共」，供奉字不作「恭」，《漢石經》區分清楚。此字僞《孔傳》釋爲「奉」，是原當作「共」。』行甫按：『共』與『恭』乃古今字，可通用。衛包改字，必依文意，恭敬義則改爲『恭』，供奉義則改爲『供』。枚《傳》釋爲『奉』，亦如其釋《甘誓》『今予惟恭行天之罰』之『恭』爲『奉』也。彼『恭』字原文未必爲『共』字也。**暫遇姦宄**■暫，欺詐也。遇，邪惡也。王引之《經義述聞》：『暫讀曰漸，漸，詐欺也。《莊子・胠篋》篇「知詐漸毒」，《荀子・不苟》篇「小人知則攫盜而漸」，《議兵》篇「招近募選，隆埶詐，尚功利，是漸之也」，《正論》篇「上幽險，則下漸詐矣」，是詐謂之漸。《呂刑》曰「民興胥漸」，漸亦詐也。言小民方興，相與爲詐欺，故下文曰「罔中于信，以覆詛盟也」。』遇讀「隅䁟智故」之「隅」，字或作「偶」。《淮南・原道》篇曰「偶䁟智故，曲巧僞詐」，皆姦邪之稱也。《本經》篇曰「衣無隅差之削」，高誘注曰：「隅，角也；差，邪也。」全幅爲衣裳，無有邪角。衣邪謂之隅差，人邪謂之偶睉。聲義皆相近矣。《呂氏春秋・勿躬》篇曰「人主知能不能之可以君民也，則幽詭愚險之言無不職矣」，亦即「暫遇姦宄」之「遇」，故以「幽詭愚險」連文。《荀子》曰「上幽險，則下漸詐」，是也。』姦宄，枚《傳》：『爲姦於外，爲宄於內。』《左傳》成公十七年：『亂在外爲姦，在內爲宄。』行甫按：『暫遇姦宄』，王引之謂爲四字句，是也。《尚書》中多有其例。

〔四〕**我乃劓殄滅之**■乃，猶『則』也，『即』也。劓，割也。王引之《經義述聞》：『劓爲截鼻之名，又爲斷割之通稱。當以「劓殄」二字連讀，哀十一年《左傳》作「劓殄無遺育」，《史記・伍子胥傳》作「劓殄滅之，俾無遺育」，皆其證也。「劓殄」，猶言刑殄，《多方》曰「刑殄有夏」，是也。《多方》又曰「劓割夏邑」，是劓爲斷割之通稱。《傳》訓劓爲割，是也。』殄，《爾雅・釋詁》：『絕也。』**無遺育**■無，毋也。遺，留也。育，稚子也。《邶風・谷風》『昔育恐育鞠』，鄭《箋》：『昔育，育，稚也。』王引之《經義述聞》：『育讀爲胄，《堯典》「教胄子」，《說文》及《周官・大司樂》注並引作「教育子」。《周官釋文》曰：「育，音胄。」是古育、胄同聲而通用。《說文》曰「胄，胤也」，「無遺育」即「無遺胄」，《周語》曰「晉懷公無胄」，是其證也。』**無俾易種于茲新邑**■俾，《爾雅・釋詁》：『使也。』易，與上篇『不惕于一人』之『惕』同，皆讀如『施』。《大雅・皇矣》『施于孫子』，鄭《箋》：『施，猶易也，延也。』于，猶『至』也。

〔五〕**往哉生生**■往，適也。《小雅・小明》『昔我往矣』，孔穎達《正義》：『往者，從此適彼之辭。』生生，亦『以生爲生』也。說見上『乃不生生』釋讀。**今予將試以汝遷**■今，茲也，故也。將試，亦猶『必將』、『定當』也。說見上文同句釋讀。**永建乃家**■建，立也，建造也。家，居室也。《說文》：『家，居也。』《呂氏春秋・慎勢》『此王者之所以家以完也』，高誘注：『家，室也。』枚《傳》：『卿大夫稱家。』行甫按：枚說非也。中篇告萬民百姓，非卿大夫也。

此乃中篇最後一節，言盤庚告誡民衆，遷都大計已定，不可改易，汝所當行者，唯按部就班，互相配合，相隨而遷。若有行爲不端，越行亂次，横生枝節，甚至欺詐邪惡，作姦犯科，必將刑殄無遺。最後，號召萬民，遷往新邑，努力自謀生計，重建家園。

【繹文】

盤庚長嘆一聲説，『唉——！現在，我可以明確告訴你們，遷都的主意已決，沒有絲毫動摇。對於不可抗拒的大災大難，我們要永遠保持高度警惕，決不能心存僥倖，掉以輕心。大家要相互照顧，互相愛護，團結一致，決不能各人自掃門前雪，不管他人瓦上霜。你們大家夥都必須既要把各自的遷徙任務和遷徙計劃盤算清楚，大家夥一起相伴隨行；又要考慮到與國家的整個遷都總計劃和總目標相互適應相互配合。也就是説，雖然大家只是分頭行動，自主遷移，但也要心繫全局，相互照應。如果你們在遷徙過程中有什麽不軌行爲，幹出了傷天害理的事情；或者不服從官家號令，顛倒失次，擾亂了國家遷都的總安排；甚至還欺詐官府，隱瞞實情，虚稱謊報，騙取財物，内外勾結，作姦犯科；我就會毫不客氣地動用刑罰，輕則割截你們的手足四肢，重則腰斬砍頭，格殺勿論，並且還要斬草除根，不留遺種餘孽，決不允許把這些臭德行、壞習慣的禍根劣種帶到新邑裏去！

出發上路吧，珍惜自己的生命，好好地活著！所以我決定帶著你們離開此地，遷徙到那新的地方去，建立我們永久的家園。』

以上爲《盤庚》中篇。

盤庚既遷，奠厥攸居，乃正厥位，綏爰有衆。〔一〕曰：『無戲怠，懋建大命。〔二〕今予其敷心腹腎腸，歷告爾百姓于朕志：〔三〕罔罪爾衆，爾無共怒，協比讒言予一人。〔四〕

【釋讀】

〔一〕**盤庚既遷**■盤，《漢石經》作『股』，張參《五經文字》：『石經「舟」字皆作「月」。』是『股』字即載籍之『般』字。《唐石經》作『盤』，後世皆承用。既，已也。**奠厥攸居**■奠，徐鍇《說文繫傳》：『《尚書》：「奠高山大川」，奠，置定也。』《周禮·職幣》『皆辨其物而奠其錄』，鄭玄注：『奠，定也。』厥，其也。攸，所也。居，《爾雅·釋言》：『宅，居也。』邢昺《疏》：『居，謂居處。』行甫按：『奠厥攸居』者，謂選定都邑所在之地也。**乃正厥位**■乃，猶『於是』也。正，亦『定』也。《周禮·宰夫》『歲終則令群吏正歲會』，鄭玄注：『正，猶定也。』厥，其也。行甫按：上『奠厥攸居』之『厥』之『其』，代盤庚。此『正厥位』之『厥』之『其』，代『攸居』之地。位，位置。枚《傳》：『正郊廟朝社之位。』孔穎達《書疏》：『鄭玄云：「徙主於民，故先定其里宅所處，次乃正宗廟朝廷之位。」禮，郊在國外，左祖右社，面朝後市。正厥位，謂正此郊廟朝社之位也。』行甫按：《周禮·序官》曰：『惟王建國，辨方正位，體國經野』，即此『奠厥攸居，乃正厥位』之義也。謂『劃定宮室、宗廟、社稷、市朝、廛里之位置』也。**綏爰有衆**■綏，援也，引也。行甫按：『綏』本爲登車所牽引之繩索，《儀禮·士昏禮》『壻御婦車授綏』，鄭玄注：『綏，所以引升車者。』是其義也。引申之，則有『援手』、『接引』之義。爰，《説文》：『引也，从𠬪从于。籒文以爲車轅字。』段玉裁注：『此與手部援音義皆同。𠬪者，相付，取相引之意。于亦引詞，與爰雙聲。』行甫按：『綏爰』乃同義複詞，『援引』、『接引』之意，今語所謂『接見』、『引見』者，是其義也。有，變單音節爲雙音節之助語詞。衆，指參加『奠居』及『正位』之人，即下文『邦伯師長，百執事之人』也。行甫按：句意謂：『盤庚接引會見參與奠居與正位之官員』也。前人或訓『綏』爲『安』、爲『告』，皆非其義也。『綏』之爲『安』，引申之義，於此稍隔。古義沈淹，姑發明於此，惟後世君子審而辨之。

〔一二〕**曰無戲怠**■曰，言也。盤庚接有衆而言之，下文皆是也。無，毋也。戲，猶今語『不嚴肅』也。《爾雅·釋詁》：『謔，戲謔也。』邢昺《疏》引舍人曰：『戲，邪戲。』玄應《一切經音義》卷九『嬉戲』注引《爾雅》郭璞注：『戲，調戲也。』是其義也。怠，《説文》：『慢也。』《爾雅·釋言》『懈，怠也』，邢昺《疏》：『怠，謂怠慢也。』行甫按：《熹平石經》『無戲怠』作『女罔台民』。『罔』與『無』通；『台』與『怠』通。謂『汝無怠民』也。**懋建大命**■懋，《爾雅·釋訓》：『懋懋，勉也。』行甫按：《熹平石經》『懋』作『勖』，《説文》：『勖，勉也。』建，《説文》：『立朝律也。』段玉裁注：『今謂凡竪立爲建。許云建朝律，此必古義。今未考出。』大命，猶言『天命』也。行甫按：下篇乃盤庚接見參與城市建築規劃定居定位的相關官員之誥辭，則『懋建大命』，其意當爲努力營建秉承上天之命安民托命之重要居所也。

〔一三〕**今予其敷心腹腎腸**■今，兹也。其，猶『將』也。敷，布也，陳也。《小雅·小旻》『敷于下土』，毛《傳》：『敷，布也。』《孔子家語·弟子行》『敷奏其勇』，王肅注：『敷，陳也。』是其義也。心腹腎腸，《釋名·釋形體》：『心，纖也；所識纖微，無物不貫心也。腹，複也，富也；腸胃之屬，以自裹盛。復於外複之，其中多品，似富者也。腎，引也，腎屬水，主引水氣灌注諸脈也。腸，暢也；通暢胃氣去滓穢也。』《白虎通義·情性篇》：

『五藏者何也？謂肝、心、肺、腎、脾也。六腑者何謂也？謂大腸、小腸、胃、膀胱、三焦、膽也。』周秉鈞《尚書易解》：『敷心腹腎腸，猶言披肝瀝膽也。』行甫按：周說是也，《左傳》宣公十二年鄭曰『敢布腹心』，即此意也。**歷告爾百姓于朕志**■歷，徐鍇《說文繫傳》：『傳也。』百姓，本爲各宗族自治之長，此猶言『萬民』也。于，猶『以』也。朕，盤庚自稱。志，《說文》：『意也。』孔穎達《書疏》卷二云：『夏侯等《書》，「心腹腎腸」曰「憂腎陽」。』阮元《校勘記》引孫志祖云：『「憂腎陽」三字乃「優賢揚」之訛。「優賢揚歷」，語見《魏志・管寧傳》及左思《魏都賦》，又《隸釋》載《漢成陽令唐扶頌》亦有「優賢颺歷」之文。』行甫按：夏侯等今文『憂賢陽』乃『腹腎腸』之訛，文不可通，又連下文『歷』字，讀爲『優賢揚歷』，重紕貤謬，竟至不可究詰。章太炎又據《三體石經》古文『歷』皆作『鬲』，以爲漢古文當作『敷心腹腎腸鬲』，訓『鬲』爲『橫鬲膜』，今俗字作『膈』，則似過於牽强。行甫又按：劉起釪從戴鈞衡《書傳補商》讀『于朕志』三字句，則以下文『罔罪爾衆』『協比讒言予一人』云云爲『朕志』，非也。盤庚三篇所言，皆其『志』也。二句意謂：『今兹我將披肝瀝膽，開誠佈公，與爾等交談，爾等將我之志傳告於爾百姓』也。

〔四〕**罔罪爾衆**■罔，無也。罪，指責，加罪也。爾，汝也。衆，與『爾』爲同位語，即上文『有衆』也。**爾無共怒**■無，毋也。共，同也，相與也。《說文》：『共，同也。』《資治通鑒・漢紀五十七》『多共不協』，胡三省注：『共，相與也。』是其義也。怒，怨恨也。**協比讒言予一人**■協，《說文》：『同衆之龢也，从劦十，叶，古文協，从口十。叶，叶或从曰。』比，徐鍇《說文繫傳》：『相與周密也。』讒，《說文》：『譖也。』《孟子・梁惠王下》『睊睊胥讒』，朱熹《集注》：『讒，謗也。』《莊子・漁父》：『好言人之惡謂之讒。』

此爲下篇第一節，言盤庚既遷，選定居址，建都立邑，並接見參與奠基之衆邦伯官長及其執事之人發表講話。盤庚告誡其人，必須將遷都之利逐一傳達於其治下百姓，雖不追究他們先前的過錯，但也不允許他們在背後合夥誹謗其遷都主張。

【繹文】

盤庚遷到殷地之後，便選定其都邑居址，規劃其宫室、宗廟、社稷以及市朝、廛里等市政及民宅建築位置。做完這些工作之後，便接見參與其事的衆邦伯君長及其一應幹辦人員，發表講話。盤庚説：『希望你們不要鬆懈怠慢，要以嚴肅認真的態度，盡心盡力地建設我們秉承上天大命立邦安民之宏偉基業。今天在此，我要和你們説説掏心窩子的話，你們要把我的想法一一轉告你們治下的各個宗族頭人，讓他們家族内每個人都明確地知道我們爲什麽要遷都。對於你們以前的過錯和糊塗思想，我就不一一追究了；你們也不要呆在一起便發牢騷，在背後合起夥來説我的壞話，誹謗我。』盤庚説完這番話，便開始轉入正題。

古我先王，將多于前功，適于山，用降我凶，德嘉績于朕邦。〔一〕今我民用蕩析離居，罔有定極。〔二〕爾謂朕：曷震動萬民以遷？肆上帝將復我高祖之德，亂越我家？〔三〕朕及篤敬，恭承民命，用永地于新邑。〔四〕肆予沖人，非廢厥謀，弔由靈各；〔五〕非敢違卜，用宏兹賁。〔六〕

【釋讀】

〔一〕**古我先王將多于前功**■將，欲也。《文選・張衡〈東京賦〉》「及將祀天郊」，李善注：「將，欲也。」是其例也。多，張大也。《説文》：「多，緟也。从緟夕，夕者，相繹也，故爲多。緟夕爲多，緟日爲疊。」段玉裁注：「緟者，增益也，故爲多。」《呂氏春秋・知度》「其患又將反以自多」，高誘注：「多，大也。」前，猶言「前人」也。功，《爾雅・釋詁》：「成也。」郝懿行《義疏》：「功、績者，事業之成也。」**適于山**■適，往也。山，《説文》：「宣也，謂能宣散氣，生萬物也，有石而高。」**用降我凶**■用，猶「以」也。降，猶「減少」也。《國語・魯語》「古者大寒降，土蟄發」，王引之《經義述聞》：「降，猶減也，退也。」《左傳》桓公二年「登降有數」，王引之《述聞》：「降，謂減其數也。」是其義也。凶，年穀不熟也。《墨子・七患》：「三穀不收謂之凶。」《周禮・司關》「國凶札」，鄭玄注引鄭司農曰：「凶，謂凶年饑荒也。」**德嘉績于朕邦**■德，屈萬里曰：「與「得」通。《詩・碩鼠》「莫我肯德」，《呂氏春秋・離俗覽・舉難篇》高注引「德」作「得」，是「德」、「得」相通之證。」行甫按：屈氏之説是也。《管子・心術》：「德者，得也，得也者，其謂所得以然也。」嘉，《漢石經》作「綏」，行甫按：「嘉」從「加」聲，「綏」從「妥」聲，古音同在歌麻部。「嘉」古爲見母，「綏」古爲心母，心母與見母爲通轉，《周禮・考工記》「車人之事，半矩謂之宣」，《釋文》：「宣，如字，本或作寡。」參見黃焯《古今聲類通轉表》第四表。「綏」猶「繼」也。《説苑・指武篇》「損其有餘而繼其不足」，《淮南子・道應篇》「繼」作「綏」，是「綏」亦「繼」也。「綏」既可訓「援」訓「引」，亦可訓「繼」訓「承」也，「援」、「引」之與「繼」、「承」，義亦互相備也。績，功業也。

〔二〕**今我民用蕩析離居**■今，茲也。行甫按：「今」與上文「古我先王」之「古」相照應也。用，因也，由也。蕩，流蕩也。析，分散也。行甫按：「蕩析」，猶言「流蕩分散」，離，猶「失」也。《國語・周語下》「日離其名」，韋昭注：「離，失也。」居，猶「所」也。《呂氏春秋・精諭》「聞蜻皆從女居」，高誘注：「居，所。」《穀梁傳》僖公二十四年『居者，居其所也。』**罔有定極**■罔，無也。定，《爾雅・釋詁》：『止也。』極，亦『止』也。《漢書・成帝紀》『方今世俗奢僭罔極』，《賈誼傳》『遭世罔極』，顔師古皆注曰：『極，止也。』行甫按：『定極』，近義複詞，猶今所謂『定止』也。

〔三〕**爾謂朕**■謂，評論也。《論語・八佾》『孔子謂季氏：八佾舞于庭』，皇侃《疏》：『謂者，評論之辭也。』邢昺《疏》：『謂者，評論之稱。』是其義也。《漢石經》作『今爾惠朕』，行甫按：『惠』與『謂』古音同互通，乃『喻三歸匣』之例。說見《君奭》『予不惠，若茲多誥』及《多方》『我不惟，多誥』釋讀。**曷震動萬民以遷**■曷，何也。震，驚也，動也。《漢石經》作『柢』，乃『祇』字之訛。行甫按：『祇』與『振』可通假，《咎繇謨》『日嚴祇敬六德』，《史記・夏本紀》作『振敬』。《無逸》篇『治民祇懼』，《魯世家》作『震懼』。《費誓》『祇復之』，《魯世家》作『敬復之』，《集解》引徐廣曰：『一作振。』《内則》記『祇見孺子』，鄭注云：『祇或作振。』《下曲禮》『臨諸侯畛於鬼神』，注云：『畛或作祇。』祇、振、震、畛，皆語之轉。行甫又按：『震動』乃近義複詞，亦今語『驚動』也。以，猶『而』也，目的連詞。**肆上帝將復我高祖之德**■肆，遂也。《爾雅・釋詁》『肆、故，今也。』郭璞注：『肆，既爲故，又爲今。今亦爲故，故亦爲今，此義相反而兼通者。』郝懿行《義疏》：『肆有申遂之義，故亦申事之詞。』復，讀若『覆』，傾覆也。《戰國策・東周策》『復國且身危』，吴師道注：『復、覆通。』《左傳》定公四年伍員『謂申包胥曰：我必復楚國』，俞樾《群經平議》：『復字當讀爲傾覆之覆。』是其例也。高祖，猶上文『高后』、『先后』也。德，猶『得』也。即上文『德嘉績』之『得』，謂所『得』之『績』也。**亂越我家**■亂，昏亂也。《韓非子・六反》：『亂者，治之反也。』《爾雅・釋詁》：『縱，亂也。』郝懿行《義疏》：『亂者，治之對也。』《大戴禮記・盛德》：『官屬不理，分職不明，法政不一，百事失紀曰亂。』越，猶『及』也。我家，與『我邦』相對。《毛公鼎》數言『我邦我家』，是也。上文『我高祖之德』，猶言『我先祖創下之基業』，亦即『我邦』也。此『我家』者，猶言『我王家』也。雖『我王家』即『我邦國』，但畢竟『邦』大『家』小，『邦』外而『家』内也。故云『越』也。行甫按：『亂越我家』，乃指中篇『崇降弗祥』之『亂政同位』而言，其爲王室宗人，故云『我家』也。枚《傳》釋此二句曰：『以徙，故天將復湯德，治理於我家。』後世經師，無不承用其説，劉起釪亦訓『復』爲『恢復』，讀『亂』爲『嗣』，通於『嗣』，譯爲『你們不知道，這是上帝要恢復我們祖宗的業績到我們這一代王朝』。行甫按：枚説劉讀皆非經義。此二句乃衆人評論盤庚之辭，意即：『何以驚擾萬民而遷都？以至上帝將要傾覆我先祖創下之基業，並亂及我王家？』

〔四〕**朕及篤敬**■及，《釋名·釋言語》：『急，及也。』畢沅《疏證》：『《公羊》隱元年傳：及猶汲汲也。則及亦有急意。』劉起釪曰：『《毛公鼎》「余小子弗及，邦將害吉」，「朕及」即「余小子及」。』行甫按：『及』之言『急』也，猶《孟子·離婁下》『禹思天下有溺者，由己溺之也；稷思天下有饑者，由己饑之也，是以如是其急也』之『急』，亦猶《盡心上》『知者無不知也，當務之爲急』之『急』也，謂『急當務』也。篤，《爾雅·釋詁》：『厚也。』敬，畏慎也。《周頌·閔予小子》『夙夜敬止』，鄭《箋》：『敬，慎也。』《吕氏春秋·孝行》『敢不敬乎』，高誘注：『畏慎。』**恭承民命**■恭，勤恪也。《國語·周語下》『夙夜，恭也』，韋昭注：『夙夜敬事曰恭。』承，繼續也。《秦風·權輿》『不承權輿』，毛《傳》：『承，繼也。』《楚辭·招魂》『朱明承夜兮』，王逸注：『承，續也。』行甫按：『恭承民命』即中篇『予迓續乃命于天』之意也，『承』，猶『迓續』也。亦與上篇『罔知天之斷命』相關聯。**用永地于新邑**■用，以也。地，名詞動用，猶『落地』也。新邑，殷地。行甫按：此三句謂：『我所當篤誠謹慎而急欲所爲者，亦即不辭勞苦地讓我們民衆能夠繼續生存下去，所以我們要遷到新邑殷地去並永遠居住在那裏』。

〔五〕**肆予沖人**■肆，猶『遂』也，與上文『肆上帝將復我高祖之德』之『肆』語義語用從同，亦爲『申事之詞』。沖人，枚《傳》：『沖，童。童人，謙也。』孔穎達《書疏》：『沖、童，聲相近，皆是幼小之名。自稱童人，言己幼小無知，故爲謙也。』行甫按：古音無舌頭、舌上之分，『沖』與『童』音讀相同通假。『予沖人』猶『予小子』，皆自謙之詞也。**非廢厥謀**■廢，棄也。厥，其也。謀，圖謀也。行甫按：『厥謀』者，既指中篇『亂政同位』即王室宗親重臣，慫恿民情，反對遷都之『謀』；亦指上文質疑『曷震動萬民以遷』者所持之理由。**弔由靈各**■弔，淑也，善也。由，從也，因也。靈，猶『俊』也。《漢書・敘傳上》『形氣發于根柢兮，柯葉彙而靈茂』，《離騷》『冀枝葉之峻茂兮，願竢時乎吾將刈』，是『靈茂』亦即『峻茂』也。《文選》五臣本『峻』作『葰』。司馬相如《上林賦》『夸條直暢，實葉葰楙』，顏師古《漢書》注：『葰音峻。』郭璞《上林賦注》引司馬彪曰：『葰，大也，葰音峻。』葰、峻、俊古字通用。《堯典》『克明俊德』，《禮記・大學》引《帝典》曰『克明峻德』，是其例也。『靈』字義同『峻』若『俊』者，其義亦『高』也、『大』也，引申之則爲才智過人之俊傑義。『靈』字用於『高』、『大』之義，其例參見《多士》『今惟我周王丕靈』句釋讀。各，至也，來也。此『各』字之本義也。行甫按：『弔由靈各』，猶《大誥》『爽邦由哲』之義也。『爽邦由哲』，謂『邦國政治清明，必因君人主事者具大智慧』。『弔由靈各』猶『善從靈來』，意謂『邦國之善政善舉，皆來自謀事之俊傑有超乎常人之大智慧』也。行甫又按：二句謂：『並非我有意廢棄宗親大臣反對遷都之理由，乃是因爲只有智慧超群英明決斷，才能帶來邦國之繁榮』。

〔六〕**非敢違卜**■敢，冒昧也。《儀禮・士虞禮》『敢用絜牲』，鄭玄注：『敢，昧冒之辭。』違，不遵從。《左傳》哀公十四年『且其違者不過數人』，杜預注：『違，不從也。』行甫按：『非敢違卜』，與上篇『卜稽曰其如台』相關聯，皆謂盤庚不遵神旨，違卜而遷都也。**用宏茲賁**■用，以也。宏，大也。茲，此也，指邦國而言之也。賁，亦『大』也。王引之《經義述聞》引王念孫曰：『「賁」讀如《易・賁卦》之「賁」，《廣雅》曰：「賁，美也。」「用宏茲賁」，言「用大此美績」也。「美績」，即上文所云「嘉績于朕邦」也。《序卦傳》曰：「賁者，飾也。」「飾」與「美」，義亦相近。』章太炎曰：『《釋魚》：「龜三足，賁。」此以「賁」爲龜之大名，猶後世言蓍蔡，以蔡爲龜之大名矣。』近人曾運乾、金兆梓、劉起釪皆從其說。行甫按：王充《論衡・是應篇》曰『能與賁不能神於四足之龜鱉，一角之羊何能聖於兩角之禽』，是『賁三足』當異於常龜，即《莊子·人間世》所謂『牛之白顙與豚之亢鼻者，與人之痔病者，不可以適河，此皆巫祝以知之矣，所以爲不祥也』。『賁』既爲『三足』之龜，則爲『不祥』之物，不可用於占卜。且既言『非敢違卜』，知其已『違』之矣；猶上言『非廢厥謀』，亦已『廢』之矣。既言『違卜』，而又信從『龜三足』之『賁』而占之，豈非自相矛盾？是知章氏之說非也。所謂『非廢厥謀，弔由靈各』，言盤庚力排衆議，英明果斷，擇善以興邦也。所謂『非敢違卜，用宏茲賁』，言盤庚不依神旨，求真務實，棄舊以圖强也。

此爲下篇第二節，言盤庚面臨民衆流離失所，急欲效法先王，減少凶災，擴大基業，力排衆議，不依龜卜，以民生之利爲重，果斷決定遷都。

【繹文】

盤庚接著說，『以前我們的先王，爲了擴大前人創下的基業，將我們居住的都邑遷徙到山陵地帶，其目的就在於降低與減少水澇造成的饑饉與凶災，使我們的邦國得以持續發展，不斷取得光輝業績。現在，我們的民衆因流離失所而無棲身之地。你們對我說，爲什麽要不辭辛勞驚動萬民而遷移轉徙呢？這樣上帝將會傾覆我們先王所創下的基業，還會讓我們王室內部發生擾亂不安的呀！可是，我所應當篤誠謹慎而急於要做的事情，就是殫精竭慮想方設法讓我們的民衆能夠繼續生存下去，爲他們覓得一個適宜居住的安身之處，所以我們要遷到新邑殷地來，並且永遠居住在這裏。因此，我雖然很年輕，沒有什麽見識，但我也不是盲目地固執己見，不願採納衆人的意見和建議；我只是覺得，有利於民衆的生存，有利於邦國的前途，必須要有正確的方向和道路； 至於如何選擇正確的方向和道路，這就取決於我們必須具有超乎凡俗的心胸與卓絕群倫的睿智。我也不是一意孤行，一定要莽撞冒失地違背占卜結果，拒不遵從神靈的啓示； 我只是覺得，我們更應該以求真務實的精神，考慮邦國的實際狀況與民衆的切身利益，將我們邦國的宏偉基業進一步發揚光大，開創我們更加美好與輝煌的未來。」

嗚呼，邦伯師長百執事之人，尚皆隱哉，予其懋簡相爾！〔一〕念敬我衆，朕不肩好貨，敢恭生生鞠人、謀人之保居。〔二〕敘欽，今我既羞告爾于朕志，若否，罔有弗欽。〔三〕無總于貨寶，生生自庸。〔四〕式敷民德，永肩一心。〔五〕」

【釋讀】

〔一〕**嗚呼邦伯師長百執事之人**■邦伯，甲骨文中稱殷人之外的政治區域爲『某方』，其君長即爲『方伯』，《酒誥》稱殷人『外服』有『侯甸男衛邦伯』，是『邦伯』即『方伯』。師，衆也。長，君長也。執事，即朝廷治事官員。孔穎達《書疏》：『此總敕衆臣，故二伯已下及執事之人皆戒之也。』**尚皆隱哉**■尚，庶幾也，表希望之幸詞。隱，《爾雅・釋言》：『占也。』郭璞注：『隱，度。』郝懿行《義疏》：『占者，億度之詞。《文選・郭有道碑文》注引劉熙《孟子注》曰：「隱，度也。」《管子・禁藏篇》注亦同。《少儀》云「隱情以虞」，鄭注：「隱，意也，思也。」按「意」與「億則屢中」之「億」同，「億」謂「以意度之」，故《禮運》云「非意之也」，鄭注：「意，心所無慮也。」「無慮」亦「隱度」之義。然則「意」亦「隱」也。「隱」、「意」聲轉字通，故《左氏》昭十年《經》云「季孫意如」，《公羊》作「季孫隱如」。」《熹平石經》「隱」作「乘」。孫星衍《今古文注疏》：「「乘」者，《周禮・稾人》「乘其事」，鄭司農云：「乘，計也。」《宰夫》「乘其財用之出入」，鄭注云：「乘，猶計也。」言當計度之，亦猶云「隱度」也。」行甫按：《熹平石經》作「乘」，今文也；古文自作「隱」。然今、古文字異而義同，皆猶今所謂「估算」、「預算」之意。金兆梓訓「乘」爲「籌度」，即「規劃或計劃」之意，其說差爲得之。因下篇所記，乃盤庚於新邑「奠居」、「正位」之後，接見參與其事之方伯衆長的談話，故於話語結束之前，號召各級官員出謀劃策，編制新邑營造規劃或起草預算方案，並要求依次上陳。**予其懋簡相爾**■其，猶「將」也。懋，通「茂」，《爾雅・釋詁》：「勉也。」《熹平石經》作「勖」，義同。簡，閱也。《周禮・小宰》「聽師田以簡衆」，鄭司農曰：「簡，猶閱也。」相，《說文》：「省視也。」行甫按：「簡相」乃近義複詞，猶今所謂「審察」、「閱覽」之意。且「簡」亦有「選擇」之義。爾，汝，指「爾之所隱」也，句意謂「審察簡閱你們的規劃和預算」。

〔二〕**念敬我衆**■念，猶今所謂「想到」也。《釋名・釋言語》：「念，黏也。意相親愛，心黏著不能忘也。」《論語・公冶長》「不念舊惡」，皇侃《疏》：「念，猶識録也。」是其義也。敬，吴汝綸《尚書故》：「讀爲矜。」行甫按：「敬」與「矜」相通互用。《韓非子・說難》「在知飾所說之所矜」，《史記・老子韓非列傳》引作「所敬」。《呂刑》「哀敬折獄」，《孔叢子・刑論》引作「哀矜」。是其例也。「念敬」者，近義複詞也，猶「掛念哀憐」之意。我衆，我民衆也。**朕不肩好貨**■肩，可能也。《爾雅・釋詁》：「肩，克也。」黄生《字詁》：「克與可同義，但轉其聲耳。」好，喜也，貪也。《國語・晉語七》「戎狄無親而好得」，韋昭注：「好得，貪貨財。」《呂氏春秋・壅塞》「齊宣王好射」，高誘注：「好，喜也。」貨，財貨也。《周禮・職金》「掌受士之金罰貨罰」，鄭玄注：「貨，泉貝也。」行甫按：「朕不肩好貨」與上句、下句皆爲因果關聯，意即「我因哀憐顧念我們的民衆，並非因爲貪圖財富才決定爲下述人等提供聚居之所』。**敢恭生生鞠人謀人之保居**■敢，猶『敢於』也。《荀子·性惡》『敢直其身』，楊倞注：『敢，果決也。』玄應《一切經音義》卷十六『相敢』注引《三蒼》：『敢，必行也。』是其義也。恭，讀若『供』，《莊子·天地》『至无而供其求』，《釋文》：『供，本亦作恭。』是其例也。《說文》：『供，設也。从人共聲。一曰供給。』是其義也。生生，亦『以生爲生』也，營謀其生也。行甫按：此『生生』爲『鞠人』與『謀人』之限定語。鞠，養也。《小雅·蓼莪》『母兮鞠我』，毛《傳》：『鞠，養也。』《方言》卷一：『鞠，養也。陳楚韓鄭之間曰鞠。』行甫按：『鞠人』猶『鞠養之人』，指能夠創造社會物質財富，維持國民生計之人，亦即與社會生產及民衆生活相關的各個行業與各個部門的從業人員。謀，媒也，商度也。《周禮·地官·敘官》『媒氏』，鄭玄注：『媒之言謀也，謀合異類使和成者。今齊人名麴麩爲媒。』是『謀』與『媒』音同義通也。《爾雅·釋詁》：『度、肇，謀也。』《酒誥》『肇牽車牛遠服賈』，『肇』兼『謀』與『敏』之二義，說見《酒誥》釋讀。《爾雅·釋言》『揆，度也』，郭璞注：『度，商度。』希麟《音義》卷十亦有『媒衒』一語，《說文》：『衒，行且賣也，从行言。衒，衒或从玄。』是此所謂『謀人』者，猶市肆商賈買賣之人也，與創造社會物質財富，維持國民生計之『鞠人』爲異類。行甫按：《周禮·地官》置『媒氏』於『調人』與『司市』、『質人』、『廛人』之間以爲同類，則『媒氏』當即此『謀人』也，今所謂『市場中介』者，即其人也。然《媒氏》之職，又『掌萬民之判』，乃專主婚媾之事，則與《地官·序官》設官以類及鄭注不甚相合，似有照應不周之嫌。保，亦『居』也。《淮南子·說山》『保者不敢畜噬狗』，高誘注：『保，城郭居也。』是其義也。孫星衍《今古文注疏》：『《鹽鐵論·本義》篇云「盤庚萃居」，疑即此「保居」也。萃者，聚也。』皮錫瑞《今文尚書考證》云：『《鹽鐵論·本議篇》文學曰「是以盤庚萃居，舜藏黃金，高帝禁商賈不得仕宦，所以遏貪鄙之俗，而醇至誠之風也」。張敦仁說：即《盤庚》下篇「鞠人、謀人之保居」也。以文學語意推之，與上經「朕不肩好貨」、下經「無總于貨寶」正脗合，但未詳此「萃」當彼經何字，並其說若何耳。臧庸說：案此「萃居」即當彼經「保居」。「保」或作「葆」，與「萃」形相近，故文異。然則古文《尚書》作「保居」，今文《尚書》作「萃居」，其説猶《齊語》云「夫商群萃而州處，察其四時，而監其鄉之貲。制國爲二十一鄉，工商之鄉六」。蓋別居之，不令與士農雜處，賤之也。」行甫按：「萃居」亦即「保居」。《漢書·高帝紀》「民前或相聚保山澤」，《莊子·列禦寇》「人將保女矣」，郭象注：「保者，聚守之謂也。」是「保」即「聚」也，「保居」亦即聚於城郭而居之，亦即「萃居」也。賢良文學乃以「萃居」訓解「保居」，是其義也；非今文《尚書》即作「萃居」也。且「盤庚保居」若「萃居」，亦非賤商賈之意。其以「鞠人」與「謀人」皆爲「生生」之「人」而相「保居」，是重之也。殷人所以又稱「商人」者，與其「肇牽車牛遠服賈」之重視商度貿遷當不無關係，不可以漢世重農抑商而概律殷代之事也。

〔三〕**敘欽**■敘，《説文》：「次弟也。」欽，劉逢祿、章太炎皆讀若「廞」，《説文》：「廞，陳輿服於庭也。从广，欽聲。」《周禮·司服》「廞衣服」，鄭司農云：「廞，陳也。」《爾雅·釋詁》「廞，興也」，郝懿行《義疏》：「廞，陳也，是陳之興也。」行甫按：「敘欽」，猶言「按照計劃依次逐步興建」也。**今我既羞告爾于朕志**■今，兹也。既，猶「已」也。羞，《説文》：「進獻也。」行甫按：此「羞」字乃敬辭，義猶「奉勸」、「奉陪」、「奉見」之「奉」，「奉」亦「進獻」，《周禮·大司徒》「奉牛牲」，鄭玄注：「奉，猶進也。」是「羞告」者，猶言「奉告」也。于，以也。志，《説文》：「意也。」行甫按：「朕志」猶言「我的想法」，指「尚皆隱哉」及「敘欽」也。**若否**■若，順也，如也，合也。否，猶「不順」、「不如」也。行甫按：「若否」者，謂「無論順與不順」或「無論合與不合」也。「順」者、「合」者當是就國家營建新邑的財力而言。**罔有弗欽**■罔，無也。有，或也。欽，讀若「廞」，亦「興」也。行甫按：「罔有弗欽」，謂按計劃爲新邑所有關乎國民生計的「鞠人」與「謀人」提供廬舍里居，決不厚此薄彼，有失公平。

〔四〕**無總于貨寶**■無，不也。總，猶「聚斂」也。《周禮·職内》「而執其總」，鄭玄注：「總，謂簿書之種別與大凡。』賈公彦《疏》：「總，謂稅入多少，總要簿書。」于，猶『取』也。《豳風・七月》『一之日于貉』，毛《傳》：「于貉，謂取狐狸皮也。」《豳風・七月》『晝爾于茅』，馬瑞辰《傳箋通釋》：「於與爲古通用，義同取。于即於也，故于之義亦得訓取。」《荀子・大略》引《詩》『晝爾于茅』，楊倞注：「于茅，往取茅也。」貨寶，猶『錢財珍寶』也。行甫按：此與上文『敢恭生生鞠人、謀人之保居』相關聯，謂『一定要爲關乎國民生計之生產者與商貿者提供聚居之所，非在於斂取錢財珍寶』，乃在使其『生生自庸』也。**生生自庸**■生生，亦『營謀生計』也。庸，用也，功也。《說文》：「庸，用也。」《周禮・大司徒》『十有二曰以庸制祿』，鄭玄注：「庸，功也。」朱駿聲《說文通訓定聲》：「事可施行謂之用，行而有繼謂之庸。」楊筠如《覈詁》：「庸，疑當讀爲『封』，《漢書・司馬相如傳》『庸牛』即今文『犎牛』，是『庸』可爲『封』。《楚語》『是聚民利以自封也』，《晉語》『今君起百姓以自封也』，並有『自封』語。韋注：『封，厚也。』」行甫按：此『庸』即兼有『用』、『功』、『封』三義焉。『生生自庸』，猶言『營謀其生計以自行增殖封厚其財用』也。

〔五〕**式敷民德**■式，《爾雅・釋詁》：「用也。」行甫按：『用』猶『以』也。敷，布也。行甫按：此『敷』猶言『散施』也。德，恩惠也。《禮記・哀公問》『百姓德之』，鄭玄注：「德，猶福也。」孔穎達《正義》：「德，謂恩德，謂福慶之事。」是其義也。**永肩一心**■肩，克也，可也。一心，猶『同心』也。

此乃下篇最後一節，言盤庚號召眾邦伯官長及其治事之人爲新邑之營建出謀劃策，各陳方案。考慮到民眾生產與生活，盤庚決定爲民眾生產與經營提供方便，爲他們營建廛舍里居，使之安心從事生產與貿易，繁榮新邑民生事業。

【繹文】

最後，盤庚不無感慨地說，『唉——！　各位邦君與眾位官長以及各位幹辦治事官員，希望你們大家都來爲新邑的營造出謀劃策，拿出你們各自的營造計劃及其預算方案，我將要認真審閱你們提出的方案和計劃以作選擇。考慮到我們的民眾在遷都之後存在著不少實際困難，我不可能是因爲貪圖財富，才決定給那些有助於國民生計的從業者以及小商小販們一一提供廛舍里居。當然，爲這些從業者與商販們提供屋宇廬舍，也必須按照計劃和方案逐步興建。現在，我已經把我的這些想法都明白奉告你們大家了，因此，無論我們的營造計劃和預算方案，是否切合新邑的財政度支，我們都要按照計劃逐步興建，不可厚此薄彼，有失公平。我之所以要給這些有關國民生計的從業者和小商販們一一提供聚居之地與經營之所，其目的決不是爲了要向他們聚斂財富或者攫取珍奇異寶，而是爲了幫助他們營謀生計，讓他們自行增殖豐厚其財用，使我們民眾在新邑的生產與生活更加繁榮與興旺。同時，這也是給廣大民眾廣播恩德的做法；　這樣，他們就可能永遠和我們同心同德，一心一意跟著我們走。』

以上爲《盤庚》下篇。

【後案】

盤庚所以將都城從奄地遷往殷邑，前人言其原因者，多所推測，今不復贅。所可注意者，盤庚遷殷，之所以萬民『震動』，輿情沸騰，乃在其人違背神旨，不信占卜而已。上篇既言：『不能胥匡以生，卜稽曰其如台！』下篇又説：『非敢違卜，用宏兹賁。』皆是盤庚遷殷不信占卜的證據。此外，安陽殷墟甲骨文至今尚未發現屬於盤庚時代的卜辭，雖然其原因尚不明確，但有一點大抵是肯定的，即盤庚之時，雖然存在大量占卜活動，但並不重視占卜之後的應驗與否，因此不必刻辭。殷墟卜甲十之有九無刻辭，這些無字的卜骨之中，必有盤庚至武丁之前的遺物。這或者也可以作爲盤庚敢於違卜遷都的重要旁證。

《禮記·表記》説：『殷人尊神，率民以事神，先鬼而後禮。』盤庚在尊信巫鬼的時代，居然不遵龜卜，違背神旨，足見盤庚是中國上古之世不可多得的一位具有求真務實精神的傑出政治家。

盤庚之所以敢於違背鬼神的意旨，『震動萬民』大舉遷都，與其重民親民的思想意識是分不開的。『重我民，無盡劉，不能胥匡以生，卜稽曰其如台！』或者可以理解爲，這是盤庚以民生爲口實，彈壓大片官員對於遷都的不滿。『予丕克羞爾用，懷爾然』；『失于政，陳于兹，高后丕乃崇降罪，疾曰：曷虐朕民？』或者也可以理解爲，這是盤庚面對萬民震動拒絶遷徙的洶湧民情，採取的情感攻勢與宣傳策略，不過是口惠而實不至的欺騙與籠絡。但『朕不肩好貨，敢恭生生鞠人、謀人之保居』，且『無總于貨寶，生生自庸』，這可是『念敬我衆』的實際行爲，是實實在在地爲萬民百姓做好事、辦實事，是切實有效地解決民衆的實際困難，是保障民生、厚利百姓的實際舉措。所以，我們決不能把『重我民，無盡劉』的那些説話僅僅理解爲彈壓官吏的宣傳技巧與政治攻勢，而是他親民愛民的真實思想流露；也不能把『羞爾用，懷爾然』的那些話語，僅僅理解爲收買民心的政治欺騙與情感籠絡，而是他急民所急的內心真實想法。因此，盤庚是中國古代憂民所憂、急民所急，切切實實地爲民興利的政治家，他決不是靠謊言與欺騙上位的野心家與陰謀家。

其次，作爲傑出的政治家，盤庚懂得治民必先治吏的道理。『盤庚斅于民由乃在位，以常舊服正法度，曰：無或敢伏小人之攸箴』，認爲民衆之所以對朝廷政策不能有效地接受與遵行，關鍵在於直接與民衆相接觸的親民之官沒有切實有效地做好上傳下達的貫徹與落實。而他們之所以不能有效地上傳下達，是因爲他們沒有與朝廷保持高度的一致，沒有正確理解最高領袖的話語精神與政治動機。『今汝聒聒，起信險膚，予弗知乃所訟』，他批評下屬官吏不負責任的胡言亂語，公開散佈不利於國家大政方針的政治流言；『汝不和吉言于百姓，惟汝自生毒，乃敗禍姦宄，以自災于厥身』，他指責那些愚蠢無能的下屬官員不能有效地疏通民情，受到民衆的人身攻擊，『乃既先惡于民，乃奉其恫，汝悔身何及』，那不過是種瓜得瓜，種豆得豆，是自取其辱，也是自作自受，不值得同情。因此，他要求各級官員，必須『若網之在綱，有條而不紊』，與朝廷保持高度的一致，正確執行朝廷的各項政治指令；必須『若農服田力穡，乃亦有秋』，要求他們必須積極努力地工作，辛勤地付出，才有可能享受應得的回報。

此外，作爲傑出的政治家，盤庚也懂得集思廣益，激發各級官員的參與意識，並且號召群臣百官爲新邑的建設出謀劃策，不讓他們置身於事外，充分體現出作爲一個優秀的政治家所當具備的決策能力與領袖才能。如果說，『盤庚遷于殷，民不適有居，率籲衆慼出矢言』，這是利用王室貴戚重臣們德高望重的政治身份與社會地位，讓他們親自出面向民衆作宣傳解釋工作，可以收到事半功倍的政治效果；那麽，『嗚呼，邦伯師長百執事之人，尚皆隱哉，予其懋簡相爾』，這既是激發各級官吏的參與意識，不讓他們置身於事外、隔岸觀火，也是讓他們真正理解朝廷爲民衆辦實事，急民之所急的政治舉措，從而激發他們勤政愛民的思想覺悟及其爲朝廷分憂的責任意識。組織才能與決策能力，任何時候都是作爲優秀的政治家所當必備的政治品質。

作爲優秀的政治家，盤庚還具有非常傑出的演説才能。針對不同的演講對象以及不同的演講目的，他會採取不同的演説方式，利用不同的譬喻，打動不同的聽衆。『予若觀火，予亦拙謀』，從最初的熱情如火到最終的心灰意冷，對那些愚蠢無能的下屬官員表示由衷的失望。『若火之燎于原，不可嚮邇，其猶可撲滅』，以『浮言』煽動的恐慌，一旦蔓延開來，勢必如烈火燎原，其後果不堪設想。而『人惟求舊，器非求舊』，最能表達君臣之間同心同德長期共政的理想和願望。面對朝廷官員，盤庚的比喻之辭深刻雋永，耐人尋味。而面對萬民百姓，盤庚的講話內容以及所用之比喻，則更加貼近民衆的日常生活。『若乘舟，汝弗濟，臭厥載』，若乘船不濟，輟滯於中流，必是船毁人亡。『爾忱不屬，惟胥以沈，不其或稽，自怒曷瘳』，如不同心協力，繼續前行，所有乘客皆將斃命，即使怨天尤人，終將於事無補。所有這些比譬，無不生動貼切，既具有非常明確的聽衆針對性，亦具有十分强勁的説服力與表現力。盤庚的演説才能，在中國歷代帝王之中，似不多見。

高宗肜日

【解題】

高宗，殷王武丁之廟號，盤庚之弟帝小乙之子，帝祖庚與帝祖甲之父，成湯第十一世孫，商代第二十三位君主。

《書序》曰：『高宗祭成湯，有飛雉升鼎耳而雊，祖己訓諸王，作《高宗肜日》、《高宗之訓》。』《史記·殷本紀》曰：『帝武丁祭成湯，明日，有飛雉登鼎耳而呴，武丁懼。祖己曰：「王勿憂，先修政事。」祖己乃訓王曰』云云，『武丁修政行德，天下咸驩，殷道復興。帝武丁崩，子帝祖庚立。祖己嘉武丁之以祥雉爲德，立其廟爲高宗，遂作《高宗肜日》及《訓》。』是《書序》與史公皆以『高宗肜日』爲武丁祭成湯，以本篇爲祖己所作。所不同者，《書序》以爲作於武丁之時，《本紀》以爲作於帝祖庚繼立之後。

蔡沈《書傳》云：『於肜日有雊雉之異，蓋祭禰廟也，《序》言湯廟者非是。』其意當爲武丁祭其父小乙之廟。宋末金仁山履祥《尚書表注》曰：『高宗，廟號也，似謂高宗之廟。昵，近廟也，似是祖庚繹於高宗之廟。』元儒鄒季友《書傳音釋》則明確指出：『此必祖庚肜祭高宗之廟而祖己諫之，故有豐昵之戒，辭旨淺直，亦告少主之語耳。肜祭高宗而曰高宗肜日者，謂於高宗之廟肜祭之日也。』王國維《高宗肜日説》據殷墟卜辭所記『肜日』之文例，證成宋儒之説，謂『高宗肜日』，不可『釋爲高宗祭成湯』。王氏又據『癸酉卜行貞王賓父丁歲三牛眔兄己一牛兄庚一牛亡尤』之卜辭，考定殷代諸帝之中，唯武丁之子有名己與名庚者。則『父丁』即武丁，『兄己』、『兄庚』乃孝己、祖庚。是此辭必爲祖甲所卜。而『兄庚』後稱『祖庚』，則『兄己』後亦必稱『祖己』，而孝己後亦必稱『祖己』。本篇言『祖己訓于王』，如王爲高宗，則孝己以子訓父，於辭爲不順；若釋爲祖己誡祖庚，則於事無嫌。不稱『兄己』、『父己』而稱『祖己』者，則其納諫雖在祖庚之世，而其著於竹帛必在武乙之後。且本篇云『典祀無豐于昵』，馬本作『尼』，訓爲『禰廟』，則高宗肜日爲祖庚祭高宗之廟，而非高宗祭成湯無疑。

肜日，祭祀之名，甲骨文作『彡日』，載籍『肜』字又作『融』。《周頌·絲衣·小序》『繹賓尸也』，鄭玄《箋》：『商謂之肜。』陸德明《釋文》本作『謂之融』，曰：『融，餘戎反，《尚書》作肜，音同。』張衡《思玄賦》『展洩洩以肜肜』，李善注：『《左氏傳》曰「鄭莊公入而賦：大隧之中，其樂也肜肜。姜出而賦：大隧之外，其樂也洩洩」，杜預云：「融融，和也。洩洩，舒散也。」融與肜古字通。』《爾雅·釋天》云：『繹，又祭也。周曰繹，商曰肜，夏曰復胙。』孔穎達《書疏》引孫炎曰：『祭之明日，尋繹復祭也。肜者，相尋不絶之意也。』《春秋經》宣公八年：『辛巳，有事于大廟，仲遂卒于垂。壬午，猶繹。』《公羊傳》：『繹者何？祭之明日也。』何休注：『禮，繹繼昨日事，但不灌地降神爾。天子諸侯曰繹，大夫曰賓尸，士曰宴尸，去事之殺也。必繹者，尸屬昨日配先祖食，不忍輒忘，故因以復祭，禮則無有誤，敬慎之至。』徐彦《疏》：『繹在正祭之後，祭尊於繹。』楊樹達《積微居甲文説·釋肜日》曰：

『古人既視肜繹爲一事，說繹如此，肜義可知。然今考之甲文，則殊不爾。《殷虛書契前編》卷壹云：「壬寅，卜，貞，王賓示壬彡日，亡尤？」又云「甲申，卜，貞，王賓大甲彡日，亡尤。」彡日即《書》文之肜日，已無疑問。殷人卜祭必以王名之日卜，如上舉二例。示壬肜日之卜以壬寅，大甲肜日之卜以甲申，是也。卜用王名之日，則祭用王名之日亦可知，蓋先十日卜後十日之祭也。殷人肜日祭之外，更有肜夕之祭，其卜也，必用王名之先一日。如《前編》卷壹云：「乙酉卜王賓外丙彡夕亡尤？」又云：「己卯，卜，貞，王賓大庚彡夕，亡尤。」王名丙則以丙之先一日乙日卜，王名庚則以庚之先一日己日卜，是其例也。此亦非以卜日祭、亦先十日卜之也。如上來所說，殷人肜夕以王名先一日祭，而肜日以王名之日祭，然則前人所謂祭之明日又祭者，第一祭蓋指肜夕言之，明日又祭則指肜日言之也。以事理言之，先夕之祭蓋豫祭，而當日之祭則正祭也。正祭爲重而豫祭爲輕，則先儒謂初祭爲正祭，尊於復祭者，非其實也。」

是『高宗肜日』者，殷高宗武丁肜日之祭，必於丁日舉行，乃丙日肜夕後第二日之正祭，對前日之『肜夕』而言『肜日』也。與周人稱之爲『繹』，乃祭之後復祭而禮有所衰減降殺者，則有所不同。

本篇之著於竹帛，王國維謂必在殷王祖甲之孫武乙之後，『故《書》之祖己，實非孝己不能有此稱也。而《西伯戡黎》之祖伊，亦疑即紂之諸父兄弟。果如此，則《商書》之著竹帛當在宋之初葉矣』。是謂本篇寫定成書當在西周初年。屈萬里曰：『本篇既稱高宗，又稱祖己，知其必爲後人追述之作。以文辭之淺易覘之，本篇作成時代，似當在戰國之世。』劉起釪以殷人至上神稱『帝』，不稱『天』，周人至上神則稱『天』，而《大誥》、《康誥》、《多士》以及西周金文《宗周鐘》、《師訇𣪘》則『天』與『帝』合一並稱，由此『推想《湯誓》、《盤庚》最後寫定當與此西周諸誥諸器時間基本相近，而《高宗肜日》等三篇寫成固當晚於上述諸篇』。

本篇言『罔非天胤，典祀無豐于昵』，此乃爲旁系支出之宗室先祖爭地位、求禮祀之説辭，必與春秋中期之後王權衰落，公室式微而卿大夫專征專伐乃至『陪臣執國命』之政治局勢相關。旁系支出之卿大夫乃至陪臣與國君爭奪政治權與話語權，正可以此爲歷史根據。是此篇之寫定與流傳，當在春秋中葉之世。則元人鄒季友所謂『辭旨淺直』，非關『少主』也。而屈萬里所謂『文辭之淺易』，東遷之後猶能爲之，不必降及戰代而後可也。

高宗肜日，越有雊雉。〔一〕祖己曰：『惟先格王，正厥事。』〔二〕乃訓于王曰：『惟天監下民，典厥義。〔三〕降年有永有不永，非天夭民，民中絕命。〔四〕民有不若德，不聽罪，天既孚命正厥德，乃曰其如台。〔五〕嗚呼，王司敬民，罔非天胤，典祀無豐于昵。〔六〕』

【釋讀】

〔一〕**高宗肜日**■高宗，殷王武丁。《周易·既濟》：『高宗伐鬼方，三年克之。』《禮記·喪服四制》：『高宗者，武丁。武丁者，殷之賢王也。』肜日，殷王祖庚於丁日舉行其父武丁之祭祀也。楊樹達《積微居讀書記》：『肜日爲祭明日又祭者，本據肜夕言之；先夕爲彡夕之祭，乃豫祭，明日又祭，爲肜日之祭，正祭也。然宣公八年《公羊傳疏》云：「繹在正祭之後」，祭尊於繹，此説而確，則與肜夕、肜日之祭，輕重恰相反。疑周之繹祭雖因於殷之形，而禮制已有變更，後人以肜、繹爲一事者，殆誤也。孫炎釋肜爲「相尋之意」，以甲文核之，亦爲未安，肜日爲尋昨日之祭，肜夕復何所尋乎？又按甲文有彡龠祭，以王名之明日祭，彡夕、彡日、彡龠，三日相次，祭名彡者竟有三項矣。」行甫按：孫炎釋『肜』爲『相尋之意』，實不誤也。殷人『彡夕、彡日、彡龠，三日相次』而皆稱爲『彡』，正爲『肜』乃『尋繹復祭』之證。而周人稱之爲『繹』者，稱其後次也，當即殷人之『彡龠』也。『繹』從『睪』聲，讀若『鐸』，而『龠』讀如『藥』，『藥鐸』韻部相近；『龠繹』聲皆喻母，聲同音近，則周人以『龠』爲『繹』，亦取『相尋』之『肜』字意也。**越有雊雉**■越，於也。行甫按：『越』猶『惟』也；『惟』猶『乃』也。說見吳昌瑩《經詞衍釋》。此『越有』者，即『於是乃有』也。以爲語詞無義，非也。《漢書·外戚傳》引作『粤』，音同字通。雊，工豆反，讀如勾。《說文》：「雄雉鳴也。雷始動，雉乃鳴而句其頸。从隹句，句亦聲。」雉，《說文》：「有十四種。」鵜，古文雉从弟。」胡厚宣《甲骨文商族鳥圖騰的遺跡》：「雉者，《說文》說有十四種，顔師古說文采皆異。《韓詩外傳》說羽毛悅澤，光照於日月。《左傳》少皞氏以鳥鳴官，鳳鳥氏之下，有屬官四鳥：玄鳥氏、伯趙氏、青鳥氏、丹鳥氏。杜預注：「丹鳥，鷩雉也。」樊光注：「丹雉也。」是雉者在古實以爲鳳之屬類。《說文》「鵕鸃，鷩也」，又「鷩，赤雉也」。鵕鸃猶言鸑鷟。《說文》「鷟，鸑鷟，鳳屬神鳥也」。《國語》注引三君說，甚至以爲「鳳之別名」，所以商朝人也以神鳥視之。」

〔二〕**祖己曰**■祖己，武丁之子孝己。劉起釪曰：甲骨文祖庚、祖甲時卜辭稱『兄己』，廩辛、康丁時卜辭稱『父己』，武乙、大丁、帝乙、帝辛時卜辭稱『祖己』。王國維《高宗肜日說》：『孝己之名，見於《荀子》、《性惡》、《大略》二篇，《莊子·外物篇》，《戰國》秦燕二《策》，《漢書·古今人表》，皆無事實。而《人表》列之於祖己之後，祖伊之前，自以爲高宗時人。《世說新語·言語篇》陳元方曰「昔高宗放孝子孝己」，注引《帝王世紀》云：「殷高宗武丁有賢子孝己，其母蚤死，高宗惑後妻之言，放之而死。天下哀之。」《家語·弟子解》亦云「高宗以後妻之言殺孝己」，其言必有所本。又古訓「殺」爲「放」，非必誅死之謂。則經之祖己，自必其人。蓋孝己既放，廢不得立，祖庚之世，知其無罪而還之。《商書》中以日名者皆商之帝王，更無臣子稱祖之理。故《書》之祖己實非孝己不能有此稱也。」楊筠如《覈詁》：「後人之稱孝己，蓋本名己而以其孝行稱之；此稱祖己，則其子孫稱之也。」曰，言也。孔穎達《書疏》：「祖己見其事而私自言。」蔡《傳》：「祖己自言。」行甫按：孔、蔡二氏之説是也。「祖己曰」者，祖己意中自度之言也。此乃著書者敘事之辭，揣摩祖己心之所慮而補之也。**惟先格王**■惟，與「唯」通。格，《蔡傳》：「正也。猶格其非心之格。」《方言》卷三：「格，正也。」《孟子·離婁上》曰「唯大人爲能格君心之非」，《論語·爲政》「有恥且格」，趙岐注及何晏《集解》皆云：「格，正也。」《漢書·成帝紀》、《五行志》、《孔光傳》、《外戚傳》及《後漢書·律曆志》引「格」作「假」，《史記·殷本紀》述之曰：「王勿憂，先修政事。」孫星衍曰：「『王勿憂』者，疑釋『假王』爲寬暇王心。《詩·長發》云『昭假遲遲』，《箋》云：『假，暇。』又以爲寬暇，王粲《登樓賦》云『聊暇日以消憂』，《文選·王元長〈曲水詩序〉》引《孫子兵法》曰『優游暇譽』，是『假』與『暇』通也。」行甫按：西漢今文作「假」，古文作「格」，「格」與「假」聲同通用。此當讀「格正」之「格」，與下「正厥事」之「正」義同。且唯「格」之「正」之而後乃言「訓」也。司馬遷述爲「王勿憂」者，臆爲作解，不可爲訓。他如訓「告」訓「至」訓「閣」訓「暇」皆曲説，不可從。**正厥事**■正，止過也。《管子·法法》：「正者，所以止過而逮不及也。」又《桓公問》：「人有非上之所過，謂之正士。」皆是其義也。行甫按：此「正」與上文「格」字乃互文。猶證「格」即「正」，不可他訓也。厥，其也。事，祭事也。孫星衍曰：「當讀如《春秋傳》『有事於太廟』。」是也。蔡《傳》：「祖己自言當先格王之非心，然後正其所失之事。『惟天監民』以下，格王之言；『王司敬民』以下，正事之言也。」曾運乾《正讀》：「意言禍變之來，由於王心不正，以致祀典有乖。欲彌災變，惟當先正王心，次正祀典，故即以此二者致訓于王也。」行甫按：諸家之説是也。《史記》言「先修政事」，史公臆爲之述耳。「國之大事，在祀與戎」，雖「祀」與

『戎』皆爲『政事』，然本篇僅言『祀』而不及『戎』也。

〔三〕**乃訓于王曰**■乃，於是也。訓，《說文》：『說教也。』于，猶『其』也。說見吳昌瑩《經詞衍釋》。**惟天監下民**■惟，猶『以』也，『因』也。監，《爾雅・釋詁》：『視也。』行甫按：此『監』猶今所謂『督察』、『監督』之意。《殷本紀》引此句無『民』字。**典厥義**■典，讀如『敟』，《說文》：『敟，主也。』段玉裁注：『凡「典法」、「典守」字皆當作「敟」，經傳多作「典」，「典」行而「敟」廢矣。』行甫按：『典』即『敟』之省文，凡訓『職』訓『掌』訓『司』訓『主』之『典』，皆當讀『敟』。蔡《傳》：『典，主也。』是其義也。厥，其也。行甫按：『其』者，既指天，亦指民；因其『義』乃由『天』所主而由『民』所行。義，猶『宜』也。蔡《傳》：『義者，理之當然，行而宜之之謂。』行甫按：《大雅・烝民》『天生烝民，有物有則；民之秉彝，好是懿德』，是『天』之『義』者，猶『上天之則』而由『民』所『秉』所行也。

〔四〕**降年有永有不永**■年，年壽也。永，長久也。蔡《傳》：『意高宗之祀，必有祈年請命之事，如漢武帝五時祀之類。』行甫按：蔡氏以爲行肜日之祭者有『祈年請命之事』，其說非也。祖己以商王因肜日祭事而有雊雉之異，乃憂其年壽之不永。故祖己先以其年永之不永不在雊雉之異而在修德正命以訓之，此即『先格王之非心』也，史公之所以述爲『王勿憂』者，亦因此也。**非天夭民**■夭，短折也。《左傳》昭公四年『民不夭札』，杜預注：『短折爲夭。』《釋名・釋喪制》：『少壯而死曰夭，如取物中夭折也。』民，猶言『人』也。蔡《傳》：『言民而不言君者，不敢斥也。』行甫按：蔡說非也。凡與『天帝』相對而言之『民』，亦即『人類』或『人間』之『人』，無君與民之別，更無所謂『斥』與不『斥』也。梁玉繩《瞥記》曰：『蓋對天而言，天子亦民也。《酒誥》曰「惟民自速辜」，民謂商紂。』梁氏若曰『天子亦人也』，則其說當較周延而無懈可擊矣。**民中絕命**■中，中途也。絕，《說文》：『斷絲也，从刀糸，卩聲。𢇍，古文絕，象不連體絕二絲。』命，生命也。行甫按：《殷本紀》引此句作『中絕其命』，無『民』

字，當讀爲『非天夭民中絕其命』，是『中絕其命』乃『夭民』字之重複補語，乃以『夭』者『絕』者皆爲『天』也。古文今本有『民』字，則爲『非天夭』而乃『人自夭』也。有『民』字義長。

〔五〕**民有不若德■**若，《爾雅·釋言》：『順也。』行甫按：『若』，猶『如』也，其訓『順』者，『如』義之引申也。德，行爲符合既定道義與準則。《釋名·釋言語》：『德者，得也，得事宜也。』是其義也。**不聽罪■**聽，服也。蔡《傳》：『不聽罪，不服其罪，謂不改過也。』行甫按：『不若德，不聽罪』者，乃互爲解釋與補充也。『不聽罪』自是『不若德』，『不若德』自是『不聽罪』耳。**天既孚命正厥德■**既，猶『其』也，『其』，猶『則』也。說見吳昌瑩《經詞衍釋》。孚，《殷本紀》引作『附』，《漢書·孔光傳》引作『付』，《熹平石經》亦作『付』。章太炎曰：『「孚」與「附」、「付」音雖近，然此似本作「𠬪」，轉寫誤作「孚」。《說文》：「𠬪，物落上下相付也。讀若《詩》摽有梅。」「𠬪」「付」古亦雙聲相轉，音近義同，故今文直以「付」爲「𠬪」。太史作「附」，亦「付」字耳。據《漢書·食貨志》「野有餓⿱艹𠬪而弗知發」，鄭氏曰：「⿱艹𠬪音蔈有梅之蔈，⿱艹𠬪，零落也。」此字今《孟子》作「莩」，注：「餓死者曰莩。」《詩》曰莩有梅，莩，零落也。」是則正字作「𠬪」，漢時作「⿱艹𠬪」，誤書作莩，⿱艹𠬪誤作莩，正猶𠬪誤作孚矣。』行甫按：章氏謂『孚』當爲『𠬪』字之訛，《說文》『𠬪』字義爲『物落上下相付』，是其義也。《熹平石經》作『付』，當是『𠬪』字之省，從『又』從『寸』，一也。『𠬪命』者，猶言『上天付與下民之命』也。意謂『民義則付之以永命，不義則付之以不永命』也。正，猶『止』也。《邶風·終風序》『見侮慢而不能正也』，鄭《箋》：『正，猶止也。』《管子·法法》：『正者，所以止過而逮不及也。』皆其義也。德，得事之宜也。『不得事之宜』，是亦爲『德』，猶『不德之德』耳。行甫按：『天既孚命正厥德』者，意謂：『天乃付與其所當得之命以止其不合宜之德』也。**乃曰其如台■**乃，於是也。亦時間副詞，有『遲滯』或『不逮』之意，猶今語所謂『方才』也。曰，吳昌瑩《經詞衍釋》：『猶詞之「爲」也。』其，猶『有』也，『又』也；亦有『寧也』、『豈也』即表反詰之意。說見吳昌瑩《經詞衍釋》。如台，《殷本紀》作『奈何』，訓詁字也。參見《盤庚》上篇『卜稽曰其如台』釋讀。行甫按：『乃曰其如台』，意即『事已至此，又能如何』，亦即：『到此方曰奈何，又豈奈何？』猶言『悔之已晚』也。

〔六〕**嗚呼**■嘆詞，枚《傳》：『嘆以感王。』孔穎達《書疏》：『祖己恐其言不入王意，又嘆而戒之。』行甫按：此『嗚呼』之嘆，乃有引起聽者警覺，以嚴肅談話氣氛之用。**王司敬民**■司，主也。《鄭風·羔羊》『邦之司直』，毛《傳》：『司，主也。』《殷本紀》作『嗣』，『嗣』與『司』古音同通用。敬，慎也。枚《傳》：『王者主民，當敬民事。』蔡《傳》：『王之職，主於敬民而已。』**罔非天胤**■罔非，猶『莫非』也。胤，繼嗣也。《說文》：『胤，子孫相續也。』《爾雅·釋詁》：『胤、嗣，繼也。』《殷本紀》作『繼』，訓詁字也。孫星衍曰：『天胤，猶言天之子。』是也。行甫按：『罔非天胤』，主語承前『王司敬民』而省。謂『王者之職，主敬慎民事而已；亦莫非上天之嗣子』也。**典祀無豐于昵**■典，亦讀如『敟』，主也。祀，祭祀也。豐，大也，厚也。《說文》：『豆之豐滿也。从豆象形。』《周頌·豐年》『豐年多黍多稌』，毛《傳》：『豐，大也。』《國語·晉語二》『今晉侯不量齊德之豐否』，韋昭注：『豐，厚也。』是其義也。《殷本紀》作『禮』，《說文》：『豊，行禮之器也，从豆象形。讀與禮同。』是史公以『豊』爲『豐』，而以『禮』字述之。『豐』與『豊』雖非一字，然皆與禮事有關，《天亡毁》『王有大豐』，郭沫若《兩周金文辭大系圖録考釋》即釋爲『大豐當即大封，《周禮》「大封之禮，合衆也」』。且『豐』、『豊』二字相混，由來已久，郭忠恕《佩觿》卷上即譏蔡邕以『豊』爲『豐』，《唐石經》以下刊本此字皆作『豐』。楊筠如《覈詁》：『豐，《史記》作禮，當以形近致訛，從豐爲長。』其說是也。昵，枚《傳》：『近也。祭祀有常，不當特豐於近廟。欲王因異服罪，改修之。』陸氏《釋文》：『昵，女乙反，《尸子》云「不避遠昵」，昵，近也。又乃禮反。馬云：「昵，考也。謂禰廟也。」』楊樹達《積微居甲文說·〈尚書〉「典祀無豐于昵」甲文證》謂『昵』爲『近的親屬』，亦即『直系親屬或直系的祖先』。行甫按：楊氏據甲骨文『大示』、『小示』用牲之異，以證殷人祭祀重本系、輕旁支乃祖己『無豐于昵』之意，其說是也。

祖己之意，謂王者皆爲上天之嗣子，主祭祀者當不可特豐盛於直系先王。此乃祖乙借雊雉之異以爭旁支之祀也。《殷本紀》此句作『常祀毋禮于棄道』，史公不見甲骨文，不知殷人祭祀特重直系先王先公，以爲『昵』僅爲父考之『禰廟』。然正如楊樹達氏所言，『兒子對於死父的祭祀特別豐盛一點』，乃『人情之常』，而祖己卻要祖庚祭祀不可豐於父考之廟，史公亦知其説難通，乃臆改爲『毋禮于棄道』，竟至不知所云矣。後世凡據史公『棄道』之説而對『昵』字所作之諸多解釋，皆穿鑿不可信。

本篇乃祖庚以丁日舉行其父武丁宗廟之肜祭，因祭祀時有野鳥鳴於宗廟，祖庚有所不悦。祖己乃寬慰祖庚，人之年命長短，在於修德行義，與鳴鳥之異沒有必然關係；並告其不可專重直系先王先公之祀典，於旁宗支系先王先公亦當平等致祭，此乃籠絡王室旁系支族以鞏固王朝基業之法。

【繹文】

祖庚在其父高宗武丁的宗廟裏舉行肜日之祭祀，恰在此時，卻有一隻野雉鳥飛來宗廟，伸著脖子不停地鳴叫。祖庚見此情景，以爲不祥之兆，心情很是不高興，以爲自己可能會不久於人世了。他的兄長祖己看出祖庚的心事，於是心想，只有首先打消君王的糊塗想法，然後再糾正他的錯誤做法。於是開導君王祖庚説，『由於上天督察全天下所有人，掌管著人世間的一切法則與道義。所以上天降與下民的年壽有的長、有的不長，這不是老天爺有意要折人的壽，而是因爲人自己中途斷絕了自己的命。人的行爲品德不符合上天所規定的法則與正義，不擔心觸犯人世間的法規刑憲，肆無忌憚地爲非作歹，老天爺就會按照他的所作所爲恰如其分地給予他所應得的年壽，以此修正他的敗德惡行。事情已經到了短命折壽的地步，這才想到該怎麼辦，又能怎麼辦呢？可以説，那就是後悔莫及，一點辦法也沒有了。因此，這隻野鳥在先父肜日之祭，突然飛來宗廟鳴叫，並不值得大驚小怪，只顧修正自己的德行自然便可福壽康寧，長命百歲，是不會有什麼大礙的。唉——，不過我認爲，我們也還是要改變一下我們的某些一貫做法，君王的職責，就是謹慎地治理民事，所有先王，沒有哪一個不是天命的繼承人，我們舉辦祭祀大典所獻享的犧牲品物，不要只是對直系先王特別豐盛；還要對旁支先王給予足夠的尊重。』

【後案】

王國維《殷卜辭中所見先公先王考》曰：『商之繼統法，以弟及爲主，而以子繼爲輔之。無弟然後傳子，自湯至於帝辛二十九帝中（行甫按：自湯至於帝辛，實有三十一帝，見下表。此云『二十九帝』，不知何故），以弟繼兄者凡十四帝。其傳子者，亦多傳弟之子，而罕傳兄之子。蓋周時以嫡庶長幼爲貴賤之制，商無有也。故兄弟之中有未立而死者，其祀之也與已立者同。』

而本篇『典祀無豐于昵』，説者所以紛紜有衆，莫衷一是，正由殷周繼統法有所不同而起也。殷人兄終弟及，故祖己所謂『昵』者，猶言直系先王先公，楊樹達《〈尚書〉『典祀無豐于昵』甲文證》言之甚詳。轉録如此，以省讀者翻檢之勞。楊氏曰：

《説文》尸部：『尼，從後近之。』《爾雅·釋詁》郭注引《尸子》云：『悦尼而來遠。』《説文》日部：『暱，日近也。』或體從尼作昵。尼訓近，所以從尼的昵字也有近的意思。據我由甲文研究，這近字是説近的親屬，就是直系親屬或直系的祖先。殷人對於直系的先祖與非直系的先祖祭祀禮節上不相同：

《殷虛文字甲編》柒壹貳版云：『乙卯卜貞，桒年，自上甲六示，牛；小示，叀羊。』上甲和報乙、報丙、報丁、示壬、示癸六位先公，是殷王祖先所出，都是直系的祖先。祭這六位的牲品用大牲的牛，而其他的卻只用羊，顯然有厚薄之分。而且非直系的名爲小示，自然直系的先公是大示。這大小名稱的區別，又是名稱上表示厚薄的不同。

《甲編》貳貳捌貳版云：『桒雨，自上甲、大乙、大丁、大甲、大庚、大戊、中丁、祖乙、祖辛、祖丁，十示，率牡。』這辭的十示都是直系的祖先。這也是殷代祀典厚於直系先祖的證據。大丁是大示，那麼他的兄弟之外丙、中壬兩個都是小示了。大庚是大示，那麼他的老兄沃丁是小示了。大戊是大示，那麼他的老兄小甲、雍己兩個都是小示了。由此類推，中丁、祖辛、祖丁、小乙、祖甲諸王都是大示；那麼，中丁兄弟之外壬、河亶甲，祖辛的兄弟之沃甲，祖丁的從父兄弟之南庚，小乙的三位老兄之陽甲、盤庚、小辛，祖甲的老兄祖庚都是小示了。由此辭上推，知《甲編》柒壹貳版所記自上甲六示外的小示，大概也是指報乙、報丙、報丁等的兄弟言之，但紙片文籍無所見，不知道是一些甚麼人罷了。

《戩壽堂殷虛文字》壹葉玖版云：『癸卯卜貞，酒桒，乙巳，自上甲廿示，一牛；二示，羊；

口尞，三示，𡵓牢； 四示，豕。』直系先公自上甲至示癸六示，直系先王自大乙至武乙凡十四示，合起來便是廿示了。

《後編》上卷貳拾葉叁版云： 『丁丑卜貞，王賓自上甲至于武乙，衣，亡尤？』衣是經傳大合祭的殷祭，衣祭自上甲到武乙，正是廿示，這一片恰好是前片廿示的注腳。二示、三示、四示應如何解釋，現在雖無法説明，但是直系的先公先王廿示牲品用牛，二示以下用羊𡵓犬，其特豐於直系的先人，是很明顯的了。《戩壽堂》『自上甲廿示』一例，雖然牲牢的大小不同，但是二示、三示、四示還在被祭之列，至於《後編》上卷『自上甲至武乙衣』一例，被祭者全是直系先人，那些小示竟屏除在祭祀範圍之外，連羊𡵓犬等的小祭品都無法享受了。還有一事，便是直系先公先王的配偶都有特祭，而非直系的卻沒有，這又是殷人祀典豐于直系祖先之證據。

《通典》卷伍拾壹引賀循議禮説： 『殷之盤庚，不序陽甲之廟，而上繼先君，以弟不繼兄故也。』賀循所引到的事實，仍是重本系輕旁支這一個事實。這是和龜甲文所表示是相同的。這個重本系輕旁支的事實，便是祖己所説的『豐于昵』，僞孔《傳》所謂豐近廟。

據楊氏所論，則祖己所謂『豐于昵』者，即祭祀之禮特重於直系先王先公，非僅指父考之廟即周人之所謂『禰廟』也。

有殷一代，自商湯至帝辛，共計十七世三十一帝。爲便於了解，兹附《殷王世次帝系表》於下：

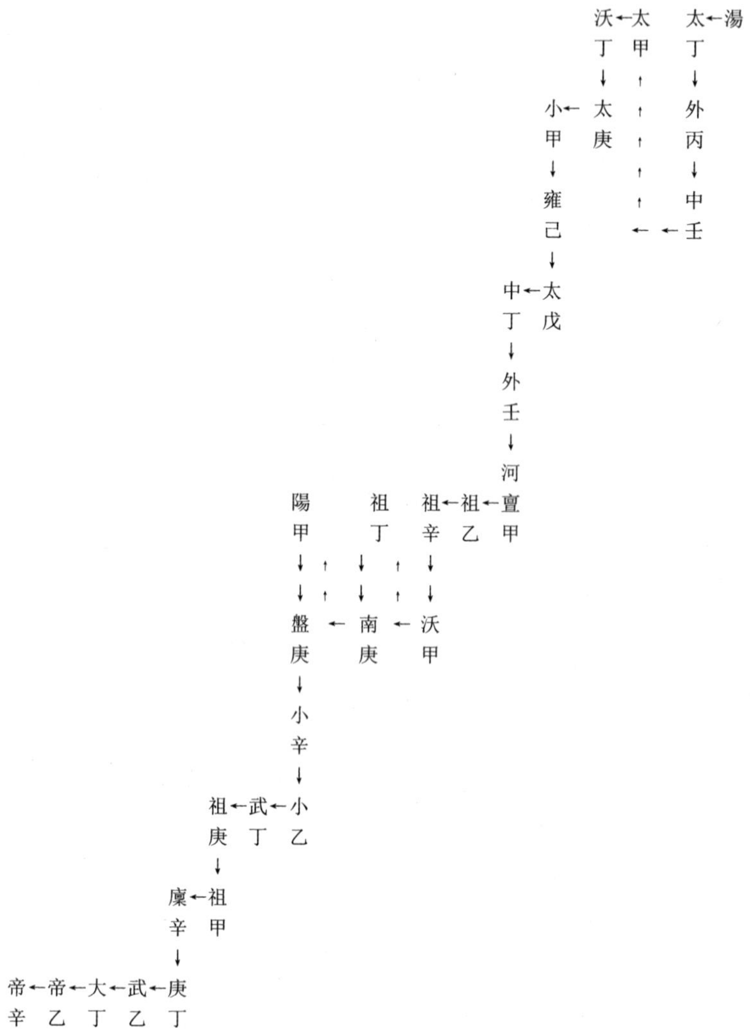
湯
太丁
外丙
中壬
太甲
沃丁
太庚
小甲
雍己
太戊
中丁
外壬
河亶甲
祖乙
祖辛
沃甲
祖丁
南庚
陽甲
盤庚
小辛
小乙
武丁
祖庚
祖甲
廩辛
庚丁
武乙
大丁
帝乙
帝辛

行甫按：　表中横向爲父子，縱向爲兄弟。如太丁爲湯子，太甲爲太丁子。外丙爲太丁弟；中壬爲外丙弟。中壬傳太丁子太甲，南庚傳祖丁子陽甲。餘可類推。依此表，則卜辭所謂『三示』、『四示』云云，尚不能明瞭，但所謂『大示』、『小示』者，則當如楊樹達氏所言矣。

西伯戡黎

【解題】

『西伯』，周文王姬昌。《周本紀》：『公季卒，子昌立，是爲西伯。』『戡黎』，《説文》兩引其文，戈部：『𢦟，殺也。从戈今聲。《商書》曰：「西伯既𢦟黎。」』邑部：『𨞪，殷諸侯國，在上黨東北。从邑㰻聲，㰻，古文利。《商書》曰：「西伯戡𨞪。」』《書序》：『殷始咎周，周人乘黎。祖伊恐，奔告于受。作《西伯戡黎》。』《釋文》：『黎，國名。《尚書大傳》作「耆」。』《殷本紀》『及西伯伐飢國，滅之，紂之臣祖伊聞之而咎周』，《集解》引徐廣曰：『飢，一作「阢」，又作「耆」。』《周本紀》『明年，敗耆國』，《正義》：『即黎國也。』《宋世家》『及祖伊以周西伯昌之修德，滅阢國，懼禍至，以告紂』，《集解》引徐廣曰：『阢音耆。』《索隱》：『阢音耆，耆即黎也。鄒誕本云「𨞪音黎」。孔安國云「黎在上黨東北，即今之黎亭也。」』是『黎』又寫作『𨞪』、『耆』、『飢』、『阢』、『阢』諸字，除『阢』乃『阢』字之訛以外，餘皆音同音近之字假借爲用，或殷人讀如『黎』，周人讀如『耆』。其地在今山西省長治市東南壺關縣境。

近人李泰芬以本篇作於西周中葉，張西堂以爲出於東周，陳夢家以爲戰國。劉起釪據郭沫若『殷人自始至終自稱商而不自稱殷』以及王國維『《商書》之著竹帛，當在宋之初葉』之説，以爲本篇『不僅可能出於周代宋國人之手，而且連觀點和語言也多習用周人』。

其實，本篇涉及王朝易代，江山易主之事，與西周末年的鑒古思潮關係密切。其寫定與流傳年代，當在西周末年厲王、幽王之世。說見拙作《西周末年的鑒古思潮與今文〈尚書〉的流傳背景》，載《漢學研究》第十九卷第一期（見本書附錄）。

西伯既戡黎，祖伊恐，奔告于王，〔一〕曰：『天子，天既訖我殷命，格人元龜，罔敢知吉。〔二〕非先王不相我後人，惟王淫戲用自絕，故天棄我。〔三〕不有康食，不虞天性，不迪率典。〔四〕今我民罔弗欲喪，曰：「天曷不降威？」〔五〕大命不摯，今王其如台？』〔六〕王曰：『嗚呼，我生不有命在天？』〔七〕

【釋讀】

〔一〕**西伯既戡黎**■伯，讀如『霸』，《左傳》成公十八年『所以復霸也』，《國語·晉語七》作『伯』。『西伯』，猶言『西方之霸』也。既，已也。戡，《爾雅·釋詁》：『勝也，克也。』《說文》作『戈』，云『殺』也。黎，《說文》作『𪏰』，云『殷諸侯國，在上黨東北。』**祖伊恐**■祖伊，《殷本紀》：『紂之臣。』王國維《高宗肜日說》：『疑即紂之諸父兄弟。』屈萬里曰：『殷代稱先人習慣，凡祖若父若兄下，皆爲天干字。蓋亡故之祖先，後人以其生日稱之，而不直呼其名也。祖伊之稱，與殷人通習不同，是可異者。』**奔告于王**■王，殷代末帝紂王受。《殷本紀》：『帝辛，天下謂之紂。』《牧誓》稱之爲『商王受』。行甫按：顧炎武《日知錄》卷二：『以關中並天下者，必先于得河東。秦取三晉而後滅燕、齊；苻氏取晉陽而後滅燕；宇文氏取晉陽而後滅齊。故西伯戡黎，而殷人恐矣。』黎國正在河東之地，東距殷都朝歌約莫三百里。周人既克取黎國，由此越過太行山脈，旌麾東指，即可直奔殷都朝歌，故祖伊大爲恐慌，急忙奔告於商紂王。

〔二〕**曰天子**■曰，祖伊曰也。天子，《殷本紀》無此呼語。**天既訖我殷命**■既，猶「其」也。俞樾《群經平議》：「古書「既」與「其」每通用，《禹貢》「濰淄其道」，《史記·夏本紀》作「既道」；《詩·常武》「徐方既來」，《荀子·議兵》篇引作「徐方其來」，並其證也。」行甫按：「既」之言「其」，猶「將」也。訖，《説文》：「止也。」命，天命也。**格人元龜**■格，《殷本紀》作「假」。「格」與「假」聲轉義通，《爾雅·釋詁》：「假，大也。」元龜，《史記集解》引馬融曰：「大龜也。長尺二寸。」《論衡·卜筮》引「格人元龜，罔敢知吉」，釋爲「賢者不舉，大龜不兆」，是以「格人」爲「賢者」。枚《傳》解爲「至人」，孔穎達《疏》：「「格」訓爲「至」，「至人」謂「至道之人」。」**罔敢知吉**■罔，《殷本紀》作「無」。行甫按：「罔」猶「莫」也，無定代詞作主語。三句謂：「上天即將終止我們殷邦的國運，即使是智慧高超之人，或者是卜兆靈驗的大寶龜，都不能斷定其後果爲吉利。」

〔三〕**非先王不相我後人**■相，佐助也。**惟王淫戲用自絶**■惟，猶「以」也，「因」也。淫，猶「過」也。戲，嬉戲也。行甫按：《殷本紀》謂商紂王「好酒淫樂，嬖於婦人」，「以酒爲池，懸肉爲林，使男女倮相逐其間，爲長夜之飲」，是謂「淫戲」也。用，猶「以」也。行甫按：「惟」之「以」者，與下文「故」字相關，構成因果關聯；「用」之「以」者，「淫戲」與「自絶」之因果關聯也。猶言「淫戲而自絶」也。自，自己。與「先王」相關聯。絶，斷也。謂「絶其天命」也。**故天棄我**■故，所以也。與「惟」字相關聯。「惟……，故……」者，猶「因爲……，所以……」也。棄，放棄，廢黜也。

〔四〕**不有康食**■康食，《殷本紀》作「安食」。《集解》引鄭玄曰：「王暴虐於民，使不得安食。」江聲《尚書集注音疏》：「爲天所棄，我殷不得安食，非言民不得安食。」行甫按：江駁鄭説，非也。此三「不」句與下文「今我民』二句構成因果關聯，正『言民』而非謂『殷』也。此蒙後省略『我民』二字。章太炎曰：『「不有康食」，非「不得安食」之謂，凡執勞者，食皆迫促，未爲甚困。此「康」當讀從本義，即「糠」之或字也。糠覈爲食之粗惡者，大氐稻糠鮮爲人食，麥糠古貧者乃多食之，孟康説糠覈爲麥糠中不破者，其破者則爲麩，《説文》云：「小麥屑皮也。」近世尚有麩皮饅頭矣。古貧者常食糠覈，並此無有，則永平詔書所謂「伏臘無糟糠」者，是匱乏之甚也。』行甫按：章氏駁鄭説是也。荒年無食，以麥麩充飢，鄙人於上世紀七十年代非僅麥麩而已，即『鮮爲人食』之稻糠亦備嘗之矣。**不虞天性**■虞，樂也。《文選·揚雄〈羽獵賦〉》『弘仁惠之虞』，李善注：『虞與娱古字通。』天性，人之自然屬性也，謂飢則欲食，渴則思飲也。章太炎曰：『告子曰「生之爲性」，「不虞天性」，言不樂生也。』行甫按：《孟子·梁惠王下》『仰足以事父母，俯足以畜妻子，樂歲終身飽，凶年免於死亡』，是之謂『虞天性』也。《殷本紀》引作『不虞知天性』，《集解》引鄭玄曰：『逆亂陰陽，不度天性。』此當爲孔安國訓『虞』爲『度』，司馬遷因『問故』而添一『知』字以足文意耳，非《書》原文有『知』字也。**不迪率典**■迪，道也，由也。猶今語所謂『遵循』也。率，《顔氏家訓·書證篇》：『「率」字自有「律」音。』章太炎曰：『「率」如「彀率」、「算率」之「率」，實即「律」字。《釋詁》「律、典」皆訓「常」，亦得互訓。』行甫按：『率典』同義複詞，『不迪率典』，猶言『不遵守律法』、『不遵從法典』也。

〔五〕**今我民罔弗欲喪**■今，猶『故』也。罔弗，莫不。喪，亡也。謂殷之民莫不希望殷商王朝滅亡也。**曰天曷不降威**■曰，祖伊引『我民』之語。曷，何也。降，下也。威，猶『懲罰』也。行甫按：自『不有康食』至此，謂『天棄我』所現之亂象，即『民無所食，糟糠不厭；上不足以養父母，下不足以蓄妻兒；饑寒交迫，生無所樂；民不聊生，乃不遵循法典，鋌而走險。於是我殷之民莫不願王朝滅亡，説，上天爲何不降下懲罰！』

〔六〕**大命不摯**■大命，天命也。摯，《説文》：『𡠗，至也，从女執聲。《周書》曰：「大命不𡠗」，讀若執同。一曰《虞書》雉𡠗。』段玉裁注：『「周」當爲「商」，字之誤也。陸氏《釋文》云：「摯，本又作𡠗。」是陸氏所見尚有作『𢧵』者。』行甫按：『摯』、『𢧵』，聲同義通，『大命不摯』，謂『天命不至』也，與上文『天棄我』相照應，猶言『天命棄我而去』也。行甫又按：《殷本紀》作『大命胡不至』，作『至』者，訓詁字也。『胡』乃史公意增，《唐石經》亦旁增一『胡』字。據《説文》所引，原文當無『胡』字。史公當是以爲此乃『我民』所言，故添一『胡』字以照應上文『曷』字，意謂：『天爲何不降威？天降威之大命爲何不至？』果如史公之讀，則文章不免冗複，今不從。**今王其如台■**今，猶『即』也、『則』也。王，紂王也。其，猶『將』也。如台，如何也。説見《湯誓》『夏罪其如台』釋讀。行甫按：此二句乃祖伊問王之語，謂：『上天棄我，天命不再，則王將如何？』欲其悟而悔之也。

〔七〕**王曰嗚呼■**嗚呼，嘆詞。《殷本紀》作『紂曰』，省略『嗚呼』二字，於下句末加『乎』字。**我生不有命在天■**《周本紀》作『紂曰：不有天命乎？是何能爲？』章太炎曰：『紂至此無言可解，乃作此無可奈何之辭，亦猶王莽之「天生德于予，漢兵其如予何」，洪秀全之「朕受天父天兄之命，爲四海主，那怕曾妖」也。』行甫按：章説是也。此摩狀紂王自知大勢已去，無力回天而聽天由命之無望心態。

此乃本篇第一節，言周文王攻克了黎國，其勢力逼近殷都。大臣祖伊奔告商紂王，冀其痛改前非，以圖國事。紂王知大勢已去，乃委命於天。

【繹文】

周文王作爲西方的霸主，已經攻克了西距朝歌三百里的黎國，其軍事勢力已經逼近殷都。聞此消息，大臣祖伊十分恐懼，急忙奔向王宫向商紂王報告。祖伊説，『尊敬的上天之子，我們的國王啊！老天爺將要終結我們殷邦的天命了，即使上智大賢之人，抑或占卜靈驗的大寶龜，也都不敢妄斷是好兆頭。並不是我們先王不保佑我們後人，只因爲國王您生活作風實在太不像話，過分沉湎於酒色，全然不理朝政，以致自斷了天命，所以上天就要拋棄我們。現在我們殷邦的百姓，朝不保夕，吃糠咽菜，也不能果腹。他們上不能養父母，下不能育妻兒，無論年景收成好壞，都不能維持最低限度的生活水準，沒有一天高興的日子。民不聊生，難以卒歲，自然就不遵守國家的法度；鋌而走險，偷盜搶劫，成爲常態。舉國上下，一片哀怨，百姓們沒有哪一個不是巴望著國家趕快倒臺。他們說：「老天爺爲什麼不降下災難，懲罰這些惡人呢！」殷邦的天命就這樣一去不復返了，那麼我們的國王呀，您打算怎麼辦呢？』商紂王長嘆一聲說：『唉——！怎麼辦？我不是生來就擁有天命的嗎？聽天由命好了，有什麼值得擔心害怕的呢！』

祖伊反，曰：『嗚呼，乃罪多參在上，乃能責命于天？〔一〕殷之即喪，指乃功，不無戮于爾邦！〔二〕』

【釋讀】

〔一〕**祖伊反**■反，與『返』爲古今字。《說文・辵部》引作『返』。行甫按：『反』與上文『奔告于王』相照應。且『反』而『曰』者，祖伊不敢面責於王，僅私下評說而已。**曰嗚呼**■曰，祖伊曰也。嗚呼，嘆商紂王執迷不悟，無所作爲也。**乃罪多參在上**■乃，爾也。周秉鈞訓『反』爲『反對』，以爲與《大誥》『罔不反曰』之『反』同意。謂『乃罪』、『乃功』爲『對稱代詞，訓「反」爲「返」，則語氣不符』。行甫按：周氏之説不免過泥。《説文》引作『返』，則與《大誥》之『反曰』不同。且祖伊乃心非腹誹，如同面責，更有譏諷之意，故不嫌以『對稱代詞』指之也。参，當爲『絫』字之譌。《玉篇》：『厽，累墼爲墻壁也。《尚書》以爲「参」字。』陸氏《釋文》引馬融曰：『参字累在上。』段玉裁《古文尚書撰異》：『馬當云「絫也」，「罪多絫在上」，今《釋文》經開寶間陳諤妄改。《汗簡》、《古文四聲韻》皆云「絫」字見《石經尚書·戡黎》篇，字作「厽」，甚協。謂爾罪多積絫如丘山，腥聞在上也。』是則『厽』、『絫』皆與『累』爲古今字。因『絫』形近『参』故致譌也。**乃能責命于天**■乃，猶『豈』也。責，求也。命，即上文『有命在天』之『命』，亦『命運』、『天命』也。

〔二〕**殷之即喪**■之，猶『若』也，如果。即，猶『則』也，『則』猶『當』也。説見吴昌瑩《經詞衍釋》。喪，滅亡也。**指乃功**■指，猶『推按』也。慧琳《一切經音義》卷四十七『指斥』注引《考聲》：『指，言也，推也。』乃，爾也，對稱代詞。功，《爾雅·釋詁》：『成也。』郭璞注：『功、績皆有成。』行甫按：此『功』猶今所謂『行爲後果』。『指乃功』者，即『推按爾之所爲』也。**不無戮于爾邦**■不無，猶言『必定』也。戮，通『僇』，罪辱也。于，介詞，對也。行甫按：三句意謂：『殷若當亡，據爾之所爲，必爲爾邦之千古罪人。』

此乃本篇第二節，言祖伊對紂王不思悔改，無所作爲的末世心態，感到無比悲哀與絶望，感覺到殷商果若亡國，商紂王就是殷邦的千古罪人。

【繹文】

祖伊從王宫出來，返回家中，長嘆一聲，自言自語地説：『唉——！你已經惡貫滿盈，罪孽滔天了：既是死到臨頭，還能指望老天爺讓你苟延殘喘？殷商果當滅亡，按照你的所作所爲，殷邦就是你給斷送的，你就是殷邦的千古罪人！』

【後案】

本篇記述祖伊與商紂的一次對話，篇幅雖短小，卻頗精要傳神。祖伊所言，略分五層。一，告急。西伯攻滅黎國，逼近殷都，大有滅商之勢。面對如此危局，誰也不可心存僥倖。故祖伊曰『天既訖我殷命，格人元龜，罔敢知吉』。二，斥王。造成今日之危敗局勢，原因全在紂王『好酒淫樂，嬖於婦人』，荒淫無度，暴虐凶殘，以致國事日非。因此，不要抱怨先王不關心他們的後人，也不要怨恨老天爺竟然拋棄他的大兒子。『惟王淫戲用自絕』，是你商紂王自速其辜，自斷天命。三，言民生。『不有康食，不虞天性，不迪率典』，三個排比，盡賅民不聊生之狀。百姓於艱難竭蹶之中，存聊卒歲之想。貧窮無告，鋌而走險，亂象横生，國無寧日。四，述民意。苛暴之政，行於天下。舉國上下，『罔弗欲喪』，可謂人人扼腕，切齒痛恨，盡望天崩地裂，國家倒臺。五，冀王悟。『大命不摯，今王其如台』？希望紂王翻然悔悟，振作有爲。然商紂王一句『我生不有命在天』，一副得過且過，聽天由命，頹靡無奈口吻，則祖伊所有希望盡皆破滅。

要之，本篇述言敘事，語言生動，簡明扼要。《尚書》一經，乃千古文章之祖，於此可見一斑。

微子

【解題】

《殷本紀》云：『帝乙長子曰微子啓，啓母賤，不得嗣。少子辛，辛母正后，辛爲嗣。帝乙崩，子辛立，是爲帝辛，天下謂之紂。』司馬貞《索隱》曰：『微，國號。爵爲子。啓，名也。《孔子家語》云「微」或作「魏」，讀從「微」音。鄒本亦然也。』又曰：『此以啓與紂異母，而鄭玄稱爲同母，依《呂氏春秋》，言母當生啓時猶未正立，及生紂時始正爲妃，故啓大而庶，紂小而嫡。』《呂氏春秋·當務篇》曰：『紂之同母三人，其長曰微子啓，其次曰仲衍，其次曰受德。受德，乃紂也，甚少矣。紂母之生微子啓與仲衍也，尚爲妾。已而爲妻，而生紂。紂之父、紂之母，欲置微子啓以爲太子，太史據法而爭之，曰：「有妻之子，而不可置妾之子。」紂故爲後。』《宋世家》與《殷本紀》皆以微子啓爲紂之異母庶兄。《呂氏春秋》以爲同母庶兄。而《孟子·告子上》曰：『以紂爲兄之子，且以爲君，則有微子啓、王子比干。』又以微子啓爲紂之叔父。然司馬遷既見《孟子》與《呂覽》而不從其說，則當以異母庶兄爲是。不過，呂氏門客以紂名『受德』，則因誤讀《立政》『其在受德昏』一文所致，不足爲訓。

《殷本紀》云：『紂愈淫亂不止。微子數諫不聽，乃與大師、少師謀，遂去。』《宋世家》敘其事於西伯戡黎祖伊諫紂之後，云：『於是微子度紂終不可諫，欲死之及去，未能自決，乃問於太師、少師。』下乃述本篇文意。《書序》：『殷既錯天命，微子作誥父師少師。』孔穎達《書疏》曰：『殷紂暴虐無道，錯亂天命，其兄微子知紂必亡，以作言誥告父師箕子，少師比干。史敘其事，而作此篇。』

本篇記微子出亡之前與『父師、少師』之對話，關乎王朝末世之政治混亂以及人心渙散。本篇所以流傳於世，亦與西周末年社會動蕩，政權更迭相關。其文辭較《西伯戡黎》爲古，當爲西周初年史臣記錄殷遺之語，而爲兩周之際學人所傳也。

微子若曰：『父師少師，〔一〕殷其弗或亂正四方，我祖厎遂陳于上，我用沈酗于酒，用亂敗厥德于下。〔二〕殷罔不小大，好草竊姦宄，卿士師師非度。〔三〕凡有辜罪，乃罔恆獲。小民方興，相爲敵讎。〔四〕今殷其淪喪，若涉大水，其無津涯。〔五〕殷遂喪，越至于今。〔六〕曰父師少師，我其發出狂，吾家耄遜于荒？〔七〕今爾無指告予，顛隮若之何其。〔八〕』

【釋讀】

〔一〕**微子若曰**■微子，枚《傳》：『微，圻內國名。子，爵。』孔穎達《書疏》：『微國在圻內，先儒相傳爲然。』行甫按：《宋世家》：『微子開者，殷帝乙之首子而帝紂之庶兄也。微子曰：「父子有骨肉，而臣主以義屬。故父有過，子三諫不聽，則隨而號之；人臣三諫不聽，則其義可以去矣。」於是太師、少師乃勸微子去，遂行……周公既承成王命誅武庚，殺管叔，放蔡叔，乃命微子開代殷後，奉其先祀，國于宋。』司馬貞《索隱》：『此名開者，避漢景帝諱也。』若曰，如此說也。史臣記錄或後世追述之辭。**父師少師**■枚《傳》：『父師，太師；三公，箕子也。少師，孤卿，比干。』《史記》『父師』作『太師』。《殷本紀》曰：『殷之大師、少師乃持其祭樂器奔周。』《周本紀》亦曰：『紂昏亂暴虐滋甚，殺王子比干，囚箕子。太師疵、少師彊抱其樂器而犇周。』孫星衍、段玉裁皆謂『太師疵、少師彊』即《論語・微子》之『太師摯、少師陽』。近人劉起釪從其說，改經文『父師』爲『太師』。近人周秉鈞《尚書易解》曰：『《漢書・五行志》以父師爲箕子，鄭康成謂少師爲比干。今按《竹書紀年》云：「伯夷、叔齊去隱于首陽山。或告伯夷、叔齊曰：胤子在鄁，父師在夷，奄孤竹而君之，以夾煽王燼，商可復也。」《竹書》明謂「父師在夷」，則非奔周之樂官可知，史公之說未確。本篇述父師語曰「我舊云刻子王子不出，我乃顛隮」，刻子即箕子，則父師不得爲箕子，《五行志》所說亦未是。父師、少師均官名，其人今不可實指矣。』行甫按：周說可從。諸家以其爲樂官乃瞽史而知天命，故微子就問而決焉。臆度之辭，不足信也。

〔二〕**殷其弗或亂正四方**■其，猶『既』也。『既』可訓『其』，『其』亦可訓『既』。說見吳昌瑩《經詞衍釋》。弗或，《宋世家》作『不有』，以詁訓代本字也。行甫按：《玉篇》：『有，得也。』是『弗或』、『不有』即『不可得』之意。亂，《爾雅・釋詁》：『治也。』正，正之也，動詞。四方，猶言『天下』也。行甫按：《宋世家》作『殷不有治政，不治四方』，以『政』訓『正』，爲名詞，不得不加『不治』二字，否則即成語病。**我祖厎遂陳于上**■我祖，《史記集解》引馬融曰：『湯也。』行甫按：『我祖』非僅指成湯，當爲殷商諸多先聖哲王也。厎，《爾雅・釋詁》：『止也。』《釋言》：『致也。』《舜典》『乃言厎可績』，《釋文》引馬融曰：『厎，定也。』遂，成也。《禮記・月令》『百事乃遂』，鄭玄注：『遂，猶成也。』行甫按：『厎遂』即《盤庚》『厎綏四方』之『厎綏』也。『厎遂』乃近義複詞，猶言『安定成功』，與下文『亂敗』正相反對。陳，蔡《傳》：『列也。』上，枚《傳》：『上世。』**我用沈酗于酒**■我，我後人也。用，轉折連詞，乃也。吳昌瑩《經詞衍釋》曰：『用』猶『以』，『以』猶『而』，『而』猶『則』，『而』與『則』並訓爲『乃』，是『用』也『以』也亦同『乃』義。沈，枚《傳》：『沈湎。』《宋世家》作『沈湎』。酗，枚《傳》：『酗醟。』《釋文》：

『酗，況具反，以酒爲凶曰酗。《説文》作酌，云酒醬。』清人黄式三《尚書啓幪》：『沈，貪也。酖通。』行甫按：《説文》：『酖，樂酒也。酌，酒醬也。』是『沈酗』猶『酖酗』也，亦爲近義複詞，猶言『貪杯好飲』也。**用亂敗厥德于下**■用，以也，因也。亂敗，猶『昏亂敗壞』也，與上『底遂』相對。厥，其也。德，既指君王的個人品行，亦指國家的政治舉措。下，枚《傳》：『後世。』行甫按：三句意謂：『殷將不可能治理天下了。我們的先王先公成功遂事，定國安邦，其勳業高懸於千秋之上；而我們後世之人卻貪杯好飲，沉湎於酒池肉林，因而當今之世無論是君王的個人品行，抑或是國家的治理舉措，都是一片混亂與腐敗之象。』

〔三〕**殷罔不小大好草竊姦宄**■罔，無也。不，亦無也。小，庶民也。大，官吏也。行甫按：『罔不小大』，猶言『無小無大』，亦即『無論小大』也。好，喜愛。草，孫星衍《尚書今古文注疏》：『《廣雅·釋詁》云：「寇，鈔也。」《釋言》云：「鈔，掠也。」《説文》云：「鈔，叉取也。」』鈔、抄聲俱與相近。』竊，偷盜也。姦，犯也。宄，亂也。亂在外曰姦，在内曰宄。行甫按：『草竊姦宄』，乃四字並列爲用，《書》中多有此例。**卿士師師非度**■卿士，猶『卿事』若『卿史』，此泛指朝廷執政官員也。師，衆也。師，猶『官吏』也。行甫按：『師師』，此泛指朝廷内外各級、各部門所有官吏也。説見《皋陶謨》『百僚師師』釋讀。非度，猶言『不合規矩』，『不遵法度』。

〔四〕**凡有辜罪**■凡，總括之詞。辜，亦罪也。**乃罔恆獲**■乃，猶『則』也，轉折連詞。恆，常也。獲，得也。二句意謂：『所有犯罪嫌疑人皆隱匿逃竄，而常常捕獲不得。』《宋世家》作『乃無維獲』，簡朝亮《集注述疏》：『蓋遷以恆爲絙，而訓維也。《詩·天保》云「如月之恆」，《釋文》云：「恆亦作絙。」絙者，緪之省也。《説文》云：「緪，大索也。」然則維而獲之，《易》所謂「系用徽纆」也。』行甫按：簡氏之説可從。《易·隨》上六：『拘係之，乃從維之，王用亨于西山。』是史公當讀『恆』爲『緪』，則『緪獲』，猶『捆綁拘係』之意也。**小民方興**■方，並也。《説文》：『方，並船也。』興，起也。**相爲敵讎**■敵，《説文》：『仇也。』讎，亦『仇』也。《戰國策·秦策二》『皆張儀之讎也」，高誘注：『讎，仇也。』行甫按：『敵讎』亦同義複詞。章太炎曰：『「小民方興，相爲敵讎」者，如後世械鬥之類也。』是二句意謂：『底層民眾拉幫結夥，群起械鬥，相互視爲仇敵。』此言殷邦亂象也。

〔五〕**今殷其淪喪**■今，猶『故』也。其，猶『將』也。淪，《說文》：『小波爲淪。一曰沒也。』喪，亡也。是『淪喪』猶言『沈沒喪亡』也。《宋世家》作『典喪』，司馬貞《索隱》：『《尚書》「典」作「淪」，篆字變易，其義亦殊。』段玉裁《古文尚書撰異》引錢大昕之說曰：『典讀如殄。典喪者，殄喪也。《考工記》「輈欲頎典」，鄭司農讀典爲殄。《燕禮》「寡君有不腆之酒」注：「古文腆爲殄。」是典、腆、殄通。』行甫按：錢氏說《史記》『典喪』爲『殄喪』，非無據也。然本經以『若涉大水，其無津涯』爲喻，則當以『淪喪』爲正。章太炎曰：『今本作淪者，典古文作筭，侖籀文與古文典，字形相似，因以淪讀之。』既是侖、典字形相近，則今文家未必不是誤『侖』爲『典』。果如此，則錢氏不啻郢書燕說，猶小司馬之所謂『其義亦殊』也。**若涉大水**■若，如也。涉，渡水也。**其無津涯**■其，猶『乃』也，『而』也。津，渡口也。涯，《說文》：『水邊也。』《漢書·司馬相如傳上》『察之無涯』，顔師古注：『涯，畔也。』

〔六〕**殷遂喪**■遂，終也，亡也。《說文》：『遂，亡也。从辵，㒸聲。』《國語·晉語四》『不遂其媾』，韋昭注：『遂，終也。』行甫按：『遂喪』乃同義複詞，猶言『終止滅亡』也。**越至于今**■越，猶『及』也。《說文》：『及，逮也。』今，茲也，此也。行甫按：『越』者，副詞之『及』；『至』者，動詞之『及』也。『越至于今』者，猶言『就在於此時』也。

〔七〕**曰父師少師**■曰，《宋世家·集解》引馬融曰：『重呼告之。』**我其發出狂**■其，猶『寧』也。說見吳昌瑩《經詞衍釋》。行甫按：此『其』字意即『能願動詞』之『寧願』、『寧可』，於『發出狂』與『家耄遜于荒』之間有所選擇與取舍也。發出狂，《宋世家》作『發出往』，裴駰《集解》引鄭玄曰：『發，起也。紂禍敗如此，我其起作出往也。』行甫按：『發』亦『出』也。《禮記·月令》『雷乃發聲』，鄭玄注：『發，猶出也。』是『發出』乃同義複詞。

『狂』與『往』皆從『㞷』得聲，義得相通。《太玄・進・次三》『狂章章，不得中行』，司馬光《集注》：『王（涯）本狂作往。』是其例也。往，去也，行也。《左傳》昭公七年『取而臣以往』，杜預注：『往，去也。』《呂氏春秋・不侵篇》『願因請公往矣』，高誘注：『往，行也。』**吾家耄遜于荒**■家耄，枚《傳》：『在家耄亂。』《釋文》：『耄字又作旄。』孔穎達《書疏》引鄭玄云：『耄，昏亂也。在家不堪耄亂，故欲遯出於荒野。言愁悶之至，《詩》云：「駕言出遊，以寫我憂。」亦此意也。』行甫按：《宋世家》此句作『吾家保于喪』，裴駰《集解》引徐廣曰：『一云「於是家保」。』謂一本又作『於是家保于喪』也。是知此句文字多歧，疑當有誤字。或經文『家』本作『冡』，今文家誤讀『冡』爲『家』字，故司馬遷以『家保』足其文意，而以『喪』訓『荒』。鄭玄亦以『在家』說之。恐皆非是。《管子・侈靡》『家小害』，戴望《校正》引張文虎曰：『家疑當作冡。冡，古蒙字。』《墨子・經說上》『宇，東西家南北』，胡適曰：『家是冡字之誤，冡即蒙字。寫者不識，誤改爲家。』《太平御覽》卷六〇七引《韓子》曰：『如脂粉則嫫母進御，家不潔則西施棄野，學之爲脂粉亦厚矣』，其『如』乃『加』字之譌，『家』乃『冡』字之譌。《漢書・地理志》濟陰郡成陽縣班氏自注：『有堯家、靈台。』王先謙《補注》引錢大昭曰：『家當作冢。』王氏補曰『官本家作冢。』是『冢』、『冡』二字，皆因形似而誤爲『家』字也。張文虎《管子》校語二『冡』字，顏昌嶢《管子校釋》及世界書局《諸子集成》本戴望《管子校正》皆誤爲『家』字。即其證也。『冡』，猶『矇』也，愚矇昏耄之義。『耄』，昏忘惑亂之意。《禮記・曲禮上》『九十曰耄』，鄭玄注：『耄，惛忘也。』《國語・周語下》『爾老耄矣』，韋昭注：『耄，昏惑也。』則『冡耄』乃近義複詞，猶云渾渾噩噩，愚矇昏昧也。遜，俞樾《平議》曰：『古與馴通。馴，從也。』于，猶『與』也。說見王引之《經傳釋詞》。荒，俞氏謂『讀爲亡。下文「天毒降災荒殷邦」，《史記》作「天篤下災亡殷國」，是讀「荒」爲「亡」。』行甫按：俞說是也，《宋世家》『于荒』作『于喪』，是亦訓『荒』爲『亡』也。校此二句當爲：『我其發出往，吾冡耄遜于荒』，乃選擇複句。其意謂：『我寧可出奔遠走異邦，還是渾渾噩噩與國同亡？』

〔八〕**今爾無指告予**■今，猶『若』也。爾，汝也，指父師、少師二人言之。指告，指點告知也。《宋世家》作『今女無故告予』，《集解》引王肅曰：『無意告我也，是微子求教誨也。』**顛隮**■枚《傳》：『顛，隕；隮，墜。』孔穎達《書疏》：『顛謂從上而隕，隮謂墜於溝壑，皆滅亡之意也。昭十三年《左傳》曰：「小人老而無子，知隮於溝壑矣。」王肅云：「隮，隮溝壑。」言此隮之義如《左傳》也。』《說文》『躋，登也。从足，齊聲。《商書》曰：「予顛躋。」』段玉裁注：『升降同謂之躋，猶治亂同謂之亂。俗作隮。《顧命》「由賓階隮」，《毛詩》「朝隮于西」，「南山朝隮」，《周禮》「九曰隮」，皆訓升。《左傳》「知隮於溝壑矣」，則訓降。』行甫按：『躋』與『隮』同。許君以『予』字屬下讀，則經文『予』字下乃省『于』字也，猶言『予於顛躋，若之何其』也。**若之何其**■若，猶『如』也，『奈』也。其，表疑問之語氣詞。《宋世家集解》引鄭玄曰：『其，語助也。齊魯之間聲如「姬」。』之，代詞，指邦國顛墜之事。《記》曰「何居」。』《禮記·檀弓上》『檀弓曰：何居？我未之前聞也』，鄭玄注：『「居」讀爲姬姓之「姬」，齊魯之間語助也。』行甫按：三句意謂：『如果你們無所指點告知於我，邦國顛墜滅亡，我將如何是好呢！』

此乃本篇第一節，言微子於殷邦即將喪亡之際，徬徨失路，憂悶無據，不知如何自處，希望父師、少師指點迷津。

【繹文】

微子這樣說：『父師、少師啊，殷邦已經是天下大亂，根本無法治理了。我們自從成湯以來的歷代先王先公，在歷史上成功地造就了一個政治安定的殷商大國，可是我們這些後人卻是先王先公的不肖子孫，沈湎於酒池肉林，尋歡作樂，因而既敗壞了我們的個人品行，也敗壞了殷邦的社會風氣。現在，我們殷邦無論是官是民，從上到下，人人喜愛不義之財，在內納賄貪贓，對外巧取豪奪。風氣不正，朝廷重要官員以及各部事務衙門的官長也無不違法亂紀，作姦犯科。整個社會法網廢馳，所有罪犯，無論大小，都難以如期捉拿歸案，任其逍遥法外。底層民衆拉幫結夥，相互仇殺，群毆械鬥，官家卻束手無策，既不能有效疏導，也不能繩之以法。因此，殷邦將要沉沒喪亡了，就像徒手泅渡水流湍急的大河，既找不到可以上岸的渡口，更不知河岸竟在哪裏！殷商終將喪邦亡國，走到今天就是盡頭了！我說父師、少師啊！我是應該出奔逃亡遠走異國他鄉呢，還是渾渾噩噩得過且過地隨故國一起下葬呢？如果你們不能爲我指點迷津，明告於我，且天塌地陷，邦國喪亡，我應該如何自處呢？』

父師若曰：『王子，天毒降災荒殷邦，方興沈酗于酒，〔二〕乃罔畏畏，咈其耇長舊有位人。〔三〕今殷民乃攘竊神祇之犧牷牲用，以容將食無災。〔四〕降監殷民，用乂讎，斂召敵讎不怠，〔五〕罪合于一，多瘠罔詔。〔六〕商今其有災，我興受其敗。〔七〕商其淪喪，我罔爲臣僕，詔王子出迪。〔八〕我舊云：刻子王子弗出，我乃顛隮，自靖，人自獻于先王，我不顧行遯。〔九〕』

【釋讀】

〔一〕**父師若曰**■父師，《宋世家集解》引鄭玄曰：『少師不答，志在必死。』枚《傳》：『明心同，省文。』行甫按：枚說是，鄭說未必。若，如此。**王子**■枚《傳》：『微子帝乙元子，故曰王子。』**天毒降災荒殷邦**■毒，《說文》：『厚也。』《宋世家》作『篤』，音同通用。降災，《宋世家》作『下菑』，《爾雅·釋詁》：『降，下也。』『災』與『菑』同，禍也。荒殷邦，《宋世家》作『亡殷國』，用訓詁字也。**方興沈酗于酒**■方興，猶『並起』也。行甫按：《宋世家》無此句，或以爲衍文，其說未必是也。上文微子既言殷之後人『敗亂厥德于下』之原因爲『我用沈酗于酒』，父師亦以爲痛心疾首之事，故加『方興』二字以言其風氣之嚴重與普遍也。

〔二〕**乃罔畏畏**■乃，猶『且』也，表遞進之連詞。罔，無。畏畏，即『畏威』，『畏』與『威』相通互用，『罔畏威』，謂不畏懼上天降災懲罰也。**咈其耇長舊有位人**■咈，《說文》：『違也。从口，弗聲。《周書》曰：咈其耇長。』耇，《爾雅·釋詁》：『壽也。』孫炎曰：『耇面凍梨，色如浮垢。』長，年長者。行甫按：『耇長』，乃近義複詞。『耇面凍梨，色如浮垢』者，今所謂『老年斑』也。此句《宋世家》作『不用老長』，以『不用』釋『咈』，以『老長』釋『耇長』，而無『舊有位人』。舊，久也。行甫按：『舊有位人』即《盤庚》『圖任舊人共政』之『舊人』，即久於其位之人；與『耇長』爲同位語，互相作解，故《宋世家》省其文。

〔三〕**今殷民乃攘竊神祇之犧牷牲用**■今，兹也，此也，當下之時也。乃，猶『於是』也，順承連詞。攘，盗取。《論語·子路》『其父攘羊』，《孟子·滕文公下》『日攘其鄰之雞』，是其例也。竊，偷盗。行甫按：『攘竊』同義複詞，《墨子·非攻上》『至攘人犬豕雞豚者，其不義又甚入人園圃竊桃李』，是其證也。神祇，《釋文》引馬融曰：『天曰神，地曰祇。』行甫按：《說文》：『神，天神，引出萬物者也；祇，地祇，提出萬物者也。』由『神』與『引』，『祇』與『提』聲韻相諧，故許君說之如此也。犧牷牲用，枚《傳》：『色純曰犧，體完曰牷，牛羊豕曰牲，器實曰用。』行甫按：『牲』，擬用於祭祀之活物，即牛、羊、豕也。『犧』，毛色純而不雜之牲。『牷』，軀體完好無缺之牲。『用』，即所有與祭祀相關之物，黍稷粢盛及酒醴籩豆諸品目皆是矣。枚《傳》所謂『器實』，即祭器中所盛之物也。《宋世家》此句作『今殷民乃陋淫神祇之祀』，《集解》引徐廣曰：『一云「今殷民侵神犧」，又一云「陋淫侵神祇」。』《索隱》：『陋淫，《尚書》作「攘竊」。劉氏云「陋淫猶輕穢也」。』孫星衍《今古文注疏》曰：『「攘竊」作「陋淫」者，言祀牲不豐，有司攘竊其經費。「陋」者，隱也。《說苑・臣術篇》云：「晏子隱君之賜。」「淫」者，《文選・演連珠》云：「時累不能淫。」注：「淫，侵也。」言有隱匿侵沒其貲者。』行甫按：孫氏說『攘竊』與『陋淫』爲『有司攘竊其經費』，或者『隱匿侵沒其貲』，非也。此言『殷民』，非言『有司』也。『陋淫』，即《史記索隱》引劉氏『輕穢』之義。『淫』者，濫也。因民有『攘竊』，其祭儀簡陋苟且，祭品不豐不潔也。所謂敷衍了事，濫以充數而已。**以容將食無災**■以，猶『謂』也。行甫按：《孟子・梁惠王上》『百姓皆以王爲愛也』，即『謂王爲愛也』，今語所謂『認爲』者，其意也。容，猶『或』也，『可』也。劉淇《助字辨略》卷一：『《魏志・太祖紀》注：「公軍八月至潼關，閏月北渡河。則其年閏八月也，至此容可大寒邪！」「容」，或也。』又曰：『《顏氏家訓》：「父在無容稱廟，父歿何容輒呼。」此「容」字，可辭也。「容」之爲「可」者，「容」有「許」意，轉訓爲「可」也。』《文選・班固〈答賓戲〉》『遇時之容』，李善注引項岱曰：『容，宜也。』行甫按：『容』者，表希冀與僥倖之副詞，猶言『或許可以』、『未必不是』也。將，《爾雅・釋言》：『資也。』《周禮・考工記序》『或通四方之珍異以資之』，鄭玄注：『資，取也。』行甫按：『將食』者，猶言『資取而食之』也。《孟子・滕文公下》『井上有李，螬食實者過半矣，匍匐往，將食之』，謂『陳仲子匍匐而往井上，資取其李實而食之』也。災，禍害也。行甫按：『無災』，言不畏天罰也。二句意謂：『現在殷邦之民於是也大肆偷竊祭祀所用之祭品，認爲或許拿來吃了並不一定招來災禍。』

行甫又按：自『乃罔畏畏』至此，言殷邦上自官長，下及庶民，皆已喪失敬畏之心，因而肆意妄爲。

〔四〕**降監殷民**■降，下也。監，視也。行甫按：『降監』，即今語『深入基層，認真調查』之謂。『降監殷民』，意即：『下到底層去看看殷邦民衆的生存狀態吧。』**用乂讎**■用，因也。乂，古與『艾』通用。《爾雅・釋詁下》：

『艾、胥，相也。』讎，同『仇』。行甫按：『乂讎』，猶『相仇』也，即上文『小民方興，相爲敵讎』之意。**斂召敵讎不怠**■斂，《爾雅・釋詁下》：『聚也。』《荀子・成相篇》『下斂黨與上蔽匿』，楊倞注：『斂，聚也。』是其義也。召，《說文》：『評也。』行甫按：『斂召』，猶今言『召集』也，與下文『合』字相關聯。敵讎，與上『相爲敵讎』之意同，謂『相敵爲讎』也。不怠，不懈怠也，猶言『樂此不疲』。行甫按：『用乂讎，斂召敵讎不怠』，二句爲因果關聯，謂『殷民因相爲仇敵，故日日召集同夥互相仇殺械鬥而不疲』也。

〔五〕**罪合于一**■罪，名詞作狀語，猶言『以罪惡的方式』也。合，會集也。《說文》：『亼，三合也，讀若集；合，亼口也，从亼口。』段玉裁注：『三口相合是爲合，引申爲凡會合之稱。《釋詁》曰：「敆郃盍翕仇偶妃匹會，合也。妃合會對也。」』是此『合』猶『會集』，與上文『斂召』二字相照應也。于，猶『爲』也。一，一團，一夥也。句意謂：殷之民皆『以罪惡的方式鳩合在一起』，意即『以黑社會的方式鳩集在一起爲非作歹』。**多瘠罔詔**■瘠，尸骸也。《漢書・食貨志上》『湯有七年之旱，而國亡捐瘠者』，顔師古注引孟康曰：『肉腐爲瘠，捐，骨不埋者。』顧炎武《日知錄》卷二十七曰：『「國亡捐瘠」者，「瘠」，古「胔」字，謂死而不葬者也。《婁敬傳》「徒見羸胔老弱」，《史記》作「瘠」。《後漢書・彭城靖王恭傳》「毀胔過禮」，《大戴禮》「羸醜以胔」，皆是「瘠」字。則此「瘠」乃「胔」字之誤，當從孟康之說。蘇林音「漬」，是。』《管子・八觀》『則道有損瘠矣』，王念孫《讀書雜志》：『「損」當爲「捐」，字之誤也。「瘠」，讀爲「掩骼埋胔」之「胔」。「露骨曰骼，有肉曰胔」（出蔡氏《月令章句》）。作「瘠」者，借字耳。《荀子・榮辱篇》曰「不免於凍餓，爲溝壑中瘠」（楊倞以「瘠」爲「羸瘦」，誤與尹注同），字亦作「脊」。《度地篇》曰「春不收枯骨朽脊」，《周官・蜡氏》「掌除骴」（「骴」與「胔」同），鄭注曰：「故書『骴』作『脊』」。《漢書・食貨志》「堯禹有九年之水，湯有七年之旱，而國無捐瘠」，蘇林曰：「『瘠』音『漬』」。』（顔師古以「瘠」爲「瘦病」，誤與尹注同。《日知錄》已辯之）「道有捐瘠」，與上文「衆有遺苞」同意，「捐」，棄也，謂棄胔於道也。』行甫按：據顧氏與王氏之說，則『瘠』與『胔』乃通假字，『瘠』謂無人掩埋之尸骸也。罔，無也。詔，召也，讀若『招魂』之『招』。《楚辭·招魂序》：『招者，召也。以手曰招，以言曰召。』亦讀若『招(柖)簣』之『招(柖)』。《淮南子·說山訓》『死而棄其招簣』，高誘注：『招簣，死者浴牀上棧棚也。』(高注原作『招簣，稱死者浴牀上之柵也』，兹據何寧《集釋》校改)字亦作『柖』，《廣雅·釋器》：『浴牀謂之柖。』王念孫《廣雅疏證》亦依《淮南子·說山訓》高誘之注爲說。是『詔』者，與『瘠』字相關聯，乃喪葬之事也。

行甫按：自『降監殷民』下至『多瘠罔詔』，馬、鄭以來經師句讀紛歧，其說解亦多所夾纏，其義終覺未安。兹依本篇『小民方興，相爲敵讎』並章太炎『械鬥』之說，參稽顧、王『瘠』字之解，斷經文之意爲『下察殷民，因相爲仇敵，日日聚集同夥，相互械鬥，各自以罪惡的方式鳩合在一起，彼此殘殺，以致遍地骸骨，竟無人斂尸埋骨』。此言國家政權馳廢，下層民衆爲求自保，各自拉幫結夥，相互攻剽殘殺。亡國之徵也。然此節亦有弦外之音，參見本篇【後案】。

〔六〕**商今其有災**■今，兹也。其，猶『將』也。災，禍也。**我興受其敗**■我，我等也，含對話雙方。興，《廣雅·釋詁》：『生也。』《大戴禮記·夏小正》：『匽之興五日翕，望乃伏。其不言生而稱興，何也？不知其生之時，故曰興。以其興也，故言之興。』《禮記·樂記》『而百化興焉』，孔穎達《禮疏》：『興，生也。』其，指商也。敗，腐朽敗壞也。《說文》：『退，敷也。从辵，貝聲。《周書》曰：我興受其退。』行甫按：『我興受其敗』者，即『我生受其敗』也，猶言我等此生恰逢此敗壞之時世矣。《小雅·正月》『父母生我，胡俾我瘉？不自我先，不自我後』，即此意也。

〔七〕**商其淪喪**■其，將也。淪喪，沉沒喪亡也。**我罔爲臣僕**■我，我等也，亦含對話雙方而言。罔，無也。臣僕，《釋文》：『一本無「臣」字。』段玉裁《撰異》：『按無者是也。《詩》「景命有僕」，《傳》云：「僕，附也。」

《說文》曰「古文僕字从臣作蹼」，恐此是古本作「蹼」，析爲二字也。」行甫按：段說是也。《管子·地員》「累然如僕累」，尹知章注：「僕，附也。」王念孫《讀書雜志》：「僕累，即《爾雅》之蚹蠃。」玄應《一切經音義》卷二十五「僕隸」注：「僕，附也，從於人也。」是「僕」、「附」聲同通用之證。句意謂：「殷邦即將淪喪，我等無爲附從而殉死。」**詔王子出迪**■詔，佑助也，鼓勵也。《爾雅·釋詁》：「詔、相、導、左、右、助，勴也。」出，出走。迪，吳汝綸《尚書故》：「逃也。」行甫按：吳說可從。「由」、「繇」、「䌛」、「兆」皆一聲之轉，則「迪」自可訓「逃」也。參見《盤庚》中篇「汝罔能迪」釋讀。

〔八〕**我舊云**■我，我父師也。舊，久也。云，言也，謂也。**刻子王子弗出**■刻子，箕子也。焦循《尚書補疏》：『王充《論衡·本性篇》引作「我舊云孩子王子不出」，余謂刻子即箕子也。《易》「箕子之明夷」，劉向、荀爽讀「箕」爲「荄」。《淮南子·時則訓》「爨萁」，高誘注云：「萁讀荄備之荄。」古荄、萁音通。刻從亥，與孩、荄同。箕即萁字。以此推之，父師既云「詔王子出迪」，則已勸微子去矣。下云「我舊云：箕子王子不出，我乃顛隮」，此乃述其平素私自之言。舊，久也。謂不特今日因王子問我，我始言之。且不獨言王子當去久已，言箕子、王子兩人皆當出。』王子，微子也。是父師屢勸箕子、微子出奔也。**我乃顛隮**■我，我殷邦也。乃，若也。顛隮，顛覆墜亡也。**自靖**■自，自行也。靖，枚《傳》：「各自謀行其志。」《釋文》：「馬本作清，謂潔也。」《爾雅·釋詁》：「謀也。」《方言》卷一：「思也。東齊海岱之間曰靖。」《說文》：「靖，立竫也。」《廣雅·釋詁》「竫，善也。」王念孫《疏證》：「靜、竫、靖並通。」行甫按：此「靖」字兼「謀思」與「善潔」之二義焉。父師之所言，語短義長，微而能顯，且與上文「商其淪喪，我罔爲臣僕，詔王子出迪」之意，相反而相照。謂：「我早已言之：箕子、王子不出，我殷邦若顛墜滅亡，則當自行謀決，好自爲之。」言下之意，如果不出奔，當於殷邦喪亡之際，自裁殉國，即「自獻于先王」也。故下文又以「人」與「我」爲對比，其意更其顯豁。

〔九〕**人自獻于先王**■人，他人，有人。意指上文箕子、王子，與下『我』字相對。自，義同『自靖』之『自』，猶今語『自行了斷』之『自行』也。獻，《説文》：『宗廟犬名羹獻。犬肥者以獻。从犬，𠪚聲。』段玉裁注：『獻，本祭祀奉犬牲之稱，引伸之爲凡薦進之稱。』《周禮·大宗伯》『以肆獻祼享先王』，鄭玄注：『獻，獻醴，謂薦血腥也。』朱駿聲《説文通訓定聲》：『禮，凡薦腥謂之獻。獻从𠪚，則盉羹爲本義，薦腥爲轉注也。』行甫按：此『獻』字正用『薦血腥』之義也。『自獻于先王』，猶言『自行作爲犧牲薦獻給先王』，意即喪邦亡國之際，於宗廟自裁殉國，祭奠於先王。歷來注家皆不了，經義沉埋，無慮千載。**我不顧行遯**■我，我父師也。顧，《説文》：『還視也。』《檜風·匪風》『顧瞻周道』，鄭《箋》：『迴首曰顧。』《小雅·正月》『屢顧爾僕』，鄭《箋》：『顧，猶視也，念也。』行，往也。遯，逃亡也。句意謂：『我不在意出奔逃亡也』。行甫按：此連上文之意，猶言：『有人要自爲犧牲薦獻於先王，那是他們自己的選擇；我可不認爲出奔逃亡是多麼不得了的事情，值得如此徘徊瞻顧，猶豫不決。』

此乃本篇第二節，爲父師對答微子之辭。言殷邦上下，秩序失控，一片混亂。喪邦亡國，不過早晚而已。因而力勸微子逃亡遠走，不值得與淫亂的商紂王同死。

【繹文】

父師如此說：『王子啊，老天爺給殷邦降下了重大災難，舉國上下沉湎於飲酒之風，而且對上天的懲罰毫無畏懼之心。他們把那些具有豐富治國經驗的老長之臣排除在政壇之外，根本不聽從他們的意見，不採納他們的主張。現在，殷邦的百姓們也肆無忌憚，竟敢偷竊祭祀天地神靈的各類犧牲與祭品，認爲就算把這些東西拿來吃了也未必有什麼災難與惡果。再深入到下面看看殷邦的底層百姓是怎樣生活的吧：由於他們相互仇殺，便不斷地聚集同冤同仇的人結成團夥，彼此報復毆鬥；他們往往以黑社會的罪惡方式鳩合在一起，往復尋仇，因而到處可見無人掩埋的僵尸骸骨。昔日的殷商大國現在災禍臨頭了，我們這輩子真是生得不是時候，恰恰讓我們趕上這個腐朽敗壞的王朝末世了。殷商王朝就要滅亡淪喪了，我們沒有必要陪著這個荒淫無恥的商紂王一起去送死，所以我明白地告訴王子，你還是遠走高飛吧！我早就說過，箕子和王子如果不遠走高飛，我們殷邦一旦顛墜覆亡，你們自己想想就知道該怎樣做才能保證你們的清白了。有人甘願自爲犧牲，在宗廟當作祭品薦獻給先王，那是他們自己的人生選擇；我可不認爲出奔逃亡是多麼大不了的事情，值得如此徘徊瞻顧，猶豫不決。」

【後案】

《史記·宋微子世家》曰：『於是微子度紂終不可諫，欲死之及去（行甫按：中華書局標點本作『欲死之，及去』。不妥，此當連讀，謂『欲死之』及『欲去』也。下文『太師曰：「爲死，終不得治，不如去。」遂亡。』亦當『不如去遂亡』連讀，因此時微子尚未出亡也）未能自決，乃問於太師、少師。』又曰：『微子曰：「父子有骨肉，而臣主以義屬。故父有過，子三諫不聽，則隨而號之；人臣三諫不聽，則其義可以去矣。」於是太師、少師乃勸微子去，遂行。周武王伐紂克殷，微子乃持其祭器造於軍門，肉袒面縛，左牽羊，右把茅，膝行而前以告。於是武王乃釋微子，復其位如故。』是微子先咨謀於父師、少師而逃亡，及至周武王克殷之後，乃以祭器降於周。一九七六年出土於陝西扶風市《史牆盤》亦有『雩武王既𢦏殷，微史剌（烈）祖，迺來見武王』之記載，乃微史家族自銘之器，説者以『微史』爲微子啓，或是也。據此史實順序，本篇當爲殷之史臣所記。

然《説文》於口部『咈』字及辵部『退』字之下兩引本篇，皆稱《周書》；但於足部『蹐』字下引本篇則又作《商書》。段玉裁於『咈』字下注曰：『《説文》引《微子》篇「咈其耇長」、「我興受其退」，皆系《周書》，引「予顛蹐」，則曰《商書》。未知孰是誤字。《洪範》一篇，商、周説異，《微子》則必是《商書》也。』考段氏之意，謂許君引《洪範》及《微子》二篇之文，皆商、周互異其稱，而《洪範》敘武王滅殷之後訪箕子，則可爲《商書》，亦可爲《周書》，許君乃因仍之説，不爲歧互之誤。至本篇則述微子於國之將亡如何自處，以詢問父師與少師，事在武王克殷之前，則必是《商書》，言《周書》者，爲許君之誤也。是段氏以史實年代科條《尚書》之著作年代，顯爲似是而非之論。

《尚書》年代，非常複雜，有史實年代、著作年代、流傳年代與整編年代。歷代經師及近世以來治《尚書》之學者，於此一問題之所以衆説紛紜，其癥結皆在混淆了《尚書》有不同年代之别。事實上，本篇的史實年代當在商紂滅國之前，但著作年代卻在武王克殷之後，當是微子降周之後追述其事，而由周之史臣記録成文，而非當日殷之史臣所記也。且微子當日謀亡於父師與少師，豈可於廟堂或稠人廣衆之中公然命史官記録其辭？既私謀於密室，又豈容史官珥筆竊聽於門戸之外邪？是必不然之事也。知乎此，則本篇所持之敘述立場及其言説方式將有大可玩味之處。

其一，本篇反覆一意，皆在商之後人『敗亂厥德』，『沈酗于酒』，以致『商其淪喪』。此雖可視爲殷商遺民事後的自我檢討，卻更可視爲周人滅殷之後的辯護之辭。子貢説：『紂之不善，不如是之甚也。是以君子惡居下流，天下之惡皆歸焉。』（《論語・子張》）是孔門弟子中不乏心知其意之士矣。

其二，微子言『小民方興，相爲敵讎』，父師亦言『降監殷民：用乂讎，斂召敵讎不怠；罪合于一，多瘠罔詔』，殷遺如此敘述，實是就殷邦底層民庶之生活表象作道德譴責而已，此之所以父師述之於『今殷民乃攘竊神祇之犧牷牲用，以容將食無災』之下也。而周之史臣如此記之，卻在揭示更爲深層的政治原因，此之所以馬、鄭諸儒必讀『讎斂』爲『稠斂』，亦即王鳴盛《尚書後案》解爲『重賦』的理由所在，實是以周人立場解讀父師之語。而『相爲敵讎』以及『罪合于一』的背後，當亦隱有攻掠官府，劫殺富人之事。殷遺之敘述，大有避重就輕之嫌，而周史之所記，卻於輕描淡寫之際引人深思。

其三，微子與父師最終出奔逃亡之事，對於彰顯忠臣死國以及砥礪節義操行有所防礙。因而周史於文末父師之語後，特意補敘『顛隮，自靖』以及『人自獻于先王，我不顧行遯』一筆。史臣之深意，乃在既贊成忠臣死國之節義操守，同時也尊重個人意志容有不同的歷史抉擇。作爲周之史臣，於此則只能是事實上的客觀敘述，不可能夾帶絲毫敘述者的價值判斷，否則必然傷教害義。因此，以『人』與『我』作平等敘述，不加軒輊，要在造成一種『去留肝膽兩崑崙』的印象。由此而言之，則不得不感佩周臣史筆之阿睹傳神。

周書

孔穎達《尚書正義》引鄭玄云『周書四十篇』，此亦據百篇《書序》爲言也。今傳於世者，周書十九篇，其中《呂刑》、《費誓》與《秦誓》三篇，乃諸侯之書。其成書年代，則有在西周初年者，亦有在春秋中葉者，其所以流傳亦各有其因，不可一概而論。

周書

牧誓

【解題】

牧，又作『坶』。《說文》：『坶，朝歌南七十里地。《周書》曰：武王與紂戰于坶野。从土，母聲。』字又作『晦』，《大雅·大明》『矢于牧野』，孔穎達《毛詩正義》引鄭玄《書序注》云：『牧野，紂南郊地名。《禮記》及《詩》作「晦野」，古字耳。』枚《傳》云：『紂近郊三十里地名牧。』孔穎達《書疏》：『皇甫謐云「在朝歌南七十里」，不知出何書也。』《書序》：『武王戎車三百兩，虎賁三百人，與受戰于牧野，作《牧誓》。』《史記·周本紀》：『二月甲子昧爽，武王朝至于商郊牧野，乃誓。』引誓辭而後曰：『誓已，諸侯兵會者車四千乘，陳師牧野。』《魯周公世家》亦云武王『十一年伐紂，至牧野，周公佐武王，作《牧誓》』。據此，則本篇乃武王伐紂於商郊牧野大戰之前鼓舞誓師之辭。朝歌故地，在今河南淇縣境，而牧野當在淇縣之南。

屈萬里曰：『按本篇文辭淺易，與《甘誓》、《湯誓》相似，知其非西周初年作品。又按崔氏《洙泗考信錄》云：「凡夫子云者，稱甲於乙之詞也，《春秋傳》皆然；未有稱甲於甲而曰夫子者。至孟子時，始稱甲於甲而亦曰夫子，孔子時無是稱也。故子禽、子貢相與稱孔子曰夫子；顏淵、子貢自稱孔子亦曰夫子，蓋亦與他人言之也。」近年李宗侗撰《論夫子與子》一文（載《『中央研究院』歷史語言研究所集刊》二十八本），更申崔氏之說。而本篇既曰「夫子勖哉」，又曰「勖哉夫子」，皆稱甲於甲之詞。是知本篇亦戰國時人述古之作也。』

劉起釪曰：『《牧誓》作爲周武王伐紂舉行宣誓儀式的軍事舞蹈大會上的講話，内容是真實的。由於當時參加這一戰役的貴族所製的紀念銅器「利簋」的出土，其銘文具體記載了武王征商這件事和作戰的日子是「甲子」，與本文所說的完全吻合，更證實了本文原本的可靠。因此，這一文件的真實性，到現在看來，顯然是無可懷疑的。因此，本文的原件，當是周武王在講話時，由史臣記錄下來的。但是，我們也看到，本文的文體比周初其他幾篇誥文要平易多多，想來也和《盤庚》那樣，由於流傳中受東周人讀古書喜用自己語言詞彙去讀的習慣影響，因而使一些詞彙和語法有了西周以後的風格。關鍵仍和《盤庚》一樣，在虛詞方面使用了後起的連詞、介詞以及表感歎的語氣詞之類。』

屈氏據清人崔東壁謂『於孔子前稱「夫子」，乃戰國之言，非春秋時語』，認爲春秋乃至西周，『夫子』乃第三人稱代詞，不作對面相稱之第二人稱代詞用，從而認爲本篇乃『戰國時人述古之作』。劉氏認爲本篇乃當時史臣記錄之辭，肯定了歷史本事的真實性，但與屈氏一樣，認爲本篇比周初其他誥文『平易多多』。但劉氏僅謂『一些詞彙和語法有了西周以後的風格』，顯然不願將本文寫作時間拉得太晚。

有關本篇著作時代之討論，實不自屈、劉二氏始。近世以來，顧頡剛、傅斯年、陳夢家皆以爲出自東周乃至戰國。張西堂《尚書引論》雖不苟崔氏『夫子一詞起於戰國』之説，但仍謂『用夫子而失其原義，泛指一般人説，則當在戰國時』，且以『百姓』指『平民』，亦證『非宗周時作』。近人蔣善國卻不直晚近諸家之説，蔣氏曰：『稱友邦冢君、御事、庸人等爲夫子』，比較生疏，『他書罕見，可能是「好漢」的意思，與春秋時以「夫子」爲「夫」和「師」的尊稱不同。《史記集解》引鄭注説：「夫子，丈夫之稱。」當指成人』。且謂王國維雖言金文『百姓』作『百生』乃指『百官』，但其《古史新證》仍『肯定《牧誓》爲當時所作』。故蔣氏認爲《牧誓》作於西周初年武王克商之時無可懷疑。

事實上，本篇乃周武王率西土聯軍，臨戰之前『禡於所征之地』商郊牧野，亦即舉行『師祭』以『禱氣勢』之辭。餘説參見經文相關【釋讀】以及本篇【後案】。其初所以流傳於世，乃因西周末年以古爲鑒之思想潮流所及。周幽王嬖寵褒姒，乃至烽火戲諸侯；商紂王寵妲己而『惟婦言是用』，二者興衰存亡之歷史結局，亦何其相似！是以本篇自王室檔案搜檢而出，乃至流傳於民間學人之手，當始自東遷前後幽、平之世，則篇中雜有與其著作時代不相侔之語彙，斯不足怪也矣。其具體論證，參見拙作《西周末年的鑒古思潮與今文〈尚書〉的流傳背景》（《漢學研究》第十九卷第一期）以及拙著《中國早期文化意識的嬗變——先秦散文發展線索探尋》第一卷相關章節。

時甲子昧爽，王朝至于商郊牧野，乃誓。〔一〕王左杖黄鉞，右秉白旄以麾，曰：『逖矣，西土之人！』〔二〕

王曰：『嗟！我友邦冢君，御事；〔三〕司徒司馬司空，亞旅；〔四〕師氏，千夫長，百夫長；〔五〕及庸、蜀、羌、髳、微、盧、彭、濮人，〔六〕稱爾戈，比爾干，立爾矛，予其誓。〔七〕』

【釋讀】

〔一〕**時甲子昧爽**■時，是也。枚《傳》：『是克紂之月。』《周本紀》：『二月甲子。』楊筠如《覈詁》：『古書多不紀年，而月日則必兼備。此篇不載何月，蓋以前有《大誓》一篇，已詳紀其年月而省耳。據《史記》，當在十一年二月也。』甲子，枚《傳》：『二月四日。』行甫按：《逸周書·世俘解》：『越若來二月既死魄，越五日甲子朝，至接于商，則咸劉商王紂。』陳逢衡《逸周書補注》：『既死魄，二月朔也。是日爲庚申，前日二十九日己未晦，冬至，明日庚申爲二月朔。越五日甲子，由庚申、辛酉、壬戌、癸亥至甲子也。』據此，則『甲子』爲『二月五日』。昧爽，《釋文》：『馬云：昧，未旦也。』枚《傳》：『昧，冥；爽，明；早旦。』孔穎達《書疏》：『《釋言》云：「晦，冥也。」昧亦晦義，故爲冥也。冥是夜，爽是明，夜而未明，謂早旦之時，蓋雞鳴後也。』行甫按：一九七六年三月出土於陝西臨潼零口公社西段大隊之《利簋》銘文曰：『珷征商，隹甲子朝，歲鼎克，聞夙又商。』《國語·周語下》載伶州鳩曰：『昔武王伐殷，歲在鶉火。』又曰：『歲之所在，則我有周之分野也。』韋昭注：『鶉火，周分野也。歲星所在，利以伐之也。』《利簋》銘文『甲子朝，歲鼎克』，謂甲子日清晨，歲星正當利於戰伐獲勝之位（行甫按：或讀『歲鼎』句，此從楊寬《西周史》讀『歲鼎克』，但不從楊氏釋『歲』爲『劌』也）。『聞夙又商』，『聞』通『昏』，說見劉翔等《商周古文字讀本》，語文出版社一九八九年九月版，第七二頁），『昏夙』亦即本篇之『昧爽』，『又』通『有』，猶言『昧爽有商』也。《大雅·大明》『肆伐大商，會朝清明』，鄭《箋》：『伐殷合兵以清明，《書·牧誓》曰：「時甲子昧爽，武王朝至于商郊牧野，乃誓。」』則『昧爽』、『昏夙』，其義一也，皆『清明』之時也。**王朝至于商郊牧野**■王，武王也。鄭《箋》及《周本紀》引之皆有『武』字，疑此譌奪。朝，《說文》：『旦也。』至于，猶『到達』也。牧，枚《傳》：『紂近郊三十里地名牧。』行甫按：字或作『坶』作『𡋯』，字異音同。《鄘風·桑中》『爰采唐矣，沬之鄉矣』，孔穎達《正義》曰：『（鄭玄）《酒誥》注云：「沬邦，紂之都所處也，於《詩》國屬鄘，故其風有沬之鄉。」則「沬之北」、「沬之東」，朝歌也。』《酒誥》『明大命于妹邦』，《康誥》又稱『孟侯，朕其弟，小子封』，則『牧』、『沬』、『妹』、『孟』，皆一聲之轉。野，《說文》：『郊外也。』行甫按：『商郊牧野』，乃同位語，猶言『商之郊外牧之野』也。其地當在河南淇縣以南汲縣以北一帶。**乃誓**■乃，猶『將』也。說見吳昌瑩《經詞衍釋》。誓，猶『戒敕』也，主帥於軍前發佈命令及嚴肅軍紀。枚《傳》：『癸亥夜陳，甲子朝誓，將與紂戰。』是也。

（二）**王左杖黃鉞**■左，左手也。杖，猶『執持以拄地』也。《漢書·婁敬傳》『杖馬箠去居岐』，顏師古注：『杖，謂柱之也。』《文選·干寶〈晉紀總論〉》『杖策而去』，劉良注：『杖策，猶柱杖也。』是其義也。黃鉞，枚《傳》：『以黃金飾斧。』《釋文》：『鉞，本又作戉。』阮元《尚書校勘記》：『按作戉是也。《說文》云：「戉，大斧也。」』**右秉白旄以麾**■右，右手也。秉，把也，持也。白旄，《釋文》引馬融云：『旄牛尾。』行甫按：古者以旄牛尾注於旗竿之首，稱爲旄。《爾雅·釋天》『注旄首曰旌』，郭璞注：『載旄於竿頭，如今之幢，亦有旒。』《禮記·明堂位》『夏后氏之綏』，鄭玄注：『綏當爲緌，讀如冠蕤之蕤。緌，謂注旄牛尾於杠首，所謂大麾。《書》云「武王左杖黃鉞，右秉白旄以麾。」』《鄘風·干旄》『孑孑干旄』，毛《傳》：『孑孑，干旄之貌。注旄於干首，大夫之旃也。』孔穎達《正義》：『謂之干旄者，以注旄於干首，故《釋天》云：「注旄首曰旌。」李巡曰：「旄牛尾著干首。」』皆是其證也。此言『白旄』，當是注旄牛尾於竿首之白色旌旗，取其易識易見也。以，猶『而』也。麾，通『撝』，今字作『揮』。《說文》：『麾，旌旗，所以指麾也。』段玉裁注：『凡旗之所指曰指麾。師之耳目，在乎旗鼓也。《坶誓》

曰「右秉白旄以麾」。』**曰逖矣**■逖，《説文》：『遠也。从辵，狄聲。逷，古文逖。』段玉裁《撰異》：『《釋詁》：「逷，遠也。」郭注：「《書》曰：逷矣，西土之人。」《北齊書·文苑傳》顔之推《觀我生賦》云「逷西土之有眾」，《文選》李善注兩引《書》皆作「逷」，是唐初本尚作「逷」。《説文》：「逖，遠也，古文作逷。」衛包據以改經，而開寶中又改《釋文》也。』**西土之人**■西土，與『東土』相對。《康誥》曰：『我西土惟時怙。』又曰：『肆汝小子封，在兹東土。』是其例也。周人地處西方，商人地處東方，故周人自稱『西土之人』，猶言『周邦之人』也。劉起釪《校釋譯論》：『周族在今陝西一帶，因此王所率領進攻商王朝的各族，對東方的商來説，也都是西部的，所以稱「西土之人」。』枚《傳》：『遠矣，西土之人。勞苦之。』行甫按：枚説是也。武王欲誓戒其眾，先慰勞其遠行，故以『曰』字單獨領起，不與下誓辭同也。

〔三〕**王曰嗟**■嗟，敦促聽眾注意之呼語，非嘆詞也。猶《禮記·檀弓下》『黔敖左奉食，右執飲，曰：嗟來食』之『嗟』，鄭玄注：『雖閔而呼之，非敬辭。』是『嗟』乃呼語，不爲嘆詞也。**我友邦冢君**■友邦，《周本紀》作『有國』，沈長雲《〈書·牧誓〉『友邦冢君』釋義》：『今文家以「友邦冢君」爲領有國土之大君。而古文家以「友」爲同志之友。今文家讀「友」爲「有」，以「有邦」二字連讀，將邦君一詞分割爲二，不符合古文獻及銅器銘文稱謂習慣。鄭玄注《周禮·大宗伯》「以賓射之禮親故舊朋友」曰：「天子亦有友諸侯之義，武王誓曰：我友邦冢君。是也。」而古文家以「友」爲「同志之友」，亦未得古義。兩種解釋對通讀《牧誓》的一段話即構成障礙。如果以「友邦冢君」指友好盟邦的君主，則武王一開始就已稱呼了西戎八國君長，下面再呼「庸蜀羌髳微盧彭濮人」就顯得語句重複。再則，所謂西戎八國，對周人來説，實際上是一種附屬國。周武王對包括附屬國在内的部下發號施令，不必尊稱這些附屬國的首領在先。因此，「友邦冢君」不是「友好盟邦的大君」，「友」字不當「同志」之「友」解，是可以斷言的。童書業《春秋左傳研究·宗法制與分封制》言：「善兄弟爲友，則朋友古義爲族人也。」然則「友邦冢君」者，兄弟之邦，抑或同姓宗族之邦的大君也。武王牧野誓師，先呼姬周族同宗貴族，次及各級御事官吏、統兵頭目，最後稱呼附屬之西戎八國君主，這種主從有次的稱呼法，方符合周代誓命之辭的用語習慣。《大誥》中「友邦君」一詞凡兩見，同於《牧誓》的「友邦冢君」。舊注於「友」字不釋，以前後文意度之，「友」字非釋爲兄弟之友或同宗之友不可。』（參見氏著《上古史探研》，中華書局二〇〇二年十二月版，第二三九—二四五頁）冢，《爾雅・釋詁》：「大也。」沈氏《〈書・牧誓〉「友邦冢君」釋義》：「古文獻中「邦君」一詞，是對周王室統治下的各個族邦首領的統稱；「友邦冢君」或「友邦君」，則是單指其中周族同姓邦君或周王「兄弟之邦」的邦君。」行甫按：「冢君」，大君也，對邦君之尊稱。**御事**■孫星衍《尚書今古文注疏》：「謂治事。鄭箋《思齊詩》云「御，治也」，引《書》「越乃御事」。」屈萬里曰：僞孔《傳》以御事爲「治事三卿」（司徒、司馬、司空），簡氏《述疏》以爲統下諸臣言。按御事一詞，《周書》中習見，《大誥》「大誥爾多方，越爾御事」、「爾庶邦君，越爾御事」，《召誥》「王先服殷御事，比介于我有周御事」，《洛誥》「予旦以多子越御事」，《文侯之命》「即我御事，罔或耆壽俊在厥服」，據此，是各類官吏，皆可謂之御事。又，《大誥》「肆予告我友邦君，越尹氏、庶士、御事」、「爾庶邦君，越庶士、御事」、「義爾邦君，越爾多士，尹氏、御事」，《顧命》「師氏、虎臣、百尹、御事」，與尹氏、百尹、庶士、師氏、虎臣並稱，則又非統攝群官之稱。蓋渾言之，御事可括百官；析言之，乃主管官、武官以外之一般官吏也。此處當從簡氏說。行甫按：《周書》「御事」之職，當視具體語境而定。此所誓之對象分爲四個大類：其一，「友邦冢君」及其下屬執事人員「御事」；其二，「司徒司馬司空」及其下屬副次衆官「亞旅」；其三，「師氏」及其下屬軍吏「千夫長、百夫長」；其四，周族附屬盟邦西戎八國之人。是此「御事」，乃具體治事官員，即所謂「執事」也，其隸屬於「友邦冢君」，猶《立政》「大都、小伯、藝人」下所言之「表臣百司」。行甫又按：本篇所誓之衆排列次序與《立政》「立政任人：準夫、牧作三事」以下至「夷微盧烝，三亳阪尹」之次序略同，皆由内而及外，參見《立政》篇相關釋讀。

〔四〕**司徒司馬司空**■司徒，掌徒役之官。枚《傳》：「司徒主民。」金文所見職官有「嗣土」、「冢嗣土」、「嗣徒」諸稱，當是此官。「冢嗣土」或即《周禮·地官》之「大司徒」。司馬，枚《傳》：「司馬主兵。」金文所見職官亦有「嗣馬」。司空，枚《傳》：「司空主土。」金文所見職官有「嗣工」、「大嗣工」，即「司空」官。《周禮·考工記》「國有六職，百工與居一焉」，鄭玄注：「司空掌營城郭，建都邑，立社稷宗廟，造宮室、車服、器械，監百工者。」行甫按：郭沫若《周官質疑》謂此「三司」即《小雅·雨無正》之「三事大夫」。楊樹達《盠司徒幽卣》謂「古縣邑皆有司徒、司馬、司空，不必天子諸侯之國始有之。」（《積微居金文說》卷六）此「三司」乃周人所設官職。**亞旅**■亞，次也。旅，眾也。行甫按：據《立政》「太史、尹伯、庶常吉士；司徒、司馬、司空、亞旅」之排列次序，知「庶常吉士」乃「太史寮」之掌管祭祀禮儀系統所屬之眾官，而「亞旅」乃「三司」之副貳及其下屬眾官，即「卿事寮」之行政系統所屬之眾官員。歷來注家讀本篇所誓人眾，皆漫無統紀，茲從沈長雲之說，並略申己意也。

〔五〕**師氏**■章太炎曰：「師氏見《周官》，居虎門之左，掌教國子弟。此蓋太公也。」行甫按：《顧命》及《毛公鼎》皆以「師氏」與「虎臣」同列，當爲王朝武官。《小雅·十月之交》「皇父卿士，番維司徒，家伯維宰，仲允膳夫，棸子內史，蹶維趣馬，楀維師氏」，眾職並列，則「師氏」當爲直接統領軍隊之高級武官，而「千夫長、百夫長」乃其下屬官員。行甫又按：《大雅·大明》：「維師尚父，時維鷹揚，涼彼武王，肆伐大商。」太公尚父乃佐助武王伐商者，當非此「師氏」之人，章說未必是也。**千夫長百夫長**■蔡《傳》：「千夫長，統千人之帥；百夫長，統百人之帥也。」

〔六〕**及庸蜀羌髳微盧彭濮人**■及，與也。庸，張守節《楚世家正義》引《括地志》：「房州竹山縣，本漢上庸縣，古之庸國。」王夫之《稗疏》：「上庸也，在今鄖陽竹溪縣西。」顧頡剛《史林雜識初編·牧誓八國》云：「在今湖北竹山縣。」蜀，張守節《周本紀正義》引《括地志》：「益州及巴、利等州皆古蜀國。」王夫之《稗疏》：「蜀國本在成都，帝嚳支庶所封，世爲侯國。』顧頡剛曰：『蜀之北境本達漢中，故《蜀王本紀》有「東獵褒谷，卒見秦惠王」之事。』羌，顧頡剛曰：『羌之大本營在今甘肅南部，去岐周不遠，此觀《後漢書·西羌傳》可知。』劉起釪曰：『《括地志》：「岷、洮、叢等州以西，羌也。」岷、洮在今甘肅，叢州在今四川西北。甲骨文中羌爲商王朝主要敵人，處在周族北面，所以聯合伐紂。典籍中說它姓「姜」，「姜」、「羌」一字，古文字從儿與從女無別。』髳，顧頡剛曰：『《春秋》成元年「王師敗績于茅戎」，此爲王人如晉拜成所致，「茅」、「髳」同聲，疑即一族，蓋居今山西南端者。』劉起釪曰：『其地在今晉南平陸縣茅津渡一帶。』微，顧頡剛曰：『《書·立政》云「夷微盧烝三亳阪尹」，可見此族必與周近，故周公立政建官首及之。《彭縣志》以《公羊經》「築微」，《左氏經》作「築郿」，因置之於四川眉山縣。假若肯舍棄此在蜀西之一成見，則《春秋經》上之證據正可適用於陝西之郿縣。此爲褒斜道之北門，與漢中之蜀正相銜接。』盧，王夫之曰：『《春秋傳》「羅與盧戎兩軍之」，盧地近羅，羅在宜城西山中今南漳縣地，則盧戎之國，當在穀城、保康之間矣。』劉起釪曰：在今湖北南漳縣以東，地處漢水之西、荊山之東，即周文王所征服之崇國之南。彭，顧頡剛曰：『桓十二年《傳》云「伐絞之役，楚師分涉於彭」，杜預《春秋釋例》：「彭水出新城昌魏縣東北，至南鄉築陽縣入漢。」按魏之昌魏縣在今湖北房縣，築陽縣在今湖北穀城縣，是「彭」在今湖北也。』劉起釪曰：『絞在今湖北鄖縣；彭水，古又稱築水，爲今湖北境內自房縣流經保康至穀城入漢水之「南河」。』濮，王夫之曰：『濮與麇相鄰，故《春秋傳》云：「麇人率百濮聚于選。」麇，今鄖陽府治，其東則楚也，其西則濮也。是濮之爲國，夾漢水而處，居鄖陽之上流，在白河之東南矣。』顧頡剛曰：『云「伐庸……百濮乃罷」，庸在今湖北竹山縣，楚師東來而百濮避鋒先走，知百濮在竹山之南。選之所在，杜預無說，清人所輯《春秋傳說彙纂》云「在今枝江縣南境」，不知其錄自何書。按此說甚可通。枝江縣當大江與清江之交會，在江陵之西南，利於行舟，一也。百濮出師，蓋由楚境西南來，而陳兵於楚境西北，故楚伐庸向西北行，百濮觀其軍容之盛，遂懼而思退，二也。《楚世家》「熊霜六年卒，三弟爭立，仲雪死，叔堪亡，避難於濮，而少弟季徇立」，叔堪逃難，亦沿江西行而國於枝江之南，三也。《國語・鄭語》「楚蚡冒於是乎始啓濮」，自楚營濮，濮人當散處武當、荊、巫諸山脈中，其北接麇，其東北鄰楚，故能爲麇所率，與楚對壘。集諸證觀之，濮地在楚之西南，可以論定。」劉起釪曰：『濮地當是由鄂西南而及湘北、湘西一帶，活動於雲夢、洞庭諸湖沼地區，僞孔《傳》說「庸濮在江漢之南」，《括地志》說「濮在楚西南」，大致地望是對的。」

枚《傳》：『八國皆蠻夷戎狄屬文王者國名。羌在西；蜀叟；髳微在巴蜀；盧彭在西北；庸濮在江漢之南。』孔穎達《書疏》：『此八國皆西南夷也。文王國在於西，故西南夷先屬焉。』顧頡剛曰：『惟楚國北部有庸、盧與彭，其西有濮，此四國與蜀均在漢水流域。羌、微與髳則在渭水及河水流域。故如以秦嶺與漢水爲界，則此八國者，三在北而五在南。徐中舒《殷周之際史跡之檢討》（前『中央研究院』《歷史語言研究所集刊》七本二分）曰：「蓋周之王業，實自太王遷岐始。岐在渭水河谷……南接褒斜，可通江漢巴蜀，周人得此而國勢始盛，因此肇立翦滅殷商之基礎。」其言甚是。武王伐紂而率此八國之師，自當爲周人政治勢力向東南擴展之結果；《左傳》所謂「江漢諸姬」，亦爲太王以下遠征東南所分封而非由於克商之拓土；至於本居西方如羌、微者，則自更有其征集之便焉。』行甫按：顧氏以『濮』在楚西，近人石泉《古代荊楚地理新探・續集》考證春秋時『百濮』當在今湖北棗陽市境，在楚都（今宜城市南境楚皇都遺址）東面偏北。不過顧氏定『濮』在漢水流域，則大致地望不差。

〔七〕**稱爾戈**■稱，舉也。戈，《方言》：『戟，楚謂之孑，吳揚之間謂之戈。』《說文》：『平頭戟也。』段玉裁注：『戈戟皆勾兵。戟兼刺與勾者也。』**比爾干**■比，猶『齊』也、『次』也。《小雅・六月》『比物四驪』，陸德明《釋文》：『比，齊同也。』《周禮・春官・世婦》『比其具』，鄭玄注：『比，次也。』是其例也。干，盾也。《方言》：『楯，自關而東或謂之楯，或謂之干。』行甫按：『盾』與『楯』通。『比爾干』，意即：『將你們的盾牌依次排列整齊。』**立爾矛**■立，直立也。矛，刺兵。行甫按：矛乃長柄刺兵，聽誓時以其鋒端倒植立於地。孔穎達《書疏》：『矛長，立之於地，故言立。』是也。**予其誓**■其，猶『將』也。誓，誥也，謹也。《爾雅·釋言》『誥、誓，謹也』，郭璞注：『誥、誓，皆所以約勤謹戒衆。』《禮記·曲禮下》：『約信曰誓。』行甫按：面向衆人宣誥某種約束及其相關規定，即此『誓』字之義也。

此乃本篇第一節，言武王於甲子朝至於商郊牧野，面對伐商聯軍宣誥戰爭意義及其行動紀律。此乃史臣敘事之辭，交待誓辭之相關背景。

【繹文】

其時是武王十一年二月五日甲子這一天，天尚未大亮，武王就早早地來到了商都遠郊之地妹鄉野外這個地方，將要向所有參戰人衆作戰前動員報告，發佈戰爭命令。武王左手拄著飾有黃銅的大斧，右手舉著竿頭注有旄牛尾的白色旌旗，上下左右揮動，以指揮各路人馬按部就班地整齊列隊，集合聽令。武王首先很關切地慰問大家說：『都走了很遠的路程了！我們西方的勇士們，你們辛苦了！』

於是武王開始向大家說：『好了，大家注意了！我們周家姬姓邦國的各位尊敬的君長們，及其所屬各位幹辦執事官員們；司徒、司馬、司空三事大夫及其屬下各位副職幫辦大員們；各位軍長、師長、連長等全軍上下各級將士們；以及前來參加會戰的庸國、蜀國、羌戎、髳戎、微族、盧戎、彭族、濮種等八個邦國的全體勇士們！高舉你們手中的戈戟，整列你們手中的盾牌，豎直你們手中的長矛，我要對你們講解此次戰鬥的目的和意義，宣佈相關軍事紀律，統一我們的戰鬥部署。』

王曰：『古人有言曰：「牝雞無晨，牝雞之晨，惟家之索。」〔一〕今商王受，惟婦言是用，昏棄厥肆祀弗答，昏棄厥遺王父母弟不迪。〔二〕乃惟四方之多罪逋逃，是崇是長，是信是使，是以爲大夫卿士。〔三〕俾暴虐于百姓，以姦宄于商邑。〔四〕今予發，惟恭行天之罰。〔五〕

【釋讀】

〔一〕**王曰**■以『王曰』領起，示正式誥誓之始也。**古人有言曰**■《周本紀》無『曰』字。行甫按：此與《盤庚》『遲任有言曰』文法從同，則有『曰』字是也。《漢書·五行志中之上》引之亦有『曰』字。**牝雞無晨**■牝，雌也。牝雞，母雞。晨，動詞，猶今所謂『打鳴報曉』也。枚《傳》：『言無晨鳴之道。』**牝雞之晨**■之，猶『若』也。**惟家之索**■惟，通『爲』，猶『則』也。行甫按：此『之』與『惟』，乃因果複句之關聯詞。之，猶『所以』也。說俱見吳昌瑩《經詞衍釋》。索，枚《傳》：『盡也。喻婦人知外事。雌代雄鳴，則家盡；婦奪夫政，則國亡。』顏師古《漢書·五行志注》：『晨，謂晨時鳴也。索，盡也。言婦人爲政，猶雌雞而代雄鳴，是喪家之道也。』

〔二〕**今商王受**■今，猶『茲』也、『此』也。商王受，殷商王朝最後一王，史稱『帝辛』。《殷本紀》：『帝辛，天下謂之紂。』《竹書紀年》：『帝辛受。』是也。《周本紀》引作『今殷王紂』。行甫按：《說文》：『受，相付也，从受，舟省聲。』段玉裁注：『舟省聲，蓋許必有所受之。《尚書》紂字，古文《尚書》作受。』考殷虛甲骨文中有一人名

『㕭』，其右半之『受』字上下兩手中間正象『舟船』之『舟』形，則『受』字於甲文乃形聲而兼會意也。是『紂』與『受』乃音近相通爲用，非有二名也。**惟婦言是用**■惟，以也。婦言，婦人之言。《殷本紀》：「紂嬖於婦人，愛妲己，妲己之言是從。」是，猶『于』也、『爲』也。《大雅・嵩高》『南國是式』，王符《潛夫論》兩引其文，《三式篇》引作『南國于是式』，《志氏姓篇》引作『南國爲式』，彭鐸校曰：「『南國于是式』，蓋本作『南國于式』，與《志氏姓篇》『南國爲式』同。《詩・定之方中》「作于楚宮，作于楚室」，張載注《魏都賦》引作「作爲楚宮，作爲楚室」，是于、爲同也。說詳《經傳釋詞》卷一。後人不知此義，因據《毛詩》增『是』字，遂使非今非古，而成五字句矣。然幸其增而不改，猶得考見古本之舊也。」行甫按：『于』既可訓『爲』，亦可訓『是』，說見吴昌瑩《經詞衍釋》『于』字條，則『是』亦既可訓『于』，亦可訓『爲』也。用，《說文》：「可施行也。」行甫按：『惟婦言是用』，猶『以婦言爲用』，亦即『以婦人之言施之於行』也。**昏棄厥肆祀弗答**■昏棄，王引之《經義述聞》：「昏，蔑也，讀曰泯。昏棄，即泯棄也。昭二十九年《左傳》曰「若泯棄之」，泯棄猶蔑棄也。《周語》曰「不共神祇而蔑棄五則」，泯蔑，聲之轉耳。」厥，其也。肆祀，孫星衍曰：「《周禮・大祝》「凡大禋祀肆享」，注云：「肆享，祭宗廟也。」又《典瑞》「以肆先王」，注云：「玄謂肆解牲體以祭，因以爲名。」是肆爲祭祖也。」行甫按：『肆祀』，即宗廟先祖之祭，因將牲體支解分析爲祭，故以『肆』名之。答，與『洽』通，周備也。行甫按：舊解或爲『問』，或爲『當』，或爲『對』，或爲『報』，或爲『應』，皆非其義。許君說『答』字『從艸，合聲』，古『答』與『合』聲同互用。《史記・貨殖列傳》『蘖麴鹽豉千答』，《漢書・貨殖傳》作『蘖麴鹽豉千合』。《左傳》宣公二年『既合而來奔』，杜預注：『合，猶答也。』即『答』與『合』通用之證。『合』亦通『洽』，《考工記・弓人》『春液角則合』，鄭玄注：『合，讀爲洽。』《史記・高祖功臣侯者年表》『合陽侯』，《漢興以來將相名臣年表》、《吴王濞列傳》並作『洽陽侯』；《水經注》卷四《河水》亦作『洽陽』。是『答』、『合』、『洽』三字，聲同義亦相通。參見《洛誥》『答其師』釋讀。行甫又按：此『答』字當讀爲《詩》『以洽百禮』之『洽』，《詩》之言『以洽百禮』，皆爲先祖之祭祀。《賓之初筵》『烝衎烈祖，以洽百禮』，《周頌・豐年》及《載芟》兩言『烝畀祖妣，以洽百禮』，皆是其例。朱熹訓《周頌・豐年》之『洽』爲『備』，即此『答』若『洽』之義也。是則『昏棄厥肆祀弗答』者，猶言『蔑棄其先祖宗廟之祭祀而不備』，亦即『蔑棄其祭祀而不周洽』也。《禮記・祭統》之所謂『祭則觀其敬而時也』，是其義也。**昏棄厥遺王父母弟不迪**■昏棄，亦當爲『泯棄』，蔑棄也。厥，其也。《周本紀》作『其』，以訓詁代本字也。遺，楊筠如《覈詁》：『昭三年《左傳》「及遺姑姊妹」，杜注：「遺，餘也。」』王，漢《石經》作『任』，俞樾《平議》：『《隸釋》載《石經》作「厥遺任父母弟不迪」，段玉裁謂未知今文家說如何。其實乃誤字也。漢人隸書「王」「壬」二字往往無別。武梁石室畫象「秦王」作「秦壬」，又魯峻碑陰「壬端」「壬輔」並即「王」字，可證也。文七年《左傳》「宋公王臣卒」，《釋文》曰：「本或作壬臣。」蓋亦隸體混淆之故。此經「王」字，漢人書作「壬」字，因又加人旁作「任」耳。《韓非子・外儲說左篇》「王登爲中牟令」，《呂氏春秋・知度篇》作「任登」，即其例也。蔡邕等正定六經文字，而此等字未能正定，固其小疏，或因經師舊讀，學者共曉，字雖作「任」，讀仍爲「王」。相習已久，無庸改易其舊耳。懼好古之士，不加詳審，或滋異說，故具論之。』行甫按：俞說可從。《周本紀》既引《太誓》『離逷其王父母弟』，又引本篇『遺其王父母弟不用』，則史公當是讀『任』爲『王』也，乃如呂氏門客或字作『任登』而其讀爲『王登』，亦未可知。要之，『王父母弟』，是也。劉逢祿《尚書今古文集解》：『古稱王父，猶言伯父、叔父。《晉語》「年過七十者，公親見之，稱曰王父，王父不敢不承」，是也。』行甫按：《晉語七》言晉悼公初即位行新政，『養老幼，恤孤疾，年過七十者，公親見之，稱曰王父，王父，不敢不承』，俞樾《群經平議》：『「稱曰王父」當連下「王父」讀之，「稱曰王父、王父」者，蓋所見不一人，故不一稱也。猶《孟子・盡心篇》「曰古之人、古之人」，亦不一稱之辭也。「不敢不承」乃公自謙之辭，謂「不敢不承教」耳。《注》以爲王父不敢不承命，失之矣。』俞說是也，劉氏當從韋《注》舊讀。母弟，同母弟也。行甫按：若『王父』爲『伯父、叔父』之稱，則當讀爲『王父、母弟』。不迪，《周本紀》作『不用』，亦以詁訓代本字也。俞樾《群經平議》：『「不迪」之「迪」，當讀爲「由」。《漢書・楊雄傳》注曰：「迪，由也。」是「迪」與「由」聲近義通。「由」者，用也。故《周本紀》即作「不用」，蓋史公讀「迪」爲「由」，而以詁訓字易之也。』行甫按：『昏棄厥肆祀弗答，昏棄厥遺王父母弟不迪』，《周本紀》作『自棄其先祖肆祀不答，昏棄其家國，遺其王父母弟不用』，蓋今、古文之異，然史公所引不若古文簡賅，或史公以詁訓相復述，且意爲增損邪？書缺有間，不敢懸揣。

〔三〕**乃惟四方之多罪逋逃**■乃，猶『且』也、『又』也。説見吴昌瑩《經詞衍釋》。惟，猶『以』也。四方，猶『天下』也。多，《説文》：『緟也。从緟夕。夕者，相繹也。故爲多。緟夕爲多，緟日爲疊。』段玉裁注：『緟者，增益也，故爲多。』行甫按：『多罪』，猶今所謂『慣犯』也。逋逃，同義複詞，《説文》：『逋，亡也』；『逃，亡也。』**是崇是長**■是，猶『乃』也，『爲』也。吴昌瑩《經詞衍釋》：『「乃」訓爲「是」，「是」自訓「乃」。』行甫按：『惟四方之多罪逋逃，是崇是長是信是使』，以及上文『惟婦言是用』諸『是』字，近代以來引進西洋文法，學者皆以爲賓語提前之助動詞，實則訓『乃』訓『爲』即可通。《左傳》襄公十四年『唯余馬首是瞻』，謂『以余之馬首爲瞻』也。僖公五年『鬼神非人實親，惟德是依』，『實』通『是』，言『鬼神非以人爲親，以德爲依』也。僖公二十四年『除君之惡，惟力是視』，謂『除君之惡，以力爲視』也。《論語・堯曰》『周有大賚，善人是富』，即『周有大賚，善人爲富』也。崇，尊也。長，官長。**是信是使**■信，信任；使，任用。行甫按：此三句謂：『又以天下之慣犯叛逃者爲尊爲官爲可信爲可用』。**是以爲大夫卿士**■是，猶『乃』也。『乃』猶『於是』、『然後』也。以爲，猶『以之爲』也。大夫卿士，猶言『高級官員』也。行甫按：《左傳》昭公七年楚芋尹無宇曰：『昔武王數紂之罪以告諸侯曰：紂爲天下逋逃主，萃淵藪，故夫致死焉。』謂商紂大肆招降納叛，諸侯逃亡之人皆歸於殷，商紂王一皆重用，是以結怨於諸侯也。

〔四〕**俾暴虐于百姓**■俾，使也。暴，凌犯也，殘害也。虐，殺也。《左傳》昭公十四年『晉不爲虐』，孔穎達

《正義》：『虐是殺害之名。』《國語・越語下》『德虐之行』，韋昭注：『虐，有所斬伐及黜奪也。』行甫按：『暴虐』二字乃近義詞並列爲用，猶言『欺凌黜奪、殘殺傷害』也。百姓，猶《呂刑》篇之『平民』也。行甫按：此『百姓』與下『商邑』爲互文，當泛指『商邑』之『平民百姓』，不必限於『百官』也。**以姦宄于商邑**■以，亦『使』也。《戰國策・秦策一》『向欲以齊事王』，高誘注：『以，猶使也。』《左傳》定公四年『蔡侯以吳子及楚人戰于柏舉』，杜預注：『師能左右之曰以。』是『以』亦猶『使』也。姦，亂在外爲姦。宄，亂在内爲宄。行甫按：『姦宄』二字亦近義詞並列，猶言『外生敗亂，内生禍患』也。此所謂『内外』者，猶朝野上下也。《周本紀》『宄』作『軌』，通假字。商邑，商都也。《周本紀》作『商國』。王引之《經義述聞》謂此『姦宄』與上『暴虐』乃『四字平列』。行甫按：此二句乃互文見義，猶言『使暴虐姦宄於商邑百姓』也。

〔五〕**今予發**■今，《説文》：『是時也。从亼乁，乁，古文及。』《爾雅・釋詁》：『肆、故，今也。』郭璞注：『今亦爲故，故亦爲今，此義相反而兼通者。』行甫按：此『今』字乃承上啓下之詞，是以兼有《雅》訓『故』與許君『是時』之二義焉。承上爲『因此』，啓下爲『現在』也。予，我也。發，武王名姬發。**惟恭行天之罰**■惟，猶『是』也、『爲』也。《周本紀》作『維』。恭，《爾雅・釋詁》：『敬也。』《釋名・釋言語》：『拱也，自拱持也。』行甫按：《周本紀》作『共』，《漢書・敘傳》引作『龔』。『共』者，古字；『恭』者，今字。『龔』者，通假字。罰，上報下之罪也。

此乃本篇第二節，亦誓辭之第一節，言周武王責數商紂王之罪：其一，聽婦人之言以擾亂朝綱；其二，廢先祖之祀以褻瀆神靈；其三，遠兄弟之族以喪失人心；其四，爲逋逃之主以市怨諸侯；其五，行敗亂之政以殘害百姓。

【繹文】

武王説，『古人有句話説得很好：「母雞不應打鳴報曉，哪家母雞打鳴報曉，就是傾家蕩產的敗亡信號。眼下這商王紂，寵幸婦人妲己，妲己所稱贊的人，立即提拔重用；妲己所討厭的人，立加誅責懲罰。用人行政，聽於婦人，擾亂朝綱。其宗廟先祖、天地神祇、山川四時之祭，亦不盡心盡力，祀禮不周，犧牲不備，褻瀆神靈，侮慢天帝。其同宗本族伯叔長輩及其同胞兄弟，一皆疏遠不親，不加信用，令宗族親人心寒齒冷，喪失兄弟股肱之助。又大肆收羅天下作奸犯科逃亡背叛之人，充當天下罪人與逃犯的窩藏主與保護傘；爲他們提供優渥的生活待遇，給予他們各種官職，對他們信任有加，提拔重用，乃至讓他們擔任朝廷大夫卿士之類高級職務；窩藏叛臣逃犯，結怨於天下諸侯。不分善惡，不辨親疏，褻瀆神靈，寵幸婦人，擾亂朝政。以致殷都朝野上下，一片烏煙瘴氣，姦邪朋生，禍敗四起；商國平民百姓，慘遭屠戮，災禍横生，朝不慮夕。所以現在我周姬發，要恭敬嚴肅地執行上天的意旨，率領大家開赴殷都，討伐商王紂，懲罰他犯下的滔天之罪！」』

今日之事，不愆于六步七步乃止，齊焉；夫子，勖哉！〔一〕不愆于四伐五伐六伐七伐乃止，齊焉；勖哉，夫子！〔二〕尚桓桓，如虎如貔，如熊如羆，于商郊。〔三〕弗迓克奔，以役西土。〔四〕勖哉，夫子！爾所弗勖，其于爾躬有戮。〔五〕』

〔一〕**今日之事**■事，戎事也，亦『禱於所征之地』之禡祭之事也。劉起釪曰：『今日之事，指伐紂戰爭前作爲宣誓儀式所舉行的軍事舞蹈。』行甫按：本節經文，歷來注家多不得其解，劉氏以戰前舞蹈説之，頗具隻眼，遠邁前賢，然亦有未盡焉。此『事』猶祀與戎合言之事也。説見下文及本篇【後案】。**不愆于六步七步乃止**■愆，過也。步，《釋名・釋姿容》：『徐行曰步。步，捕也，如有所司捕，務安詳也。』畢沅《釋名疏證》：『《禮・射人》「若王大射則以貍步張三侯」，鄭注：「貍，善搏者也，行則止而擬度焉，其發必獲。是以量侯道，法之也。」據此，則步有司捕之義。』行甫按：此『步』雖爲『緩步徐行』，實乃其時兵士手執干戈，貓腰虎步，且行且止，模擬猛獸攫捕動作以厲其氣，故下文乃有所謂『如虎如貔，如熊如羆』之喻象者也。孔穎達《禮記・祭統正義》引《尚書大傳》曰：『武王伐紂，至於商郊，停止宿夜，士卒皆歡樂歌舞以待旦。』《國語・周語下》『王以黄鍾之下宫，布戎於牧之野，故謂之《厲》，所以厲六師也』，韋昭注：『布戎，陳兵，謂夜陳之。晨旦，甲子昧爽，左杖黄鉞，右秉白旄時也。黄鍾所以宣養氣德，使皆自勉，尚桓桓也。黄鍾在下，故曰下宫也。名此樂爲《厲》者，所以厲六軍之衆也。』是其證也。乃，猶『則』也、『即』也。止，停止也。行甫按：此『止』即鄭玄《射人注》所謂『行則止而擬度焉』之『止』，亦即且行且止，止而又行也。**齊焉**■齊，整齊也。焉，猶『於是』也。行甫按：『焉』之『於是』，實兼介詞『於』與代詞『是』兩詞之用，表範圍限制之補語也。『不愆于六步七步乃止，齊焉』，謂『不超過於六步與七步即停止下來，就此整齊步調』也。**夫子勖哉**■夫子，裴駰《史記・周本紀集解》引鄭玄曰：『丈夫之稱。』勖，《説文》：『勉也。从力，冒聲。《周書》曰：「勖哉夫子！」』行甫按：此『勖』字謂勉力於聽從號令，以統一步調而暫爲休止也。

〔一二〕**不愆于四伐五伐六伐七伐乃止齊焉**■伐，《説文》：『擊也。』《禮記・樂記》『天子夾振之而駟伐』，鄭玄注：『駟當爲四，聲之誤也。武舞，戰象也，每奏四伐，一擊一刺爲伐。《牧誓》曰：「今日之事，不過四伐五伐。」』孔穎達《禮記正義》：『四伐謂擊刺。作武樂之時，每一奏之中而四度擊刺，象武王伐紂四伐也。』《考工記・匠人》『一耦之伐』，鄭玄注：『伐之言發也。』則言『伐』者，兼『一擊一刺』及『伐之言發』二義焉，猶今語所謂

『一擊一刺一挑』也。行甫按：此『伐』字與上文『步』字乃互文，謂於『六步七步』之中不過『四伐五伐六伐七伐』也。《禮記·曲禮上》言軍行之禮謂『進退有度』，鄭玄注：『度，謂伐與步數。』是其證也。**勖哉夫子**■上文先呼之而後勉之，此乃先勉之而後呼之，變其文也。勖，亦勉勵其『步』與『伐』相統一而相節制也。行甫按：上言『步』乃爲前行，此言『伐』者，爲側向兩翼而擊刺之也，亦爲臨戰之前行禡祭，士卒模擬兵刃相接而左右格鬥之狀以宣其威猛增其氣勢也。爾後周人所謂執干戚以舞之『大武舞』者，乃摹象其事也。《天問》『並驅擊翼，何以將之』，王逸注：『言武王三軍，人人樂戰，並載驅載馳，赴敵爭先，前歌後舞，鳧藻讙呼，奮擊其翼，獨何以將率之也？』所謂『並驅擊翼』者，即士卒『不愆于六步七步』、『不愆于四伐五伐』，模仿猛獸攫搏，且行且止，又左右擊刺挑撥之狀也。所謂『何以將之』者，謂何以率領此等且行且止、左右擊刺之軍伍赴敵應戰也。是武王牧野之師，臨陣鼓舞，行禡禱之祭，屈原猶疑而問之也。行甫又按：戰前誡令士卒，所以兩言『不愆于步』、『不愆于伐』者，武王見士卒發揚蹈勵，情緒高昂，恐其過宣其氣，乃臨陣而餒也；於是號令緩其步伐，節其氣力，以有利於實戰搏殺。故下文乃言『尚桓桓如虎如貔如熊如羆于商郊』也。

〔三〕**尚桓桓**■尚，猶『庶幾』也，幸詞，表希冀或使令也。桓桓，《爾雅·釋訓》：『威也。』《周本紀集解》引鄭玄曰：『威武貌。』行甫按：《說文》：『狟，犬行也。从犬，亘聲。《周書》曰：「尚狟狟。」』《虢季子白盤銘》曰：『趄趄子白，獻馘于王』，則『桓桓』、『狟狟』、『趄趄』，音同義得相通，皆威武雄壯勇猛之意也。**如虎如貔如熊如羆**■虎貔熊羆，皆猛獸之名。《說文》：『貔，豹屬，出貉國，从豸，㿝聲。《詩》曰：「獻其貔皮。」《周書》曰：「如虎如貔。」貔，猛獸。豼，或從比。』行甫按：《周本紀》無『如貔』二字，作『如虎如羆，如豺如離』。說者謂『離』即『离』也，《說文》：『离，山神也。从禽頭从厹从屮。歐陽喬說：离，猛獸也。』《禮記·曲禮上》『前有摯獸，則載貔貅』，鄭玄注：『貔貅，亦摯獸也。《書》曰「如虎如貔。」』孔穎達《禮記正義》云：『此《尚書·牧誓》，引證虎貔同是猛獸也。此武王伐紂時，於牧野作誓，誡士卒爲戰之辭也。令士衆皆如虎貔然也。鄭注《尚書》云：「其威當如獸之將攫搏也。」』**于商郊**■于，往也。曾運乾曰：『此文語倒，猶云：于商郊，尚桓桓如虎如貔如熊如羆也。』行甫按：曾說是也。此與上文『不愆于六步七步』與『不愆于四伐五伐六伐七伐』云云之模仿猛獸搏擊之動作相關聯，故武王號令士卒當節宣其氣，而往商郊與殷人接戰，則當如虎貔熊羆豺狼猛獸之勇猛攫搏也。

〔四〕**弗迓克奔**■弗迓，《周本紀》作『不禦』。《集解》：『鄭玄曰：禦，彊禦，謂彊暴也。』《釋文》：『迓，五嫁反。馬作禦，禁止也。』孔穎達《書疏》：『王肅讀御爲禦，言不禦能奔走者，如殷民欲奔走來降者，無逆之；奔走去者，不可禦止。』段玉裁《撰異》：『蓋古迎訝用御字，彊禦、禦侮亦用御字。僞孔訓御爲迎，鄭君、王子雍訓御爲禦。馬本直作禦，與《史記·周本紀》合。經文作御，故鄭、王與孔訓異。若本作迓字，則鄭安得云彊禦，馬安得云禁乎？自南朝以來，駕御字去聲，彊禦、禁禦字上聲，訝迓字五嫁切，如約定俗成矣。《尚書·盤庚》「御續」、《雒誥》「御衡」，皆徑改爲「迓」，唐天寶之滅古如此。』行甫按：『訝』、『迓』、『御』、『禦』四字可通假爲用，經本作『御』，衛包以枚《傳》訓『迎』，故改『御』爲『迓』也。而此『御』當以馬訓爲是。王肅既云『奔走來降者無逆之』，又云『奔走去者不可禦止』，則既訓『迎』又訓『止』，而又以『迎』爲『逆』，義爲『倒轉』，謂其有來奔而降者，不可阻擋而令其返回也。克，能也，可也，堪也。黄生《字詁》：『克與可同義，但轉其聲耳。又堪、戡亦聲之轉。』奔，《周本紀》作『犇』，逃死也。行甫按：《春秋》宣公元年『晉放其大夫胥甲父于衛』，孔穎達《左傳正義》云：『放之與奔，俱是去國，而去情小異。《釋例》曰：「奔者，迫窘而去，逃死四鄰，不以禮出也。放者，受罪黜免，宥之以遠也。」』是『奔』者，『逃死』之謂，枚《傳》以『商衆能奔來降者』說之，是也。**以役西土**■以，用也，目的連詞，猶今語『用來』也。役，使也。行甫按：《釋文》引馬融訓『役』爲『爲』，讀『于僞反』，去聲。孔穎達《書疏》曰：『役，謂使用也。』又引王肅云『役，爲也。盡力以爲我西土。』是王肅同於馬融說也。王夫之《稗疏》曰：『役，服役也。

以，用也，以歸也。言降者勿殺，當以之而歸，使服役于西土也。』章太炎曰：『弗迓克奔，言降者收之也。以役西土，以爲西土之奴也。』行甫按：王、章二氏説是也，當從。劉起釪謂『弗御』與『克奔』爲『舞蹈中兩個動作，指舍車、徒步』，且謂『以役西土』爲『以此舞蹈來發動役使西土之人皆成爲戰士』，鑿空臆説，不足信也！

〔五〕**勖哉夫子**■勉其『于商郊如虎如貔如熊如羆』之『攫搏』也。行甫按：此『勖哉夫子』，乃承上而啓下也。既勉之勇猛搏擊，又當言若有所不勉則有罰。故下言『弗勖』即『有戮』也。**爾所弗勖**■爾，汝等也。所，猶『若』也。《國語·越語下》『所不掩子之惡，揚子之美者，使其身無終没於越國。』徐元誥《集解》：『吳曾祺曰：「此詛誓之詞，謂當客死異地也。」』元誥按：所，猶若也。吾所不，言吾若不也。』**其于爾躬有戮**■其，猶『將』也。躬，身也，軀體也。有，爲也，必然之詞。戮，殺伐也，刑罰也。行甫按：『爾所弗勖，其于爾躬有戮』，亦爲『詛誓之詞』，言爾等若不能如猛獸一般勉力殺敵，將有刑戮加諸爾身也。

此爲本誓最後一節，言西土聯軍士氣高昂，發揚蹈厲，武王號令全軍將士統一步調，蓄精養鋭，待往商郊與殷人接戰，須當奮勇搏擊，凶如猛獸，威武殺敵。但不可禁奔殺降，以歸西土役使。如不奮勇殺敵，則以軍法從事。

【繹文】

武王繼續説，『我看今天大家士氣高昂，模仿戰場搏殺，如同猛獸攫食，發揚蹈厲，殺氣干雲，大張我軍之神威英武。可今天的事情，就是與商人血戰，大家必須蓄足精力，以逸待勞。模仿格鬥捕殺的動作，不要超過六步、七步就必須停止下來，整齊隊列，借此緩其步伐，以便省其氣力。勇士們，你們一定要勉力做到啊！左擊右刺，前挑後撥，這些模仿動作，最好不要超過四次、五次，最多也不能超過六次、七次，就得停下來整齊隊列，以免過宣其氣，乃至臨陣而餒。你們千萬要努力做到呀，勇士們啊！這就是爲了保證你們到達殷商郊外仍然能夠精力充沛，一個個像老虎，像豹子，像熊羆，像豺狼一樣凶猛，奮勇殺敵。當然，也不要阻止商人丟下兵器棄甲來奔，可以讓這些不戰而降的殷人爲我們周邦所用，令其服役於西土。你們要努力啊，勇士們！如果你們不在戰場上像凶猛的野獸一樣奮勇殺敵，我們邦國將不會饒恕你們，定當對你們加以嚴厲的懲罰！」

【後案】

本篇乃周武王率領西土聯軍討伐商紂，臨戰之前於商郊牧野行禡祭且誡衆誓師之辭。而臨戰誡衆殺敵，卻言『今日之事，不愆于六步七步乃止，齊焉；夫子勖哉！不愆于四伐五伐六伐七伐乃止，齊焉；勖哉夫子！』，後世經師不知其爲禡祭，是以說多歧解。或以『正行列』、『齊部伍』說之，如枚《傳》曰：『今日戰事，就敵不過六步七步乃止相齊，言當旅進一心。』或以『戒其輕進』、『戒其貪殺』說之，如蔡《傳》曰：『戰不過六步七步乃止齊，此告之以坐作進退之法，所以戒其輕進也；伐多不過六七而齊，此告之以攻殺擊刺之法，所以戒其貪殺也。』劉起釪另闢蹊徑，以爲『六步七步、六伐七伐等等，都是舞蹈動作』，而牧野誓師活動『舉行的是一次軍事舞蹈』，周武王『所說的這些，就是指揮這次軍事舞蹈的一篇舉行宣誓性的當時稱作「誓」的講話』。其校釋『弗御克奔，以役西土』亦曰：『「御」當指御車』，『弗御』與『克奔』爲『舞蹈中的兩個動作，指舍車、徒步，與上文六步、七步相合』。劉氏之説，其主要證據即孔穎達《禮記正義》所引皇侃『師説』之《尚書大傳》也。《禮記·祭統》云：『夫祭有三重焉：獻之屬莫重於裸；聲莫重於升歌；舞莫重於《武宿夜》。此周道也。』鄭玄注曰：『《武宿夜》，武曲名也。周道，猶周之禮。』孔穎達《正義》：『舞莫重於《武宿夜》者，《武宿夜》是武曲之名，是衆舞之中無能重於《武宿夜》之舞。皇氏云：「師説《書傳》云：武王伐紂，至於商郊，停止宿夜，士卒皆歡樂歌舞以待旦。」因名焉。《武宿夜》，其樂亡也。熊氏云：「此即《大武》之樂也。」』『皇氏云』與『熊氏云』者，即劉起釪氏之説所本也。

考《禮記·樂記》載孔子與賓牟賈討論《大武》之樂亦云：『夫樂者，象成者也。總干而山立，武王之事也。發揚蹈厲，大公之志也。《武》亂皆坐，周、召之治也。』鄭玄注：『成，謂已成之事也。總干，持盾也。山立，猶正立也，象武王持盾正立，待諸侯也。發揚蹈厲，所以象威武時也。《武》舞，象戰鬥也。亂，謂失行列也。失行列則皆坐，象周公、召公以文止武也』。據此，則周之《大武》樂，乃再現武王伐商之歷史情景之大型樂舞也。而『發揚蹈厲，大公之志也』，亦可與《大雅·大明》之末章詩句相參證：『維師尚父，時維鷹揚，涼彼武王，肆伐大商，會朝清明』，毛《傳》：『鷹揚，如鷹之飛揚也。』是謂太公尚父『發揚蹈厲』，如同鷹隼之『飛揚』也。依《詩》、《禮》之説《武》舞之象，則牧野之戰，確有類似劉氏所謂『軍事舞蹈』之情景。屈原《天問》言武王伐紂亦曰『並驅擊翼，何以將之』，王逸注亦云：其時武王伐紂聯軍到達牧野乃『前歌後舞，鼓譟讙呼』，以致『歡樂歌舞以待旦』之事。

不過，武王牧野誓師的歷史事實，似乎未必僅止於『一次軍事舞蹈』而已。《爾雅·釋天》：『是瀕是禡，師祭也。』郭璞注：『師出征伐，類於上帝，禡於所征之地。』郝懿行《義疏》云：『類爲師祭者，《王制》云「天子將出征，類乎上帝」，是也。禡者，《説文》云：「師行所止，恐有慢其神，下而祀之曰禡。」引《周禮》曰：「禡於所征之地。」《詩序》云：「《桓》，講武類禡也。」《皇矣傳》：「於内曰類，於野曰禡。」《王制注》：「禡，師祭也，爲兵禱。其禮亦亡。」按公羊八年《傳》：「出曰祠兵。」何休注：「將出兵必祠於近郊。」是祠兵即禡祭，古禮猶未亡也。禡借作貉，《肆師》云「祭表貉則爲位」，鄭注：「貉，師祭也。貉，音陌，讀爲十百之百，於所立表之處爲師祭造軍法者，禱氣勢之增倍也。其神蓋蚩蚘，或曰黄帝。」又《甸祝》云「掌表貉之祝號」，杜子春讀貉爲「百爾所思」之百，書亦或爲禡。貉，兵祭也。甸以講武治兵，故有兵祭。引《詩》及《爾雅》，然則禡本兵祭，因田獵習兵，故亦依仿爲之。實則禡宜於所征之地也。』郝氏言『禡祭』之地及其性質甚爲詳悉，唯引《甸祝》之注稍嫌不備，杜子春之後亦有鄭玄之『玄謂：田者，習兵之禮，故亦禡祭，禱氣勢之十百而多獲。』是所謂『禡』者，乃『師祭』也，『宜於所征之地』，而田獵亦行禡祭，亦爲『禱氣勢之十百而多獲』也，故其字又作『貉』而讀如『百』。則武王率西土聯軍至商郊牧野而舉行禡祭，以『禱氣勢之增培』，故有歌樂鼓舞焉。

行『師祭』以『禱氣』，必有模仿格鬥搏殺之象，乃至模擬各種猛厲之野獸攫捕獵物之狀，當是『禡於所征之地』之『師祭』過程中應有之事。設想《大雅·大明》所謂『維師尚父，時維鷹揚』者，尚父乃西土聯軍之副帥及軍師，其『禱氣』之舞，當是模仿鷹隼矯健攫搏之狀。而西土聯軍之士卒，則各各模擬虎豹熊羆之凶猛野獸，貓腰徐行，或三步一擊五步一刺，或六步一挑七步一撥，是所謂『發揚蹈厲』者也。則牧野所行之事，必非娱樂性之『軍事舞蹈』而已。是知劉起釪之説，雖啓人心智頗多，而失本經之義亦復不少也。

至於武王戒衆『不愆于六步七步乃止齊焉』，『不愆于四伐五伐六伐七伐乃止齊焉』，乃因聯軍士氣高昂，士卒於『所征之地』亦即臨戰之前『歡樂歌舞以待旦』，必然過宣其氣，大耗體力。武王乃擔心士卒因戰前過耗其力，以致臨陣而餒；故誓師戒衆，告誡士卒務必進退有度，暇整有節，蓄其威武猛厲，待於商郊與殷人接戰，勢必以一當十，凶狠如猛獸，奮勇殺敵。必如此解之，乃與當時情景及其事理相侔，而於本篇之文勢，亦可怡然理順。否則，如劉起釪氏之所言，大戰在即，而周武王所率之西土聯軍，竟然臨陣搬演『軍事舞蹈』以行暇豫之事，視性命攸關之戰事如同兒戲，終不知武王與尚父意欲何爲？

洪範

【解題】

『洪』，大也，《史記·宋微子世家》作『鴻』，古字音同通用。『範』，法也。《漢書·五行志上》曰：『所謂天迺錫禹大法九章，常事所次者也。』是則『洪範』者，猶今所謂『憲法』也。

《書序》：『武王勝殷，殺受立武庚，以箕子歸，作《洪範》。』枚《傳》：『歸鎬京，箕子作之。』孔穎達《書疏》：『此經文旨異於餘篇，非直問答而已，不是史官敘述，必是箕子既對武王之問，退而自撰其事，故《傳》特云「箕子作之」。』孔氏又曰：『自「一五行」已下，箕子更條說九疇之義。此條說者，當時亦以對王，更復退而修撰，定其文辭，使成典教耳。』是枚《傳》孔《疏》，以本篇爲箕子自撰也。

《宋微子世家》『武王既克殷，訪問箕子。武王曰：「於乎！維天陰定下民，相和其居，我不知其常倫所序。」箕子對曰』云云而後，乃全錄其文。《周本紀》：『武王已克殷，後二年，問箕子殷所以亡。箕子不忍言殷惡，以存亡國宜告，武王亦醜，故問以天道。』則史公不以本篇爲箕子『自撰其事』而『定其文辭』也。

張守節《史記正義》云：『箕子殷人，不忍言殷惡，以周國之所宜言告武王，爲《洪範》九類，武王以類問天道。』史言『武王亦醜』者，『醜』，猶『類』也，謂武王亦與箕子有同感也，即以箕子爲殷人而不便言其宗國之惡，是故轉而『問以天道』，而箕子乃以『天道』對之。夫『天道』者，『明休咎，知凶吉，總百官，立極則，治萬民，作威福』之關乎國家治理之大經大法；亦即關乎天、地、人或曰天地宇宙與人類種群之大關係及大秩序之總設計也。經文所謂『彝倫攸敘』者，是本篇之宏綱大旨也。枚《傳》解《洪範》之篇名曰：『洪，大；範，法也。言天地之大法。』又說武王『我不知其彝倫攸敘』之意曰：『言我不知天所以定民之常道理次，敘問何由。』王肅注亦云：『我不知常道倫理所以次敘，是問承天順民何所由。』皆得經義也。

本篇乃中國早期比較系統、亦較完備的政治哲學名著，其所以流傳，當與西周末年厲、宣、幽、平之世的政治動蕩相關。參見拙作《西周末年的鑒古思潮與今文〈尚書〉的流傳背景》（［臺］《漢學研究》第十九卷第一期）以及拙著《中國早期文化意識的嬗變——先秦散文發展線索探尋》第一卷相關章節。不過，本篇之流傳時代，很可能就是它最後改編定型之時代。其以紀數方式表行文之條理，與《逸周書》大部份篇章之文本特徵極其相似，而與《尚書》其他篇章之文本大不相類，顯然其最後定型之時代相對較晚。

惟十有三祀，王訪于箕子。〔一〕王乃言曰：『嗚呼，箕子！惟天陰騭下民，相協厥居，我不知其彝倫攸敘。』〔二〕箕子乃言曰：『我聞在昔，鯀陻洪水，汩陳其五行。〔三〕帝乃震怒，不畀洪範九疇，彝倫攸斁。〔四〕鯀則殛死，禹乃嗣興。〔五〕天乃錫禹洪範九疇，彝倫攸敘。〔六〕』

【釋讀】

〔一〕**惟十有三祀**■惟，吳昌瑩《經詞衍釋》：『猶「是」也，「時」也（「是」與「時」互相爲訓。此義《釋詞》不載）。《書・洪範》篇「惟十有三祀」（《釋詞》訓惟曰發語詞），《召誥》篇「惟二月既望」，謂時十有三年也；時二月既望也。凡年月上皆繫以惟字。衹《牧誓》篇發語則曰「時甲子昧爽」，可見此「時」字乃「惟」字之變文。惟字即時字義也。凡諸篇發語之「惟」，皆仿此。』有，又也。祀，《爾雅・釋天》：『商曰祀，周曰年。』枚《傳》：『箕子稱祀，不忘本。』王夫之《稗疏》：『其改祀爲年，易用天正，定名革制，秩禮作樂，皆周公之事。終武王之世，則但除紂之虐，而不易湯之典，如漢高祖之沿秦以十月爲歲首。則武王于克商之餘，不即易祀稱年亦明矣。此之稱祀，武王時史官記述之文也，而豈箕子之以存商也哉！』行甫按：王氏之説是也。『十有三祀』者，文王受命爲王之十三年，武王克商後二年也。而《左傳》、《説文》引本篇皆云『《商書》』，《漢書・儒林傳》亦云：『遷書載《堯典》、《禹貢》、《洪範》、《微子》、《金縢》諸篇，多古文説。』其序次在《商書・微子》之前。《史記》亦録其文於《宋世家》。是古文家或錯會『惟十有三祀』一語，乃以之爲《商書》耳。漢初今文家則因本篇爲武王訪箕子而箕子陳疇，乃以之爲《周書》。當依王夫之説，以今文家爲是。**王訪于箕子**■王，周武王。訪，《爾雅・釋詁》：『謀也。』邢昺《疏》：『訪者，謀政事也。』《説文》：『汎謀曰訪。』箕子，《宋微子世家》：『箕子者，紂親戚也。紂爲淫泆，箕子諫，不聽。箕子曰：「爲人臣諫不聽而去，是彰君之惡而自説於民，吾不忍爲也。」乃被髮詳狂而爲奴。武王既克殷，訪問箕子。』裴駰《集解》：『馬融曰：箕，國名也。子，爵也。』

〔二〕**王乃言曰嗚呼箕子**■乃，於是也。言，出言，猶今語所謂『發話』也。嗚呼，嘆詞。《宋世家》作『於乎』。**惟天陰騭下民**■惟，猶『雖』也。陰，《釋文》：『默也。馬云：覆也。』孔穎達《書疏》引王肅注：『深也。』行甫按：『陰』當爲『蔭』字之借，馬融説是也，猶言『蔭覆』、『蔭庇』也。騭，《宋世家》作『定』。《釋文》：『馬云：升也。升猶舉也，舉猶生也。』孔穎達《書疏》：『《傳》以騭即質也。質訓爲成，成亦定義，故爲定也。』行甫按：《爾雅·釋詁》：『騭，陞也。』邢昺《疏》：『騭，謂陞上。』《臯陶謨》『禹曰洪水滔天，浩浩懷山襄陵，下民昏墊。予乘四載，隨山刊木，烝民乃粒，萬邦作乂』，鄭玄注：『昏，沒也。墊，陷也。』則武王所謂『惟天陰騭下民』者，乃指『上天庇護騭陞下民於昏墊陷溺』而言之也，故下文又言『相協厥居』、『彝倫攸敘』。而箕子亦因『鯀陻洪水』、『彝倫攸斁』及『禹乃嗣興，天乃錫禹洪範九疇，彝倫攸敘』以入説也。先儒不知此義，其説『陰騭』皆非。**相協厥居**■相，助也。相協，《史記》作『相和』。《説文》：『協，同衆之龢也。』厥，其也，《史記》作『其』。指『下民』也。居，居所也。行甫按：『相協厥居』者，謂天助下民使之安其居處而有其生業也。**我不知其彝倫攸敘**■其，此也。行甫按：『其』者，指天下而言也。彝，《爾雅·釋詁》：『常也。』倫，道也，理也。行甫按：『彝』之爲『常』者，猶言『恆久不變』也。『倫』之爲『道』爲『理』者，猶言『關係與秩序』也。顧炎武《日知録》卷二：『彝倫者，天地人之常道，不止《孟子》之言「人倫」而已。能盡其性，以至能盡人之性，盡物之性，則可以贊天地之化育，而彝倫敘矣。』攸，猶『所』也，『所』猶『所以』也。説見王引之《經傳釋詞》。敘，次序也。行甫按：『彝倫攸敘』者，孔穎達《書疏》引王肅注曰：『我不知常道倫理所以次敘，是問承天順民何所由。』亦即承問天地人之大關係與大秩序何以形成也。

〔三〕**箕子乃言曰**■乃，於是也。**我聞在昔鯀陻洪水**■鯀，遠古傳説之人物，箕子以爲禹之父也。陻，《説文》：『垔，塞也。从土西聲。《商書》曰：鯀垔洪水。陻，或从自。』洪，大也。《史記》作『鴻』，音同通用。**汩陳其五行**■汩，亂也，音骨。陳，布設也，敷張也。《左傳》隱公五年『遂往陳魚而觀之』，杜預注：『陳，設張也。』《國語·周語上》『陳錫載周』，韋昭注：『陳，布也。』行，用也。《周禮·司爟》『掌行火之政令』，鄭玄注：『行，猶用也。』《周禮・庖人》『凡用禽獻，春行羔豚膳膏』，賈公彥《疏》：『言行者，義與用同。』五行，即下文水火木金土五種不同之用。周秉鈞《尚書易解》：『汩陳其五行，謂亂安排五種用物，如水性流行而鯀陻塞之，失其本性是也。』

〔四〕**帝乃震怒**■帝，天帝也。乃，於是也。震，《爾雅・釋詁》：『動也。』**不畀洪範九疇**■畀，《爾雅・釋詁》：『予，賜也。』《宋世家》『畀』作『從』。行甫按：『從』或讀『縱』。《說文》：『縱，緩也。一曰舍也。』王引之《春秋名字解詁・孟舍字施》：『舍之爲言予也，施之爲言賜也。』《墨子・耕柱》『曰舍余食』，孫詒讓《閒詁》：『舍，予之假字。古賜予字或作舍。』《非攻中》『施舍群萌』，孫氏《閒詁》：『舍、予聲近字通。』是『從』、『畀』皆爲『舍予』之義。疇，類也。《戰國策・齊策三》『夫物各有疇』，高誘注：『疇，類也。』行甫按：『九疇』，《宋世家》作『九等』。《漢書・五行志上》解『洪範九疇』爲『大法九章』。曰『等』曰『章』，皆『疇』之引申義也。**彝倫攸斁**■攸，所以也。斁，《說文》：『殬，敗也。从歺，睪聲。《商書》曰：彝倫攸殬。』裴駰《史記集解》引徐廣曰：『一作釋。』行甫按：『釋』、『殬』、『斁』皆從『睪』得聲，可通假互用也。

〔五〕**鯀則殛死**■則，即也，乃也。行甫按：『則』與下『乃』字相對爲文。殛，流放也。《釋文》：『本或作極。』孫星衍《注疏》：『裴松之注《魏志》云：「《詩》曰：致天之屆。鄭玄云：屆，極也。《鴻範》曰：鯀則極死。」段氏玉裁云：「裴據古文《尚書》也。」《釋言》云：「屆，極也。」案：言極之遠方，至死不反。』行甫按：『殛』、『極』音同通用。**禹乃嗣興**■禹，相傳爲鯀之子。乃，則也，即也。嗣，《爾雅・釋詁》：『繼也。』興，《爾雅・釋詁》：『起也。』《禮記・中庸》『其言足以興』，鄭玄注：『興，起也，謂起在位也。』裴駰《史記集解》引鄭玄曰：『《春秋傳》曰「舜之誅也殛鯀，其舉也興禹。」』孫星衍曰：『引《春秋傳》者，《左氏》僖三十三年文也。』行甫按：《孟子・滕文公上》：『禹疏九河，瀹濟、漯而注諸海，決汝、漢，排淮、泗而注之江，然後中國可得而食也。』

是其事也。

〔六〕**天乃錫禹洪範九疇彝倫攸敘**■乃，猶『於是』也。錫，讀『賜』，猶上文之『畀』字也。

此乃本經第一節，言武王克商後二年，就如何治理天下訪問殷遺箕子，箕子乃言古昔相傳有上天所賜於禹之大法九章。

【繹文】

時在文王受命之第十三年，也就是武王克商之後的第二年，周武王訪問殷之遺賢箕子，向他請教如何治理天下之事。武王於是開口對箕子說：『唉，箕子啊！雖然老天爺蔭庇愛護下民，把他們從洪水陷溺的悲慘境地拯救上來，幫助他們安其居處，有其生業；可我還是不知道天地間的大和諧是如何得以實現的，也不知道人世間的總秩序是如何得以建立的。』箕子於是回答說：『我聽說在遠古時代，洪水滔天，天帝派鯀去治理洪水，拯救下民，鯀採取堵塞的方法，致使天下洪水更加氾濫了。他不知道，水是不能以堵塞的方法治理的。這就顛倒紊亂了水火木金土這五種物事的根本性質及其用途。天帝於是動了大怒，就沒有賜給鯀有關治理天下的九章大法，於是天地間的大和諧以及人世間的總秩序不僅無法實現，甚至世道人心大壞，天地人間一片混亂。鯀也因此受到天帝的懲罰，被流放到極爲蠻荒的邊遠不毛之地，至死都沒有讓他再回來。後來天帝又命令鯀的兒子大禹繼續治理洪水，禹於是順著水往低處流的特性，疏通九河，引導濟水與漯水使之流向海洋，挖開汝水和漢水，排放淮水與泗水，讓它們奔向大江。這樣，大禹終於獲得了成功，並在朝廷擔任了重要職務，隨後便接替了舜的帝位。天帝因此就將治理天下的九章大法賞賜給了大禹，於是天地間的大和諧與人世間的總秩序也就由此而建立而實現了，所以在大禹的時代，天下太平無事，百姓安居樂業。」

初一曰五行，〔一〕次二曰敬用五事，〔二〕次三曰農用八政，〔三〕次四曰協用五紀，〔四〕次五曰建用皇極，〔五〕次六曰乂用三德，〔六〕次七曰明用稽疑，〔七〕次八曰念用庶徵，〔八〕次九曰嚮用五福，威用六極。〔九〕

【釋讀】

〔一〕**初一曰五行**■初，始也。行甫按：『初』與下諸『次』字相關聯爲用。『初一』猶言『首先第一』也。曰，猶『爲』也、『謂之』也。五行，猶『五用』也，水火木金土，各有不同之用，是謂『五用』也。

〔二〕**次二曰敬用五事**■次，次第也。行甫按：『次二』猶言『其次第二』也；下『次三』猶言『其次第三』也。『次四』、『次五』云云，依此類推。敬，慎也。用，猶『以』也。事，行也。行甫按：《論語·顏淵》：『子曰：「非禮勿視，非禮勿聽，非禮勿言，非禮勿動。」顏淵曰：「回雖不敏，請事斯語矣。」』即此『五事：貌言視聽思』之『事』也。《荀子·致仕》『然後士其刑賞而還與之』，楊倞注：『士當爲事，行也。』是『敬用五事』者，即『以五事爲敬』也，猶言『於五種行爲當敬之慎之也』。蔡《傳》：『五事曰敬，所以誠身也。』

〔三〕**次三曰農用八政**■農，枚《傳》：『厚也。』孔穎達《書疏》：『鄭玄云：「農讀爲醲。」則農是醲意，故爲厚也。』《釋文》：『馬云：食爲八政之首，故以農名之。』孔穎達《書疏》：『張晏、王肅皆言：農，食之本也。食爲八政之首，故以農言之。』行甫按：鄭讀『農』爲『醲』，枚解『農』爲『厚』，是也。此與上『敬用五事』之『敬』及下『協用五紀』之『協』詞性從同，皆形況之字，非名詞『飲食』之『食』。王國維據《漢官解詁》引作『勉用八政』，曰《廣雅·釋詁》：『農，勉也。』《左傳》襄公十三年『小人農力以事其上』，即勉力以事其上也。『農』字既引作『勉』，知張晏、王肅之説非是也。用，以也。八政，八種政務也。行甫按：『農用八政』，即『勉以八政』，猶言『以八種政務爲重』也。蔡《傳》曰：『八政曰農，所以厚生也。』

〔四〕**次四曰協用五紀**■協，枚《傳》：『和也。』紀，端也。《方言》卷十：『紲、末、紀、緒也。南楚皆曰紲，或曰端，或曰紀，或曰末，皆楚轉語也。』行甫按：『五紀』，猶言『五端』，即『歲、月、日、星辰、厤數』五者之端也。《左傳》文公元年『先王之正時也，履端於始，舉正於中，歸餘於終。履端於始，序則不愆。舉正於中，民則不惑。歸餘於終，事則不悖』，杜預注：『步厤之始，以爲術之端首。朞之日三百六十有六日。日月之行，又有遲速，而必分爲十二月。舉中氣以正月，有餘日則歸之於終，積而爲閏，故言歸餘於終。』則『協用五紀』者，即『以五端爲協』，猶言『以歲月日星及厤數之五種始端相和合相協調』也。蔡《傳》曰：『五紀曰協，所以合天也。』行甫按：《韓非子·說林上》曰：『紂爲長夜之飲，懽（原作懼，據顧廣圻校改）以失日，問其左右，盡不知也。乃使人問箕子。箕子謂其徒曰：「爲天下主而一國皆失日，天下其危矣。一國皆不知而我獨知之，吾其危矣。」辭以醉而不知。』是箕子明於時日天道厤數之事也。

〔五〕**次五曰建用皇極**■建，竪也，立也。用，以也。皇，《說文》：『大也。』極，《說文》：『棟也。』徐鍇《繫傳》：『極，屋脊之棟也。』行甫按：『屋脊之棟』，爲屋宇之極高極中之處，引申之乃有『中正』及『準則』之義。蔡《傳》：『極，猶北極之極。至極之義，標準之名，中立而四方之所取正焉者也。』是也。『建用皇極』者，猶言『建以大極』也，亦猶『建立君主之最高標準與法則』也。

〔六〕**次六曰乂用三德**■乂，或作『艾』，《爾雅·釋詁》：『治也。』三德，下文『正直、剛克、柔克』是也。行甫按：『德』在《尚書》大要是指國家治理之方式方法，亦與君主個人品行有所關聯。蔡《傳》曰：『三德曰乂，所以治民也。』是『乂以三德』者，猶言『以正直與剛、柔三種方式治國臨民』也。

〔七〕**次七曰明用稽疑**■明，審察也，辨知也。《戰國策·齊策一》『此不叛寡人明矣』，高誘注：『明，審也。』《呂氏春秋·恃君》『不可不明也』，高誘注：『明，知也。』《韓非子·難四》：『知微之謂明。』《周易略例·明象》『明其所由之主者也』，邢璹注：『明，辨也。』稽，《說文》：『卟，卜以問疑也。从口卜，讀與稽同。』行甫按：蔡《傳》云：『稽疑曰明，所以辨惑也。』是『明用稽疑』，即『以問卜決斷嫌疑爲明』，猶『以問卜辨疑惑察吉凶』也。

〔八〕**次八曰念用庶徵**■念，《說文》：『常思也。』庶，眾也。徵，徵兆、徵驗也。『庶徵』即下文雨暘燠寒風五種徵驗應時而至也。行甫按：蔡《傳》曰：『庶徵曰念，所以省驗也。』是『念用庶徵』者，即『以庶徵爲念』，猶言『以各種吉凶之徵兆爲念，常思檢束其政令及其行爲』也。

〔九〕**次九曰嚮用五福**■嚮，通『饗』。章太炎曰：『《谷永傳》引「嚮」作「饗」，孫《疏》謂「嚮」俗字，當爲「饗」。按《隸續》錄《黄初三年大饗記》古文額「饗」字作「嚮」，則「嚮」本古文「饗」字。《微子世家》及《五行志》並如此，不得議改。』行甫按：『嚮』與『饗』字通假互用。『饗』，與下『威』字相對，猶今所謂『勉勵』、『奬賞』也。《儀禮·特牲饋食禮》『祝饗』，《山海經·中山經》『采之饗之』，鄭玄及郭璞注皆曰：『饗，勸强之也。』是其義也。五福，五種福報，下文壽、富、康寧、好德、終命是也。蔡《傳》曰：『五福曰嚮，所以勸也。』行甫按：『嚮用五福』者，猶言『以五種福報勸勉之』也。**威用六極**■威，懲罰也。《宋世家》作『畏』，行甫按：『威』、『畏』二字通用。極，困也。《孟子·離婁下》『又極之於其所往』，趙岐注：『極者，惡而困之也。』《漢書·匈奴傳上》『罷極苦之』，顔師古注：『極，困也。』行甫按：『極』當讀『忌』，説見下文第九疇『六極』釋讀。『六極』，猶言『六忌』，即六種令人忌憚憎惡之事，下文所謂凶短折、疾、憂、貧、惡、弱是也。蔡《傳》：『六極曰威，所以懲也。』是『威用六極』者，謂『以六種畏恐憎惡之事懲罰之』也。然『五福』、『六極』，乃天命之事，非關人力，而『嚮』與『饗』通，是則有『勸勉』之者，必有『嚮往』之者；有『威罰』之者，必有『忌憚』之者，是所謂施受不嫌同辭也。然則『饗』也『嚮』也，『威』也『畏』也，雖是天命之事，亦爲人力所致也。蔡《傳》所謂『人感而天應』，是也。

此乃本篇第二節，總揭九疇大綱。蔡氏《書傳》：『在天惟五行，在人惟五事，以五事參五行，天人合矣。八政者，人之所以因乎天；五紀者，天之所以示乎人。皇極者，君之所以建極也。三德者，治之所以應變也。稽疑者，以人而聽於天也。庶徵者，推天而徵之人也。福極者，人感而天應也。』是推人事，究天心，以人應天，乃九疇之大旨也。蔡《傳》又曰：『本之以五行，敬之以五事，厚之以八政，協之以五紀，皇極之所以建也。又之以三德，明之以稽疑，驗之以庶徵，勸懲之以福極，皇極之所以行也。人君治天下之法，是孰有加於此哉！』則參稽禍福，協合天人，立極以治民，乃九疇之大用也。

【繹文】

接下來，箕子便向武王介紹九章大法的總要大綱。首先第一條叫作五行，也就是水、火、木、金、土這五種自然天成的基本物質；五種物質，其於民生各有所用。其次第二條叫作五事，也就是與人的體貌、官能以及思維相關的貌、言、視、聽、思之類感官與意識活動所產生的五種人體行爲；這五種人體行爲，各有不同後果，必須謹慎對待。其次第三條叫作八政，也就是食、貨、祀、司空、司徒、司寇、賓與師等八種政治事務。這八種政治事務，關乎國計民生，必須高度重視。其次第四條叫作五紀，即歲、月、日、星辰以及厤數這五種與天文相關的自然現象。五種天象，各有其端，推歲月日星之運行以步厤數，觀天象之推移以授民時，必須協調無間。其次第五條叫作皇極，也就是有關治理天下的最高準則及其行爲規範，由君王統一制訂並頒行於天下，用以檢束官民的所有行爲。遵之者，得其福；違之者，罹其禍。其次第六條叫作三德，也就是正直、剛克與柔克三種不同的治理手段。用之得當，則天下大治；用之不當，則天下大亂。其次第七條叫作稽疑，也就是遇有疑難之事，人事不能決，則以卜筮占問於天地神祇，以辨其吉凶。善用此道者，則明察利害，動静皆吉；不善此道者，則動輒得咎，內外皆凶。其次第八條叫作庶徵，也就是雨、暘、燠、寒、風等五種不同的事前預兆或事後徵驗之應時而至。政令有善惡，人事有休咎，各有其兆，亦各有其驗。天人相感的前期預兆與事後應驗，常存之於心以深自反省，則行事多利而少害。其次第九條叫作五福和六極，五福是長壽、富足、安寧、好德、壽終這五種福報；六極是死於非命、疾病、憂愁、貧窮、惡德、孱弱等六種禍報。用這五種福報勸人爲善，以此六種禍報戒人爲惡。可以說，這大法九章，涵攝天人，君王用以治理天下，則天心人事盡善盡美，而動植飛潛無不贊化了。

一五行：一曰水，二曰火，三曰木，四曰金，五曰土。〔一〕水曰潤下，火曰炎上，木

曰曲直，金曰從革，土爰稼穡。〔二〕潤下作鹹，炎上作苦，曲直作酸，從革作辛，稼穡作甘。〔三〕

【釋讀】

〔一〕**一五行**■一，序數，對九疇爲第一也。下『二五事』至『九五福』之『二』至『九』，文法從同，皆九疇之序目。行甫按：《宋世家》所引九疇皆無此序數字，石經殘字『爲天下王三德一曰正直』，以『王』字直接『三德』亦無序數『六』字，或今文《尚書》九疇皆無序數。行，用也。孔穎達《書疏》：『謂之行者，若在天，則五氣流行；在地，世所行用也。』行甫按：『若在天則五氣流行』，乃後世『五德終始』之說，非本經之義也。而『在地世所行用』，差爲得之。**一曰水**■一，亦序數，對五行爲第一也。下文『二曰火』以至『五曰土』諸數目字，用法從同，五行或曰五用之序目也。曰，猶『爲』也、『謂之』也。水，五用其一所稱之名也。下文『火』、『木』、『金』、『土』，亦即其餘四用所稱之諸名也。**二曰火三曰木四曰金五曰土**■孔穎達《書疏》：『此章所演，文有三重。第一言其名次。第二言其體性，第三言其氣味。』行甫按：孔說是也，此言五用各有其名。

〔二〕**水曰潤下**■曰，猶『爲』也。行甫按：此『曰』字表示對某事物性質之客觀描述或者主觀評價。《禮記・王制》：『國無九年之蓄，曰不足；無六年之蓄，曰急；無三年之蓄，曰國非其國也。』此諸『曰』之『爲』者，表性質之客觀描述也。《公羊傳》僖公二十一年宋公曰：『吾與之約以乘車之會，自我爲之，自我墮之，曰不可。』此『曰』之『爲』，表主觀之評價也。潤，浸潤也，漸漬也。下，向下也。行甫按：『潤下』二字乃並列結構，謂水有浸潤與就下兩種性質也。王肅曰：『水之性，潤萬物而退下。』是也。**火曰炎上**■炎，燎也。《大雅・雲漢》『如惔如焚」，《釋文》引《説文》：「炎，燎也。」行甫按：「炎」、「惔」二字通，《小雅・節南山》「憂心如惔」，韓《詩》作「如炎」，是其例也。「炎」之義爲「燎」，猶「燃燒」也。上，升上也。行甫按：「炎上」亦爲並列結構，謂火之性有燃燒與上騰兩種性質也。**木曰曲直**■曲，撓之使曲也。直，引之使直也。**金曰從革**■從，因也。俞樾《古書疑義舉例》：「「木曰曲直，金曰從革」，「曲直」對文，「從革」亦對文。《漢書・外戚傳》注曰：「從，因也，由也。」蓋「從」之義爲由，故亦爲因。「從革」，即因革也。金之性可因可革，謂之「從革」，猶木之性可曲可直，謂之「曲直」也。人知因革，莫知「從革」，斯失其解矣。」行甫按：金之性，因其固體而煅燒之而捶打之，是謂「從」；銷鑠熔化成流體而重新範鑄之，是之謂「革」。而木之「曲直」者，非此性也。**土爰稼穡**■爰，與「曰」音同通用，《宋世家》即作「曰」。稼穡，裴駰《宋世家集解》引王肅曰：「種之曰稼，斂之曰穡。」行甫按：此言五用各有其性也。

〔三〕**潤下作鹹**■潤下，即水也。行甫按：此以物性代指其物之例。下即以「炎上」、「曲直」等物性代指「火」、「木」諸物也。作，生也，成也。《周頌・天作》「天作高山」，毛《傳》：「作，生也。」《離卦・象傳》「明兩作離」，李鼎祚《集解》引虞翻曰：「作，成也。」其例也。鹹，枚《傳》：「水鹵所生。」行甫按：「潤下作鹹」者，百川歸海，而海水爲鹹也。**炎上作苦**■炎上，火也。苦，枚《傳》：「焦氣之味。」行甫按：「炎上作苦」，火燃物焦，焦則其味成苦矣。**曲直作酸**■曲直，代指木之名也。酸，枚《傳》：「木實之性。」行甫按：木之果實，其味多酸也。**從革作辛**■從革，代金之名也。辛，辣也。行甫按：《説文》「辛，秋時萬物成而孰。金剛味辛，辛痛即泣出」，或者金所以殺傷，令人苦痛，故以辛辣之味比況之。《釋名・釋州國》：「楚，辛也。其地蠻多，而人性急；數有戰爭，相爭相害，辛楚之禍也。」其證也。**稼穡作甘**■稼穡，代土之名。甘，甜也。行甫按：百谷皆由土生，甘味則生於百穀。此言五用各生其味。

本節乃第一疇，或稱『五行章』。言自然天成的五種物質之名稱、品性及其所生之味。

【繹文】

九章大法的第一條是有關五種天然物的主要用途。第一叫作水，第二叫作火，第三叫作木，第四叫作金，第五叫作土。水性就是流動，可以對相鄰物品產生浸潤和滲透，並總是往卑濕低窪之處流淌。火性就是燃燒，產生光和熱，並總是向上飛騰。木性就是柔軟，直木可揉撓使成彎曲之態，曲木也可拉伸使成挺直之狀。金性就是剛硬，可以因其固態而煅打成器，也可加熱銷鑠熔化使成液態而重新鑄造別的器物。土性就是鬆散，可種植並收獲各種穀物與果木，供人食用。水性向下浸潤，產生鹹鹵之味。百川匯納大海，而海水味鹹，這就是水味成鹹的道理。火性燃燒，產生苦味。被火燒焦的食物，味道苦澀，這就是火味成苦的證據。木性柔軟，但樹木的果實都有酸味，這就是木性成酸的事實。金性剛硬，觸之則傷，使人產生痛楚之感，如食椒薑之物，舌尖便有辛辣灼燒之意，眼淚也隨之奪眶而出；所以說，金之爲物，產生辛辣之味。土性鬆散，可種植百穀，而百穀皆有甘甜之味，所以土之爲物，產生甘甜之味。總之，五種天然之物，各有其性，各有其用，亦各生其味，在人之所用而已。

二五事：一曰貌，二曰言，三曰視，四曰聽，五曰思。〔一〕貌曰恭，言曰從，視曰明，聽曰聰，思曰睿。〔二〕恭作肅，從作乂，明作哲，聰作謀，睿作聖。〔三〕

【釋讀】

〔一〕**二五事**■事，行也，爲也。《呂氏春秋・諭大》「故務在事」，《禮記・樂記》「事蚤濟也」高誘、鄭玄皆曰：「事，猶爲也。」五事，即與人體官能相關之五種行爲。孔穎達《書疏》：「此章所演，亦爲三重：第一言其所名，第二言其所用，第三言其所致。」**一曰貌**■曰，猶「謂之」也，「爲」也。貌，《說文》：「皃，頌儀也。从儿，白象面形。凡皃之屬皆从皃。貌，皃或从頁，豹省聲。貌，籒文皃，从豸。」段玉裁注：「頌者，今之容字。必言儀者，謂頌之儀度可皃象也。」行甫按：既然「容」之「儀」爲「貌」，則所謂「貌」者，即「體貌」與「威儀」，乃關乎人生後天之修養，在於神情氣度與動靜語默之間，非關先天所具之自然狀貌。此所以「貌」爲「五事」之一也。**二曰言**■言，《說文》：「直言曰言，論難曰語。」《禮記・喪服四制》「對而不言」，鄭玄注：「言，謂先發口也。」行甫按：「言」者，或爲事實之陳述，或爲價值之判斷。**三曰視**■視，見也。行甫按：《公羊傳》僖公十六年：「六鷁退飛，記見也。視之則六，察之則鷁，徐而察之則退飛。」是「視」即「見」也。《穀梁傳》所謂「目治也」。**四曰聽**■聽，《說文》：「聆也。」孔穎達《書疏》：「聽是耳之所聞。」行甫按：《公羊傳》僖公十六年：「霣石記聞，聞其磌然。」《穀梁傳》曰：「耳治也。」**五曰思**■思，枚《傳》：「心慮所行。」《孟子・告子上》：「心之官則思，思則得之，不思則不得也。」《孝經・聖治章》「言思可道」，邢昺《疏》：「思者，心之慮也。」行甫按：此言「五事」之名也。

〔二〕**貌曰恭**■貌，容儀。行甫按：此乃對容儀之規範性要求。曰，猶「爲」也。行甫按：此「曰」字訓「作爲」之「爲」。《禮記・投壺》「賓再拜受，主人般還曰辟。主人阼階上拜送，賓盤還曰辟」，言般旋爲避之容也。《大雅・大明》「來嫁于周，曰嬪于京」，言爲嬪于京也。說見吳昌瑩《經詞衍釋》。下文「言曰從」諸「曰」字，皆訓動詞「作爲」之「爲」。恭，《爾雅・釋詁》：「敬也。」行甫按：「貌曰恭」，猶言「行爲舉止必須謹嚴而恭敬」。**言曰從**

■從，順也。《論語・子路》：『名不正，則言不順；言不順，則事不成。』行甫按：『言曰從』，猶言『發表言論，陳述觀點，必須順乎事理』。**視曰明**■視，觀察也。明，審悉也，清晰也。行甫按：『視曰明』，猶言『觀察事物必須清楚明晰』。**聽曰聰**■聽，聽言也。聰，《說文》：『察也。』《春秋繁露・五行五事》：『聽曰聰，聰者，能聞事而審其意也。』行甫按：『聽曰聰』，謂『聽言聞事，必須辨其是非察其曲直』。**思曰睿**■睿，當依今文作『容』。段玉裁《撰異》：『《洪範五行傳》「思心曰不容，是謂不聖」，鄭玄注：「容當爲睿。睿，通也。」此據孔本以正伏本，其證一也。《春秋繁露・五行五事》「思心曰容，容者，言無不容；容作聖，聖者，設也。王者心寬大無不容，則聖能施設，事各得其宜也。」其證二也。劉向《說苑・君道》篇尹文曰「人君之事無爲而能容下，夫事寡易從，法省易因，故民不以政獲罪也。大道容衆，大德容下，聖人寡爲而天下理矣。《書》曰：容作聖。」此子政引今文《尚書》也。若作「睿」字，則與上文不屬。今本妄改作「睿」，非也。其證三也。《五行志》曰：「《經》曰：思心曰容，容作聖。《傳》曰：思心之不容，是謂不聖。思心者，心思慮也；容，寬也。孔子曰：居上不寬，吾何以觀之哉！言上不寬大包容，臣下則不能居聖位。」㝐字，今本皆作容。此㝐字少一畫也。經傳皆作容，而以寬訓之，一氣銜接，儻易以他字，則不相貫串，其證四也。應劭注《漢書》云：「㝐，古文作睿。」此正與韋昭云「古文台爲嗣」、「古文隔爲擊」、孟康云「祖古文言阻」、許叔重云「𤰞柄，古文言由柄」一例，其下文蒙「睿」字云：「睿，通也。」此議古文異字異義，而不若鄭注《大傳》直云「容當爲睿」者，以班氏主寬容之說，非可偭背。小顏《漢書》乃改正文作「㝐」，謂㝐、睿一字，以傳合古文《尚書》，又改應注「睿，通也」爲「㝐，通也」。小顏之誤，實因不解「古文作睿」之「古文」謂古文《尚書》，直訓爲古字，因謂「㝐」與「睿」同字，「容」爲「㝐」字誤，重怭貤繆。自小顏而前，班書斷無作「容」者，其證五也。高誘注《戰國策》云「《五行傳》曰：思心之不容，是謂不聖。」其證六也。司馬紹統及《晉書》、《隋書》、《五行志》皆引《洪範五行傳》曰「思心不容，是謂不聖」，其證七也。』錢大昕《十駕齋養新錄》卷一：

「《洪範》一篇多韻語。「貌曰恭，言曰從，視曰明，聽曰聰，思曰容」，五句皆韻。自鄭康成破容爲睿，晚出古文因之。案《春秋繁露·述五行五事》篇云「思曰容」、《漢書·五行志》引《洪範傳》云「思心之不容」而又爲之説曰：「容，寬也。」然則古本《洪範》皆是容字，今《漢書》刊本作「睿」，蓋淺人所改。幸其説尚存，與董生相印證，可見西京諸儒傳授有自，許叔重《説文》「思，容也」，亦用伏、董説。」段玉裁乾隆辛丑（一七八一年）四月自四川引疾歸，途謁錢大昕於鍾山書院。錢氏謂《洪範》五句皆韻可補入段氏《六書音韻表》，且謂「容字義長，思主於睿，則恐失之刻深」。段氏「時無以應」，後「家居數年乃憭然」，以爲今文《尚書》當作「容」，古文《尚書》當作「睿」，而以古文「睿」字義長，其《説文注》並改各本《説文》「思，容也」爲「思，睿也」，謂「五者之德，非可以恭釋皃，以從釋言，以明、聰釋視、聽也。谷部曰：「睿者，深通川也。」引「睿畎澮歫川」。引申之，凡深通皆曰睿，思與睿雙聲，此亦門捫也，戶護也，髮拔也之例。謂之思者，以其能深通也。至若《尚書大傳》、劉向、董仲舒、班固皆以寬釋容，與古文《尚書》爲異本。」行甫按：此當以錢氏「五句皆韻」之説定其是非。「容」者，包容也，董氏云「心寬大無不容」，是其義也。「思曰容」者，猶言「思慮必須全面而周到」，即「必須廣納曲容異議，以通盤綜合思慮之」之謂也。段氏據古文《尚書》改《説文》「思，容也」爲「思，睿也」，乃通人之蔽，詒誤後學非淺也。考《顧命》「思夫人自亂于威儀」，其「思」字正用《説文》「容也」之本義，惜乎古今學人未之知也。參見《顧命》「思夫人」句釋讀及該篇【後案】。《秦誓》「昧昧我思之」及「其如有容」之釋讀所引桂馥《説文義證》，亦可與此相參證。

〔三〕**恭作肅**■作，亦「生」也，「成」也。行甫按：此與上「潤下作鹹」諸「作」字義同，亦「生成」之義。「恭作肅」者，謂「容貌恭敬必生嚴肅」。**從作乂**■乂，治也。或作「艾」，通假字。蔡《傳》：「條理也。」《宋世家》作「治」，訓詁字。行甫按：《皋陶謨》「俊乂在官」，《釋文》引馬融曰：「千人曰俊，百人曰乂。」則「乂」亦爲才俊之稱。言詞有條理，在言者是爲才俊，施之於事則事有所成，孔子曰「言不順，則事不成」，是其義也。孔子熟讀

《詩》、《書》，其話語體系必有《詩》、《書》傳統，故其言之如此。『從作乂』者，謂『所出言詞順乎事理，以之治事則事必有成』也。**明作哲**■哲，孔穎達《書疏》：『王肅及《漢書・五行志》皆云：「悊，智也。」定本作「晢」，則讀爲「哲」。』《宋世家》作『智』，訓詁字。段玉裁《撰異》：『《說文》日部「晢，昭晣明也。从日折聲」，口部「哲，知也（古知智不分）。从口折聲」，心部「悊，敬也。从心折聲」。三字各有所屬本義，而經傳多相假借。鄭本作「晢」，云「君視明則臣照晢」，「照晢」二字與《說文》「昭晣」同（古昭照通用），與《易》之「明辨，晢也」同解，非讀爲「哲」也。蓋古本《尚書大傳》作「知」，古者「哲」訓「知」，因以「知」代「哲」。《宋世家》「明作智」，以「智」代「哲」，蓋今文《尚書》作哲字也。』劉起釪曰：『《說文》「晢，昭晣明也」，意義與「明」重複，自不如今文作「哲」爲妥。』行甫按：劉氏之說是也。『明作哲』者，謂『觀察事物清楚明晰，必生智慧』也。**聽作謀**■謀，蔡《傳》：『謀者，度也。』王引之曰：『謀與敏同，謀敏聲相近，故字相通。《中庸》「人道敏政，地道敏樹」，鄭注曰：「敏，或爲謀。」是其證也。《晉語》「羊舌職之聽敏肅給也」，聽與敏義相近，《小雅・小旻》「或哲或謀」，毛《傳》：「有明哲者，有聰謀者」，以「聽謀」連文，猶《晉語》以「聽敏」連文。《五行傳》曰「聽之不聽，是謂不謀」，「不謀」即「不敏」。是毛公之解「或哲或謀」，伏生之解「聽作謀」，皆以「謀」爲「敏」，正與經旨相合。何晏《景福殿賦》曰「克明克哲，克聰克敏」，義即本於《洪範》。然則《洪範》舊說固有以「謀」爲「敏」者矣。』行甫按：《說文》：『慮難曰謀。』《周禮・太卜》『四曰謀』，鄭玄引鄭司農曰：『謀，謂謀議也。』是『謀』如字讀，亦通。『聽作謀』者，猶言『聽言明察是非曲直，乃成謀議』也，與『從作乂』之『出言順乎事理，則其事必有所成』文法從同。**睿作聖**■睿，亦當從今文作『容』，謂思慮全面周到也。聖，枚《傳》：『於事無不通謂之聖。』行甫按：《說文》：『聖，通也。』《左傳》文公十八年『齊聖廣淵』，孔穎達《正義》：『聖者，通也，博達衆務，庶事盡通也。』是『容作聖』者，謂『思慮全面周到，必生洞徹通達之明』也。

此節爲第二疇，或稱『五事章』。言人體之貌、言、視、聽、思五種官能活動各有其相應之規範；遵其規範，乃産生相應之良好效果。

【繹文】

九章大法的第二條是有關人體五種官能活動的基本規範，稱之爲『五事』。第一種官能活動叫作『貌』，是指人身整體的神情氣度及其體態與威儀，關乎人生的後天修養，在於尋常的動静語默之間，而與人先天的自然狀貌之美惡無涉。第二種官能活動叫作『言』，是指人們在日常公共生活中公開發表的言論和看法，它可能涉及某種事實的陳述，也可能涉及某種現象的評價。第三種官能活動叫作『視』，也就是人們對周圍人物與環境以及外在事物的觀察，這當然屬於人體視覺官能的運用。第四種官能活動叫作『聽』，屬於人體聽覺官能的功用，也是人們接收各種外部信息以及了解周圍世界的主要認知渠道。第五種官能活動叫作『思』，這是人心的基本功能，既是對外部信息的分析與加工，也是對内在知識的概括與綜合。

這五種官能活動，各自皆有其相應的規範。人的體貌儀態及其行爲舉止，無論何時何地，都必須做到端莊與恭敬，不可浮躁與輕佻。陳述觀點，發表言論，既要做到合情合理，不作無根之談；也要做到終始明晰，條理清楚，不可顛三倒四，含混紛亂。觀察事物，必須做到洞若觀火，明察秋毫，透過現象看本質，不爲假象所迷惑。聞事聽言，必須做到曲體其意，直達人心，不被花言巧語的謊言所欺騙。思考問題，必須周備全面。要掌握多方情況，考慮各種前提；更要包容衆議，瞻前顧後，通盤考慮，綜合平衡，不可只計一點，不及其餘。

按照五種行爲規範爲人處事，與此相應，也會産生五種不同的良好效果。體貌恭敬，舉止端莊，自然便神情嚴肅而有威儀，當然就會受人尊重，不至招徠輕慢與侮辱。言論合乎情理，條理清楚明晰，便易於爲世人所理解與接受，倘若付諸實施，見諸行事，就會獲得較大的社會成功。觀察事物，洞明通透，必然會産生心靈的智慧。聞事聽言，曲達人心，當然就能産生相應的對策。思考問題，全面周到，綜合平衡，便能夠總攬全局，細大不捐，高瞻遠矚，無所不通。』

三八政：〔一〕一曰食，二曰貨，三曰祀，〔二〕四曰司空，五曰司徒，六曰司寇，〔三〕七曰賓，八曰師。〔四〕

【釋讀】

〔一〕**三八政**■政，《説文》：『正也。』《周禮·夏官·序官》『使帥其屬而掌邦政』，鄭玄注：『政，正也，政，所以正不正者也。』

〔二〕**一曰食**■食，《北堂書鈔》卷一百四十二引《尚書大傳》：『食者，萬物之始，人之所本也。』《淮南子·主術訓》：『食者，民之本也。』《漢書·食貨志上》：『食，謂農殖嘉穀可食之物。』行甫按：『食』者，猶今之所謂『農、林、牧、副、漁』各業也。**二曰貨**■貨，《説文》：『財也。』《漢書·食貨志上》：『貨，謂布帛可衣，及金刀龜貝所以分財布利通有無者也。』《荀子·富國》『百姓時和、事業得敘者，貨之源也』，楊倞注：『貨、財皆錢穀通名。

別而言之，則粟米布帛曰財，錢布龜貝貨也。』行甫按：『貨』者，猶今所謂商業貿易與貨幣流通也。**三曰祀**■祀，祭祀也。《周禮·大宗伯》：『以禋祀祀昊天上帝，以實柴祀日月星辰，以槱燎祀司中、司命、飌師、雨師，以血祭祭社稷五祀、五嶽，以貍沈祭山林川澤，以疈辜祭四方百物，以肆獻祼享先王，以饋食享先王，以祠春享先王，以禴夏享先王，以嘗秋享先王，以烝冬享先王。』行甫按：《左傳》文公十三年曰：『國之大事，在祀與戎。』祭祀乃殷周禮樂文明之重要内容，是政治權力意識與社會組織結構的物化象徵。而『八政』以『食』、『貨』、『祀』三者爲先，實涵今之所謂『經濟基礎』與『意識形態』也。

〔三〕**四曰司空**■司空，金文作『𤔲工』，關乎國家大型土木工程建設以及器物營造之事。**五曰司徒**■早期金文作『𤔲土』、或『家𤔲土』，後期作『𤔲徒』，關乎國都鄉遂居民之管理與教育以及國家大型徒役之組織與征調之事。**六曰司寇**■司寇，關乎斷訟蔽獄及緝捕盜賊之事。行甫按：『司空』、『司徒』、『司寇』之三『政』者，關乎國家内部管理事務。

〔四〕**七曰賓**■賓，接遇賓客。《禮記·鄉飲酒義》：『賓者，接人以義者也。』《國語·周語上》『賓饗贈餞，如公命侯伯之禮』，韋昭注：『賓者，主人所以接賓致餐饔之屬也。』行甫按：『賓』者，猶今所謂『外交事務』也。**八曰師**■師，眾也。《左傳》隱公十年『克之，取三師焉』，杜預注：『師者，軍旅之通稱。』《說文》：『二千五百人爲師。从帀从自，自，四帀眾意也。』行甫按：『賓』與『師』者，關乎國家對外事務，猶今之所謂『外交』與『軍事』也。

孔穎達《書疏》：『鄭玄云：「此數本諸其職先後之宜也。食謂掌民食之官，若后稷者也。貨掌金帛之官，若《周禮》司貨賄是也。祀掌祭祀之官，若宗伯者也。司空掌居民之官，司徒掌教民之官也。司寇掌詰盜賊之官。賓掌諸侯朝覲之官，《周禮》大行人是也。師掌軍旅之官，若司馬也。」王肅云：「賓掌賓客之官也。」即如鄭、王之說，自可皆舉官名，何獨三事舉官也？八政主以教民，非謂公家之事。司貨賄掌公家貨賄，大行人掌王之賓客。若其事如《周禮》，皆掌王家之事，非復施民之政，何以謂之政乎？且司馬在上，司空在下；今司空在四，司馬在八，非取職之先後也。』章太炎曰：『食、貨《周禮》無專官，此八目，真所謂不倫不類者。』行甫按：此『八政』者，鄭玄、王肅及近人章太炎皆以《周禮》職官說之。孔穎達以爲《周禮》之官『皆掌王家之事，非復施民之政』，與此『八政』之名不合。其說是也。章氏以爲『八目』所列『不倫不類』，說亦非是。前三『政』乃關乎經濟生活與意識形態；中三『政』乃關乎國家內部事務；後二『政』乃關乎對外事務。『八政』者，從經濟基礎到意識形態，從內部管理到軍事與外交，面面俱到，條理清晰，何可以『不倫不類』目之邪？

此節乃第三疇，或稱『八政章』，言國家管理有關乎經濟建設與意識形態、內部行政以及軍事外交等多方面之政治事務。

【繹文】

九章大法的第三條是關乎國家管理的八種政治事務。第一種政治事務叫作『食』，總括國家的農業、林業、畜牧業、副食加工業以及漁業等與百姓日常飲食生活直接相關的經濟建設工作。第二種政治事務叫作『貨』，關係到國家的商業貿易與貨幣流通，既要平抑物價，防止欺行霸市；也要貿遷有無，防止屯積居奇。第三種政治事務叫作『祀』，這是管控國家意識形態的重要手段，關乎國家建立的思想基礎與制度文化，也體現著凝聚社會人心的觀念體系。第四種政治事務叫作『司空』，關係到國家大型土木工程的建設以及國家各種重要器物的營造，代表著國家的最高科學技術的發展與進步。第四種政治事務叫作『司徒』，關係到民衆管理與教化以及大型徒役的組織與徵調，是實現國家意志的重要政治事務。第六種政治事務叫作『司寇』，負責緝捕盜賊與聽訟斷獄，維護國家内部治安，是社會秩序穩定與法律公正公平的有力保障。第七種政治事務叫作『賓』，處理國家的外交事務。第八種政治事務叫作『師』，包括國家軍隊的組織與訓練，是保障國家安全的軍事打擊力量。

總之，所謂『八政』，涉及到國家的經濟基礎與意識形態，也關係到國家的内部管理以及軍事與外交，面面俱到，缺一不可。

四五紀：〔一〕一曰歲，二曰月，三曰日，〔二〕四曰星辰，五曰厤數。〔三〕

【釋讀】

〔一〕**四五紀**■紀，猶『端』也。行甫按：『歲』、『月』、『日』、『星辰』及『厤數』各有其周期，循環無端，而『五紀』乃言『五端』者，其『端』則由人所設定，故曰『協用五紀』。否則經言『協』字甚無謂也。

〔二〕**一曰歲**■歲，猶『年』也。孔穎達《書疏》：『從冬至以及明年冬至爲一歲，所以紀四時也。』行甫按：地球繞太陽一周爲一年，其運行軌道爲橢圓形，因而地球距太陽有遠有近，是以有春夏秋冬之四時以及二分（春分、秋分）二至（冬至、夏至）之節令也。一個回歸年有三百六十五日又四分之一日，稱爲『歲實』。**二曰月**■月，猶『一月』也。孔穎達《書疏》：『從朔至晦，大月三十日，小月二十九日，所以紀一月也。』行甫按：月球繞地球一周爲一個朔望月，約二十九日又九百四十分之四百九十九日，稱爲『朔策』。爲使年月四時相協，制訂曆法，必使地球繞太陽所行之天數，與月球繞地球所行之天數相等。而一個回歸年之實際長度爲三百六十五點二五天；一個朔望月之實際長度爲二十九點五三〇八五天。因此，只有積十九年，地球繞太陽行六千九百三十九點七五天；月亮繞地球亦行六千九百三十九點七五天，二者天數恰爲相等。但十九年月球繞地球實際運轉了二百三十五周，亦即二百三十五個月。而曆法於十九年中實際安排的月數只能是十九乘十二等於二百二十八月，因此，月球實際運轉周數比曆法所安排的月數多出七個朔望月，於是十九年之中就必須安排七個閏年，每年十三個朔望月，方使回歸年與朔望月的總天數相協調，春夏秋冬四時以及晦朔月相乃不相乖舛，即下文所謂『歲月日時無易』也。**三曰日**■日，一晝夜。孔穎達《書疏》：『從夜半以至明日夜半，周十二辰爲一日，所以紀一日也。』行甫按：所謂『日』，乃地球由西向東自轉的結果。

〔三〕**四曰星辰**■星辰，裴駰《宋世家集解》：『馬融曰：「星，二十八宿。辰，日月之所會也。」鄭玄曰：「星，五星也。」』孔穎達《書疏》：『星謂二十八宿，昏明迭見。辰謂日月別行會於宿度，從子至於丑，爲十二辰。星以紀節氣早晚，辰以紀日月所會處也。』**五曰厤數**■厤數：枚《傳》：『氣節之度，以爲厤，敬授民時。』孔穎達《書疏》：『筭日月行道所歷，計氣朔早晚之數，所以爲一歲之厤。凡此五者，皆所以紀天時，故謂之五紀也。五紀不言時者，以歲月氣節正而四時亦自正，時隨月變，非厤所推，故不言時也。五紀爲此節者，歲統月，月統日，星辰見於天，其曰厤數，揔厤四者，故歲爲始，厤爲終也。』行甫按：十九年日月所行之長度爲六千九百三十九點七五日，湊足一日仍須補充四分之一日，亦即須有四個十九年方能湊足一日。於是十九乘四等於七十六年中，共有二百三十五乘四等於九百四十個朔望月；有六千九百三十九點七五乘四等於二萬七千七百五十九日。而七十六年月行長度爲九百四十乘二十九點五三〇八五等於二萬七千七百五十九日，與七十六年日行長度恰爲相等，於是季節循環回覆到同一的曆日和同一的時刻，十一月朔旦再作冬至，只是日的干支由甲子轉爲癸卯了。一個甲子周期爲六十日，七十六年二萬七千七百五十九天共有四百六十二個甲子，餘三十九日不夠一個完整甲子，尚須再加二十日之後，方能重回下一周期的甲子日。因此，若使下年十一月朔旦冬至再爲甲子日，須歷二十個七十六年，即七十六乘二十等於一千五百二十年之後的下一年十一月朔旦冬至日的干支再爲甲子。是以二十個七十六年爲一紀，三紀爲一元共四千五百六十年。一元復始，歲、月、日、時齊一，氣節和朔日都回復如初。此所謂『曆法』。

此節乃第四疇，或稱『五紀章』，言觀察歲月日星制訂麻法以授民時也。

【繹文】

九章大法的第四條是觀察歲月日星之運行周期以制訂曆法，稱之爲『五紀』，也就是根據歲月日星之運行周期以確定曆法之開端，使年月日與四時相協調。制訂曆法的第一個要素就是『歲』，也就是從冬至到明年冬至這段時間，經歷春夏秋冬四時，共有三百六十五天又四分之一天。制訂曆法的第二個要素就是『月』，從朔到望再到晦，大月三十天，小月二十九天。制訂曆法的第三個要素就是『日』，從太陽出山到第二天太陽出山，也就是一晝夜。制訂曆法的第四個要素就是『星辰』，也就是黄昏出現在正南方天際的不同星宿，標誌著一年四季肉眼所能見到的太陽在周天的不同運動位置。將歲月日星不同的運行周期與一年四時之節令進行合理調配，就稱爲『曆法』。這是觀象授時的基本方法，也是人君行政的重要依據，不可有所疏失。

五皇極：皇建其有極，斂時五福，用敷錫厥庶民，惟時厥庶民于汝極，錫汝保極。〔一〕凡厥庶民，無有淫朋，人無有比德，惟皇作極。〔二〕凡厥庶民，有猷有爲有守，汝則念之。不協于極，不罹于咎，皇則受之。〔三〕而康而色，曰予攸好德，汝則錫之福，時人斯其惟皇之極。〔四〕無虐煢獨而畏高明。人之有能有爲，使羞其行，而邦其昌。〔五〕凡厥正人，既富方穀，汝弗能使有好于而家，時人斯其辜。〔六〕于其無好德，汝雖錫之福，其作汝用咎。〔七〕無偏無陂，遵王之義，無有作好，遵王之道，無有作惡，遵王之路。〔八〕無偏無黨，王道蕩蕩。無黨無偏，王道平平。無反無側，王道正直。〔九〕會其有極，歸其有極。〔一〇〕曰：皇，極之敷言，是彝是訓，于帝其訓；凡厥庶民，極之敷言，是訓是行，以近天子之光。〔一一〕曰：天子作民父母，以爲天下王。〔一二〕

【釋讀】

〔一〕**五皇極**■皇，《説文》：「大也。」極，則也，法也。**皇建其有極**■皇，《爾雅·釋詁》：「君也。」建，立也。行甫按：下文「曰天子作民父母，以爲天下王」，則「皇建」者，猶言「君主建立」也。其，猶「則」也，「則」，猶「當」也。説見吴昌瑩《經詞衍釋》。有，猶「以」也。説見吴昌瑩《經詞衍釋》。行甫按：「皇建其有極」，猶言「君主權威之建立，當因其法則」也。**斂時五福**■斂，《爾雅·釋詁》：「聚也。」時，是也，彼也。行甫按：「時」乃近指，亦可爲遠指，參見《多士》「今朕作大邑于兹洛」與《多方》「爾乃自時洛邑」釋讀以及《多士》篇【後案】。宋人不知此義，乃以爲自此『斂時五福』以至『其作汝用咎』爲第九疇『五福』之錯簡。實則九疇之義，互有關聯，錯簡之說，非也。五福，即下文『次九嚮用五福』也。行甫按：此二句既是並列，亦爲因果，謂『君權之建立，當依法則，由是亦可聚彼五福』也。**用敷錫厥庶民**■用，以也。敷，猶『徧』也。《周頌·賚》『敷時繹思』，鄭《箋》：『敷猶徧也。』是其義也。錫，讀『賜』，予也。厥，其也。行甫按：『厥』與『其』，皆爲指示代詞，猶言『此』也，與下『庶民』構成同位語。《左傳》襄公八年『孤也與其二三臣，不能禁止』，三十一年『君欲楚也夫，故作其宮』，昭公七年『元尚享衛國，主其社稷』，諸『其』字皆與下『二三臣』、『宮』、『社稷』構成同位語。此『厥庶民』亦是其例也。『厥庶民』，猶言『這些衆人』。**惟時厥庶民于汝極**■惟時，惟，以也。是，此也。行甫按：『惟時』，猶言『因此』、『於是』也。于，行也。屈萬里《集釋》：『于，猶爲也。《經傳釋詞》有說。于汝極，謂依汝之法則而行。』行甫按：屈說是也。《魯頌·泮水》『從公于邁』，鄭《箋》：『于，行也。』《王風·君子于役》『君子于役，不知其期』，朱熹《集傳》：『君子行役，不知其還返之期。』柳宗元《平淮夷雅》『于皇之訓』，蔣之翹《輯注》：『于，謂遵行也。』皆是其例也。汝，汝君王，即周武王。**錫汝保極**■錫，與也。吳汝綸《尚書故》：『錫汝之錫，爲相與之與。』保，守也，安也，信也。《國語·周語上》『保任戒懼』，韋昭注：『保，守也。』《史記·季布欒布列傳》『爲酒人保』，裴駰《集解》引《漢書音義》：『可保信，故謂之保。』是也。行甫按：此三句意謂：『以此法廣泛頒佈於此庶民，於是此庶民皆依汝之法而行，且與汝安保信守而不失』也。

此本節第一層也，言建立君王治理準則之目標。謂建立君王之最高法則者，君王即由之以聚福，庶民乃由之而遵行也。

〔一二〕**凡厥庶民無有淫朋**■凡，所有也，一切也。劉淇《助字辨略》卷二：『《詩·小雅》「凡今之人，莫如兄弟」，《孟子》「故凡同類者，舉相似也」，此凡字，一切之辭也。』行甫按：『凡』字與『無』字相關聯，謂『所有這些衆庶之人皆莫能外』也。無，《宋世家》作『毋』，通假字。有，或也。行甫按：『無有』，猶『無或』也。下文『無有作好』、『無有作惡』，《韓非子・有度》並作『毋或』，是其證也。淫，濫也。《周禮・宮正》『去其淫怠與其奇衺之民』，鄭玄注：『淫，放濫也。』朋，群輩也，黨類也。《豳風・七月》『朋酒斯饗』，孔穎達《毛詩正義》：『朋者，輩類之言。』《國語・吳語》『請王厲士以奮其朋勢』，韋昭注：『朋，群也。』《太玄・守》『閉朋牖』，范望注：『朋，黨類也。』**人無有比德**■人，猶『民』也。江聲《集注音疏》曰：『既言「庶民」，又別言「人」，則「人」非謂「民」，自是謂臣矣。《假樂詩》云「宜民宜人」，毛《傳》云：「宜安民，宜官人。」是亦以人爲臣。』楊筠如《覈詁》亦曰：『「庶民」與「人」對文，則「人」與「庶民」有別。《皋陶謨》「在知人，在安民」，《詩》「宜民宜人」，毛《傳》亦本《尚書》爲說。蓋「人」謂在位之正長也。』行甫按：江、楊之說非也。此『人』與上文『庶民』之『民』以及下文『正人』之『人』，皆指方趾圓顱之人類言，無所謂『人臣』與『庶民』之別。江、楊二氏所以說之如此者，乃由誤解『凡厥正人』之『正』字義也。比，私相親附也，親近狎暱也。《禮記・緇衣》『大臣不治，而邇臣比矣』，鄭玄注：『比，私相親也。』《論語・爲政》『君子周而不比』，皇侃《疏》：『比是親狎之法。』德，行爲，品性也。**惟皇作極**■惟，以也。作，爲也。《大雅・下武》『世德作求』，鄭《箋》：『作，爲也。』行甫按：『惟皇作極』，猶言『以皇爲極』也。

此本節第二層也，言庶民遵行王極之作法與表現也。謂庶民無朋黨，無比周，乃惟皇極是遵也。

〔三〕**凡厥庶民有猷有爲有守**■猷，《爾雅・釋詁》：『謀也。』邢昺《疏》：『猷者，以道而謀也。』《方言》卷三：『猷，道也。東齊或曰猷。』行甫按：『有猷』者，謂『有合於道義之謀』也。爲，作爲也，成就也。行甫按：『有爲』，謂『有所作爲、有所成就』也。守，持也。行甫按：『有守』，謂『有所操守、有所堅持』也。**汝則念之**■汝，與下文『皇則受之』之『皇』同指君王。則，猶『當』也。念，《說文》：『常思也。』之，代『有猷有爲有守』之『庶民』。**不協于極**■協，合也。行甫按：此句承前省『凡厥庶民』四字。**不罹于咎**■罹，《宋世家》作『離』，《尚書大傳》作『麗』，皆通假字。行甫按：『離』、『麗』、『罹』，三字可通用。此『罹』讀如《邶風·新臺》『魚網之設，鴻則離之』之『離』，猶言『落入』也。咎，罪也，過也。《小雅·北山》『或慘慘畏咎』，鄭《箋》：『咎，猶罪過也。』**皇則受之**■皇，君王也。則，猶『當』也。受，《玉篇·受部》：『容納也。』行甫按：此『受』猶『包容』、『容受』也。

〔四〕**而康而色**■而，爾也，汝也；第二人稱主格。康，和也。《史記·樂書》『而民康樂』，張守節《正義》：『康，和也。』是其例也。而，爾也，汝也；第二人稱領格。色，顏面之色也。行甫按：俞樾《平議》：『下「而」字訓「女」，上「而」字不訓「女」，乃語詞也。此句承上文「皇則受之」而言，「皇則受之而康而色」，言「不但受之而又當和女之顏色以受之」也。「康」之義爲「安」，故亦爲「和」。枚《傳》因「皇則受之」與上文「女則念之」相對，「念之」下更無他文，則「受之」下亦不得著此四字。乃以此四字屬下爲義，其所見殊泥矣。』行甫按：俞氏之説，似是而實非也。『而康而色』當依枚氏屬下爲義，且『而康』之『而』亦非語詞。此承上『汝則念之』及『皇則受之』兩層文意而言之，謂『汝當和汝之顏色』以待遇上文所『念之』、所『受之』之『民』而『賜之福』，於是其『民』乃『惟皇之極』也。劉起釪從俞氏説讀之，失於抉擇也。**曰予攸好德**■曰，言也。予，我也。攸，所也。行甫按：『攸』訓『所』，『所』亦訓『所以』，説見吳昌瑩《經詞衍釋》。好，喜愛也。德，人品及其行爲也。行甫按：『德』即上文『有猷有爲有守』及『不罹于咎』之『德』也。其『德』既爲『予』所『好』，則『予』所用以表示『予』之『好德』者，有心識、有容色；亦有言語、有行動。心識者，上文『念之』、『受之』是也。容色者，『而康而色』是也；言語者，『曰予攸好德』是也；行動者，下文『錫之福』是也。則『曰予攸好德』者，既遠承『念之』『受之』之義，又挽結上下二句文意，亦即『康而色』與『錫之福』及其『曰』之本身，皆爲『所以好德』之內在思想與外在行爲之多重表現也。經文微旨深衷，學者當不可等閒讀之。**汝則錫之福**■則，即也。錫，賜予也。之，代上『念之』及『受之』之『民』也。福，賞也，與『威』之言『罰』相對。行甫按：此三句猶言：『你應當和悅你的面色，對你所常繫念之人以及所容受之人說：「此乃我所以好德也」，汝即賞賜他們相應的福祉』。**時人斯其惟皇之極**■時，猶『是』也；『是』猶『是以』、『是故』也。人，衆辭也。斯，猶『則』也、『即』也。其，將也。行甫按：『斯其』乃虛詞連用，猶今所謂『即將』也。惟，猶『以』也。之，是也，爲也。行甫按：『惟皇之極』者，即『惟皇是極』也，與上『惟皇作極』異文同義，猶言『以皇爲極』也。行甫又按：此句乃『凡庶民有猷有爲有守』至『汝則錫之福』之小結，猶言：『職是之故，衆人即將以君王爲準則』也。

〔五〕**無虐煢獨而畏高明**■虐，殘害也，欺侮也。行甫按：『無虐』，《宋世家》作『毋侮』，《釋文》：『馬本作亡侮。』『無』、『毋』、『亡』三字通用，『虐』者，猶『侮』也。煢，枚《傳》：『單，無兄弟也。無子曰獨，單獨者不侵虐之。』《說文》：『煢，回疾也。』段玉裁注：『回轉之疾飛也。引申爲煢獨，取裵回無所依之意。』行甫按：『煢獨』，近義複詞，指無所依靠之人，猶今所謂『弱勢群體』也。畏，害怕。高明，枚《傳》：『寵貴者。』裴駰《宋世家集解》引馬融曰：『寵顯者，不枉法畏之。』行甫按：『高明』與『煢獨』相對，言其地位顯赫，黨羽衆多也，猶今所謂『權貴利益集團』也。**人之有能有爲**■之，猶『若』也。能，能力也。爲，作爲也。**使羞其行**■羞，《爾雅・釋詁》：『進也。』行，《爾雅・釋詁》：『言也。』郭璞注：『今江東通謂語爲行。』俞樾《平議・爾雅一》：『《釋宮》曰「行，道也」，是行與道義通。《周官・訓方氏》「掌道四方之政事」，《撢人》「道國之政事」，鄭注並曰：「道猶言也。」行之訓言，猶道之訓言矣。襄二十五年《穀梁傳》「莊公失言，淫于崔氏」，「失言」即失道也。然則「行，言也」，猶曰「行，道也」。與《釋宮》之文其義本通。郭引時諺爲證，尚非古義。』行甫按：俞氏之說是也。《小雅・巧言》『往來行言』，馬瑞辰《毛詩傳箋通釋》：『行、言二字平列而同義，猶云語言耳。』皆『行』訓『言』之證也。『使羞其行』者，猶『使進其言』也。**而邦其昌**■而，爾也，汝也。邦，邦國也。其，將也，乃也。昌，光大美盛也。《說文》：『昌，美言也。从日从曰。一曰日光也。《詩》曰：東方昌矣。』《齊風・猗嗟》『猗嗟昌兮』，毛《傳》：

『昌，盛也。』《楚辭・大招》『人阜昌只』，王逸注：『昌，熾也。』行甫按：自『無虐煢獨而畏高明』至此句，謂：人之有才幹有能力者，無論其爲煢獨抑或爲高明，皆可使進其言，則其邦國昌盛也。

〔六〕**凡厥正人**■厥，其也。正，正直也，善良也。《小雅・小明》『正直是與』，毛《傳》：『正直爲正。』《新書・道術》：『方正不曲謂之正。』《儀禮・士喪禮》『決用正』，鄭玄注：『正，善也。』行甫按：『凡厥正人』，枚《傳》曰：『凡其正直之人。』是也。自孫星衍以『正人』爲『在位之正長』，說者皆訓『正人』爲『官長』，大背經旨。上文『人之有能有爲』之『人』，指有能力有才幹之『人』，此所謂『正人』，即德行正直善良之『人』，一言其才，一言其德。**既富方穀**■既，猶『其』也。吳昌瑩《經詞衍釋・補遺》：『《詩》「王猶允塞，徐方既來」，《荀子・議兵篇》作「徐方其來」。蓋既與其，聲相近，故用亦相通。《詩》「其虛其邪，既亟只且」，言其急行也。「既往既來，使我心疚」，言其往其來也。《禹貢》「淮沂其乂，蒙羽其藝，大野既豬」，其與既，相互成文，此「其」之訓「既」也。』富，《說文》：『備也。一曰厚也。』《國語・楚語上》『使富都那豎贊焉，而使長鬣之士相焉，臣不知其美也』，韋昭注：『富，富於容貌也。都，閑也。那，美也。豎，未冠者也。』徐元誥《集解》：『陳瑑曰：「都，亦美也。《鄭風》「洵美且都」。那豎，猶都豎也。」汪遠孫曰：「富、都、那三字義相近。」』《漢書・高五王傳》『皇帝春秋富』，顏師古注：『言年幼也，比之於財，方未匱竭，故謂之富。』行甫按：『富』訓『備』、訓『厚』、訓『美』，與『穀』字並列爲用，乃德性或才能之形況字，爲『正人』之補充描述，與財富及爵祿之多寡高下無關，前賢之說皆誤，今一皆不取。方，併也。《說文》：『方，併船也。』《儀禮・鄉射禮》『左足履物不方』，鄭玄注：『方，猶併也。』行甫按：『方』訓『併』，猶『兼』也。穀，《爾雅・釋詁》：『善也。』《大雅・桑柔》『不胥以穀』，毛《傳》：『穀，善也。』行甫按：『既富方穀』，猶言『既美且善』也。連上句，意謂：凡其正直之人，既有美好之才能，亦有善良之品性也。**汝弗能使有好于而家**■有，猶『爲』也。好，善也，睦也。行甫按：黃生《字詁》：『好，從女從子，蓋和合二姓以成配偶，所謂好也。借爲凡相睦之稱。《孟子》「言歸於好」，《左傳》「修舊好」，言和好如婚姻也。好爲美德，故借爲惡之對。《呂子》引《周書》云：「民善之則畜之，不善則讎也。」注：「畜，好也。」《孟子》「畜君者，好君也。」亦此義。」《小雅・鹿鳴》「人之好我」，鄭《箋》：「好，猶善也。」皆是其例也。而，爾也，汝也。家，家族也。行甫按：此「家」與上文「邦」相對，亦與「邦」爲互文也。**時人斯其辜**■時，亦猶「是以」、「是故」也。斯，亦猶「則」也、「即」也。其，亦「將」也。辜，枚《傳》：「不能使正直之人有好於國家，則是人斯其詐取罪而去。」章太炎曰：「辜，鹽也。《詩・四牡》傳：「鹽，不堅固也。」苦沽楛皆有苟且不堅固義。《僞孔》云「詐取罪」，甚非。」行甫按：《說文》：「辜，皋也。从辛，古聲。」注家多以「罪」訓此「辜」字。枚氏亦訓「罪」，又不自安，故曰「詐取罪而去」，猶言「以有罪爲借口棄官而去」也。實則「辜」從「古」得聲，與「姑」、「苦」、「沽」、「鹽」諸從「古」之字相通，皆有「粗糙」、「惡濫」、「陋劣」、「苟且」之義，則章氏之說可從。「時人斯其辜」者，連上句意謂：「不能使正直之人爲善於汝之國家，於是正直之人則將守義不堅而苟且劣濫」也。

〔七〕**于其無好德**■于，猶「如」也。《淮南子・覽冥訓》「食人肉，葅人肝，飲人血，甘之于芻豢」，言「甘之如芻豢」也。說見吳昌瑩《經詞衍釋》。其，猶「厥正人」之「厥」也。無好德，《宋世家》作「于其毋好」，無「德」字。王引之《經義述聞》：「「好」下本無「德」字，且「好」字讀上聲，不讀去聲。蓋「無好」二字即承上「弗能使有好」而言，非有二義也。自某氏《傳》曰「于其無好德之人」，始加「德」字解之。然其時經文尚無「德」字，且「好」字尚讀上聲。考《釋文》「于其無好」之下無音，至「無有作好」之下，始音「呼報反」。又於上文「予攸好德」之下但云「呼報反」，而不云「下同」。又《正義》曰「無好對有好，有好，謂有善也。」然則「無好」之「好」，孔、陸俱讀上聲，而所見本俱無「德」字明矣。自唐石經始作「于其無好德」，此不過因《傳》有「德」字而妄加之。而蔡《傳》遂讀「好」爲「攸好德」之「好」，不知「咎」訓爲惡，「好」與「咎」義正相對。「無好」與「有好」亦相對。若讀爲「攸好德」之「好」，則與上下文義不相屬矣。且「好」與「咎」古音正協。「皇極」一篇皆用韻之文，不應此三句獨無韻也。」行甫按：古本當無『德』字。『于其無好』者，猶言『如果其人無善於國家』。**汝雖錫之福**■雖，即使也。錫，賜也。之，代『無好』之人。福，賞也，爵祿也。**其作汝用咎**■其，將也，且也。作，讀若『詛』，詛祝之使其沮敗也。《大雅·蕩》『侯作侯祝』，毛《傳》：『作，祝詛也。』《釋文》：『作，本作詛。』孔穎達《正義》：『作即古詛字。』《管子·輕重己》『下作之地，上作之天』，俞樾《諸子平議》：『兩「作」字皆讀爲「詛」，古字通用。』是『作』、『詛』相通之例也。《說文》：『殦，古文殂，从歺从作。』亦『作』與『詛』相通之證。《周禮·春官·序官》『詛祝，下士二人』，鄭玄注：『詛，謂祝之使沮敗也。』《周禮·司盟》『盟萬民之犯命者，詛其不信者』，鄭玄注：『盟、詛者，欲相與共惡之也。』是此『作（詛）』之義也。用，以也。咎，災禍也。《說文》：『咎，災也。从人从各，各者，相違也。』《呂氏春秋·侈樂》『棄寶者必離其咎』，高誘注：『咎，殃也。』行甫按：古今說者皆讀『作』如字。裴駰《宋世家集解》引鄭玄曰：『其動作爲女用惡。』謂爲天子結怨于民。」劉起釪曰：『作汝，爲汝服役，替你做事。這句是說：他們以罪惡來爲你服務。或：他們替你做事用的是罪惡行爲。』以『作汝』爲『動作爲女』或『替你作事』，大悖文法，增字爲訓，釋義可哂。此三句意謂：『若無善於國家之人，你即使賜之以爵祿，他們也會以災殃詛咒你。』

此本節第三層也，以正反兩面之事理告誡王者遵行王極之作法也。不欺煢獨、不畏貴寵以進用賢能正直之人，賜之以福；倘不進用賜福於賢能正直之人，反進用賜福於無能邪曲之人，則賢能正直之人變行易節，無能邪曲之人亦無感恩之心，反以惡語相詛咒也。

〔八〕**無偏無陂**■偏，不正也。陂，《釋文》：『音祕。舊本作頗，音普多反。』《新唐書·藝文志》載唐開元十四年，玄宗以『無頗』與下『之義』音韻不協，詔改『頗』爲『陂』。《說文》：『頗，頭偏也。』段玉裁注：『引伸爲凡偏之稱。《洪範》曰：「無偏無頗，遵王之義。」』人部曰：「偏者，頗也。」以「頗」引伸之義釋「偏」也。古借「陂」爲

「頗」，如《洪範》古本作「無偏無陂」，顏師古《匡謬正俗》、李善《文選注》所引皆作「陂」可證。迄乎天寶，乃據其時所用本作「頗」而詔改爲「陂」。一若古無作「陂」者，不學而作聰之過也。「陂」、「義」古皆在歌戈部，則又不知古音之過耳。』行甫按：據段氏此說，則古本當作『陂』，乃借『陂』爲『頗』也。唐時流行本作『頗』，乃用本字。是則唐玄宗詔改『頗』爲『陂』，由不知古音，而非復古本也。然段氏《說文注》古本作『陂』之說，與其《古文尚書撰異》相左。《撰異》與《說文解字讀》雖爲段氏同時之作（見段氏《撰異・序》），但《讀》之『簡練成《注》』，則在《撰異》刻行之後三十餘年（見陳奐《說文解字注・跋》），是此說當以《說文解字注》爲段氏之定論。然段氏謂『古借「陂」爲「頗」』，其說則未必是也。《說文》：『陂，阪也。阪，坡者曰阪。』段玉裁注曰：『陂與坡音義皆同。』則『陂』者，不平之謂也。《周易・泰》九三『无平不陂，无往不復』，與本經相同，正用『陂』之本義也。而枚《傳》云：『偏，不平；陂，不正。』說二字之義恰爲相反也。『無偏』，猶『公正』也。『無陂』，猶『公平』也。**遵王之義**■遵，循也。王，猶言『王者』。義，《呂氏春秋・貴公篇》引作『誼』，與顏師古《匡謬正俗》及唐玄宗改字詔書所引唐初本同。段玉裁《說文》『誼』字注：『「誼」、「義」古今字，周時作「誼」，漢時作「義」。皆今之「仁義」字也。其「威儀」字，則周時作「義」，漢時作「儀」。』顧炎武《唐韻正》卷二『支』韻『儀』字條：『《周禮・肆師》「治其禮儀，以佐宗伯」，注：「故書儀爲義。鄭司農云：義讀爲儀。古者書儀但爲義，今時所謂義爲誼。」《韻補》：「儀，牛何反。《周禮注》：儀作義。古皆音俄。」宋洪邁《隸釋》曰：「《周禮注》云『儀義』二字古皆音俄。」按「儀」字自漢中山王焉《文木賦》「載重雪而稍勁風，將等歲于二儀」，始與枝、雌、知、斯爲韻。』行甫按：『誼』、『義』與『陂』、『頗』，上古韻讀皆在歌戈部。是『誼』與『義』，『陂』與『頗』皆音同義通。**無有作好**■無有，《宋世家》作『毋有』，《呂氏春秋・貴公》引作『無或』。行甫按：『有』與『或』通，猶今所謂『有人』也。作，爲也，行也。《爾雅・釋言》：『作，爲也。』《大雅・常武》『王舒保作』，鄭《箋》：『作，行也。』是其義也。好，《宋世家集解》引馬融曰：『私好也。』行甫按：『好』，偏好也，讀去聲『呼到切』，字或作『㚼』。《說文》：『㚼，人姓也。从女，丑聲。《商書》曰：無有作㚼。』段注：『按古音在三部，讀如狃。好之古音讀如朽。是以《尚書》假㚼爲好也。』行甫按：『作好』，猶言濫賞無功私好之人也。**遵王之道**■道，《說文》：『所行道也，从辵首。一達謂之道。』行甫按：『道』，人之所行；人之處事，亦猶由其『道』而有所『達』也。引申之，則爲道理、途徑、方法也。**無有作惡**■惡，《呂氏春秋·貴公》『無或作惡』，高誘注：『惡，擅作威也。』行甫按：『作惡』，與上『作好』相對爲文，謂隨意處罰無辜之人也。**遵王之路**■路，亦『道』也。

〔九〕**無偏無黨**■黨，私相親比也。裴駰《宋世家集解》引鄭玄曰：『朋黨也。』《國語·晉語五》：『事君者，比而不黨。夫周以舉義，比也。舉以其私，黨也。』韋昭注：『阿私爲黨。』《淮南子·泛論訓》：『私門成黨。』**王道蕩蕩**■王道，猶言『王者之道』。蕩，平坦也。《齊風·南山》『魯道有蕩』，毛《傳》：『蕩，平易也。』《左傳》襄公三年引《書》曰『無偏無黨，王道蕩蕩』，杜預注：『蕩蕩，平正無私。』《漢書·東方朔傳》『王道蕩蕩』，顏師古注：『蕩蕩，平坦之貌。』《漢書·王莽傳上》『王道蕩蕩』，顏師古注：『蕩蕩，廣平之貌。』行甫按：毛公、小顏乃言其本義，杜預說其引申義。《說苑·至公》『《書》曰「不偏不黨，王道蕩蕩」，言至公也。』乃杜說之所本。**無黨無偏王道平平**■平平，猶『蕩蕩』，亦平坦、平易之意也。《史記·張釋之馮唐列傳贊》引作『不黨不偏，王道便便』，裴駰《集解》引徐廣曰：『便，一作辨。』段玉裁《撰異》：『「平」作「便」、作「辨」，如《堯典》「平章」、「平秩」，《五帝本紀》作「便章」、「便程」，鄒誕生本作「辨章」，《尚書大傳》作「便程」。』行甫按：『平』、『便』、『辨』，聲近義通。此二句與上二句義同，重複言之者，以爲强調也。**無反無側**■反，變更也，違逆也。《呂氏春秋·知度》『其患又將反以自多』，高誘注：『反，更也。』《齊風·猗嗟》『四矢反兮』，《釋文》：『反，《韓詩》作變，變易。』《國語·越語下》『上帝不考，時反是守』，《經義述聞》引王念孫曰：『反，猶變也。言上帝不尚機巧，惟當守時變也。』《國語・周語下》『言爽日反其信』，韋昭注：『反，違也。』《荀子・法行》『身不善而怨人，不亦反乎』，楊倞注：『反，謂乖悖。』側，猶偏斜也。《說文》：『側，旁也。』是其義也。**王道正直**■王道，亦『王者之道』也。正，與『反』相對，謂不變更、不悖逆也。直，與『側』相對，謂不旁側、不偏斜也。

此本節第四層也，乃王者遵行王極之總結。謂王者無所偏私，無所阿黨，乃是遵王者之道而行也。惟王者公正無私，無所偏黨阿好，不變更、不偏離王者之道，則王者之道方能平易正直，是以國家乃平康安定而無險危動蕩也。

〔一〇〕**會其有極**■會，聚合也。《說文》：『合也。』《禮記・月令》『以會天地之藏』，鄭玄注：『會，猶聚也。』行甫按：『會』指君王而言，謂『聚合其民』也。其，猶『而』也，『則』也，『乃』也。連詞，連接動詞與補語。有，猶『以』也。行甫按：『其』、『有』之用，俱見吳昌瑩《經詞衍釋》。極，法則，準則也。行甫按：句意謂：『君王聚合其民當以其法則』也。**歸其有極**■歸，《廣雅・釋詁一》：『往也。』《釋詁三》：『就也。』《曹風・蜉蝣》『心之憂矣，於我歸處』，鄭《箋》：『歸，依歸。』行甫按：『歸』指庶民而言，謂『往就其君』也。其，猶『乃』也。有，猶『以』也。行甫按：句意謂：『庶民往歸其君當依其法則』也。行甫又按：此二句分君與民而總概言之，下則以『皇極之敷言』與『庶民極之敷言』以分說之也。枚氏以此二句屬前讀之，注家多有從之者，非也。

〔一一〕**曰皇極之敷言**■曰，猶『爲』也，『謂之』也。行甫按：此『曰』字乃對上文『會其有極，歸其有極』之解釋與說明，猶今語所謂『這就是說』也。皇，君王也。行甫按：此『皇』字與下文『凡厥庶民』相對爲文，猶今語所謂『對於君王而言』也。極，法則。之，猶『所』也。說見吳昌瑩《經詞衍釋》。敷，陳也。《宋世家》作『傅』，通用。**是彝是訓**■是，爲也。彝，《爾雅・釋詁》：『常也。』郭璞注：『彝，謂常法也。』《宋世家》作『夷』，通用。

訓，《説文》：「説教也。」《大雅·抑》「四方其訓之」，毛《傳》：「訓，教也。」**于帝其訓**■于，猶「爲」也，「遵行」也，與上文「惟時厥庶民于汝極」之「于」義同。行甫按：此「于」字與上「會其有極」之「會」字相關聯；亦與下文「以近天子之光」之「近」字義相貫。帝，天帝也。其，猶「之」也。訓，教也，導也。《法言·序》「訓諸理」，李軌注：「訓，導也。」是其義也。《宋世家》作「順」，史公與下「是訓是行」同讀，非是也。行甫按：此解説「會其有極」也。謂：對於君王而言，法則所陳之言，是不變之常法，是永久之教言，遵而行之，也就是奉行上帝之教導。**凡厥庶民**■厥，猶「其」也。庶民，與上文「皇」字相對，猶言「就此庶民而言」。**極之敷言**■極，法則也。之，所也。敷，陳也。**是訓是行**■是，爲也。訓，順也。《宋世家》作「順」，訓詁字也。行甫按：「訓」，猶言「遵循」也。行，奉行也，履行也。《吕氏春秋·恃君》「而立其行君道者」，高誘注：「行，奉也。」《左傳》昭公二十五年「民之行也」，杜預注：「行，人所履行。」是其義也。**以近天子之光**■以，由也，因也。近，《説文》：「附也。」行甫按：此「近」字與上文「歸其有極」之「歸」字相照應也。光，光明也。

〔一二〕**曰天子作民父母**■曰，猶「爲」也，「謂之」也。行甫按：此「曰」字乃第五疇或曰「皇極章」之總結，猶今所謂「總而言之」。天子，天之子也。作，爲也。**以爲天下王**■以，猶「因而」也。行甫按：「天子作民父母，以爲天下王」乃條件複句，意即：「惟天子之所爲如同民之父母之所爲，天下之民乃擁戴天子爲天下之君王」也。

此爲本節第五層，君主之法則亦即上帝之法則，君王與庶民皆當奉而行之。

此節乃九疇之第五疇，或稱「皇極章」，言君王統御萬民之法。

【繹文】

九章大法的第五條關乎君王治民的最高法則。君王之權威所以能建立，當有賴於最高原則與法規的制訂。君主以此法則聚斂五種福澤，以此法則頒佈於所治下的民眾，於是治下的民眾就會遵行你作爲君王的最高法則，也就會與你君王一起堅定地遵守這個最高法則。你治下的所有民眾，沒有人可以胡亂交朋結友，任何人都不能有私相親附的行爲，必須以你君王作爲他們的最高準則，必須以你君王爲核心，緊密地團結在你君王的周圍。你治下的所有民眾，凡是有主見有作爲有操守的，你都應當常常想到他們，你在制訂政策的時候，要盡量考慮到他們的需求，照顧到他們的利益；有些人對於王法可能心有抵觸，但在行爲上並沒有犯罪事實，作爲君王，你也要包容他們。無論是有主見有作爲有操守的人，還是其言論雖然與法規不太協調，但又不至於犯罪的人，你都要和顏悅色對他們說：『我所以喜歡你們，或者是因爲你們有主見有作爲有操守，或者是因爲你們雖然心裏對法規有所不滿，但並沒有發生觸犯國家法令的實際行爲。』你不僅要和顏悅色地對他們說出這些話來，更要拿出實際的行動，用來表示你心裏常常想到他們的利益。所以，你要賞賜給他們相應的福祉，也就是在制訂國家政策時，要考慮到他們的利益和需求。這樣，這些人就會把你君王作爲他們的最高準則了。在用人行政的問題上，你不要歧視那些出身孤門細族而無依無靠的弱勢群體，也不要害怕那些勢位顯赫而鼻息沖天的權貴利益集團。任何人如果他有能力有才幹有作爲，你就要讓他們發表意見，他們的意見如能採納實施，你的國家就會繁榮昌盛。凡是你所治下的那些正人君子，他們既有美好的才能，又有善良的德性，如果你不能重用他們，讓他們對你的國家作出有益的貢獻，那麼這些人就會感到生不逢時，懷才不遇。因此當他們覺得前程無望，報國無門的時候，他們就會消極苟且，不思上進，得過且過，做一天和尚撞一天鐘。那些對於國家毫無益處的人，如果你對他們格外開恩，雖然你已給予他們很多好處，讓他們得了許多利益，可他們仍然不以爲足，還是會在背地裏用惡言惡語詛咒你，巴不得你早點遭殃倒大霉！因此，你要公正無私，對任何人都要一視同仁；你還要公平合理，對任何事都不能顧此失彼，這就是遵循王者所應當遵循的大道理。你不能僅憑個人喜愛與一己之好便濫賞無功；你應當遵循王者之道，有功必賞，無功不祿。你也不能爲泄私忿呈威風便濫殺無辜；你應當遵循王者之路，有過必罰，無過則免。你應當永遠保持中立，不能拉幫結派，王者的道路才能寬闊平坦；只有不搞團團夥夥，拉幫結派，只有永遠保持公平中正，王者的事業才能一往無前。你的大政方針要有長期性與規劃性，不要朝令夕改，翻雲覆雨，變化無常；你也不能爲達目的而不擇手段，更不能急功近利而走捷徑，出險招，只有這樣，王者的道路才是康莊大道，王者的事業才能一帆風順。君王團結民眾，凝聚人心，應當以王法爲依據；民眾心系君王，擁戴官長，也必須以王法爲準則。這就是說，對於君王而言，王法所陳述的言論，就是不可刊改的常經大法，就是恆久不變的最高教義；依王法而團結民眾，凝聚人心，就是履行上帝的教義與訓導。對於你治下的民眾而言，王法所陳述的言詞，他們必須嚴格地遵守，堅決地奉行；遵守王法，奉行教導，就是奔向天子的光明。總而言之，只有天子像父母愛護子女一樣愛護天下民眾，天下民眾才會擁戴天子，把他當作天下的君王。

六三德：一曰正直，二曰剛克，三曰柔克。〔一〕平康正直，彊弗友剛克，燮友柔克，沈潛剛克，高明柔克。〔二〕惟辟作福，惟辟作威，惟辟玉食。〔三〕臣無有作福作威玉食，臣之有作福作威玉食，其害于而家，凶于而國，人用側頗，僻民用僭忒。〔四〕

【釋讀】

〔一〕**六三德**■德，正確得當的治理方法，亦與君主個人品德修養相關。《新書·道術》：『施行得理謂之德。』是其義也。**一曰正直**■正，不偏不倚也。直，不俯不就也。**二曰剛克**■剛，强硬也。克，《釋文》引馬融曰：『勝也。』徐鍇《說文繫傳》：『能勝此物謂之克。』行甫按：『克』兼『能』與『勝』二義焉。名詞，能力也。動詞，勝伏也。《淮南子·繆稱訓》『蓋力優而克不能及也。』高誘注：『克，猶能也。』是名詞之義也。《管子·七臣七主》『而不克其罪』，尹知章注：『克，謂勝伏。』是動詞之義也。此『剛克』、『柔克』之『克』，名詞也。下文『剛克』、『柔克』之『克』，動詞也。此『剛克』者，猶言『以强硬剛猛之力以剛之猛之』也。**三曰柔克**■柔，《說文》：『木曲直也。』《公羊傳》昭公二十五年『而柔焉』，何休注：『柔，順也。』行甫按：《後漢書·梁統傳》載統上疏曰：『文帝寬惠柔克。』《後漢紀》引鄭興上疏曰：『願陛下留神寬恕，以崇柔克之德。』是『柔克』者，猶言『以寬惠和順之力以矯之抑之』也。

〔二〕**平康正直**■平，平易也。康，安和也。行甫按：『平康』，指安分守己之平民百姓也。正直，猶言『以正直之法治之』也。行甫按：『正直』對治『平康』，既不强硬，亦不放縱也。**彊弗友剛克**■彊，《說文》：『弓有力也。』段玉裁注：『引申爲凡有力之稱。』《國語·晉語一》『聞申生甚好仁而彊』，韋昭注：『彊，彊禦也。』是其義也。弗，《說文》：『矯也。從丿乀，从韋省。』段玉裁注：『矯者，揉箭箝也，引申爲矯拂之用。今人不能辨者久矣。弗之訓矯也，今人矯弗皆作拂，而用弗爲不。其誤蓋久矣。丿乀皆有矯意；韋者，相背也；故取以會意。謂或左或右，皆背而矯之也。」行甫按：此「弗」字正用其本義。則「彊弗」者，猶「彊拂」也，近義複詞，「彊狠乖戾」之謂也。《宋世家》作「不」者，史公誤讀也。友，讀「有」，猶「以」也。行甫按：《牧誓》「我友邦冢君」，《周本紀》作「有邦」。《韓詩外傳七》「昔吾有周舍有言」，《新序・雜事一》作「吾友」。《大雅・雲漢》「散無友紀」，馬瑞辰《毛詩傳箋通釋》：「友，即有之假借。」《禮記・内則》「不友無禮於介婦」，俞樾《群經平議》：「友，當讀爲有。不友即不有。」皆「友」讀「有」之證。克，猶「勝伏」也。句意謂：「彊梁狠戾不服者，當以强硬剛猛之法對治之」。

燮友柔克■燮，《説文》：「和也。从言又，炎聲。讀若溼。」《宋世家》作「内」。裴駰《集解》：「内，當爲燮。燮，和也。」段玉裁《撰異》：「古内、入通用，入、燮同部，此今文《尚書》作内也。」行甫按：上文「平康」、「彊弗」，下文「沈潛」、「高明」皆爲複詞，而「燮友柔克」之「燮」獨爲單詞，則「燮」非「彊弗」之對文也。此二句皆以「友」字作排比，其句法亦與上下文不相類。史公「燮」作「内」，必是以訓詁代本字，則「燮」不當訓「和」而必訓「内」也。「内」者，對外之稱，「内外」猶言「表裏」、「隱顯」也。許君謂「燮讀若溼」，左氏《春秋》襄公八年「獲蔡公子燮」，穀梁《春秋》作「公子濕」，「濕」與「溼」同。是「溼」、「燮」音同通用之證。《説文》：「溼，幽溼也。从一，覆也。覆土而有水，故溼也。从㬎省聲。」段玉裁注：「凡溼之所從生，多生於上有覆而氣不泄，故从一土水會意。今字作濕。」然則「幽」猶「隱也，」「覆」猶「内」也。此之所以史公以「内」訓「燮」之理路也。《大雅・大明》「燮伐大商」，「燮」亦當訓「内」訓「隱」，意即「密謀伐商」也。毛《傳》：「燮，和也。」鄭《箋》：「使協和伐殷之事。」皆非確詁矣。是「彊弗友剛克，燮友柔克」者，謂「彊圉狠戾者，外以强硬剛猛之法以治之，又内以寬惠和順之法以濟之」也。是剛柔相濟，寬猛兼用以治「彊弗」也。許君以「燮」爲「和」，亦剛柔相濟，寬猛兼施之意也。是知許君「燮」字説，雖取義於《洪範》，要非「燮」字本義也。

沈潛剛克■沈潛，《左傳》文公五年甯嬴引《商書》作「沈漸」，《宋世家》亦作『沈漸』，《漢書·谷永傳》『忘湛漸之義』，段玉裁《撰異》：『湛漸』即『沈潛』也。『蓋今文《尚書》作「漸」，與左氏合。』行甫按：『沈潛』既是某種社會身份之描述，亦是某種性格秉賦之代稱。所以知者，此『沈潛』既與上文『平康』、『彊弗』相對爲文，亦與下文『高明』相對爲稱。上文『皇極章』以『煢獨』與『高明』對舉，乃兩種不同社會身份之人。此『沈潛』既與『高明』對舉，當有社會身份之義；又與『平康』、『彊弗』對舉，當爲性格秉賦之稱。是『沈潛』也，『高明』也，皆兼身份與秉賦之二義焉。或者其人之身份地位決定其人之性格秉賦：『沈潛』者，其人地位卑微，沈鬱内向，落落寡合，必以剛猛强硬之法以起之、以興之也。**高明柔克**■高明，其人位高權重，富貴顯赫，必趾高氣揚，鼻息虹蜺，當以矯揉裁抑之法以柔之、以和之也。曾運乾《正讀》：『沈潛者，柔克之徵，宜以剛治之。高明者，剛克之徵，宜以柔治之。』是其義也。

〔三〕**惟辟作福惟辟作威**■惟，獨也。辟，君主也。裴駰《宋世家集解》引馬融曰：『辟，君也。不言王者，關諸侯也。』作，爲也，行也。福，爵祿慶賞也。威，殺戮刑罰也。《宋世家集解》引鄭玄曰：『「作福」，專爵賞也。「作威」，專刑罰也。』**惟辟玉食**■玉食，《釋文》：『張晏注《漢書》云：「玉食，珍食也。」韋昭云：「諸侯備珍異之食。」』裴駰《宋世家集解》引鄭玄曰：『玉食，備珍美也。』孫星衍曰：『《史記·封禪書索隱》引《三輔決錄》云「杜陵有玉氏，音肅。」《說文》以爲从玉，音畜牧之畜。按玉讀爲畜。畜、好聲之緩急。《孟子·梁惠王篇》云「畜君者，好君也」，高誘注《呂覽》云「畜，好」，凡經言「玉女」、「玉色」，義皆爲好。後人忽之，並删《說文》音讀。』行甫按：『惟辟玉食』者，非言獨君可美食也，省『作』字耳，謂『惟辟作玉食』也，猶言『獨君主方可施人美食』也。行甫又按：『作福作威玉食』者，乃對應上文『三德』之治法也。『作福』爲慶賞爵祿，『柔克』之法也；『作威』乃刑戮殺伐，『剛克』之法也。『玉食』者，施捨美好生活，『正直』之法也。

〔四〕**臣無有作福作威玉食**■無有，無或也。**臣之有作福作威玉食**■之，猶『若』也。有，或也。**其害于**

而家■其，乃也，則也。害，《墨子・經說上》：『得是而惡，則是害也。』《戰國策・秦策一》『而無伐楚之害』，高誘注：『害，危也。』**凶于而國**■凶，《說文》：『惡也。象地穿，交陷其中也。』行甫按：『害于而家，凶于而國』，互文也，謂『若如此，必將於汝國家有所危害』也。**人用側頗**■人，凡人也。行甫按：此『人』字既與上文『臣』字相對，顯非『人臣』之義；又與下文『僻民』之『民』字爲互文，其泛指一切人衆，明矣。用，以也。因也。側，《說文》：『旁也。』段玉裁注：『不中曰側。』頗，偏也。行甫按：『側頗』，近義複詞，猶言『旁門左道』也，今語所謂『歪門邪道』者，是也。**僻民用僭忒**■僻，慧琳《一切經音義》卷四十七引顧野王曰：『僻者，謂邪枉不中理也。』《大雅・板》『民之多僻』，《釋文》：『僻，邪也。』行甫按：『僻民』，謂邪枉之民也，與上文凡人之『人』對舉。僭，《說文》：『假也。』段玉裁注：『以下儗上，僭之本義也。』《漢書・韓安國傳》『僭於天子』，顔師古注：『僭，擬也。』《大雅・抑》『覆謂我僭』，鄭《箋》：『僭，不信也。』忒，《釋文》引馬融曰：『惡也。』《易・豫・彖傳》『故日月不過而四時不忒』，《釋文》引鄭玄曰：『忒，差也。』是『僭忒』亦近義複詞，猶言『以下擬上，逾限侈制』也。行甫按：注者多以『僻』字屬上，以『側頗僻』三字連文，其讀非也。此以『僻民』與凡『人』相對舉，而『僭忒』之惡，又較『側頗』爲甚。世道邪曲，民風磽薄，人心不正，是『人用側頗』也；盜取名器，以下擬上，犯罪作惡，是『僻民用僭忒』也。

此節爲第六疇，或稱『三德章』，言不同人群有相應不同之對治之法。安分守己之平民百姓，則以正直之法對治之；强梁狠戾之人則外以剛猛、內以和順，實以剛柔相濟之法對治之。沈鬱懦弱之人，以剛强之法振起之；飛揚跋扈之人，以曲揉之法矯抑之。三種治理方法，其總要在君權獨斷，人臣不可染指。否則便壞人當道，民風磽薄，人心險惡。

【繹文】

九章大法的第六條，稱爲『三德』，是君主分別針對不同秉性之臣民的三種治理方法。第一種叫作『正直』，就是不偏不倚，不溫不火，既不强迫，也不遷就。第二種叫作『剛克』，就是剛猛强硬，嚴刑峻法，勵行管制。第三種叫作『柔克』，就是和風細雨，循循善誘，變換氣質。平民百姓，安分守己，自食其力，就用不偏不倚，不溫不火的方法治理他們。既不强行改變他們的生活方式，也不曲從遷就他們的不良習性。這就是以『正直』之法對治『平康』之民。横蠻粗暴，傑驁狠戾，玩命好鬥，這類無賴刁民，就要採取强硬措施，嚴厲打擊，迫使他們遵紀守法，循規蹈矩。當然，也應輔之以教化，動其心性，讓他們棄惡遷善，改過自新。地位卑微，膽小懦弱，胸無大志，這類沈鬱庸碌之輩，就要用劇疾剛猛的强硬方法刺激他們，讓他們不甘沈淪自廢，息心鄙賤，而亟思立志振起，奮發向上，有所作爲。這就是以『剛克』之法對治『沈潛』之民。腰纏萬貫，富貴顯赫，氣焰囂張，這類飛揚跋扈之人，就要採取冷水煮青蛙的溫和方式，如同矯正曲木那樣，煴煬漸炙，不聲不響地剝奪其財富，有節有序地翦滅其勢力。讓他們知道爲富不仁，仗勢凌人，盛世有所不容；只有樂善好施，低調做人，才能長享富貴平安。這就是以『柔克』之法對治『高明』之徒。不過，三種治理方法，歸根結蒂，乃在於君主的乾綱獨斷。也就是説，只有君主才能行慶賞，班爵禄；這也是細雨潤物的『柔克』之法。只有君主才能施刑戮，專殺伐；這也是雷霆霹靂的『剛克』之法。當然，也只有君主才能給臣民謀求美好的生活，這也屬於正常平穩的『正直』治法範圍。而作爲人臣，既沒有慶賞爵禄的資格，也沒有刑戮殺伐的權力，更不能爲籠絡人心博取聲譽擅自施人美好的生活。作爲臣子，如果也能像君主那樣行慶賞，班爵禄；施刑戮，專殺伐；也能像君主那樣，擅自捨人美好的生活，這就勢必危害國家綱紀，敗壞世道人心。那麼，你的這個國家，你的這個族群，也就一定走上了邪路，以致人心險惡，民風磽薄，道德淪喪，見利忘義。那些生性邪惡，慣於爲非作歹的不法刁民，就會趁火打劫，越名犯份，無法無天；就會横行霸道，魚肉鄉民，無惡不作。

七稽疑：擇建立卜筮人，乃命卜筮。〔一〕曰雨曰霽，曰蒙曰驛，曰克曰貞曰悔。〔二〕凡七，卜五，占用二，衍忒。立時人作卜筮，三人占，則從二人之言。〔三〕汝則有大疑，謀及乃心，謀及卿士，謀及庶人，謀及卜筮。〔四〕汝則從，龜從，筮從，卿士從，庶民從，是之謂大同。身其康彊，子孫其逢，吉。〔五〕汝則從，龜從，筮從，卿士逆，庶民逆，吉。〔六〕卿士從，龜從，筮從，汝則逆，庶民逆，吉。〔七〕庶民從，龜從，筮從，汝則逆，卿士逆，吉。〔八〕汝則從，龜從，筮逆，卿士逆，庶民逆，作内吉，作外凶。〔九〕龜筮共違于人，用靜吉，用作凶。〔一〇〕

【釋讀】

〔一〕**七稽疑**■稽，《説文》：『卟，卜以問疑也。』疑，惑也。**擇建立卜筮人**■擇，選擇也。建立，同義複詞，猶今語『設置』也。卜筮人，卜人與筮人也。《禮記·曲禮上》：『龜爲卜，蓍爲筮。』**乃命卜筮**■乃，猶『以』也。

說見吳昌瑩《經詞衍釋》。命，使也。《大雅・卷阿》「維君之命」，鄭《箋》：「命，猶使也。」卜，以龜甲卜問吉凶。筮，以蓍草占斷吉凶。枚《傳》：「建立其人，命以其職。」王引之《經義述聞》則以此句屬下爲讀，謂「命卜筮」猶《士喪禮》「命龜命筮」，「曰雨」以下五事即承「乃命卜筮」言之，五者皆所以命龜之事也。行甫按：王氏之說非也。陳夢家《殷虛卜辭綜述》分「命龜之事」爲六類：一祭祀，二天時，三年成，四征伐，五王事，六旬夕。六類中又細分若干事，如「王事」即有「田獵、遊止、疾病、生子等」。可知占卜「命龜之事」甚爲繁夥，非此「五事」可盡包之也。下文「卜五，占用二」，則筮占命筮，又豈僅「貞」、「悔」二事哉！此當以枚說爲是也，謂：「選擇適當人員，設置卜筮之官，以使擔任卜筮之事」。是乃第七疇「稽疑」之題解也。

（二二）**曰雨曰霽**■曰，猶「爲」也，「爲」猶「有」也。說見吳昌瑩《經詞衍釋》。雨，枚《傳》：「龜兆形有似雨者。」《宋世家集解》引鄭玄曰：「雨者，兆之體，氣如雨然。」行甫按：枚氏亦訓「曰」爲「有」。霽，《說文》：「雨止也。」枚《傳》：「有似雨止者。」《宋世家》作「濟」。裴駰引鄭玄曰：「濟者，如雨止之雲氣在上者也。」孔穎達《書疏》引鄭玄曰：「霽如雨止者，雲在上也。」行甫按：《爾雅・釋天》「濟謂之霽。」是「霽」與「濟」通用也。**曰蒙曰驛**■蒙，或作「雺」或作「霧」或作「被」。驛，或作「涕」或作「圛」或作「洟」。段玉裁《撰異》：「各本《尚書》「曰驛」在「曰蒙」之下，今移「曰圛」在「曰雺」之上，依《周官・太卜》注、《史記集解》引《尚書》鄭注、《尚書正義》引王、鄭注，皆先「圛」後「雺」也。《宋世家》「曰涕」在「曰霧」之上，則今文《尚書》次第正同。天寶以前作「圛」，衛包改爲「驛」。《經典釋文》大書「圛」字，開寶中改作「驛」。今更正。」裴駰《宋世家集解》：「《尚書》作「圛」。」《索隱》：「涕音亦，《尚書》作「圛」，孔安國云「氣駱驛亦連續」，今此文作「涕」，是涕泣亦相連之狀也。」《集解》引徐廣曰：「一曰洟曰被。」司馬貞《索隱》：「霧音蒙，然「蒙」與「霧」亦通。徐廣所見本「涕」作「洟」，「蒙」作「被」，義通而字變。」行甫按：此當依古文作「曰圛曰雺」，《宋世家》作「曰涕曰霧」，徐廣所見本作「曰洟曰被」，衛包所改之『曰驛曰蒙』，以及《詩》、《禮》傳箋注疏所引，或作『弟』作『悌』，或作『霚』作『蝨』，不一而足，皆通假字，兹不備引。圛，《説文》：『回行也。从口睪聲。《商書》曰：曰圛。圛者，升雲半有半無。讀若驛。』衛包改『圛』爲『驛』，當因《説文》『讀若驛』也。《宋世家集解》引鄭玄曰：『圛者，色澤而光明也。』枚《傳》：『驛，氣落驛不連屬。』孔穎達《書疏》引王肅曰：『圛，霍驛消減如雲陰。』段氏《説文注》：『如許説，則《商書》「圛」字正「繹」之假借。』行甫按：『圛』者，當爲卜兆之裂紋若明若暗、若有若無而斷續絡繹相連之狀也。雺，枚《傳》：『蒙，陰闇。』孔穎達《書疏》：『「雺」聲近「蒙」。《詩》曰「零雨其蒙」，則「蒙」是闇之義。故以「雺」爲兆，「蒙」是陰闇也。王肅云：「圛，霍驛消減如雲陰。雺，天氣下，地不應，闇冥也。」其意如孔言。鄭玄以「圛」爲明，言色澤光明也。雺者，氣澤鬱鬱冥冥也。自以明闇相對，異於孔也。』《宋世家》引鄭玄曰：『霧者，氣不釋，鬱冥冥也。』行甫按：《説文》：『霚，地氣發，天不應曰霚。从雨敄聲。雺，籀文霚省。』段注：『霚，今之霧字。《釋天》曰：「地氣發，天不應曰霧。」《釋名》曰：「霧，冒也。氣蒙冒覆地之物也。」《開元占經》引《元命包》：「陰陽亂爲霧。」』是則『雺』者，蒙暗不明如有物覆冒之也。龜兆之裂紋有似此之象者也。**曰克曰貞曰悔**■克，枚《傳》：『兆相交錯。』孔穎達《書疏》：『王肅云：「兆相侵入。」蓋兆爲二拆，其拆相交也。』鄭玄云：『「克者，如雨氣色相侵入。」』《宋世家集解》引鄭玄曰：『克者，如祲氣之色相犯也。』行甫按：『「克」者，當爲兆紋相交錯也。貞，正也，卦之下體也。悔，《説文》：『𢘹，易卦之上體也。《商書》曰：曰貞曰𢘹。从卜每聲。』《宋世家集解》引鄭玄曰：『内卦曰貞。貞，正也。外卦曰悔，悔之言晦也，晦猶終也。』《左傳》僖公十五年秦伯伐晉，卜徒父筮之，吉，其卦遇蠱䷑。蠱之貞，風也。其悔，山也。蠱卦巽☴下艮☶上。杜預注：『内卦爲貞，外卦爲悔。巽爲風，秦象。艮爲山，晉象。』其例也。行甫按：『曰貞曰悔』者，乃筮占所得之數在下體抑或在上體也。《左傳》昭公七年衛孔成子以《周易》筮之曰：『元尚享衛國，主其社稷？』遇屯䷂。又曰：『余尚立縶，尚克嘉之？』遇屯䷂之比䷇。

以示史朝，史朝曰：『元亨。又何疑焉？』成子曰：『非長之謂乎？』史朝對曰：『孟，非人也，將不列於宗，不可謂長。且其繇曰：「利建侯。」嗣吉，何建？建，非嗣也。二卦皆云，子其建之。』衛襄公夫人姜氏無子，其嬖人婤始生公子孟縶及公子元。孟縶爲長，但其足不良，非健全之人。孔成子先筮公子元可否『享衛國』，得『《屯》卦䷂』，其卦辭曰：『元亨利貞。勿用有攸往。利建侯。』又筮公子孟縶，得『屯䷂之比䷇』，即《屯》之初九，其爻辭曰：『磐桓。利居貞。利建侯。』初九在下體，則此當爲『曰貞』也。《左傳》僖公十五年晉獻公筮嫁伯姬於秦，遇歸妹䷵之睽䷥。史蘇占之曰：『不吉。其繇曰：「士刲羊，亦無衁也；女承筐，亦無貺也。」西鄰責言，不可償也，歸妹之睽，猶無相也。』此『歸妹之睽』意即《歸妹》之上六，其爻辭即『士刲羊』云云也。上六即在上體，則此當爲『曰悔』也。

〔三〕**凡七**■凡，總也。七，上文七『曰』字所指也。**卜五**■謂『雨、霽、圛、雺、克』也。枚《傳》：『五者，卜兆之常法。』孔穎達《書疏》：『此上五者，灼龜爲兆，其璺拆形狀有五種。是卜兆之常法也。』**占用二**■《宋世家》作『占之用二』。『之』猶『乃』也。二，謂『貞、悔』也。裴駰《宋世家集解》引鄭玄曰：『兆卦之名凡七，龜用五，《易》用二。』是也。**衍忒**■衍，《説文》：『水朝宗于海也。从水，从行。』段玉裁注：『海淖之來，旁推曲暢，兩厓渚涘之間不辨牛馬，故曰衍。引伸爲凡有餘之義，假羨字爲之。』《素問·五常政大論》『水曰流衍』，王冰注：『衍，泮衍也，溢也。』忒，變也，差也。《魯頌·閟宮》『享祀不忒』，鄭《箋》：『忒，變也。』《大雅·抑》『昊天不忒』，《釋文》：『忒，差也。』《爾雅·釋言》『爽，忒也。』邢昺引孫炎曰：『忒，變雜不一。』皆是其義也。行甫按：『衍』者，羨溢之貌，謂五種龜兆，有所流衍浸漫，難以定爲何兆也。『忒』者，錯雜變化，謂筮占之數，有所差互多變，難定其占也。猶孔成子筮立公子元與孟縶而皆爲『利建侯』也。是龜卜之兆有『衍』，筮占之數有『忒』，故曰：『三人占則從二人之言』也。注者多昧於文勢，孤立作解，而經義全晦矣。**立時人作卜筮**■時，是也。作，爲也。裴駰

《宋世家集解》引鄭玄曰：『立是能分别兆卦之名者，以爲卜筮人。』行甫按：謂『當立此能識别兆占者爲卜筮之人』也。**三人占則從二人之言**■占，《説文》：『視兆問也。从卜从口。』《爾雅·釋言》：『隱，占也。』邢昺《疏》：『占者，視兆以知吉凶也。』郝懿行《義疏》：『占者，億度之詞。』行甫按：『占』者，本義當爲『隱度』，猶今語所謂『暗自揣度』也，即視卜筮之象數而暗自揣其吉凶也。則，即也。從，《説文》：『隨行也。』《禮記·緇衣》『言從而行之』，鄭玄注：『從，猶隨也。』言，占辭，即卜筮之斷語也。裴駰《宋世家集解》引鄭玄曰：『從其多者，蓍龜之道幽微難明，慎之深。』行甫按：謂『三人占則從二人之言』者，因龜兆有『衍』，筮數有『忒』，故少數隨於多數以定其吉凶也。

〔四〕**汝則有大疑**■則，猶『若』也。**謀及乃心**■謀，《説文》：『慮難曰謀。』《周禮·太卜》『四曰謀』，鄭司農曰：『謀，謂謀議也。』及，猶『於』也。説見吴昌瑩《經詞衍釋》。乃，汝也，爾也，指君王。**謀及卿士**■卿士，孔穎達《書疏》引鄭玄曰：『六卿掌事者。』孔氏曰：『謀及卿士，以卿爲首耳，其大夫及士亦在焉。』行甫按：『卿士』，猶言『朝臣』也。**謀及庶人**■庶人，段玉裁《撰異》：『下文四言「庶民」，此作「庶人」，誤也。漢石經《尚書》殘碑「乃心謀及卿(闕)謀及庶民(下闕)」，此今文《尚書》作「民」之證也。』《周禮·小司寇》：『掌外朝之政，以致萬民而詢焉。一曰詢國危，二曰詢國遷，三曰詢立君。』是有大疑而詢衆也。**謀及卜筮**■枚《傳》：『將舉事，而汝則有大疑，先盡汝心以謀慮之，次及卿士衆民，然後卜筮以決之。』顧炎武《日知録》卷一《卜筮》：『舜曰「官占，惟先蔽志，昆命于元龜」，《詩》曰「爰始爰謀，爰契我龜」，《洪範》曰「謀及乃心，謀及卿士，謀及庶人，謀及卜筮」，孔子之贊《易》也，亦曰「人謀鬼謀」(祖伊告紂言「格人元龜」，亦先人後龜)。夫庶人，至賤也，而猶在蓍龜之前，故盡人之明而不能決，然後謀之鬼焉。』行甫按：枚氏、顧氏之説皆是也。《左傳》桓公十一年『卜以決疑，不疑何卜』，是謀之不決乃卜，亦先盡人謀而後聽於鬼神也。

〔五〕**汝則從**■則，猶『若』也。從，隨也，順也。行甫按：『汝則從』者，與上文『謀及乃心』相關聯，猶言：『你若想通順了，說服了你自己』。**龜從筮從**■從，吉也。《儀禮・士喪禮》『占之曰從』，鄭玄注：『從，猶吉也。』《少牢饋食禮》『占曰從』，鄭玄注：『從者，求吉得吉之言。』行甫按：『龜從筮從』者，謂龜卜與筮占皆得吉也。**卿士從**■從，順也，聽也。《國語・吳語》『以從逸王志』，韋昭注：『從，順隨也。』《唐風・采苓》『苟亦無從』，朱熹《集傳》：『從，聽也。』**庶民從**■從，服從也。《公羊傳》宣公十二年『告從』，何休注：『從，服從。』《禮記・郊特牲》『婦人從人者也』，鄭玄注：『從者，從其教令也。』**是之謂大同**■是，此也。之，猶『則』也，『即』也。大，猶今語『完全』也。同，一致也，齊同也。《國語・周語上》『其惠足以同其民人』，韋昭注：『同，猶一也。』《墨子・經上》：『同，異而俱於之一也。』是其義也。**身其康彊**■身，己也，自身也，與下『子孫』相對。其，猶『乃』也。康，《爾雅・釋詁》：『安也。』《大雅・生民》『不康禋祀』，鄭《箋》：『康、寧，皆安也。』彊，《爾雅・釋詁》：『敵，應，丁，當也。』郭璞注：『彊者，好與物相當值。』郝懿行《義疏》：『彊有姜音，《詩釋文》引《韓詩》云：「奔奔彊彊，乘匹之貌。」然則匹耦亦相當之義。《禮・表記》作「姜姜賁賁」，鄭注：「爭鬭惡貌也。」爭鬭又相敵之義。故《廣雅》云：「姜，强也。」强即彊，姜亦彊矣。』行甫按：『彊』之訓『敵』訓『當』者，猶今語所謂『若心有所想，則事有所成』也。是『身其康彊』者，意即：『就你本人而言，則平安吉祥，心想事成也』。**子孫其逢**■子孫，猶『後嗣』也，與上文『身』字相對舉。其，猶『乃』也。逢，《釋文》：『馬融云：大也。』清儒李惇《群經識小》卷二：『先儒「逢吉」二字連讀。謹案：此節通體用韻。當讀至「逢」字句絕，與上文五「從」字一「同」字音韻正叶。「吉」字另作一句，與下文五「吉」字二「凶」字體例更合。「逢」訓爲「大」，《釋文》引馬融云「大也」，猶言「其後必大」耳。《禮記・儒行》「衣逢掖之衣」，鄭注：「逢，猶大也。」又訓爲「豐」，「豐」亦「大」也。《禮記・玉藻》「縫齊倍要」，鄭注云：「縫，或爲逢，或爲豐。」是古「逢」、「豐」聲義皆同也。體例訓詁聲音三者皆合，理無可疑。』《經義述聞》引王念孫曰：『《淮南·天文篇》「五穀豐昌」，《史記·天官書》「豐」作「逢」。是古「逢」、「豐」聲義皆同也。』行甫按：『子孫其逢』，猶言『其後世必長大』也。《楚辭·天問》『眩弟並淫，危害厥兄。何變化以作詐，後嗣而逢長』，王逸注：『舜爲天子，封象於有庳，而後嗣子孫，長爲諸侯也。』則『逢』、『大』之辭，指後嗣子孫而言也。《天問》又云：『何馮弓挾矢，殊能將之？既驚帝切激，何逢長之？伯昌號衰，秉鞭作牧，何令徹彼岐社，命有殷國？』此言武王伐紂，驚動天帝，又不念其囚父之舊惡，仍封其子武庚祿父於殷之故國，以致其後與周構亂，故怪而問之曰『何逢長之』也？亦是其證。李惇氏讀『子孫其逢』爲句，並謂『猶言其後必大』，說極精審。**吉**■《說文》：『善也。』《釋名·釋言語》：『吉，實也，有善實也。』《易·繫辭上》『吉凶者，失得之象也。』孔穎達《易疏》：『辭之吉者，是得之象。』行甫按：『吉』者，猶言『終得善果』也。

〔六〕**汝則從**■則，猶『若』也。從，順也。**龜從筮從**■從，求吉得吉也。**卿士逆**■逆，反也，拒也。《國語·晉語八》『未退而逆之』，韋昭注：『逆，反也。』《爾雅·釋言》『逆，迎也。』郝懿行《義疏》：『逆對順言，故有拒意。』是『逆』即『拒絕』、『反對』也。**庶民逆**■逆，不服從也。慧琳《一切經音義》卷七『拒逆』注引《蒼頡篇》：『逆，不從也。』**吉**■亦猶『終得善果』也。枚《傳》：『三從二逆，中吉。亦可舉事。』

〔七〕**卿士從龜從筮從汝則逆庶民逆吉**■枚《傳》：『君臣不同，決之卜筮，亦中吉。』孔穎達《書疏》：『除龜筮以外，有汝與卿士、庶民，分爲三者，各爲一從二逆，嫌其貴賤有異，從逆或殊，故三者各以有一從爲主，見其爲吉同也。』行甫按：《洪範》『稽疑』之意，若『人謀』與『鬼謀』相合，雖有『逆』之者，亦有可爲也。

〔八〕**庶民從龜從筮從汝則逆卿士逆吉**■枚《傳》：『民與上異心，亦卜筮以決之。』《宋世家集解》引鄭玄曰：『此三者皆從多，故爲吉。』行甫按：此亦同上意也，謂『人謀』與『鬼謀』相合，乃有可爲也。聖人神道以設教，欲人敬鬼神而有所畏也。

〔九〕**汝則從龜從筮逆卿士逆庶民逆作内吉**■作，爲也，行也。内，内事也。**作外凶**■外，外事也。枚《傳》：『二從三逆，龜筮相違。故可以祭祀冠婚，不可以出師征伐。』《宋世家集解》引鄭玄曰：『此逆者多，故舉事於境内則吉，境外則凶。』

〔一〇〕**龜筮共違于人**■共，俱也。違，背也。人，謂『汝』也，『卿士』也，『庶民』也。行甫按：『龜筮共違于人』，謂或『龜筮』皆『從』，而君主、卿士、庶民皆『逆』；或『龜筮』皆『逆』，而君主、卿士、庶民皆『從』也。是人謀與鬼謀不協也。**用靜吉**■用，以也。靜，無所動作也。**用作凶**■枚《傳》：『安以守常則吉；動則凶。』行甫按：《左傳》僖公四年晉獻公欲以驪姬爲夫人，卜之不吉，筮之吉，公曰『從筮』。卜人曰：『筮短龜長，不如從長。』是本經所以先言龜而後言筮也。

本節爲第七疇，或稱『稽疑章』，言卜筮取舍之法。少數服從多數，『三人占則從二人之言』，此乃卜筮稽疑之先驗原則。先盡人謀之明而後決之於鬼謀，人鬼相合不違，方爲心安理得。是則於人謀明信而定功，於鬼謀敬畏而不瀆也。

【繹文】

九章大法的第七條是問卜決疑之法。以龜甲貞問吉凶，稱爲卜；用蓍草占斷禍福，叫作筮。龜卜之法，就是鑽灼龜甲，使之出現裂紋，依其裂紋的形狀，判斷吉凶；這些裂紋，叫作『兆象』。筮占之法，就是利用蓍草，通過某種程序獲得一些數目，根據這些數目的排列與組合，判斷禍福。這些數目，也稱爲『筮數』。設置卜筮之官，就是要選擇能夠識別這些龜兆和善於利用這些筮數的人，讓他們擔任卜筮之官，掌管卜筮之事。

大致說來，龜殼的『兆象』及蓍草的『筮數』有下列幾種：有『雨』、有『霽』、有『圛』、有『雺』、有『克』、有『貞』、有『悔』。所謂『雨』兆，就是鑽灼之後龜版上的裂紋像雨點一樣密密麻麻；所謂『霽』，就是龜版上的裂紋與色澤，像雨過天晴之後既有濕潤又有光澤的樣子。所謂『圛』，就是龜上的裂紋若明若暗、若有若無，而又斷斷續續，絡繹相連的樣子。所謂『雺』，就是卜後裂紋比較灰暗，如同霧氣朦朧的樣子。所謂『克』，就是卜後裂紋縱橫交錯，相互紐結的樣子。所謂『貞』，就是所得之筮數指向《易》之卦象的下半部分，也叫作『內卦』；所謂『悔』，就是所得筮數指向《易》之卦象的上半部分，也稱爲『外卦』。這些龜兆與筮數總共有七種，前五種是龜卜的兆象，後二種是蓍占的筮數。這些龜兆與筮數，說起來是很明白清楚的。但它們出現在龜甲上的時候，卻並不是那樣涇渭分明，它們可能是你中有我，我中有你，因此實際判斷起來並不容易。至於蓍占之時所得到的筮數，就更是變化多端了；你或者不能確定它們究竟屬於六十四卦的哪個卦象，也不能立即知道它們具體是屬於『內卦』還是『外卦』。所以在設置這些卜筮之官使之掌管卜筮事務，就要事先設定一個基本原則，這就是：如果三個人同時卜筮同一個事件，所得之結論不能完全一致，那就要遵守這個少數服從多數的原則了。

如果你要開展某項工作，你又不能決定此事的成敗利鈍，心中產生了很大的困惑。這時候，你首先就要在心裏好好盤算一下，考慮其利害得失。然後再找朝中大臣們認真商量討論，然後再廣泛徵求國民群衆的意見，最後才考慮用卜筮的方法詢問鬼神與老天爺的意旨。這也是先盡人事之明，然後請教神靈的正確程序和步驟。如果你自己想通了，自己説服了自己了，龜卜的結果是吉，筮占的結果也是吉，朝中大臣們也贊同，廣大民衆也支持，也就是『完全一致』了，這就叫作『大同』。如果你去完成了這樣的工作，不僅你自己平安無事，心想事成，你的後輩子孫也會興旺發達。沒有比這更是大吉大利的大好事了。如果你自己想通順了，龜卜也得吉，筮占也得吉，可是朝中大臣不贊成，廣大民衆也不支持，這就是上帝鬼神在支持你，這類事情也是能夠得到好的結果的，你可以大膽而爲之。如果朝中大臣們都很贊成，龜卜也得吉，筮占也得吉，但你自己卻想不通，廣大民衆也不支持，這説明上天與神明是站在朝中大臣一邊的，因此，這類事情也是可以獲得成功的，不妨一試。如果廣大民衆是贊同的，龜卜也得吉，筮占也得吉，你自己卻想不通，不同意，朝中大臣也不熱心，不支持，這説明上帝鬼神保佑廣大民衆，這類事情對廣大民衆有好處，也就一定能夠取得好的結果。如果你自己決定了，龜卜也得吉，但筮占卻不吉，朝中大臣反對，廣大民衆也反對，這時候就要小心謹慎了，你只能做有關國家內部的事務，如祭祀呀、婚嫁呀，過生日，行成人禮之類，這不會有什麽妨礙；但你要做境外國際之間的外交事務，或者出兵打仗，就可能出現喪權辱國或損兵折將的敗局。如果龜卜與筮占都與人願相違背，那就一動不如一靜，什麽事情也不要幹，就萬事大吉；如果輕舉妄動，後果就非常危險。因爲神靈不能隨意褻瀆，天意也不可輕易違背。

八庶徵：曰雨曰暘，曰燠曰寒曰風。〔一〕曰時五者來備，各以其敘，庶草蕃廡。一極

備凶，一極無凶。〔二〕

曰休徵，曰肅時雨若，曰乂時暘若，曰哲時燠若，曰謀時寒若，曰聖時風若。〔三〕曰咎徵，曰狂恆雨若，曰僭恆暘若，曰豫恆燠若，曰急恆寒若，曰蒙恆風若。〔四〕

曰王省惟歲，卿士惟月，師尹惟日，歲月日時無易，百穀用成，乂用明，俊民用章，家用平康。〔五〕日月歲時既易，百穀用不成，乂用昏不明，俊民用微，家用不寧。〔六〕庶民惟星，星有好風，星有好雨。〔七〕日月之行，則有冬有夏；月之從星，則以風雨。〔八〕

【釋讀】

〔一〕**八庶徵**■庶，眾也。徵，應也，驗也。《禮記·中庸》『久則徵』，鄭玄注：『徵，猶效驗也。』《素問·天元紀大論》『陰陽之徵兆也』，王冰注：『徵，信也，驗也。』《淮南子·精神訓》『見其徵』，高誘注：『徵，應也。』皆是其義也。**曰雨曰暘**■曰，猶『爲』也，『謂之』也。暘，《說文》：『日出也。从日，昜聲。《虞書》曰：曰暘谷。』《論衡·寒溫》：『暘者，陽也。』**曰燠曰寒曰風**■燠，《說文》：『熱在中也。』《爾雅·釋言》：『燠，煖也。』《宋世家》作『奧』，通假字。

〔二〕**曰時五者來備**■曰，通『粵』，於也，『於』猶『如』也。時，是也，此也。五者，上文『雨』、『暘』、『燠』、『寒』、『風』也。來，《爾雅·釋詁》：『至也。』《小雅·采薇》『我行不來』，毛《傳》：『來，至也。』備，具也。《說文》：『葡，具。』王筠《句讀》：『葡爲全備，備爲戒備，經典通用。《易·繫辭》「廣大悉備」。』段玉裁《撰異》：《後漢書·李雲傳》『五氏來備』，章懷注引《史記》：『五是來備，各以其序。』《荀爽傳》『五韙咸備，各以其敘』，章懷注：『韙，是也。《史記》曰「五是來備，各以其序也」。』以『曰時五者來備』爲古文《尚書》，『五是來備』爲今文《尚書》。『氏』乃『是』之假借；『韙』乃『是』之轉注也。行甫按：『來備』猶言『備來』，謂『俱來』也。**各以其敘**■敘，次序也。**庶草蕃廡**■蕃廡，《宋世家》作『繁廡』，《說文》引作『緐無』。《說文》：『霖，豐也，从林𡗗，𡗗，或說規模字，从大𠦜，𠦜，數之積也。林者，木之多也。霖與庶同意，《商書》曰：庶艸緐霖。』《國語·晉語四》『黍不爲黍，不能蕃廡』，韋昭注：『蕃，滋也。廡，豐也。』行甫按：《說文》：『蕃，艸茂也。』與『緐』、『繁』通假。『廡』本爲『廊廡』字，與《說文》之『無』通。三句謂：『若此五者各依其次序全部具足而來，則百草豐茂也。』**一極備凶**■一，猶『其一』也。極，至也。劉淇《助字辨略》卷五：『極，至極也。《禮記·禮運》：「夫子之極。」《史記·高帝紀》：「極不忘爾。」』備，多也。《文選·袁宏〈三國名臣序贊〉》『喪亂備矣』，張銑注：『備，多。』是其義也。凶，災也，咎也。**一極無凶**■行甫按：二句意謂：『上述五者，其中之一太多則爲災害，其中之一沒有亦爲災害。』

〔三〕**曰休徵**■曰：通『粵』，於也，猶『如』也。行甫按：此『曰』之猶『如』，乃列舉之詞，與上文『曰時五者來備』之『曰』之猶『如』者爲假設之詞有所不同。休，美也，善也。**曰肅時雨若**■曰，猶『爲』也。肅，即『五事章』之『貌曰恭』、『恭作肅』之『肅』，謂君主體貌恭敬而嚴肅也。時，猶『以時』也，即《論語·學而》『學而時習之』之『時』也，時間副詞。若，猶『然』也。**曰乂時暘若**■乂，即『言曰從』、『從作乂』之『乂』也，謂君主言詞通順而治事有成也。《宋世家》『乂』作『治』，訓詁字。**曰哲時燠若**■哲，即『視曰明』、『明作哲』之『哲』也。謂君主觀察明晰而處事智慧也。《宋世家》『哲』作『知』、『燠』作『奧』。『知』，訓詁字；『奧』，通假字。**曰謀時寒若**■謀，即『聽曰聰』、『聰作謀』之『謀』也，謂君主聞言審實而謀議得當也。**曰聖時風若**■聖，即『思曰容』、『容作聖』之『聖』

也，謂君主思慮周全而洞然通達也。

〔四〕**曰咎徵**■曰，亦猶『比如』之『如』也，列舉之詞。咎，凶也，災也。**曰狂恆雨若**■曰，猶『爲』也。狂，與『肅』相反，猶言『輕狂』、『狂妄』也。孔穎達《書疏》：『人君行不敬，則狂妄。故「狂」對「肅」也。鄭玄以「狂」爲倨慢，以對「不敬」，故爲慢也。』《南齊書・五行志》引《洪範五行傳》曰：『失威儀之制，怠慢驕恣謂之狂。』是也。恆，《説文》：『常也。』《易・序卦》：『恆者，久也。』**曰僭恆暘若**■僭，與『乂』相反，猶『亂』也，『差』也。《小雅・鼓鍾》『以籥不僭』，朱熹《集傳》：『僭，亂也。』《漢書・五行志中之上》『僭恆陽若』，顔師古引應劭曰：『僭，僭差。』是其義也。孔穎達《書疏》：『政不治，則僭差，故「僭」對「乂」也。』**曰豫恆燠若**■豫，與『哲』相反，猶『猶豫』、『遲疑』也。《楚辭・惜誦》『壹心而不豫兮』，王逸注：『豫，猶豫也。』《宋世家》作『舒』，孔穎達《書疏》：『鄭、王本「豫」作「舒」，鄭云：「舉遲也。」王肅云：「舒，惰也。」以對照哲，故爲遲惰。』行甫按：《金縢》『王有疾弗豫』，《釋文》：『豫，本又作忬。』《説文》：『悆，从心余聲，《周書》曰：有疾不悆。悆，喜也。』而『豫』、『忬』皆从『予』聲，『余』、『予』聲同通假。《説文》：『舒，伸也。从予，舍聲。一曰舒緩也。』是『舒』从『予』，則『舒』與『悆』、『豫』、『忬』皆可通假互用也。燠，《宋世家》亦作『奥』，通假字。**曰急恆寒若**■急，與『謀』相反，猶『褊急』也，促迫不從容之謂也。蔡《傳》：『迫也。』玄應《一切經音義》卷十八『褊吝』注引《爾雅》：『褊也。』《爾雅・釋言》『悈，急也』，郭璞注：『急，急狹。』孔穎達《疏》：『鄭云：「急促，自用也。」以「謀」者用人之言，故「急」爲「自用己」也。』行甫按：『急』與『謀』相反對，無謀議韜略必爲褊狹促迫也。**曰蒙恆風若**■蒙，與『聖』相反，猶今所謂『蒙昧』也。枚《傳》：『君行蒙闇。』孔穎達《書疏》：『鄭云：「蒙，見冒亂也。」王肅云：「蒙，瞀蒙。」以「聖」是通曉事，與「聖」反也。』《宋世家》作『霧』，亦猶『雺』也、『霿』也，與『蒙』相通互用。

〔五〕**曰王省惟歲**■曰，與『粤』、『越』通用，猶『於是』也、『因而』也。行甫按：此『曰』字承上『休徵』、『咎徵』而言，乃表條件或順接之連詞也。省，察也，視也。章太炎《尚書說》：『惟歲惟月惟日，恐非喻語，即日省、月試之義也。』行甫按：章說是也。《論語·學而》『吾日三省吾身』，《釋文》引鄭云：『省，思察己之所行也。』是其義也，猶今語『反省』、『自省』之謂也。《宋世家》作『眚』，通假字也。王鳴盛《後案》：《公羊》莊公二十二年『肆大省』，《左傳》、《穀梁》並作『眚』；《康誥》『人有小罪非眚』、『乃惟眚災』，《潛夫論》引之並作『省』。是『省』、『眚』相通之證。惟，猶『以』也。歲，年也。行甫按：下文『歲月日時』，則『王省惟歲』者，當兼包四時在焉。否則王以一歲爲省，其時日毋乃過於久長邪？**卿士惟月**■卿士，王朝執政大臣。行甫按：此當承前省略『省』字，下文『師尹惟日』亦然。**師尹惟日**■師，衆也。尹，正也，長也。猶『百官正長』也。劉起釪引《小雅·節南山》『赫赫師尹，民具爾瞻』及『尹氏大師，維周之氐』，以爲『師尹』乃『師氏』與『尹氏』之『連稱』。行甫按：《小雅·十月之交》：『皇父卿士，番維司徒，家伯爲宰，仲允膳夫，棸子內史，蹶爲趣馬，楀維師氏，艷妻煽方處』，所列皆爲重臣，以與內寵褒氏相並，而《節南山》既言『民具爾瞻』，又言『維周之氐』，亦當爲卿士之流，何當以『日』爲『省』？劉說非是。**歲月日時無易**■易，輕忽也，變改也。《國語·晉語七》『貴貨而易土』，韋昭注：『易，輕也。』《漢書·賈誼傳》『亡以易此』，顏師古注：『易，改也。』行甫按：此『易』字乃關上『惟歲惟月惟日』而言，謂王與卿士及百官須按規定之時間段，各自反省其言行，不可輕忽而變改也，如此方得『休徵』，故下文曰『百穀用成』云云也。**百穀用成**■用，以也。成，熟稔也，收成也。《呂氏春秋·明理》『五穀萎敗不成』，高誘注：『成，熟也。』**乂用明**■乂，治也。明，清明也。**俊民用章**■俊，《說文》：『材過千人也。』《宋世家》作『畯』，皮錫瑞曰：『《樊毅修華嶽廟碑》云：「穡民用章。」崔駰《司徒箴》云：「嗇人用章。」蔡邕《陳留太守行考城縣頌》曰：「勸茲穡民。」疑三家《尚書》異文有作「穡民用章」者。《周禮·籥章》：「以樂田畯」，鄭司農注：「田畯，司嗇，今之嗇夫也。」是畯與嗇義近，或今文《尚書》本作「畯」而訓爲穡民，漢人以故訓字代經，亦未可知。「畯民用章」蓋即

「烝我髦士」之義。」劉起釪曰：『《詩・甫田》毛《傳》：「烝，進；髦，俊也。治田得穀，俊士以進。」是「畯民」、「穡民」、「髦士」即是「俊民」。』行甫按：「俊」與「畯」通，《小雅・甫田》「田畯至喜」，《釋文》：「畯，本又作俊。」蓋漢三家經文有如《史記》作「畯民用章」者，經師遂以如字讀「畯」爲「田畯」之「畯」，乃訓爲「穡民」、「嗇人」耳。此乃漢代經師誤讀經文，不可爲典要。皮氏、劉氏則不免郢書燕說也。用，以也。章，與「彰」同，彰顯也。**家用平康**■家，猶言「王家」、「邦家」也。《大誥》「不弔天降割于我家」，亦以「家」代「邦國」也。康，安也，寧也。

〔六〕**日月歲時既易**■既，猶「其」也，「其」，猶「若」也。說見吳昌瑩《經詞衍釋》。易，亦「輕忽」、「變改」也。行甫按：此句亦承前省「之省」二字耳，猶言「日月歲時之省既易」也。意謂：王與卿士及百官正長各依歲時月日以自省，若此有所輕忽而變改者，則必有下文「百穀用不成」云云之「咎徵」也。**百穀用不成**■成，成熟也。**乂用昏不明**■昏，暗也，亂也。《國語・晉語四》「童昏不可使謀」，韋昭注：「昏，闇亂。」《國語・楚語上》「而爲之昭明德而廢幽昏」，韋昭注：「昏，亂也。」行甫按：「昏」與「明」相對，謂國家政治幽暗昏亂而不清明也。**俊民用微**■微，隱也，匿也。《說文》：「隱行也。」《左傳》哀公十六年「其徒微之」，杜預注：「微，匿也。」《左傳》襄公十九年「崔杼微逆光」，洪亮吉《春秋左傳詁》引服虔云：「微，隱匿也。」行甫按：「微」與「章」相對，謂賢俊隱匿不彰也。**家用不寧**■不寧，與上「平康」相反，謂動蕩不安也。

〔七〕**庶民惟星**■惟，猶「若」也，喻詞也。章太炎曰：「惟星，喻語也。」**星有好風**■有，或也。好，善也，喜也。《小雅・鹿鳴》「人之好我」，鄭《箋》：「好，猶善也。」《呂氏春秋・壅塞》「齊宣王好射」，高誘注：「好，喜也。」枚《傳》：「箕星好風。」**星有好雨**■有，或也。孔穎達《書疏》：「星有好風，星有好雨，以喻民有好善，亦有好惡。」行甫按：此二句猶「水能載舟，亦能覆舟」之喻也，謂庶民如星，能風亦能雨，善政以待之，則風調雨順；

惡政以虐之，則淒風苦雨。

〔八〕**日月之行■**之，猶『所』也。行，猶『運動』也。《易・乾》『天行健』，孔穎達《正義》：『行者，運動之稱。』**則有冬有夏■**則，即也。有，或也。枚《傳》：『日月之行，冬夏各有常度；君臣政治，小大各有常法。』孔穎達《書疏》：『日月之行，冬夏各有常道。喻君臣爲政，小大各有常法。若日月失其常道，則天氣從而改焉。』**月之從星■**之，亦猶『所』也。從，經也，歷也。**則以風雨■**則，即也。以，猶『使』也。枚《傳》：『月經於箕則多風，離於畢則多雨。』孔穎達《書疏》：『《詩》（《小雅・漸漸之石》）云：「月離于畢，俾滂沱矣。」是離畢則多雨，其文見於經。經箕則多風，傳記無其事。鄭玄引《春秋緯》云：「月離於箕，則風揚沙。」』行甫按：此亦以日月之行，比喻君臣臨民行政也。以戒爲君爲臣者行政治民，當以善政致『休徵』，無以惡政致『咎徵』，是亦如『水能載舟亦能覆舟』之喻意也。

此節爲第八疇，或稱『庶徵章』，言人君之貌、言、視、聽、思五種官能行爲，皆與政治之得失休戚相關。措置得當，即致『休徵』，措置不當，即得『咎徵』，是以君臣百官執政臨民，其舉措是否得當，皆須按時自行反省。否則，庶民如星，能風能雨，猶水能載舟，亦能覆舟也。

【繹文】

九章大法的第八條是關於人君行政的各種不同徵驗。這些不同的徵驗，有所謂『雨水』，有所謂『晴陽』，有所謂『暖熱』，有所謂『寒冷』，有所謂『風暴』。如果這五種徵驗各各按其自然規律與次序交替出現，那麼就萬物繁榮，百草豐茂。如果其中一項持續過久了，那就是災難；當然如果有一項極度缺失了，那也是災難。

比如說『休徵』，也就是好兆頭。如果人君臨朝聽政，體貌嚴肅而恭敬，那麼老天爺就會自然而然地該降雨時便普降甘霖。如果人君發號施令，言詞通順因而治事有成，那麼老天爺就會自然而然地該出太陽時就艷陽高照。如果人君巡視民情，觀察明晰而處事智慧，那麼老天爺就會自然而然地該出現溫暖時便暖氣融融。如果群臣上奏議事，人君能聞言知實而謀劃得當，那麼老天爺就會自然而然地在該寒冷時就滴水成冰。如果人君制定大政方針，思慮周全而總攬大局，那麼老天爺就會自然而然地該颳風時就惠風和暢。與此相反，就叫作『咎徵』，也就是不好的兆頭。比如說人君臨朝聽政，舉止輕狂，態度倨傲，當然就會出現那種長期暴雨傾盆，江河漫溢的雨災天氣。如果人君發號出令，邏輯混亂，語句不通，當然就會出現那種長期暴陽亢旱，赤日炎炎，禾稼焦枯的暘災氣候。如果人君觀察不敏，處事猶豫遲疑，不能當機立斷，當然就會出現那種長期酷熱難當，人畜大量中暑夭亡的熱災氣候。如果人君聽聞不審，倉促應對，以致謀劃失據，當然就會出現那種長期冰天雪地，苦寒陰冷，老弱啼飢號寒乃至凍餒斃命的寒災氣候。如果人君思慮不周，顧此失彼，頭痛醫頭，腳痛醫腳，不能全局遠圖，愚蒙顢頇，當然就會出現那種長期風暴，飛沙走石，拔木掀頂，房屋垮塌，以致人畜失蹤暴斃的風災氣候。

正因爲有這些善驗與惡徵，王者一年四季都要認真地反省自己的所作所爲，朝中重臣也要每月按時反省自己的言行舉止，各部衙門的百官衆長，更要每天省察自己的一舉一動，一言一行。王者歲時反省，朝臣月月反省，百官日日反省，只有這樣按照不同身份的不同時間節律，王者、朝臣、百官都能嚴格檢束各自的言行舉止，那麼就會有萬物繁榮五穀豐登的好年成。這樣，也必然乾坤朗朗，政治清明；賢能在位，俊士在官；國家也太平無事，編戶也家給人足。如果王者不能歲時反省，朝臣不能月月自察，百官眾長也不能日日檢束自己的言行，致使百物不熟，五穀不登，饑饉荐臻；政治昏亂，官員貪腐，社會暗無天日；惡人當道橫行，賢俊隱匿不出；當然也就國無寧日，民生凋敝。因此，朝廷行政治民，自君主以及朝臣乃至各級官長，上上下下，都要明白一個淺顯的道理：廣大民眾就像天上的星星一樣，人多勢眾；也像天上的星星一樣各有所好，有些星星喜歡興風，有些星星喜歡令雨。太陽和月亮在運行的過程中，自然就會產生冬天與夏天，月亮經過不同的星星，也會出現風雨不同的氣候。這就像人君與朝廷官長行政治民，其政治舉措之得失可否，無不關係到民眾的切身利益。政治清明，治理得當，就會風調雨順，社會繁榮，百業興旺，廣大民眾就能安居樂業，共享太平；政治昏暗，治理失措，就會凄風苦雨，萬物凋敝，民不聊生，無以卒歲，最終必生滋擾與動亂，乃至揭竿而起，嘯聚山林。這也是『水能載舟，亦能覆舟』的硬道理。

九五福：一曰壽，二曰富，三曰康寧，四曰攸好德，五曰考終命。〔一〕六極：一曰凶短折，二曰疾，三曰憂，四曰貧，五曰惡，六曰弱。〔二〕

【釋讀】

〔一〕**九五福**■福，備也，慶也，順也。《韓非子·解老》：『全壽富貴之謂福。』《禮記·禮運》『是謂承天之祜」，鄭玄注：「祜，福也，福之言備也。」《小雅・瞻彼洛矣》「福祿如茨」，孔穎達《正義》：「凡言福者，大慶之辭。」《爾雅・釋詁》「祿，福也」，郝懿行《義疏》：「福，無所不順之謂也。」**一曰壽**■壽，長壽也。**二曰富**■富，富足也。**三曰康寧**■康寧，同義複詞，猶「平安」也，無災無難之謂。**四曰攸好德**■攸，讀若「修」。俞樾曰：「《史記・秦始皇本紀》「德惠修長」，《索隱》曰：「王劭按張徽所錄會稽南山《秦始皇碑文》，修作攸。」是其證也。「攸好德」即「修好德」，人能修飾其美德，如孟子所謂飽乎仁義，不願人之膏粱，令聞廣譽施於身，不願人之文繡，是亦福也。《張表碑》曰：「令德攸兮。」「攸」亦「修」之假字。「令德」即「好德」也。疑今文家固以「攸」爲「修」矣。」行甫按：俞說是也。《隸釋》卷九《婁壽碑》：「曾祖父攸《春秋》」，「不攸廉隅」，洪适釋兩「攸」字皆作「脩」。今本《史記》作「脩長」，《索隱》：「脩亦長也，重文耳。」乃「脩」、「修」皆從「攸」聲，通用。《禹貢》「既修太原」，《史記・夏本紀》、《漢書・地理志》皆作「脩」，《周禮・宮人》「掌王之六寢之脩」，《釋文》：「脩，本亦作修。」皆其證也。是「攸好德」者，猶言「修養美好之德行」也。**五曰考終命**■考，《說文》：「老也。」章太炎曰：「既曰壽，復曰考終命者，憂爲人所戮也。《左傳》常有「獲保首領以沒」之語，蓋封建時代常有戰爭，故以考終命爲福。」行甫按：章說差爲得之。「考終命」，猶言「壽終正寢」也。《禮記・檀弓上》「死而不弔者三，畏、厭、溺」，因三者皆死於非命，《論語・先進》及《憲問》所謂「不得其死然」，皆非「考終命」也。

〔二〕**六極**■極，讀如「忌」。《史記・楚世家》「使費無忌如秦」，《索隱》：「無忌，古《傳》作無極。」極、忌聲相近。」《左傳》昭公二十年「無極曰：奢之子材」，《史記・伍子胥列傳》作「無忌」，《吳越春秋・王僚傳》亦同。《左傳》昭公二十七年「夫無極，楚之讒人也」，《吳越春秋・闔閭內傳四》作「無忌」。是「極」與「忌」音近相通之證也。《說文》：「忌，憎惡也。」《國語・越語下》「不忌其不祥乎」，韋昭注：「忌，惡也。」《禮記・中庸》「小人而無忌憚也」，《釋文》：「忌，畏也。」玄應《一切經音義》卷九「忌憚」注引《廣雅》：「忌，恐畏也。」皆是其義。行甫按：歷來經師於『六極』之『極』不得其解。『極』與『忌』通，則『六極』猶言『六忌』也，乃六種爲人所憎惡、所忌憚、所畏恐之事。上文總言九疇而云『威用六極』，『威』者，『畏』也，正是『畏恐』、『忌憚』之義，與『嚮用五福』之『嚮』乃五種爲人所希冀、所祈求、所嚮往之事正相反。**一曰凶短折**■凶短折，孔穎達《書疏》引鄭玄云：『皆是夭枉之名。未齔曰凶，未冠曰短，未婚曰折。』行甫按：『凶短折』者，非『考終命』也。**二曰疾**■疾，廢疾也，惡疾也。行甫按：『疾』謂肢體不健全，若《左傳》昭公七年衛公子孟縶，其足不良而能行者，是其例也。『疾』則非『康寧』之謂。**三曰憂**■憂，憂愁也。行甫按：『憂』者，百事可哀也，正與『平康』相反。**四曰貧**■貧，貧困也。行甫按：『貧』則非『富』也。**五曰惡**■惡，章太炎曰：『善惡之惡也。《僞孔》謂爲醜惡，非。』行甫按：此『惡』即『惡人』之『惡』，謂『惡德』也，與『修好德』相反。若『惡德』之人，則常有牢獄之災。**六曰弱**■枚《傳》：『尪劣。』行甫按：『弱』者，孱弱不壯也，非長壽之人，是『弱』與『壽』相反。《宋世家集解》引鄭玄曰『愚懦不壯毅曰弱』，非也。

此爲第九疇，或稱『五福六極章』，言人當祈嚮此五種福報而畏忌此六種災禍，亦即以五種祈嚮的福報勸人爲善，以六種忌畏的災禍戒人爲惡。

【繹文】

九章大法的最後一條就是五種祈嚮的福報與六種忌畏的災禍。五種祈向的福報：第一種就是百事順心，健康長壽。第二種就是家境富裕，豐衣足食。第三種就是平安無事，無災無難。第四種就是修德爲善，左右逢源。第五種就是正命終老，不死非命。六種忌畏的災禍：第一種是凶折夭亡，死於非命。第二種是身患殘疾，六根不全。第三種是憂苦愁煩，多災多難。第四種是貧困淒涼，缺衣少食。第五種是品行惡劣，動輒得咎。第六種是體能孱弱，先天不壽。五種福報，六種禍殃，雖是有命在天，亦爲人力所致。積德行善，諸惡不作，即是祈福；小善不爲，作惡多端，就是招災。

【後案】

《洪範》是中國思想史上最早、也最爲完整的關乎『天人合一』或『天人感應』説的哲學文獻，在中國思想史、哲學史上影響極爲深遠。

九章大法，始自水、火、木、金、土五種天然之物所具之不同性質及其用途，繼之以貌、言、視、聽、思之五種人事行爲所當遵循之規律及其規範。五物爲人所用，五事爲人所行，因五物而行五事，則有八政與五紀。八政者，人事之因天而爲；五紀者，天象之因人而用。於是以君王最高法則之『皇極』以統馭之，其要則賢能在職，俊乂在官，公平與公正，是治政臨民之坦途，彌綸天人之大道。爲人事者，要在治政臨民，然而，爲政不難，唯在善用正直、剛克、柔克之不同治政手段及其臨民方法而已。爲天事者，要在叩問天意，定猶豫，明吉凶而已矣。然吉凶難明，天意難知，必先以盡人事之明，而後請示於鬼神，決之於卜筮，『三人占則從二人之言』，求其心安而已。鬼神之意與人心之所願時有相違與相背，是則不可輕舉而妄動，乃處靜以待之而已。此之謂敬畏於天而謹慎於行，亦求其人心之安也。人事因天而行八政，天象因人而用五紀，則人事有可否，天象有善惡。治政臨民，其效應或隱或顯，其後果或利或害，無不如影之隨形，如響之應聲，而效應與後果，要在民心之向背。民心即是天意，天意即是民心，於是有休、咎庶徵者，無非民心之宣揭而已。而人君行政臨民，朝廷發號施令，不外乎其人之貌言視聽思之所決也。然則其言其行可不反省自察邪？而水能載舟，亦能覆舟，亦在人之所爲也。是以禍福雖在天命，又豈非人之所爲有以招之乎？

由此可見，本篇所謂『休徵』、『咎徵』云云，取決於人君行政治民之政治舉措是否正確得當，而人君所以行政治民之政治舉措所産生之根本，又在於其人之貌、言、視、聽、思之五種官能活動，是否行用正確得當而已。因此，九疇宏綱大法，可謂體系周密，道理平實，並無絲毫神祕荒誕之處；不過君與民休戚相關，天與人相感互動而已。正是沿著這個思路與方向，西漢初年的董仲舒才提出了旨在限制王權，警示人君的『天人感應』學説，實質是一套披著神祕外衣的合情合理的政治哲學。

然而，東漢民間思想家王充並不明白這個道理，其所著《論衡》之《寒溫》、《譴告》、《招致》諸文，對《洪範》的思想理論與董仲舒的政治學説大加撻伐。是僅知天人形氣之内，而不知天人形氣之外也。尤其是君主權力尚無制度安排加以有效限制的帝制時代，過早地剝除這套政治哲學所憑借的神祕外衣，將有百害而無一利。君主施政臨民，而無敬畏之心，必將導民於死地。而百姓之爲人處事，若無敬畏之心，必將胡作非爲，貪生苟活而已。因此，古聖先賢爲民立極，於形氣之外建立精神信仰，不過防微杜漸導民於善罷了。是則今之學者臨文讀經之際，所當先有所知者也。決不可自作聰明，以嘲笑古聖先賢爲高。亦不可以避免宣揚封建迷信爲由，而枉顧文本事實，甚至曲解經文原意！

本經文本上一大特點，是通篇皆用韻語。錢大昕曾據『恭、從、明、聰、容』等韻腳字以及董仲舒《春秋繁露》所引，校正第二疇『五事』章『思曰睿』、『睿作聖』，當爲『思曰容』、『容作聖』。而《説文》『思，容也』，正用《洪範》之義。自鄭康成破『容』爲『睿』，晚出古文因之。而段玉裁又據鄭氏之所破，以爲《説文》『思，容也』之『容』爲『睿』字之譌，竟私改許君《説文》『思，容也』爲『思，睿也』，以致『思』之本義爲『容』，或將淹没而不彰。幸有《顧命》『思夫人自亂于威儀』一語，尚存古人『思』義爲『容』之實際語用。而《秦誓》『昧昧我思之』及『其如有容』、『是能容之』、『是不能容』諸文，亦能佐證『思』與『容』字之意義關聯。是知段氏擅改『容』爲『睿』，乃通人之蔽也。

本篇另一顯著特點，是九疇以紀數爲序，且九疇中除『皇極』、『稽疑』、『庶徵』三章之外，其餘『五行』、『五事』、『八政』、『五紀』、『三德』、『五福六極』諸章亦皆以數爲紀。這種文本形式，與《逸周書》中諸如《大武》、《大明武》、《酆保》、《柔武》、《大開武》、《小開武》、《寶典》、《武穆》、《文政》、《五權》、《成開》、《官人》之類篇章從同。《逸周書》這類篇目的著作時代當在東遷前後，因此，《洪範》的著作時代，當與《逸周書》中這類篇目的時代相先後。

金縢

【解題】

『金縢』二字，取之於經文周公『納册于金縢之匱』及『王與大夫盡弁以啓金縢之書』之『金縢』。《説文》糸部：『縢，緘也；緘，所以束篋也。』段玉裁曰：『凡艸之藟、木之虆曰縢，俗作藤。』則以繩索之類加諸物體之上，以捆束緘紮之，稱爲『縢』，今之俗書，寫作『藤』。《説文》匚部：『匧，椷臧也；篋，匧或从竹。』木部：『椷，匧也。』是『椷』、『匧』二字爲轉注。《文選》應璩《百一詩》『筐篋無尺書』、任昉《出郡傳舍哭范僕射詩》『詠歌盈篋笥』，李善注皆引《説文》『篋，笥也』，《戰國策·秦策一》蘇秦『乃夜發書，陳篋數十』，則『篋』者，藏書之笥也。《説文》匚部：『匱，匣也；匣，匱也。』二字亦爲轉注。《廣韻·狎韻》：『匣，箱匣也。』大曰『箱』，小曰『匣』。是則本文『金縢之匱』者，即有蓋可以開闔之小箱篋，以金屬絲繩綑紮之，用以珍藏秘密文件或重要文書也。因文中周公『納册』與成王『啓書』，均以『金縢』爲線索組織敘事，故以『金縢』名其篇也。

本篇述武王有疾，周公禱祝請以身代武王以死。又言武王既喪，成王即位，周公攝政，管蔡及群弟乃流言於國，謂『公將不利于孺子』。成王或疑周公，於是上天雷電以風，警示成王。成王乃發書而泣，知周公之勤勞王家，於是出郊祭祀，親迎周公回朝。其敘事頗涉荒怪而不盡情理，王夫之《尚書稗疏》

曾臚列十三事以疑之，謂『其出自史臣文勝之傳聞者，亦以連章而無以施其芟割，則存乎後人之善論也』，不啻爲讀書得間之言。則此篇爲後世史臣據傳聞而撰寫成文，亦無所可疑也。其寫定之時代，大抵在西周末年周宣王即位之初，周召共和攝政或『共伯和干王位』之際。以周公勤勞王室，忠而見謗，爲西周之末攝政臣工洗冤辯枉，而於史實事理無遑細加勘定而已。說見拙作《西周末年的鑒古思潮與今文〈尚書〉的流傳背景》（《漢學研究》第十九卷第一期）以及拙著《中國早期文化意識的嬗變——先秦散文發展線索探尋》第一卷相關章節。

既克商二年，王有疾弗豫。〔一〕二公曰：『我其爲王穆卜。』〔二〕周公曰：『未可以戚我先王。』〔三〕公乃自以爲功，爲三壇同墠。〔四〕爲壇於南方，北面，周公立焉。〔五〕植璧秉珪，乃告大王、王季、文王。〔六〕

【釋讀】

〔一〕**既克商二年**■既，已也。克，勝也。二年，《史記·周本紀》以克商在周文王受命稱王之十一年，則此『二年』者，當爲十三年，即訪箕子之年也。**王有疾弗豫**■王，武王也。弗豫，枚《傳》：『不悅豫。』《釋文》：『豫，本又作忬。』《説文》：『悆，忘也；嘾也。从心余聲。《周書》曰：有疾不悆。悆，喜也。』行甫按：《顧命》『王不懌』，劉歆《三統曆》引作『王有疾不豫』，《爾雅·釋詁》：『豫、懌，樂也。』是『弗豫』，猶今方俗之語謂生病爲『不自在』、『不爽快』、『不熨貼』也。

〔二〕**二公曰**■二公，枚《傳》：『召公、太公。』行甫按：《史記・齊太公世家》：『太公望呂尚者，東海上人。』司馬貞《索隱》：『譙周曰：「姓姜，名牙。」後文王得之渭濱，云「吾先君太公望子久矣」，故號太公望。蓋牙是字，尚是其名，後武王號爲師尚父也。』《燕召公世家》：『召公奭與周同姓，姓姬氏。周武王之滅紂，封召公於北燕。』**我其爲王穆卜**■我，我二公也。其，猶『尚』也，『庶幾』也。冀幸之詞。說見吳昌瑩《經詞衍釋》。穆，敬也。《太玄・禮》：『穆穆，肅肅，敬出心也。』司馬光注：『穆穆肅肅，皆恭謹貌。』《魯世家》作『繆』，裴駰《集解》引徐廣曰：『古書「穆」字多作「繆」。』

〔三〕**周公曰**■周公，名旦。《魯周公世家》：『周公旦者，周武王弟也。』裴駰《集解》引譙周曰：『以太王所居周地爲其采邑，故謂周公。』司馬貞《索隱》：『周，地名，在岐山之陽，本太王所居，後以爲周公之菜邑，故曰周公。即今之扶風雍東北故周城是也。』**未可以戚我先王**■以，用也。省略『之』字。戚，蔡《傳》：『憂惱之意。未可以武王之疾而憂惱我先王也。蓋卻二公之卜。』戴鈞衡《書傳補商》：『下文公方自禱，其詞哀切，正所以戚先王也。豈於二公之卜獨以爲憂惱先王不可行乎？竊謂此言僅卜未足以動我先王也。「戚」讀若《孟子》「於我心有戚戚焉」之「戚」，趙岐注：「戚戚然，心有動也。」僅卜未可以戚先王，故下文特爲壇墠，先冊告而後用卜耳。』行甫按：戴說可從，然亦有未盡之誼也。『戚』爲『心動』，乃與『衝』、『俶』聲近相通，猶今所謂『感動』、『打動』之意。《方言》卷十二『衝、俶，動也』，錢繹《箋疏》云：『「俶」與「衝」，聲之轉也。《釋詁》：「動，俶，作也。」是「俶」與「動」同義。《說文》：「埱，氣出於土也。」《廣雅・釋詁》：「俶，動也。」義並與「俶」同也。重言之則曰「衝衝」、曰「俶俶」。』《孟子・梁惠王篇》上「於我心有戚戚焉」，趙岐注云：「戚戚然心有動也。」「戚」與「俶」聲近，義亦同也。』是『未可以戚我先王』者，猶言『未可以俶動我先王之心』也，爲下文周公『自以爲功』請以身代武王預地張本耳，非僅就『特爲壇墠，先冊告而後用卜』之程序而言之也。

〔四〕**公乃自以爲功**■公，周公也。乃，猶『於是』也。自，猶『親自』也。以，猶『而』也，連接狀語『自』與中心詞『爲』之連詞。爲，作也，起文書草也。功，攻說也，祝禱質信之文辭也。洪頤煊《讀書叢錄》卷一：『「功」通作「攻」字。《周禮・大祝》「掌六祈，以同鬼神示。五曰攻，六曰說」，鄭注：「攻、說，則以辭責之。」「攻」即下文冊祝之辭，下「乃得周公所自以爲功，代武王之說」，即得此冊祝之辭。《史記・周公世家》作「乃自以爲質」，「質」亦辭也。』行甫按：洪氏之說是也。《釋名・釋言語》『功，攻也，攻治之乃成也』，王先謙《釋名疏證補》：『王啓原曰：周《齊侯鎛鐘銘》「肈敏於戎攻」，此義當爲「功」而作「攻」。秦《嶧山刻石》「功戰日作」，此義當爲「攻」而作「功」。「功」、「攻」二字通。』鄭氏《大祝》注又云：『攻，如「其鳴鼓」然。董仲舒救日食祝曰：「炤炤大明，瀐滅無光，奈何以陰侵陽，以卑侵尊。」是之謂說也。』《魯世家》作『質』者，《爾雅・釋詁》：『功、質，成也。』『功』與『質』雖同訓，然此『質』當讀如『質劑』、『質要』之『質』。《周禮・司市》『以質劑結信而止訟』，鄭玄注：『質劑，謂兩書一札而別之也，若今下手書，言保物要還矣。』《小宰》『七曰聽賣買以質劑』，鄭注：『質劑，謂兩書一札，同而別之。長曰質，短曰劑。傳別、質劑，皆今之券書也。』《左傳》文公六年『由質要』，杜預注：『質要，券契也。』禱祝之辭，與神祇相約信，亦猶人之以『質劑』相『質要』以『結信』也。《國語・魯語上》『質之以犧牲』、『所以爲明質也』，《晉語四》『沈璧以質』，韋昭注皆曰：『信也。』是史公以『質』訓『功』者，猶言與神祇『攻說』其『質信』之『要辭』也。**爲三壇同墠**■爲，設也。《魯世家》作『設』，訓故字也。壇，《說文》：『祭壇場也。』段玉裁注：『《祭法》注：「封土曰壇，除地曰墠。」《漢孝文帝紀》「其廣增諸祀壇場珪幣」，師古曰：「築土爲壇，除地爲場。」按墠即場也，爲場而後壇之，壇之前，又必除地爲場，以爲祭神道，故壇場必連言之。若《祭法》壇與墠則異地，場有不壇者，壇則無不場也。』行甫按：《釋文》引馬融云：『土堂。』是『壇』者，先掃除其地，然後築土爲臺以供祭祀也。墠，《說文》：『野土也。』段玉裁注：『野者，郊外也。野土者，於野治地除草。《左傳》楚公子圍逆女於鄭，鄭人請墠聽命。楚人曰：「若野賜之，是委君況於草莽也。」可見墠必在野也。鄭子產草舍不爲壇，壇即墠字，可見墠必除草也。《周書》曰「爲三壇同墠」，此壇高、墠下之證也。《祭法》「王立七廟、二祧、一壇、一墠」，注曰：「封土曰壇，除地曰墠。」此壇墠之别也。築土曰封，除地曰墠。凡言封禪，亦是壇墠而已。』行甫按：『墠』乃於郊外治地除草，平整其土，乃爲潔也。『墠』不必封土築壇，而封土築『壇』，必先治地除草爲『墠』也。此『三壇同墠』者，枚《傳》：『因太王、王季、文王請命於天，故爲三壇。大除地，於中爲三壇。』

〔五〕**爲壇於南方**■爲壇，别設一壇也。南方，在『三壇』之南也。孔穎達《書疏》：『周公爲壇於南方，亦當在此墠内，但其處小别，故下别言之。』行甫按：孔説未必也。不言『墠』者，爲『壇』必先爲『墠』也。經既别言『爲壇於南方』，當不與『三壇同墠』明矣。**北面**■面，猶『嚮』也。北面，面嚮北方，對三壇也。**周公立焉**■周公北面而立，面對三王之壇，則三王木主皆面嚮南方也。孔穎達《書疏》引鄭玄云：『時爲壇墠於豐，壇墠之處猶存焉。』則周公爲壇禱神之處，在豐邑之郊外也。

〔六〕**植璧秉珪**■植，枚《傳》：『置也。』《魯世家》作『戴』。行甫按：『戴』也，『置』也，皆謂加諸其上。此以『植璧秉珪』連言述周公之所爲，乃謂加諸周公所立之壇上，非謂三王之壇，各加其璧也。璧，《爾雅·釋器》：『肉倍好謂之璧。』枚《傳》：『以禮神。』秉，執持也。珪，《魯世家》作『圭』，《説文》：『圭，瑞玉也，上圜下方。公執桓圭九寸；侯執信圭，伯執躬圭，皆七寸；子執穀璧，男執蒲璧，皆五寸。以封諸侯。楚爵有執圭。珪，古文圭，从玉。』行甫按：周公『秉珪』，亦以禮神也。下文云『許我』則『以璧與珪歸俟爾命』，若『不許我』，則『屏璧與珪』，是知璧與珪皆爲禮神之玉器也。**乃告大王王季文王**■乃，於是也。告，謂祝辭也。大王，文王祖父，《大雅·綿》之『古公亶父』，遷其族於岐山周原者也。王季，古公之少子。《周本紀》：『古公有長子曰太伯，次曰虞仲。太姜生少子季歷。』文王，名姬昌，武王之父也。《周本紀》：『季歷娶太任，生昌，有聖瑞。古公曰：「我世當有興者，其在昌乎？」長子太伯、虞仲知古公欲立季歷以傳昌，乃二人亡如荊蠻，文身斷髮，以讓季歷。古公卒，季歷立。公季卒，子昌立，是爲西伯。西伯曰文王，遵后稷、公劉之業，則古公、公季之法。』

此爲本篇第一節，言武王有疾，太公與召公請爲之卜其吉凶，周公以爲僅卜吉凶，未可感動先王，乃於郊外築壇祭祀請禱。

【繹文】

在周人滅亡了殷商王朝之後的第二年，周武王患了大病，身體很是不熨貼。太公望與召公奭便與周公旦商量說：『我們還是爲王恭敬地占卜一回罷，看看他的病到底是不是很要緊。』周公旦心裏早就有了打算，便回答太公和召公說：『僅僅只是恭敬地占卜，怕是不能讓先王的在天之靈有所感動的。』於是周公旦便親自撰寫禱文祝辭，到郊外芟除雜草，整治了一大塊平地，在上面築起了三座土臺子，將太王、王季和文王的木主各放在三座土臺上，以備舉行祭祀。又在其南邊芟除雜草，整出一塊平地，另築了一座土臺子。周公便站立在這個土臺子上，面向北邊三座土臺上太王、王季與文王的木主神位，放置了祭祀迎神的圓璧，手裏也拿著敬奉神靈的上圓下方之條形圭版作爲禮神之物。於是舉行禱告太王、王季與文王在天之靈的祭祀典禮。

史乃冊祝曰：『惟爾元孫某，遘厲虐疾，若爾三王，是有丕子之責于天，以旦代某之身。〔一〕予仁若考，能多材多藝，能事鬼神。乃元孫不若旦多材多藝，不能事鬼神。〔二〕乃命于帝庭，敷佑四方，用能定爾子孫于下地，四方之民，罔不祇畏。〔三〕嗚呼，無墜天之降寶命，我先王亦永有依歸。〔四〕今我即命于元龜，爾之許我，我其以璧與珪，歸俟爾命。爾不許我，我乃屏璧與珪。〔五〕』

【釋讀】

〔一〕**史乃册祝曰**■史，祝史之『史』。乃，於是也。册，猶言『持册』也。祝，孔穎達《書疏》：『告神之言，書之於策，祝是讀書告神之名。』行甫按：《説文》：『祝，祭主贊詞者。从示，从人、口。一曰从兑省。《易》曰：兑，爲口爲巫。』《莊子・逍遥遊》『尸祝不越樽俎而代之』，陸德明《釋文》：『傳鬼神辭曰祝。』是『祝』乃祭祀之時主贊詞之人，而以文辭傳達於鬼神亦爲『祝』也。《魯世家》作『策祝』，裴駰《集解》引鄭玄曰：『策，周公所作，謂簡書也。祝者讀此簡書，以告三王。』是也。**惟爾元孫某**■惟，猶『爲』也。爾，汝等也，即上言三位先王也。元，首也，長也。元孫，長孫也，猶長子之稱『元子』，《顧命》『元子釗』、《召誥》『改厥元子』、『有王雖小元子哉』，皆是其例也。行甫按：『元孫』猶言『長孫』，乃泛指後代之王位繼承人，不必分指誰某之長孫也。某，指武王之名也。《魯世家》作『王發』。枚《傳》：『臣諱君，故曰某。』孔穎達《書疏》：『鄭玄云「諱之者，由成王讀之也。」意雖不明，當謂成王開匱得書，王自讀之至此字，口改爲「某」。史官錄爲此篇，因遂成王所讀而諱之。』行甫按：古者祭祀告神之辭，以及賓主行禮答告之辭，皆有固定格式。《士冠禮》戒賓之辭曰：『某有子某，將加布於其首，願吾子之教之也。』賓對曰：『某不敏，恐不能共事，以病吾子。敢辭。』主人曰：『某猶願吾子之終教之也。』賓對

曰：『吾子重有命，某敢不從。』宿曰：『某將加布於某之首，吾子將莅之，敢宿。』賓對曰：『某敢不夙興。』是『某』者，人名之替代詞，其文作『某』，而臨文宣讀，則以其具名置換之耳。史公乃以『王發』置換經文『某』字也，與避諱無關，枚《傳》孔《疏》及近人之説皆非也。**遘厲虐疾**■遘，《爾雅·釋詁》：『遇也。』厲虐，枚《傳》：『厲，危；虐，暴也。』行甫按：『厲虐』近義複詞，猶言『危重急劇』也。**若爾三王**■若，如也。行甫按：此『若』之『如』者，猶言『像……一樣』也。『如爾三王』者，謂武王之身份與爾三王相同也。是『若』乃比況之詞，非假設之詞也。歷來説此經『是有丕子之責于天』，雖聚訟紛紜，終不得經義者，皆由以假設關聯詞『如果』之『若』字，誤讀此比況關聯詞『如同』之『若』字耳。説見下文『丕子之責』釋讀及其繹文。爾，汝也。三王，《周本紀》：『西伯崩謚爲文王。追尊古公爲太王，公季爲王季，蓋王瑞自太王興。』**是有丕子之責于天**■是，寔也，實也。丕，《説文》：『大也。从一，不聲。』是『丕子』猶言『大子』也。蔡《傳》：『丕子，元子也。』《魯世家》作『負子』，段玉裁《撰異》：『丕、不、負三字古音皆在之咍部。』行甫按：『丕』從『不』聲，『不』與『負』聲同通假，當讀『丕大』爲本字也。責，責任、職責也。《説文》：『責，求也。』段玉裁注：『引伸爲誅責、責任。』行甫按：『丕子之責』者，猶言『長子或元子之職責』也。于天，介賓結構，作動詞『有』的補語，亦即『丕子之責』的賓語補足語。行甫按：『有丕子之責于天』，猶言：『對上天而負有作爲元子之責任。』此連上文，意即：『作爲你們的長孫，武王發已遭遇暴疾，生命垂危，但如同你們三位先王當年一樣，他現在也實實在在地擔負著作爲天之元子的職責』。言下之意曰：『負有天之元子之責的周武王發，尚不能因病而死』，故下文曰『以旦代某之身』。王季雖不爲古公之『元子』，實乃天之『元子』，故云『若爾三王』也。行甫又按：自漢人誤讀『丕子』爲『負子』爲『負茲』，强以疾病之名解之，歷代經師，未有明晰其義者。其陳陳相因，迂曲難通之濫説，今一掃而空之。**以旦代某之身**■以，用也。代，替代也。某，即『元孫某』之『某』，指武王。之，猶『其』也。之身，猶言『其本人』也。行甫按：此句緊承上文，意謂：『周武王有天子之責在身，不能因病而死，以我姬旦替代武王發他本人以死耳』。

〔一二〕**予仁若考**■予，周公自指。仁若考，《魯世家》作『旦巧』。《經義述聞》引王念孫曰：『「考」、「巧」古字通。「若」、「而」語之轉。「予仁若考」者，「予仁而巧」也。惟「巧」，故「能多材多藝能事鬼神」。』俞樾《群經平議》：『「仁」當讀爲「佞」。《説文》女部：「佞，巧讇高材也。」大徐本作「从女，信省」，小徐本作「从女，仁聲」。段氏玉裁曰：「《晉語》佞之見佞，果喪其田。古音佞與田韻，則仁聲是也。」「佞」从「仁」聲，故得假「仁」爲之。「予仁若考」者，「予佞而巧」也。「佞」與「巧」義相近，「仁」與「巧」則不類矣。《史記・周本紀》「爲人佞巧」，亦以「佞巧」連文，是其證也。古人謂才爲「佞」，故自謙曰「不佞」。「佞而巧」，故多材多藝能事鬼神也。』**能多材多藝**■能，猶『乃』也。俞樾《群經平議》：『「古「能」、「而」二字通用。《履》六三「眇能視，跛能履」，李氏《集解》本「能」皆作「而」。虞注曰：「眇而視，跛而履。」《鹽鐵論》「忠焉能勿悔乎，愛之而勿勞乎」，崔駰《大理箴》「或有忠能被害，或有孝而見殘」，皆「能」、「而」通用之證。「予仁若考能多材多藝」者，「若」，「而」也；「能」，亦「而」也，猶曰「予佞而巧而多材多藝」也。此「能」字與「能事鬼神」之「能」不同。故下文曰「乃元孫不若旦多材多藝，不能事鬼神」，「多材多藝」上不更著「能」字，可知兩「能」字不同也。』行甫按：俞氏謂兩『能』字義有不同，是也。然訓『能』爲並列連詞之『而』，則大非經旨。王引之《經傳釋詞》曰：『「能」，猶「乃」也。「能」與「乃」同義，故可以通用。「乃」與「而」聲相近，故「能」訓爲「而」又訓爲「乃」。』此『能』當訓『乃』，由『多材多藝』與『能事鬼神』即分訓『能』爲並列連詞之『而』，則文氣汗漫散越，『佞』與『巧』則釋上文『考』（即『巧』）字與『仁』（即『佞』）字也。倘訓『能』爲並列連詞之『而』，則文氣汗漫散越，『佞』與『巧』則不知所云矣。餘説參見下文釋讀。材，可用、適用也。《説文》：『材，木梃也。』段玉裁注：『材，謂可用也。』引伸之義，凡可用之具皆曰材。』《呂氏春秋・異用》『無不材』，高誘注：『材，用也。』《史記・仲尼弟子列傳》『無所取材』，裴駰《集解》引欒肇曰：『適用曰材。』藝，技能也，才技也。《禮記・樂記》『藝成而下』，鄭玄注：『藝，才技也。』《論語・雍也》『求也藝』，何晏《集解》引孔安國曰：『藝，謂多才能也。』《文選・張衡〈思玄賦〉》『雜伎藝以爲珩』，舊注：『體才曰藝。』行甫按：『多材多藝』，謂身兼多能，適用廣泛，與『考（巧）』字相關聯。當爲與駕車、射箭、樂舞、投壺、卜筮之類技藝相關的體能活動。《說文》：『巧，技也。从工，丂聲。』是古人言『巧』者，每與得心應手的才技相關。《周禮・畫繢》：『雜四時五色之位以章之，謂之巧。』《方言》卷七：『吴越飾貌爲竘，或謂之巧。』錢繹《箋疏》：『《說文》：「竘，匠也。讀若齲。《周書》有竘匠。」《廣雅・釋詁三》：「竘、貌，巧也。」《說文》：「巧，技也。」義並相通也。』是『章色』、『飾貌』及操縵博依之才藝皆可稱爲『巧』。**能事鬼神**■能，猶『堪』也。《漢書・嚴助傳》『中國之人不能其水土也』，顔師古注：『能，堪也。』《資治通鑑・漢紀十九》『然伐其行能』，胡三省注：『能，才所堪也。』事，服事也，侍奉也。行甫按：『事鬼神』，有言語天賦，所謂『佞』是也。《鄘風・定之方中》『卜云其吉，終然允臧』，毛《傳》：『建邦能命龜，田能施命，作器能銘，使能造命，升高能賦，師旅能誓，山川能說，喪紀能誄，祭祀能語，君子能此九者，可謂有德音，可以爲大夫。』《論語・雍也》：『不有祝鮀之佞而有宋朝之美，難乎免於今之世矣』，『質勝文則野，文勝質則史』，是掌祭祀之祝史多文辭而善於辭令也。周公自言『佞而巧』，則『能事鬼神』者，謂『祭祀能語』而有如『祝鮀之佞』，善於與鬼神打交道也。參見《大誥》『即命，曰』釋讀。**乃元孫不若旦多材多藝**■乃，爾也，汝也。元孫，指武王。若，如也，比況之詞。**不能事鬼神**■章太炎曰：『此周公詆祖考，實可笑。』行甫按：周武王既無『佞才』而『不能事鬼神』，亦無『巧技』而少『材藝』，此無用於鬼神之人，不應爲鬼神所收，只該活在人世作天子，爲人王。無乃戲謔之言，莊生之所謂『無用之用』歟？

〔三〕**乃命于帝庭**■乃，猶『以』也，『以』又同『已』也。吴昌瑩《經詞衍釋》：『《左傳》襄公二十四年「貴而知懼，懼而思降，乃得其階，下人而已，又何問焉」，「乃得其階」，言「已得其道」也。「乃」訓「以」，「以」同「已」。』命，猶言『受命』也。帝庭，猶言『天庭』也。行甫按：『乃命于帝庭』者，承前省『乃元孫』也，謂『乃元孫已受命於天庭矣』，言其已克商而定天下也。**敷佑四方**■敷，溥也，普也，徧也。俞樾《群經平議》：『敷之言徧也。《詩·賚》篇曰「敷時繹思」，鄭《箋》曰：「敷，徧也。」字通作「普」，亦通作「溥」，《詩·般》篇曰「敷天之下」，《北山》篇曰「溥天之下」，《孟子·萬章》篇曰「溥天之下」，是「敷」、「溥」、「普」文異義同。』佑，當讀爲『右』，與『有』通假。俞樾《群經平議》：『「佑」乃俗字，當作「右」，而讀爲「有」。《儀禮·有司徹》篇「右几」，鄭注曰：「古文右作侑。」「右」、「侑」通用，故「右」、「有」亦得通用。宣十五年《公羊傳》曰「潞子離於狄，而未能合於中國，晉師伐之，中國不能救，狄人不有」，「不有」即「不右」，言狄人不助也。彼假「有」爲「右」，此假「右」爲「有」，聲同者義亦同。古書多假借，以聲爲主，不泥其形也。「敷佑四方」者，「普有四方」也。言武王受命于帝廷，普有四方爲天下王也。』行甫按：俞說是也。王國維亦引《盂鼎》『匍有四方』以證『敷佑四方』之『佑』非『佑助之謂』。且『匍有』，亦即『撫有』也。『敷佑』既爲『撫有』之假借，則『敷』自不當如枚氏讀爲『布其德教』之『布』也。**用能定爾子孫于下地**■用，以也。能，亦猶『堪』若『才所堪』也。定，安也。爾，汝也。《魯世家》作『汝』。下地，與『帝庭』對言，猶言『人間』也。**四方之民**■四方，與上文『敷有四方』之『四方』義同，謂『天下』也。**罔不祗畏**■罔不，猶『莫不』也。祗，《說文》：『敬也。』《魯世家》作『敬畏』。

〔四〕**嗚呼**■枚《傳》：『嘆惜武王。』《魯世家》無『嗚呼』二字。**無墜天之降寶命**■無，猶『毋』也。墜，失也。《國語·晉語二》『敬不墜命』，韋昭注：『墜，失也。』是其義也。行甫按：『墜』爲『隊』之俗體，《說文》：『隊，从高隊也。从𨸏，㒸聲。』今『墜』行而『隊』廢矣。之，猶『所』也。降，下也，猶『賜予』也。寶，《說文》：『珍也。』《淮南子·說山訓》『侯王寶之』，高誘注：『寶，重也。』《魯世家》作『葆』，《史記·留侯世家》『取而葆祠之』，裴駰《集解》引徐廣曰：『《史記》「珍寶」字皆作「葆」。』行甫按：『葆』與『寶』通用，此當以『寶』爲正字，猶言『珍貴』也。**我先王亦永有依歸**■依，依恃也。歸，歸屬也。《魯世家》作『永有所依歸』，裴駰《集解》引鄭玄曰：『有所依歸，爲宗廟之主也。』行甫按：『依』，謂有所『恃』，猶言有後人以血食也。『歸』，謂有所『屬』，猶言有宗廟可降靈也。

〔五〕**今我即命于元龜**■今，猶『故』也。即，猶『則』也，『則』猶『乃』也。命，令也，告也。以所問之事對龜靈發令，命其作答，所謂『命龜』者，是也。《周禮·太卜》『則眡高命龜』，鄭玄注：『命龜，告龜以所卜之事。』《禮記·雜記》『小宗人命龜』，鄭玄注：『命龜，告以所問事也。』皆是其義也。下文『許我』、『不許我』，即『命龜』之辭也。元龜，《魯世家集解》引馬融曰：『大龜也。』**爾之許我**■爾，汝也，指三王。之，猶『若』也。許，《説文》：『聽也。』段玉裁注：『引伸之凡順從曰許。』行甫按：『許我』者，謂聽許我以身代武王而令武王之疾有愈也。**我其以璧與珪歸俟爾命**■其，猶『乃』也，『於是』也。歸，由祭壇而歸也。俟，等待。《邶風·靜女》『俟我于城隅』，毛《傳》：『俟，待也。』命，令也。枚《傳》：『待命，當以事神。』《魯世家集解》引馬融曰：『待汝命，武王當愈，我當死也。』**爾不許我**■不許，不令武王之疾有瘳也。**我乃屏璧與珪**■乃，猶『則』也，『則』猶『即』也。屏，除也，去也。《大雅·皇矣》『作之屏之』，《釋文》：『屏，除也。』朱熹《詩集傳》：『去之也。』枚《傳》：『屏，藏也。言不得事神。』章太炎曰：『此又脅迫之詞也，可笑。』行甫按：枚氏之説乃是，章氏之説則非。謂神若許我，我則以璧與珪歸而俟命，言歸宗廟繼續祀神，以待王之愈、己之死也。神若不許我，我乃拆除璧珪收藏起來，謂不復爲瀆神之祀也。實乃無可如何之辭也。

此爲本篇第二節，言周公自撰之祝辭，由史書策執之於祭壇宣讀以告之於三王在天之靈。

【繹文】

負責祭祀祝辭的史臣手執周公親自撰寫的祝禱文書，面對三王的神壇宣讀祝辭。祝辭說：『作爲你們的長孫，我們現時在位的武王姬發，患上了十分危急的重病；可是，就如你們三位先王當年一樣，對於上天而言，武王發也同樣實實在在地擔負著天之元子的重要職責，請把疾病和死亡移降在我的身上，就讓我姬旦代替武王發他本人來到你們三位先王身邊，侍奉你們的在天之靈。我姬旦口齒伶俐，善於言辭，有很高的言語天賦，所以有足夠的語言能力與鬼神相溝通，打交道，能夠服服貼貼地侍奉先王們的在天之靈；而且我姬旦心思巧慧，爲人機靈，幹任何事情都能得心應手，因此我姬旦身兼多種才藝技能，有足夠的行爲能力適應各種不同的操作技藝，諸如駕車、射箭、投壺、博弈、樂舞、占卜種種事宜，我是樣樣精通，可以讓身在天庭的先王們生活無比精彩，心情無比快樂。可是你們的長孫武王發，卻沒有我姬旦這許多具體的才情技藝，也沒有善於與鬼神相溝通的言語天賦。而且他已然在天庭接受了上帝的命令，作爲天下的君王撫有天下四方，因此他堪當平定天下，安邦治國的大任，能讓你們的後世子孫千秋萬代瓜瓞綿綿，在地上人間平平安安世世爲王；天下子民，也無不對他頂禮膜拜，對他也無比虔恭敬畏。唉——，不要讓我們這位偉大的君王這麼快就離開人世，不要讓上天降給我們周邦的崇高使命就此半途而廢，而我們先王的在天之靈無人享祭血食，從此也就變成孤魂野鬼，再無廟寢可歸，安托遊魂。所以我要就此事卜問神靈的大龜，如果你們三位先王聽從了我的請求，讓武王發病體盡快康復，我就帶上璧和圭回到宗廟，繼續祭祀你們的在天之靈，等待著你們把我姬旦帶走的命令。如果你們三位先王不答應我的請求，我就把璧和圭收藏起來，也就用不著無休無止地褻瀆先王的在天之靈，舉行這種毫無意義的祭祀活動了。』

乃卜三龜，一習吉。啓籥見書，乃並是吉。〔一〕公曰：『體，王其罔害。予小子新命于三王，惟永終是圖。〔二〕兹攸俟，能念予一人。〔三〕』公歸，乃納册于金縢之匱中。〔四〕王翼日乃瘳。〔五〕

【釋讀】

〔一〕**乃卜三龜**■乃，猶『於是』也。三龜，《魯世家》：『於是乃即三王而卜。』行甫按：令三位卜人於三王神壇各卜一龜，亦合於《洪範》『三人占則從二人之言』。**一習吉**■一，一致也，同一也。習，枚《傳》：『因也。』孔穎達《書疏》：『習則襲也。襲是重衣之名，因前而重之，故以習爲因也。』行甫按：『一習吉』者，謂三龜三卜，相同一致，皆顯吉兆也。**啓籥見書**■啓，開也。《魯世家》作『開』，訓詁字也。籥，管鍵也。猶今所謂鎖鑰也。古無鎖鑰字，蓋古祗以木爲之，不用金鐵。《釋文》引馬融曰：『藏卜兆書管。』孔穎達《書疏》引鄭玄：『籥，開藏之管也，開兆書藏之室以管。』引王肅云：『籥，開藏占兆書管也。』王引之《經義述聞》：『書者，占兆之辭。籥者，簡屬，所以載書。故必啓籥然後見書也。《少儀》曰「執策籥尚左手」，策，蓍也。籥，占兆之書所載也。故並言之。《説文》曰：「籥，書僮竹笘也。潁川人名小兒所書寫爲笘。」《廣雅》曰：「籥，笘籥也。」是籥爲簡屬也。』章太炎曰：『籥，《説文》「書僮竹笘也」，《述聞》據之以釋此，然周初無紙，恐仍當依舊訓也。』行甫按：章説是也。『籥』果爲『簡屬』，當曰『簡』曰『冊』曰『策』，乃以『籥』言之？占兆之辭，卜人臨時觀兆而斷其吉凶，事後乃或書之於竹帛耳，可於卜前預爲書之乎？王說非也。見，《說文》：『視也。』書，占兆之書也。孔穎達《書疏》：『太卜「三兆」之下云：「其經兆之體皆百有二十；其頌皆千有二百。」占兆之書，則彼頌是也。』行甫按：卜兆裂紋，大別之則有百二十種，細別之復有千二百種。雖未必如此之多，要亦繁夥難辨，必有圖畫其容貌之書，以爲臨時比對之用。而卜兆之書，當有櫃篋專爲貯藏，以金縢緘封，加之管籥，段氏《說文》『鬮』字注，以《金縢》之『籥』爲『關閉兆書者』，是也。**乃並是吉**■乃，猶『且』也。並，皆也，共也。行甫按：『啓籥見書』而後言『乃並是吉』，謂三位卜人所占與兆書所示，皆同也。是，爲也。吉，善也。

〔二〕**公曰**■《魯世家》述作『周公入賀武王曰』，是周公對武王傳達占卜結果也。**體**■兆象也。《衛風·氓》『爾卜爾筮，體無咎言』，毛《傳》：『體，兆卦之體。』《周禮·占人》『凡卜筮，君占體，大夫占色，史占墨，卜人占坼』，鄭玄注：『體，兆象也。』《禮記·玉藻》『君定體』，鄭玄注：『體，視兆所得也。』俞樾《群經平議》：『「體」字以一言爲句，乃發語之辭，慶幸之意也。《詩·氓》篇曰「爾卜爾筮，體無咎言」，《釋文》曰：「體，《韓詩》作履，幸也。」然則「體」亦猶「幸」也。《禮記·玉藻》篇「君定體」，鄭注曰「體，視兆所得也」，引此文「周公曰體」爲證，然則鄭已不得其解，枚襲其說，更無譏矣。』行甫按：《金縢》與《氓》之『體』，皆就卜筮之兆象與卦體言，《占人》『凡卜筮，君占體』，《玉藻》『卜人定龜，史定墨，君定體』，則言『體』者，必與卜筮相關聯。《韓詩》破『體』爲『履』，訓爲『幸』，乃孤證。『君占體』與『君定體』之『體』，若破讀爲『履』而訓爲『幸』，則窒礙不通矣。是知『體』或『履』訓『幸』，乃韓詩家緣詞生訓，非『體』、『履』即有『幸』意也。俞氏之說，不可爲典要。然存異說、廣見聞，以俟後之君子有所擇焉，亦其可也。**王其罔害**■其，猶『尚』也，『庶幾』也，幸詞。罔，無也。害，《說文》：『傷也。』《墨子·經說上》：『得是而惡，則是害也。』**予小子新命于三王**■予小子，周公乃武王之弟，對武王謙稱『予小子』，猶之乎《康誥》周公稱其弟康叔曰：『孟侯，朕其弟，小子封。』新，當讀爲『親』，下文『新逆』，《釋文》曰：『馬本作親迎。』《左傳》僖公三十一年『晉新得諸侯』，《唐石經》作『親得』。《逸周書・官人》『誠忠必有可新之色』，《大戴禮・文王官人》作『可親』。《史記・孝文本紀》『親與朕俱棄細過』，《漢書・文帝紀》作『新與』，則『新』與『親』通假互作也。『親』者，親自也。與上文『公乃自以爲功』之『自』字相照應。命，猶『請命』也。上文『命于元龜』，即以龜問卜『請命于三王』也；『乃並是吉』，乃『三王』復準其『命』也。有『請命』，必有『受命』，是亦施受不嫌同辭也。**惟永終是圖**■惟，猶『獨』也，『以』也。永，《爾雅・釋詁》：『長也。』終，猶『竟』也。行甫按：『永終』，或爲當時成語『天祿永終』之省略，《論語・堯曰》『四海困窮，天祿永終』，是其例也。審其文意，猶言：『即使海枯石爛，天地到了盡頭，天之祿命也終將伴隨於你，直到永遠。』班彪《王命論》『福祚流于子孫，天祿共永終矣』，是其義也。是，爲也。圖，《爾雅・釋詁》：『謀也。』行甫按：『惟×是×』之文法，即『以×爲×』之意。由此『惟』字兼有『獨』與『以』之二義，是『惟永終是圖』，猶言『獨以永終天祿之事爲圖』，意即無須憂慮其疾也。上四句，謂：『周公言於武王曰：由卜兆所示，王庶幾幸無大礙，我已親向三王請命，獨以永終天祿之事爲圖耳，無復以病體爲憂恙也。』

〔三〕**玆攸俟**■玆，《魯世家集解》引鄭玄曰：『此也。』行甫按：鄭説非也。此『玆』字當爲承上啓下之詞，猶『於是』、『因此』也。攸，猶『以』也。説見王引之《經傳釋詞》。《魯世家》作『道』，楊筠如《覈詁》：『蓋今文作「迪」，《多方》「不克終日勸于帝之迪」，馬本「迪」作「攸」，是其證也。「迪」、「道」訓故字。「攸」、「迪」皆謂「用」也，「以」也。』俟，待也。行甫按：上文『歸俟爾命』，周公自言『歸而待爾之命』也。此『玆攸俟』者，乃周公寬慰武王之辭，猶言『既然是這樣，你就因此安心等待病體康復罷』。**能念予一人**■能，猶『寧』也，『乃』也。王引之《經傳釋詞》：『「能」與「寧」一聲之轉，而同訓爲「乃」。』行甫按：此『能』之訓『寧』訓『乃』者，皆能願動詞，猶言『寧可』、『寧願』也。念，思及也，猶今語所謂『想到』、『想起』之意。《左傳》昭公二十七年『他日請念』，杜預

注：『臨難而思之。』是其義也。予一人，周公自指，非邦君自稱之『予一人』也。此猶『有我一人足矣，無須他人共之』之謂也。行甫按：此句緊承上文，亦周公慰武王之辭，謂『既如此，若無事，即安心待病之愈；若有事，寧願思及我一人』，實囑『武王無須操勞，靜養可也』。行甫又按：此處經文甚簡易，歷來經師卻擺弄得支離破碎，晦澀不知所云。三復其文，自信經義當是如此。

〔四〕**公歸**■歸，自王寢歸於宗廟也。**乃納冊于金縢之匱中**■乃，於是也。納，藏入也。金縢，以金屬絲繩綑紮緘封也。匱，《說文》：『匣也。』行甫按：此『匱』即有蓋之小箱篋也。

〔五〕**王翼日乃瘳**■翼日，明日也。《爾雅·釋言》：『翌，明也。』郭璞注：『《書》曰：翌日乃瘳。』郝懿行《義疏》：『翌者，昱之假音也。《說文》云：「昱，明日也。」』瘳，枚《傳》：『差也。』孔穎達《書疏》：『瘳訓差，亦爲愈，病除之名也。』

此乃本篇第三節，言周公卜吉而歸告武王，囑其靜養，待疾之愈，納告神之冊於金縢之匱，翼日王瘳。

【繹文】

祝史宣讀告神之辭完畢，於是周公便命三位卜人，就三位先王的木主各卜一龜，三位卜人所得之兆象，一致爲吉。周公又打開鎖鑰，取出藏於簇笥之中的占兆之書，將卜人所得之兆象，與占兆之書所圖之兆象作了比對，亦皆爲吉兆，與卜人所占斷的結果完全相符。周公拿著占兆之書，立即奔向王寢，到病榻旁向武王報告占卜的好消息。周公對武王説：『由龜卜所顯示的兆象來看，王大概是沒有生命危險了。我姬旦身爲王弟已經親自請命於三位先王，先王之意，也是讓我們不要爲眼前的瑣瑣細事以及王身暫時的疾病所困撓，唯一須要我們謀劃的，是周邦的長治久安乃至千年大計。既然如此，您就爲此安心靜養，等待身體康復大愈，如果邦國有何急須處置的事情，您只要想到有王弟我姬旦一個人就足夠了，無須您親自操勞。』周公説完這番話之後，回到宗廟，便把禱神的文書密藏在有金屬絲繩綑紮的箱篋之中了。於是，第二天，武王的病就完全痊癒了。

武王既喪，管叔及其群弟乃流言於國，曰：『公將不利於孺子。』〔一〕周公乃告二公曰：『我之弗辟，我無以告我先王。』〔二〕周公居東，二年，則罪人斯得。〔三〕于後，公乃爲詩以貽王，名之曰《鴟鴞》。〔四〕王亦未敢誚公。〔五〕

【釋讀】

〔一〕**武王既喪**■喪，亡也。《史記·封禪書》：『武王克殷二年，天下未寧而崩。』《淮南子·要略》：『武王立三年而崩。』行甫按：《魯世家》云：『其後，武王既崩。』《周本紀》亦云：『武王有瘳，後而崩。』皆不言武王崩於何年，與本經相參，則其崩於此次病瘳之後乃無所可疑也。至於或爲『三年』，或爲『二年』，無關宏旨。**管叔及其群弟乃流言於國**■管叔，《史記·周本紀》：『封弟叔鮮于管。』《管蔡世家正義》引《括地志》：『鄭州管城縣，今州外城即管國城也。是叔鮮所封國也。』其地當在鄭州附近。《管蔡世家》：『文王長子曰伯邑考，次曰武王發，次曰管叔鮮，次曰周公旦，次曰蔡叔度，次曰曹叔振鐸，次曰成叔武，次曰霍叔處，次曰康叔封，次曰冉季載。』是管叔鮮乃武王弟，周公兄也。群弟，《逸周書·作雒解》：『武王克殷，乃立王子祿父，俾守商祀。建管叔于東，建蔡叔、霍叔于殷，俾監殷臣。』是『群弟』者，即蔡叔、霍叔也。《管蔡世家》：『管叔、蔡叔疑周公之爲不利于成王，乃挾武庚以作亂。』流言，傳言也，猶無根之言。《荀子·致仕》『凡流言流說』，楊倞注：『流者，無根源之謂。』行甫按：『流言』即『臚傳之言』也。《國語·晉語六》『風聽臚言于市』，韋昭注：『臚，傳也。』孔穎達《書疏》引鄭玄云：『流「公將不利于孺子」之言於京師。於時管、蔡在東，蓋遣人流傳此言於民間也。』**曰公將不利於孺子**■曰，言也。將，猶『當』也。說見吳昌瑩《經詞衍釋》。孺，《說文》：『乳子也。一曰輸孺也，輸孺，尚小也。』段玉裁注：『凡幼者曰孺子。』《魯世家》『武王既崩，成王少，在强葆之中。周公恐天下聞武王崩而畔，周公乃踐阼代成王攝行政當國。管叔及其群弟流言於國曰：「周公將不利於成王。」』是『孺子』爲成王也。

〔一一〕**周公乃告二公曰我之弗辟**■乃，於是也。告，猶『誓』也。《爾雅·釋言》：『誥、誓，謹也。』《說文》：『誥，告也。』章太炎曰：『我之不法，作自誓語，亦通。』行甫按：章說是也。古『誥』、『告』通用。『告二公』，猶言『自誓於二公』也。『我之弗辟，我無以告我先王』，其自誓之辭也。之，猶『若』也。辟，枚《傳》：『法也。言我不以法法三叔，則我無以成周道告我先王。』《釋文》：『辟，扶亦反，治也。《說文》作𨐨，云必亦反，法也。馬、鄭音避，謂避居東都。』行甫按：《說文》：『𨐨，法也。从辟井，《周書》曰：我之不𨐨。』馬、鄭讀『辟』爲『避』，以下文『居東』爲『避居東都』，又以『罪人斯得』乃『周公之屬黨，與知居攝者』爲『成王所得』。《魯世家》亦讀『辟』爲『避』，謂『我之所以弗避而攝行政者，恐天下畔周』；其說『居東』，爲『周公奉成王命，興師東伐』，『遂誅管叔，殺武庚，放蔡叔』，『寧淮夷東土，二年而畢定』。是史公、馬融與鄭玄、許君與枚氏，所說『辟』字各不相同，此當以許君與枚《傳》爲是，馬鄭之說非也。史遷讀『辟』爲『避』，乃『避嫌疑』之意，亦不以『辟』爲『避居東都』。**我無以告**

我先王■以，猶『有』也。吴昌瑩《經詞衍釋》：『《唐韻正》「有」古音讀「以」，故「以」與「有」多同義。』《史記·魏世家》『臣何以負於魏成子』，《史記·信陵君傳》『以負於魏，無功於趙』，此『以』字並爲『有』義。是『無以』猶『無有』也。告，告成也，告慰也。行甫按：《毛詩序》云：『頌者，美盛德之形容，以其成功告於神明者也。』是此『告』字義也。我先王，《魯世家》作『我先王太王、王季、文王』。

〔三〕**周公居東**■居，讀『處』，猶『處置』也。行甫按：《周禮·大史》『掌建邦之六典』，鄭玄注：『《春秋傳》曰：天子有日官，日官居卿，以底日禮也。居猶處也，言建六典以處六卿之職。』《左傳》襄公四年『戎狄薦居』，《國語·晉語七》作『戎狄薦處』，是『居』、『處』互通之證也。《周易·未濟·象傳》『君子以慎辨物居方』，俞樾《群經平議》：『物之所處謂之居，處置其物亦謂之居。《考工記·輿人》曰「凡居材，大與小無並」，《弓人》曰「居幹之道，菑栗不迆，則弓不發」，皆處置之義也。』孫詒讓《周禮正義》：『「居幹之道」，居，猶言處置也。「居幹」與後「居角」及《輿人》「居材」義同。』是其義也。東，東土，殷商故都朝歌及妹鄉牧野之地，與周人豐鎬之地爲西土相對爲言。《康誥》：『肆汝小子封，在兹東土。』是也。行甫按：『居東』者，猶言處置東土武庚及管、蔡之亂也，《大誥》『肆朕誕以爾東征』，是也。馬、鄭以『居東』爲『避居東都』，非其義也，兹不備引。**二年則罪人斯得**■二年，謂東征二年也。則，猶『而』也，『乃』也。順接連詞。罪人，武庚及管、蔡也。斯，猶『即』也，說見吴昌瑩《經詞衍釋》。『即』，猶『遂』也，說見王引之《經傳釋詞》。得，猶今所謂『捉拿歸案』也。行甫按：《逸周書·作雒解》曰：『武王既歸，乃歲十二月崩於鎬，殡于岐周。周公立，相天子，三叔及殷東徐奄及熊盈以畔。周公召公内弭父兄，外撫諸侯。元年，夏六月，葬武王於畢。二年，又作師旅，臨衛攻殷，殷大震潰。降辟三叔，王子祿父北奔。管叔經而卒，乃囚蔡叔於郭淩。凡所征熊盈族十有七國，俘維九邑，俘殷獻民，遷於九畢。』孔穎達《詩譜·豳風譜·正義》引王肅《金縢》注云：『周公攝政遭流言，作《大誥》而東征，二年克殷，殺管、蔡，三年而歸。』清儒汪中《述學内篇・周公居東證》曰：『《金縢》云武王既喪，即云管、蔡流言，周公居東，則是武王崩，管、蔡即流言，周公即東征也。或曰《詩序》「三年而歸」，此言「居東二年」，其錯何也？曰：《書》言其辠人斯得之年，《詩》言其歸之年也。《尚書》文簡而事覈。《逸周書》經緯年月，節目尤詳。《史記》於《周本紀》、《管蔡》、《宋微子》二《世家》并不誤，勝於《魯周公世家》。許叔重稱《書》孔氏，乃用古文，辟之從井，訓治。孔壁遺簡，安國講授，其相承固然。王肅好與鄭異，是注持義獨正。』章太炎曰：『古文舊説，居東爲治流言，非避位東竄。汪中辨此最審。』是則『居東二年則罪人斯得』者，周公東征二年而以法治武庚、管、蔡之罪也。

〔四〕**于後公乃爲詩以貽王**■于，猶『其』也。後，平亂之後。乃，於是也。爲，作也。貽，《爾雅・釋言》：『遺也。』王，成王。枚《傳》：『周公既誅三監，而作詩解所以宜誅之意以遺王。』**名之曰《鴟鴞》**■名，《魯世家》作『命』，行甫按：『名』、『命』通假互作。《鴟鴞》，在《毛詩・豳風》。《詩序》：『鴟鴞，周公救亂也。成王未知周公之志，公乃爲詩以遺王，名之曰鴟鴞焉。』孔穎達《毛詩正義》：『毛雖不注此《序》，不解《尚書》，而首章《傳》云：「寧亡二子，不可毁我周室。」則此詩爲誅管、蔡而作之。此詩爲誅管、蔡，則「罪人斯得」，謂得管、蔡也。「周公居東」，爲出征，「我之不辟」，欲以法誅管、蔡。既誅管、蔡，然後作詩，不得復名爲怡悦王心，當訓貽爲遺。謂作此詩遺成王也。』行甫按：汪中《周公居東證》曰：『毛公淵源子夏，偏得《詩》事。』是周公作詩貽贈成王之意，當如毛《傳》之説也。而《鴟鴞》之首章曰：『鴟鴞鴟鴞，既取我子，無毁我室。恩斯勤斯，鬻子之閔斯。』其末章又曰：『予羽譙譙，予尾翛翛。予室翹翹，風雨所漂搖，予維音嘵嘵。』毛《傳》云：『寧亡二子，不可毁我周室。』所喻之意，謂王業艱難，管、蔡不可不誅；而周公平叛討逆，勤於王室，亦殫精竭慮也。

〔五〕**王亦未敢誚公**■亦，也詞也。誚，猶『恚怒』、『責讓』也。《説文》：『譙，嬈譊也。从言，焦聲，讀若嚼。誚，古文譙，从肖，《周書》曰：「王亦未敢誚公。」』段氏注：『嬈，擾戲弄也。譊，恚嘑也。《方言》：「譙，讓也。

齊楚宋衛荊陳之間曰譙，自關而西秦晉之間，凡言相責讓曰譙讓。」漢人作「譙」，壁中作「誚」，實一字也。』《魯世家》作『訓』，皮錫瑞謂『訓』、『順』古字通，言『成王未敢順公意也』。行甫按：《説文》：『訓，説教也。』是『訓』謂婉順悦懌而教之也，『誚』謂嘮叨恚讓以責之也。二義相反，實亦相成也。猶今人心有不慊而欲質疑其人，則曰：『吾愚鈍而不明，還望有所討教。』是『訓』與『誚』義同。公，周公也。枚《傳》：『成王信流言而疑周公，故周公既誅三監而作詩，解所以宜誅之意以遺王。王猶未悟，故欲讓公而未敢。』孔穎達《書疏》：『成王信流言而疑周公。管、蔡既誅，王疑益甚。以詩遺王，王猶未悟，故欲讓公而未敢。政在周公，故畏威未敢也。』

此乃本篇第四節，言武王駕崩之後，周公攝政，管、蔡流言且挾武庚祿父以叛周。周公東征平定管、蔡之亂，作詩以贈成王，解説所以誅管、蔡平殷亂之意，以釋成王之疑。

【繹文】

周武王病愈之後，又過了兩年，終於一病不起。武王去世之後，成王幼弱，周公於是輔佐成王，攝行王者之政，處理國事。管叔鮮以及蔡叔度、霍叔處等一幫兄弟於是在京師放出流言，説：『周公恐怕對於年幼的成王不懷好意，這種做法，明擺著是要篡奪王位的架式！』而周成王也在將信將疑之間。周公感到情勢非常嚴峻，新造的周邦恐怕難免風雨飄搖的命運，周公心急如焚。於是在朝廷內部，首先取得了太公望與召公奭的支持，又打消了各地邦君諸侯的顧慮。一切工作妥當之後，周公對太公望和召公奭發出誓言説：『我如果不能將這些散佈流言，企圖發動叛亂的人繩之以法，以致邦國顛覆，我就無所告慰周邦的列祖列宗，我也沒有臉面去見我們的先王太王、王季和文王。』周公於是興師伐罪，出征東土，討平叛逆。經過兩年艱苦卓絕的殊死搏鬥，終於平定了叛亂，武庚祿父逃亡北方，不知其所終，管叔畏罪上吊自殺。蔡叔度也被捉拿歸案，囚禁在郭淩監獄了。武庚及管、蔡之亂平定之後，成王對周公不僅尚未釋懷，反因誅二叔更加疑心周公有所圖謀。周公也心知成王疑慮未消，於是作了一首題名爲《鴟鴞》的詩歌送給成王，以鴟鴞築室之不易比喻王業之艱難，所以興兵討逆，誅殺管、蔡，就是爲了鞏固周邦，成就先王大業。且周公亦以自喻，謂東征討逆平叛，勤於王室，亦殫精竭慮，艱難備嘗。而周成王仍然沒有打消對周公的疑慮，但也不敢公然向周公詢問質疑。

秋，大熟，未穫；天大雷電以風，禾盡偃，大木斯拔。邦人大恐。〔一〕王與大夫盡弁，以啓金縢之書。乃得周公所自以爲功代武王之說。〔二〕二公及王乃問諸史與百執事，對曰：『信。噫，公命，我勿敢言！』〔三〕王執書以泣，曰：『其勿穆卜。昔公勤勞王家，惟予沖人弗及知。〔四〕今天動威，以彰周公之德，惟朕小子其新逆，我國家禮亦宜之。〔五〕』王出郊，天乃雨，反風，禾則盡起。〔六〕二公命邦人，凡大木所偃，盡起而築之，歲則大熟。〔七〕

【釋讀】

〔一〕**秋大熟未穫**■秋，東征二年之秋也。周公貽詩成王之後，成王疑慮未消，周公東征尚未還朝，實處進退無據之時也。熟，成熟也。《孟子・告子上》『苟爲不熟，不如稊稗』，趙岐注：『熟，成也。』《爾雅・釋天》『穀不熟爲饑』，邢昺《疏》：『熟，成也。』皆是其例。穫，《說文》：『刈穀也。』段玉裁注：『穫之言獲也。刈穀者，以銍以鎌。』行甫按：『大熟未穫』，謂『莊稼已經十分成熟，但尚未動鐮收割』也。**天大雷電以風**■大，劇烈也。雷電，鳴雷閃電也。《魯世家》作『暴風雷雨』。行甫按：史公以『暴』訓『大』是也；添一『雨』字則非，下文『天乃雨』即無著矣。王引之《經義述聞》曰：『蓋古文言「天大雷電」而不言「雨」，故下文曰「天乃雨」。今文既言「天大雷雨」，則下文不得言「天乃雨」矣。《魯世家》言「暴風雷雨」，是用今文也。而下文又曰「天乃雨」，顯與上文不合。蓋亦作「天乃霽」，而後人據古文改之也。』王說是。今中華書局標點本置『雨』字於圓括號內，以示當刪也。以，猶『與』也。風，颮風也。枚《傳》：『蒙恆風若。雷以威之，故有風雷之異。』孔穎達《書疏》：『《洪範》「咎徵」云「蒙恆風若」，以成王蒙闇，故常風順之，風是闇徵，而有雷者，以威怒之。故以示天之威怒，有風雷之異。』行甫按：此言周公忠勤而見疑，成王蒙闇而不明，上天爲之鳴冤而示警，故枚氏引《洪範》『咎徵』之『蒙恆風若』以言其意也。**禾盡偃**■禾，莊稼也。偃，仆也。**大木斯拔**■木，樹木也。斯，亦猶『即』也，『即』，亦猶『遂』也。《魯世家》作『盡拔』，是訓『斯』爲『盡』也。拔，謂樹根出地而倒仆也。**邦人大恐**■邦人，國人也。

〔二〕**王與大夫盡弁**■盡，皆也。弁，枚《傳》：『皮弁，質服以應天。』孔穎達《書疏》：『皮弁，象古，故爲質服。祭天尚質，故服以應天也。《周禮・司服》云「王祀昊天上帝，則服大裘而冕無旒」，乃是冕之質者，是事天宜質服，故服之以應天變也。《周禮》視朝則皮弁服，皮弁是視朝服，每日常服，而言質者，皮弁白布衣，素積裳。故爲質也。鄭玄以爲爵弁，必爵弁者，承天變降服，亦如國家未道焉。』《玉藻》曰：『國家未道，則不充其服焉。』行甫按：枚氏以『弁』爲『皮弁服』，即『白布衣，素積裳』；鄭玄以爲『爵弁服』，《儀禮・士冠禮》『爵弁服，纁裳，純衣、緇帶』，『純』即『紂』亦『緇』字，黑色也。則『爵弁服』，其色赤而微黑，有如雀頭之色。是鄭氏『爵弁服』與枚氏

『皮弁服』，其顔色雖有黑、白之異，猶皆以爲『應天變』而服之也。然此臆爲之説，未必可信。『王與大夫盡弁』者，猶言『王與大夫盡皆整服而視朝，以議天變之事』也。**以啓金縢之書**■以，猶『而』也，順接連詞。啓，開也。金縢，以金屬絲繩緘紮之匱篋也。書，猶『故書』也。孔穎達《書疏》：『王見此變，與大夫盡皮弁以開金縢之書，案省故事，求變異所由。鄭云：開金縢之書者，省察變異所由故事也。以金縢匱内有先王故事，疑其遭遇災變，必有消伏之術，故倡王啓之。』**乃得周公所自以爲功代武王之説**■乃，於是也。得，獲也，猶今語『發現』之謂也。所，猶『所以』也。自，親自也。以，猶『而』也，連接狀語與中心詞之連詞。爲，作也。功，通『攻』，禱神之祝辭文書也。説，與上『功』字同義，猶『祝説』之文也。行甫按：『功』與『説』，見上文『公乃自以爲功』釋讀所引洪頤煊《讀書叢録》之説。蔡《傳》云：『王與大夫盡弁，以發金縢之書，將卜天變，而偶得周公册祝請命之説也。』蔡説是也，可從。

〔三〕**二公及王乃問諸史與百執事**■二公，太公與召公也。蔡《傳》：『周公卜武王之疾，二公未必不知之。周公册祝之文，二公蓋不知也。』是以與王得書而問之也。諸，猶『眾』也。史，巫史也。行甫按：『祝史』、『卜史』，皆爲『史』，故統言之曰『諸史』也。百執事，謂參與其事之眾多吏員也。**對曰信噫公命我勿敢言**■對，猶『答』也。信，實也。《説文》：『誠也。』行甫按：『信』，猶言『確有其事』也。噫，枚《傳》：『恨辭。』《釋文》：『馬本作懿，猶億也。』段玉裁《撰異》：『《大雅·瞻卬》曰「懿厥哲婦，爲梟爲鴟」，鄭《箋》：「懿，有所痛傷之聲也。」《釋文》「億」字當是從口，「噫」字之誤也。』行甫按：段説是也。『噫』，嘆詞。《周頌·噫嘻》『噫嘻成王』，毛《傳》：『噫，嘆詞。』馬本作『懿』，亦當讀如『噫』也。公命，猶『公命我勿言』也，蒙後省『我勿言』三字耳。我，猶『我等』也。行甫按：『公命，我勿敢言』者，猶『公命我勿言，我從公之命而勿敢言』也。

〔四〕**王執書以泣曰**■執，持也。書，周公親自所作之祝禱文書也。以，猶『而』也。**其勿穆卜**■其，猶『如此」也，「如是」也，説見吴昌瑩《經詞衍釋》。穆，敬也。枚《傳》：「本欲敬卜吉凶，今天意可知，故止之。」蔡《傳》：「成王啓金縢之書，欲卜天變，既得公冊祝之文，遂感悟，執書以泣，言不必更卜。」行甫按：「天大雷電以風」，不知其吉凶也，故「王與大夫盡弁」，朝議欲卜。今既知爲周公故，是以毋須行卜也。**昔公勤勞王家**■昔，往也。勤，亦「勞」也。行甫按：「勤勞」，並列同義複詞，亦作「勞勤」，楊筠如《覈詁》曰：「《毛公鼎》『勞勤大命』，其義與此同也。」是其證也。**惟予沖人弗及知**■惟，猶「獨」也。沖人，童年之人也。沖，與「童」音同通用。《魯世家》作「幼人」，訓詁字也。及，猶「與」也。行甫按：「弗及知」者，猶言「不與知」，亦即「獨於周公有所疑之」也。

〔五〕**今天動威**■今，猶「故」也。《爾雅·釋詁》：「肆、故，今也。」郭璞注：「肆，既爲故，又爲今。今亦爲故，故亦爲今，此義相反而兼通者。」動，《説文》：「作也。」威，通「畏」。《釋名·釋言語》：「威，畏也，可畏懼也」。《左傳》襄公三十一年「有威而可畏，謂之威」，是其義也。**以彰周公之德**■以，用也。目的連詞，猶今語「用來」也。彰，顯明也。德，猶言「品行」也。**惟朕小子其新逆**■惟，猶「以」也，「因」也。行甫按：此「惟」字，猶「因而」、「是以」也。朕小子，成王自稱也，與上「予沖人」義同。其，猶「將」也；「將」，猶「當」也。《左傳》閔公二年「寡人有子，未知其誰立焉」，猶言「將誰立」，亦即「當誰立」也。僖公二十三年「其何以報君」，猶言「將何以報君」，亦即「當何以報君」也。「其辟君三舍」，猶言「將辟君三舍」，亦即「當辟君三舍」也。行甫按：「其」之猶「當」也，與下文「宜」字相照應。新逆，新，與「親」通。《釋文》：「馬本作親迎。」其證也。逆，即「迎」也。「逆」與「迎」一聲之轉。《禮記·大學》「在新民」，作「在親民」，其例也。**我國家禮亦宜之**■我國家，猶「於其公」也。行甫按：上「朕小子其新逆」，言「於其私」也。此言：「無論於私於公，皆須親迎周公以歸也」。禮，禮節儀式也。宜，當也。《説文》：「宜，所安也。」《呂氏春秋·當賞》「主之賞罰爵禄之所加者宜」，高誘注：「宜，猶當也。」

之，猶『如是』也，說見吳昌瑩《經詞衍釋》。

〔六〕**王出郊**■出，出都城也。郊，南郊也。南郊是祭天之處，祭天於南郊，謂之郊。行甫按：『王出郊』者，出都城至南郊爲壇以告天也。《周禮・大宗伯》曰：『以蒼璧禮天，牲幣如其器之色。』是祭天有玉璧，有犧牲，有束帛也。孔穎達《書疏》曰：『今言「郊」者，以玉幣祭天，告天以謝過也。』是其義也。**天乃雨**■乃，於是也。雨，降雨也。王引之《經義述聞》據王充《論衡・感類篇》引作『天止雨』，《琴操》引作『天乃反風霽雨』，謂古文之『天乃雨』，今文當作『天乃霽』。雨止爲霽，故《論衡》以『止雨』代之。行甫按：上文『天大雷電以風』，今文作『大雷雨以風』；此『天乃雨』，今文作『天乃霽』，當以古文爲是，今文爲非也。王充《感類篇》曰：『雷爲天怒，雨爲恩施。使天爲周公怒，徒當雷，不當雨。今雷雨俱至，天怒且喜乎？「子於是日也，哭則不歌」；《周禮》：「子、卯稷食菜羹」；哀樂不並行。哀樂不並行，喜怒反並至乎？』則『天乃雨』與『反風』，正爲成王感悟，親迎周公，天轉怒爲喜之徵也。**反風**■反，反嚮也。**禾則盡起**■則，即也。起，立也。與上文『偃』字相關聯。

〔七〕**二公命邦人凡大木所偃盡起而築之**■凡，一切也。《方言》卷十三『枚，凡也』，錢繹《箋疏》：『凡之言泛也。包舉氾濫一切之稱也。』劉淇《助字辨略》卷二：『大率也，一切也。』所，猶『許』也，『許』有『多』義，則『所』亦可訓爲『多』也。吳昌瑩《經詞衍釋》：『《左傳》「君無所辱命」，「無所辱君命」，皆言無多辱命也。昭二十五年《公羊傳》「君無多辱焉」，詞義正同。《史記・扁鵲傳》「十八日所而病愈」，《留侯世家》「父去里所」，《漢書・五行志》「天雨血一傾所」，《疏廣傳》「數問其家，金餘尚有幾所」，《後漢書・吳漢傳》「將衆十許萬」，言十多萬也。《申屠剛傳》「往來二十許年」，「所」、「許」皆爲「多」義。或言「所」，或言「許」，一也。』行甫按：『凡大木所偃盡起而築之』，猶言『所有大木多有偃仆者盡起而築之』也。起，謂扶立也。築，《說文》：『所以擣也。』段玉裁注：『其器名築，因之人用之亦曰築。』《說文》：『擣，手椎也。一曰築也。』《儀禮・既夕禮記》『甸人築坅坎』，鄭玄

注：『築，實土其中，堅之。』是其義也。《釋文》：『築，音竹，本亦作筑，謂築其根。馬云：築，拾也。』《魯世家集解》：『馬融曰：禾爲木所偃者，起其木，拾其下禾，乃無所失亡也。』枚《傳》：『木有偃拔，起而立之，築有其根，桑果無虧，百穀豐熟。』行甫按：枚氏、陸氏之説是，馬融之説非也。上文言『禾』，此文言『木』，『反風，禾則盡起』，而『大木斯拔』則不能以『反風』而自『起』，必人力起而築擣其根也。劉起釪反以『築大木之根』爲『不正確』，怪哉！**歲則大熟**■歲，猶『年穀』也。《左傳》哀公十六年『國人望君，如望歲焉』，杜預注：『歲，年穀也。』《大雅·雲漢》『旱既太甚』，毛《傳》：『歲凶，年穀不登』，孔穎達《毛詩正義》：『歲之與年異名而實同。』行甫按：此『歲』即《孟子·梁惠王上》『塗有餓莩而不知發，人死則曰：非我也，歲也』之『歲』，亦『年穀』也。則，即也。熟，莊稼成熟也。

此乃本篇最後一節，言成王因天大雷電以風，欲開金縢之書案驗先王故事，審查天變之所由，卜其吉凶，偶得周公請代武王之祝禱文書，自知誤解周公，乃親迎周公歸國。

【繹文】

就在周公東征的第二年秋天，武庚及管、蔡之亂業已平定，雖然周公贈詩成王，説明了平亂的理由，但成王對周公的疑慮仍未消除，於是周公處於進退無據的尷尬境地。這年秋天，田野裏的莊稼已經完全成熟了，只是尚未動鐮收割。可就在這時，老天爺突然電閃雷鳴，而且狂風大作，田野裏的莊稼全都被大風颳倒了，高大的樹木也因而被連根拔起來倒仆在地上。邦國民衆，一片恐慌，人心惶惶，坐立不安。成王與朝中大臣都穿上整齊的朝服，個個板著鐵青的面孔，雖然不像國人那樣惶恐慌張，但也滿臉都是嚴肅與焦慮的神色，不知道這天變的原因究竟在哪裏。於是成王命人打開用金絲繩綑紮的匱篋，取出歷代先王占卜應變的記錄文書，查找先王是否曾經有過應對類似天變之災的先例。然而卻不料在匱篋中發現了周公於武王生病期間，曾經親自寫作以請求身代武王而死的祝禱文書。太公望與召公奭以及周成王便盤問當時參與其事的各位巫卜祝史之人以及各個環節的相關幹辦人員，他們都不約而同地回答說：『是啊，確有此事。唉——！周公有命令，要我們不要聲張，我們也就不敢把這事隨便說出來了。』成王拿著周公當時的祝禱文書，心潮起伏，感動得熱淚盈眶，眼淚像斷了線的珍珠，一串串地滚落下來。他抬起頭來對衆人說：『既然是這樣，那就沒有必要再緊張嚴肅地進行占龜問卜了。過去，周公對王室忠心耿耿，操勞國事，鞠躬盡瘁，這是大家有目共睹的，獨獨只有我這個年輕人幼稚無知，不明周公心跡而已。正是由於我先前對周公他老人家産生過很多的誤解，有過這樣和那樣不適當的糊塗想法，所以老天爺就發了大脾氣了。這電閃雷鳴，狂風大作的天變之災，就是老天爺爲了彰顯周公的德性和人品，警告我本人的幼稚與無知而發動的。因此，作爲晚輩，我應當親自去迎接周公歸國，嚮他老人家賠禮道歉，請他盡快還朝理政；作爲國王，也應當尊賢禮士，所以我之親往迎接周公，這也是我們國家尊老重賢的禮節之中理當應有的實際行動。因而無論作爲晚輩還是作爲國王，於私還是於公，我都必須這樣做。』周成王走出都城，前往南郊，築壇祭天，上天普降甘霖，於是就下起雨來。同時也颳起了相反方向的風，先前被颳倒的莊稼，也都被這反向的風吹正而重新直立起來了。太公望和召公奭便對邦國的民衆發佈命令，國中所有大樹木，多被狂風連根拔起；將那些倒仆的樹木，一一扶起，築土培根，不要讓它們僵枯而死。這年秋天，年穀極熟，樹木果實累累，田壟五穀豐登，是個大豐收的好年景。

【後案】

本篇的寫作與流傳，與西周末年周宣王即位之際的歷史事實多有關聯，於本篇【解題】之中略有涉及。然而，西周末年的『周召共和』或『共伯和干王位』，其時，周宣王與攝政大臣之間，以及攝政大臣與其他王臣之間，是否有如當年周成王以及管叔、蔡叔與周公旦之間類似的不愉快，已不得而知。但在本篇荒怪誕妄的歷史敘述之中，管、蔡二叔『周公將不利於孺子』的猜忌與流言，以及周公終於見疑於周成王的歷史面影，仍然是相當清晰的。而管、蔡與成王之所以疑心於周公，也並非全爲空穴來風。章太炎晚年親授及門諸生《尚書》全文，就周公所以見疑於成王與管、蔡二叔之事，曾經做過比較深刻的發明，其於本經之釋讀及其相關史實之理解，多有啓迪之功。

章氏認爲：古代君王崩薨，百官在服喪期間各自約束自己，不擅行政令，以服從首輔大臣的指揮，這在當時來說，實乃自然合理之事。周公作爲首輔，在王喪期間代行王政，也屬於他本人職責份內之事。而管叔鮮與蔡叔度，作爲地方諸侯，無權干涉首輔大臣之執政，即使是周成王也不可能立刻就懷疑周公要篡位自立。但何以在周公攝政期間，竟然京師流言四起，朝野上下，直至周成王，皆疑周公有篡位之心？原因就在周武王當年一句心血來潮的意氣話，埋下了日後政局動盪的夙種。

《逸周書・度邑》篇記當年周武王徹夜不眠，憂告周公旦說：『叔旦啊，你是我最聰明的弟弟，以後你就接替我的王位，讓我們兄弟相傳吧！』周公聽了武王此話，百般惶恐，涕泣沾襟，向武王拱手以示感激知遇之情及其堅辭不受之意。但《逸周書·武儆》篇又載周武王告夢，『出金枝郊寶，開和細書，命詔周公旦立後嗣，屬小子誦及寶典』。意謂武王告訴周公旦神靈授夢之事，命於大內秘府出其金版大訓以及郊宗石室之書，開佈紬讀之，並詔命周公旦立小子誦爲太子，爾後其冊命文書，也一並典藏於內府祕室。是則武王前言兄終弟及，其後又冊立小子誦爲太子，大有反覆無恆之嫌。章氏認爲：武王既喪，『周公卒以冢宰攝政，臨衆發號，悉以王稱，雖宮室服御，未同至尊，要必如舜之攝堯可知』。然而上下狐疑觀望，雖邦君御事之人，亦疑周公此前泣涕堅辭爲僞，而武王立嗣之命將廢也。此管叔及其群弟所以流言中傷，而成王亦疑周公竟有廢己之意。且豈徒邦君有疑，而廷臣亦皆惑而不解，觀《大誥》篇邦君御事及衆臣，皆以『王之父執輩』爲託辭，不願出兵平亂，並非以爲殷人叛亂爲癬疥之疾，不足憂懼也，而是因爲周公倘若真有謀權篡位之心，則管、蔡二叔不失爲朝廷外援，即使東方有失，亦可暫爲鉗制周公之勢。然而，周公審時度勢，力陳利弊，終於說服了召公奭，取得了召公的諒解與支持，此《君奭》一篇之所記也。周公既得朝中重臣召公奭的支持，消除了後顧之憂，終於有暇可以抽身處理東方三監的蠢動，興師討罰武庚祿父之叛以及管、蔡二叔之附逆。然叛亂雖已平定，王室虛驚一場，而成王疑於周公之心，終未釋然。雖有獻詩影說所以平管、蔡二叔之意，但成王終究不明周公之所以。而風雷示變，乍然以起，成王畏災而開書占卜，無意中得周公請代武王之祝禱文書，翻然悔悟而感激涕零，於是親迎周公返國，還朝執政，此實周公之幸，王室之幸，所謂人謀不及鬼謀也。是章氏說經，曲體史實人情，可謂深得經旨矣。章氏此說，尤其於《大誥》及《君奭》諸篇經旨之領悟，頗多啓迪之功。

本篇敘事，雖然涉筆頗及幽渺，神秘荒誕，要亦結構完整，前後相貫，其中心大旨明確，有極爲明顯的現實針對性，實在是因爲西周末年共和攝政之歷史事實有感而發。然司馬遷《魯周公世家》竟述『天大雷電以風』爲周公卒後之事，則前後割裂，文無所指，失經義久矣。而清儒孫星衍《尚書今古文注疏》又據司馬遷之剪裁搭截及其臆自補綴，以爲經文自『「秋大熟」已下，非《金縢》之文』，遂據《書序》有成王告周公作《薄姑》之說，以爲『其「秋大熟」已下乃《薄姑》篇之逸文』，而『後人見其詞有「以啓金縢之書」，乃以屬於《金縢》耳』。孫氏疑經文有誤，不疑史遷之非，更不知本篇前記周公請代，後記成王釋疑，中間周公慰勉武王靜心養疴，草蛇灰線，首尾相應，無懈可擊，實乃千古文章之範！經術與文章，合之則兩美，離之則兩傷。孫氏深於經術而昧於文章，是其於經術猶明而未融也。然則經術與文章，豈可截然而有分邪？章句文法之不能通，其經義又豈可遽明之哉！且即如周公慰勉武王數句，歷來經師解說，之所以支離破碎，文不成義，晦澀難通者，實亦不通文章之過也。

大誥

【解題】

『大誥』者，大，廣泛也，普遍也。枚《傳》云『陳大道以誥天下遂以名篇』，以『大道』釋此『大』字，非也。誥，《説文》：『告也。』徐鍇《説文繫傳》：『以文言告曉之也。』陸德明《經典釋文》曰：『誥，本亦作𢍜。』據《𩰫尊》銘文『王𢍜于宗小子于京室』，字當作『𢍜』，與同篇銘文『珷王既克大邑商，則廷告于天』之『告』，字形有别。《史𦣻簋》：『乙亥，王𢍜畢公。』唐蘭《考釋》云：『𢍜字從言從収是由于誥是由上告下』，『用雙手來捧告，以示尊崇之義。』（見唐氏《史𦣻簋銘考釋》，《考古》一九七二年第五期）以上告下作『𢍜』，以下告上作『告』，故《𩰫尊》銘文『𢍜于宗小子』與『告于天』，分别明晰。由金文名象知『言』與『告』字形相近，從言從収之『𢍜』字乃轉寫成從収告聲之『𢍜』，此即陸氏所謂『本作𢍜』，其字之所由來也。

《書序》曰：『武王崩，三監及淮夷叛，周公相成王將黜殷，作大誥。』《周本紀》亦曰：『後武王崩，太子誦代立，是爲成王。成王少，周公恐諸侯畔周，公乃攝行政當國。管叔、蔡叔群弟疑周公，與武庚作亂，畔周。周公奉成王命，伐誅武庚、管叔，放蔡叔。』又曰：『初，管蔡畔周，周公討之，三年而畢定，故初作《大誥》。』皆與《尚書大傳》『周公攝政，一年救亂，二年伐殷』之説合。則本篇乃周公攝政一年救亂之前誥於多邦之平叛檄文，其作誥時間在武王崩成王即位而周公攝政之初。孔穎達曰：『周公相成王，將欲東征黜退殷君武庚之命，以誅叛之義大誥天下，史敘其事，作大誥。』以本篇爲周公所誥，而史敘其事，其說是也。是『大誥』也者，以平叛之義廣告於天下也。然以當時情事考之，此篇之具體時間，當在《君奭》篇之後。只有周公說服召公，二人取得一致之後，方可圖謀發兵救亂平叛也。餘說參見《君奭》篇解題及相關釋讀。

西漢末，東郡太守翟義起兵十萬討伐王莽篡逆。王莽迎擊翟義，乃仿本篇更造《大誥》一篇，自比周公誅管蔡。王莽之『誥』，襲用本經，其字句或易以時言或代以詁訓，猶史公作《五帝本紀》及《殷本紀》以時言與訓詁引述《尚書》『典』、『謨』之比也。

此篇乃周公攝位當國時之文獻，其流傳背景，當與西周末年之『周召共和』之時事相關。參見拙作《西周末年的鑒古思潮與今文〈尚書〉的流傳背景》（〔臺〕《漢學研究》第十九卷第一期）以及拙著《中國早期文化意識的嬗變——先秦散文發展線索探尋》第一卷相關章節。

王若曰：『猷大誥爾多邦，越爾御事。〔一〕弗弔天降割于我家，不少延。〔二〕洪惟我幼沖人，嗣無疆大曆服，弗造哲迪民康，矧曰其有能格知天命。〔三〕已，予惟小子，若涉淵水，予惟往求朕攸濟。〔四〕敷賁敷前人受命，兹不忘大功。〔五〕予不敢閉于天降威，用寧王遺我大寶龜，紹天明。〔六〕即命。曰：「有大艱于西土，西土人亦不靜，越兹蠢。」〔七〕殷小腆，誕敢紀其敘。天降威，知我國有疵，民不康，曰：「予復。」反鄙我周邦，今蠢今翼。〔八〕日民獻有十夫予翼，以于敉寧武圖功。〔九〕我有大事，休。朕卜並吉。肆予告我友邦君，越尹氏庶士御事，曰：「予得吉卜，予惟以爾庶邦于伐殷逋播臣。」〔一〇〕爾庶邦君越庶士御事，罔不反曰：「艱大，民不靜，亦惟在王宮邦君室，越予小子考翼，不可征，王害不違卜。」〔一一〕肆予沖人，永思艱曰：「嗚呼！允蠢，鰥寡哀哉！予造天役，遺大投艱于朕身。」〔一二〕越予沖人不卬自恤，義爾邦君，越爾多士，尹氏御事綏予，〔一三〕曰：「無毖于恤，不可不成乃寧考圖功。」〔一四〕已，予惟小子，不敢替上帝命。〔一五〕天休于寧王，興我小邦周。寧王惟卜用，克綏受茲命。〔一六〕今天其相民，矧亦惟卜用。嗚呼，天明畏，弼我丕丕基。〔一七〕」

【釋讀】

〔一〕**王若曰**■王，孔穎達《正義》引鄭玄曰：『周公也。周公居攝，命大事，則權稱王。』行甫按：周公攝政稱王，章太炎《與簡竹居書》有詳細論述，文見《太炎文錄初編》卷二。餘說參見《多方》『王來自奄』釋讀。若，如此也。史臣敘事之詞。**猷大誥爾多邦**■猷，《爾雅·釋詁》：『猷，謀也。』《釋言》：『圖也。』邢昺《爾雅疏》曰：『猷者，以道而謀也。』《釋文》曰：『猷，音由，道也。馬本作：大誥繇爾多邦。』鄭玄、王肅所據本亦皆『猷』字在『誥』字之下。《漢書》卷八十四《翟義傳》王莽所仿《大誥》亦作：『大誥道諸侯王三公列侯于汝卿大夫元士御事』。王引之曰：『「大誥道爾多邦」，文義不順。猷，於也。「大誥猷爾多邦」者，大誥於爾多邦也。』且王氏據莽

《誥》，以爲本經『猷』字當在『告』字下，經後人一改再改而誤置於句首。且《多士》『猷告爾多士』，《多方》『猷告爾四國多方』，亦皆爲後人緣例所改。行甫按：王氏之説雖辯，但並不可信。其一，孔穎達曰：『此本「猷」在「大」上，言以道告衆國，於文爲便。但此經云「猷大」，《傳》云「大道」，古人之語多倒，猶《詩》稱「中谷」，谷中也。』其二，孔穎達曰：『猷，訓道也。』且依《雅》訓及邢《疏》，此『猷』字，實兼含『謀』、『圖』、『訓道』、『以道而謀』之四義焉，表作誥之目的。意即：之所以廣誥爾多邦越爾御事，目的在于讓你們明白如下之事實與道理。此乃古人召集會議發佈講話，於開首或轉換談話内容時所用之習語，故《多士》、《多方》皆有其例。此外《盤庚》『猷黜乃心，無傲從康』之『猷』，亦是其例。其三，修飾詞置於句首，所修飾者乃全句，而非句中某個單一的詞匯，周末詩文猶有其例。參見《多方》『猷告爾四國多方』釋讀，茲不復贅。多邦，即多方，指朝臣之外的各地封疆大吏。因此時尚未大規模地封建侯衛，不可解爲衆諸侯之國。**越爾御事**■越，與也，及也。《三體石經》作『粤』，銅器銘文作『雩』，皆音同通用。御，治也。《大雅・思齊》『以御于家邦』，鄭《箋》：『治也。』孔穎達《正義》：『御者，制治之名。』《國語・周語上》『百官御事』，韋昭注：『御，治也。』行甫按：『御事』，即治事之人，與上『多邦』相對，指朝中大臣以及各方正長之屬吏。

〔一二〕**弗弔天降割于我家**■弗，不也。弔，淑也，善也。《漢書・翟義傳》引王莽《大誥》『不弔天降喪于趙傅丁董』，顔師古注：『不弔，言不爲天所弔閔。』行甫按：『弗弔天』，古人成語，猶今語所謂『無情的老天爺』。説見《君奭》『弗弔天降喪于殷』釋讀。割，馬融本作『害』。行甫按：『割』、『害』二字通用。『害』，謂武王克商二年，疾病以至崩殂，成王年幼，周公攝代而管、蔡流言與武庚將叛也，故枚《傳》讀作『降割于我家不少』也。餘説見下。我家，我周家也。**不少延**■少，稍也。延，間也，緩也。《爾雅・釋詁》：『間也。』邵晉涵《正義》：『延爲間隙。』王引之《經義述聞》：『延者，息之間也。』又，『延』讀如『緩』，上古喻母三等字讀匣母。《廣雅・釋鳥》：

『延居，怪鳥屬也。』王念孫《疏證》曰：『《南山經》注作爰居。』行甫按：《南山經》南次三經『有谷曰育遺，多怪鳥』，郭璞注引《廣雅》『延居』作『爰居』。《國語・魯語上》『海鳥曰爰居，止於魯東門外三日』，展禽曰：『今兹海其有災乎！夫廣川之鳥獸，恆知避其災也。是歲也，海多大風，冬煖。』則『爰居』亦即『换居』也，是『延』讀如『緩』之證。《釋文》：『馬融讀「弗少延」爲句。』行甫按：枚《傳》以『延』字屬下爲讀，釋曰：『凶害延大，惟累我幼童人。』孔穎達曰：『鄭玄、王肅皆以「延」字上屬爲句，言害不少乃延長之。』今從馬融、鄭玄、王肅讀屬上。『天降割于我家不少延』者，謂天降之災不斷，武王疾而崩，成王幼沖，不能蒞政，周公攝而代，又流言孔亟，叛亂將作，無有稍稍間歇而延緩也。

〔三〕**洪惟我幼沖人**■洪，大也，修飾『惟我幼沖人嗣無疆大曆服』整句，意即：最爲關鍵的是、最爲嚴重的是。惟，乃也，爲也，因也。幼，稚也，少也。沖，上古音在定母，讀若童。『幼沖』，亦即『幼童』也。此指周成王年紀幼少，尚未成人也。**嗣無疆大曆服**■嗣，繼也，承也。疆，邊界也。曆，通厤，數也。《爾雅・釋詁下》：『厤，數也。』《大戴禮記・曾子天圓》：『聖人慎守日月之數，以察星辰之行，以序四時之順逆，謂之厤。』是其義也。服，職位也。《大盂鼎》『女妹辰有大服』，亦即此經『服』字之義也。行甫按：二句意即：在此『天降割于我家不少延』之際，最大關鍵就在於我們年幼的君王尚未成人，便接替了無限艱巨的歷史使命與責任無比重大的國君之職。**弗造哲迪民康**■造，詣也，成也，就也。哲，智也。迪，導也，進也。康，安也。行甫按：莽《誥》『予未遭其明悊能道民于安』，顏師古注：『言不遭遇明智之人以自輔佐。』解本經者皆以『遭』字說之，實有未安也。此『造』字與『迪』字相關聯，謂『自造於哲而迪民於康』也。**矧曰其有能格知天命**■矧，況也，益也。其，將也。格，至也。莽《誥》仿作『況其能往知天命』，孫星衍曰：『格爲至，故可爲來，亦爲往。《漢書》作「往」，言不能前知天命。』行甫按：『迪』與『格』乃互文，皆有『進』之意，孫氏以『前知』說『格知』，是其義也。下文『爽邦由哲，亦惟十人迪知上帝命』與此相照應，亦以『由』與『迪』爲互文，而『迪知』亦即『格知』也。餘説見下文『爽邦由哲』句釋讀。又，此『格』字，亦可作『格物致知』之『格』字解，亦即有觀察天命、理解天命之意涵。

上六句謂周家多難，屢遭不幸，新主幼弱童昏，哲智未開，難以導民於安，更不能進知天命將猶何爲。新造周邦，前途堪憂。言其踐阼攝位，實屬不得已也。

〔四〕**已**■枚《傳》：『發端嘆辭也。』莽《誥》作『熙』。段玉裁曰：『皆即今之嘻字。』曾運乾曰：『若《史記》范增言「唉」。唉已古同聲。』行甫按：《周頌・噫嘻》鄭《箋》：『噫嘻，有所多大之聲也。』『已』、『熙』、『噫』、『嘻』皆爲感嘆之象聲詞，古讀開口，相當於今之『唉』、『嗨』。鄭氏所謂『有所多大之聲』，即有所誇張與强調焉。**予惟小子**■惟，乃也。小子，周公自稱也。行甫按：周公稱成王曰『予沖人』，即我們未成年的君主。其自稱則謙曰『予小子』，即我年幼無知，見識淺陋。經文分別甚嚴。莽《誥》『我念孺子，予惟往求朕所濟渡』，以『小子』爲『孺子』，則誤解之甚也。**若涉淵水**■涉，《説文》：『徒行厲水也。』《爾雅・釋水》：『以衣涉水爲厲。』淵，《説文》：『回水也。』孔門弟子顔淵名回，乃名字相應之義也。『回水』者，即今所謂漩流也。**予惟往求朕攸濟**■惟，乃也，特也。往，前也，進也。求，尋覓也。攸，所也。濟，渡也。行甫按：因以『涉淵』爲喻，故不知『攸濟』。此三句謂：我年幼無知，閲歷尚淺，面對時艱，如同徒步趟涉漩流之水，只有努力向前尋求上岸的方向。《君奭》篇亦有此喻，但語意稍有不同：『今在予小子旦，若游大川，予往暨汝奭其濟。』謂將與君奭共往而渡此大川，乃寓同舟共濟之意也。此經則以喻身蒙重負而道途艱險，前路堪憂也。

〔五〕**敷賁敷前人受命**■敷，偏也。孫星衍、王引之皆據莽《誥》『予惟往求朕所濟渡奔走』疑此『敷』字爲衍文。行甫按：孫、王説非也。《周頌・賚》『敷時繹思』，鄭《箋》：『敷猶偏也。』是其義也。賁，讀符分切，大也。

《盤庚下》『用宏兹賁』，枚《傳》：『宏、賁，皆大也。』是其證也。敷，亦大也。《大雅・常武》『鋪敦淮濆』，《釋文》：『鋪，韓《詩》作「敷」，云「大也」。』則『賁敷』也者，雙聲近義複詞，乃恢擴張大之意，猶今所謂『弘揚』也，與前『敷』字爲副詞，意義有別。『賁敷』之『大』與下『不忘大功』之『大』相照應。前人，謂文王、武王也。受命，受天之命。行甫按：曾運乾據《爾雅・釋魚》『鱉三足能，龜三足賁』解『敷賁敷前人受命』爲『陳龜，陳前人受命』。然《論衡・是應篇》曰『能與賁不能神於四足之龜鱉，一角之羊何能聖於兩角之禽』，是『賁三足』而異於常龜，乃莊子《人間世》所謂『牛之白顙與豚之亢鼻者，與人有痔病者不可以適河。此皆巫祝以知之矣，所以爲不祥也。』『賁』既爲『三足』之龜，豈可用之於卜？且既已『陳龜』，下文又言『用寧王遺我大寶龜』，不亦重而贅之乎？是知曾氏之說非也。『敷賁敷』，猶今語所謂『廣泛弘揚』也。**兹不忘大功**■兹，如此也，如是也，承上之詞。忘，王引之《經義述聞》曰：『亡、忘古字通。言不失前人之大功也。』功，功業也。行甫按：二句緊承上文，意謂：此時必須廣泛張大前人受命造周之大業，如此乃可使前人之大功業不至失墜。

〔六〕**予不敢閉于天降威**■閉，掩藏也。金兆梓據《趙世家》『主父開之』司馬貞《索隱》引『譙周及孔衍皆作「閉之」，「閉」謂藏也』之說，謂『「閉」有掩藏義』。行甫按：金說是也。《說文》：『閉，闔門也。从門，才所以距門也。』由『闔門』引申之，『閉』即有壅蔽、掩藏之義。于，對於也。威，畏也。《小雅・常棣》、《左傳》昭公七年：『死喪之威。』毛《傳》及杜注並云：『威，畏也。』是『天降威』者，謂天降可畏怖之災禍也，與上文『天降割于我家』之『天降割』，及下文『矧今天降戾于周邦』之『天降戾』義同。行甫按：枚《傳》讀『天降威用』句。朱彬、孫詒讓、章太炎皆讀威字句，『用』字屬下。是也，兹從之。句意謂：我不敢自欺欺人地壅蔽隱瞞上天降給我們的厄難，必須勇敢地面臨困境，並設法應對當前的危局。故下言『用龜』稽卜之事，乃請示天意也。曾運乾曰：『閉，壅也。言今昊天疾威，予不敢壅不上聞也。』既是『昊天疾威』，『昊天』豈有不知而可『壅不上聞』！是知其不通也。**用**

寧王遺我大寶龜■用，以也。寧王，文王也。行甫按：晚清金石文字學家吳大澂等，以爲《大誥》及《君奭》二篇「寧王」之「寧」，乃古文「文」字之誤。今人裘錫圭頗崇其説，見裘錫圭《談談清末學者利用金文校勘〈尚書〉的一個重要發現》（《裘錫圭學術文集》第四卷，復旦大學出版社二〇一二年版）。然近人章太炎曰：「文王稱寧王者，古人謚之與號，往往隨意迭稱。如湯一人，《商頌・玄鳥》稱『武湯』，《長發》稱『武王』，《殷武》稱『成湯』，或謚或號。必居一于此，古文『武』『成』亦相似，何故不以成湯爲武湯之誤也？」行甫又按：章説是也，西人高本漢亦不以爲字誤。餘説見《君奭》「我道惟寧王德延，天不庸釋于文王受命」釋讀。遺，遺留也。寶，寶而藏之也。行甫按：句意謂：以我所寶藏之文王遺留下來的大龜甲占卜。**紹天明**■紹，吳汝綸曰：「爲卲之借字。《説文》：卲，卜問也。」行甫按：《廣雅・釋言》：「卲，卜也。」「紹」與「卲」皆從「召」得聲，故可通用。明，天意之明也。《大戴禮記・虞戴德》「明法于天明，開施教於民」，王聘珍《解詁》：「天明，謂天象也。」又《誥志》「天曰作明」，王氏《解詁》亦云：「明者，懸象著明也。」皆是其義。行甫按：「紹天明」者，謂：卜問上天之意旨，求其明白以示之也。

以上爲本節第一層，言國事多難，嗣王幼沖，恐周邦天命之將墜，擬占卜以問天意。

〔七〕**即命**■即，猶「則」，「則」猶「乃」也。命，令也，告也。就所卜之事而對龜靈發辭稽問，令靈龜出兆以示之謂之「命龜」。《周禮・大卜》鄭注：「命龜，告龜以所卜之事。」是也。行甫按：「即命」者，「即命龜」之省略，謂：乃就龜靈而發辭以稽問也。且所問之「命辭」亦省略也。《鄘風・定之方中》「卜云其吉，終然允臧」，毛《傳》：「建國必卜之，故建邦能命龜，田能施命，作器能銘，使能造命，升高能賦，師旅能誓，山川能説，喪紀能誄，祭祀能語，君子能此九者，可謂有德音，可以爲大夫。」又《論語・雍也》：「子曰：不有祝鮀之佞而有宋朝之美，難乎免于今之世矣！」是宗祝卜史之流，皆有佞才，而建邦能命龜，亦《金縢》所謂「能多材多藝，能事鬼神」也。則命龜之辭必斐然而有文采，茲已省略矣。參見《金縢》「今我即命于元龜」釋讀。**曰**■殷墟卜辭記「占辭」往往用「王固曰」三字。此「曰」即卜辭「王固曰」之「曰」字義也。「曰」字前省卻「占」字，「曰」字之後，乃爲占龜之辭，或稱「占辭」，即根據鑽灼龜甲之後所現之裂紋亦即卜兆以推斷神靈之旨也。如《殷虛文字丙編》第八片：「丙辰卜，㱿貞：我受黍年？丙辰卜，㱿貞：我弗其受黍年？」其「我受黍年」、「我弗其受黍年」，皆爲命龜之辭，即「命辭」也。第九片乃第八片之背面：「王曰：吉，受㞢年。」則「曰」字後「吉，受㞢年」者，即「占辭」也。**有大艱于西土**■大，嚴重、重大也。艱，邊關有警。行甫按：卜辭從「壴」（「鼓」字初文）從「卩」或從「女」、從「人」之字，唐蘭釋爲「囏」即「艱」字，其文例爲「其有來艱」、「允有來艱自西」或「自北」等某方，意即某方邊關有侵伐之警。字所以從「壴」（鼓）者，康殷以爲即《周本紀》設「烽燧、大鼓」以報邊警之意也。唐氏此說，爲文史學界所公認，已成定論矣。據此可知商周之際「艱」字若「囏」字之義，特指軍事警報而言也。故本經「有大艱」，《君奭》「亦大惟艱」，皆指武庚及管、蔡將亂而言。于，在也。西土，謂西部之土，指鎬京。皮錫瑞曰：「邶、鄘、衛在鎬京之東，亦當以鎬京爲西土。」**西土人亦不靜**■西土人，劉起釪曰：「對東土言，故自稱「西土」。「西土人」，指周朝派往東土的管叔、蔡叔等一班監視武庚的人。」靜，安寧也。行甫按：「不靜」，當爲其時習語，謂騷亂、擾亂也。《多方》「迪屢不靜」，謂進而屢興騷動與暴亂也。《毛公鼎》「𦑉𦑉四方，大從不靜，趯余小子，圂湛于艱」，鼎銘亦言「不靜」，且與「艱」字搭配爲用，則「艱」與「不靜」皆指騷亂而言無疑也。**越茲蠢**■越，王引之《經傳釋詞》曰：「于也。于，猶今人言「於是」也。」茲，通滋。《左傳》哀公八年「何故使我水滋」，《說文》「茲，黑也。从二玄。《春秋傳》曰：何故使吾水茲。」是「茲」、「滋」相通之證也。「滋」者，滋而益多也。蠢，動也。《說文》：「蠢，蟲動也。从蚰春聲。截，古文蠢，从戋。《周書》曰：我有截于西。」行甫按：許君截用本經以說古文「截」字。篆文从「蚰」者，「蚰」讀若「昆」，「昆」，衆也。古文从「戋」者，「戋」即「哉」之省。「哉」之爲言「茲」也。《大雅·下武》

『昭兹不許』，《後漢書·郊祀志》引謝沈書『兹』作『哉』，是其證也。則『蠢』之爲『動』者，篆文之意，猶衆蟲彼此相擁而動也。古文之意，謂滋益而動，遂其動愈疾而其波及者亦愈廣也。

此節經文，頗多異説。孫星衍、皮錫瑞、王先謙皆因莽《誥》以『曰』爲翟義之言，謂本經之『曰』後之文，乃管、蔡之流言也。又皮氏更據之以『越兹蠢』屬下與『殷小腆』六字作一句，不連上文爲義。皮氏曰：『管叔群弟之言，謂群叔流言云西土鎬京有大難也。大難蓋指公將不利于孺子事。』又曰：『管、蔡造爲西土有大艱之言，於是動武庚作亂之心也。近人讀《大誥》，斷句皆誤，遂於莽所引今文，皆不得其解。』行甫按：王莽誤讀本經，可否視爲西漢今文家説，姑置不論。諸氏穿梭於本經與莽《誥》之間，所言決與本經文勢不合。此『即命，曰』云云者，乃於所命之龜卜問之後，據龜兆所作『占辭』，即天所明示之旨。『占辭』説：周人於西部鎬京將遭到重大侵伐之警，西部之人也會發生騷亂，於是將滋生大範圍擾動也。據殷墟卜辭文例，完整之卜辭，當有四節，其一敘辭；其二命辭；其三占辭；其四驗辭。本經敘辭與命辭皆省，而『曰』字後三句爲『占辭』，下文『殷小腆』至『今蠢今翼』云云者，乃『驗辭』也。

〔八〕**殷小腆**■殷，殷遺也，指武庚禄父。腆，孔穎達《書疏》引王肅云：『腆，主也，殷小主，謂禄父也。』屈萬里曰：『王氏蓋讀「腆」爲「典」，故訓爲主。然「典」可爲動詞之主，未可以爲國君之主。今按：腆，厚也，意謂豐盛；此義《左傳》習見。「殷小腆」，謂武庚國勢稍盛也。』行甫按：王肅之説固非，屈氏之説亦無據，何以得知武王克商後僅二年，武庚之『國勢』便『稍盛』耶？此處所謂『小』者、『腆』者，皆爲賤蔑之辭，『腆』當與『殄』通。《燕禮》『寡君有不腆之酒』，鄭玄注：『古文「腆」皆作「殄」。』是『腆』與『殄』古字通用之證。《説文》：『殄，盡也。』又《邶風·新臺》『籧篨不殄』，毛《傳》：『殄，絶也。』鄭《箋》則破『殄』爲『腆』而另立新説，非《詩》義也（説見拙作《〈邶風·新臺〉之詩藝與詩義——兼議聞一多〈詩新臺鴻字説〉》，載《詩經研究叢刊》第四輯，河北師範大學出版社二〇〇三年版)。然亦證『腆』與『殄』可通用也。則『腆』若『殄』者，乃絕滅之義也。曾運乾亦讀『腆』爲『殄』，曰：『小腆，言餘孽也。』其說粗爲得之，然精微之旨猶有未達也。所謂『殷小腆』者，言武庚乃蕞爾小類，不過殷商滅絕之餘燼而苟延殘喘之輩而已。此『小』字，與下『誕』字相反對；『腆殄』字則與下『紀其敘』相反對。

誕敢紀其敘■誕，詞之大也。紀，《說文》：『別絲也。』段注：『《棫樸正義》云：紀者，別理絲縷。』敘，緒也。《說文》：『緒，絲耑也。』行甫按：『紀其緒』者，『別理絲端』也，比喻別開殷商新宗統。此二句意謂：武庚祿父，不過殷人殄滅未盡之宵小之類而已，竟膽敢冒天下之大不韙，妄圖另立新統，重開亡殷之緒。此『紀其敘』與下『曰予復反鄙我周邦』相關聯。說見下文釋讀。**天降威**■與前『天降威』意同，此專指武王崩、成王幼沖即位之事。

知我國有疵■疵，《釋文》引馬融曰：『叚也。』行甫按：『叚』通『瑕』，即『瑕釁』，亦即玉器之裂紋也。《金縢》曰：『武王既喪，管叔及其群弟乃流言於國曰：「公將不利於孺子。」』是則成王幼弱而周公見疑，即此『瑕疵』之所喻也。**民不康**■康，安也。『民不康』者，謂管、蔡流言造成人心不安穩也。行甫按：《豳風·破斧正義》引《尚書大傳》曰『武王殺紂，繼子祿父。及管、蔡流言，奄君、薄姑謂祿父曰：「武王已死，成王幼，周公見疑矣，此百世之時也。請舉事。」然後祿父及商奄畔。』是『有疵』、『不康』之證也。**曰予復**■曰：謂也。此周公擬『殷小腆』武庚之語氣。予，武庚自稱也。復，返也。近人之語所謂『復辟』者，即其義也。句謂：我武庚祿父將重新別開殷家之統緒也。**反鄙我周邦**■反，反而，即今語所言『反過來』。鄙，通圖。古文『圖』、『鄙』二字之初文皆作『啚』，後世雖分化而各有其義，然上古二字通用也。說見《多方》『洪惟圖天之命』釋讀。**今蠢今翼**■今，即也，乃也。翼，通『翊』。俞樾《群經平議》曰：『「疑「今蠢今翼」兩義相對，「翼」本作「翌」，衛包改作「翼」。說詳段氏《撰異》。《說文》蚰部：「蠢，蟲動也。」羽部：「翊，飛皃。」「翌」即「翊」之變體。「蠢」以蟲喻，「翊」以鳥喻。字又變作「翋」。《文選·吴都賦》「趻趯翋猓」，李注曰：「相隨驅逐眾多貌。」上文「越茲蠢」，專以武庚言。此文「今蠢今翌」，則見武庚蠢動而淮夷從之㹘[illegible]衆多也。』行甫按：　段氏、俞氏說字是也。『今蠢今翼』，猶『乃蠢乃翼』也，與《無逸》『乃逸乃諺』、《大雅・公劉》『迺埸迺疆，迺積迺倉』句式一律，是『蠢』與『翼』詞義詞性均同而並列爲用也。『今蠢今翼』者，謂乃如衆蟲而擁動也，乃如衆鳥而群飛也。上文『越茲蠢』者，『占辭』也。此『今蠢今翼』者，『驗辭』也，謂『殷小腆』果蠢然而群動矣，果翼然而群起矣。

以上爲本節第二層，言龜卜之事，省略命辭，俱記占辭與驗辭，實爲誅責亂黨自不量力，逆天而行。

〔九〕**日民獻有十夫予翼**■日，近日也。俞樾曰：　『「日」字屬下爲義，文七年《左傳》「日衛不睦」，襄二十六年《傳》「日其過此也」，昭七年《傳》「日君以夫公孫段爲能任其事」，十六年《傳》「日起請夫環」，並與此「日」字同。蓋左氏正因《尚書》有此文法而循用之耳。』近人金兆梓謂《國語・晉語》亦有此例，如『日君以驪姬爲夫人』、『日吾固告君』是也。行甫按：　俞氏、金氏說是也，《左》、《國》亦如孔、孟，其話語體係皆沾溉於《詩》、《書》傳統，此必然之事理也。民獻，段玉裁曰：　『今文《尚書》「獻」作「儀」。《尚書大傳・周傳》云「《書》曰民儀有十夫」，是也。《說文解字》車部義聲之「轙」，或從金獻聲作「钀」，皆元部與歌部關通音轉。《古文苑》班固《車騎將軍竇北征頌》云「民儀響慕，群英影附」，此用今文《尚書》「民儀」二字也。』行甫按：　《周禮・司尊彝》『獻尊』，鄭注：『獻讀爲犧。』『犧』、『儀』皆從『義』聲，是『獻』、『儀』二字可通之證也。注家多解『獻』爲『賢』。近人陳夢家《西周文中的殷人身份》（《歷史研究》一九五四年第六期）認爲，周人在談話中涉及殷人殷制，一般都按殷人舊時稱謂指稱。惟『獻臣』二字表示周人對於殷遺之態度及其取舍標準。陳氏曰：　『殷王以下「外服」、「内服」和「百姓」三個階層，克殷後被西周統治者稱爲「獻臣」「獻民」。』『稱之爲「獻臣」是說征服了的殷官。』陳氏之說是也。《廣雅・釋詁二》：　『獻，進也。』則『獻臣』、『獻民』者，即『進用之臣』或『進用之民』也。王鳴盛亦曰：　『殷獻臣，殷之故家「殷士膚敏」者也，人望所在，故欲其周固慎戒之，其後教成王治洛，亦曰「其大惇典殷獻民」，亦此意。《釋言》云：「獻，聖也。」聖是通明之號。」則『獻臣』、『獻民』者，即『明智的歸服進用之臣』或『明智的歸服進身之民』也。『獻臣』猶《大雅・文王》之『藎臣』。毛《傳》：「藎，進也。」是其義也。參見拙著《中國早期文化意識的嬗變——先秦散文發展線索探尋》第二卷第十二章之相關論述。此『民獻』亦即殷民之進用於周邦者。予翼，即『翼予』之倒文。翼，輔也，《國語・楚語上》『求賢良以翼之』，韋昭注：「翼，輔也。」行甫按：『予翼』者，當是殷人有將武庚叛亂隱情告密於周公從而歸順於周邦者，故下文云『亦惟十人迪知上帝命』。**以于敉寧武圖功**■以，與也，省去了賓語『之』字，代『民獻』之『十夫』也。于，《爾雅・釋詁》：「往也。」《周南・桃夭》『之子于歸』，毛《傳》：「于，往也。」是其例也。敉，《説文》：「撫也，从攴，米聲。《周書》曰：亦未克敉公功。讀若弭。」侎，敉或从人。」章太炎曰：「案《説文》：敉，讀若弭，弭字古亦彌，此敉乃借爲彌，如《春官》『小祝彌災兵』，鄭讀『彌』曰『敉』矣。《釋言》：『彌，終也。』」行甫按：章説是也。本經『敉』字，當於許君『讀若弭』之『弭』字取其義。《離騷》『吾令羲和弭節兮，望崦嵫而勿迫』，洪興祖《補注》：「弭，止也。」是『弭』有『終止』之意。下文『不可不成乃寧考圖功』，『予不敢不極卒寧王圖事』，『予曷其不於前寧人圖功攸終』，『予曷敢不于前寧人攸受休畢』，曰『成』，曰『卒』，曰『終』，曰『畢』，皆與此『敉』字相關爲義也。説見下文各句釋讀。寧，指文王也；武，指武王也。圖，謀也。功，業也。

〔一〇〕**我有大事**■大事，謂戎事也。《左傳》成公十三年：「國之大事，在祀與戎」。**休**■上天之庇佑也，指『日民獻有十夫予翼』之事。周公謂此『十夫予翼』乃上天所賜之『休』也。**朕卜並吉**■朕，我，周公自稱也。並吉，鄭玄曰：「卜並吉者，謂三龜皆從也。」**肆予告我友邦君**■肆，故也。友邦君，今人沈長雲曰：「『邦君』乃周王室治下各族邦首領之統稱；『友邦君』乃單指周族同姓邦君或周王『兄弟之邦』之邦君。」説見《〈書・牧誓〉『友邦家君』釋義》，（《上古史探研》，中華書局二〇〇二年版）。行甫按：沈説是也。拙著《中國早期文化意識的嬗變——先秦散文發展線索探尋》第二卷論述『士』在西周早期的指稱對象，未及參考沈氏之説，當訂正。劉起釪以『友』與『有』通假爲由，改『友』爲『有』。然『有』字之用，乃變單音節爲雙音節之助語詞，『邦君』乃雙音詞，無須以『有』字湊足音節。劉氏之説非也。**越尹氏庶士御事**■越，與也。尹氏，王國維曰：『尹字從又持丨，丨象筆形，猶『史』之從又持中，是『尹氏』亦爲史官。周初謂之『作册』，其長謂之『尹氏』。』庶士，衆士。御事，主事者。行甫按：上言『友邦君』，乃周宗室同姓之君長，此言『尹氏庶士御事』，乃朝中太史寮與卿事寮任職之各部大小官員。**曰予得吉卜**■將得吉卜之事，告於邦君及衆臣。**予惟以爾庶邦于伐殷逋播臣**■惟，念也，欲也。以，率領也。庶，衆也，『庶邦』，即『友邦君』也。于，往也。逋播，雙聲近義聯綿詞，逃亡佈散之意也。行甫按：『殷逋播臣』，字面意即『殷商布散逃亡之臣』，實指武庚禄父手下容留的那些逃亡竄匿之人。此時尚未平叛，武庚亦未在逃，故知『殷逋播臣』者，謂武庚所收留的那些殷商逃匿流亡之人也。

〔一二〕**爾庶邦君越庶士御事**■庶邦君，衆邦君也，亦即前『友邦君』也。越，與也。庶士御事，同上所指，皆爲朝臣。此言自邦君至於各級主事之官也。**罔不反曰**■罔，無定代詞，莫也。罔不，莫不也。反，反對也。**艱大**■艱，亦即『有大艱于西土』之『艱』。『艱大』，謂叛亂規模龐大而參與人員複雜也。行甫按：『艱大』乃總領下文『不可征』之理由，下乃分説『艱大』之各因素。**民不靜**■不靜，亦即『西土人亦不靜』，周邦内部亦有參與騷亂者。此即『艱大』原因之一。**亦惟在王宫邦君室**■亦，也辭也。惟，特也，尤其也。宫，室也。室，家也。行甫按：『在王宫邦君室』，謂『發動及參與叛亂者，就在王宫和邦君家裏』。此即『艱大』原因之二。**越予小子考翼**■越，與也。予小子，此擬於衆『友邦君』之口吻，故其自稱『予小子』。考翼，章太炎曰：『考翼猶云父老。父爲考，翼即革。《詩·小雅》「如鳥斯革」，毛《傳》：「革，翼也。」《説文》别有「翱」字，與「翼」同訓「翅」，實則「翼」、「翱」本一字。是「革」、「翼」聲通相借。《方言》「悈、鰓、乾、都、耇、革，老也。」彭羕云：「老革荒悖。」「老革」，猶言耇老，本非嫚詞。然念在老老，即爲尊稱；念在老侮，即爲嫚詞；非尊非嫚，即爲恆詞。若以轉語通之，徑謂「考翼」即「老革」可也。古人于旁尊亦稱父，考老又同意相受，「父老」云，「老革」云，皆不問親疏之語爾。』行甫按：章氏之説是也。《小雅·斯干》：『如跂斯翼，如矢斯棘，如鳥斯革，如翬斯飛，君子攸躋。』《詩》以『翼』、『棘』、『革』、『飛』、『躋』爲韻，則『革』、『翼』音近也。而『革』有『老』訓，因聲求義，則『翼』亦可訓『老』也。所引彭羕語，見《三國志·蜀志·彭羕傳》：『老革荒悖，可復道邪！』句意謂：再加上叛亂者還是我們的長輩。此即『艱大』原因之三。**不可征**■征，討伐也。**王害不違卜**■王，周公也。害，曷也，何也。《周南·葛覃》『害澣害否』，毛《傳》：『害，何也。』違卜，謂卜雖吉，但『艱大』，難以取勝，不必遵卜而行也。

以上爲本節第三層，周公旦公佈占卜結果，欲發兵討伐叛逆，而衆臣多君卻顧慮重重，不敢有所作爲。

〔一二〕**肆予沖人**■肆，故也，於是也。沖人，童人也，指成王。予沖人，猶言我們年幼的君王。**永思艱曰**■永，久也。永思艱，意即針對平叛的不同意見，進行了長時間的利弊權衡與考量。曰，成王曰也，謂成王經過長期思考和反覆權衡，終於發表意見了。**嗚呼**■嘆息之聲，既哀嘆亦感嘆也。**允蠢**■允，信也，誠也。蠢，動也。**鰥寡哀哉**■鰥寡，無妻曰鰥，無夫曰寡，此泛指孤獨貧窮無告之民。哀，悲哀，哀痛。此二句爲設詞，意謂：一旦叛亂真的發生了，則那些鰥寡孤獨貧窮無所告訴的困民就非常可憐了！**予造天役**■造，遭也。《呂刑》『兩造具備』，《周本紀》『造』作『遭』。役，《説文》：『戍邊也。』《周禮·小宰》『一曰聽政役以比居』，鄭司農曰：『役，謂發兵起徒役也。』孫詒讓《正義》：『役本爲兵戍，因之凡因事興起徒衆者，並謂之役。』行甫按：『役』，即因兵戍之事而興起徒衆也。『造天役』者，謂遭遇天降兵戍之事而不得不興起徒役也。**遺大投艱于朕身**■遺，加也，與也，讀以醉切，去聲。《邶風・北門》「政事一埤遺我」，毛《傳》：「遺，加也。」《漢書・嚴助傳》「遺王之憂」，顏師古注：「遺，與也。」皆是其例也。投，擲也。《大雅・抑》「投我以桃」，鄭《箋》：「投，猶擲也。」《左傳》昭公五年「受其書而投之」，杜預注：「投，擲也。」是其義也。行甫按：「遺大投艱」，亦即「遺投大艱」，分而爲用，則「大」亦「艱」也。朕，成王自指也。行甫按：「曰」字以下，乃周公擬成王口吻，以傳達成王平叛決心。成王以躬逢天降兵戎之事自任，實有不畏歷險犯難之意，則其平叛之心已決，故下文云「予沖人不卬自恤」也。

〔一三〕**越予沖人不卬自恤**■越，猶「惟」也，以也，因也。行甫按：「越」字與下「義」字相關爲用。卬，我也，否定句代詞賓語前置，此指「沖人」自稱爲「我」也。自，獨自也。恤，《爾雅・釋詁上》：「憂也。」又，《戰國策・秦策五》「不恤楚交」，高誘注：「恤，顧也。」「恤」字當兼此二義也。成王不憂顧其個人感受，亦即邦君庶士所言「艱大」之諸理由，成王一一皆有之也。行甫按：「越予沖人不卬自恤」以下，即周公評價性表態。意謂：由於我們年幼之君不憂顧他自己的個人感受，不考慮爾等所謂「艱大」之諸因素，堅決予以平叛；則爾等尤當「綏予」耳。說見下文釋讀。**義爾邦君**■義，宜也。古足利本作「誼」，「宜」、「誼」與「義」古皆通用。蔡沈曰：「以義言之。」行甫按：蔡說是也，「以義言之」者，亦「宜」也，猶今所謂「理當」、「理應」也。**越爾多士**■越，與也，及也。多士，庶士也。**尹氏御事綏予**■尹氏，與上「尹氏」同謂執政之官也。御事，亦即各級主事之官吏也。綏，《說文》：「車中把也。从糸从妥。」行甫按：「綏」之本意，乃便於登車所引執之繩索也。《儀禮・士昏禮》「壻御婦車授綏」，鄭玄注：「綏，所以引升車者。」是其義也。引申之，則有援手、支援、援引之義。予，周公自指也。「綏予」，意即今語所謂「支持我」或「支援我」。

〔一四〕**曰**■此「曰」字乃周公模擬理應支持自己的邦君多士尹氏御事之口吻語氣。**無毖于恤**■無，勿也。毖，《說文》：「慎也。从比，必聲。《周書》曰：無毖于卹。」又，《廣雅・釋詁三》：「毖，比也。」王念孫《疏證》：『毖爲比密之比。』又，《廣雅・釋詁一》：『煩、祕、勞也。』王念孫《疏證補正》曰：『《大誥》：「無毖于恤。」《傳》云：「無勞于憂。」又，「天閟毖我成功所」，《漢書・翟方進傳》「毖」作「勞」，「毖」與「祕」通。』行甫按：『毖』之爲義，當兼有謹慎之『慎』（《說文》）、比密之『比』（《廣雅・釋詁三》）、煩勞之『勞』（《廣雅・釋詁一》）三義焉。何則？因謹慎其事，必比密而思之；因比密而思之，必煩劇而勞之也。恤，即上『不卬自恤』之『恤』，憂也，顧也。『無毖于恤』者，謂無須慎思而煩勞憂顧也。言下之意即：無須過於謹慎，顧忌多多，猶豫不決；而須當機立斷，果敢行事，一舉成功也。**不可不成乃寧考圖功**■成，成就也，完成也。乃，爾也，此擬於邦君之稱周公也。寧考，文考也。『乃寧考』，即『你的先父』也。圖功，所謀之功業。行甫按：『曰』後乃周公所擬衆邦君等人口吻，與上文『義』字、『綏』字相關聯，意謂：依理，你們就應該支持我而必定這樣說：『不要瞻前顧後，顧慮多多，應該當機立斷，果敢行事，你不可不努力成就你的先父周文王所謀定的事業。』行甫又按：屈萬里謂『乃寧考』即指『武王』而言，則屈氏以『乃』爲『乃成王』也。然此『乃』字實『乃周公』也，觀上下文語境自知，無庸詞費。

以上爲本節第四層，周公轉達成王哀憫鰥寡之志，義責衆臣多君理當支持靖難。

〔一五〕**已**■嘆詞，說見前。**予惟小子**■予，周公自稱也。惟，雖也，乃也。小子，謙詞，謂見識不廣，閱歷不豐也。**不敢替上帝命**■替，《說文》：『廢也。』《小雅・楚茨》『勿替引之』，《離騷》『謇朝誶而夕替』，毛《傳》及王逸注並云：『替，廢也。』是其例也。上帝命，天帝之命也，指『朕卜並吉』而言。則『替上帝命』者，即上文邦君等人所謂『王害不違卜』也。

〔一六〕**天休于寧王**■休，庇佑也。寧王，文王也。**興我小邦周**■興，起也，盛也。《大雅・大明》『維予侯興』，毛《傳》：『興，起也。』《小雅・天保》『以莫不興』，鄭《箋》：『興，盛也。』是其例也。小邦周，周人自稱『小邦周』，稱殷則爲『大邑商』。**寧王惟卜用**■寧王，亦文王也。惟，猶『唯』也。用，《說文》：『可施行也。从卜中，衛宏說。』行甫按：『惟卜用』，即『惟卜是用』也。謂：以卜之爲吉即施之於行也。**克綏受茲命**■克，能也。綏，援引也。說見上『綏予』釋讀。受，接受也。行甫按：『綏受』，援引與接受也，二義相輔以相成也。『綏』字古音在心母，『受』字古音在禪母。心禪二母古音通轉以構成聯綿詞者，『純粹』二字是其例也。『純』古音禪母，『粹』古音心母，參見黃焯《古今聲類通轉表》。是『綏受』之雙聲，亦猶『純粹』之雙聲也。茲，此也。行甫按：『克綏受茲命』者，謂文王能援占卜之天啓而受此天命也。

〔一七〕**今天其相民**■今，時間副詞，現在也。其，尚也，庶幾也，幸詞也。相，助也。民，人也。行甫按：『相民』者，『相以民』，指上文『日民獻有十夫予翼』也。句意謂：現在上天幸而以殷之進民輔助我們周邦。**矧亦惟卜用**■矧，況也，益也。亦，也詞也。惟，有也。卜用，謂卜吉而可施行也。行甫按：『今天其相民』，謂人謀也。『矧亦惟卜用』，謂鬼謀也。二句意謂：天既幸以人相助於我，更亦有吉卜之可用。**嗚呼**■因天以多方爲助於我周邦而興歎也。**天明畏**■明，明示也，即上『紹天明』之『明』。畏，與『威』相通，謂天明示其威力，即『相以民』與『惟卜用』也。行甫按：『天明畏』或『天明威』，一語而含二邊之意，降災降害可謂『明畏』，降福降休可謂『明威』。『畏』之與『威』雖可通用，但其義有別，當審諦之而明辨之也。此處作降福降休之『明威』解，當無所可疑也。**弼我丕丕基**■弼，《說文》：『輔也。』我，我周邦也。丕丕，大也。《立政》亦有『以並受此丕丕基』之句。行甫按：屈萬里謂《羌伯𣪕》、《師奎父鼎》皆有『對揚天子不杯魯休』之語，且謂：『丕丕，當即不杯』。屈氏之說顛矣！金文之『不杯』，即此『丕丕』也。無《書》之『丕丕』，則金文之『不杯』，竟不知其爲何字何意也！而世之所謂『新證』云者，率皆其類。基，基業也。

以上爲本節第五層，言周公引文王用卜興邦作爲歷史經驗，決心順天意依吉卜平定叛逆，以成就文武受命於天但也是尚未最終完成的偉大事業。

以上乃本誥第一節，言天降大難，武王新崩，成王幼弱，殷人蠢動，管蔡附逆。爲鞏固王朝基業，周公上假吉卜民獻之天志，下托成王靖難憫窮之仁心，對內謀服朝廷尹氏庶士御事，對外勸說宗族友邦多君，欲圖麾師東指，平定叛亂，完成文武受命未竟之業。

【繹文】

周公以王的身份說：『之所以大範圍地將你們這些各地方的主要首腦人物以及朝中各位主事大臣召集起來，目的是有一些重要事情要向大家通報。衆所周知，近來，無情的老天爺給咱們老姬家降下了不少災難，一個接著一個，似乎沒有絲毫的延緩。而在這個艱難困厄的時候，尤其關鍵的是，我們繼立的君王尚童蒙未開，在本該享受歡樂與幸福的童年時代，便不得不接替這個無比艱巨的歷史使命，就不得不承擔只有君主才必須承擔的國家職責。如果他的才華和智慧不能達到一定的程度從而引領民衆進入一種和平安寧的生活樣態，那就更談不上能夠進一步達到觀察天數、理解天命的聖王境界了。唉！雖然我負有武王臨終托孤的重任，但我自知閱歷太淺，見識有限；因此我覺得就像是突然掉落在漩水渦子裏徒步趟水那樣艱難而且危險，我奮力掙扎向前，努力尋找可以上岸的方向。我必須最大限度地發揚和光大我們的先王接受於上天的光輝使命，只有這樣，才不至於讓先輩們創下的光輝偉業斷送在我們手裏。我不敢自欺欺人地遮蔽和隱瞞上天降臨給我們周邦的危難和困厄，我們必須勇敢地直面當下的困境，設法應對隨時可能發生的危局。因此，我想利用文王遺留下來的大寶靈龜占卜天意，請求上天給予我明白的啓示。

於是，我便就國運的未來進展，向上天作了請示。通過對龜甲裂紋形狀及其卜兆走向的仔細觀察和悉心辨別，我發現上天顯示給我的占卜結果是：在我們的東部地區將發生一場大規模的動亂，將要對我們西部的京師地區構成重大威脅，而且原屬西部地區的周邦之人也會附逆而參與叛亂，這樣就會滋生更大範圍的動盪和不安。上天的這些明示，由近來所發生的某些跡象來看，已經是在開始應驗了。武庚祿父那個宵小之人，本是亡國絕宗之後的殷商餘燼，竟然膽敢大張旗鼓地祭幡招魂，妄圖別立新宗，另建殷統。因爲上天降給我們周邦的危難，加之我們内部人士的糊塗和誤解，引起人心有所不安，便以爲有機可乘，竟公然宣稱：要恢復他們殷人的基業，反過來想打我們周邦的主意。如今，他們果然就肇事了，就像茅廁裏的一堆蛆蟲那樣蠢然蠕動，就像屋檐下一群麻雀那樣撲騰亂飛。

近日裏，有十數位歸順的殷商人士主動地來幫助我，我將和他們一道去完成我們文王和武王所謀定的經國大業。這件事就足以説明，在我即將結集軍隊，討伐叛逆之時，上天給我送來了莫大的庇佑和幫助；我也爲此進行了三龜之卜，三龜所卜，皆得吉兆。於是我懷著無比興奮的心情，將這些事情經過告訴給我們宗族的各位封疆大吏，也告訴給朝廷裏某些人望所歸的重臣以及某些主事的要員，説：我占卜已經得了吉兆，我打算調集軍隊，率領你們各地的封疆大吏們，去討伐那個宵小之人招降納叛所容留的那些逃亡竄匿的殷商罪人。可是，你們這些封疆大吏和朝廷要員們，個個反對我的主張，胡説什麼：叛亂涉及面很大呀，民衆中也發生了騷亂呀！還説什麼：那些參與叛亂的人就在我們王宮和邦君的家裏呀，並且他們都還是我們的父長輩呀！總之一句話，就是不能出征。還勸阻我說，攝政王啊，你爲什麼就一定要聽從烏龜殼的指令，你爲什麼就不能違背一次占卜結果呢？

好在這個時候，我們年輕的君王，的確表現出超越其年齡時段的過人智慧，他經過長時間的權衡和思考，對這次叛亂作出了具有原則性、指導性的基本判斷，他不無感嘆也不無感慨地説：唉——！如果騷亂一旦真的發生，那些無依無靠貧窮無告的孤寡幼弱之人就非常可憐了。我遭遇了上天降給我的戰亂之災，看來我是無法迴避了，老天爺已然把這種巨大的艱難困苦拋擲到我的身上，我只好義無反顧，也只能勇敢地面對它了。你們聽聽，想想吧！你們心裏也非常明白，你們所擔心所顧忌的所有那些理由，都是我們年幼的君王所擔心所顧忌的各種情形。既然我們年幼的君王都已經下了平叛的決心，不再瞻前顧後，不再爲你們所顧忌的那些理由擔憂而猶豫不決，你們這些封疆大吏們，你們這些頭腦聰明的優秀人士們，你們這些朝中的重臣和要員們，你們理當怎麼做，不也就十分清楚了麼！你們應當不遺餘力地支持我，幫助我，你們就應該這樣對我説：你無須過於謹慎，顧忌多多，猶豫不決；你應該當機立斷，果敢行事，一舉成功。你不能不努力地去完成你偉大的先父周文王已經規劃了宏偉藍圖但尚未來得及實施的偉大事業。

唉——！我知道，我雖然也是個見識淺陋，閱世不豐的人，但是我不敢廢棄了上帝的旨令。上天把福佑下降給我們周文王，使我們小小的周邦能夠振興起來。正是由於周文王相信龜卜，相信上天的旨令，毫不猶豫地把上天的旨令付諸實施，所以我們周邦才能夠得到上天的垂愛和提攜，從上天那裏接受了眼下的天之大命。現在，上天幸而已經指派了歸順的殷人來輔助我們周邦，更何況還有吉卜的引導可以依而施行。哎——！這就是上天明顯地啓示給我們的福佑和庇護，以輔助我們周邦成就我們偉大無比的基業。』

王曰：『爾惟舊人，爾丕克遠省，爾知寧王若勤哉。〔一〕天閟毖我成功所，予不敢不極卒寧王圖事，肆予大化誘我友邦君。〔二〕天棐忱，辭其考我民，予曷其不于前寧人圖功攸終。〔三〕天亦惟用勤毖我民若有疾，予曷敢不于前寧人攸受休畢。〔四〕』

王曰：『若昔朕其逝，朕言艱日思。〔五〕若考作室，既厎法，厥子乃弗肯堂，矧肯構。〔六〕厥父菑，厥子乃弗肯播，矧肯穫。〔七〕厥考翼其肯曰予有後弗棄基。〔八〕肆予曷敢不越卬敉寧王大命。〔九〕若兄考，乃有友伐厥子，民養其勸弗救。〔一〇〕』

【釋讀】

〔一〕**王曰**■王，周公也。**爾惟舊人**■爾，指所有在場聽衆。惟，乃也，是也。舊人，長期服官在職之人，亦即經歷過文王時代、武王時代的高年老臣。**爾丕克遠省**■丕，詞之大也，猶『尤』也。克，能。省，《爾雅·釋詁》：『察也。』**爾知寧王若勤哉**■知，熟悉也，知曉也。寧王，文王也。若，猶『如何』也。勤，勞苦也。行甫按：『寧王若勤』，意指文王興創周邦之勤苦。三句意謂：你們都是從文王時代過來的老人了，你們尤其能夠非常清楚地了解當年的情形，因而你們也應該非常清晰地知曉與熟記：當年文王受命興作周邦，其時是何等的艱苦與勤勞啊！

〔二〕**天閟毖我成功所**■閟，猶庇也。《魯頌・閟宮》「閟宮有侐」，鄭《箋》：「閟，神也。」鄭玄蓋以「閟」通「祕」也，故依《說文》「祕，神也」釋此「閟」字。《魯靈光殿賦》「乃立靈光之祕殿」，張載注：「《詩》云：祕宮有侐。」《廣韻・至韻》：「祕，俗作秘。」是《詩》之作「閟」若「祕」，而《賦》乃所以作「秘」也。「秘」通「庇」，《考工記・輪人》「弓長六尺謂之庇軹」，鄭注：「故書「庇」作「秘」，杜子春云：「秘當作庇。」」是古文作「秘」而今文作「庇」也。毖，猶弼也。《儀禮・既夕記》「有柲」，鄭注：「柲，弓檠，弛則縛之於弓裏，備損傷，以竹爲之。《詩》云「竹柲緄縢」，古文「柲」作「柴」。」《秦風・小戎》「竹閉緄縢」，《既夕記》謂明器之弓「有柲」，注引《詩》作「竹柲緄縢」，《考工記・弓人》注引《詩》作「竹䩛緄縢」，是《詩》謂之「閉」，《禮》謂之「柲」，《周禮注》謂之「䩛」，《禮》古文謂之「柴」。閉、柲、䩛、柴，四字一也。毖，從比，必聲。「必」聲、「比」聲之字，聲同義得相通也。「秘」、「祕」、「閟」之通於「庇」，亦猶「柲」、「䩛」之通於「柴」也。《說文》：「㔰，輔信也。从卪比聲。《虞書》曰：㔰成五服。」今《皐陶謨》作「弼成五服」，則「閟」、「祕」、「秘」之通於「庇」者，亦猶「柲」、「柴」、「㔰」之通於「弼」也。故朱駿聲《說文通訓定聲》謂「柲假借爲弼」，是其聲假之理也。行甫按：前人注「閟毖」二字，或曰「慎勞」，或曰「告誡」，或曰「閟」爲「衍字」，紛紜衆說，莫衷一是，皆無關經義，今皆不取。所以釋「閟毖」爲「庇弼」者，「庇」即「庇護」、「庇佑」也，亦即本經「我有大事，休，朕卜並吉」及「天休于寧王，興我小邦周」之「休」字義也。「弼」者，即上文「天明畏，弼我丕丕基」之「弼」字義也。且本經通篇所言，惟「違卜」與「用卜」之辯也。必如此釋讀，方與本經語境文意相合。成，完成，成就也。功，功業也。行甫按：「成功」即上文「不可不成乃寧考圖功」之「成」之「功」也。所，意也。《漢書・佞幸傳・董賢傳》「上有酒所，從容視賢笑曰：吾欲法堯禪舜何如？」王先謙《補注》釋「酒所」爲「酒意」。《左傳》襄公三十年：「人謂子產就直助彊，子產曰：豈爲我徒？國之禍難，誰知所敝？或主彊直，難乃不生，姑成吾所。』楊樹達曰：『「所」字亦當訓「意」，「姑成吾所」者，姑成吾意也。』說見楊樹達《古書疑義舉例續補》卷二「所」作「意」義用例』條。行甫按：楊氏之說是也。此句與下二句關聯一氣，意謂：上天既有庇佑輔弼我完成文武所創功業之意，我則不敢不極卒寧王圖事，故我須大化誘我友邦君，謂以上天庇弼我成功之意「大化」勸「誘」之也。餘說見下文釋讀。**予不敢不極卒寧王圖事**■極，《爾雅·釋詁上》：『至也。』郝懿行曰：『極字凡有數義，皆緣棟而生。棟居屋之中，至爲高絕，故《爾雅》訓「至」。極又竟也，窮也，終也，終窮竟，三義又緣至而生也。《漢書·成帝紀》注：「極，止也。」《詩·鴇羽》箋：「極，已也。」已止亦俱爲至矣。』卒，《爾雅·釋詁下》：『終也。』郝懿行曰：『終亦已也、極也、畢也、盡也、竟也。』行甫按：『極卒』二字同義複詞，猶今語所謂『完成』、『了結』也。寧王，文王也。圖事，即本經屢言之『圖功』也。『寧王圖事』、『寧王圖功』，皆爲『文王所圖謀、所規劃之事業』也。**肆予大化誘我友邦君**■肆，故也，因此也。大，詞之大也，謂下大氣力也。化，變化也，教化也。誘，開導也。行甫按：此句挽接上下文意，即：既以『天閟毖我成功所』化誘『友邦君』，亦以『天棐忱』開導『友邦君』。

〔三〕**天棐忱**■棐，通匪，非也。忱，信也。行甫按：『天棐忱』者，與《君奭》『若天棐忱』、『天難諶』、『天不可信』之意同也。上既言『天閟毖我成功所』，茲又言『天棐忱』者，即《君奭》『天不庸釋于文王受命』，亦即『天不會永遠眷顧于文王受命』之意也。並非如章太炎所慮者，其『文義自相違戾』而有『矛盾自陷』之虞，故亦無須如章氏別解爲『忱可訓信，亦可訓不信』也。**辭其考我民**■辭，俞樾曰：『籀文作嗣。壁中古文亦必作嗣，乃嗣之假字。』行甫按：俞氏之說是也。然此『辭』也『嗣』也『嗣』也，乃與『司』若『伺』通。《高宗肜日》『王司敬民』，《殷本紀》作『王嗣敬民』。《荀子·哀公問》『若天之嗣』，《大戴禮記·哀公問五義》作『若天之司』。《荀子·議兵》『椅契司詐』，楊倞注：『司讀爲伺。』《史記》與《漢書》同傳某人者，其『候伺』字，每每《史記》作『伺』而《漢書》作

『司』，例見高亨《古字通假會典》『司字聲系』及『辭字聲系』。是此『辭』字當讀爲『伺』也。《說文》『伺，候望也。』此處『辭』若『伺』者，意即今語之所謂『乘機』之『乘』或『趁機』之『趁』也。其，猶尚也，庶幾也，幸詞。行甫按：『辭其』二字中省『天』字，若不補『天』字，則『其』爲代詞，亦可通，所達之意無別也。考，成也。《國語・越語下》『上帝不考，時反是守，彊索者不祥。得時不成，反受其殃。失德滅名，流走死亡。』韋昭注：『考，成也。言天未成越，當守天時，天時反，乃可以動。』行甫按：王引之《經義述聞》據《漢書・司馬遷傳》作『聖人不巧，時變是守』以『考』爲『巧』之借。王氏之說或是也，然與《國語》文本語境有所不合。韋注所據正在下文『得時不成，反受其殃』而解『考』爲『成』也。此乃范蠡所引當時流行之俗語，因『巧』、『考』二字可通，則隨引者之意各自作解耳，不可執《漢書》以規《國語》也。是韋氏依其語境作解，未可非之也。本經『其考我民』，正爲『上帝不考』之『考』字。《國語》所引雖爲俗語，然亦與《詩》、《書》傳統不相悖也。我民，我周邦之民也。**予曷其不于前寧人圖功攸終**■曷，何也。其，爲也。說見吳昌瑩《經詞衍釋》。于，以也。前寧人，即前文人，謂已亡故之先祖，此亦指周文王也。圖功，與前『圖事』意同。攸，所。終，完成也。行甫按：此三句意謂：天是不可信賴的，當伺此尚在成全我們周邦民衆之時，我爲何不乘機將先輩周文王謀定的事業有所成就呢？

〔四〕**天亦惟用勤毖我民若有疾**■亦，也詞也。惟，通『爲』，猶『則』也。說見吳昌瑩《經詞衍釋》。用，以也。勤，勞也；毖，通『祕』，亦勞也。說見上『無毖于恤』釋讀所引王念孫《廣雅疏證》。行甫按：此『勤毖』，猶如『閟毖』也，亦爲同義複詞。《書》中此例甚多，不復枚舉也。若，如也。疾，病也。**予曷敢不于前寧人攸受休畢**■曷，何也。于，以也。攸，所也。休，庇佑也。畢，竟也，亦終也。孫詒讓曰：『古者攘除疾病蓋或謂之畢，《月令》「季春命國難，九門磔攘以畢春氣」，鄭注引《王居明堂禮》曰：「季春出疫於郊以攘春氣。」是《月令》之「畢」，即逸《禮》之「出疫」。故此云「若有疾，予曷敢不于前寧人攸受休畢」，謂畢除其疾。《康誥》亦云「若有疾，惟民其畢棄咎」，「畢棄咎」，即攘除去疾病也。兩經互證，足知其義。《書》、《禮》舊説並通釋「畢」爲終、盡，則與疾病不相涉，而「若有疾」句爲贅語矣。』行甫按：孫説是也，此「畢」之爲「竟也」、「終也」，乃其字面義。此二句乃以人之疾疫病患比喻目前所出現的騷亂。意謂：上天則也在用大艱大難之事勞勤毒苦我們民衆，就像罹疫患病一樣痛苦難當，我爲何不以先輩周文王所接受於上天的庇佑去攘除民衆的疾疫呢？

此爲本節第一層，周公謂文王受命創業興周勤苦，故必須完成這份偉大事業，不可使其失墜。雖有天的庇佑與輔助，但天意無常，亦不可終信，必須抓住天賜良機，排除眼前艱險，以不懈的努力去完成前人所圖謀規劃的偉大事功。此亦即《君奭》「我受命無疆惟休，亦大惟艱哉」之意。

〔五〕**王曰**■王，亦周公也。**若昔朕其逝**■若，猶及也，至也。説見吴昌瑩《經詞衍釋》。昔，夕也，夜也。章太炎曰：『昔即夕字。《春秋傳》「爲一昔之期」，是也。』行甫按：章氏之説是也，所引乃《左傳》哀公四年文。此「昔」既與「夕」相通，亦與「夜」相通也。《吕氏春秋·制樂》「今昔熒惑其徙三舍」，《淮南子·道應》、《新序·雜事四》、《論衡·變虚》「昔」皆作「夕」。《春秋經》莊公七年「夏四月辛卯夜，恒星不見」，《穀梁傳》「夜」作「昔」。《史記·平津侯主父列傳》「朕宿昔庶幾」，《漢書·公孫弘傳》「昔」作「夜」，皆是其例也。是「若昔」者，猶及夕也。朕，周公自稱也。其，將也。逝，《説文》：『往也。』《方言》卷一：『逝，秦晉語也。』則周公操本地方言而作誥也。

朕言艱日思■朕，亦周公自稱也。言，猶訊問稽考之意也。《爾雅·釋言》：『訊，言也。』郭璞注：『相問訊也。』郝懿行《義疏》：『訊者，《説文》云「問也」，經典訊多訓問，問亦言也。故《詩·出車》箋及《小司寇》、《司刺》注並云：「訊，言也。」則「訊言」即「訊問」也。《詩》「執訊獲醜」，即執言而問也。《小司寇》「用情訊之」，即以言推問也。』《廣雅·釋詁》：『質、言、稽、考，問也。』王念孫《疏證》引《爾雅》「訊言」及郭注而後曰：『《周官·冢人》「言鸞車象人」，鄭衆注云：「言，言問其不如灋度者。」《聘禮》「若有言，則以束帛，如享禮」，鄭注云：「有言，有所告請，若有所問也。」」《曲禮》「君言不宿於家」，注云：「言，謂有故所問也。」」《廣雅》『質言稽考』皆訓『問』，則『言』也者，實有『稽考訊問以推而斷之』之意也。日，猶終日、日日也。思，謀度、思慮也。行甫按：『朕言艱日思』者，意即：對於即將發生的殷餘小類的陰謀叛亂與西土之人的內部騷動，我反覆考量自問，以致整天思慮不已。

〔六〕**若考作室**■若，如也。考，父也。顧炎武《日知錄》卷二十四云『古人曰父曰考，一也』，而後世『定爲生曰父，死曰考之稱』，乃自《曲禮》始也。**既底法**■既，已經。底，定也。法，程式也，標準也。《管子・明法》：『法者，天下之程式也，萬事之儀表也。』是其義也。行甫按：『既底法』者，確定設計規模，制訂建造程序之謂也。**厥子乃弗肯堂**■厥，其也。乃，則也，轉折之詞。肯，願詞也。堂，台基也。《禮記・檀弓》『吾見封之若堂者矣』，鄭注：『堂形四方而高。』則『堂』者，猶今之所謂『屋基』也。**矧肯構**■矧，況也。構，建構，謂造屋也。又，鄭玄、王肅本『矧肯構』之下亦如『矧肯穫』之下，有『厥考翼其肯曰予有後弗棄基』一句。孔穎達曰：『治田作室，爲喻既同，不應重出。蓋先儒見下有而上無，謂其脫而妄增之。』行甫按：孔氏之説是也，經文語勢本跳脫清通，而孫星衍、金兆梓、劉起釪諸家皆據鄭玄、王肅本補句於此，反致文法呆板滯濁矣。

〔七〕**厥父菑**■厥，其也，之也。厥父，某人之父也。菑，《爾雅・釋地》：『田一歲曰菑。』行甫按：所謂『田一歲』者，即墾荒翻草爲田也。**厥子乃弗肯播**■厥，其也。播，撒種也。**矧肯穫**■矧，況也。穫，收割也。顏師古《五經定本》『矧肯構』、『矧肯穫』，作『矧弗肯構』、『矧弗肯穫』，皆有『弗』字。孔穎達曰：『檢孔《傳》所解，「弗」爲衍字。』行甫按：此可兩通。『弗肯堂，矧肯構』，謂：既不肯築臺爲基，豈更願造屋爲室！『弗肯播，矧肯穫』，謂：既不肯撒籽播種，豈更願持鐮收割！無『弗』字，則『矧』意爲『況，何況』，讀爲反詰句。『弗肯堂，矧弗肯構』，謂：既不肯築臺爲基，更不願架屋作室。『弗肯播，矧弗肯穫』，謂：既不肯撒籽播種，更不願持鐮收割。

有『弗』字，則『矧』意爲『滋益，更加』，讀爲陳述句。然陳述句語勢綿弱，不如反詰句氣勢有力。

〔八〕**厥考翼其肯曰予有後弗棄基**■厥，其也，代『弗肯構』與『弗肯播』者。考翼，父輩也。説見上文『越予小子考翼』釋讀。其，豈也。肯，亦願詞也。有，助語詞，猶有夏、有殷、有居之『有』。予，我也，『厥考翼』自稱也。後，後人，後嗣也。棄，放棄。基，始也，基業也。句意謂：他們的父輩們豈願意説『我的後人可不要放棄了我所創下的基業啊』！

上言作室，此言治田，其取喻之意，皆在『予有後弗棄基』一句，即不能將先人所創基業毁於一旦，必須果斷採取行動，堅決平定叛亂，故下文乃謂『肆予曷敢不越卬敉寧王大命』。此即『朕言艱日思』之所『言』與所『思』之事也。

〔九〕**肆予曷敢不越卬敉寧王大命**■肆，故也，因此也。曷，何也。越，及也。卬，我，周公自指也。敉，終結，完成。寧王，文王也。大命，偉大使命。句意謂：因此我如何敢不在我有生之年繼承文王所受之天命，完成文王所創之偉大基業呢？

〔一〇〕**若兄考**■若，爾也，此爲泛稱假設之詞，故兼有舉例説明之意，猶今語所謂『你比方説』。兄，兄長也。考，父親也。行甫按：于省吾以『兄』爲『皇』字之借，讀『兄考』爲『皇考』，似是而實非也。此『兄』字與下『有友』之『友』字相對爲文，此『考』字與下『伐厥子』之『子』字相對爲文。餘説見下文釋讀。**乃有友伐厥子**■乃，寧也，豈也。有，動詞，有此事也。友，同宗兄弟，同族之人。曾運乾以『友』爲『衍文』，謂『古文有蓋作叉，讀者誤爲重文』，作『乃有友，文不成義』。行甫按：曾説非也。『有』爲動詞，『友』爲名詞，『有友』即『有同宗之兄弟』行有某事也。此『友』字與上『兄』字相照應，决非衍文。伐，侵伐，攻掠也。**民養其勸弗救**■民，人也，即上爲『兄考』之人也。養，守也。《玉篇殘卷》食部：『君子之所養可知已矣，劉熙曰：養猶守也。』勸，楊樹達謂當讀爲『觀』，意即『不可從旁觀望之而不救也』。行甫按：楊說是也。『觀』與『勸』可互通，《君奭》『割申勸寧王之德』，《禮記·緇衣》引作『觀文王之德』，是其例也。此三句文意謂：『比方說，你們作爲兄長、作爲父親，豈有有同宗兄弟來侵佔攻掠你們的兒子，你們卻守在旁邊眼睜睜地看熱鬧而不施救助的道理！』其喻意則爲：管蔡附逆，企圖顛覆王朝，猶如同宗兄弟侵伐自己的親生兒子，無論是作爲同宗兄弟的兄長，還是作爲兒子的父輩，都不可能坐視不管。

此爲本節第二層，言周公對即將發生的叛亂進行反覆考量與自省，既思叛亂之危害，亦思平叛之理由。謂如果叛亂一旦發生，周之文武所創基業必將傾覆失墜，周公繼文武之後，必須在自己有生之年，爲子孫掃平障礙，完成文王的偉大事業。無論是就攝位之王鞏固王朝基業而言，還是作爲宗族的尊長維護家業而言，出征討伐叛逆，皆爲事理之所當然。

此爲本誥第二節，言文王創業不易，不可使王朝的天命中途失墜。無論是繼承文王所創之偉大基業，抑或是不使家業遭到他人侵奪，都必須出征靖難，討平叛逆。

【繹文】

周公以攝位之王的身份說：『你們在場各位，都是從文王時代走過來的老人了，你們對於過去的那些日子應該特別了解，你們尤其應該非常清楚地記得，當年文王接受天命創立我們周邦，那是何等的艱苦與勤勞啊！因此，現在上天既有庇佑和輔助我們完成文武所創功業之意，我們也就不敢不竭盡全力去完成文王所謀劃的偉大事功； 因此，我也必須化大氣力去勸説和開導我們宗族的各位邦君，把上天將庇護和幫助我們成功的意圖，向他們説清楚講明白，讓他們理解天意之所在。當然，同時也要講明，上天也是不能完全依賴的，上天不會永遠眷顧於文王受命，也不會讓周文王的子孫一勞永逸地葆有天命。因此，應該抓住上天仍然還在幫助和成就我們周邦之民的這個有利時機，我們爲什麼不趁此機遇把我們的先人所圖謀規劃的偉大事業就此進行到底呢！ 而且上天也不會讓我們一帆風順，總要在我們前進的道路上設置一些障礙，總要給我們的民衆增添一些艱難，好讓我們不斷地努力，不斷地奮進，讓我們懂得生於憂患死於安樂的道理。這就如同上天讓我們生病一樣，只要我們依靠自身强大的抗病能力，扼制了疾病的繼續惡化，最終消除了病灶，我們的意志就得到了磨礪，我們的體魄就得到了强化。眼前將要發生的叛亂與騷動，就像我們的身體害了病一樣，我們哪敢讓它繼續蔓延，哪敢不利用我們先人所受天命的庇佑去扼制它，最終把它鏟除乾淨呢！』

周公以攝位之王的身份繼續説，『到今天晚間，我就要率領軍隊出征了。對於這場叛亂的嚴重危害，我作了細緻的考量和研究； 對於出兵征討的正當理由，我也反覆地權衡和謀劃了多日。這就好比某位父親準備建房子，都已經設計好了樣式和藍圖，也確定了建造的程序和步驟，可是他的兒子卻不願意打地基，就更談不上願意搭屋架了。 也好比某位父親已經翻耕了田地，可是他的兒子卻不願意播種子，就更談不上願意收割莊稼了。 父輩們辛辛苦苦地爲兒子創下了基業，做兒子的反而不願意繼承，這不是半途而廢，辜負了他父親的期望嗎？ 這些艱苦創業的父輩們壓根兒就没有想到説： 但願我的後人不要放棄了我的基業呀！ 可是，他的後人卻出乎他的所料，恰恰就是個不肖之子！ 你們想想看，難道我們願意做這樣的不肖子孫嗎？難道周文王會想到我們竟是這樣的不肖之子嗎？所以我怎麼也要想辦法在我的有生之年去努力完成文王接受於上天的偉大使命，決不做文王的不肖子孫！我之所以發兵東征，平定這場即將發生的叛亂，對於王朝的基業而言，這就好比說，你作爲一個兄長，作爲一個父親，在與你同宗的族人兄弟來攻打侵奪你兒子或你侄子的時候，你守在一邊袖手旁觀而坐視不管。作爲兄長，你既不對你族人兄弟對你侄子的哄搶加以有效的制止；作爲父親，你對你兒子遭人欺侮也不給予有力的援救。世上哪有這樣的道理呢？所以我決定今晚就率兵東進！』

王曰：『嗚呼，肆哉，爾庶邦君，越爾御事！〔一〕爽邦由哲，亦惟十人迪知上帝命。〔二〕越天棐忱，爾時罔敢易法，矧今天降戾于周邦。〔三〕惟大艱人，誕鄰胥伐于厥室，爾亦不知天命不易。〔四〕予永念曰：天惟喪殷，若穡夫，予曷敢不終朕畝。〔五〕天亦惟休于前寧人，予曷其極卜敢弗于從。〔六〕率寧人有指疆土，矧今卜並吉。〔七〕肆朕誕以爾東征，天命不僭卜。〔八〕陳惟若兹。』〔九〕

【釋讀】

〔一〕**王曰**■王，周公也。**嗚呼**■嘆詞。**肆哉**■肆，《說文》：『肆，極陳也。』《爾雅·釋言》：『肆，力也。』

郭璞注：『肆，極力。』行甫按：《說文》、《爾雅》之『肆』，無異訓也，『極陳』之『陳』，讀如『陳力就列』之『陳』，即郭注所謂『極力』也。哉，表祈使之語氣詞。**爾庶邦君**■庶，衆也。行甫按：『肆哉爾庶邦君』，足利本作『肆告我爾邦君』，實誤讀『哉』字爲『我』，文不可通，乃增一『告』字。楊筠如《尚書覈詁》又據之以改經文作『肆我告爾庶邦君』，大非，不可從。**越爾御事**■越，與也，及也。御，治也。行甫按：此爲倒裝句，意即：『你們衆邦的君長們以及你們各位治事的大臣們，使出你們最大的力量吧！』

〔二〕**爽邦由哲**■爽，明麗清通疏朗也，此用爲使動詞。《說文》：『爽，明也，从㸚大。』段注：『其孔㸚㸚，明之露者，盛也。』又，『爾，麗爾，猶靡麗也。从冂㸚，㸚，其孔㸚㸚，从尔聲，此與爽同意。』段注：『㸚㸚，猶歷歷也。』行甫按：『爽』與『爾』皆從『㸚』，『㸚』即交窗麗婁闓明之意，故『爽』、『爾』皆有明麗之意。由，以也，用也，因也。哲，智也。王先謙曰：『邦之爽明，必由哲人，即先知覺後之義。』行甫按：王氏之說是也。此句與上文『不造哲迪民康』相呼應。意謂：邦國政治清明，必因君人主事者具大智慧。言下之意爲：必洞察天意，果敢行動，廓清宇內，平定疆土，乃明智之舉。**亦惟十人迪知上帝命**■亦，特也，衹詞也。惟，有也。十人，即前『民獻有十夫』之『十夫』，殷之進臣而來佐助於周邦者。迪，進也。行甫按：『迪知』，謂『事先知曉』也。上帝命，上帝之命。此句與上文『矧曰其有能格知天命』相呼應。意謂：特有十位歸順於周邦的殷商遺民事先知曉上天之意前來佐助我們周邦。

〔三〕**越天棐忱**■越，於也，以也。說見吴昌瑩《經詞衍釋》。棐，匪也。忱，諶也，信也。**爾時罔敢易法**■爾，猶彼也。《孟子·公孫丑上》『爾爲爾』，《列女傳》作『彼爲彼』。《萬章下》『爾焉能浼我哉』，《韓詩外傳》作『彼安能浼我哉』。皆是其例也。行甫按：『爾時』，『彼時』也，即彼文王受命之時也，與下文『矧今天降戾于周邦』之『今』字相對。罔，無定代詞，莫也。罔敢，無人敢也。易，輕忽也，怠棄也。法，法度也，準則也。行甫按：

『法』字古文作『㝎』，與『定』字形近，莽《誥》作『改易天之定命』，乃故意誤認『㝎』爲『定』也。學者反依莽《誥》之誤文而竄改正經，豈不顛乎！**矧今天降戾于周邦**■矧，況也。戾，乖違也，厲惡也。《小雅・節南山》：『昊天不傭，降此鞠訩。昊天不惠，降此大戾。』鄭《箋》：『戾，乖也。』《大雅・瞻卬》：『瞻卬昊天，則不我惠，孔填不寧，降此大厲。』毛《傳》：『厲，惡也。』行甫按：二《雅》述意相同，而一作『戾』，一作『厲』，則『戾』即『厲』也。『戾』若『厲』，猶今語之所謂『不順』也。『今天降戾于周邦』，與上文『弗弔天降割于我家不少延』相呼應。是知莽《誥》『況今天降定于漢國』，訓『戾』爲『定』，亦爲別有用心的曲解，決不可從。行甫又按：此三句經文有所省略，語約而義豐，其意乃謂：『由於上天是不可全然信賴的，人事的努力更爲關鍵，因而即使是在周文王受天有大命之時，也沒有人敢於輕忽邦國的法度，更何況於現在上天降下大不順予我周邦之艱難時刻，則更不能容忍有膽敢以身試法之人之事！』此爲下文『惟大艱人』『亦不知天命不易』張目。

〔四〕**惟大艱人**■惟，『若』也，列舉之詞，猶今語所謂『比如』、『像』也。《孟子・告子上》『惟耳亦然』，『惟目亦然』，謂『比如人之耳也是這樣』，『比如人之目也是這樣』，皆是其例也。說見吳昌瑩《經詞衍釋》。大艱人，即造作『大艱』之人，謂『殷小腆誕敢紀其敘』之武庚也。**誕鄰胥伐于厥室**■誕，延也。《無逸》『既誕否則侮厥父母』，漢《熹平石經》『誕』作『延』，是『誕』與『延』互通之證。鄰，比鄰也，即鄰近於武庚而以監督殷遺之管叔與蔡叔也。胥，相也。厥室，其室也，謂周家邦族之內。行甫按：此謂武庚欲叛周而自紀其緒，與周室構難造艱，乃煽動與勾結鄰近之管、蔡之流，使他們於周家邦族內部同室操戈。**爾亦不知天命不易**■爾，彼也，指『大艱人』之武庚及『胥伐于厥室』之管、蔡也。亦，不過，猶祇詞、特詞也。意即『徒也，特也』。易，怠棄也，輕忽也。行甫按：此三句謂：至於那個挑起叛亂製造騷動的殷遺小類武庚，勾結與煽動他鄰近的管叔和蔡叔，企圖讓他們在周邦內部同室操戈自相攻伐，他們也不過是不明白上天之命是不可輕忽不可怠棄的罷了。因爲上天雖降戾於周邦，但天命仍然在庇佑我周人，且將徹底滅絕殷商之遺種。

〔五〕**予永念曰**■予，周公自稱也。永，長久也，猶今語所謂『永遠』。念，《説文》：『常思也』，猶今語所謂『記住』。**天惟喪殷**■惟，乃也，猶『如是』也。喪，亡也。**若穡夫**■若，如也。穡夫，農夫。《左傳》隱公六年：『爲國家者，見惡如農夫之務去草也。』則《左傳》亦繼承《詩》、《書》話語傳統。**予曷敢不終朕畝**■曷，何也。終，結束，完成也。畝，謂田畝之耕作。行甫按：此乃照應上文築室治田之喻。『終朕畝』，謂完成翻田、播種、收穫等所有田間勞作之事，決不半途而廢，以喻上文屢言之『極卒寧王圖事』、『于前寧人圖功攸終』、『于前寧人攸受休畢』，實即徹底翦除殷遺亂黨。

〔六〕**天亦惟休于前寧人**■亦，也詞也。惟，乃也，亦猶『如是』也。休，庇護，佑助也。行甫按：『天亦惟』者，『天也如是』也，與上文『天惟喪殷』相關聯，皆爲周公所『念曰』之事，『休』與『喪殷』之『喪』字相對，謂天既如是而欲喪亡殷邦，又如是而欲庇佑我周人也。前寧人，即『前文人』，與『寧考』意同，猶言『先文人』，即『已故之先父』也。**予曷其極卜敢弗于從**■曷其，何其也，吳昌瑩謂此『其』字乃『狀事之詞，猶「如此」也，「如是」也。』是『曷其』者，猶言『何以如此』也。極，屈萬里讀爲《孟子·萬章下》『亟問亟魄鼎肉』之『亟』，屢也。行甫按：屈氏之讀是也，《説卦》『坎爲亟心』，《釋文》：『亟，荀作極。』《荀子·賦篇》『出入甚極』，楊倞注：『極讀爲亟。』是『極』、『亟』互通之證。『亟卜』即『屢卜』，與前『朕卜並吉』及下『今卜並吉』之『並』字相關，謂行三龜之卜也。于，猶之也。從，信從也。弗于從，猶言『弗之從』也，否定句代詞賓語前置。行甫按：此二句與上『用寧王遺我大寶龜』以及『天休于寧王，興我小邦周，寧王惟卜用，克綏受茲命』相關聯，意即：天也對我們已故的先父周文王如此地庇護和輔佐，文王便從殷人那裏接受了天之大命，創下了我們周邦的偉大基業；周文王順從天命，惟得吉卜即以施行，所以我小邦之周得以迅速崛起。因此，我怎麼可以如此虔誠地多次占卜天意而既得三龜並吉之卜又敢於不信從呢？

〔七〕**率寧人有指疆土**■率，循也。《漢書・東方朔傳》『徼循長楊以東』，顏師古注：『循，行視也。』寧人，即『文人』，先父也。有，通『域』。《商頌・玄鳥》『奄有九有』，《文選・冊魏公九錫文》李善注引作『奄有九域』。又，《荀子・禮論》『人有是，士君子也』，《史記・禮書》作『人域是，士君子也』。是『有』與『域』相通之證。指，《爾雅・釋言》：『示也。』《禮記・曲禮上》『登城不指』，《大戴禮記・曾子本孝》『臨不指』，皆以手指指劃而示之之意。行甫按：此『指』字猶今語所謂『指點江山』之『指點劃定』之意，乃由『指示』意引而申之也。『有指疆土』，即『域指疆土』，謂域定指劃其國土之邊界也。行甫又按：《大盂鼎》『雩我其遹省先王受民受疆土』，其『遹省』乃本經『率循』、『行視』之意，『遹』通『逵』，『逵』即『率』也。『省』即『視』也。『先王受民受疆土』，即本經『寧人有指疆土』之意，鼎銘用詞及造句與本經大同。句意謂：行視先父周文王圈就劃定邊界的廣袤疆土。言下之意：我將掃清叛亂，綏靖周邦，決不使先王受之於天的人民與疆土受難蒙艱。**矧今卜並吉**■矧，況也。今，現刻，此時。行甫按：此二句緊承上文，意謂：行視先父劃定的疆土，不使先王受之於天的人民和疆土受難蒙塵，本來就是我應盡的責任，更何況此刻天意助我，三龜之卜皆顯吉兆呢！

〔八〕**肆朕誕以爾東征**■肆，故也，因此也，于是也。誕，詞之大也。以，統領指撝也。《左傳》僖公二十六年：『凡師，能左右之曰以。』是其義也。東，鎬京在周邦之西部，武庚與管、蔡在東部。征，討伐也。『東征』，即出兵討伐東部之叛逆也。**天命不僭卜**■僭，差忒也，乖戾也，猶今語所謂『不一致』、『相悖離』也。行甫按：自枚《傳》『卜』字屬下爲讀，注家皆因襲不疑，非也。此句謂天命正佑助於我周邦，且三龜之卜亦皆吉，則天命與占卜兩不相違也。言下之意，東征必獲全勝。

〔九〕**陳惟若茲**■陳，陳述也。惟，唯也，僅也。若茲，如此。行甫按：此句乃誥詞之結束語，意即：『所要講的就是如此』，或『所説的就是這些』。《書》中多有此例，《多方》文末之『我不惟，多誥，我惟祇告爾命』以及《君奭》文末之『祇若兹，往敬用治』，皆是也。

此爲本誥最後一節，乃全篇之結語及文眼所在。言即使上天降難，但天命仍佑周邦。順從天命，不違吉卜，討伐殷逆，平定叛亂，廓清邦國，綏靖疆土，乃當前最爲明智之選擇。

【繹文】

周公以攝位之王的身份最後嘆息説：『唉！你們這些邦國的封疆大吏們以及朝中各位治事的大臣們，奮揚你們的雄威，鼓足你們的勇氣吧！廓清宇内，綏靖疆土，邦國政治清明，民生安居康樂，有賴於你們這些大吏臣工的聰明才智。特有那十位歸順於周邦的殷商遺民，就因爲他們事先知曉天命所在，故而前來佐助我們周邦。他們的明智選擇，已經給你們做出了榜樣。要知道，上天是不能全然信賴的，人事的努力更爲根本；因此，在那個文王受天有大命的創業時代，尚且没有人膽敢輕忽邦國的法度和準則，更何况正值此上天降下大不順予我們周邦之艱難時刻，則更不能容忍有膽敢以身試法的人和事，比如那個不知天高地厚的殷商小類企圖給我們周邦製造麻煩！他還竟敢煽動他的近鄰管叔和蔡叔一起興風作浪，唆使他們在我們周人内部同室操戈自相攻伐！他們之所以膽敢這樣做，也不過是不明白上天之命是不可輕忽不可怠棄的罷了。因爲上天雖然給我們周邦降下了諸多不順，但天命仍然還是庇佑我們周邦的，並且還要徹底滅絕那些叛逆的殷商遺種。我一直以來總是這樣想：上天這是一心要滅絕那些殷人了，就像耕田種莊稼一樣，我要善始善終，哪敢半途而廢，只耕田不播種，或者播了種卻不收穫呢？我得一鼓作氣，除惡務盡，決不留下後患！上天也對我們已故的先父周文王如此眷顧和庇護，文王從殷人那裏接受了天之大命，創下了我們周邦的偉大基業；那是因爲周文王順從天命，得了吉卜便依而施行，所以我們小小的周邦才能夠很快興盛崛起成爲大國。因此，我果若效法文王，又怎麼可能如此虔誠地多次卜問天意而得了三龜並吉之卜卻敢於不信從呢？再說，行視先父周文王圈就劃定邊界的廣袤國土，不使先父受之於天的民眾和疆土蒙難歷艱，這本來就是我們這些晚輩應盡的職責和本份，更何況此刻天意助我，三龜之卜皆爲吉兆呢？因此，天命的庇佑與占卜的吉兆，二者完全一致，沒有半點相違與相悖，所以我將浩浩蕩蕩地統帥你們向東方開進，討伐殷逆，平定叛亂，廓清邦國，綏靖疆土，還我先父周文王一個清明世界，朗朗乾坤！

所要講的就是這些。』

【後案】

本篇是周公攝政以來面對眾多封疆大吏及朝中治事大臣發佈的第一篇文誥，因其發佈範圍較廣，故史臣題以『大誥』之名。考其作誥時間，應當在《君奭》篇之後。唯有與召公取得思想一致，統一了行動步調，朝中政局穩定，方可考慮東征平亂，否則朝中根基動搖，而兄弟鬩牆，內外交困，周邦便汲汲可危了。因此，本篇與《君奭》在時間上爲前後關聯，面臨的問題與時局背景亦相同，故篇中詞彙與用語皆有相同之處。

當然，本篇所誥對象爲各路封疆大吏與朝中衆位執政大臣，《君奭》則僅與召公作個人交談，是以周公的身份自認亦略有不同。周公與召公資歷與職位相若，『相成王爲左右』，且意在爭取召公支持，因此，於《君奭》篇周公語氣比較謙卑，情辭相當誠懇。而本篇則面對各路封疆大吏與朝中執政大臣，且平定叛亂，尤其需要樹立權威，周公乃以攝位之王的身份自任及以繼承文王基業相號召，因而其談話語氣與口吻，則於溫和之中不失威嚴與冷峻，於勸誘之中不乏決斷與命令。因此，史臣於《君奭》篇記作『周公曰』或『公曰』，而於《大誥》篇則記作『王若曰』或『王曰』。雖時與事略同，而稱謂與身份不同，則記事之史臣已得其幾微之旨矣，學者心知其意可也。

此外，本篇文眼即在『爽邦由哲』一句，既在文章技巧上前後照應，又在論證上反復突出。篇首『弗造哲迪民康，矧曰其有能格知天命』之慮，正爲全篇樹立主幹。而篇末則直接點明主題：『爽邦由哲，亦惟十人迪知上帝命』。至於通篇所言，則看似自相矛盾：既說『天休于寧王，興我小邦周』，又謂『弗弔天降割于我家』，『天降戾于周邦』；既謂『越天棐忱』，又說『予得吉卜』。然此類相互齟齬與自相矛盾，都在『爽邦由哲』的命題中得到化解。因爲强調『越天棐忱』，其意則重在人事的努力；説『天休于寧王』，則是以信仰作支撐，鼓舞士氣與激勵鬥志。謂『天降戾于周邦』，則强調事業並非一帆風順，必須上下一心共赴時艱，謹慎對待前進中的困難。至於說『予得吉卜』，既是利用信仰的力量，亦在鼓勵信心，强調機遇。

要之，邦國政治清明，民生安居樂業，有賴於執政者對於機遇的明智抉擇與各種觀念的綜合利用。

因此，不泥於一時一事，上下采獲，左右逢源，周王朝八百年的基業，由此而定。中國文化傳統的實用理性，亦由此而初顯，則『爽邦由哲』之時大矣哉，豈虛語邪！

康誥

【解題】

『康誥』者，告康叔之辭也。《白虎通義·姓名篇》云：『文王十子，《詩傳》曰：伯邑考，武王發，周公旦，管叔鮮，蔡叔度，曹叔振鐸，成叔處，霍叔武，康叔封，南季載。所以或上其叔、季何也？管、蔡、霍、成、康、南，皆采也，故置叔、季上。』康乃其封邑之名。司馬貞《衛世家索隱》：『康，畿內國名。宋衷曰：「康叔從康徙封衛，畿內之康不知所在。」』孫星衍曰：『《路史·國名紀》云：「《姓書》康叔故城在潁川，宋忠以爲畿內國。」《姓書》蓋何氏《姓苑》，今亡。云「在潁川」者，《說文》：「邟，潁川縣。」《漢書·地理志》潁川有周承休侯國，元始二年更名邟。《集韻》：「邟，縣名，在潁川。」又有「鄘」，同音，地名，則即「康」也。元始二年復古稱邟，今河南汝州是。』《後漢書·黃瓊傳》封邟鄉侯，章懷注引《前書》『周承休侯國，元始二年更名邟』。段玉裁《說文》『邟』字注：『《志》文當是「邟」字大書，「周承休侯國」五字小書注於下。此侯國不與他侯國同，故不以縣名爲國名也。《郡國志》無邟縣者，並省也。並省之，故有邟鄉矣。』《後漢書·光武帝紀》『建武二年，封周後姬常爲周承休公』，『建武十三年，以周承休公姬常爲衛公』。章懷於『建武二年』注曰：『承休所封故城在今汝州東北。』杜佑《通典》『臨汝郡』下曰：『汝州，今理梁縣。在周爲王畿。光武封姬常爲周承休公，故城在今縣東。』

顧祖禹《讀史方輿紀要》卷五十一『汝州』云：『承休廢縣，在今州治子城東。本曰周承休城，武帝元封三年封姬嘉爲周子南君以奉周祀，邑於此。元帝永元五年更置周承休侯國，屬潁川郡。成帝綏和初更進爲公。平帝元始四年更名爲邧。光武改封姬常於東郡畔觀縣曰「衛公」，以邧縣廢入陽城縣。桓帝時黄瓊封邧鄉侯，蓋邑於此。』據諸家説，則康叔所封之地，在前漢之邧縣或郟縣，後漢省並入陽城縣乃爲邧鄉或郟鄉，地在今河南省汝州市東北。宋衷『以爲畿内國』者，蓋以爲東周之王畿也，與杜佑『在周爲王畿』之説相合。

《左傳》僖公三十一年云：『衛成公夢康叔曰：「相奪予享。」公命祀相。甯武子不可，曰：「鬼神非其族類，不歆其祀。杞、鄫何事？相之不享于此，久矣，非衛之罪也。不可以間成王、周公之命祀！請改祀命。」』定公四年亦載衛祝佗子魚之言曰：『昔武王克商，成王定之，選建明德，以藩屏周。故周公相王室以尹天下，于周爲睦……分康叔以大路、少帛、綪茷、旃旌、大呂；殷民七族：陶氏、施氏、繁氏、錡氏、樊氏、饑氏、終葵氏；封畛土略，自武父以南，及圃田之北竟，取于有閻之土，以共王職，取于相土之東都，以會王之東蒐。聃季授土，陶叔受民，命以《康誥》而封于殷虚。皆啓以商政，疆以周索。』據《左傳》所載衛甯武子及祝佗所言，則康叔『封于殷虚』之衛，實爲成王時周公所封。二人皆爲衛人，所述乃其國受封之事，當是信史無疑。故《史記·衛康叔世家》亦曰：『周公旦以成王命興師伐殷，殺武庚禄父、管叔，放蔡叔，以武庚餘民封康叔爲衛君，居河、淇間，故商墟。周公旦懼康叔齒少，乃申告康叔曰：「必求殷之賢人君子長者，問其先殷所以興，所以亡，而務愛民。」告以紂之所以亡者，以淫于酒。酒之失，婦人是用，故紂之亂自此始。爲《梓材》，示君子可法則。故謂之《康誥》、《酒誥》、《梓材》以命之。』司馬遷所謂『居河、淇間，故商墟』與《左傳》『相奪予享』以及『取于相土之東都』之說合。然據上述康叔所封采地邟或鄘在汝水流域，並非『在河、淇間』，則康叔乃於平定武庚管蔡之亂後，由康而徙封於衛。《書序》曰：『成王既伐管叔、蔡叔，以殷餘民封康叔，作《康誥》、《酒誥》、《梓材》。』《序》以《康誥》作於『既伐管叔、蔡叔』之後『以殷餘民封康叔』之時，亦與《左傳》及《史記》之說不相悖也。

自戰國初年以歷漢唐各代，學者皆以《康誥》乃成王時周公封康叔所作，至宋代吳棫《書稗傳》、胡宏《皇王大紀》乃以爲武王封康叔所作，胡氏曰：『《康誥》曰兄曰弟，蓋武王命康叔之辭也。』朱熹亦贊同二氏之說，朱氏曰：『今考其詞，謂康叔爲弟，而自稱寡兄，又多述文王之德，而無一字及武王者，計乃是武王時書，而序者失之。』（《朱子文集》卷五十七《答李堯卿書》）其後，蔡沈、金履祥皆從其說。

近人蔣善國則認爲，武王克商以後，封康叔于康，就初封説，《康誥》、《酒誥》、《梓材》是武王封康叔時所作；武王死後，管、蔡挾武庚作亂，周公以成王命平叛，因康叔捍『武庚之難』有功，便將武庚、管、蔡之封地盡封於康叔，建立衛國。就益封説（行甫按：實爲『移封』，而非『益封』），則《康誥》、《酒誥》、《梓材》是成王、周公封康叔所作（見氏著《尚書綜述》，上海古籍出版社一九八八年版，第二四一—二四五頁）。蔣氏兩袓漢宋舊説，看似公允，其實不然。《康誥》有『肆汝小子封，在茲東土』之語，《酒誥》有『明大命于妹邦』之語，『妹邦』亦即《鄘風·桑中》位於淇水之畔的『沬之鄉矣』，而康叔初封之『康』，在汝水流域之『邟』若『鄘』，并非『妹邦』。而『東土』之『東』，亦即《大誥》『肆朕誕以爾東征』之『東』。如必若蔣氏所言，則『東土』、『妹邦』，皆武庚及管、蔡所封之地，皆非武王封康叔所當有之辭。且周公攝位而稱王，乃自荀卿已言之（參見《多方》『王來自奄』釋讀），則『孟侯，朕其弟，小子封』者，周公既攝位而稱王，亦非不能有此口吻語氣；且『乃寡兄』云者，武王之於周公與康叔皆可得稱『寡兄』。由此可知，宋代吳棫、胡宏、朱熹及其門徒，未經嚴密之史學考證，其説非是。

據《尚書大傳》以及《左傳》定公四年祝佗『命以《康誥》』之説，本篇當作於周公攝政之四年，其大旨乃『明德慎罰』，又爲周公攝政時文誥，此或爲本篇所以於西周末年鑒古思潮中得以流傳之原因。又，篇首四十八字，與下文不相涉，乃與營建洛邑有關。然或者竟是因此四十八字，而兩周之際學人遂以之爲『營洛邑』之文誥，從而讀出了與平王東遷相關的現實意義，故而得以流傳於世耶？或者置此四十八字於《康誥》之首，竟是出於東遷之際學人之手，因而其讀寫傳抄《康誥》乃另有其意邪？否則，祝佗所謂『命以《伯禽》』而封魯、『命以《唐誥》』而封晉者，何以皆所不傳？然年事既經久遠，而書缺有間，後學實難懸揣。不過，此事亦頗可玩索，未始純爲『錯簡』而其間别無絲毫歷史意藴與文化符碼存焉。餘説可參見《召誥》【解題】。

惟三月哉生魄，周公初基作新大邑于東國洛，四方民大和會。〔一〕侯甸男邦采衛，百工播民和，見士于周。〔二〕周公咸勤，乃洪大誥治。〔三〕

【釋讀】

〔一〕**惟三月哉生魄** ■惟，時也，是也。説見吳昌瑩《經詞衍釋》。三月，據《尚書大傳》周公攝政『五年營成周』，則『三月』者，成王五年三月也。哉，《爾雅·釋詁》：『始也。』魄，《説文》：『霸，月始生魄然也。承大月二日，承小月三日。从月䨣聲。《周書》曰：「哉生霸。」』馬融注：『魄，朏也。謂月三日始生兆朏。名曰魄。』《白虎通·日月篇》：『月三日成魄，八日成光。』則『魄』與『霸』通，金文皆作『霸』。王國維《生霸死霸考》曰：『古者蓋分一月之日爲四分：一曰初吉，謂自一日至七八日也；二曰既生霸，謂自八九日以降至十四五日也；三曰既望，謂十五六日以後至二十二三日。四曰既死霸，謂自二十三日以後至於晦也。』據王説，則『哉生魄』者，必在『初吉』之日，則許君謂『承大月二日，承小月三日』以及馬融之説皆不誤也。**周公初基作新大邑于東國洛■**

初基，枚《傳》：『初造基。』孔《疏》：『「初基」者，謂初始營建基址，作此新邑。此史揔序言之。鄭以爲此時未作新邑，而以「基」爲「謀」，大不辭矣。』行甫按：鄭玄以『基』爲『謀』，用《爾雅·釋詁》文。枚《傳》孔《疏》以『基』爲『基址』。皆非。《爾雅·釋詁》：『初哉首基，始也。』此『初基』爲同義複詞，《書》中之例甚夥，無須覼縷。唯『作新大邑』之『初始』，乃爲『奠基』也，故枚《傳》以『造基』解之。作，營造也。邑，都城也。國，域也。東國，即東部地域。洛，洛水，字當作雒水。行甫按：洛水，雍州浸；雒水，豫州浸。其字分別，自古不紊。《周禮·職方氏》：『豫州，其川熒、雒；雍州，其浸渭、洛。』後人書豫州雒水爲洛水，乃因曹魏黄初元年詔改『雒』爲『洛』始。

四方民大和會■四方民，四方之民，即下『侯甸男邦』及『采衛』之民。和，集也；會，聚也。和會，猶今語『集會』，亦爲同義複詞。

〔二〕**侯甸男邦采衛■**侯甸男，指朝臣之外遠近大小不等的各地封國之君。邦，封也。采衛，《國語·鄭語》：『妘姓鄔、鄶、路、偪陽，曹姓鄒、莒，皆采衛。』劉起釪據之謂『采』、『衛』乃『不能與侯、甸、男並立的附庸小國』。行甫按：劉氏説近是也。王朝卿大夫之采邑，地小不足以立爲邦國，或爲其他邦國之附庸，或不爲附庸，故稱爲『采衛』。前人多引《周禮·職方氏》畿服制説此經，以『侯甸男采衛』爲『九服』之前五服，殊不知《周禮》『九服』乃據本經增益而成。**百工播民和**■百工，百官。王鳴盛《尚書後案》曰：『百工者，五服諸侯之百官也。』行甫按：此『百工』乃朝中之百官，非『五服諸侯之百官』也。播，《說文》：『布也。』又，『譒，敷也，从言番聲，《商書》曰：「王譒告之。」』今《盤庚》作『播告之修』。則『播』即『譒』，皆爲『敷布』之義。江聲《尚書集注音疏》謂『百工播』即『百官」布政職于五服也』。行甫按：江氏以『布政職』釋『播』字，差爲得之。『播』，頒佈也，猶今語所謂『分派任務』或『頒佈號令』之『分派』、『頒佈』之意。營造城邑，必分工合作，《墨子·耕柱篇》：『譬若築牆然，能築者築，能實壤者實壤，能欣（睎）者欣（睎），然後牆成也。』依其能而授其事，即此經『播』字之一義也。《左傳》宣公十二年楚令尹蔿艾獵城沂，『使封人慮事，以授司徒，量功命日，分財用，平板榦，稱畚築，程土物，議遠邇，略基址，具餱糧，度有司。事三旬而成，不愆于素』。因徒眾而定功，依時日而量事，乃本經『播』字之又一義也。和，協也，諧也。《淮南子·俶真篇》『是故治而不能和下』，高誘注：『和，協也。』是其義也。《爾雅·釋詁》：『諧，和也。』則『和』亦有『諧』義，故《廣雅·釋詁三》：『和，諧也。』行甫按：諸家皆以此『和』字乃上文『四方民大和會』之『和』，其說非也。此『和』乃形況字，作『播』的補語，意即協調、適宜。『百工播民和』，謂朝中百官給侯甸男采衛之民所分派的工作任務非常恰當而調適，大邦民眾，則工作多而重，小邦民寡，則任務少而輕，且因其人之能而授其事之便，依其時而定其功之程，乃無此輕彼重或彼遲此速而分派不公不當之過。《禮記·經解》『發號出令而民說，謂之和』，即此『和』字之最佳注腳。枚《傳》以『播率其民和悅』解之，雖不免粗疏，然得其義也。至於清儒及近世學者以《大誥》『逋播臣』解『播民和』爲『播遷之民大和會』，則失之遠甚，等諸自鄶，姑置無論可也。**見士于周**■見，效也。《史記·天官書》『以星見爲效』，張守節《正義》：『效，見也。』是其義也。行甫按：『見』與『效』，一聲之轉。士，與『事』通。《豳風·東山》『勿士行枚』，毛《傳》訓『士』爲『事』，是其例也。周，周邦，周人。『見士于周』，即『效事於周邦』，《尚書大傳》所謂『四方諸侯率其群黨，各攻位於其庭』，是其事也。

〔三〕**周公咸勤**■咸，皆。勤，勞勑也。謂周公對參與營建洛邑的四方之民皆有所慰勞也。**乃洪大誥治**■乃，於是也。洪，大也。洪大，亦同義複詞。治，楊筠如《尚書覈詁》讀爲『辭』，《周禮・小司徒》『聽其辭訟』，《小宰》『聽其治訟』，是『治』與『辭』通用之證。行甫按：《禮記・曾子問》『其辭於賓曰：宗兄宗弟宗子在他國，使某辭』，鄭注：『辭猶告也。』則『誥治』猶『誥告』，即《多方》『誥告爾多方』之『誥告』，亦同義複詞也。

【繹文】

此篇首四十八字乃史官記事之文，謂時在成王五年三月新月初現光芒的這一天，周公開始在東部的洛水旁邊營建一座新的大都城，召集四面八方的廣大民衆舉行規模盛大的奠基儀式。前來參加盛大奠基典禮的這些民衆，都是來自大大小小的邦國和王朝卿大夫們的采邑所管轄之地的自由勞動者。朝廷中掌管工程營建的各級官員已經將他們的工作按照他們各自的實際技能及其人員組合作了明確而精細的分類和分工，奠基儀式結束之後，他們就要各就各位，掀起一股營建新邑大都的巨大勞動熱潮，爲周邦的建設事業貢獻自己的聰明才智和技術力量。周公對他們在工地的生活狀況和勞動準備工作一一進行了慰問和勉勵，并且發表了重要講話。

王若曰：『孟侯，朕其弟，小子封。〔一〕惟乃丕顯考文王，克明德慎罰，不敢侮鰥寡，庸庸，祗祗，威威，顯民，用肇造我區夏，越我一二邦以修。〔二〕我西土惟時怙，冒聞于上帝。〔三〕帝休，天乃大命文王，殪戎殷，誕受厥命，越厥邦厥民。〔四〕惟時敘，乃寡兄勗，〔五〕肆汝小子封，在兹東土。〔六〕」

【釋讀】

〔一〕**王若曰**■王，周公也。若，如此也。「王若曰」者，周公攝位，踐阼當國行王事，「四年建侯衛」，封康叔於衛，史臣如實以記之，故云「王如此説」。**孟侯**■孟，與「妹」乃一聲之轉，皆爲明母字。此用加藤常賢説，引自劉起釪《尚書校釋譯論》。康叔初封於康，故稱「康侯」，《康侯鼎》稱「康侯」即是其證。《易·晉》卦辭亦曰：「康侯用錫馬蕃庶，晝日三接。」銅器自名與《易》卦之稱相符。今徙封於「妹邦」（即「沬邑」），則又稱「妹侯」，聲轉爲「孟侯」。則「康侯」、「孟侯」皆以其封地爲稱也。**朕其弟**■朕，周公自稱。其，猶之也。「朕其弟」，即「朕之弟」也。**小子封**■小子，觀《周書》諸篇「小子」之例，既可自指，亦可稱人。自指者，爲謙詞，意謂「年幼無知，閱歷不豐」，如《君奭》周公自稱「予小子旦」。稱人者，爲褒稱，意謂「富於春秋，年輕有爲」，則本經「小子封」是也。據《左傳》定公四年祝佗所謂「武王母弟八人，周公爲太宰，康叔爲司寇，冉季爲司空，五叔無官，豈尚年哉」，則康叔相對周公言確乎比較年輕。封，康叔名。《康侯鼎》銘云：「康侯丰作寶尊。」康侯名「丰」，經傳皆寫作「封」。

〔二〕**惟乃丕顯考文王**■惟，以也，因也。乃，爾，第二人稱領格，猶今語「你的」。丕，大也。顯，光明。「丕顯」，周人成語，銅器銘文常見，猶今語所謂「偉大而光明」。考，父。「丕顯考文王」，對已逝之父周文王的肅敬之稱，意即「偉大光明的先父周文王」。**克明德慎罰**■克，能也。明德，勉於德也。明，勉也，猶今語所謂「努力」也。慎罰，謹於罰也。罰，刑也。謹者慎者，猶今語所謂「小心」也。《左傳》成公十六年：「德以施惠，刑以正邪。」則「明德慎罰」者，即努力於施恩惠而謹慎於施刑罰也。**不敢侮鰥寡**■侮，欺也。鰥寡，《孟子·梁惠王下》：「老而無妻曰鰥，老而無夫曰寡。」泛指孤獨無依貧窮無告者。《左傳》成公八年韓厥言于晉侯曰：「《周書》曰：『不敢侮鰥寡』，所以明德也。」**庸庸**■庸，功也。《左傳》僖公二十七年：「《夏書》曰：賦納以言，明試以功，車服以庸。」杜預注：「庸，功也。」是其義也。庸庸，謂有功者賞之也。**祗祗**■祗，敬也。祗祗，謂可敬者敬之也。《左傳》宣公十五年：「晉侯賞桓子狄臣千室，亦賞士伯以瓜衍之縣。曰：『吾獲狄土，子之功也。微子，吾喪伯氏矣！』羊舌職說是賞也，曰：『《周書》所謂「庸庸祗祗」者，謂此物也夫！士伯庸中行伯，君信之，亦庸士伯，此之謂明德矣。文王所以造周，不是過也。』」行甫按：據韓厥及羊舌職所言，則「不敢侮鰥寡，庸庸，祗祗」者，皆爲「明德」之事也。**威威**■威，畏也，刑殺之意。《左傳》襄公三十一年衛北宮文子曰：「有威而可畏，謂之威。」威威，謂可畏者畏之也。行甫按：「威威」乃言「慎罰」，謂可刑殺者則刑殺之。**顯民**■顯，《爾雅·釋詁》：「見也。」《酒誥》：「厥命罔顯于民。」是其義也。行甫按：「顯民」，謂以「明德慎罰」之「不敢侮鰥寡，庸庸，祗祗，威威」諸事顯示於民也。**用肇造我區夏**■用，以也。肇，始也。造，創建也。區，《廣雅·釋詁二》：「小也。」夏，周人自稱夏人。「區夏」，猶《大誥》所謂「小邦周」也。行甫按：《左傳》成公二年申公巫臣云：「《周書》曰『明德慎罰』，文王所以造周也。『明德』，務崇之之謂也；『慎罰』，務去之之謂也。」其說本經之義是也。謂周文王能「明德慎罰」，因始使我地處西偏之小邦周興盛壯大也。**越我一二邦以修**■越，及也。我一二邦，謂「我區夏」之周邊與周邦相親善之一二庶邦也，如《大雅·綿》「虞芮質厥成，文王蹶厥生」之「虞國」與「芮國」諸小邦是也。以，即「用肇造」之「用」也，因也。修，治也。《君奭》「惟文王尚克修和我有夏」之「修和」，即此「修」字之義也。行甫按：此句謂文王不僅以「明德慎罰」興造我小邦周，且亦以之修和於周邊一二鄰邦也。《史記·周本紀》所謂「西伯蓋受命之年稱王而斷虞芮之訟」者，是其事也。

〔三〕**我西土惟時怙**■我西土，周邦地處西部夏墟，故自稱「我區夏」，猶言「我小邦周」也。《立政》：「乃伻我有夏。』吴汝倫《尚書故》曰：「『有夏』謂周也。岐周在西，《左傳》陳公子少西字夏，鄭公孫夏字子西，是古以西土爲夏矣。」行甫按：周人自稱，曰『我西土』，曰『我區夏』者，皆與『東土』之『大邑商』相對爲言。此等對比性語匯，尤其凸顯周人以小勝大以弱勝强之自豪感。惟，猶以也。時，是也，代指『明德慎罰』。怙，《説文》：『恃也。』王先謙曰：『《詩·蓼蕭》韓《傳》：「怙，賴也，恃也。」言西土之民，惟是恃賴之。』**冒聞于上帝**■冒，上進也。王鳴盛《尚書後案》曰：『《説文》卯部云：「二月萬物冒地而出」，《漢書》言治田有「陳根脈發，土長冒橛」之語，是「冒」有上進義，故曰「冒聞」。』行甫按：『冒聞于上帝』謂『上聞於上帝』也。《君奭篇》亦有此句，當爲古人常用之成語。此二句謂：我西土之區夏以『明德慎罰』爲依恃，其聲名乃上達於天帝也。行甫又按：自『用肇造我區夏』至『冒聞于上帝』，言由『區夏』而『一二邦』以至『殪戎殷』，皆因周文王『明德慎罰』，乃層層推進，枚《傳》句讀文從字順，然自孫星衍以降，多棄枚氏而不從，遂致析辭破句，文不成義，今皆不取。

〔四〕**帝休**■帝，上帝，天帝也，與下『天』字爲互文。休，蔭庇，福佑也。行甫按：『休』下蒙後省『文王』二字。**天乃大命文王**■天，天帝也。乃，於是也。大命，重命也。**殪戎殷**■殪，《説文》：『死也，从歺，壹聲。』行甫按：『殪』者，形聲包會意之字也。《國語·晉語八》『昔吾先君唐叔射兕徒林，殪以爲大甲』，韋注：『一發而死曰殪。』戎，《爾雅·釋詁》：『大也。』《左傳》宣公六年：『赤狄伐晉，圍懷及邢丘，晉侯欲伐之，中行桓子曰：「使疾其民，以盈其貫，將可殪也。《周書》曰：「殪戎殷。」此類之謂也。」』行甫按：『戎殷』者，『大邑商』之謂也，而『殪』乃『一發而死』，即《逸周書·世俘篇》『越五日甲子朝，至，接于商，則咸劉商王紂』也。是『殪戎殷』者，謂『一戰而盡克大邑商』也。**誕受厥命**■誕，詞之大也。此處意即『全面』、『完全』。受，接受。厥，其，指殷。命，天命。句意謂：全面地從上帝那裏接受了殷人的天命。**越厥邦厥民**■越，與也，及也。厥邦，殷商之國土；厥民，殷商之民人。行甫按：『誕受厥命越厥邦厥民』當連讀，故以『誕』字作副詞修飾『受』字。

〔五〕**惟時敘**■惟，乃也，於是也。時，是也。敘，《説文》：『有次弟也。从攴，余聲。』引申之，則有『順承』之意。**乃寡兄勗**■乃，爲也，是也。寡，猶『寡人』、『寡君』、『寡妻』之『寡』，謂獨特而無匹也，故『寡人』亦曰『予一人』也。楊筠如《覈詁》：『寡兄，謂武王也。寡，讀爲嘏，大也。』曾運乾《正讀》：『寡兄，大兄也。伯邑考卒，武王爲大兄。大兄稱寡兄者，猶《詩·思齊》嫡妻稱寡妻、《顧命》大命稱寡命也。』是『寡兄』非周公自指，乃周公對康叔而指武王也。武王既爲周公之兄，亦爲康叔之兄也。行甫按：『寡兄』猶今俗語所謂『老大哥』。勗，勉力也。行甫按：『惟時敘，乃寡兄勗』，謂：由此而依次繼承文王之天命，一戰而克大邑商者，乃是我等之寡兄周武王勉力所成之事也。《禮記·中庸》曰：『武王纘太王、王季、文王之緒，壹戎衣而有天下。』即本經之旨也。

〔六〕**肆汝小子封**■肆，故也，於是也。**在兹東土**■在，存也。兹，此也。東土。康叔徙封之衛，在東部殷商故地，故曰『東土』，與『西土』相對。

此爲本誥首節，告康叔封周邦所以受天有大命而興起並逐步壯大且最終克滅大邑商，乃在文王能『明德慎罰』。

【繹文】

周公以攝政王的身份而不無親切地對康叔説：『妹侯，我的弟弟，年富力强的叔封！由於你那位偉大而光輝的先父周文王在世之時，能夠努力勤勉地施行德惠而謹慎小心地使用刑罰，不敢輕侮欺負孤獨無依貧苦無告的窮困之人，對於那些有功勞的人便加以應得的獎賞，對於那些值得敬重的人就加以應有的敬重，對於那些應該加以懲罰的人便給予罪有應得的刑罰，通過這些行之有效的方法和具體可見的事實對民衆進行教化。因此，文王便興造創建了我們的小邦周，並且由此還影響到周邊的一些小邦小國，使這些周邊小國也同我們周邦一樣政治清明。我們小邦周地處西方，就因爲靠了我們的周文王勉力施德行惠和謹慎執法行刑，所以其美好聲名便上達於天聽了。因此，上帝蔭庇與福佑我們周文王，於是給周文王降下了重大的歷史使命，那就是要翦滅東方的大邑商，從上帝那裏完全接受殷人的天命，以及他們的國土和民人。這樣，你的老大哥周武王便順次繼承了周文王這種廣施德惠而謹用刑罰的光輝傳統，經過一番努力便完成了翦滅東方大邑商的歷史使命。於是你康叔封這樣年紀輕輕的後生子，就可以生存在淇水妹邦這片東方的土地上了。』

王曰：『嗚呼，封，汝念哉。今民將在祗遹乃文考，紹聞衣德言。〔一〕往敷求于殷先哲王，用保乂民。〔二〕汝丕遠惟商耇成人，宅心知訓。〔三〕別求聞由古先哲王，用康保民。〔四〕弘于天，若德裕乃身，不廢在王命。〔五〕』

【釋讀】

〔一〕**王曰**■王亦周公也。**嗚呼**■今文作『於戲』，嘆詞。**封**■康叔名也。行甫按：周公嘆而呼康叔之名以告之，耳提面命之意，且尤表親切。**汝念哉**■念，《說文》：『常思也。』行甫按：『念』猶今語所謂『永遠牢記』也。**今民將在祗遹乃文考**■民，妹邦之民也。將，當也。說見吳昌瑩《經詞衍釋》。在，《爾雅·釋詁》：『察也；終也。」郝懿行《義疏》曰：「在者，察之終也。《尚書大傳》云：察者，至也。至亦極也，極亦終也。」祇，敬也。適，馬融曰：「述也。」《爾雅·釋詁》：「循也。」行甫按：「述」也，「循」也，其義一也，皆遵循之謂也。乃，你，第二人稱領格。文考，先父也，指周文王。**紹聞衣德言**■紹，《爾雅·釋詁》：「繼也。」聞，問也。行甫按：「聞」與「問」古相通用，《小雅·車攻》「有聞無聲」，陸德明《釋文》：「聞，本亦作問。」是其例也。「問」即「存問」也，猶今語所謂「訪問」也。衣，通殷也。《禮記·中庸》「武王纘大王、王季、文王之緒，壹戎衣而有天下」，鄭玄注：「衣讀如殷，聲之誤也。齊人言『殷』聲如『依』。」德言，關乎國家治理與道德修養的箴規之言。如《盤庚》之「遲任有言曰『人惟求舊，器非求舊，惟新』」之類是也。行甫按：「今民將在」之「在」字兼有「終」與「察」之二義焉，且「祇遹乃文考」及「紹聞衣德言」，皆爲民之所「在察」之内容。意謂：今妹邦之民終當觀察汝封是否敬承你先父周文王「明德慎罰」的光輝傳統；是否繼續如爾文考訪求殷人關乎國家治理與道德規範的言論。

〔二〕**往敷求于殷先哲王**■往，去也。敷，偏也，溥也。猶今語所謂「廣泛」也。求，尋訪也。哲，智也。殷先哲王，謂殷商歷代具有治國智慧之先王，如商湯、盤庚及《無逸》所開列之殷王中宗祖乙、高宗武丁、祖甲諸先王也。行甫按：此告康叔去妹邦後，必遍訪於殷代先聖明王之事蹟及其治國之經驗。**用保乂民**■用，以也。保，養也。乂，治也。

〔三〕**汝丕遠惟商耇成人**■丕，詞之大也。遠，《說文》：「遼也。」《廣韻·阮韻》：「遙遠也。」行甫按：「遠」之本義爲「遼遠」、「廣遠」，引申之則有「多」義。《呂氏春秋·順說》「其賢於孔墨也遠矣」、《戰國策·齊策一》「又弗如遠甚」、《淮南子·脩務訓》「其重於尊亦遠也」，高誘皆注云：「遠，猶多也。」是「丕遠」者，亦即「更多」也。惟，《爾雅·釋詁》：「謀也。」耇，老也。耇成人，即老成之人也。**宅心知訓**■宅，度也，猶今語所謂「理解」。訓，《法言·問神》「事得其序謂之訓」，李軌注：「訓，順其理也。」行甫按：此二句告誡康叔要更多地咨詢殷商老成之人，理解他們內心的真實想法，懂得他們考慮問題的方法和思路。謂當體恤民情也。

〔四〕**別求聞由古先哲王**■別，王引之《經義述聞》謂『別』與『辯』通，『辯』，徧也。與『往敷求于殷先哲王』文義正合。行甫按：王說非是。劉淇《助字辨略》卷五：『《史記·高祖紀》「使沛公、項羽別攻城陽」，別，另也。』此『別』字乃於『殷先哲王』之外，當『另』求『古先哲王』也。如王說，既『徧求』於『古先哲王』，則『敷求于殷先哲王』已成贅語矣。聞，亦通『問』也。由，於也。古，謂殷商以前也，即虞夏之世。古先哲王，蓋傳說中之上古帝王也。**用康保民**■用，以也。康，安也。保，養也。

〔五〕**弘于天**■弘，大也。于，如也。說見王引之《經傳釋詞》及吳昌瑩《經詞衍釋》。《荀子·富國篇》引《康誥》曰『弘覆乎天，若德裕乃身』，宋本下有『不廢在王庭』五字。行甫按：『弘』下有『覆』字，則經義益明，或今本奪『覆』字耳。『弘覆于天』，謂如天之大，無不兼覆也，此指『保乂民』、『康保民』而言之。『于』作『乎』者，字通，無別義也。**若德裕乃身**■若，如也，假設之詞。德，即『紹聞衣德言』之『德』也，謂治國經驗及其道德規範。裕，屈萬里曰：『饒也。義見《詩·角弓》毛《傳》。』**不廢在王命**■廢，廢止也。《禮記·少儀》『廢則埽而更之』，鄭玄注：『廢，政教壞亂不可因也。』在，於也。『廢在王命』，即『政教壞亂而辜負於王命』也。屈萬里解『廢』爲『罷黜』，謂『不爲王命所罷黜也。』行甫按：屈氏乃據宋本《荀子·富國篇》『不廢在王庭』爲說，亦通。

此乃本誥第二節，謂康叔往封於妹邦，當廣求虞夏殷商歷代先聖明王之治國經驗與道德箴言，體恤殷商遺民之內心隱情，以期有效治理。

【繹文】

周公以攝政王之身份不無感慨地説：『哎——，康叔封，你要永遠記住啊！現在妹邦之民當會自始至終觀察你的德性與作爲，看你是否敬承遵循你已故的父親周文王的優良傳統，是否能夠繼續訪求殷人關乎國家治理與道德修養的箴規之言。因此，去到那裏之後，你要廣泛蒐集殷代先聖明王的治國經驗，把它應用到安保治理民衆的實際政治生活中去。你要更多地咨詢訪問殷商時代遺存下來的那些德高望重的老成之人，要揣摩他們的心態，理解他們内心的真實思想，懂得他們對當前一切事物的態度和看法。此外，還要尋訪上古虞夏之世先聖明王愛民的事蹟和治國的經驗，用來安民治民。如果你能像上天無不覆戕那樣對治下的所有民衆都關懷愛護，如果你自身富有優良美好的德性，你就不會辜負朝廷對你的重托和期望，你也永遠不會遭到王命的罷黜和廢除。』

王曰：『嗚呼，小子封，恫瘝乃身，敬哉！〔一〕天畏棐忱，民情大可見。〔二〕小人難保，往盡乃心，無康好逸豫，乃其乂民。〔三〕我聞曰：怨不在大，亦不在小，惠不惠，懋不懋。〔四〕已，汝惟小子，乃服。〔五〕惟弘王應保殷民，亦惟助王宅天命，作新民。〔六〕』

【釋讀】

〔一〕**小子封■**此處呼康叔爲『小子』，乃在强調其年紀尚輕，需明懂得更多有關治國治身的道理。**恫瘝乃身**■恫，《爾雅・釋言》：『痛也。』瘝，鰥之俗字。《爾雅・釋詁》：『病也。』字又作『矜』。《後漢書・和帝紀》永元八年詔曰：『朕瘝寐恫矜。』章懷注：『《尚書》曰：恫矜乃身。』乃，爾也。身，自身，身體也。枚《傳》：『治民務除惡政，當如痛病在汝身，欲去之。』鄭玄曰：『刑罰及己爲病痛。』周秉鈞《尚書易解》曰：『「恫瘝乃身」，蓋即苦身勞形之意，謂當勤勞汝身也。』與下文「無康好逸豫」之義相貫。』行甫按：周解是也。孟子所謂『苦其心志，勞其筋骨』以及『生於憂患而死於安樂』者，是其義也。　**敬哉**■敬，慎也。

〔二〕**天畏棐忱**■畏，通威也。棐，通匪，忱，通諶，信也。『天威匪諶』，謂天的威力是沒有定準的，它今天可以懲罰殷商福佑我周邦，但明天會怎麼樣卻難以料定。　**民情大可見**■情，實也。見，現也。行甫按：『民情大可見』，謂人之情非常容易表現出來。此與『天意』之無定難知相對比，謂民衆之好惡則易於把握。清人牟庭《同文尚書》云：『老子曰：「天之所惡，孰知其故；人之所畏，不可不畏也。」文自此經脫出。惟老子深得周公意，而注家莫能明也。』

〔三〕**小人難保**■小人，下民，謂一般平民也。保，猶安養也。《爾雅·釋詁》：『安也。』《說文》：『養也。』行甫按：《老子》曰：『民不畏死，奈何以死懼之。』是本經『小民難保』之義也。牟庭謂『惟老子深得周公意』，良有以也。　**往盡乃心**■盡，竭也，悉也。《荀子·榮辱》『則農以力盡田』，楊倞注：『盡，謂精於事。』乃，爾，第二人稱領格。行甫按：『盡乃心』，謂竭其心力精於其事。　**無康好逸豫**■康，安也。好，喜好也。逸，安。豫，樂也。**乃其乂民**■乃，於是也。其，尚也，庶幾也。說見吴昌瑩《經詞衍釋》。乂，治也。行甫按：謂能盡心盡力，無貪圖安樂，於是尚可望能治民也。

〔四〕**我聞曰**■聞，聽說，或爲相傳之格言，或爲先賢之遺訓。　**怨不在大**■怨，怨恨也。在，在於。　**亦不在小**■《國語·晉語九》智伯國諫智襄子云：『《周書》有之曰：「怨不在大，亦不在小。」夫君子能勤小物，故無大患。

蝻蟻蜂蠆，皆能害人，況君相乎！」韋昭注：『或大而不爲怨，禍難或起於小怨。』行甫按：此謂當疏通民憤，不宜激化民怨也。**惠不惠**■惠，《爾雅·釋言》：『順也。』**懋不懋**■懋，《說文》：『勉也。』《左傳》昭公八年子旗對陳桓子云：『《周書》曰：「惠不惠，茂不茂」，康叔所以服弘大也。』《爾雅·釋詁》：『茂，勉也。』古『懋』與『茂』通用。行甫按：『怨不在大，亦不在小』，則在於疏通化解而不令其『怨』有所積也。故『惠』當爲『順』也，『順』即化解消弭之意也。『不惠』即『不順』也，『不順』即因『積怨』而成憤也。『懋』之爲『勉』，即『勸勉』也。『懋不懋』，即勸勉激勵其難以勸勉激勵者，猶言勸勉激勵其不思努力上進者。王鳴盛《尚書後案》曰：『時殷亂方定，尚多反側，故戒以民怨無恆，宜服以寬大也。』其說是也。

〔五〕**已**■嘆詞，音讀當如『唉』，說見《大誥》『已，予惟小子』釋讀。**汝惟小子**■汝，汝康叔也。惟，乃也，是也。小子，謂年富力强，大有作爲，實言其年紀尚幼即有顯職。**乃服**■乃，即也。說見吳昌瑩《經詞衍釋》。服，《大雅·蕩》『曾是在位，曾是在服』，毛《傳》：『服，服政事也。』孫星衍據《左傳》昭公八年子旗曰『《周書》曰：「惠不惠，茂不茂。」康叔所以服弘大也』，遂連下讀爲『乃服惟弘』。行甫按：孫氏之讀非也。其一，『已』爲嘆詞，嘆其年輕即處顯位、擔要職。《大盂鼎》曰：『已，女妹辰又大服！』郭沫若《兩周金文辭大系·考釋》：『妹辰，謂童蒙知識未開之時也。』與此經句式及文意略近。其二，下文『惟弘王』與『亦惟助王』二句顯系並列，不可析文破句爲讀。是知子旗『康叔所以服弘大也』，與經文原意不合，不可從。

〔六〕**惟弘王應保殷民**■惟，乃也，乃亦即也，則也。弘，廣大也。《大雅·民勞》『而式弘大』，鄭《箋》：『弘，猶廣也。』與下文『助王』之『助』詞性詞義皆同。應，翼也。《淮南子·覽冥訓》『服駕應龍』，高誘注：『應龍，有翼之龍也。』《山海經·大荒東經》『應龍處南極』，郭璞注：『應龍，龍有翼者。』是『應龍』即爲『翼龍』，『應』，影母，蒸韻；『翼』，喻母，職韻。影喻皆屬喉音，蒸職乃平入對轉。故二字音近可通。《大雅·生民》『鳥覆翼之』，是『翼』有『翼覆』，『翼蔽』，亦即保護之意。《史記・項羽本紀》：『項伯亦拔劍起舞，常以身翼蔽沛公。』是其例也。保，猶愛護也。《孟子・梁惠王上》『保民而王』，朱熹《集注》：『保，愛護也。』是其義也。行甫按：『應保』即『翼保』，亦同義複詞。**亦惟助王宅天命**■亦，也詞也。惟，乃也，亦即也，則也，與上『惟弘』之『惟』並列爲用。宅，度也。《堯典》『宅西曰昧谷』，《周禮・縫人》注引作『度西曰柳穀』；『五流有宅』，《五帝本紀》作『五流有度』。是皆『宅』、『度』相通之證。『度』者，揆度、揣度也。行甫按：『宅天命』，即揆度天命、揣測天意之謂。猶今語所謂『推測天命，順從天意』也。**作新民**■作，成也，造就也。屈萬里曰：『作新民，意謂使殷遺民革除舊習而成爲周之新民也。』

此乃本誥第三節，謂天命不可信賴，民心向背才是政治善惡之最爲準確的風向標，告誡康叔要協助周王愛護殷商遺民，既要把他們改造成周王朝的新民，但又不要激起他們的怨恨。

【繹文】

周公以攝政王的身份面對年輕的康叔說：『唉，年輕的康叔封啊！你要做好吃大苦，耐大勞的思想準備，同時，你在處理任何事情的時候，也都要小心謹慎呀！你要清楚地知道，老天爺的威力是沒有定準的，它今天可以懲罰殷商庇佑我們周邦，它明天會怎樣對待我們，那就難以逆料了；可是，民眾的真實想法就不像老天爺的心情那樣難以琢磨了。民心的向背，與政治的善惡有著非常明顯的直接關聯，你處事是否妥當，民眾是否贊成，所有的意見立刻就寫在民眾的臉上了。更何況「光腳的不怕穿鞋子的」，一般的平民百姓，你是不能用簡單粗暴的方法去對待他們的。如果你粗暴地對待他們，他們就會更加粗暴地對待你！所以，你到妹邦之後，一定要盡心盡力，吃苦耐勞，謹慎處理一切政務，不要害怕困難與麻煩，更不要貪圖安逸和享樂，只有這樣才有指望把民衆治理好。我聽說：不在於怨恨有多大，也不在於怨恨有多小。有時候雖然怨恨很大，但是如果你善於化解，善於疏導，即使是天大的怨恨，也不會産生多麼嚴重的後果。相反，有時候雖然只是一點小小的不滿，如果你不聞不問，甚至激化矛盾，擴大怨憤，它就會産生極爲嚴重的後果，這就是「星星之火，可以燎原」的道理！所以你要注意疏通各種怨憤和抵觸情緒，化解各種偏見和仇恨心理。要盡力消除那些積恨難消的怨憤和抵觸，要用心勉勵他們放棄那些久鬱不化的仇恨與偏見。唉——！你年紀輕輕，就承擔了重要職位，負有重大責任。因此你要多方面地協助周王愛護那些殷商遺民，關心他們的生活，穩定他們的情緒；你也要協助周王理解天意所指，順承天命所向，按照上天的意旨，對於那些還不願意與我們周邦合作以及對我們周邦尚有抵觸情緒的殷商遺民，你要想方設法引導他們，改造他們，使他們成爲有益於我們周邦的新人。』

王曰：『嗚呼，封！敬明乃罰。〔一〕人有小罪，非眚，乃惟終，自作不典，式爾；〔二〕有厥罪小，乃不可不殺。〔三〕乃有大罪，非終，乃惟眚災，適爾；〔四〕既道極厥辜，時乃不可殺。〔五〕』

【釋讀】

〔一〕**嗚呼**■王符《潛夫論・述赦》引作「於戲」，段玉裁謂凡古文《尚書》作「烏呼」，凡今文《尚書》作「於呼」，《熹平石經》殘碑字作「於戲」可證。作「嗚」字，則唐人所改。**敬明乃罰**■敬，謹也。明，明辨、明察也。行甫按：今本《禮記・緇衣》引作「敬民乃罰」，郭店楚簡《緇衣》所引與本經同。乃，汝也。

〔二〕**人有小罪**■有，雖也。說見吳昌瑩《經詞衍釋》卷三。小罪，輕罪也。**非眚**■非，《潛夫論》引作「匪」。「匪」與「非」同。眚，過誤也。《潛夫論》引作「省」，《經典釋文》：「本亦作省。」「省」與「眚」音同互通。《洪範》「王省惟歲」，《史記・宋微子世家》作「王眚惟歲」。行甫按：「眚」，猶今語所謂「過失犯罪」，「非眚」即「蓄意犯罪」，亦即有「犯罪動機」。**乃惟終**■乃，猶「而」也，轉折之詞。惟，是也，爲也。終，竟也。行甫按：「終」，盡頭，「惟終」，猶今俗語所謂「一條道走到黑」、「不撞南牆不回頭」，意即「不知悔改」或「不願罷休」。**自作不典**■自，自動、自願。作，爲。典，法也。行甫按：「自作不典」，意即「蓄意爲非作歹」。**式爾**■式，慝也，惡也。《小雅・賓之初筵》「式勿從謂」，鄭《箋》：「式，讀曰慝。」《經典釋文》：「鄭讀作慝，他得反，惡也。」爾，猶「矣」也，必然之詞。行甫按：《潛夫論》作「戒爾」，「戒」當爲「式」，乃形近而譌。

〔三〕**有厥罪小**■有，亦「雖」也。厥，其也。**乃不可不殺**■乃，猶「而」也，轉折之詞。行甫按：《潛夫論・述赦》引此文曰：「言惡人有罪雖小，然非以過差爲之也，乃欲終身行之，故雖小，不可不殺也。」述其意而不釋其辭也。

〔四〕**乃有大罪**■乃，若也，如果也。大罪，重罪也。**非終**■非，《潛夫論》引作「匪」。終，亦「竟」也。行甫按：「非終」，謂中途有所悔改而未將犯罪行爲實施到底。**乃惟眚災**■乃，猶「而」也，轉折之詞。惟，是也，爲也。眚災，《潛夫論》引作『省哉』。俞樾《平議》謂當作『哉』，上文『非眚，乃惟終』，『眚』下無『災』字，則此文當亦無『災』字。『乃惟眚哉』與《洛誥》『乃時惟不永哉』文法正相近。『哉』與『災』聲相近以致誤也。**適爾**■適，蔡沈《集傳》：『偶也。』《孟子·告子上》『則口腹豈適爲尺寸之膚哉』，趙岐注：『口腹豈但爲肥長尺寸之膚邪！』王念孫曰：此『但』字正釋『適』字。吳昌瑩《經詞衍釋》卷九：『《左傳》文十三年：「子無謂秦無人，吾謀適不用也。」言但不見用也。《莊子·人間世》：「其知適足以知人過，而不知其所以過。」言但知人過也。』行甫按：劉淇《助字辨略》卷五引《孟子·告子上》曰：『此「適」字猶祇也、僅也、但也。』是則『乃惟眚災，適爾』，猶今語所謂『不過是過失犯罪，僅僅只是這一次而已』。

〔五〕**既道極厥辜**■既，卒也，終也。《爾雅·釋言》：『卒，既也。』道，由也，從也。《禮記·中庸》『故君子尊德性而道問學』，鄭玄注：『道，猶由也。』是其例也。極，通『殛』。《洪範》『鯀則殛死』，《經典釋文》：『殛，本或作極。』《爾雅·釋言》：『殛，誅也。』邢昺《疏》：『殛，謂誅責。』《舜典》『殛鯀于羽山』，孔穎達《正義》曰：『殛者，誅責之稱。』厥，其也。辜，罪也。**時乃不可殺**■時，是也。乃，猶則也，即也。《潛夫論》作『亦』，『亦』猶『且』也，『且』即『今』也，『今』亦『即』也、『則』也。說見吳昌瑩《經詞衍釋》。行甫按：《潛夫論·述赦》引此文曰：『言殺人雖有大罪，非欲以終身爲惡，乃過誤爾，是不殺也。』亦僅述其意而不釋其辭也。

此乃本誥第四節，告誡康叔原心以定罪，乃斷獄蔽訟之本根而所謂『慎罰』之初基也。

【繹文】

周公以攝位之王的身份大爲感嘆地教告康叔說：『唉——，康叔封！你在動用刑罰之前，一定要小心謹慎，明察犯案情由。有人雖然犯的是輕罪，但如果他不是因爲過失犯罪，而是蓄謀已久，並且還一定要把他的犯罪行爲實施到底，一條道走到黑，不撞南牆不回頭，那就是故意爲非作歹，有心犯罪，當然就是十惡不赦了。雖然他的罪行較輕，但也不可輕饒，不得不殺。相反，如果某人所犯的罪行雖然非常嚴重，但他並沒有把他的犯罪行爲實施到底，意識到自己的行爲已經觸犯了刑憲，這種在客觀情勢無法避免的偶發事件中造成的危害，而且僅僅只是一次性的過失行爲，經由針對其過失所造成的危害程度作了相應的處罰之後，就可以不處死刑了。』

王曰：『嗚呼，封！有敘時，乃大明服，惟民其勑懋和。〔一〕若有疾，惟民其畢棄咎。〔二〕若保赤子，惟民其康乂。〔三〕非汝封刑人殺人，無或刑人殺人。〔四〕非汝封又曰劓刵人，無或劓刵人。〔五〕』

【釋讀】

〔一〕**有敘時**■有，猶『以』也，『以』猶『如』也，『若』也。說見吳昌瑩《經詞衍釋》。行甫按：『有』字兼『以』與『若』之二義焉。敘，《爾雅·釋詁》：『順也。』行甫按：『順』猶『從』也。時，是也。『是』者，代指上文所言原心定罪、殺故赦眚之法。**乃大明服**■乃，猶『是』也。明，勉也。服，即上文『汝惟小子，乃服』之『服』，謂職事也。行甫按：『有敘時，乃大明服』，意謂：如果能夠依照上述原心定罪、殺故赦眚這種法則理訟斷獄，就是你職責所繫之最爲重要的努力方向。行甫又按：《左傳》僖公二十三年卜偃曰：『《周書》有之：「乃大明服。」已則不明，而殺人以逞，不亦難乎？民不見德而唯戮是聞，其何後之有？』杜預注：『言君能大明則民服。』又，《荀子·富國篇》：『三德者誠乎上，則下應之如景嚮，雖欲無明達，得乎哉！《書》曰：「乃大明服，惟民其力懋和而有疾。」此之謂也。』楊倞注：『言君大明以服下，則民勉力爲和調而疾速，以明效上之急也。』杜預注《左傳》，楊倞注《荀子》，皆得左氏與荀卿引《書》之意也。然無論左氏抑或荀卿，例皆斷章取義，顯非《書》之本意。此『乃大明服』與下文『明乃服命』，其義一也。而學者乃據左氏與荀卿斷章之義以注本經，其惑之也，如是之甚，何耶？**惟民其勑懋和**■惟，與也，爲也。其，殆也，擬度之詞，猶言『大抵』也。勑，《廣雅·釋詁四》：『勤也。』《荀子·富國篇》引作『力』。段玉裁《撰異》謂『力』與『勑』古音同部。行甫按：《周禮·司寇》『上功糾力』，鄭玄注：『力，勤力。』《漢書·高帝紀下》『不如仲力』，顔師古引服虔曰：『力，勤力。』懋，勉也。行甫按：『勑懋』若『力懋』，乃同義複詞，『勤力』，亦即勉力也。《漢書·王莽傳上》『力用公正先天下』，顔師古注：『力，勉力。』則『勑』也，『力』也，皆與『懋』同義。和，《爾雅·釋詁下》：『諧，輯，協，和也。』《淮南子·俶真訓》『是故治而不能和下』，高誘注：『和，協也。』行甫按：『和』者，安定而無乖戾忿疾之心也。句意承上文謂：若能依從明辨案情原心定罪以理訟斷獄，這不僅是你職責範圍之内所必須著力的重要方向，大抵也是與廣大平民百姓努力謀求安定和諧而消除其乖戾疾忿之心的重要手段。

〔二〕**若有疾**■若，如也。疾，病痛也。行甫按：『若』與『而』聲轉可通，故《荀子·富國篇》誤讀爲『而』，誤讀『疾痛』之『疾』爲『疾速』之『疾』。是知荀子引《書》不僅斷章取義，且更兼誤讀與曲解，不可據之以解經，明矣。**惟民其畢棄咎**■惟，與也，爲也。其，殆也，亦爲擬度之詞，猶言『大抵』也。畢，孫詒讓曰：『古者攘除疾病蓋或謂之畢。』說見《大誥》『天亦惟用勤毖我民若有疾，予曷敢不于前寧人攸受休畢』釋讀。咎，《爾雅·釋詁》：『病也。』孫詒讓曰：『畢棄咎，即攘除去疾病也。』楊樹達曰：『「畢」當讀爲「祓」，《說文》：『韠，韍也。』蔽膝名

『韠』，又名『韍』，是『畢』、『祓』通用之證。《說文》：『祓，除惡祭也。从示，犮聲。』經言『棄咎』，正謂『除惡』。行甫按：『畢棄』，同義複詞，意皆攘除、消除也。『若有疾，惟民其畢棄咎』，此就上文『乃不可不殺』而言之，謂：刑戮蓄意犯罪之人，大抵也是替平民百姓攘除奸凶，就如同爲他們祛除疾病一樣。

〔三〕**若保赤子**■若，如也。保，保護也。赤子，《孟子·離婁下》『不失其赤子之心者也』，趙岐注：『赤子，嬰兒也。』《漢書·賈誼傳》『故自爲赤子而教固已行矣』，顏師古注：『赤子，言其新生，未有眉髮，其色赤。』孔穎達《正義》：『子生赤色，故言赤子。』**惟民其康乂**■惟，與也，爲也。其，猶『殆』也。康，安也。乂，治也。行甫按：此就上文『時乃不可殺』而言之，謂：赦免過失犯罪之人，無非就是使民心安定，不致令其產生抵觸情緒，從而更加有利於治安，這就像無知無識的嬰兒有時自臨險境，而父母並不責怪嬰兒反而倍加呵護一樣。

〔四〕**非汝封刑人殺人**■非，猶言『除非』也。刑人殺人，意即斷獄蔽訟，處決罪犯。**無或刑人殺人**■無或，沒有人。行甫按：『非汝封』三字與『無或』二字相配爲用，構成條件複句，意即：除非你康叔封親自斷獄蔽訟，處決罪犯；否則，任何人都不能代替你斷獄蔽訟，專擅刑殺。

〔五〕**非汝封又曰劓刵人**■又曰，章太炎曰：『又，《石經》古文有字如此，因誤解未改耳。非汝封刑殺人，非汝封有言劓刵人，他人無得擅爲之。』行甫按：章氏之說是也，此『又曰』即『有曰』，猶今語所謂『發話』，或者上級對下級呈報文件的批復文字：『同意』。《毛公鼎》：『厤自今出入專命于外，厥非先告父厝，父厝舍命，毋又敢惷專命于外。』銘文之『父厝舍命』即本經『汝封又（有）曰』也。『刑人殺人』，乃重要案犯，必由康叔親力審斷行決，而『劓刵人』，乃小罪輕刑，可由有司審理，然亦須由康叔審查批準，有司亦不可因其小罪而擅爲行刑，即此『又（有）曰』之義也。是『非汝封』、『非汝封又曰』云云者，意在告誡康叔刑罰監管必須用心用力，親力親爲，既防有司濫施淫威，用刑不當，亦防奸吏營私舞弊，貪贓枉法。**無或劓刵人**■無或，亦與『非汝封』搭配，構成條件複句。

劓刵，枚《傳》：『劓，截鼻；刵，截耳。刑之輕者，亦言所得行。』孔《疏》：『劓在五刑爲截鼻，而有刵者，周官五刑所無。而《呂刑》亦云劓刵，《易·噬嗑》上九云「何校滅耳」。鄭玄以臣從君坐之刑。孔意然否未明。要有刵而不在五刑之類。』王引之曰：『刵當作刖，字形相似而誤也。《困》九五「劓刖」，虞翻注曰：「割鼻曰劓，斷足曰刖。」正與《康誥》「劓刖」同義。楊雄《廷尉箴》曰「有國者無云何謂，是刖是劓」，即本於《康誥》也。鄭注《康誥》曰「臣從君坐之刑」，則字當作刖。蓋僖二十八年《左傳》「刖鍼莊子」，正是臣從君坐之刑也。《呂刑》刵劓亦刖劓之譌。』段玉裁則曰：『《尚書大傳》「決關梁，踰城郭，而略盜者，其刑臏」，鄭注《周禮》、《孝經》皆用之。則『刖』刑自有犯條，不得以『臣從君坐之刑』釋『刖』。《康誥》、《呂刑》皆有『刵』，不得云『古無刵刑』。章太炎曰：『刵于周官五刑無有，此書明言同殷罰，不得以周制繩之。』行甫按：王氏之說，未免武斷之嫌，《康誥》與《呂刑》皆有『刵』，未必盡譌。且書缺有間，周官五刑無刵，亦不可斷夏殷必無。

此爲本誥第五節，告誡康叔忠於職守，勤於保民。既要爲民除害，又不可濫殺無辜；既要赦免過失犯罪，亦要防止貪贓枉法。

【繹文】

周公以攝政王的身份說：『唉——，康叔封啊！你如果能依照我上面所說的這種方法理訟斷獄，調查犯罪動機，殺戮那些罪孽深重一貫爲非作歹的惡人，赦免那些並非有意犯法僅是偶一失誤的良民，在你的職責範圍之內，這不僅是最爲重要的工作，你必須花費更多的時間和精力，慎重對待；

也是爲廣大平民百姓努力謀求安定和諧的生活環境，消除他們乖戾疾忿之心及其抵觸敵對情緒的重要途徑。處決那些故意觸犯刑律科條的惡人，就好比給罹患疾疫的人祛除了病魔，摘除了苦痛，這當然就是替善良的百姓消滅了害群之馬，保護了他們的生命財産安全。赦免那些無心犯罪只是一時過失而造成危害的好人，就像對待無知無識而自臨險境的嬰兒一樣，父母並不會責怪嬰兒的無知和過失，反而倍加呵護，以免嬰兒重臨險境；之所以要這樣做，無非就是使民心安定，不致令其産生輕罪重罰甚至無辜受戮的怨恨情緒，從而更加有利於治安。在審理重大案情時，你一定要親自參與，尤其是對於那些重罪死囚的最後判決，必須由你親自處理，任何人都不能代替你行使權力，處決犯人。即使是那些小型案件，例如截鼻斷耳之類的輕微處罰，也必須經過你慎重審查簽字批準，方可執行，決不允許任何人不經你康叔封批準而擅自行刑。』

王曰：『外事，汝陳時臬司，師兹殷罰有倫。』〔一〕又曰：『要囚，服念五六日，至于旬時，丕蔽要囚。』〔二〕

王曰：『汝陳時臬事，罰蔽殷彝。〔三〕用其義刑義殺，勿庸以次汝封。〔四〕乃汝盡遜曰時敘，惟曰未有遜事。〔五〕已，汝惟小子，未其有若汝封之心，朕心朕德，惟乃知。〔六〕

凡民自得罪，寇攘姦宄，殺越人于貨。〔七〕暋不畏死，罔弗憝。〔八〕』

王曰：『封，元惡大憝，矧惟不孝不友。〔九〕子弗祇服厥父事，大傷厥考心；于父不能字厥子，乃疾厥子。〔一〇〕于弟弗念天顯，乃弗克恭厥兄，兄亦不念鞠子哀，大不友于弟。惟弔。〔一一〕兹不于我政人得罪，天惟與我民彝大泯亂。〔一二〕曰：乃其速由文王作罰，刑兹無赦。〔一三〕

不率大戛，矧惟外庶子訓人，惟厥正人越小臣諸節，乃别播敷，造民大譽，弗念弗庸，瘝厥君。〔一四〕時乃引惡，惟朕憝。〔一五〕已，汝乃其速由兹義率殺。〔一六〕

亦惟君惟長，不能厥家人，越厥小臣外正，惟威惟虐，大放王命。〔一七〕乃非德用乂，汝亦罔不克敬典，乃由裕民。〔一八〕惟文王之敬忌，乃裕民，〔一九〕曰：「我惟有及，則予一人以懌。」〔二〇〕

【釋讀】

〔一〕**外事**■江聲《集注音疏》曰：『聽獄之事也。聽獄在外朝，故云外事。』《周禮·朝士》：『掌建邦外朝之法，左九棘，孤卿大夫位焉，群士在其後。右九棘，公侯伯子男位焉，群吏在其後。面三槐，三公位焉，州長衆庶在其後。左嘉石，平罷民焉。右肺石，達窮民焉。』鄭玄《地官·稾人》注：『外朝，司寇聽獄蔽訟之朝也。』**汝陳時臬司**■陳，陳說，宣告也。《國語·齊語》『相語以事，相示以巧，相陳以功』，韋昭注：『陳亦示也。』行甫按：《國語》以『語』、『示』、『陳』三字並列爲用，則『陳』乃陳述、講說、宣告之意，猶今語所謂『佈置任務』之『佈置』或『安排』。時，猶之也。之，諸也。行甫按：『時』從『之』得聲，故通『之』，《周易·隨·彖傳》『而天下隨時』，陸德明《釋文》：『王肅本作隨之。』是其例也。『陳時臬司』，謂『陳之臬司』或『陳諸臬司』也。臬，法也。司，王國維謂通『事』，《小雅·十月之交》『擇三有事』，《毛公鼎》云『粤三有嗣』，下文『汝陳時臬事』，是『臬司』即『臬事』。行甫按：『臬司』，即主刑法之有司也。**師茲殷罰有倫**■師，仿效，取法。茲，近指代詞，猶『斯』也。妹邦在殷地，故曰『茲殷』。罰，墨子《經上》曰：『上報下之罪也。』殷罰，即殷人對罪犯之處罰。倫，次序也。《孟子·離婁下》『察於人倫』，趙岐注：『倫，序也。』行甫按：『殷罰有倫』，即殷人處罰罪犯之程序也。

〔二〕**又曰**■此『又曰』者，乃周公補充『殷罰有倫』也，下文『要囚』云云，即『殷罰有倫』之具體實例也。行甫按：《書》之所謂『又曰』者，往往對上文所述之內容具有補充、解釋乃至重申之性質。如《君奭》一則『又曰：天不可信』，再則『又曰：無能往來』，皆是對上文作補充申述。參見《君奭》篇相關文句釋讀。**要囚**■王國維謂『要』與『幽』一聲之轉，『要囚』即『幽囚』，拘禁、羈押也。說見《多方》『要囚，殄戮多罪』釋讀。**服念五六日**■服，思也。《周南·關雎》『寤寐思服』，毛《傳》：『服，思之也。』《莊子·田子方》『吾服女也甚忘』，郭象注：『服者，思存之謂也。』念，常思也。行甫按：『服念』者，近義複詞，猶今語所謂『再三考慮』之意，或者相當於今所謂『充分調查取證，反覆研究案情』之司法程序。**至于旬時**■旬時，十日之時也。行甫按：『五六日』以至『旬時』，或者案情複雜，費時猶多，亦容囚犯口供有所反覆也。《周禮·鄉士》云：『聽其獄訟，察其辭，辨其獄訟，異其死刑之罪而要之，旬而職聽于朝，司寇聽之，斷其獄，蔽其訟于朝，群士司刑皆在，名麗其灋以議獄訟。獄訟成，士師受中，協日刑殺，肆之三日。』此即據《康誥》之義所訂之獄訟程序，賈公彥《疏》：『容其自反覆，恐囚虛承其罪。十日不翻，即是其實。』賈公彥亦可謂得周公告康叔之心也。**丕蔽要囚**■丕，詞之大也。蔽，斷也。《周禮·小司寇》『以五刑聽萬民之獄訟，附于刑，用情訊之，至于旬乃弊之。』鄭玄注：『十日乃斷焉。』『弊』即『蔽』也。行甫按：『蔽訟』之『蔽』，本爲『覆蓋』，謂根據兩造所供之全部證詞及其相關證據作客觀公正之判斷，其所以『蔽』而言『丕』者，猶今語所謂『全面蒐集證據，客觀公正審判』之意，是知此『丕』字決非無義之語詞。

〔三〕**汝陳時臬事**■陳，亦陳述、宣告也，時，之也，諸也。臬事，即『臬司』也。**罰蔽殷彝**■罰，上報下之罪也。蔽，斷也。彝，《爾雅・釋詁》：『常也。』郭璞注：『彝，謂常法耳。』行甫按：『罰蔽殷彝』，謂依據殷人常用之律法體系審判罪犯。《荀子・正名篇》所謂『刑名從商』，是其義也。

〔四〕**用其義刑義殺**■用，因，猶今語『沿用』也。其，代指殷彝。義，宜也，善也。揚雄《法言・重黎》：『事得其宜之謂義。』《周易・旅・象傳》『其義焚也』，陸德明《經典釋文》引馬融曰：『義，宜也。』《大雅・文王》『宣昭義問』，毛《傳》：『義，善也。』行甫按：事得其『宜』乃謂之『義』，謂之『善』也，二義相因。是所謂『義刑義殺』者，即律法體系公正合理，量刑準確恰當且殺其宜殺，無倚輕倚重，可此可彼，過於主觀隨意之流弊。**勿庸以次汝封**■庸，用也。以，介詞，省略賓語『之』字，『以次』即『以之次』。次，即也，就也。《荀子・致士》與《宥坐》兩引此文皆作『即』。段玉裁《古文尚書撰異》曰：『（《說文》）小篆「垐」字，古文作「埅」。』則『次』與『即』，音同義可得通也。行甫按：『勿庸以次汝封』，謂：不可將刑罰之事遷就你康叔封的個人願望。連上文語境，意即：要沿用殷人律法體系中量刑客觀公正判決公平合理的相關刑法規定，不可以你康叔封的個人好惡制訂刑律法規條例。

〔五〕**乃汝盡遜曰時敘**■乃，若也，假設之詞。盡，悉也，皆也。《墨子・經上》：『盡，莫不然也。』劉淇《助字辨略》卷三：『盡，皆也，悉也。』《左傳》昭公元年：周禮盡在魯矣。定公八年：盡客氣也。』皆是其例。遜，《荀子》引作『順』。《說文》：『順，理也。』《爾雅・釋詁》：『順，敘也。』郭璞注：『順，次敘。』行甫按：『乃汝盡遜』者，猶今語所謂『當你的一切工作都順利走上正軌』之意也。曰，動詞，謂也。《論語・八佾》『曰使民戰栗也』，皇侃疏：『曰者，謂也。』王引之《經傳釋詞》：『曰，猶爲也，謂之也。』吳昌瑩《經詞衍釋》曰：《禮記・王制》『國無九年之蓄曰不足，無六年之蓄曰急』，《淮南子・齊俗訓》作『謂之不足』、『謂之憫急』。是其例也。時，寔也，實也。敘，次敘，即秩序。行甫按：『曰時敘』，乃補充解釋『盡遜』也。意謂：如果你的一切工作都順利地走上正軌，也就是説，舉國上下確實秩序井然。**惟曰未有遜事**■惟，雖也，猶言『即使』也。曰，即上『曰時敘』之『曰』。未有遜事，未有順利之事。枚《傳》：『乃使汝所行盡順，曰是有次敘，惟當自謂未有順事。君子將興，自以爲不足。』行甫按：枚氏之説，差爲得之。然『惟曰』下乃省略『時敘』二字，意即：即使可謂舉國上下確乎秩序井然，但仍須自以爲未有順利之事，不可自滿於短期之小成而固步自封，不思進取。

〔六〕**已**■嘆詞，古讀開口，猶今之『唉』、『嗨』。説見《大誥》『已予惟小子』釋讀。**汝惟小子**■惟，雖也。**未其有若汝封之心**■其，代詞，猶之也。有若，有如也。之，此也。心，猶言『思想』、『想法』也。行甫按：『未其有若汝封之心』，連上文意謂：你雖年紀輕輕，但沒有誰有像你康叔封這樣的思想，即『朕心朕德，惟乃知』。**朕心朕德**■朕，我，周公自指。心，即上『汝封之心』之『心』，想法，思想也。德，屈萬里釋爲『行爲』，劉起釪解爲『爲人』。行甫按：二氏所解皆通，德者，得也。此『德』乃由此『心』所表現之行爲方式。**惟乃知**■惟，獨也。乃，你。知，理解，懂得。行甫按：『汝惟小子』至『惟乃知』，意謂：你雖然年輕，但沒有誰有像你這樣的思想高度，只有你能明白我有關國家治理的思想觀念，只有你能了解我治國舉措的目的意義。下文『凡民自得罪』以至『則予一人以懌』，乃佈『朕心朕德』，即周公治國執政理念也。

〔七〕**凡民自得罪**■凡，衆也，皆也。《儀禮·公食大夫禮》『凡宰夫之具』，鄭玄注：『凡，非一也。』鄭玄注《士虞禮》『主人不視豚解』曰：『主人視牲不視殺，凡爲喪事略也』，賈公彦《疏》：『凡者，衆辭。』行甫按：『凡民』者，衆民也。自，自動、主動也。得，獲也。行甫按：『自得罪』者，謂既非由誘陷，亦非由脅迫，更非由過失所獲之罪也。下列諸般罪行，皆爲『自得罪』。**寇攘姦宄**■寇，寇賊也，或劫略州府，或洗劫民宅。攘，盗取也，或入室行竊，或攔路搶劫。姦，外姦也，或爲非作歹，或作姦犯科。宄，內宄也，或荒廢祖業，或隳敗家風。行甫按：『寇攘姦宄』，乃四字詞，《書》中多有其例。**殺越人于貨**■越，通鉞，斧戉也，工具名詞，用作動詞，以斧戉殺人也。《大雅·公劉》『干戈戚揚』，毛《傳》：『揚，鉞也。』《爾雅·釋詁》：『揚，越也。』郝懿行《義疏》：『揚鉞即揚越。越、鉞聲同，越、揚聲轉。鉞字古止作戉，與越通用。《明堂位》云：「越棘大弓」，越即戉也。』行甫按：此『越』字自來注家皆不得其解，實則『越』亦『殺』也，同義複詞，與『咸劉』構詞之法從同，說見《君奭篇》『咸劉厥敵』釋讀。于，取也。章太炎曰：『于與爰同，爰本從于聲，義亦相通。《釋詁》：「粵、于、爰，曰也。爰、粵，于也。」是其例。而爰實古援字。《說文》爰、援同訓引。是則「于貨」者，援取貨也。《豳風》「一之日于貉，取彼狐狸」，《傳》曰：「于貉，謂取狐狸皮也（按貉與狐狸異物，此上言取貉，下言取狐狸耳）。」訓于爲取，與此正同。次言「晝爾于茅」，亦謂取茅矣。然則殺人越人，有操金刀、杖白梃之異，其因是援取貨財一也。』行甫按：章氏從枚《傳》『顛越』之說而解『越人』爲『墜人』，且意會『殺』與『越』爲『操金刀』與『杖白梃』之異，持義固非，然訓『于』爲『援取』，聲轉相通，訓詁有據，其說是也。貨，錢財也。

〔八〕**暋不畏死**■暋，字當作暋。《說文》：『暋，冒也。从攴，昏聲。《周書》曰：暋不畏死。』段玉裁《說文注》：『昏从氏省，不从民，凡昏旁作昬者誤。』《爾雅·釋詁》：『昏、暋，强也。』《盤庚》『不昏作勞』，鄭玄注：『昏讀爲暋，勉也。』行甫按：《說文》『冒也』之『冒』，即『䀎』字之省，《說文》：『䀎，氐目視也。』亦黽勉專注之意也，說見《君奭》『武王惟冒』釋讀。是『暋冒』者，猶『黽勉』也，惟此處用爲貶義，謂拼命作惡，不畏死罪也。**罔弗憝**■罔，無也，罔非、無非、無不也。憝，《說文》：『憝，怨也。从心，敦聲。《周書》曰：凡民罔不憝。』《孟子·萬章下》引《康誥》『殺越人于貨，閔不畏死，凡民罔不譈』曰：『是不待教而誅者也。』趙岐注：『憝，殺也。』行甫按：《廣雅·釋詁》『憝，惡也』，王念孫《疏證》曰：『《孟子·萬章篇》引《書》作譈，《荀子·議兵篇》云「百姓莫不敦惡」，《法言・重黎篇》「楚憞群策而自屈其力」，李軌注云：「憞，惡也。」譈、憞、敦，並與憝同。凡人凶惡亦謂之憝，《康誥》云「元惡大憝」，《逸周書・謚法解》云「近憝自惡」，是也。《方言》「諄憎，所疾也。宋魯凡相疾惡謂之諄憎。秦晉言可惡矣。」諄與憝聲亦相近。」據王氏之説，則『疾惡怨恨之』爲『憝』，而『所疾惡怨恨者』亦爲『憝』，且其人必有可『憝』之處，人乃從而『憝』之，是俞蔭甫所謂施受不嫌同辭也。故『罔弗憝』者，意即『無非大姦大惡』也。行甫又按：《孟子》與《説文》引《書》或作『譈』，或作『憝』，字雖不同，但『罔』上皆有『凡民』二字。然三復經文，自『凡民自得罪』至『暋不畏死』云云者，乃言『罔弗憝』者之種種犯罪行爲，是知此『罔』字乃與『凡』字相配爲用，意即：凡有如此種種罪行者，莫非大姦大惡之民也。依此文法而論，則『罔』上不當有『凡民』二字。《孟子》節引其文而以己意增之，《説文》有『凡民』二字，或又爲後人據《孟子》而改之也。又，『暋』字《孟子》引作『閔』，音同通用耳。

〔九〕**王曰封** 自『凡民自得罪』至此『王曰封元惡大憝』，前人以爲『上下疑有缺文』，金兆梓則以爲應作：『王曰：封，元惡大憝，寇攘姦宄，殺越人于貨，暋不畏死，凡民罔弗憝，自得罪。』行甫按：諸家之説非也，此處經文既無錯簡，亦無遺漏。通觀全篇文例，周公每言一義，必呼康叔其名而拳拳以誥之，大有『匪面命之，言提其耳』之意。故史官記録其辭，於呼名之處，每加『王曰』二字以示提點。且細按此處經文，實爲意義承轉之關捩所在，上言大姦大惡，下言不孝不友，前者據以『罰蔽殷彝』，後者乃由『文王作罰』，雖有刑事與民事之別，然皆爲聽訟斷獄，是以雖有『王曰』與呼語『封』廁於其間，上下文意則依然緊湊無礙。**元惡大憝** 元，首也，大也。《魯頌・閟宮》『建爾元子，俾侯于魯』，毛《傳》：『元，首也。』《小雅・采芑》『方叔元老，克壯其猶』，毛《傳》：『元，大也。』皆是其例。憝，惡也。行甫按：『元惡大憝』亦即大姦大惡也。**矧惟不孝不友** 矧，況也，益也，亦也，也詞也。惟，有也。孝友，《爾雅・釋訓》：『善父母爲孝，善兄弟爲友。』《賈子・道術篇》：『子愛利親謂之孝，兄敬愛弟謂之友。」行甫按：『元惡大憝，矧惟不孝不友』，正爲承上轉下之語，謂：『元惡大憝』，又非僅上述『寇攘姦宄，殺越人于貨』之大姦大惡之民而已，更有那六親不認『不孝不友』之人，亦是其類也。

〔一〇〕**子弗祇服厥父事**■祇，敬也。服，《爾雅・釋詁》：『事也。』孫星衍謂『服同𠬝，《說文》云：治也。』行甫按：《說文》『𠬝，治也，从又从卪，卪，事之制也。』則『𠬝』雖訓『治』，亦『事』也。『事其所事』謂之『服』，『治其所事』亦謂之『𠬝』，其義一也。厥，其也。事，業也。《史記・淮陰侯列傳》『無所事信』，裴駰《集解》引文穎曰：『事，猶業也。』**大傷厥考心**■考，父也。《倉頡篇》云：『考妣延年。』則考妣之稱，通於生死也。**于父不能字厥子**■于，爲也。字，愛也。《大雅・生民》『牛羊腓字之』，毛《傳》：『字，愛也。』**乃疾厥子**■乃，猶而也，表順接或輕微轉折之連詞。疾，惡也。枚《傳》：『爲人子不能敬身服行其父道，而怠忽其業，是不孝。於爲人父不能字愛其子，乃疾惡其子，是不慈。』行甫按：枚氏之說是也。所謂『孝』者，存於父子之間也。以『孝』責於其子，亦必以『慈』責於其父也。

〔一一〕**于弟弗念天顯**■于，爲也。念，顧念，常懷。顯，章太炎曰：『當讀爲憲。《大雅・假樂》「顯顯令德」，《禮記・中庸》引作「憲憲令德」，是其相通之證。《釋詁》：「憲，法也。」《後漢書・朱穆傳》：「劉陶等訟穆曰，當今中官近習，竊持國柄，手握王爵，口含天憲。」「天顯」即「天憲」。若以爲光爲明，則文義詰籥矣。』行甫按：章說是也。『憲』亦可訓『顯』也。《國語・楚語下》『龜足以憲臧否則寶之』，《周禮・布憲》『掌憲邦之刑禁』，諸『憲』皆『顯』之義也。《集韻・願韻》：『《周禮》懸法示人曰憲法，後人因謂憲爲法。』言『懸示』，亦即『顯示』也。是『憲』可訓『顯』，則『顯』亦可訓『憲』也。『天顯』猶言『天憲』，乃古人成語，即『天網恢恢』之意，《西遊記》所謂『老龍王拙計犯天條』之『天條』者，是其義也。《酒誥》『迪畏天顯小民』，以『天顯』與『小民』並列，謂上下皆畏也。《多士》『罔顧于天顯民祇』，此『天顯』與『民祇』爲同位語，『天顯』亦即『民祇』（即『民之所敬』）也。是『天顯』者，上天的自然法則也。『弗念天顯』，即『罔顧天顯』，謂不顧天綱，不懼天條也。**乃弗克恭厥兄**■乃，猶而也，表輕轉或順接之連詞。克，能也。恭，敬也。**兄亦不念鞠子哀**■鞠，《爾雅・釋言》：『稚也。』哀，憐憫也。《說文》：『憐，哀也；哀，閔也。』行甫按：『不念鞠子哀』者，謂長兄不顧念其幼弟之可憐可憫也。**大不友于弟**■大，非常。友，善也。**惟弔**■惟，爲也。弔，傷也。《檜風・匪風》『顧瞻周道，中心弔兮』，《左傳》僖公二十四年『昔周公弔二叔之不咸』，毛《傳》及杜注皆曰：『弔，傷也。』行甫按：『惟弔』者，謂上述子不孝於父，父不慈於子，兄不友於弟，弟不恭於兄，乃大爲可傷可痛之事也。

〔一二〕**茲不于我政人得罪**■茲，此也，指上述『不孝不友』之事。行甫按：注家多從枚《傳》讀『惟弔茲』，解『弔』爲『至』，今不從。于，在也。政人，即正人，負責社會治理之人。得，當也。《易・未濟》『各得其所』，陸德明《釋文》：『一本得作當。』得、當雙聲義同也。罪，處罰，定罪。章太炎曰：『不于我政人得罪者，言家庭間事，不與政治相關，不是政治犯也。』行甫按：章氏所謂『政治犯』，即與殺人越貨有關之社會治安性刑事犯罪。句意謂：這類不孝不慈、不友不恭之事，不在我們負責社會治理的人所當處罰定罪之列。**天惟與我民彝大泯亂**■惟，其也，其猶將也。與，以也，《召南・江有汜》『不我以』，鄭《箋》：『以，猶與也。』是『以』、『與』互訓之證。『以』猶『使』也。《戰國策・秦策一》『向欲以齊事王』，高誘注：『以，猶使也。』民，行甫按：此與『天』對舉之『民』即指『人』，非僅爲『民眾』之『民』也。彝，《爾雅・釋詁》：『常也。』行甫按：『彝』之爲『常』者，謂倫常也，《洪範》所謂『彝倫攸敘』之『彝倫』，是也。泯，混亂也。王引之曰：『泯亦亂也。《呂刑》「泯泯棼棼」，《傳》曰「泯泯爲亂。」是也。』行甫按：此二句意謂：此不孝不友之事雖不在社會治安所當處罰定罪之列，但如此之行，上天將使我們人世間之倫常秩序發生嚴重的紊亂。

〔一三〕**曰**■此乃一人之言而加『曰』字之例，說見俞樾《古書疑義舉例》及王引之《經傳釋詞》、吳昌瑩《經詞衍釋》。行甫按：此處用『曰』字者，乃推言上述事理而作結也。**乃其速由文王作罰**■乃，猶是也。是，此也。其，猶則也，說見吳昌瑩《經詞衍釋》卷五。速，疾也。由，從也，用也。《論語・泰伯》『民可使由之』，鄭玄注：『由，從也。』《禮記・學記》『使人不由其誠』，鄭玄注：『由，用也。』作，《爾雅・釋言》：『作、造，爲也。』行甫按：『文王作罰』，謂周文王所造作之刑律也。**刑茲無赦**■刑，懲罰也。茲，此也，指不孝不友之人。赦，豁免也。

〔一四〕**不率大戛**■率，遵也，循也。《左傳》宣公十二年『今鄭不率』，杜預注：『率，遵也。』《小雅・北山》『率土之濱』，毛《傳》：『率，循也。』是其例也。戛，法則也，刑典也。《爾雅・釋詁》：『典、彝、法、則、刑、範、矩、庸、恒、律、戛、職、秩，常也。』《釋言》：『戛，禮也。』郭璞注：『謂常禮。』郝懿行《義疏》：『禮爲天秩，秩爲天常。故《周禮・太宰》注：禮經常所秉，禮法常所守。』行甫按：『戛』兼『禮』與『法』二義，則所謂『大戛』者，天常大法，乃萬古不變之道也。**矧惟外庶子訓人**■矧，況也，益也，亦也。惟，亦有也。外，王宮之外，亦即諸侯卿大夫及百官也。庶子，《禮記・燕義》：『古者周天子之官，有庶子官。庶子官，職諸侯卿大夫士之庶子之卒，掌其戒令與其教治，別其等，正其位。』《周禮・司馬・序官》：『諸子，下大夫二人。』鄭注：『諸子，主公卿大夫士之子者，或曰庶子。』《禮記・文王世子》：『庶子之正於公族者，教之以孝弟睦友子愛，明父子之義，長幼之序。』鄭氏《燕義》注：『庶子，猶諸子也。《周禮》諸子之官，司馬之屬也。』行甫按：『庶子』即『諸子』，掌王族之外諸侯公卿大夫士庶子之教育。訓人，曾運乾曰：『《天官・冢宰》「師以賢得民，儒以道得民」，注：「師，諸侯師氏。儒，諸侯保氏。」是也。』行甫按：孔穎達《書疏》謂『鄭玄以「訓人」爲師長』，此乃曾氏所本。則『訓人』者，猶師氏及保氏教民德行與道藝者也。**惟厥正人**■惟，亦有也。厥，其也。正人，猶言官長也。**越小臣諸節**■越，及也，與也。小臣，《周禮・太僕》之屬官有『小臣』，『掌王之小命，詔相王之小法儀。』行甫按：『小臣』一職，在殷及周初乃朝中重臣，出入王命，西周後期，其職位有所式微。諸，眾也。節，信也，符節也，出使巡省之臣所持，代指持節巡省四方之臣。**乃别播敷**■乃，於是也。别，另也。説見前『别求聞由古先哲王』釋讀。播敷，同義複詞，猶言廣泛散佈也。行甫按：『乃别播敷』，即『不率大戛』之意，謂不遵天常大法，而以私意另爲宣説。**造民大譽**■造，作也。譽，稱譽也。行甫按：『乃别播敷，造民大譽』，意即：不循天常大法而廣泛散佈異端邪説以蠱惑民心而邀譽於民衆。**弗念弗庸**■念，常思也。庸，常也。行甫按：『弗念弗庸』者，即下文『非謀非彝』也，謂不經深思熟慮而蠱惑異端也。**瘝厥君**■瘝，亦病痛、勞苦、傷害之意。説見上文『恫瘝乃身』釋讀。行甫按：自『不率大戛』至此，謂爲政導民之人，不遵循天常大法，廣泛散佈歪理邪説以蠱惑民衆，收買人望而傷害其君長，此即今語所謂『政治犯』或『思想犯』也。

〔一五〕**時乃引惡**■時，是也，此也。乃，猶即也。《史記·東越列傳》：『今殺王以謝天子。天子聽，罷兵，固一國完。』不聽，乃力戰；不勝，即亡入海。』是『乃』猶『即』、『即』猶『乃』之證也。引，長也。**惟朕憝**■惟，爲也。朕，我。憝，怨恨、憎惡也。行甫按：『時乃引惡，惟朕憝』者，意謂：這類人就是滋長擴散罪惡，他們就是我最爲痛恨的惡人。

〔一六〕**已**■嘆詞，猶唉。**汝乃其速由兹義率殺**■乃，是也。其，則也。速，疾也。由，從也，用也。兹義，此義也，指上述『不率大戛』者所造成之罪惡及其對公衆與君主之危害。率，皆也。《小雅·賓之初筵》『其未醉止』，鄭《箋》：『所以敗亂天下率如也。』孔穎達《正義》：『言率者，非一之辭。』行甫按：『率殺』者，即今語所謂『有一個殺一個』也。

〔一七〕**亦惟君惟長**■惟，爲也。行甫按：此『君』與『長』，即諸侯與主君。**不能厥家人**■能，孫星衍引《漢書注》：『善也。』行甫按：《漢書·百官公卿表》『柔遠能邇』，顔注：『能，善也。』《大雅·民勞》『柔遠能邇』，馬瑞辰《毛詩傳箋通釋》：『能，安也，善也。』厥，其也。家人，家族之人。屈萬里曰：『文公十六年《左傳》宋昭公曰：「不能其大夫，至于君主母以及國人，諸侯誰納我？」不能之義，與本經正同，意謂不善率導，致不能和洽相處也。』**越厥小臣外正**■越，及也，與也。小臣，猶近臣也。外正，卿大夫士主外政之官。**惟威惟虐**■惟，爲也。威，脅迫也。虐，暴戾也。**大放王命**■大，嚴重。放，違棄也。《古經解鉤沈》卷二十三引《穀梁傳》桓公九年『則是放命也』庾信注：『放，違也。』《淮南子・脩務訓》『放讙兜於崇山』，高誘注：『放，棄也。』王夫之《尚書稗疏》卷四下曰：『古者王臣侯，侯臣卿大夫，卿大夫亦臣其私臣。爲之臣者謂之君，猶趙簡子之稱主也。長者，官之長也。君則有家人，長則有小臣、外正。』行甫按：王説是也。自『亦惟君惟長』至此，言爲君爲長者，不能善待其家族之人；而其臣僚屬官又更加爲威爲虐，肆意欺壓民衆，置朝廷法令於不顧。

〔一八〕**乃非德用乂**■乃，即也。非，勿也。德，恩德，德化也。用，以也。乂，治也。行甫按：此句蒙後省『汝』字，連下文意即：『你無須以恩德去治理感化他們，直用刑殺耳。』**汝亦罔不克敬典**■亦，也詞也，與上文『汝乃其速由茲義率殺』相關聯。罔不，無不也。克，可也。黃生《字詁》曰：『克與可同義，但轉其聲耳。』敬，猶今語所謂『嚴肅』也。《説文》：『敬，肅也。』是其義也。典，法也，刑也。『敬典』，猶言『嚴肅法紀，明正典刑』也。王夫之曰：『此言食邑之君於其家臣，六官之長於其屬貳，不以德相能而唯用威虐，則不可復以德乂，而當施之以刑也。』行甫按：王説是也，此連上文意謂：那些爲威爲虐，嚴重違背王命之人，就不必以道德感化他們了，對這類人，你康叔也無不可飭正法典，格殺勿論。**乃由裕民**■乃，是也，此也。由，以也，用也。裕，《廣雅・釋詁》：『容也。』王念孫《疏證》：『裕爲寬容之容。』屈萬里曰：《梓材》有『合由以容』語，『容乃容保之義。』行甫按：屈氏之説是也。本經『裕民』與《洛誥》『彼裕我民』句法詞法皆同，孫星衍即據《廣雅・釋詁》解『裕我民』之『裕』爲『容』。行甫又按：本節自『凡民自得罪』至此，其層次大意當如王夫之所言：『殷士承紂之亂，民則寇攘殺越，不孝不弟，庶子訓人則違上行私，世家巨室則虐用刑威，所謂亂國也。』

〔一九〕**惟文王之敬忌**■惟，若也，如也。説見吴昌瑩《經詞衍釋》。行甫按：此『惟』之爲『若』爲『如』者，乃列舉或援例之意，非表假設或條件之關係詞，其句法猶今語『比如説』、『像』之類。《論語·先進》『唯求則非邦也與』、『唯赤則非邦也與』，是其例也。之，如是也。《中庸》『文王之德之純』，言文王之德如是純粹也。説見吴昌瑩《經詞衍釋》卷九。敬，肅也；忌，畏也。行甫按：『敬忌』，嚴肅與畏懼也，今語所謂『敬畏』也。言就如同文王那樣有所敬畏。**乃裕民**■乃，於是也。裕民，容保民衆也。行甫按：此二句與下『曰』字所領二句，乃本節内容之總結論。

〔二〇〕**曰**■曰者，文王曰也，主語承前省。**我惟有及**■我，文王自稱也，實謂我邦我民。行甫按：此『我』與下『予一人』相對照，稱『我』者，乃爲『邦家國土』之稱，與西周金文稱『我』之例相同，有數的規定。而『予一人』則爲自稱。説見陳夢家《殷虚卜辭綜述》（中華書局一九八八年版，第九六頁）。惟，若也，如也。行甫按：此『惟』之爲『若』爲『如』者，則表假設或條件關係也，與下『則』字相配爲用，意即『如果，那麼』。及，《説文》：『逮也，从又人。』行甫按：『及』字『从又人』者，謂以手抓人也，其義乃『抓住人』或『被人抓住』，故單用『及』字有『及于災難』或『及于禍患』之意。如《逸周書·皇門解》：『嗚呼，敬哉！監于兹，朕維其及。』朱右曾《集訓校釋》曰：『及，及于禍也。』《左傳》隱公六年：『長惡不悛，從自及也。』楊伯峻曰：『自及，謂自及於禍害。』僖公二十五年：『子臧之服，不稱也。』陸氏《釋文》：『之服，一本作之及。』王引之《經義述聞》引王念孫曰：『作「及」者是也。「及」謂及於難。言子臧之所以及於難者，由服之不稱也。「子臧之及」，承上「身之災也」而言，下文「自詒伊慼，其子臧之謂矣」，又承「子臧之及」而言，若作「子臧之服」，則非其指矣。』《左傳》桓公十八年『周公弗從，故及』，杜注：『及於難也。』王氏父子又曰：『《左傳》凡言『及』者，皆謂『及於禍難也』。又，《管子·宙合篇》『可以無及於寒暑之菑矣』，張文虎曰：『及如及難之及。』是其例也。《易·繫辭下》：『德薄而位尊，知小而謀大，力小而任重，鮮不及矣。』亦是也。則經云『有及』者，有及於災難禍患也。**則予一人以懌**■則，即也。予一人，文王自稱也。以，猶『有』也，說見吳昌瑩《經詞衍釋》。行甫按：此『以』字與上句『我惟有及』之『有』字相照應。懌，《荀子·君道篇》作『一人以擇』，行甫按：《梓材》『和懌先後迷民』，《釋文》：『懌，字又作斁。』《大雅·思齊》『古之人無斁』，《釋文》：『斁，鄭作擇。』《魯頌·泮水》『徒御無斁』，《釋文》本作『繹』，云『本又作斁，或作懌』。《說文》：『殬，敗也，从歺，睪聲。《商書》曰：彝倫攸殬。』今《洪範》則作『彝倫攸斁』。是『懌』、『擇』、『繹』、『殬』、『斁』，皆相通互用。然本經『懌』字當讀爲《說文》之『殬』或今本《洪範》之『斁』，意爲『敗壞』也。行甫又按：此二句乃引文王之語，以明文王之所以有所敬畏乃在容民也，誡康叔當以文王爲榜樣謹慎施政容保小民。二句意謂：文王說，我邦我民若有災難禍患，也就是我一人有所失敗之故，即下文『罔政在厥邦』也。此告誡康叔：如果君人者不能像周文王那樣有所敬畏，或濫殺無辜，或姑息有罪，則必然傷及民衆，禍敗邦國。然古今注家說此二句，訓詁經義全非，今一皆不取。

此爲本誥第六節，告誡康叔既要效法殷人合情合理之司法程序，還要學習殷人平允公正的量刑標準，不可憑自己的好惡私訂刑罰體系。但對於那些罪大惡極的犯罪份子，則必須堅決予以嚴厲懲罰，決不姑息。而不孝不友，雖構不成刑事犯罪，但也會敗壞人倫道德，也應當根據文王案例法予以懲處。那些負有導民職責的各級正長官吏，如果散佈歪理邪說，沽名釣譽，離間君主與民衆，亦當格殺勿論。至於世家巨族爲富不仁，放任家臣魚肉鄉民，也必須明正典刑，爲民除害。

【譯文】

周公以攝位之王的身份對康叔説：『有關斷訟蔽獄之事，你要給那些司法人員講説清楚，要求他們就地取法殷人那些合理的司法程序。比如説，拘押囚犯，要反覆推勘五到六天，甚至十天，或者更長時間； 也應該容許囚犯反覆翻供，以防止屈打成招，或者虚承其罪，代人受過。要認真全面地調查取證，要根據訴訟雙方兩造所供之全部證詞及其相關事實證據，對囚犯作出客觀公正的審判，不可濫入濫出或倚輕倚重。』

周公繼續説：『你要對那些司法人員講明白，要讓他們依據殷人常用的律法體系審判罪犯，要繼續沿用殷人司法體系中那些合理量刑以及對重要案犯的處決依據，不能根據你康叔封個人的好惡習性制訂法律條文及其量刑標準，也不能以你個人的主觀意見干擾正當的司法程序。如果你的一切工作都走上正軌，妹邦的治理有條不紊，那真就可以説，邦國上下，秩序井然，形勢確實一派大好。但是，即使真的可以這樣説，也不能因此認爲，邦國之事就這樣一帆風順了； 所以，你不要自滿於短期的順利和安寧就不思進取，不再努力。唉——，雖然你年紀不大，可是没有人能有像你康叔封這樣的思想深度，没有人像你康叔封這樣能夠理解我有關國家治理的思想觀念，只有你康叔封能夠明白我實施國家治理的真正目的和用意所在。

凡是那些故意自觸法網，並非因爲壞人設下了圈套和陷穽以致受到壞人的引誘和欺騙，威脅和逼迫； 也不是一時疏忽和過失而無意中犯下了罪行。這幫兇惡之徒，或者嘯聚山林，劫略州府； 或者三五結夥，洗劫民宅。或者乘人不備，入室行竊； 或者潛伏草野，攔路搶劫。這些人在社會上爲非作歹，作姦犯科，爲害四方；在家庭裏吃喝嫖賭，荒廢祖業，隳敗家風。更有犯罪份子明目張膽地殺人劫貨，謀財害命，不遺餘力地拼命作惡，手段極其殘忍，情節至爲惡劣，毫不畏懼官府的牢獄和死刑。所有這些罪大惡極之人，一個個都該千刀萬剮，處以極刑。』

周公繼續說：『康叔封，大姦大惡之人，不僅僅是上面所說的那些刑事犯罪份子，還有那些不念父兄親情，不顧人倫道德的人，你也要考慮到他們對世道人心的巨大危害性。作爲兒子，不尊敬他的父母雙親，不願意爲他長輩的事出一點力，費一點心，不想侍奉年邁的父母，讓他的父母感到非常傷心和失望；而作爲父親，不願慈愛自己的親生兒子，只顧自己吃喝玩樂，視其親生兒子如同路人，百般疾恨他，討厭他，有子不養不教，喪失了父親的責任和義務。作爲弟弟，全然不顧血緣親情，人倫道義，對他的兄長不恭不敬，甚至百般欺侮凌辱；作爲兄長，不體恤憐憫他年幼的弟弟，對幼弟非常不友善，蠶食其家產，侵奪其田園，還把他當包養家奴使喚。這些父不慈子不孝，兄不友弟不恭的事情，雖不在我們官府衙門裏有關社會治安的刑事案犯所應當處罰定罪的範圍之內，但這些傷天害理，有礙人倫風化的行爲，也是屬於民事糾紛，如果任其一而再、再而三地不斷發生，老天爺就會讓我們人世間的人倫秩序發生嚴重的紊亂，人世間的血緣親情也就會蕩然無存。如果是這樣，那麼這世上所有人，就都變成畜生和野獸了。因此，對這些喪失人倫，破壞道義，豬狗不如的東西，就是一句話：你要盡快根據文王所制訂的民事法規，從重處罰，決不姑息！

禮，是天之經，法，是地之義。不遵循禮法，就是不遵循人世間的大經大義。更有那些掌管公族子弟教育的官員，以及掌管全民教育的大小師保之職，還有那些大大小小以正人心，督教化爲責的各級地方官員和朝中官吏，他們本應當教育後輩子弟與廣大國民如何尊老愛幼，團結協作，互諒互讓，努力提高民衆的道德素養，增進晚輩的知識技能，從而倡導良好的社會風氣。可是，這些教育培養後進子弟的官員，爲人師表的各級教職以及負責人倫教化的大小官吏，卻不遵循天常大法，到處散佈異端邪說以蠱惑人心而邀譽於民。他們鼓吹的那些歪理邪說，既沒有經過深思熟慮，也不符合常理常規，離經叛道，傷風敗俗，但有很大的欺騙性和煽動性。那些既不明真相，又不明事理，僅受一己之私利所驅的民衆，很容易受其蠱惑，對他們的那些歪理邪說拍手稱快；他們也爲了迎合那些無知群氓的低級趣味，大肆收買人望，以異見領袖而自鳴得意，既傷害君長，又傷害政府，更傷害廣大民衆的長遠利益。這類人敗壞世道人心，滋長擴散罪孽，影響極爲深遠，後果十分惡劣，他們這些人就是我最爲痛恨的惡人。唉——，對於那些散佈歪理邪說蠱惑人心傷害君長流毒後昆的各色人等，你也要充分估計到他們的危害性，有一個殺一個。

還有那些當地的世家豪族和地方君酋，爲富不仁，爲政無道，既不能善待其家族之人；又放縱他的臣僚屬吏，橫行霸道，暴虐百姓，魚肉鄉民，造惡一方。對於朝廷發佈的政令，置若罔聞，恣意妄爲，欺壓百姓。對於這些目無朝廷的地方小頭目，無法無天的土豪劣紳，你也別指望用道德教化的方式去打動他們，讓他們棄惡從善，改邪歸正；恰恰相反，你必須對他們一個個明正典刑，就地正法。這也就是替無助的平民百姓除害鋤惡，報仇雪恨。總而言之，要像周文王那樣有所敬畏，庇護百姓，爲民除害：既不可濫殺無辜，也不能姑息有罪，否則必然傷及百姓，禍敗邦國。所以文王説，「我們的邦國和民衆如果遭到了什麼災難和禍患的話，那一定是我這個高高在上的領導者在政策方針上發生了重大失誤所致！」』

王曰：『封，爽惟民迪吉康，我時其惟殷先哲王德，用康乂民，作求。〔一〕矧今民罔迪不適，不迪，則罔政在厥邦。〔二〕』

王曰：『封，予惟不可不監，告汝德之説，于罰之行。〔三〕今惟民不静，未戾厥心，迪屢未同。〔四〕爽惟天其罰殛我，我其不怨。〔五〕惟厥罪無在大，亦無在多，矧曰其尚顯聞于天。〔六〕』

王曰：『嗚呼，封，敬哉！無作怨，勿用非謀非彝蔽時忱。〔七〕丕則敏德，用康乃心，顧乃德，遠乃猷裕，乃以民寧，不汝瑕殄。〔八〕』

【釋讀】

〔一〕**爽惟民迪吉康**■爽，《説文》：『明也』。惟，《説文》：『凡思也。』章太炎曰：『《方言》：爽，猛也。爽惟，猛想也。王氏《釋詞》以爲發語辭，非。』行甫按：章氏批評王氏以《書》爽、丕、誕、洪、迪諸字皆作無義語辭，其説甚確，然以『爽惟』爲『猛想』亦不甚妥貼。蓋『猛想』即靈機一動，突然想到，並非深思熟慮，與周公其人及本經語境不合。枚《傳》以『爽惟』爲『明惟』，意即『明確地考慮到』，是也，無須别解。迪，導也。吉，《説文》：『善也。』康，安也。行甫按：本句蒙後省主語『我』字。**我時其惟殷先哲王德**■時，是也。其，乃也。惟，凡思也。哲，智也。德，得也。行甫按：此『德』字意即能夠正確有效地進行邦國治理之思想與方法。**用康乂民**■用，以也。康，安也，乂，治也。**作求**■作，爲也。求，尋求也。金兆梓曰：『蓋此本承上文「別求」、「敷求」而言也。』行甫按：金說是也。此節文義反承『我惟有及，則予一人有懌』之意，從積極層面强調正確領導之於邦國治理的關鍵性，實爲正面述說周公自己的治國主張，亦是照應前文，意在交待何以周公開首即告誡康叔往之妹邦必須『敷求于殷先哲王用保乂民』及『別求聞由古先哲王用康保民』之根據，即所以告康叔之如此者，實乃周公之治國理念，即『朕心朕德』也。是以此『求』字無論解爲『終止』，抑或解爲『逑匹』，皆與本經上下語境不合。此二句意謂：我十分明確地意識到，要想將民衆引向道德良善與生活安康，必須爲此考慮努力尋求殷商先世聖王行之有效的治國理念與治國方法，用以安保治理民衆。

〔二〕**矧今民罔迪不適**■矧，況也。罔，無也。迪，導也。適，之也，往也。《說文》：『適，之也，从辵，啻聲，適，齊魯語。』《小雅·巷伯》『誰適與謀』，鄭《箋》：『適，往也。』行甫按：『民罔迪不適』，意謂：如果沒有人正確引導，民衆是不會前進的。**不迪**■假設前提，蒙下文『則』字省略『若』或『乃』字，『迪』字後亦省略『吉康』二字。**則罔政在厥邦**■則，即也。罔政，章太炎曰：『亂政也。』行甫按：『罔政』即《小雅·十月之交》『四國無政』之『無政』，『無政』亦即『亂政』也。句意謂：如果哪個君長不注重引導民衆向善，不能讓民衆走上安康富足的道路，那麼在他治下的邦國就一定政治混亂，民不聊生。

〔三〕**予惟不可不監**■惟，乃也。監，字形本意爲臨水盤以照面，後從金寫作『鑒』，引申之則爲『督察』、『鑒照』之意。行甫按：此『監』字即上文『我惟有及，則予一人以懌』，謂以此言時時鑒照督察邦國之施政舉措是否有所缺失。**告汝德之說**■德，引導與教化，行甫按：此『德』字與上文『迪』字相照應，即賞賜獎勵，事先引導，正面教化。說，道理、理論。**于罰之行**■于，王引之曰：『猶越也，與也，連及之詞。』罰，上報下之罪。行甫按：此

『罰』字與上『德』字相對，即刑殺處罰，懲前毖後，以儆效尤。行，實施。行甫按：此『行』字與上文『說』字爲互文，意即關於德教和刑罰的思想理論與實際做法。王引之解『行』爲『道』，其說非也。枚《傳》曰：『告汝施德之說於法之所行，欲其勤德慎罰。』讀『于』字爲『與』字，即與經義無礙。

〔四〕**今惟民不靜**■惟，以也。不靜，不安寧。行甫按：『不靜』，乃當時習語，《大誥》、《多方》及《毛公鼎》皆有之，說見《大誥》『西土人亦不靜』釋讀。**未戾厥心**■戾，止也，定也。《小雅·采菽》『亦是戾也』，鄭《箋》：『戾，止也。』《大雅·雲漢》『以戾庶正』，毛《傳》：『戾，定也。』皆是其例。**迪屢未同**■迪，導也。屢，亟也，猶今語所謂『多次』也。同，《墨子·經上》：『同，異而俱於之一也。』《國語·周語上》『其惠足以同其民人』，韋昭注：『同，猶一也。』

〔五〕**爽惟天其罰殛我**■爽，明也。惟，凡思也。其，猶若也。罰，懲罰也。殛，誅責也。**我其不怨**■其，將也，猶且也。

〔六〕**惟厥罪無在大亦無在多**■惟，以也。厥，其也。行甫按：『厥』字乃泛指一切人，謂凡人之罪不在於其輕重，也不在於其多少，天無不罰殛之。**矧曰其尚顯聞于天**■矧，況也。曰，詞之爲也，說見吳昌瑩《經詞衍釋》。其，代指『厥罪』。尚，上也。顯，明也。行甫按：『尚顯』二字皆修飾『聞』字，即明顯上達於天聽也。句意謂：『更何況說其罪無論大小多少，無不清楚明白地爲上天所聞知』。

〔七〕**敬哉**■敬，謹也。**無作怨**■作，興也。作怨，謂招致怨恨也。行甫按：此照應上文『怨不在大，亦不在小，惠不惠，懋不懋』。意即不要招致民怨也。**勿用非謀非彝蔽時忱**■用，以也。謀，念慮也。彝，典常也。行甫按：『非謀非彝』，亦即上文『弗念弗庸』也，意謂：未經深思熟慮而與常規常識相違背的意見。蔽，障塞也，蓋覆也。《論語·爲政》『一言以蔽之』,《釋文》引鄭玄注:『蔽,塞也。』《爾雅·釋詁》『蔽,微也』,邢昺《疏》:『蔽者,覆障使微也。』《史記·淮陰侯列傳》『間道萆山』,司馬貞《索隱》:『萆音蔽,蔽者,蓋覆也。』皆是其例。時,是也,寔也,可也。《禮記·學記》:『禁於未發之謂豫,當其可之謂時。』行甫按:『時』者,真實而恰當也。忱,誠也,信也。《説文》:『忱,誠也。从心,冘聲。《詩》曰:天命匪忱。』《大雅·大明》『天難忱斯』,毛《傳》:『忱,信也。』行甫按:『忱』與『時』,近義複詞,『時』就價值言,著眼於確當性,『忱』就事實言,著眼於客觀性。句意謂:不要以未經深思熟慮的偏見甚至異端邪説遮蔽掩蓋了準確正當的判斷及真實不虚的客觀事實。行甫又按:此照應上文『乃別播敷,造民大譽,弗念弗庸,瘝厥君』,意即治國應不受偏見與異説所蠱惑也。

〔八〕**丕則敏德■**丕,大也。則,即也。敏,《説文》:『疾也。』《禮記·中庸》『人道敏政,地道敏樹』,鄭玄注:『敏,猶勉也。』朱彬《經傳考證》曰:『敏,勉也,疾也,猶言「王其疾敬德」。』行甫按:『丕則』之語用語義,今人多從王引之説,以爲『丕』乃語詞,『則』即『於是』,其説非也。此『丕則』云云,與上文『敬哉』云云,在文義上構成遞進關係,『敬哉』乃言處事,『敏德』則言修己,且尤以修己更爲重要,是『丕則』云者,猶言『更爲重要的是努力加强自身的思想修爲』,或『更爲重要的是盡快提升自己的政治能力』。行甫又按:此『德』字即上文『朕心朕德』之『德』,乃關乎施政理念與治理能力。則所謂『敏德』,即努力迅速提升思想水平及執政能力。**用康乃心■**用,以也。康,空也,虚也。《小雅·賓之初筵》『酌彼康爵』,鄭《箋》:『康,虚也。』《穀梁傳》襄公二十四年『四穀不升謂之康』,范寧注:『康,虚也。』《方言》卷十三『漮,空也。』漮、康聲同通用,字亦作㝩。行甫按:『康乃心』者,謂『虚乃心』也,此照應上文『往敷求于殷先哲王』、『丕遠惟商耇成人』、『別求聞由古先哲王』以及『師兹殷罰有倫』,謂學習前賢時哲治國蔽訟之法當虚其心自知不足也。**顧乃德■**顧,《説文》:『還視也。』《大雅·韓奕》『韓侯顧之』,毛《傳》:『顧之,曲顧道義也。』行甫按:此『顧』字,意即前後照應,不可自相抵牾,亦不可倚輕倚重，濫入濫出。德，亦即上文『朕心朕德惟乃知』之『德』，唯此『德』乃與治國思想理念相關聯的治國舉措，比上文『敏德』之『德』較爲具體。所謂『顧乃德』者，謂邦國的方針政策必須周全縝密，不可自相矛盾，左支右絀，顧此失彼。**遠乃猷裕**■猷裕，同義複詞，《方言》：『裕、猷，道也。東齊曰裕，或曰猷。』錢繹《箋疏》曰：『裕、猷，一聲之轉。』行甫按：《爾雅》訓『猷』爲『圖』爲『謀』，《輶軒》訓爲『道』，實則『圖』也『謀』也『道』也，其義一也。此之『猷裕』，猶今語『謀略』、『規劃』之意。是『遠乃猷裕』者，謂：你要有長遠的施政規劃和遠大的治國方略，不能摸著石頭過河，走一步算一步；更不能只顧眼前利益，頭痛顧頭，腳痛顧腳。**乃以民寧**■乃，於是也。以，使也。《左傳》僖公二十六年：『凡師，能左右之曰以。』《公羊傳》桓公十四年：『以者何？行其意也。』《國語·魯語下》『魯人以莒人先濟』，韋昭注：『能東西之曰以。』行甫按：『能左右之』，『能東西之』，『行其意』，皆『使令』之『使』也。寧，安也。行甫按：此『寧』字即含上文『吉康』二義，謂秩序安寧，生活安寧也。**不汝瑕殄**■瑕，疵也，過也。《禮記·聘義》『瑕不揜瑜』，鄭玄注：『瑕，玉之病也。』《豳風·狼跋》『德音不瑕』，毛《傳》：『瑕，過也。』是其義也。殄，病也，絕也。見《周禮·稻人》『夏以水殄草而芟夷之』鄭玄注。孫星衍讀『瑕』爲『遐』，曰：『乃以安民，則國祚不以汝世遠而殄絕也。言當世享。』行甫按：孫氏疏説經義雖與上文『若德裕乃身，則不廢在王命』之意似若相合，但與本句文法了不相侔。此句『乃以民寧不汝瑕殄』八字實當連讀，『以』作『使令』之意解，則『民』字既是『以』的賓語亦是『寧』與『瑕殄』的主語，『汝』字又爲否定句『不瑕殄』的代詞賓語而前置，『瑕殄』二字，亦爲近義複詞，不必破字讀『遐』。意謂：使民衆安寧，民衆亦不會指責詬病你，顛滅覆亡你。此句實與上文『天畏棐忱，民情大可見。小人難保，往盡乃心，無康好逸豫，乃其乂民』相照應，謂『乃其乂民』，則『民』乃『不汝瑕殄』也。

此爲本誥第七節，言邦國政治是否清明，社會秩序是否安定，取決於最高領導者是否具有長遠的政治路線設計以及切實注重以淨化民心與推進民生爲總體目標的施政舉措。最高領導者的心胸與素質是決定社會治理成敗的關鍵。

【繹文】

周公以攝位之王的身份告誡康叔說：『康叔封，我非常清楚明白地認識到：要想將邦國的民眾引向道德良善與生活安康，必須爲此而考慮努力尋求殷商先世聖王行之有效的治國理念與治國方法，用之於安保治理民眾。更何況現在的民眾，正值新舊鼎革、百廢待興之際，他們的思想水準，他們的生活狀況，都沒有達到我所希望的程度；如果沒有正確的政治引導與積極的思想教化，民眾的思想水準是難以提升的，他們的生活狀況也不可能有所改善。如果哪個君長在他的邦國不注重引導民眾積極向善，不能讓民眾奔向安康富足的生活道路，那麼他所治下的邦國，就一定會亂象叢生，民風磽薄。』

周公繼續說：『康叔封，正是由於邦國君長的正確領導十分重要，因而我便不得不把文王所說的那番話作爲我的座右銘：「我們的邦國和民眾如若遭到什麼災難與禍患，那一定是我這個高高在上的領導者在政策方針上有了重大失誤。」也因此，我以文王的這番話時時對照和檢驗我們邦國的政治措施是否有所缺失。這也是我要對你講明有關德教和刑罰的思想理論及其具體治理實踐的根本原因與核心目的之所在。現在，我們的邦國正處在一個歷史的關鍵時刻，因爲武庚祿父及其殷遺舊部的叛亂剛剛平定，民心尚未穩定，在我們新造周邦，還潛藏著洶湧巨大的反叛逆流，那些少數頑固份子日日夜夜都在夢想著周邦變天，殷朝復辟，他們人還在，心未死，雖然經過反復多次的懇言開導與耐心教育，但他們仍然死不悔改，堅決不願意與我們周邦團結一心，共同合作。我也非常明白地想得到，如果我們的邦國發生任何災難，我都會受到上天的懲罰和問責。果真如此，我也不會怨天尤人，推諉自己作爲攝位之王該負的責任和該承擔的罪過。因爲任何人有罪，不在於其罪孽多輕多重，也不在於其罪孽是多是少，上天都會毫不客氣地對他施加懲罰。更何況說，他的罪孽無論大小多少，一樁樁，一件件，無不清清楚楚明明白白地上傳到天帝的耳朵裏了！

周公接著不無感嘆地說：『唉——，康叔封，你要小心謹慎啊！無論是制訂法規政策，還是聽訟決獄，都要切近事理，符合人情，切忌主觀武斷，意氣用事，否則就會招致民怨沸騰，必然會影響政局的穩定。不要一葉障目，用那些未經深思熟慮的浮言淺見，遮蔽了切中肯綮的真理判斷。也不要標新立異，用那些離經叛道的異端邪說，閉塞了平允公正的事實觀察。當然，治國理民不受偏見與異說的蠱惑，更爲重要或更爲關鍵的問題，在於努力提升自己的思想境界，努力强化自己的治理能力。因此，要知道自己知識有限，閱歷不豐，虔誠地學習往聖前賢有關治國理民的經典範例，虛心地向殷商舊時的幹吏能臣請教有關斷訟蔽獄的成功經驗。邦國的方針政策，必須周全合理，既不可自相抵牾，紕漏百出；也不可朝令夕改，缺乏公信力與連續性；邦國的司法體系，必須無懈可擊，既不可倚輕倚重，顧此失彼；也不可濫入濫出，忽張忽弛。你要懷抱長遠的施政規劃，胸涵遠大的治國方略，不要心存僥倖，摸著石頭過河，走一步算一步；更不能只顧眼前利益，頭痛顧頭，腳痛顧腳。只有這樣，才能使整個邦國穩定有序，人心和樂安寧，民眾也不會因爲你政令有誤或治理失措而指責詬病你，顛覆推翻你。」

王曰：『嗚呼，肆汝小子封！〔一〕惟命不于常，汝念哉，無我殄享。〔二〕明乃服命，高乃聽，用康乂民。〔三〕』

王若曰：『往哉，封，勿替敬典，〔四〕聽朕告汝，乃以殷民世享。〔五〕』

【釋讀】

〔一〕**肆汝小子封**■肆，《爾雅·釋言》：『力也。』郭璞注：『肆，極力也。』行甫按：『極力』猶『盡力』也。陸機《赴洛》『肆目眇不及』，李善注引高誘《淮南子注》曰：『肆，盡也。』是其例也。『肆汝小子封』猶言『肆哉汝小子封』，說見《大誥》『肆哉爾庶邦君越爾御事』釋讀。

〔二〕**惟命不于常**■惟，猶以也。命，天命也。鄭玄《大學》注：『天命不于常，言不專祐一家也。』《禮記·大學》引《康誥》曰：『「惟命不于常。」道善則得之，不善則失之矣。』《戰國策·魏策三》：『《周書》曰：「維命不于常。」此言幸之不可數也。』行甫按：『道善則得』與『不善則失』，謂人事之努力方向，『幸之不可數』，謂僥倖之事不會經常出現，是《記》與《策》所說經義皆是也。**汝念哉**■念，《說文》：『常思也。』常亦長也。**無我殄享**■無，毋也。我，我周邦，我周家也。殄，絶也。享，獻祭也。江聲曰：『凡封諸侯，必命之祭其封内之山川社稷，所謂「命祀」，國亡則絶其祀。故言汝其念天命之無常，毋殄絶我之命祀。』行甫按：江氏之說，非經義也。『無我殄享』果爲周公戒康叔不絶妹邦之命祀，則周公當言『無殄我命』，不當言『無我殄享』，此其一也。周公言『天命』，皆就『文王受天有大命』以『興我小邦周』而言之，非僅據一二侯國而言『天命』也。『惟命不于常』，所謂『不專祐一家』者，《大誥》言『弗弔天降割于我家』，亦即『我周家』也，亦非據侯國而言『我家』。此其二也。就文法而言，此乃否定句代詞賓語前置，意即『無殄享我周邦若周家也』，謂不要讓我周邦或周家之先人殄絶享獻之血食也。此其三也。此『惟命不于常』乃就周邦言『無殄享』，下文『以殷民世享』乃就妹邦『無殄享』而言之，經文層次分明，此其四也。是知今之據江氏之說而說者，皆非也。

〔三〕**明乃服命**■明，勉也。乃，爾也，指康叔。服，職位也。說見《大誥》『無疆大曆服』釋讀。命，與『服』相關之『命』，即與其職位相關之權利與職責規定。往往由周王口授而爲史臣所記録，再由太史於王庭面對受命者宣讀，是爲『冊命』。讀畢，正本藏之於王室，由太史掌管，副本授之於受冊命者。『明乃服命』，意即努力按照你的職位所規定的職責範圍去完成你的使命。**高乃聽**■高，《說文》：『崇也。』乃，爾也。枚《傳》：『高汝聽，聽先王道德之言。』蘇軾《書傳》：『高乃聽，聽於古也。』孫星衍曰：『《廣雅·釋詁》云：「高，敬也。」言敬聽我訓，則安治民之道也。』于省吾據金文不識之字形推測其義爲『廣』。行甫按：枚氏、蘇氏之說是也。孫說與下文『聽朕告汝』相復，于氏不過襲江聲『所謂勿偏聽也』之說而於金文覓一不識之字當之，不免好奇之過。其實，所謂『高乃聽』者，乃照應前文『乃別播敷，造民大譽，弗念弗庸』以及『勿用非謀非彝蔽時忱』而言之耳。意在告誡康叔須努力提高自身之思想理論水平與是非判斷能力，勿爲『非謀非彝』、『弗念弗庸』之膚淺浮薄之言論及異端邪說所蠱惑也，與『廣聽』或『敬聽』皆無涉。**用康乂民**■用，以也。康，安也。乂，治也。行甫按：『康乂』亦近義複詞，安保治理。

〔四〕**王若曰**■若，如此也。于省吾曰：『《康誥》先稱「王若曰」，下文稱「王曰」者共十一處，與金文相符。惟獨篇末有「王若曰」一段與金文通例相違，可見此處「王若曰」之「若」當係衍文。』行甫按：于說非也。一篇中非僅一處『王若曰』者，並非孤例，《多方》亦兩用『王若曰』。此『王若曰』之下四句，乃周公最後之結束語，或因原話較多而大旨不過如此，史臣乃簡概成如下四句，故亦以『王若曰』領起，表明僅是撮其大意而非全錄原辭而已。**往哉**■往，謂就其封國也。**勿替敬典**■替，廢也。敬，《說文》：『肅也。』典，冊命之書也。《說文》曰：『从冊在丌上，尊閣之也。莊都說：典，大冊也。箕，古文典从竹。』《多士》：『惟殷先人有冊有典。』皆是其義也。行甫按：《左傳》定公四年曰：『管蔡啓商，惎間王室，王於是乎殺管叔，蔡蔡叔。其子蔡仲改行帥德，周公舉之以爲己卿士，見諸王而命之以蔡。其《命書》云：「王曰：胡！無若爾考之違王命也。」』又曰：『晉文公爲踐土之盟，其《載書》云：「王若曰：晉重，魯申，衛武，蔡甲午，鄭捷，齊潘，宋王臣，莒期。」藏在周府，可覆視也。』由此可知，《命書》與《載書》皆『藏在周府』可『覆視』也。是『勿替敬典』，意即：不要廢棄了王朝嚴肅而莊重的冊命之書。江聲《集注音疏》讀『勿替敬，典聽朕告』，謂《酒誥》『典聽朕毖』正與此『典聽朕告』文同。孫星衍亦謂『典』字下屬爲句，《酒誥》『典聽朕教』，『汝典聽朕毖』正與此同。然《酒誥》『典聽』之上無形容詞，自可『典聽』連讀。本經形容詞『敬』字與『典』字構成偏正詞組，與《酒誥》文例顯然不同。兹不取江說。

〔五〕**聽朕告汝**■聽，順也，從也。《禮記·祭義》『故聽且速也』，鄭玄注：『聽，謂順教令也。』《呂氏春秋·樂成》『寡人盡聽子矣』，高誘注：『聽，從也。』朕，周公自稱也。告，唐石經作『誥』。『告』與『誥』通，無別義也。行甫按：『告汝』，即：所告於汝也。枚《傳》：『順從我所告之言』，是也。**乃以殷民世享**■乃，於是也。以，用也，因也。世，世世也。享，獻祭也，祭祀也。行甫按：『世享』者，謂後代子孫繼世在位而舉持邦國祭祀大典也。枚《傳》：『乃以殷民世世享國，福流後世。』以『享國』解此『享』字，是也。『享國』之意，說見《無逸》『肆中宗之享國七十有五年』釋讀。

此爲本誥最後一節，告誡康叔天命是不可信賴的，要努力履行自己的職責，提升自身的思想理論水平與是非鑒別能力，好好地治理民衆。果如此，則我們周邦將永葆天命，你的封國也將世襲罔替。

【繹文】

周公以攝位之王的身份對康叔說：『唉——，康叔封，你很年輕，正當年富力强，要盡你最大努力啊！因爲天命是不會一成不變的，不可能專門保佑一家一姓。治理國家的方法正確得當，就擁有天命，不正確不得當，就會喪失天命；不靠人事的努力而僅憑僥倖，這種事情是不可能經常出現的。這既是個簡單的事實，也是個簡單的道理，你要永遠牢記在心，不要讓我們周邦喪失天命，使我們的列祖列宗無人享祀，無人獻祭。因此，你不要辜負了列祖列宗對你的信賴與期待，要努力履行你的職責，完成你的使命，要努力提升自身的思想理論水平與是非判斷能力，不要被冠冕堂皇漂亮華麗的虛言浮辭所左右，也不要被標新立異譁衆取寵的異端邪說所蠱惑，以古聖先賢的治國理念爲典範，以往哲時彦的道德精神爲楷模，好好地治理安保民衆。』

最後周公這樣說：『去吧，到你的封國妹邦去吧，不要枉費了王朝對你的重托，這莊重嚴肅的冊命文書，將永遠收藏在大內府庫，由太史寮掌管保存，你可不要讓它變成一張無用的廢紙啊！聽從我對你的這番教誨，這樣，你就可以憑你治下的殷商遺民，子子孫孫永享於妹邦，世襲罔替。』

【後案】

章太炎說，『此篇乃封國之誥命，時康叔爲司寇，故多法律之語。』因此，本篇文誥在中國法學思想史上具有非常重要的地位，影響也極爲深遠。本篇是第一次提出『原心論罪』之司法觀念的上古文獻，長期以來指導著中國古典時代司法理論體系的建構與具體司法過程的行爲操作實踐。所謂『原心論罪』，即志惡雖小罪必誅，志善即大罪可赦。這種司法理論經過西周王朝制禮作樂的文化定型及其長達四百多年的踐行與累積，逐漸深入人心，並已然演變成一種深刻內在的政治文化傳統。這一政治文化傳統，又通過孔子作《春秋》寓黜陟褒貶於當世之諸侯與士大夫的方式，進一步發揚光大，從而形成華夏民族重要的文化血脈。西漢之初，董仲舒又以《春秋繁露》與《春秋決獄》的寫作，對這一文化傳統作了法哲學的原理性闡發與具體的案例解說。董氏曰：『《春秋》之聽獄也，必本其事而原其志，志邪者不待成，首惡者罪特重，本直者其論輕。是故逄丑父當斮，而轅濤塗不宜執，魯季子追慶父，而吳季子釋闔廬。此四者罪同異論，其本殊也。俱欺三軍，或死或不死，俱弒君，或誅或不誅。聽訟折獄，可無審耶！故折獄而是也，理益明，教益行。折獄而非也，闇理迷衆，與教相妨。教，政之本也。獄，政之末也。其事異域，其用一也，不可不以相順，故君子重之也。』董生可謂知《春秋》明周公孔子之道之醇儒。而與之並世的西漢賢良文學亦曰：『法者，緣人情而制，非設罪以陷人也。故《春秋》之治獄，論心定罪，志善而違於法者免，志惡而合於法者誅。』（《鹽鐵論·刑德》）其法學思想與司法理念亦與『原心論罪』的周孔之道一脈相承。至晚清康有爲著《春秋董氏學》亦以《重志》、《聽獄本事原志》、《誅意》三事大力表彰中國文化這一獨特的法哲學文化傳統。

其次，本誥對於刑事犯罪與民事糾紛的處罰，也有明顯不同的倫理學基礎，而所謂『文王作罰』與『罰蔽殷彝』或者各自具有不同的司法程序。雖然『文王作罰』最後的結果也是『刑兹無赦』，但據《大雅·綿》『虞芮質厥成，文王蹶厥生』的漢人舊注所提供的線索，『文王作罰』可能在判決之前會預留一段時間作爲調解程序，讓當事人有一個自我悔悟的過程（參見《毛詩傳》所載『虞芮之君相與爭田』一事）。至於『罰蔽殷彝』的刑事案件，也特別注重法庭調查以及全面蒐集證據，所謂『要囚，服念五六日，至於旬時，丕蔽要囚』，這就是説，不急於判決，允許當事人翻供，防止冤假錯案的發生，是刑事判決之前必然與必備的司法程序。因此，『文王作罰』注重民事調解，其倫理學基礎在於道德自覺，人心向善；而『罰蔽殷彝』重視法庭調查，其倫理學基礎在於證據確鑿，殺人償命。

此外，本篇文誥最值得肯定的是，反復强調邦國的最高領導人應當具有較高的思想水平與理論素質及其是非鑒别能力。這一點對後世的影響，主要體現在兩個方面，一是注重王儲的道德境界與思想境界的修養與提升，二是國有大災大難或者政令有所失誤，在位者每每因此而下罪己詔。所謂『我惟有及，則予一人以懌』是也。

最後，本篇誥辭以『明德慎罰』爲文章主線，既分刑與德爲兩邊，又以君主的能力與素質相互關聯挽結，使整篇誥辭在文意段落與語匯安排上前後照應，其語義語用形成了周全縝密的語境自明體系，爲文本釋讀提供了準確可靠的自解依據，這也是考量後世注家解讀正確與否之有效尺度。